Lehrbuch der Entwicklungspsychologie

Band 1

Lehrbuch der Entwicklungspsychologie

Band 1:

Grundlagen und Methoden

von
Hanns Martin Trautner

2., überarbeitete und ergänzte Auflage

Hogrefe · Verlag für Psychologie
Göttingen · Bern · Toronto · Seattle

© by Hogrefe, Verlag für Psychologie, Göttingen 1992

Das Werk einschließlich aller seiner Teile ist urheberrechtlich geschützt. Jede Verwertung außerhalb der engen Grenzen des Urheberrechtsgesetzes ist ohne Zustimmung des Verlages unzulässig und strafbar. Das gilt insbesondere für Vervielfältigungen, Übersetzungen, Mikroverfilmungen und die Einspeicherung und Verarbeitung in elektronischen Systemen.

Satz und Druck: Allgäuer Zeitungsverlag GmbH, 8960 Kempten/Allgäu
Printed in Germany
ISBN 3-8017-0469-6

Vorwort zur zweiten Auflage

Die erste Auflage dieses Lehrbuchs erschien im Jahre 1978. Die weite Verbreitung des Buchs, insbesondere in der Psychologieausbildung an den Universitäten, hat mich nicht nur ermuntert, einen zweiten Band zu schreiben (erschienen 1991), sondern auch den ersten Band aus 1978 in einer überarbeiteten und veränderten Fassung neu aufzulegen. Dabei habe ich versucht, der rasanten Entwicklung der Entwicklungspsychologie in den 80er Jahren durch eine Reihe von Aktualisierungen und Ergänzungen Rechnung zu tragen, ohne die Grundstruktur des ursprünglichen Textes wesentlich zu verändern.

Die Grundintention des Lehrbuchs ist unverändert geblieben: Es soll das Verständnis für die wechselseitigen Zusammenhänge von Theorien, Methoden und Befunden der Entwicklungspsychologie gefördert werden. Beibehalten wurden in der hier vorliegenden zweiten Auflage von Band 1 auch die drei Grundfragen nach dem *Was* (dem Gegenstand), dem *Wie* (dem Verlauf) und dem *Wodurch* (der Determination) der Entwicklung als Ausgangspunkt und durchgängiges Ordnungsprinzip der Darstellung: 1. Was verändert sich überhaupt, d. h., welche Merkmale von Individuen werden unter dem Entwicklungsaspekt zum Untersuchungsgegenstand gemacht? 2. Wie sind die Veränderungen zu beschreiben, d. h., wie sind sie zu kennzeichnen und wie sieht ihr Verlauf aus? 3. Wodurch kommen die Veränderungen zustande, d. h., welche Bedingungen und Wirkgrößen bringen sie hervor?

Verändert wurde der Aufbau des Textes in folgenden Punkten: Das Theorienkapitel wurde aus dem Band 1 herausgenommen. Es findet sich nun in völlig überarbeiteter und stark erweiterter Form auf fünf Kapitel (Kap. 6–10) aufgeteilt im ersten Teil von Band 2 wieder, dessen zweiter Teil (Kap. 11–13) einer exemplarischen Darstellung entwicklungspsychologischer Befunde in den drei Bereichen *Sprache*, *Geschlechtstypisierung* und *Moral* gewidmet ist.

Die hier vorliegende zweite Auflage von Band 1 gliedert sich nun in einen *Teil I: Grundlagen* (Kap. 1–3) und einen *Teil II: Methoden* (Kap. 4 und 5).

In den drei Kapiteln des einführenden *Grundlagenteils* werden die zentralen Begriffe und Fragestellungen der Entwicklungspsychologie erläutert. Anhand exemplarischer Befunde wird die Bedeutung der einzelnen Begriffe und Fragestellungen konkretisiert. Wie schon in der ersten Auflage werden im *ersten Kapitel* der Gegenstandsbereich und die Aufgaben der Entwicklungspsychologie umrissen und die Bedeutung der Begriffe Alter und Entwicklung diskutiert. Neu ist ein längerer Abschnitt zur Angewandten Entwicklungspsychologie am Ende des Kapitels. Im *zweiten Kapitel* werden Wachstum, Reifung, Differenzierung, Lernen, Prägung und Sozialisation als die wichtigsten allgemeinen Merkmale von Entwicklungsvorgängen herausgestellt und ausführlich erläutert. Den größten Raum nehmen dabei weiterhin die Begriffe Lernen und Sozialisation ein. Das *dritte Kapitel* beschäftigt sich mit Problemen der Erklärung von intraindividuellen Veränderungen und interindividuellen Unterschieden. Besondere Beachtung wird den biologischen Grundlagen der Entwicklung und der sogenannten Anlage-Umwelt-Problematik geschenkt. Exemplarisch werden die Ergebnisse von Zwillingsstudien und – erstmals – von Adoptionsstudien zur Erblichkeit der Intelligenz dargestellt und kritisch bewertet.

Der Methodenteil ist nun, abweichend von der Erstauflage, in zwei Kapitel untergliedert. Im *vierten Kapitel* werden methodische Probleme der Beschreibung ontogenetischer Veränderungen in Form von Entwicklungsfunktionen und Probleme der Auswahl und Messung von Entwicklungsvariablen und ihrer Veränderungen erörtert. Ein Abschnitt ist der ausführlichen Darstellung der verschiedenen Stichprobenpläne (Querschnitt, Längsschnitt, Sequentielle Pläne von Bell, Schaie und Baltes), einschließlich der aktuellen Revision des Entwicklungsmodells von Schaie gewidmet. Im *fünften Kapitel* werden schließlich die in der Entwicklungspsychologie zum Einsatz gelangenden Erhebungsmethoden (Beobachtung, Befragung, Test, Experiment) in ihren allgemeinen Grundlagen dargestellt. Neu ist ein Abschnitt über die mit dem Alter variierende unterschiedliche Eignung verschiedener Datenerhebungsmethoden.

Zu den wesentlichen Aufgaben eines Lehrbuchs gehört, die Vielfalt einer Disziplin unter einer begrenzten Anzahl leitender Gesichtspunkte zu ordnen und systematisch darzustellen. Schon im Vorwort der ersten Auflage habe ich festgestellt, daß das Fehlen eines einheitlichen und klar abgrenzbaren Forschungsgegenstands der Entwicklungspsychologie diese Aufgabe nicht gerade erleichtert. Noch mehr als 1978 bin ich mir heute bewußt, daß meine Darstellung abgerundeter ist als es der Heterogenität der Entwicklungspsychologie entspricht. Durch die Betrachtung der Disziplin aus verschiedenen Blickwinkeln habe ich versucht, der Gefahr, eine künstliche Einheitlichkeit herzustellen, möglichst entgegenzuwirken.

Noch stärker als bei der Erstauflage 1978 habe ich bei der Abfassung der beiden nun vorliegenden Lehrbuchbände auf die Lesbarkeit und Verständlichkeit des Textes geachtet und mich bemüht, dem Leser/der Leserin die Verarbeitung und das Behalten des Textes zu erleichtern. Zu diesem Zweck ist der gesamte Text streng durchgegliedert und in kurze, jeweils mit Zwischenüberschriften versehene und in sich geschlossene Abschnitte unterteilt. Die Gliederungsstruktur ist dem ausführlichen Inhaltsverzeichnis zu entnehmen. Vor jedem Hauptteil findet sich eine kurze Einführung, und am Ende jeden Kapitels werden die wesentlichen Aussagen noch einmal zusammengefaßt. Wesentlich erhöht habe ich die Anzahl der in den Text eingefügten Kurzdarstellungen empirischer Untersuchungen, die exemplarisch einzelne Fragestellungen veranschaulichen. Am Ende jeden Kapitels finden sich außerdem kommentierte Lektüreempfehlungen zum vertiefenden Weiterstudium, die sich auch, wie die Untersuchungsbeispiele im Text, als begleitende Seminarlektüre eignen.

Die beiden Bände sind bewußt als Einheit konzipiert und aufeinander abgestimmt. Nach außen wird dies durch die fortlaufenden Numerierung der Kapitel von 1 bis 13 und die zahlreichen Querverbindungen deutlich gemacht. Wie bei der Feinstruktur, d. h. der Untergliederung in einzelne Kapitel und kürzere Abschnitte, habe ich jedoch andererseits auch bei der Grobstruktur, d. h. der Untergliederung in Grundlagen und Methoden einerseits, Theorien und Befunde andererseits, darauf geachtet, daß jeder Band für sich eine geschlossene Einheit bildet.

Das vorliegende Lehrbuch richtet sich in erster Linie an Psychologie-Studenten/Studentinnen und ist primär für den Einsatz in der Ausbildung von Diplom-Psychologen/Psychologinnen gedacht. Es ist aber ebenso für praktisch tätige Psychologen/Psychologinnen, Erziehungs- und Sozialwissenschaftler(innen) und alle anderen Personengruppen geeignet, die sich mit den wissenschaftlichen Grundlagen entwicklungspsychologischer Fragestellungen beschäftigen möchten.

Zum Schluß möchte ich allen danken, die mir bei der Fertigstellung der zweiten Auflage von Band 1 meines Lehrbuchs der Entwicklungspsychologie geholfen haben: erste Textentwürfe für neue Abschnitte lieferten *Sabine Schorsch* (Beobachtungslernen, Adoptionsstudien), *Dorothee Klens* (Angewandte Entwicklungspsychologie), *Arnold Lohaus* (Zur unterschiedlichen Eignung von Datenerhebungsmethoden) und *Silvia Wiedebusch* (Untersuchungsbeispiel 1.2); *Sabine Schorsch* und *Dorothee Klens* unterstützten mich auch bei der Aktualisierung der Literatur; *Britta Rodenberg* sorgte für die Eingabe und Korrektur der von mir immer wieder veränderten Textversionen am Personal Computer bis zum druckfertigen Manuskript; *Johannes Klein-Heßling*, *Andreas Ott* und *Britta Rodenberg* unterstützten mich bei der Herstellung der Druckvorlagen für die Tabellen und Abbildungen; *Heide Larisch*, *Johannes Klein-Heßling*, *Katja Werheid* und *Claudia Berkhan* halfen mir bei der Erstellung der Register und des Literaturverzeichnisses. Ein Akademiestipendium der *Stiftung Volkswagenwerk* im Sommersemester 1986 gab mir für eine Weile die Möglichkeit, kontinuierlich an dem Buchprojekt zu arbeiten, und schuf die wesentliche Grundlage für die Überarbeitung des Textes aus 1978. Mein Dank gilt auch dem *Hogrefe-Verlag*, speziell *Bernhard Otto* und *Michael Vogtmeier* für ihre Unterstützung und Geduld, sowie *Barbara Stüdemann* für die Betreuung der Drucklegung.

Münster, im Juni 1992   H. M. Trautner

Inhaltsverzeichnis

Teil I: Grundlagen der Entwicklungspsychologie

Kapitel 1: Gegenstand und Aufgaben der Entwicklungspsychologie   3

1. Zur Geschichte der Entwicklungspsychologie.   3
   1.1 Die Entstehung eines Entwicklungsdenkens.   4
   1.2 Die Anfänge einer wissenschaftlichen Entwicklungspsychologie. .   7
   Die Bedeutung der Evolutionstheorie DARWINS - Beobachtungen an Kleinkindern
   1.3 Die weitere Ausbreitung der wissenschaftlichen Entwicklungspsychologie   10
   1.4 Gegenwärtige Trends   12
2. Entwicklungsbegriff und Aufgaben der Entwicklungspsychologie . .   15
   2.1 Entwicklung als Veränderung über die Zeit   16
   Vorläufige Bestimmung des Gegenstandsbereichs - Begriffsklärungen
   2.2 Die Länge der Zeitstrecke   22
   Verschiedene Arten von Veränderungsreihen - Bevorzugung des Kindes- und Jugendalters - Abgrenzung der Entwicklungspsychologie von einer Kindes- und Jugendpsychologie
   2.3 Die Einteilung der Zeitstrecke – Zur Bedeutung der Altersvariable.   25
   Unterteilung der Lebensspanne nach Altersstufen - Lebensalterbezogene Entwicklungsreihen - Kritik am Gebrauch der Altersvariable - *Untersuchung 1.1: Zur Bedeutung des Lebensalters für die Entwicklung* (LEVINSON & REESE 1967) - Vorteile der Verwendung der Zeitvariable - Korrelativer Zusammenhang von Alter und Veränderung - Zur Verwendung der Altersvariable in der Entwicklungspsychologie
   2.4 Merkmale von ontogenetischen Veränderungen   35
       2.4.1 Was verändert sich?   36
       Die Festlegung der Beobachtungsebene - Beobachtete und erschlossene Merkmale - Selektivität bezüglich der Inhalte der Beobachtung
       2.4.2 Wie sind die Veränderungen zu beschreiben?   39
       Art und Verlauf von Veränderungen - Allgemeine Kennzeichen von Entwicklungsvorgängen
       2.4.3 Wodurch kommen die Veränderungen zustande? . . .   41
       Entwicklungsfaktoren - Priorität früherer Entwicklungseinflüsse
       2.4.4 Arten des Verhältnisses aufeinanderfolgender Entwicklungsschritte   43
       2.4.5 Schlußbemerkung   44
   2.5 Die Definition des Entwicklungsbegriffs   45
   Die Vielfalt von Entwicklungsdefinitionen - Enger vs. weiter Entwicklungsbegriff - Entwicklung als Prozeß und Produkt - Der Allgemeinheitsgrad von Entwicklungsgesetzen

3. Das Verhältnis der Entwicklungspsychologie zu anderen Forschungsgebieten 48
4. Die Bedeutung der Entwicklungspsychologie für die Praxis - Angewandte Entwicklungspsychologie 51
   4.1 Grundlagenforschung und Anwendung 51
   4.2 Aufgaben einer Angewandten Entwicklungspsychologie . . 52
      Was ist? – Orientierung über den Lebenslauf - Wie ist etwas entstanden? – Ermittlung von Entwicklungs- und Veränderungsbedingungen - Was wird? – Prognose der Stabilität und Veränderung von Personmerkmalen - Was soll werden? – Begründung von Entwicklungs- und Interventionszielen - Wie können Ziele erreicht werden?– Planung von Interventionsmaßnahmen - Was ist geworden? – Evaluation von Entwicklungsinterventionen - *Untersuchung 1.2: Krankheitskonzepte, Krankheitserleben und Bewältigung der Krankheit bei juveniler chronischer Arthritis* (WIEDEBUSCH 1992)
   4.3 Probleme der praktischen Anwendung entwicklungspsychologischer Befunde 59
      Wissenschaftstheoretische und methodische Probleme - Pragmatische Hindernisse
   4.4 Forderungen an eine tragfähige Angewandte Entwicklungspsychologie 62
5. Zusammenfassung 62

Kapitel 2: Grundlegende Merkmale des Entwicklungsgeschehens   65

1. Wachstum 65
   Biologischer und psychologischer Wachstumsbegriff - Wachstumskurven - *Untersuchung 2.1: Zum Wachstum der Intelligenz* (BAYLEY 1955) - Quantitative versus qualitative Veränderungen - Abschließende Beurteilung des Wachstumsbegriffs
2. Reifung 72
   Biologische Herkunft des Reifungsbegriffs - Feststellung von Reifung durch Ausschluß exogener Faktoren - *Untersuchung 2.2: Zu den Auswirkungen der Bewegungseinschränkung auf das Laufenlernen* (DENNIS & DENNIS 1940) - Weitere Indizes für das Vorliegen von Reifung - Das Verhältnis von endogenen und exogenen Faktoren - Reifung im übertragenen Sinne - Abschließende Beurteilung des Reifungsbegriffs
3. Differenzierung 79
   Begriffsdefinition - Beispiele für Differenzierung - *Untersuchung 2.3: Zur Differenzierung von Emotionen in der frühen Kindheit* (BRIDGES 1932)- Differenzierung und Zentralisation - LEWINS Differenzierungskonzept - WITKINS Differenzierungskonzept - Differenzierungshypothese der Intelligenz - Die Bedeutung des Differenzierungsbegriffs für die heutige Entwicklungspsychologie
4. Lernen 84
   Begriffsklärung - Verhaltensaneignung und Verhaltensäußerung - Verschiedene Arten des Lernens

4.1 Klassisches Konditionieren 87
   Das Grundprinzip - Weitere Prinzipien - Anwendung auf die Kindesentwicklung - *Untersuchung 2.4: Zum Klassischen Konditionieren im Säuglingsalter* (PAPOUSEK 1967) - Die Bedeutung des Klassischen Konditionierens für die Entwicklung
4.2 Operantes Konditionieren 94
   Respondentes und Operantes Verhalten - Das Grundprinzip - Stimuluskontrolle im Operanten Konditionieren - Probleme des Verstärkungsbegriffs - Verschiedene Arten von Verstärkung - *Untersuchung 2.5: Zur Operanten Konditionierung von Vokalisierungen bei Säuglingen* (RHEINGOLD, GEWIRTZ & ROSS 1959) - Weitere Prinzipien - Die Bedeutung des Operanten Konditionierens für die Entwicklung
4.3 Beobachtungslernen (Lernen am Modell) 105
   Das Grundprinzip - Moderatorvariablen beim Beobachtungslernen - Experimenteller Nachweis des Beobachtungslernens - *Untersuchung 2.6: Zum Einfluß von Bekräftigung auf die Aneignung und die Äußerung von beobachtetem Verhalten* (BANDURA 1965) - Die Bedeutung des Beobachtungslernens für die Entwicklung
4.4 Mediationslernen 116
   Das Grundprinzip - Antizipatorische Zielreaktion und Gewohnheitshierarchie - Verbale Mediation - Mediationslernen und Entwicklung
5. Prägung 123
   Vorwissenschaftlicher Prägungsbegriff - Ethologischer Prägungsbegriff - Merkmale von Prägungsvorgängen - *Untersuchung 2.7: Nahrungsprägung bei Küken* (HESS 1962) - Anwendung auf die Humanentwicklung - Sensible Perioden - Prägung und Lernen - Bedeutung der Prägung für die Humanentwicklung
6. Sozialisation 133
   Sozialwerdung und Sozialmachung - Die Definition von Sozialisation - CHILDS Trichtermodell der Sozialisation und seine Mängel - Sozialisation als Erwerb von Rollen - Sozialisation als Abfolge und Bewältigung von Entwicklungsaufgaben - Bidirektionales Modell der Sozialisation - Die empirische Untersuchung von Sozialisationsprozessen - *Untersuchung 2.8: Mutter-Kind-Interaktion bei der Hausaufgabenerledigung und Leistungsmotiventwicklung im Grundschulalter* (TRUDEWIND & HUSAREK 1979) - Der ökopsychologische Ansatz von BRONFENBRENNER - Dimensionen und Auswirkungen der familiären Sozialisation - Die Komplexität von Sozialisationsprozessen - Die Bedeutung der Sozialisation für die Entwicklung
7. Zusammenfassung 153

Kapitel 3: **Die Steuerung von Entwicklungsprozessen – Anlage und Umwelt** 158

1. Voraussetzungen und Probleme der Erklärung von Entwicklung . . . 159
   Intraindividuelle Veränderungen oder interindividuelle Unterschiede als Erklärungsgegenstände - Die Reichweite von Erklärungen - Das Verhältnis von Anlage und Umwelt - Biologische und soziokulturelle Variabilität - Aktuelle (proximale) und zeitlich zurückliegende (distale) Entwicklungsbedingungen - Notwendige und hinreichende Entwicklungsbedingungen - Die Vielzahl der Bedingungen - Die kumulative Auswirkung von Entwicklungsbedingungen - Diskontinuität von Antezedenz-Konsequenz-Beziehungen
2. Die Faktoren der Steuerung von Entwicklungsprozessen 165

Allgemeine genetische Determinanten - Individuelle genetische Determinanten - Reifungsvorgänge - Einflüsse der materiellen (physischen) Umgebung - Einflüsse der sozialen Lernumwelt - Selbstregulation - Zusammenfassende Beurteilung der einzelnen Steuerungsfaktoren im Hinblick auf ihren Wirkungsbereich

3. Die wechselseitige Abhängigkeit der verschiedenen Entwicklungsfaktoren 172
   Kovariation und Interaktion - Alter und soziokulturelle Einflüsse - Allgemeine genetische Determinanten und soziokulturelle Einflüsse - Individuelle genetische Determinanten und soziokulturelle Einflüsse - Körperliche Merkmale und soziale Reaktionen - Wechselseitige Abhängigkeit innerhalb einer Faktorengruppe

4. Die biologischen Grundlagen der Entwicklung 176
   4.1 Grundbegriffe der Humangenetik 176
       Chromosomen und Gene - Genotyp und Phänotyp - Reaktionsnorm von Genotypen
   4.2. Der Weg von den Genen zum Verhalten 183
       Die zeitliche Steuerung von Genwirkungen - Die Indirektheit der Beziehung zwischen Genen und Verhalten

5. Methoden und Ergebnisse von Untersuchungen zur Anlage-Umwelt-Problematik 187
   5.1 Experimentelle Untersuchungen an Tieren 189
       Isolierung - Selektive Reinzüchtung - Manipulation von Umweltbedingungen
   5.2 Zwillingsuntersuchungen 190
       5.2.1 Die Zwillingsmethode 190
           Die Zerlegung der Merkmalsvarianz in Varianzanteile - Die Berechnung der Erblichkeit
       5.2.2 Ergebnisse der Zwillingsforschung 194
           Zur Erblichkeit von Intelligenzunterschieden -*Untersuchung 3.1: Eine Zwillingsuntersuchung zur Anlage-Umwelt-Problematik* (SHIELDS 1962)
       5.2.3 Grenzen und Mängel der Zwillingsmethode 203
           Nichtrepräsentativität von Zwillingsstichproben- Vernachlässigung der Varianz zwischen den Paaren - Vernachlässigung von Kovariation und Interaktion zwischen Erbe und Umwelt - Mangelnde Trennung von Anlage- und Umweltbedingungen - Irreführende Definition von gleicher versus verschiedener Umwelt -Nichterfassung des Grades von Umweltverschiedenheiten - Annahme gleicher Umweltvariation bei eineiigen und zweieiigen Zwillingen - Schlußbemerkung
   5.3 Adoptionsstudien 207
       5.3.1 Voraussetzungen und Vorgehensweise. 207
       5.3.2 Ergebnisse von Adoptionsstudien 209
           Ältere Studien - Neuere Studien -*Untersuchung 3.2: Die Minnesota Adoptions-Studien* (SCARR & WEINBERG 1983)
       5.3.3 Grenzen und Mängel der Adoptionsmethode 213
   5.4 Die Bedeutung von Erblichkeitsschätzungen für die Entwicklungspsychologie 215
       Die Populationsabhängigkeit von Erblichkeitsschätzungen - Die Nichtvorhersagbarkeit von Änderungen der Gruppenmittelwerte - Die Nichterfassung homogen wirkender Einflüsse - Die gesellschaftliche Bedeutung der gefundenen Zahlenwerte - Die mangelnde heuristische Brauchbarkeit von Erblichkeitsuntersuchungen - Neue Perspektiven in der Anlage-Umwelt-Debatte

5.5 Schlußbemerkungen 221
6. Zusammenfassung 222

Teil II: Methoden der Entwicklungspsychologie

Kapitel 4: Methodische Probleme der Entwicklungspsychologie 227

1. Einführung in methodische Probleme der entwicklungspsychologischen Forschung 227
   1.1 Zur Beziehung zwischen dem Gegenstand und der Methodik entwicklungspsychologischer Forschung 228
   Methodische Konsequenzen der Definition von Entwicklung als intraindividuelle Veränderung über die Zeit (das Alter) - Verschiedene Arten von Entwicklungsvariablen und Veränderungen
   1.2 Die Darstellung ontogenetischer Veränderungen in Form von Entwicklungsfunktionen 232
   Der Begriff der Entwicklungsfunktion - Entwicklungsfunktionen für Individuen und für Gruppen
   1.3 Probleme der Definition und Messung der abhängigen Variablen in der Entwicklungspsychologie 235
   Die Auswahl der abhängigen Variablen - Probleme der Messung entwicklungspsychologischer Variablen - Drei prototypische Fälle der Messung ontogenetischer Veränderungen - Die Umwandlung qualitativer Veränderungen in quantitative Werte - Das Problem der Identität trotz Veränderung
2. Probleme der Stichprobenselektion zur Untersuchung von Entwicklungsvorgängen 244
   2.1 Traditionelle Methoden der Untersuchung von Altersunterschieden und Altersveränderungen: Querschnitt und Längsschnitt 246
      2.1.1 Die konventionelle Querschnittmethode 246
      Definition und Versuchsplan - Vorteile der Querschnittmethode - Nachteile der Querschnittmethode - Abschließende Beurteilung der Querschnittmethode
      2.1.2 Die konventionelle Längsschnittmethode 251
      Definition und Versuchsplan - Vorteile der Längsschnittmethode - Nachteile der Längsschnittmethode - Abschließende Beurteilung der Längsschnittmethode
      2.1.3 Das Konvergenzmodell von BELL 256
   2.2 SCHAIES Allgemeines Entwicklungsmodell und daraus abgeleitete sequentielle Stichprobenpläne 258
      2.2.1 Das allgemeine Entwicklungsmodell von SCHAIE . . . 258
      SCHAIES Erweiterung der funktionalen Beziehung von Alter und Entwicklung - Die Einordnung der konventionellen Stichprobenpläne in SCHAIES dreifaktorielles Entwicklungsmodell

2.2.2 Die drei Sequenzmodelle von SCHAIE 261
   Definition und Interpretation der Sequenzmodelle - Probleme der Anwendung der SCHAIEschen Sequenzmodelle - *Untersuchung 4.1: Einschränkungen der Generalisierbarkeit von Wachstumskurven der Intelligenz* (SCHAIE 1972)
2.3 Das zweifaktorielle Modell von BALTES 268
   BALTES' Kritik an SCHAIE - Das allgemeine Entwicklungsmodell von BALTES - Die Einordnung der konventionellen und der sequentiellen Untersuchungspläne in das zweifaktorielle Entwicklungsmodell von BALTES - Zwei oder drei Faktoren? - Die Beilegung der SCHAIE-BALTES-Kontroverse
2.4 SCHAIES Revision seines Allgemeinen Entwicklungsmodells . . . 275
2.5 Abschließende Beurteilung der Sequenzmodelle von SCHAIE und BALTES 276
3. Probleme der Veränderungsmessung 278
   3.1 Probleme der univariaten Erfassung von Veränderungen 279
      Das Phänomen der *Regression zum Mittelwert* - Zum Einfluß von Meßfehlern auf Veränderungswerte - Residualwerte und Schätzwerte „wahrer" Veränderung
   3.2 Multivariate Verfahren in der Entwicklungspsychologie. 286
      3.2.1 Vorbemerkungen 286
      3.2.2 Faktorenanalytische Techniken der Untersuchung von Entwicklungsveränderungen 288
         Allgemeine Grundlagen der Faktorenanalyse - Die Unterscheidung von quantitativen und qualitativen Veränderungen mit Hilfe faktorenanalytischer Techniken - CATTELLS Einteilung verschiedener faktorenanalytischer Techniken - Das Würfelmodell von BUSS
      3.2.3 Abschließende Beurteilung der Brauchbarkeit multivariater Verfahren für die Entwicklungspsychologie 298
4. Probleme der Forschungspraxis 300
   Kriterien zur Auswahl von Gegenständen entwicklungspsychologischer Forschung - Praktische Schwierigkeiten bei der Durchführung von empirischen Untersuchungen - Ethische Probleme von Untersuchungen an Kindern und Jugendlichen - Ethische Grundsätze
5. Zusammenfassung 308

Kapitel 5: Erhebungsmethoden in der Entwicklungspsychologie 312

1. Beobachtungsmethoden 315
   1.1 Allgemeine Grundlagen 315
   1.2 Die Planung und Durchführung von Beobachtungsstudien . . . 317
      Beobachtungspläne - Systeme der Protokollierung - Der Beobachter als Meßinstrument - Technische Hilfsmittel
   1.3 Vorteile und Nachteile der Beobachtungsmethoden 324
2. Befragungsmethoden 326
   2.1 Mündliche Befragungsmethoden 327
      Exploration und Interview - Puppenspielinterview und Bildwahlverfahren

    2.2 Schriftliche Befragungsmethoden 330
        Persönlichkeitsfragebogen - Skalen zur Erfassung von Einstellungen und Interessen - Aufsatz- und Satzergänzungsverfahren - Soziometrische Verfahren
3. Standardisierte Tests 334
    Allgemeine Merkmale - Testverfahren in der Entwicklungspsychologie
4. Experimentelle Versuchsanordnungen 337
    4.1 Allgemeine Merkmale des psychologischen Experiments 337
    4.2 Das Experiment in der Entwicklungspsychologie 340
        Gegenstände des entwicklungspsychologischen Experiments - Experimentelle Kontrolle der Erfahrung - Experimentelle Simulation der Entwicklung - Zur Bedeutung des Experiments für die Entwicklungspsychologie
5. Projektive Verfahren und Werkgestaltungen 348
6. Zur unterschiedlichen Eignung verschiedener Datenerhebungsmethoden bei Kindern 349
7. Zusammenfassung 353

Literaturverzeichnis 356

Autorenregister 392

Sachregister 397

Quellenhinweise 402

Inhalt Band 2

Teil III: Theorien der Entwicklung

Kapitel 6:
Merkmale und Aufgaben von Entwicklungstheorien

1. Theoriebildung in der Psychologie
2. Theoriebildung in der Entwicklungspsychologie
3. Gegenwärtige Theorien der Entwicklung
4. Zusammenfassung

Kapitel 7:
Biogenetische Entwicklungstheorien - Entwicklung als Entfaltung

1. Grundlegende Annahmen
2. Bedeutende Vertreter einer biogenetischen Entwicklungstheorie
3. Der ethologische Ansatz in der Entwicklunspsychologie
4. Bewertung der biogenetischen Entwicklungstheorien
5. Zusammenfassung

Kapitel 8:
Psychoanalytische Entwicklungstheorien - Entwicklung als Triebwandlung

1. Entstehung der Psychoanalyse
2. Bedeutende Vertreter einer psychoanalytischen Entwicklungstheroie
3. Neuere Tendenzen in der psychoanalytischen Entwicklungstheorie
4. Bewertung der psychoanalytischen Entwicklungstheorien
5. Zusammenfassung

Kapitel 9:
Reiz-Reaktions-Theorien (S-R-Theorien) der Entwicklung - Entwicklung als sozialer Lernprozeß

1. Grundannahmen der S-R-Theorien
2. Bedeutende Vertreter einer S-R-Theorie der Entwicklung
3. Die Weiterentwicklung der S-R-Theorie zu einer Sozial-Kognitiven Lerntheorie
4. Bewertung der S-R-Theorien der Entwicklung
5. Zusammenfassung

Kapitel 10:
Kognitive Entwicklungstheorien - Entwicklung als Aufbau der Erkenntnis

1. Allgemeine Kennzeichen einer kognitiven Theorie
2. Bedeutende Vertreter einer kognitiven Entwicklungstheorie
3. Informationsverarbeitungstheorie (IVT)
4. Bewertung der kognitiven Entwicklungstheorien
5. Zusammenfassung

Teil IV: Befunde der Entwicklungspsychologie

Kapitel 11:
Sprachentwicklung

1. Bedeutung der Sprache und Problemstellungen einer Sprachentwicklungspsychologie
2. Aspekte des Spracherwerbs und Forschungsperspektiven
3. Entwicklung der einzelnen Sprachfähigkeiten
4. Theorien der Sprachentwicklung
5. Verlauf und Determinanten des Spracherwerbs - ein integrativer Überblick
6. Zusammenfassung

Kapitel 12:
Entwicklung der Geschlechtstypisierung

1. Die Bedeutung der Geschlechtsvariable
2. Differentiell-psychologische und entwicklungspsychologische Fragestellungen
3. Entwicklung der einzelnen Merkmale der Geschlechtstypisierung
4. Theorien der Entwicklung der Geschlechtstypisierung
5. Entwicklung und Zusammenhänge der verschiedenen Komponenten der Geschlechtstypisierung über die Ontogenese - ein integrativer Überblick
6. Zusammenfassung

Kapitel 13:
Moralentwicklung

1. Definition und Bedeutung von Moralität
2. Drei Forschungsperspektiven der Moralentwicklung
3. Entwicklung der einzelnen Komponenten der Moral
4. Art und Enge des Zusammenhangs von kognitiven, affektiven und Verhaltenskomponenten der Moral
5. Zusammenfassung

Teil I:

Grundlagen der Entwicklungspsychologie

In den drei Kapiteln dieses einführenden Teils werden die zentralen *Begriffe* und *Fragestellungen* der Entwicklungspsychologie erläutert. Anhand exemplarischer Befunde wird die Bedeutung der einzelnen Begriffe und Fragestellungen konkretisiert.

Im *Kapitel 1* wird eine allgemeine Bestimmung des *Gegenstandsbereichs* und der *Aufgaben* der Entwicklungspsychologie vorgenommen. Nach einem kurzen Abriß der *Geschichte* der Entwicklungspsychologie werden die wesentlichen *Aufgaben* der Entwicklungspsychologie herausgearbeitet und der *Entwicklungsbegriff* diskutiert. Besondere Aufmerksamkeit gilt dabei der Bedeutung der *Altersvariable*. Am Schluß des Kapitels wird auf das Verhältnis der Entwicklungspsychologie zu *anderen Forschungsgebieten* und auf Probleme einer *Angewandten Entwicklungspsychologie* eingegangen.

Im *Kapitel 2* werden die wichtigsten *grundlegenden Merkmale* zur Charakterisierung von Entwicklungsvorgängen hinsichtlich ihrer Bedeutung und Reichweite erläutert. Nacheinander werden behandelt: *Wachstum, Reifung, Differenzierung, Lernen, Prägung* und *Sozialisation*. Den größten Raum nehmen dabei die Begriffe Lernen und Sozialisation ein.

Im *Kapitel 3* beschäftigen wir uns mit der Frage, *wodurch* es zu Veränderungen im Laufe der Entwicklung kommt. Nach der Erörterung allgemeiner *Probleme der Erklärung* von Entwicklungsprozessen werden zunächst die im einzelnen wirksamen *Steuerungsfaktoren* und ihr *Zusammenwirken* beschrieben. Danach werden die wichtigsten *Grundbegriffe der Humangenetik* und die *Wirkweise von Genen auf die Verhaltensentwicklung* erläutert. Im letzten und längsten Abschnitt dieses Kapitels werden die *Methoden und Ergebnisse der Untersuchung der Anlage-Umwelt-Problematik* vorgestellt und diskutiert. Im Vordergrund stehen dabei *Zwillingsuntersuchungen* und *Adoptionsstudien*.

Kapitel 1:

Gegenstand und Aufgaben der Entwicklungspsychologie

In diesem einführenden Kapitel soll eine allgemeine Bestimmung des Gegenstandsbereichs und der Aufgaben der Entwicklungspsychologie vorgenommen werden.

Nach einem kurzen Abriß der Entstehung und der weiteren Ausbreitung einer entwicklungspsychologischen Forschung bis zur Gegenwart werden die Beschreibung, die Erklärung, die Vorhersage und die Beeinflussung zeitabhängiger Veränderungen als die wesentlichen Aufgaben der Entwicklungspsychologie herausgestellt. In diesem Zusammenhang wird geklärt, welche Zeiträume unter dem Entwicklungsaspekt ins Auge gefaßt werden können und hinsichtlich welcher Merkmale die Veränderungen im Laufe der Entwicklung zu kennzeichnen sind. Unsere besondere Aufmerksamkeit gilt der Frage, welche Bedeutung dem Lebensalter bei der Beschreibung und Erklärung von Entwicklungsprozessen zukommt. Abschließend wird kurz auf das Verhältnis der Entwicklungspsychologie zu anderen Forschungsgebieten sowie auf Probleme der praktischen Anwendung entwicklungspsychologischer Kenntnisse eingegangen.

Die im Kapitel 1 angeschnittenen Fragen werden in den folgenden Kapiteln wieder aufgenommen und ausführlicher behandelt.

1. Zur Geschichte der Entwicklungspsychologie

Der Gegenstand der Entwicklungspsychologie, ihre Fragestellungen und Aussagen, wie sie zu ihren Aussagen gelangt, all dies ist – wie es auch für andere wissenschaftliche Disziplinen gilt – einem historischen Wandel unterworfen. Die Entwicklungspsychologie von heute ist der Sproß der Entwicklungspsychologie von gestern (LOOFT, 1972). Vor der Darstellung des Gegenstandsbereichs der Entwicklungspsychologie aus heutiger Sicht soll deshalb ein kurzer Abriß der Entstehung einer wissenschaftlichen Entwicklungspsychologie und ihrer Geschichte bis in die Gegenwart geliefert werden. Der Abriß strebt dabei keine Vollständigkeit an. Die historischen Grundlagen entwicklungspsychologischer Fragestellungen interessieren an dieser Stelle nur so weit, als sie einen Zusammenhang zu den gegenwärtigen Forschungsproblemen herstellen helfen und das Verständnis späterer Ausführungen erleichtern.

Ausführliche Darstellungen der Geschichte der Entwicklungspsychologie finden sich in BIEHLER (1976), CAIRNS (1983), HÖHN (1959), LERNER (1983) und REINERT (1976). Historisch weiter zurückliegende Wurzeln werden behandelt in ARIÈS (1960/1975), BORSTELMANN (1983) und KESSEN (1965).

1.1 Die Entstehung eines Entwicklungsdenkens

Daß der Mensch nicht „fertig" auf die Welt kommt, sondern sich von der Geburt bis zum Lebensende in seiner äußeren Erscheinung, in seinem Verhalten, seinen Fertigkeiten, Kenntnissen, Interessen usw. verändert, ist so offensichtlich, daß es schon früh in der Menschheitsgeschichte erkannt worden sein dürfte.

Die Philosophen des Altertums (z. B. PLATON, ARISTOTELES) unterteilten den Lebenslauf bereits nach Altersstufen und erörterten die Vorzüge und Nachteile der einzelnen Lebensphasen (vgl. REINERT, 1976). Auch die autobiographischen „Entwicklungsromane" des Mittelalters (z. B. der *Parzifal* des Wolfram von ESCHENBACH oder der *Simplizissimus* des Hans Jacob von GRIMMELSHAUSEN) zeigen, daß dem Phänomen der seelischen Veränderung während des Lebenslaufs durchaus Beachtung geschenkt wurde. Weder in der Antike, noch im Mittelalter wurde der Entwicklungsgedanke jedoch differenziert ausgearbeitet. Die Entwicklung des Menschen wurde beobachtet und reflektiert, aber noch nicht systematisch erforscht (REINERT, 1976).

ARIÈS (1960/1975), ein französischer Historiker, hat zu belegen versucht, daß bis ins Mittelalter Veränderungen während Kindheit und Jugend längst nicht so registriert wurden, wie es heute für uns selbstverständlich ist, und daß es bis dahin – abgesehen von der Periode der biologischen Abhängigkeit des Kleinkindes – noch keine Idee der Kindheit als einer eigenständigen Lebensperiode gegeben hat. Er stützte dies auf die damaligen künstlerischen Darstellungen der menschlichen Gestalt (gleiche Körperproportionen und Kopfform von Erwachsenen und Kindern) und die fehlende Altersdifferenzierung von Kleidung, Spiel, Unterricht, Arbeit etc.

Die Thesen von ARIÈS blieben nicht unwidersprochen (vgl. z. B. HARDACH-PINKE & HARDACH, 1978; POLLOCK, 1983). Zutreffend ist aber sicher, daß die Veränderungen in Kindheit und Jugend heute weit differenzierter gesehen werden als damals. Außerdem darf nicht vergessen werden, daß in früheren Jahrhunderten die Altersgrenze zwischen Kind und Erwachsenem viel früher als heute (bei etwa 7 Jahren) angesetzt wurde. Im Laufe der Jahrhunderte hat sich diese Grenze, vor allem durch die gesellschaftliche Notwendigkeit längerer Ausbildungszeiten bedingt, immer weiter nach oben verschoben.

Vor rund zweihundert Jahren bildete sich dann allmählich ein Entwicklungsdenken heraus, und man begann, den Entwicklungsbegriff auf materielle, biologische, historische und seelische Geschehensreihen anzuwenden (THOMAE 1959b, S. 3). Bis dahin stand der Begriff *Entwicklung* (von lat. *evolutio* bzw. *explicatio*), der ursprünglich das Auseinanderrollen einer Buchrolle bezeichnete, in seinem übertragenen Sinne für die gedankliche Entfaltung oder Darlegung eines Sachverhalts. Schon früher hatte der englische Philosoph John LOCKE (1632-1704) empirische Studien über Kinder und Jugendliche angeregt und es als irrige Auffassung bezeichnet, Kinder als kleine Erwachsene zu betrachten.

Einen ersten Höhepunkt erreichte der Entwicklungsgedanke Mitte des 18. Jahrhunderts mit Jean Jacques ROUSSEAU (1712-1778) und dessen Erziehungsroman *Émile* (1762). ROUSSEAU läßt seinen erdichteten *Émile* fünf Stufen der Entwicklung vom Säuglingsalter bis zum jungen Erwachsenenalter durchlaufen, deren Abfolge er als von der Natur vorgegeben und daher als universell annimmt. Aus der Überzeugung heraus, nur das Neugeborene sei frei von der Verderbtheit der Welt, gelangt er zu einer „negativen" Pädagogik: er vertraut auf die natürliche Reifung des Menschen. Eingriffe der Umwelt in den natürlichen Verlauf der Entwicklung können nur verbilden. Erziehung sollte sich dementsprechend darauf beschränken, dem jeweiligen Reifestand angemessene Lernangebote zu machen. Jede Verfrühung und jeder Versuch der autoritären Durchsetzung von Erziehungszielen schade der Entfaltung der guten Anlagen des Menschen.

Mit seinen Ideen hat ROUSSEAU zahlreiche Pädagogen beeinflußt (z.B PESTALOZZI, FROEBEL, MONTESSORI). In neuerer Zeit finden sich derartige Gedanken in der sogenannten *Antiautoritären Erziehung* (NEILL, 1969) oder in der *Antipädagogik* (von BRAUNMÜHL, 1980).

Als weitere wichtige Vorläufer der späteren wissenschaftlichen Entwicklungspsychologie verdienen insbesondere Johann Nikolaus TETENS (1738-1807), Dietrich TIEDEMANN (1748-1803), Friedrich August CARUS (1770-1808) und Adolphe QUETELET (1796-1874) besondere Erwähnung (s. REINERT, 1976).

TETENS wird von REINERT (1976) „als wahrhaft Großer unter den Vorläufern der Entwicklungspsychologie" (S. 867) eingeschätzt. Im letzten Kapitel (*Über die Perfektibilität und Entwickelung des Menschen*) seines zweibändigen Hauptwerkes *Philosophische Versuche über die menschliche Natur und ihre Entwickelung* (1777) hat er einen wesentlichen Beitrag zur Verwissenschaftlichung der Entwicklungspsychologie geleistet und Auffassungen vertreten, die seiner Zeit weit voraus waren. Er lenkte beispielsweise den Blick von der unmittelbaren erzieherischen Nutzanwendung auf die Suche nach allgemeinen Entwicklungsgesetzen, schlug die Anwendung der Beobachtungsmethode vor, richtete die Aufmerksamkeit auf Entwicklungsverläufe und nicht bloß auf einzelne Altersgruppen und erkannte neben den Anlagen u.a. auch Erziehung, Übung oder Vorbilder als wichtige Entwicklungsdeterminanten.

Mit TIEDEMANN „beginnt die systematische, auf Beobachtungstechnik gegründete, längsschnittliche Erfassung der Verhaltensentwicklung von jungen Kindern" (REINERT, 1976, S. 869). Die zwischen 1781 und 1784 an seinem Sohn Friedrich während dessen ersten zweieinhalb Jahren gewonnenen *Beobachtungen über die Entwickelung der Seelenfähigkeiten bei Kindern* (1787) sind die ersten bekannt gewordenen Tagebuchaufzeichnungen über eine Kindesentwicklung. TIEDEMANN hat ein breites Verhaltensspektrum erfaßt: Motorik, Sinnesleistungen, Affekte, Sozialverhalten, Sprechen und Denken.

Erst im Verlauf des ausgehenden 19. und des beginnenden 20. Jahrhunderts folgten andere dem Vorbild von TIEDEMANN und legten ebenfalls umfangreiche Tagebuchaufzeichnungen über die Entwicklung ihrer eigenen Kinder vor (s. dazu weiter unten).

Ein häufig vergessener, obwohl äußerst moderner Vordenker der Entwicklungspsychologie ist F. A. CARUS, ein Verwandter des bekannteren Carl Gustav CARUS. In seinem postum erschienenen zweibändigen Werk *Psychologie* beschreibt er u. a. die Charakteristika unterschiedlicher Lebensalter auf sehr differenzierte Art. Man findet bei CARUS sehr moderne Ideen, wie z. B. eine Lebensspannenorientierung, die Berücksichtigung differentieller Aspekte, das Alter als Indikatorvariable oder die Wechselwirkung zwischen Mensch und Umwelt (s. dazu REINERT, 1976, S. 873-875).

Von dem belgischen Astronomen und Mathematiker QUETELET wurde die empirisch-statistische Methode in die Entwicklungspsychologie eingeführt. QUETELET versuchte durch die zahlenmäßige Messung und Schätzung aller möglichen Variablen (z. B. Körpergröße und -gewicht, Pulsrate, Auftretensraten von Suiziden, Delikten, geistigen Erkrankungen) den *statistischen Durchschnittsmenschen* (l'homme moyen) zu erfassen. Indem er die an den einzelnen Altersgruppen im Querschnitt gewonnenen Werte in Diagrammen zusammenfaßte, gelangte er zu „Entwicklungsverläufen" der interessierenden Variablen über die Lebensspanne. Er erkannte auch bereits einige Probleme der Querschnitt- und der Längsschnittmethode und war sich des historischen Wandels von Entwicklungsbefunden bewußt. Außerdem zielte er eine Reduktion von mehrdimenisonalen Größen zu eindimensionalen Größen an, was als Grundidee der späteren Faktorenanalyse angesehen werden kann (HOFSTÄTTER, 1938; s. dazu Kap. 4.)

Im naturwissenschaftlich geprägten Denken des 19. Jahrhunderts konkurrieren dann drei Bedeutungen von Entwicklung miteinander: *Präformation*, *Epigenese* und der *Evolutions*begriff der Deszendenztheorie (THOMAE, 1959b, S. 3f.). Nach der Präformationstheorie ist Entwicklung die Ausfaltung eines bereits keimhaft Angelegten zu seiner Endgestalt. Das Konzept der Epigenese sieht die Entwicklung als fortschreitendes Geschehen, „bei dem durch eine besondere Lebenskraft aus der zunächst strukturlosen organischen Substanz Qualitäten geschaffen werden." (THOMAE, 1959b, S. 4). (Der Begriff der Epigenese wird uns bei ERIKSON wiederbegegnen; s. Kap. 8.2.2). Der Entwicklungsbegriff der Deszendenztheorie betont schließlich das Hervorgehen einer Vielzahl von Varietäten aus einem einheitlichen Ursprung. In jedem Fall gilt Entwicklung „als streng gesetzliches, von inneren Wachstumsimpulsen und äußeren Wachstumsbedingungen gelenktes, und an eine bestimmte Reihenfolge und Zeitfolge gebundenes Geschehen" (THOMAE, 1959b, S. 4).

1.2 Die Anfänge einer wissenschaftlichen Entwicklungspsychologie

Die Anfänge einer *wissenschaftlichen* Entwicklungspsychologie im Sinne der empirischen Untersuchung der menschlichen Entwicklung und der theoretischen Einordnung der erhaltenen Befunde werden meist – wie das Heraufkommen einer eigenständigen Psychologie überhaupt – auf die zweite Hälfte des 19. Jahrhunderts datiert. Zwei Dinge waren für das Aufkommen einer erfahrungswissenschaftlich orientierten Entwicklungspsychologie von besonderer Bedeutung: die Evolutionstheorie DARWINS und die umfangreichen Tagebuchaufzeichnungen von Beobachtungen an Kleinkindern.

Die Bedeutung der Evolutionstheorie DARWINS

Einen wichtigen Anstoß für eine gezielte Auseinandersetzung mit Entwicklungsproblemen auf empirischer Grundlage lieferten die Entdeckungen DARWINS, insbesondere seine beiden Schriften *Über den Ursprung der Arten* (1859) und, zwölf Jahre später, *Über die Abstammung des Menschen* (1871). Nach DARWIN ist die biologische Evolution im wesentlichen das Resultat eines langwierigen Selektionsprozesses: die Erbvariationen, die in bezug auf die jeweils herrschenden Umweltbedingungen einen Anpassungsvorteil bieten, haben sich aufgrund dieses Vorteils auf die Dauer mit einer größeren Wahrscheinlichkeit fortgepflanzt (Selektions- oder Überlebensvorteil). Die Funktion der Umwelt besteht dabei ausschließlich darin, die geeigneten Erbvarianten, auszuwählen. Diese selbst kommen jedoch über die Weitergabe des Erbguts auf dem Wege der Fortpflanzung und (seltener) Mutationen zustande.

DARWINS Gedanken über die Evolution der Arten als der Entwicklung von einfachen zu immer komplexeren Formen des organischen Lebens regten die Forschung in drei Richtungen an (SCHMIDT, 1970, S. 28-38): es wurden nun *kinderpsychologische* Fragestellungen formuliert (DARWIN selbst hatte bereits ab 1840 mit der Aufzeichnung von Beobachtungen der Entwicklung seines ersten Kindes begonnen und seine Aufzeichnungen darüber 1877 veröffentlicht); es entstand eine eigenständige *Tierpsychologie* (als Vorläufer der heutigen vergleichenden Verhaltensforschung), und es wurden systematische *völkerpsychologische* Studien angestellt. Alle drei Ansätze dienten zunächst dazu, Licht auf den Ablauf und die Gesetzmäßigkeiten der *Phylogenese* zu werfen. So sollte auch die Erforschung der Individualentwicklung des Menschen (*Ontogenese*) Aufschluß geben über die Stammesentwicklung (*Phylogenese*). Die Bedeutung des Vergleichs von Ontogenese und Phylogenese für die damalige Zeit geht aus dem von HAECKEL (1866) formulierten biogenetischen Grundgesetz hervor, nach dem die *Keimesgeschichte die Stadien der Stammesgeschichte in abgekürzter Form noch einmal wiederholt (rekapituliert)*.

Die im biogenetischen Grundgesetz angesprochene Parallelität von Phylogenese und Ontogenese des Menschen bezieht sich allein auf die *physische* Entwicklung während der *vorgeburtlichen* Zeit (Embryonalgenese), evtl. noch die erste Zeit danach. Von HALL (1904) – bereits zuvor von HERDER und FROEBEL – wurde zwar eine Ausdehnung des biogenetischen Grundgesetzes auch auf das Psychische versucht, indem sie die nachgeburtliche Zeit der Individualentwicklung mit den kulturellen Entwicklungsstufen der Menschheitsgeschichte verglichen (*psychogenetisches Grundgesetz*). Letzteres geht jedoch über die rein biologischen Gesetzmäßigkeiten der Entwicklung der Arten hinaus, wenn auch die angenommene Wiederholung der kulturellen Epochen während der Ontogenese ursprünglich wohl als biologisch verankert angesehen worden sein dürfte.

Die enge Verknüpfung der Entstehung der wissenschaftlichen Entwicklungspsychologie mit der Biologie macht verständlich, daß die Auffassung der menschlichen Entwicklung als biologisch vorprogrammierte Entfaltung vorgegebener Strukturen lange Zeit dominierte (s. dazu Kap. 7).

Wesentlich zurückhaltender wird der Einfluß DARWINs auf die Entwicklungspsychologie von CHARLESWORTH (1986) und von REINERT (1976) beurteilt. Sie sehen erst gegen Ende des 19. Jahrhunderts nennenswerte Auswirkungen des Denkens von DARWIN und meinen überdies in der DARWIN-Rezeption teilweise die Übernahme eines falsch verstandenen DARWIN zu erkennen.

Neben der Evolutionstheorie DARWINs waren es vor allem pädagogische Strömungen der damaligen Zeit, mit der Forderung, die seelische Eigenart des Kindes stärker zu berücksichtigen, die das Interesse für Entwicklungsprobleme anregten. Die Umkehrung der bis dahin vorherrschenden Sichtweise vom Kind als kleinem Erwachsenem zur Betrachtung des Erwachsenen als dem Endprodukt einer langen Entwicklungsgeschichte, pointiert ausgedrückt: „das Kind ist der Vater des Mannes/ ... die Mutter der Frau", kann als grundlegend für die Etablierung einer eigenständigen Entwicklungspsychologie angesehen werden. Außerhalb der Strömungen der „akademischen" Psychologie kam Sigmund FREUD im übrigen zur gleichen Auffassung (vgl. Kap. 8.).

Beobachtungen an Kleinkindern

Den eigentlichen Beginn der wissenschaftlichen Entwicklungspsychologie, d. h. der empirischen Untersuchung von Gesetzmäßigkeiten der menschlichen Entwicklung, setzt man gemeinhin mit den ersten umfangreichen Aufzeichnungen von Beobachtungen an Kleinkindern gegen Ende des vergangenen Jahrhunderts an. Als Markstein gilt hier Wilhelm PREYERs Werk *Die Seele des Kindes* (1882). Das Buch des Jenaer (später in Berlin tätigen) Physiologen PREYER basiert auf Beobachtungen und kleinen Experimenten an seinem Sohn Axel.

Die Bedeutung von PREYER ist allerdings weniger in seinem Buch selbst, als in dessen Auswirkungen, nämlich der Anregung einer intensiven, auf Beobachtung gegründeten Kinderforschung zu sehen.

Von nun an wurden eine Reihe von Materialsammlungen zur kindlichen Entwicklung vorgelegt. Von Tag zu Tag oder von Woche zu Woche sammelte man – meist bei den eigenen Kindern – Material über neu auftretende Verhaltensweisen (*Entwicklungsfortschritte*). Sie wurden in Kindertagebüchern festgehalten. Bekannt sind solche Aufzeichnungen etwa von Ernst und Gertrud SCUPIN (1907,1910), Millicent SHINN (1899/1905) oder Clara und William STERN (1907, 1914); später auch von Jean PIAGET (1936/1975, 1937/1975, 1945/1969).

Der Inhalt solcher Materialsammlungen wird durch die folgenden Ausschnitte aus W. STERNS *Psychologie der frühen Kindheit* (1914) veranschaulicht:

Unter der Überschrift *Wahrnehmen und Aufmerken* teilt STERN (1914, S. 61) folgende Beobachtungen über das Verhalten seines Sohnes Günther in den ersten Lebenswochen mit:

„Günther dritte Woche: In den letzten Tagen ist das Blicken nun mit völliger Sicherheit konstatiert. Namentlich wenn etwas sich plötzlich dem Kinde nähert – vor allem ein Menschengesicht –erhält der Blick sofort etwas Gespanntes, Fixierendes, das gar nicht zu verkennen ist. Wechselt der fixierte Gegenstand seine Stellung, so wechselt auch zuweilen der Blick entsprechend seine Richtung

Drei Tage später: Schreit der Junge heftig und nähert man sich ihm plötzlich, so tritt sofort eine Schreipause ein, und der Kommende wird angeblickt.

Fünfte Woche: Der Blick wird immer größer und gespannter; tritt man an den Wagen heran, so blickt er einen aufmerksam an; wird er herausgenommen oder in ein anderes Zimmer gefahren, so hält der Wechsel der Eindrücke den Blick dauernd in einer fast erwartungsvollen Spannung. – Siebente Woche: Liegt G. auf der Wickelkommode, so sucht er mit den Augen fast stets die helle Wand dahinter; dreht man ihn, so verändert er entsprechend die Blickrichtung, um die Wand im Auge zu behalten."

Als Beispiel für die Entwicklung des Illusionsbewußtseins bei seiner Tochter Hilde berichtet STERN (1914, S. 190) von einer Episode, während der die 4;7 Jahre alte Hilde durch die Spielillusion in Tränen ausbricht:

„Abends – es ist im Schlafzimmer schon dunkel gemacht – ruft sie plötzlich ganz ängstlich, ob irgendeine Puppe auch mit der dicken Decke eingepackt sei; sie fürchtete augenscheinlich bei dem rauhen Novemberwetter, daß sich die Puppe sonst erkälte. Und als man sie zur Ruhe verweisen will, fließen Tränen; die Besorgnis um die Gesundheit des Schwesterchens kann kaum echter sein als diese Puppensorge. Wäre dies möglich, wenn in voller Klarheit vor ihrem Bewußtsein stände, daß die umsorgte Puppe nur ein Stück Leder mit Häckselfüllung ist?"

In neuerer Zeit hat DEUTSCH die Originalaufzeichnungen des Ehepaars STERN wiederentdeckt, und unter verschiedenen Aspekten ausgewertet (DEUTSCH, 1991).

Das wesentliche Verdienst dieser oft detaillierten Datensammlungen ist es, überhaupt erst einmal auf wesentliche Probleme der Kindesentwicklung aufmerksam gemacht und dadurch ein Interesse für entwicklungspsychologische Untersuchungen geweckt zu haben sowie – häufig erstmals – empirische Daten zusammengetragen zu haben. Die Datenerhebung und damit die Absicherung der auf ihr basierenden verallgemeinernden Aussagen war meist jedoch unzulänglich.

Als die wesentlichen methodischen Mängel dieser frühen Ansätze kann man mit MUSSEN, CONGER und KAGAN (1974/1976) ansehen:

1. Die Beobachtungen erfolgten häufig unsystematisch und in unregelmäßigen Zeitabständen.

2. Da die Beobachter meist Eltern, Tanten oder Onkel der beobachteten Kinder waren, ist anzunehmen, daß eine gewisse Voreingenommenheit bei der Bewertung der kindlichen Verhaltensäußerungen bestand.

3. Oft hatten die Beobachter bereits eine eigene Theorie über die Entwicklung oder Erziehung von Kindern und sahen in dem einzelnen beobachteten Kind bloß den lebenden Ausdruck dieser Theorie.

4. Die Berichte waren immer nur auf *einen* oder nur ganz wenige Fälle bezogen, was Verallgemeinerungen kaum zuläßt.

Zu einer positiveren Einschätzung des Wertes von Tagebuchaufzeichnungen gelangt HOPPE-GRAFF (1989).

In den Anfängen der Entwicklungspsychologie fehlte es weitgehend an Bemühungen zur theoretischen Einordnung und Interpretation der erhobenen Beobachtungsdaten, sieht man einmal von der Evolutionstheorie und dem aus ihr begründeten vergleichenden Ansatz ab. Die Forscher waren stärker an Einzelproblemen interessiert als an deren wechselseitigem Zusammenhang. Unter rein deskriptivem Aspekt suchte man auf das Lebensalter bezogene Entwicklungssequenzen aufzufinden. Implizit dürfte dabei in der Regel eine Reifungshypothese bzw. die Vorstellung von der biologischen Angelegtheit der Entwicklung zugrunde gelegen haben.

Von einem derartigen Bezugsrahmen ausgehend, allerdings weit systematischer und mit zahlreichen technischen Hilfsmitteln (z. B. standardisierter filmischer Verhaltensregistrierung) arbeitend, hat später Arnold GESELL die wohl umfangreichste Sammlung von Daten zur kindlichen Entwicklung bis hin ins Jugendalter vorgelegt. Vom ersten bis zum sechzehnten Lebensjahr wurden – zunächst im Abstand von Vierteljahren, später in Jahresabständen – Entwicklungsnormen für alle möglichen Verhaltensbereiche erhoben (GESELL, 1940/1952; GESELL & ILG, 1946/1954; GESELL, ILG & AMES, 1956/1958).

1.3 Die weitere Ausbreitung der wissenschaftlichen Entwicklungspsychologie

Ende des 19. /Anfang des 20. Jahrhunderts nahm die Entwicklungspsychologie als wissenschaftliche Disziplin einen raschen Aufschwung. Noch stärker als in ihren Anfängen stand die Erforschung des *Kindesalters* im Vordergrund.

Der wissenschaftliche Fortschritt auf dem Gebiet der Entwicklungspsychologie erfolgte von Anfang an in engem Zusammenhang mit der Entwicklung und Verbesserung psychologischer Untersuchungsmethoden. G. Stanley HALL konstruierte als erster Fragebogen für Kinder (ab 1882). Unter dem Titel *The contents of children's minds on entering school* (Übersetzt etwa: *Die Inhalte des kindlichen Seelenlebens bei Schuleintritt*) veröffentlichte er 1891 die Ergebnisse seiner Fragebogenerhebungen im ersten Band der von ihm gegründeten Zeitschrift *Pedagogical Seminary* (dem heutigen *Journal of Genetic Psychology*). Alfred BINET und Théodore SIMON lieferten im Rahmen eines Auftrags des damaligen französischen Erziehungsministers zur Entwicklung eines Verfahrens, das geistige Behinderungen erkennen helfen sollte, erste Ansätze einer Standardisierung der Intelligenzmessung (BINET & SIMON, 1905). Charlotte BÜHLER und Hildegard HETZER (1932) stellten Kleinkindertests zur Erfassung des Entwicklungsstandes zusammen. John WATSON (zusammen mit Rosalie RAYNOR, 1920) wendete in Konditionierungsversuchen experimentelle Methoden bei Kleinkindern an (früher bereits KRASNOGORSKI, 1907). Jean PIAGET schuf mit zahlreichen Explorationsverfahren die Grundlagen für einen neuen Zugang zum Denken bei Kindern (PIAGET, 1923 und später; s. Kap. 10.1).

Es wurden nun auch zahlreiche Periodika gegründet; das erste, *Pedagogical Seminary* – wie erwähnt – von HALL bereits 1891. Und es wurden Universitäts- und Forschungsinstitute eingerichtet, deren ausschließliche Aufgabe darin bestand, sich mit entwicklungspsychologischen Fragen zu befassen. Zu nennen sind hier etwa das *Institut Jean Jacques ROUSSEAU* in Genf (geleitet von Edouard CLAPARÈDE, später von PIAGET), die *Yale Clinic of Child Development* unter der Leitung von Arnold GESELL (seit 1950 GESELL *Institute of Child Development*) oder das *Fels Research Institute* in Chicago.

Darüber hinaus konnte sich die Entwicklungspsychologie an vielen Universitäten mit bedeutenden Wissenschaftlern etablieren: u. a. G. Stanley HALL an der Clark University, (später war hier Heinz WERNER tätig), James Mark BALDWIN in Princeton, Alfred BINET in Paris, William STERN in Hamburg, das Ehepaar Karl und Charlotte BÜHLER in Wien (später stieß Hildegard HETZER hinzu).

Allmählich bildeten sich auch einige Schulen heraus, die sich in ihren Intentionen und in den von ihnen gewählten theoretischen Grundlagen zur integrierenden Einordnung der Befunde unterschieden. Zu den bekanntesten Schulen zählen die *Genetische Ganzheitspsychologie* (KRUEGER, SANDER, VOLKELT, WERNER), der *Behaviorismus* (WATSON), die *Psychoanalyse* (FREUD) und die *Feldtheorie* (LEWIN).

Weitere Anstöße zur Beschäftigung mit Entwicklungsproblemen kamen von der klinischen Praxis in Amerika (Erziehungsberatung, Fürsorge, Pädiatrie). Die am Anpassungsbegriff (*adjustment*) orientierte amerikanische Kinderpsychologie wollte primär praktische Hilfe für die Kindererziehung geben, die Feststellung von Entwicklungsnormen diente dabei nur als Mittel. Ihren Niederschlag fand dieses Interesse in der Gründung von sogenannten *Child Guidance Clinics*, übersetzt etwa: *Instituten für Kinderwohlfahrt* (HÖHN, 1959, S. 35).

> Ausgangspunkt für die *Child Guidance*-Bewegung war im übrigen der Versuch, mit den Problemen der Jugendkriminalität fertig zu werden. Zu diesem Zweck gründete HEALEY im Jahre 1909 die erste *Child Guidance Clinic* in Chicago. Nach dem 2. Weltkrieg rückte auch in Deutschland das schwierige und auffällige Kind in den Vordergrund des Interesses. Konsequente Folge davon war die Einrichtung von *Erziehungsberatungsstellen*.

Von großer Bedeutung für den Fortschritt der Entwicklungspsychologie waren auch die in den USA zwischen 1920 und 1940 begonnenen breit angelegten Längsschnittstudien mit z.T umfangreichen Stichproben, die über viele Jahre oder gar Jahrzehnte wiederholt untersucht wurden. Die erste und bekannteste dieser Studien war die von Lewis TERMAN 1920 begonnene Studie über die Entwicklung von Hochbegabten (TERMAN & ODEN, 1959). Weitere bekannte Längsschnittuntersuchungen sind die *Berkeley Growth Study* von Nancy BAILEY und Harold JONES, die *Berkeley Guidance Study* von Marjorie HONZIK und Jean McFARLANE, die *Harvard Growth Study* von Walter DEARBORN und John ROTHNEY, die *Oakland Growth Study* von Harold JONES und die *Fels Study of Human Development* von Lester SONTAG. Hauptziel dieser Studien war, für ein breites Spektrum von körperlichen und psychischen Variablen Aufschluß über die Kontinuität oder die Diskontinuität von Entwicklungsverläufen zu gewinnen bzw. festzustellen, inwieweit interindividuelle Unterschiede in diesen Größen stabil oder instabil sind und damit individuelle Entwicklungsverläufe vorhergesagt werden können.

Nachdem über Jahrzehnte in der Entwicklungspsychologie kaum noch größere Längsschnittstudien durchgeführt worden waren, erlebt diese Methode gegenwärtig (hauptsächlich in Europa) wieder eine Renaissance (vgl. SCHNEIDER & EDELSTEIN, 1990, sowie die zahlreichen Bände, die in dem von der *European Science Foundation* geförderten Programm *Network on Longitudinal Studies on Individual Development* seit 1988 entstanden sind).

Von seiten kulturanthropologischer Untersuchungen an Kindern primitiver Völker (MEAD, 1928, 1930; BENEDICT, 1938) bzw. der Auswertung ethnologischen Materials (WHITING & CHILD, 1953) wurde die Entwicklungspsychologie darauf hingewiesen, daß Entwicklungsphänomene kulturabhängig sind. Zusammen mit psychoanalytischen Vorstellungen einerseits und Einflüssen der nun stärker auf entwicklungspsychologische Fragestellungen angewendeten Lerntheorien andererseits regte dieser Aspekt des (inter)kulturellen Vergleichs und des Vergleichs von Subkulturen innerhalb unserer Kultur während der 40er und 50er Jahre eine Vielzahl von Sozialisationsstudien bzw. Untersuchungen zum Einfluß des *Erziehungsstils* an (s. dazu HERRMANN, 1966; SCHNEEWIND & HERRMANN, 1980).

Seit Mitte der 50er Jahre ist schließlich – über den Umweg USA – eine Wiederentdeckung PIAGETs festzustellen, die eine lebhafte und bis heute noch nicht abnehmende Forschungsaktivität in Richtung der Untersuchung kognitiver Prozesse ausgelöst hat (vgl. die Kap. 10 bis 13).

Damit sind die Hauptlinien der Entstehung und der weiteren Geschichte der Entwicklungspsychologie, soweit sie zum Verständnis der später behandelten Fragen nützlich erscheinen, grob skizziert.

1.4 Gegenwärtige Trends

Die 1978 in der Erstausgabe meines Lehrbuchs beschriebenen aktuellen Trends der (damaligen) Entwicklungspsychologie halten zum größeren Teil auch heute noch unverändert an oder haben sich gar verstärkt. Einzelne der damaligen Trends haben sich gewandelt oder abgeschwächt. Hinzugekommen sind eine Reihe von neuen, für die gegenwärtige Entwicklungspsychologie besonders charakteristischen Tendenzen.

Unverändert groß ist das Interesse an der *Erklärung* der Entwicklung, d. h. an der Aufdeckung der Mechanismen und Bedingungen, die den Veränderungen im Laufe der Entwicklung zugrunde liegen (vgl. P. H. MILLER, 1989; DERIBEAUPIERRE, 1989; STERNBERG, 1984; TRAUTNER, 1983; s. dazu Kap. 3).

Ebenfalls unverändert besteht weiterhin das Bestreben, anstelle relativ globaler

Einflußgrößen wie *elterliche Strenge* oder *Trennung von der Mutter* die in den Interaktionsprozessen tatsächlich wirksamen Faktoren *differenzierter* zu erfassen (s. dazu Kap. 2.6).

Verstärkt haben sich die folgenden, bereits früher konstatierten Trends:

Die *Kinder*psychologie steht zwar quantitativ weiterhin eindeutig im Vordergrund der Entwicklungspsychologie, die in den 70er Jahren aufgekommene *Lebensspannen-Orientierung* hat sich im Laufe der 80er Jahre jedoch immer stärker durchgesetzt (s. dazu Abschnitt 2.).

Auch die *Spezialisierung der Themen* und die *interdisziplinäre Ausrichtung* der Entwicklungspsychologie haben weiter zugenommen (vgl. die Handbücher von KELLER, 1989; MUSSEN, 1983). Mit der Spezialisierung einhergehend werden einheitliche Konzeptionen des gesamten Entwicklungsgeschehens zunehmend aufgegeben. Stattdessen wird die Bedeutung unterschiedlicher theoretischer Ansätze für relativ eng umschriebene Entwicklungsphänomene auf ihre Reichweite überprüft (vgl. hierzu die Kap. 11 bis 13).

Bei der wachsenden Themenvielfalt wird es immer schwieriger, Gesamtdarstellungen der Entwicklung mit einer inhaltlichen oder vom Alter ausgehenden *Systematik* der einzelnen Entwicklungsphänomene zu liefern. Dementsprechend findet sich in der rezenten Literatur immer häufiger nur eine *lose Aneinanderreihung von Themen* (vgl. BORNSTEIN & LAMB, 1984; OERTER & MONTADA, 1987).

Weiter verstärkt hat sich die Tendenz, das Verhalten sich entwickelnder Individuen nicht nur als abhängige Variable zu betrachten, sondern auch als *unabhängige* Variable, d. h. als Einflußgröße, von der die Art der vom heranwachsenden Individuum erfahrenen Stimulation wesentlich mitbestimmt wird (vgl. BELL, 1979; LERNER & BUSCH-ROSSNAGEL, 1981; SCARR & MCCARTNEY, 1983).

Gewandelt hat sich das Bild der – unverändert dominierenden – Forschung über *kognitive Prozesse*. Neben dem weiterhin bestehenden großen Interesse an PIAGET, und sei es nur, um ihn zu kritisieren oder zu „überwinden", wird der Einfluß der allgemeinpsychologisch fundierten *Kognitionswissenschaft* immer stärker. Für die Entwicklungspsychologie besonders wichtig geworden sind in diesem Zusammenhang die Informationsverarbeitungsansätze (s. hierzu Kap. 10.3).

Während 1978 noch eine wachsende Bedeutung der *experimentellen* Methode, mit dem Ziel einer Analyse *kurzfristiger* Verhaltensänderungen festgestellt werden konnte, ist die Bedeutung eines derartigen Untersuchungsansatzes inzwischen wieder zurückgegangen. Die weniger positive Einschätzung des klassischen Experiments dürfte nicht zuletzt durch die programmatischen Schriften von MCCALL (1977) und WOHLWILL (1973/1977) ausgelöst oder zumindest gefördert worden sein. (Zum Experiment in der Entwicklungspsychologie s. Kap. 5.4).

In der kurzen Spanne zwischen den 70er und den 80er Jahren zeigen sich in der Entwicklungspsychologie aber auch eine Reihe neuer Trends. Neu allerdings nur insofern, als sie das Bild der neueren Entwicklungspsychologie besonders prägen, nicht in dem Sinne, daß es die betreffenden Strömungen und Sichtweisen nicht auch früher (schon einmal) gegeben hätte. Es sind dies: die Berücksichtigung des *ökologischen Kontexts* von Entwicklungsprozessen, die Aufwertung der *Längs-*

schnittmethode, die Hinwendung zu einer *differentiellen Entwicklungspsychologie*, die Einbeziehung des *historischen Wandels* von Entwicklungsphänomenen, die Öffnung hin zu einer *Angewandten Entwicklungspsychologie* und die Wiederentdeckung der *Beobachtungsmethode*.

Die von PRESSEY, JANNEY und KUHLEN (1939) sowie – in der Tradition von LEWIN (1946) – von BARKER und WRIGHT Anfang der 50er Jahre (BARKER & WRIGHT, 1951, 1955) fundierte, später von BRONFENBRENNER (1976, 1979/1981) theoretisch ausgearbeitete Position einer *Ökologischen Entwicklungspsychologie* beginnt allmählich – zumindest als Anspruch – breitere Anerkennung zu finden (s. dazu OERTER, 1987; WALTER & OERTER, 1979).

Die Notwendigkeit des Einsatzes der *Längsschnittmethode* zur Beantwortung zentraler Fragen der Entwicklungspsychologie (z. B. Erfassung des Verlaufs intraindividueller Veränderungen, Feststellung der Stabilität oder Instabilität interindividueller Unterschiede und der Kontinuität oder Diskontinuität von Bedingungszusammenhängen über die Ontogenese) wird zunehmend erkannt. (Zur Längsschnittmethode s. Kap. 4.2).

Einhergehend mit einer Lebensspannenorientierung und der Beschäftigung mit individuellen Entwicklungsverläufen gerät das Phänomen *differentieller Entwicklungsverläufe* immer mehr ins Blickfeld (vgl. BALTES, 1979a).

Angeregt durch die Diskussion über angemessene Stichprobenpläne zur Untersuchung von Entwicklungsprozessen und die Substanz der Variablen Lebensalter, Kohorte und (historische) Zeit (s. dazu Kap. 4.2) wird heute viel stärker als früher der *historische Wandel* von Entwicklungsphänomenen herausgestellt.

Die Entwicklungspsychologie versteht sich zunehmend als eine Disziplin, die (auch) zur Lösung praktischer Probleme beizutragen hat, d. h. die eine *Angewandte Entwicklungspsychologie* einschließt (vgl. MONTADA, 1983, 1987b; s. dazu Abschnitt 4.).

Die *Beobachtungsmethode* erfreut sich (wieder) einer großen Beliebtheit in der entwicklungspsychologischen Forschung (zur Beobachtungsmethode s. Kap. 5.1).

Zwei Gründe dürften hierfür ausschlaggebend sein: die rasante Entwicklung der Videotechnik und der damit gegebenen vielfältigen Aufzeichnungs- und Auswertungsmöglichkeiten und der wachsende Einfluß der Ethologie auf die Entwicklungspsychologie (zu letzterem s. Kap. 7.3).

2. Entwicklungsbegriff und Aufgaben der Entwicklungspsychologie

Die Entwicklungspsychologie teilt das Schicksal anderer psychologischer Disziplinen, keinen einheitlichen und klar abgrenzbaren Untersuchungssgegenstand zu besitzen. Dieses Problem ist in der Sache begründet und durch eine definitorische Eingrenzung des Entwicklungsbegriffs nicht auszuräumen. Es gibt nämlich nicht *die* Entwicklungspsychologie, und damit einen einheitlichen Entwicklungsbegriff, sondern gleichzeitig mehrere Entwicklungspsychologien, die sich in ihrer Art Forschungsprobleme zu formulieren und diese einer Untersuchung zugänglich zu machen, unterscheiden. Sowohl die Breite der Untersuchungsinhalte als auch die Vielfalt der theoretischen Ansätze und methodischen Vorgehensweisen der Entwicklungspsychologie sind enorm.

> Dazu ein Beispiel. In dem von HETHERINGTON und PARKE (1988) herausgegebenen Sammelwerk *Contemporary Readings in Child Psychology* mit insgesamt 55 Beiträgen werden u. a. folgende Themen behandelt: Umweltgifte und Verhaltensentwicklung; Unterschiede des Reifungstempos bei Mädchen und soziale Anpassung; Bedeutung des elterlichen Sprachinputs für die Gestensprache tauber Kinder; Familienbeziehungen sechs Jahre nach der Scheidung; Entwicklung moralischen Denkens, Fühlens und Handelns; Geschlechtskonstanz und Effekte der Fernsehwerbung für geschlechtstypisches Spielzeug; Kindliche Theorien der Intelligenz: Folgen für das Lernen. Dabei enthält das Buch nur Beiträge zur Kindespsychologie. Noch viel breiter sind die Fragestellungen, Methoden und Theorien, wenn das Jugend- und Erwachsenenalter einbezogen werden.

Auch die immer stärker werdende wechselseitige Durchdringung von Entwicklungspsychologie und anderen psychologischen Disziplinen (Allgemeine Psychologie mit ihren Teilgebieten Wahrnehmungs- , Kognitions-, Lern- und Motivationspsychologie, Differentielle Psychologie, Pädagogische Psychologie) aber auch Disziplinen außerhalb der Psychologie (Genetik, Physiologie, Ethologie oder Soziologie) macht es zunehmend schwieriger, die Entwicklungspsychologie von anderen Forschungsgebieten eindeutig abzugrenzen.

Nun ist es gerade die Aufgabe eines Lehrbuchs, die Vielfalt der Fragestellungen, Theorien, Methoden und Befunde eines Forschungsgebiets systematisch, d. h. unter einer begrenzten Anzahl leitender Gesichtspunkte darzustellen. Dabei sind aus gegenwärtiger Sicht nicht nur die Verschiedenheiten, sondern auch die Gemeinsamkeiten der einzelnen Ansätze herauszuarbeiten. Ohne eine zumindest annäherungsweise Bestimmung des Gegenstandes der Entwicklungspsychologie erscheint ein derartiges Unterfangen nicht möglich. Der zuvor geäußerte Zweifel bezüglich der Abgrenzbarkeit der Entwicklungspsychologie von anderen Wissensgebieten wird damit allerdings nicht gegenstandslos. Vielmehr relativiert er die folgende Gegenstandsumschreibung in zweierlei Hinsicht:

1. Der von mir vorgenommenen Charakterisierung des Untersuchungsfeldes der Entwicklungspsychologie kommt in erster Linie eine ordnende und konstruktive Funktion zu, weniger eine auffindende Funktion. Andere Ordnungsge-

sichtspunkte sind denkbar, mit dem Fortschreiten der Forschung auch wahrscheinlich.

2. Die leitenden Gesichtspunkte der Darstellung sind zunächst so allgemein zu halten, daß möglichst viele Entwicklungspsychologien darin Platz finden. Zu den differenzierenden Merkmalen ist erst schrittweise voranzuschreiten.

2.1 Entwicklung als Veränderung über die Zeit

Vorläufige Bestimmung des Gegenstandsbereichs

Auf der allgemeinsten Ebene ist der Gegenstand der Entwicklungspsychologie zunächst der gleiche wie der Gegenstand der Psychologie generell: die *Beschreibung* und *Erklärung* sowie die *Vorhersage* und *Beeinflussung menschlichen Verhaltens und Erlebens*. Das wesentliche Unterscheidungsmerkmal ist die ausdrückliche Thematisierung der *Zeitvariablen*, d. h. die Betrachtung des Verhaltens und Erlebens unter dem Aspekt ihrer *Veränderungen über die Zeit*. Die Entwicklungspsychologie beschreibt die zeitabhängigen Veränderungen des Verhaltens und Erlebens und untersucht diese in Hinsicht auf ihre Bedingungen, Ursachen und Gesetzmäßigkeiten (SCHMIDT, 1970, S. 15). Dabei ist weniger an eine funktionale Abhängigkeit von der Zeit gedacht als einfach daran, daß die beobachteten Veränderungen sich in bestimmten Zeiträumen vollziehen. Im Unterschied zur Allgemeinen Psychologie, die Veränderungen eher kurzfristiger Art untersucht (z. B. Lern- und Vergessenskurven, vorübergehende Einstellungsänderungen), geht es in der Entwicklungspsychologie um *längerfristige* Veränderungen (z. B. Spracherwerbsprozesse, beginnend mit den ersten Wörtern bis zu komplexen Satzstrukturen; s. hierzu Kap. 11).

Wir halten vorläufig fest:

Ein psychisches Phänomen (Verhalten oder Erleben) läßt sich immer dann unter dem Entwicklungsaspekt betrachten, wenn es sich über die Zeit verändert.

Das Interesse an längerfristigen Veränderungen teilt die Entwicklungspsychologie mit anderen wissenschaftlichen Disziplinen (z. B. Anthropologie, Geschichtswissenschaft, Geowissenschaft, Soziologie). Jede dieser Wissenschaften beschäftigt sich innerhalb ihres Gegenstandsbereichs mit Fragen der Veränderung oder des Wandels unter je verschiedenen Aspekten. So analysiert die Geschichtswissenschaft z. B. die Zusammenhänge historischer Ereignisse in einem Kulturkreis. Gegenstand soziologischer Analysen ist u. a. der Wandel gesellschaftlicher Strukturen.

Die dominante *Analyseeinheit* der (Human-) Entwicklungspsychologie ist der einzelne menschliche Organismus von der Konzeption bis zum Tod (BALTES & SOWARKA, 1983). Entsprechend beziehen sich die genannten vier Aufgaben der Entwicklungspsychologie (Beschreibung, Erklärung, Vorhersage und Beeinflussung menschlichen Verhaltens und Erlebens) primär auf die Analyse *intraindividueller Veränderungen*. Es geht darum, „wie sich Personen zu unterschiedlichen Zeitpunkten ihrer Entwicklung von sich selbst unterscheiden" (OLBRICH, 1982, S. 92). Außer mit den (typischen) intraindividuellen Veränderungen beschäftigt sich die Entwicklungspsychologie aber auch mit den *interindividuellen Unterschieden in den intraindividuellen Veränderungen*.

Die Analyse *intraindividueller Veränderungen* erfordert die Untersuchung *individueller Entwicklungsverläufe*. Die Erfassung interindividueller Unterschiede in individuellen Veränderungen hat ebenfalls von individuellen Entwicklungsverläufen auszugehen, nämlich von einer vergleichenden Analyse der Veränderungen bei einzelnen Individuen. Aus Entwicklungsverläufen von Gruppen (gemittelten Kurven) läßt sich nicht unmittelbar auf individuelle Entwicklungsverläufe zurückschließen und umgekehrt. Und zwar deswegen nicht, weil sich die Entwicklungsveränderungen bei verschiedenen Individuen im *Zeitpunkt des Eintretens*, der *Geschwindigkeit*, dem *Niveau* und/oder der *Verlaufsform* unterscheiden können.

Das Verhältnis von individuellen Veränderungswerten und gemittelten Gruppenwerten erhellt aus einer Untersuchung von SHUTTLEWORTH (1937) zum Größenwachstum im Kindes- und Jugendalter. Die Durchschnittskurve sieht anders aus als jede Einzelkurve, obwohl diese in ihrer Verlaufsform untereinander sehr ähnlich sind (s. Abbildung 1.1,a). Die Abweichung der Individualkurven von der Durchschnittskurve kommt hier vor allem dadurch zustande, daß das Maximum der Wachstumsgeschwindigkeit bei den einzelnen Individuen zu verschiedenen Zeitpunkten (Alterswerten) eintritt. Dies führt zu einer Verkleinerung der in Jahresabständen berechneten mittleren Zuwachsrate und damit zu einer erheblichen Glättung der Durchschnittskurve.

Wird die zeitliche Entfernung vom Punkt der maximalen Zunahme des Größenwachstums zum Maßstab genommen, gibt die Durchschnittskurve individueller Verläufe die Abfolge der Zuwachswerte adäquat wieder (s. Abbildung 1.1,b). Dies gilt allerdings nur unter der hier gegebenen Voraussetzung, daß keine großen interindividuellen Unterschiede der Verlaufsform beobachtet werden.

Die vorgenommene Bestimmung des Gegenstandsbereichs der Entwicklungspsychologie – Beschreibung, Erklärung, Vorhersage und Beeinflussung intraindividueller Veränderungen sowie interindividueller Unterschiede in diesen intraindividuellen Veränderungen – hat weitreichende methodische Konsequenzen. Sie werden ausführlich im Kap. 4 behandelt.

Bisher wurde immer von *Veränderungen über die Zeit* gesprochen und nicht von *Veränderungen über das Alter*. Damit soll die überwiegende Auffassung der heutigen Entwicklungspsychologie deutlich gemacht werden, daß eine Zuordnung der im Laufe der Entwicklung auftretenden Veränderungen zu bestimmten Altersstufen a) in der Regel kaum möglich ist und b) sich für heuristische Zwecke als wenig brauchbar erwiesen hat. (Zur Bedeutung der Altersvariable s. Abschnitt 2.3). Da aber kein Verhalten und erst recht keine Verhaltensänderung ohne zeitliche Erstreckung denkbar ist, muß geklärt werden, was speziell in der Entwicklungspsychologie unter „Zeitabhängigkeit" zu verstehen ist, welche *Zeiträume* unter dem Entwicklungsaspekt ins Auge gefaßt werden (siehe 2.2) und mit welchen *zeitlichen Abständen* die Entwicklungspsychologie bei der Feststellung von Veränderungen arbeitet (siehe 2.3). In diesem Zusammenhang ist der Begriff *Veränderung* für die Zwecke der Entwicklungspsychologie näher zu bestimmen

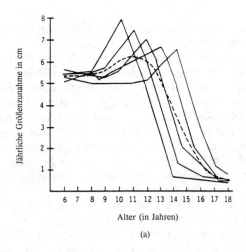

(a)

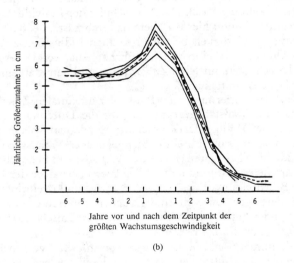

(b)

Abbildung 1.1: Durchschnittliche jährliche Größenzunahme (Körperhöhe) bei Mädchen als Funktion (a) des Lebensalters, (b) des Zeitpunkts der größten Wachstumsgeschwindigkeit. (——) Gruppenkurven von Mädchen, geordnet nach dem Alter der größten Wachstumsgeschwindigkeit; (– – –) Gemittelte Kurve für die Gesamtstichprobe. (Nach WOHLWILL, 1977, S. 177)

(siehe 2.4). Erst dann ist eine genauere *Definition des Entwicklungsbegriffs* selbst möglich (s. 2.5).

Wir werden dabei feststellen, daß es in der Entwicklungspsychologie eine Reihe von differierenden Standpunkten gibt, *welche* Arten von Entwicklungsprozessen beschrieben werden sollen, *wie* sie zu *beschreiben* und zu *erklären* sind, wozu entwicklungspsychologische Befunde erhoben werden und mit *welchen Verfahren* sie untersucht werden sollen.

Begriffsklärungen

Zum Verständnis des Gebrauchs der vorhin verwendeten Begriffe *Beschreibung, Erklärung, Vorhersage, Beeinflussung, Verhalten* und *Erleben* erscheint es notwendig, diese Begriffe genauer zu erläutern.

Beschreibung als der Ausgangspunkt und die Grundlage jeder empirischen Wissenschaft heißt dabei die *objektive* (= von der Person des Beschreibenden möglichst unabhängige) und *zuverlässige* (= meßgenaue) *Beobachtung und Registrierung von empirischen Sachverhalten*; in unserem Falle: ausgewählter Aspekte des Verhaltens und Erlebens in ihren zeitlichen Veränderungen. Dies geschieht mit Hilfe bestimmter Untersuchungsverfahren oder Meßinstrumente (s. dazu Kap. 5).

Beschreibung der Intelligenzentwicklung z. B. hieße dementsprechend, daß die charakteristischen Veränderungen individueller Intelligenzleistungen über das Alter objektiv und zuverlässig (z. B. mit Hilfe eines standardisierten Tests) erfaßt werden.

Die *Erklärung* eines Entwicklungsphänomens erfordert die Angabe von *Bedingungen für dessen Auftreten*. Grundsätzlich ist zu unterscheiden zwischen der Erklärung des Auftretens eines Phänomens zu einem bestimmten (Entwicklungs-) Zeitpunkt und der Erklärung von Veränderungen zwischen zwei (oder mehr) Zeitpunkten, wobei auch bei ersterem eine „Vorgeschichte" des beobachteten Phänomens, also eine vorausgegangene Veränderung, anzunehmen ist. Die relevanten Bedingungen können außerdem dem zu erklärenden Ereignis unmittelbar vorausgehen (aktuelle Bedingungen) oder zeitlich weiter zurückliegen (historische Bedingungen). In jedem Fall muß aber gewährleistet sein, daß das zu Erklärende (das Bedingte) gesetzmäßig auf das, was zur Erklärung dient (das Bedingende), folgt (Antezedenz – Konsequenz – Beziehung) und die angenommenen Bedingungen das zu erklärende Phänomen nicht nur begleiten oder gar erst auf es folgen.

Eine Erklärung der Intelligenzentwicklung verlangte entsprechend die Angabe von Bedingungen (z. B. Gehirnreifung, schulische Anregungen) für das Auftreten bestimmter Intelligenzleistungen bzw. deren Veränderungen über verschiedene Entwicklungszeitpunkte.

Erklärende Aussagen in der Psychologie beinhalten in der Regel eher *konditionale* Beziehungen, also Abhängigkeiten nach dem Muster Wenn–Dann, als *kausale* Beziehungen im Sinne von Ursache–Wirkungs–Zusammenhängen. (Zur Unterscheidung von Konditional- und Kausalanalyse s. SCHMIDT, 1970. Auf Probleme der Erklärung von Entwicklung wird im Kap. 3 noch ausführlicher eingegangen).

Aus der Kenntnis von Bedingungszusammenhängen läßt sich für den Fall des Vorliegens einer Bedingung Y – je nach Enge des Zusammenhanges – mit einer bestimmten Wahrscheinlichkeit eine *Vorhersage* über das Eintreten des bedingten späteren Ereignisses X bzw. späterer Veränderungen Δ_x treffen.

In einer Studie von KAGAN und MOSS (1962) ergab sich z. B., daß die Zuwendung, Hilfe und Unterstützung von Müttern gegenüber ihren Söhnen während deren ersten drei Lebensjahren eng mit dem intellektuellen Leistungsstreben der Söhne im Alter von 10 bis 14 Jahren zusammenhing. Wenn man die mütterlichen Verhaltensweisen gegenüber ihren 1- bis 3jährigen Söhnen kennt und der gefundene Zusammenhang verallgemeinert werden kann, läßt sich die ungefähre Ausprägung des intellektuellen Leistungsstrebens der gleichen Jungen mit 10 bis 14 Jahren vorhersagen.

Entwicklungspsychologen machen manchmal auch Vorhersagen, die keine Kenntnis von Bedingungszusammenhängen voraussetzen. Aus der Ausprägung einer Variablen (genauer: der relativen Position eines Individuums in seiner Bezugsgruppe) zu einem früheren Zeitpunkt treffen sie eine Vorhersage über die Ausprägung der gleichen Variablen zu einem späteren Zeitpunkt. Aus der von einem Kind mit 8 Jahren erreichten Intelligenzhöhe wird z. B. die Intelligenzhöhe des gleichen Individuums im Alter von 18 Jahren vorherzusagen versucht. Basis hierfür ist die intraindividuelle Korrelation der Intelligenzwerte früher und später (vgl. BLOOM, 1964/1971; DOLLASE, 1985, S. 128-137).

Beeinflussung des Verhaltens und Erlebens bzw. von deren Veränderungen heißt, daß das Auftreten eines Entwicklungsphänomens gezielt herbeigeführt wird. In den Entwicklungsprozeß wird also eingegriffen. Derartige Eingriffe (*Interventionen*) liegen immer dann nahe, wenn Fehlentwicklungen (allgemein: nach bestimmten Bewertungsmaßstäben unerwünschte Entwicklungen) verhindert werden sollen (*Prävention*) oder wenn es bereits zu Fehlentwicklungen gekommen ist (Korrektur oder *Modifikation*). Übergeordnetes Ziel von Entwicklungsinterventionen sollte aus ethischen Gründen grundsätzlich die *Optimierung* (Förderung) der Entwicklung sein. Warum etwas als optimal angesehen wird, ist außerdem zu begründen.

Die Beeinflussung von Entwicklungsprozessen setzt folgendes voraus: 1. die einem – gegebenen oder angestrebten – Entwicklungsresultat zugrundeliegenden Bedingungen sind bekannt; 2. es ist möglich, die relevanten Entwicklungsbedingungen dem angestrebten Ziel entsprechend zu manipulieren. Außerdem sind auch die weiteren (Neben-) Folgen der Intervention zu beachten.

Die Anwendung eines Intelligenzförderungsprogramms bei sozial benachteiligten Vorschulkindern wäre eine Beeinflussung der Intelligenzentwicklung dieser Kinder. Dabei wird vorausgesetzt, daß das gewählte Programm geeignet ist, das angestrebte Ziel ohne unerwünschte Nebeneffekte zu erreichen, und daß eine höhere Intelligenz ein positiver Wert ist.

Einschränkend ist zu bemerken, daß man nicht unbedingt immer wissen muß, warum etwas so geworden ist, wie es ist, bzw. nicht an den Entstehungsbedingungen eines Verhaltens ansetzen muß, um dieses gezielt zu verändern. Für die Modifikation eines Verhaltens kann u. U. die Kenntnis der aktuellen Stabilisierungsfaktoren ausreichend sein. Auf dieser Überlegung basieren u. a. verhaltenstherapeutische Ansätze (vgl. BANDURA, 1969a; SCHLOTTKE & WETZEL, 1980).

Die Begriffserläuterungen und die verwendeten Illustrationsbeispiele zu den vier Aufgaben der Entwicklungspsychologie deckten ausschließlich den primären Gegenstand der Entwicklungspsychologie ab, die intraindividuellen Veränderungen. Dies geschah aus Gründen der Vereinfachung und Übersichtlichkeit. Die

Ausführungen lassen sich aber ohne weiteres auf die Beschreibung, Erklärung, Vorhersage und Beeinflussung von interindividuellen Unterschieden in intraindividuellen Veränderungen übertragen.

Die Bedeutung der zuvor definierten Begriffe läßt sich zusammenfassend noch einmal am Beispiel des Auftretens aggressiven Verhaltens veranschaulichen:

Die Aufzeichnung aggressiver Verhaltensweisen in einer Spielsituation ist eine *Beschreibung*. Die Feststellung, daß aggressives Verhalten in einer Spielsituation gesetzmäßig auf die vorausgegangene Beobachtung von aggressiven Verhaltensmodellen folgt, erlaubt die Annahme eines Bedingungszusammenhangs zwischen der Beobachtung aggressiver Modelle (Bedingung) und späteren Äußerungen aggressiven Verhaltens (Bedingtes). Die Gelegenheit zur Beobachtung aggressiver Verhaltensmodelle *erklärt* insofern das Auftreten aggressiven Verhaltens. Aus der Kenntnis dieses Bedingungszusammenhangs läßt sich *vorhersagen*, daß die Wahrscheinlichkeit für aggressives Verhalten durch die vorherige Konfrontation mit einem aggressiven Verhaltensmodell ansteigen wird. Will man schließlich das Auftreten aggressiven Verhaltens über die Manipulation von Verhaltensmodellen *beeinflussen*, so sind aggressive Verhaltensmodelle einzuführen oder zu vermeiden, je nach dem definierten Verhaltensziel.

Es steht noch die Erklärung der beiden Begriffe *Verhalten* und *Erleben* aus.

Unter den Terminus *Verhalten* fallen alle von einem Beobachter oder mit Hilfe von Befragung, Testung oder apparativen Methoden möglichst objektiv und zuverlässig meßbaren Äußerungen eines Organismus, einschließlich des jeweils gegebenen Verhaltenskontextes (z. B. Bewegungs- oder Handlungsabläufe, sprachliche Äußerungen, Ausdrucksverhalten, der Skalenwert in einem Fragebogen, die Zahl gelöster Testaufgaben, physiologische Abläufe).

Mit dem *Erleben* ist die dem Subjekt gegebene innere Erfahrung gemeint, also alle die Vorgänge, die nur dem Erlebenden selbst zugänglich sind (Wahrnehmungen, Vorstellungen, Gefühle, Denkprozesse u.ä.). Diese Erlebnisinhalte können allerdings über die Sprache, Ausdrucksverhalten und Testreaktionen oder physiologische Messungen einem Beobachter „mitgeteilt" werden. Sie werden damit zu *geäußertem* Erleben und insoweit ebenfalls beobachtbar und meßbar. Geäußertes Erleben und dessen subjektive Erlebnisgrundlage können mehr oder weniger voneinander abweichen. Die Abweichung wird größer sein, wenn beides auf verschiedenen Ebenen liegt (z. B. die Angstempfindung selbst und ihre sprachliche Mitteilung oder die damit einhergehenden physiologischen Erregungsvorgänge) oder wenn das betreffende Erlebnis bereits einige Zeit zurückliegt.

Die heutige Forschung versucht aus methodischen Gründen, Erlebnisdaten möglichst über Verhaltensmerkmale zu erfassen und damit einer objektiven und zuverlässigen Messung zuzuführen: entweder in Form von geäußertem Erleben oder in seinen beobachtbaren und meßbaren Auswirkungen.

Liegt das Interesse in der Beschreibung und Erklärung der subjektiven, internen Prozesse selbst (z. B. Denkvorgängen oder Wahrnehmungen), besteht methodisch ausschließlich die Möglichkeit, diese aus den entsprechenden Verhaltensdaten, (z. B. dem Problemlöseverhalten, den Augenbewegungen, der Fixationsdauer) zu erschließen.

Aus diesen Gründen ist in der Folge mit dem Terminus *Erleben* in der Regel geäußertes oder zumindest äußerbares Erleben gemeint. Entsprechend wird der

Begriff *Verhalten* oder speziell *Veränderungen des Verhaltens* (Verhaltensentwicklung) in einem Sinne verwendet, der auch Erlebnisäußerungen einschließt.

In den folgenden Abschnitten 2.2 bis 2.5 soll nun genauer geklärt werden, welche Bedeutung der Zeitvariablen im Rahmen der Entwicklungspsychologie zukommt und welche Merkmale Veränderungen aufweisen, die unter den Entwicklungsbegriff subsumiert werden.

2.2 Die Länge der Zeitstrecke

Verschiedene Arten von Veränderungsreihen

Nach der Erstreckung des ins Auge gefaßten Zeitraums lassen sich unter dem Entwicklungsaspekt mindestens vier Arten von Veränderungsreihen unterscheiden: die *Phylogenese*, die *Anthropogenese*, die *Ontogenese* und die *Aktualgenese* (SCHMIDT, 1970).

Die *Phylogenese* oder Stammesentwicklung als der längstmögliche Zeitraum umfaßt die Entstehung, die Veränderung und das Auseinanderhervorgehen der Arten, also die gesamte biologische Evolution von den Protozoen bis hin zum Menschen. In der von einer phylogenetischen Betrachtungsweise ausgehenden vergleichenden Verhaltensforschung, wird das arttypische Verhalten verschiedener Organismen auf Gemeinsamkeiten und Unterschiede hin analysiert, um so Aufschluß über allgemeine biologische Entwicklungsgesetzlichkeiten zu erlangen.

Die *Anthropogenese* oder Menschheitsentwicklung bezeichnet den Ausschnitt der Phylogenese, der von der Entstehung des Homo sapiens bis zum heutigen Entwicklungsstand des Menschen reicht. Dies ist das Forschungsfeld von Ethnologie, Kulturanthropologie oder vergleichender Soziologie. Auch hier geht es darum, durch den Vergleich verschiedener Gruppen zu allgemeinen Entwicklungsgesetzlichkeiten zu gelangen.

Selbstverständlich hat in der phylogenetischen und der anthropogenetischen Betrachtungsweise auch die Beschreibung einzelner Arten und Kulturen für sich genommen, d. h. ohne weitere vergleichende Analyse, ihren Platz. Zur Erhellung von Entwicklungsgesetzlichkeiten beim Menschen der Gegenwart ist jedoch auf den Arten- bzw. Kulturvergleich zurückzugreifen.

Die *Ontogenese* oder Individualentwicklung umgreift den Zeitraum der Entwicklung eines Menschen von der Konzeption bis zum Lebensende. Die vorgeburtliche Phase (Embryonal- und Fötalentwicklung) nimmt dabei aufgrund der hier gegebenen Abhängigkeit der Lebensfunktionen vom mütterlichen Organismus eine Sonderstellung ein. Die Veränderungen im Laufe der Ontogenese einzelner Individuen oder bestimmter Gruppen von Individuen sind es, die den Entwicklungspsychologen interessieren.

Die *Aktualgenese* oder Mikrogenese als der kürzestmögliche Zeitraum umgreift die Zeitstrecke, während der kurzzeitige Wahrnehmungsvorgänge und u. U. ausgedehntere Handlungsfolgen (wie Problemlöseverhalten) ablaufen. Derartige Vorgänge werden heute üblicherweise dem Gegenstandsbereich der Allgemeinen Psychologie zugeschlagen und brauchen uns daher hier nicht weiter zu beschäftigen; es sei denn unter dem Aspekt des Wandels aktualgenetischer Prozesse im Laufe der Ontogenese.

Wir halten fest:
Die Entwicklungspsychologie befaßt sich mit den Veränderungen des Verhaltens und Erlebens während der Ontogenese.

Bevorzugung des Kindes- und Jugendalters

Die Bestimmung der gesamten menschlichen Lebensspanne als der Zeitstrecke, mit der sich die Entwicklungspsychologie zu beschäftigen hat (*Life-span developmental psychology*), hat sich inzwischen weitgehend durchgesetzt. Eine große Zahl von Büchern und viele Einzelarbeiten, nicht nur von Autoren, die in den 70er Jahren diese Richtung auf den *West-Virginia-Konferenzen* begründet haben (BALTES, GOULET, NESSELROADE, OVERTON, REESE, RIEGEL, SCHAIE u. a.) legen davon Zeugnis ab; z. B. die von BALTES und BRIM seit 1978 herausgegebene Reihe *Life-span development and behavior*, die von wechselnden Herausgebern edierte Reihe *Life-span development*, oder die Lehrbücher von LERNER & HULTSCH, 1983, und von OERTER und MONTADA, 1987. (Die wichtigsten Beiträge der ersten drei Bände der *Life-span development*-Reihe sind in deutscher Übersetzung in BALTES, 1979a, zusammengefaßt). Die Betrachtung der Entwicklung über den gesamten Lebenslauf wird dabei nicht einfach als eine quantitative Verlängerung der ins Auge gefaßten Zeitspanne gesehen, sondern als eine neue Perspektive, aus der qualitativ neue Fragestellungen, Modelle und Methodenprobleme resultieren (Eckensberger, 1979, S. 11).

Trotz der breiten Akzeptanz einer *Lebensspannen-Orientierung* stehen in Forschung und Schrifttum der Entwicklungspsychologie jedoch bis heute Entwicklungsprozesse im Kindes- und Jugendalter – zumindest quantitativ – eindeutig im Vordergrund. Die meisten Untersuchungen wurden und werden an Säuglingen, Kleinkindern und Schulkindern durchgeführt. Auch das Jugendalter erfährt – mit ansteigender Tendenz – ein besonderes Forschungsinteresse. Entsprechend werden in den meisten entwicklungspsychologischen Lehrbüchern und Fachzeitschriften überwiegend, oft ausschließlich, kindes- und jugendpsychologische Problemstellungen behandelt.

Bei einer Auszählung von in USA und im deutschen Sprachraum veröffentlichten Forschungsarbeiten stellten SILBEREISEN und SCHUHLER (1982) fest, daß – je nach Datenquelle – 49 bis 58 % (in USA) bzw. 40 bis 56 % (in Deutschland) ausschließlich kindes- und jugendpsychologische Themen behandelten. Arbeiten speziell zum Erwachsenenalter hatten nur einen Anteil von 6 bis 7 % (in USA) bzw. 12 bis 15 % (in Deutschland). Allerdings konnte eine Zunahme von Arbeiten mit einer breiteren Altersstreuung beobachtet werden. Heute, ca. 10 Jahre später, hat sich an diesen Verhältnissen nur wenig geändert.

Relativ unabhängig von der Diskussion um eine Kindes- und Jugendpsychologie vs. einer Entwicklungspsychologie der Lebensspanne gibt es seit längerem eine intensive Beschäftigung mit Problemen des höheren Lebensalters (BIRREN & SCHAIE, 1977, 1990; THOMAE & LEHR, 1968). Die hierzu vorliegenden Arbeiten werden aber – nicht zuletzt aufgrund der vorwiegend kindes- und jugendpsychologischen Ausrichtung der Entwicklungspsychologie – nicht zur Entwicklungspsychologie im engeren Sinne gezählt, sondern eher einer eigenständigen Disziplin der *Gerontologie* oder *Gerontopsychologie* (Alternsforschung) zugerechnet.

Die Bevorzugung der Kindheit und der Adoleszenz gegenüber dem Erwachsenenalter wirft ein erstes Licht auf einige wesentliche Merkmale, die Veränderungen besitzen müssen, um mit dem Etikett *Entwicklung* versehen zu werden: a) die Geschwindigkeit, mit der die Veränderungen eintreten, ist relativ groß, b) Phänomene treten zum ersten Mal auf, c) die Unterschiede zwischen den Altersgruppen sind auffällig größer als die innerhalb der Altersgruppen, d) die beobachteten Veränderungen beinhalten eine auffällige quantitative Zunahme oder einen Funktionswandel in Richtung komplexerer Qualität, e) der Eintritt einer Veränderung wirkt sich relativ überdauernd auf das spätere Verhalten aus, f) das Zustandekommen einer Veränderung ist unter theoretischem Aspekt bedeutsam. (Zu Merkmalen von Veränderungen in der Entwicklungspsychologie siehe unter 2.4). Darüber hinaus ist die Beschäftigung mit frühen Entwicklungsabschnitten auch deswegen naheliegend, weil hier Verhalten und die auf den Organismus treffenden Einflüsse weniger komplex sind als später und daher auch eine experimentelle Kontrolle von Bedingungen noch leichter fällt (s. Kapitel 5.). Schließlich erklärt sich das Interesse für frühe Entwicklungsstadien historisch aus dem anfänglichen Ausgangspunkt einer „Allgemeinen Vergleichenden Entwicklungspsychologie", deren Gegenstand überwiegend genetisch frühe und primitive Stadien der Entwicklung waren (vgl. etwa WERNER, 1959; Kap. 7.2.2).

Das Erwachsenenalter und speziell das höhere Alter sind lange Zeit nicht zum Gegenstand einer entwicklungspsychologischen Betrachtung gemacht worden, da man entweder keine auffälligen (alterskorrelierten) Veränderungen in diesem Entwicklungsabschnitt feststellen konnte oder, was für das höhere Lebensalter galt, nur Veränderungen im Sinne eines Abbaus, nicht eines Neuerwerbs von Merkmalen oder einer weiteren progressiven Zunahme vorhandener Merkmale (vgl. die Kontroverse um den Intelligenzabbau im höheren Alter; BALTES & SCHAIE, 1974; SCHAIE & STROTHER, 1968).

Daß während des Erwachsenenalters keine weiteren Veränderungen festgestellt werden, ist aber häufig ein methodisches Artefakt. Zum einen eignen sich die vorhandenen Untersuchungsverfahren meist nur für die Registrierung von Veränderungen im Kindes- und Jugendalter. Zum anderen können sich im Falle der üblichen Querschnittuntersuchungen Altersveränderungen und Generationsunterschiede gegenseitig aufheben. Beides führt dazu, daß eventuell auftretende Veränderungen im höheren Erwachsenenalter nicht erfaßt werden.

Noch wichtiger als diese methodischen Begrenzungen dürfte allerdings sein, daß Veränderungen im Erwachsenenalter, im Unterschied zu vielen Veränderungen im Kindes- und Jugendalter, nicht altersbezogen sind und einen nicht-normativen Charakter haben (BALTES & GOULET, 1979). Beispielhaft hierfür sei das Auftreten und die Auswirkungen von kritischen Lebensereignissen genannt (FILIPP, 1981).

Die Aussage, daß die Ontogenese den Beobachtungszeitraum der Entwicklungspsychologie darstellt, ist somit in der Art zu spezifizieren, daß diese Auffassung weitgehende Zustimmung findet, daß aber faktisch die Entwicklungspsychologie (noch) überwiegend eine Kindes- und Jugendpsychologie ist. Dies sind die Lebensabschnitte, die bisher in einem Maße empirisch untersucht sind, das die Beschreibung und Erklärung von Entwicklungsprozessen auf einer relativ gesicherten Grundlage zuläßt.

Abgrenzung der Entwicklungspsychologie von einer Kindes- und Jugendpsychologie

Sofern die Entwicklungspsychologie als Kindes- und Jugendpsychologie betrieben wird, grenzt sie sich von den anderen psychologischen Grundlagenfächern (Allgemeine Psychologie, Differentielle Psychologie, Sozialpsychologie) in bezug auf die in Frage kommenden Versuchspersonen ab. Die anderen Disziplinen arbeiten in der Regel mit erwachsenen Versuchspersonen und machen dementsprechend auch Aussagen über das Verhalten und Erleben Erwachsener. Es gilt aber nicht umgekehrt, daß jede Untersuchung an Kindern und Jugendlichen automatisch eine entwicklungspsychologische Untersuchung ist. Erst wenn die Einzelbefunde mit Gesetzmäßigkeiten vorangegangener oder späterer Zustände in Zusammenhang gebracht werden, d.h. die *zeitlichen Veränderungen* in den Blickpunkt rücken, oder wenn untersucht wird, warum und unter welchen Bedingungen bestimmte Phänomene (z.B. Fertigkeiten, Gewohnheiten) gerade zu bestimmten Zeitpunkten auftreten, handelt es sich um eine im engeren Sinne entwicklungspsychologische Untersuchung. So gesehen ist die Untersuchung von Kindern und Jugendlichen zwar eine Voraussetzung für die Beantwortung entwicklungspsychologischer Fragestellungen, Entwicklungspsychologie ist jedoch nicht gleichzusetzen mit Kindes- und Jugendpsychologie. Entsprechendes gilt für Untersuchungen im mittleren und höheren Erwachsenenalter.

2.3 Die Einteilung der Zeitstrecke – Zur Bedeutung der Altersvariable

Unterteilung der Lebensspanne nach Altersstufen

Die Einteilung der menschlichen Lebensspanne (der Ontogenese) in einzelne altersmäßig abgegrenzte Stadien, Stufen oder Phasen hat eine lange Tradition. Die Kriterien, nach denen solche Einteilungen vorgenommen werden, und damit auch die Inhalte, die Zahl und die zeitliche Erstreckung der angenommenen Entwicklungsabschnitte, sind in der Entwicklungspsychologie sehr unterschiedlich (vgl. BERGIUS, 1959). BERGIUS weist mit Recht darauf hin, daß es mit steigendem Umfang an Kenntnissen von Einzeltatsachen der Entwicklung kaum mehr möglich ist, verbindliche Altersgliederungen der Gesamtentwicklung zu entwerfen. Ich verzichte deshalb auch auf einen eigenen Versuch der Unterteilung der Ontogenese in voneinander abgegrenzte Entwicklungsabschnitte. Damit wird nicht verkannt, daß solche Einteilungen durchaus einen Sinn haben können, wenn sie auf bestimmte Entwicklungsbereiche (z. B. Motorik, Denken, Sexualität) beschränkt bleiben. Für die Gesamtentwicklung sind jedoch höchstens grobe Untergliederungen wie vorgeburtliches Stadium, Säuglingsalter, Kindheit, Adoleszenz, Erwachsenen- und Greisenalter möglich, wobei sich die einzelnen Entwicklungsabschnitte – mehr oder weniger willkürlich – noch weiter untergliedern lassen. Überschneidungen und unterschiedliche Grenzen zwischen den Abschnitten sind dabei, je nach den betrachteten Entwicklungsphänomenen, nicht ausgeschlossen. (Zur Funktion von Stufen- und Phaseneinteilungen der Entwicklung s. Kap. 7).

Die Aufteilung der gesamten Lebensspanne in kleinere Zeiteinheiten ist aber nun aus anderen Gründen als der Schaffung einer Ordnung des Entwicklungsverlaufs notwendig. Um nämlich festzustellen, inwieweit über die Zeit Veränderungen im Verhalten und Erleben eintreten, müssen an verschiedenen Punkten des Zeitkontinuums Beobachtungen und Messungen durchgeführt werden. Es hat sich eingebürgert, hier das *Lebensalter* (*chronologisches Alter*) als Einteilungsmaßstab zu verwenden. Abgesehen von den ersten Lebensjahren, wo Individuen aufgrund der enorm hohen Veränderungsgeschwindigkeit in Monats-, Wochen- oder anfänglich gar Tagesabständen untersucht werden, wählt man zur Erhebung von Veränderungen üblicherweise Jahresabstände, bzw. man vergleicht Individuen verschiedener Altersgruppen miteinander.

Altersangaben werden in der Entwicklungspsychologie meist in Jahren und Monaten gemacht. Dabei wird zwischen Jahres- und Monatsangabe ein Semikolon gesetzt (z. B. 6;8 = 6 Jahre und 8 Monate; in englischsprachigen Arbeiten: 6-8). Wie in den meisten Kulturen wird bei uns das Lebensalter eines Menschen ab der Geburt berechnet, obwohl das Leben mit dem Zeitpunkt der Konzeption beginnt und sich die Entwicklungspsychologie auch mit der vorgeburtlichen Entwicklung beschäftigt.

Es ist in der Entwicklungspsychologie üblich, das chronologische Alter (Lebenszeit) als Synonym für Alter zu benutzen. Die folgende Erörterung der Bedeutung und des Gebrauchs der Altersvariable bezieht sich entsprechend hauptsächlich auf das chronologische Alter. Daneben gibt es aber noch andere Altersbegriffe (SCHORSCH, 1992): das *biologische* Alter (Zustand oder Funktionstüchtigkeit des Organismus), das *psychologische* Alter (die alterskorrelierten psychologischen Veränderungen), das *soziale* Alter (die gesellschaftlichen Altersstufen und Altersnormen) und das *subjektive* Alter (die Einstellungen des Individuums zu seinem eigenen Alter oder zu Altersprozessen allgemein).

Lebensalterbezogene Entwicklungsreihen

Das chronologische Alter eines Individuums ist bei der normalerweise gegebenen Kenntnis des Geburtsdatums leicht festzustellen und hat sich überdies als eine bedeutende Quelle der Variation zahlreicher Verhaltensmerkmale erwiesen (KESSEN, 1960; WOHLWILL, 1970, 1973/1977). In der ursprünglich stark deskriptiv orientierten Entwicklungspsychologie nahm das Alter eine zentrale Stellung ein, nicht zuletzt vermutlich aufgrund impliziter Reifungshypothesen (zur Reifung s. Kap. 2.2). Für alle möglichen Funktions- und Verhaltensbereiche (z. B. Wahrnehmungs- und Denkleistungen, sprachliche oder motorische Fertigkeiten, Gesamtintelligenz) wurde versucht, lebensalterbezogene Entwicklungsreihen aufzustellen und so Individuen verschiedenen Alters in ihren typischen Merkmalen zu charakterisieren. Ein Beispiel für dieses Vorgehen liefert die Abbildung 1.2.

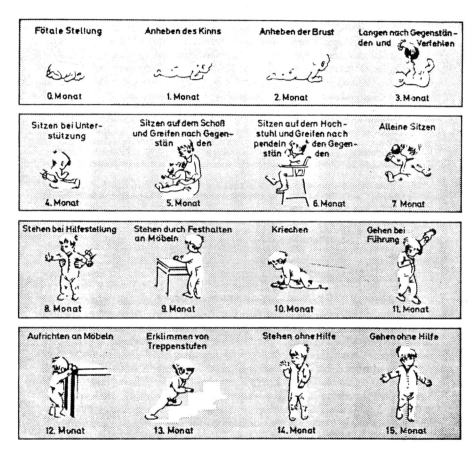

Abbildung 1.2: Lebensalterbezogene Entwicklungsreihe der Haltung und Fortbewegung (aus *Funkkolleg* PÄDAGOGISCHE PSYCHOLOGIE, 1972, Studienbegleitbrief 2, S. 23)

Abweichungen von der Altersnorm wurden in der Regel nicht weiter auf ihr Zustandekommen verfolgt (vgl. etwa GESELL u. a., 1940/1952, 1946/1954, 1956/1958). Die funktionale Beziehung zwischen dem Lebensalter und bestimmten Merkmalsänderungen wurde zur Grundgleichung der Entwicklungspsychologie erklärt und fand ihren Ausdruck in der Formel $V = f(A)$, Verhalten bzw. Verhaltensänderung als Funktion des Alters (KESSEN, 1960). Merkmalsänderungen wurden dann als entwicklungsbedingt angesehen bzw. als unter dem Entwicklungsaspekt bedeutsam erachtet, wenn sie in einer regelhaften (gesetzmäßigen) Weise auf das Alter bezogen werden konnten.

Nicht ohne Grund wurde jedoch im Abschnitt 2.1 statt von *alters*abhängigen von *zeit*abhängigen Veränderungsreihen gesprochen. Damit soll deutlich gemacht werden, daß sich die Bedeutung des Alters in der Entwicklungspsychologie inzwischen erheblich gewandelt hat. Welche Probleme die Verwendung der Altersvariable mit sich bringt und unter welchen Bedingungen sie gerechtfertigt erscheint, soll im folgenden näher erläutert werden.

Kritik am Gebrauch der Altersvariable

Die Betrachtung der im Laufe der Entwicklung auftretenden Veränderungen in Abhängigkeit vom Alter hat von verschiedenen Seiten Kritik erfahren (BAER, 1970; BALTES & GOULET, 1971; SPIKER, 1966; WOHLWILL, 1970, 1973/1977). Sie läßt sich in drei Hauptpunkten zusammenfassen:

1. Chronologisches Alter ist keine psychologische Variable, sondern eine physikalische Größe, die nichts erklärt, sondern nur eine Dimension darstellt, in der Enwicklungsdeterminanten zur Auswirkung gelangen.

2. Der Rekurs auf die Altersvariation vernachlässigt die interindividuellen Unterschiede zwischen Altersgleichen.

3. Lebensalterbezogene Entwicklungsreihen erwecken den falschen Eindruck einer festen Bindung von Veränderungen an das Alter.

Ad 1.: Alter ist keine psychologische Variable. Das chronologische Alter ist keine psychologische Variable, sondern eine physikalische Größe, die nicht mehr als den zeitlichen Abstand von der Geburt bezeichnet. Als solche enthält sie keine Bestimmungen über die in der betreffenden Zeitspanne abgelaufenen Prozesse und deren Bedingungen. Das Alter selbst hat keinen Erklärungswert. Sätze wie „Robert ist schulreif, weil er 6 Jahre alt ist" oder „Karl mißt 1,45 m, weil er 10 Jahre alt ist" sind offensichtlich unsinnig. Die zugrundeliegenden Beobachtungsdaten erlauben allein Aussagen in der Form „Robert ist mit 6 Jahren schulreif" oder „Karl mißt mit 10 Jahren 1,45 m". D. h., die Zusammenhänge werden nur festgestellt, nicht erklärt. Alter wird erst dann zu einer psychologischen Größe, wenn es inhaltlich näher definiert wird. Solche möglichen inhaltlichen Bestimmungen sind z. B. die bis zu einem Zeitpunkt eingetretenen anatomischen und physiologischen Veränderungen, die bis dahin entwickelten Kenntnisse, Fertigkeiten, Verhaltensgewohnheiten, aber auch die bis dahin wirksamen Umwelteinflüsse sowie die Änderungen des sozialen Status und die damit verbundenen veränderten Anforderungen und Erwartungen an das Individuum. Die eigentlichen Bedingungen des Zustandekommens von Veränderungen sind daher in der Einwirkung der genannten Faktoren zu suchen.

Wird Alter in der vorgeschlagenen Art inhaltlich ausgefüllt, verliert es seinen Status als *unabhängige Variable*. Es ist dann bloß eine handliche Abkürzung für die Summe aller Faktoren, die bisher im Medium Zeit gewirkt haben, d. h. für die bis zu einem Zeitpunkt X realisierten Entwicklungsprozesse und die damit gegebenen „altersspezifischen" Entwicklungsphänomene. Wie die Geschlechts-oder Schichtzugehörigkeit wird so die Alterszugehörigkeit zu einer *Trägervariablen* (*carrier variable* im Sinne von LEWIS, 1972), für psychologische (und biologische!) Prozesse, die aber jeweils erst aufzufinden sind.

Das Alter eignet sich im übrigen schon deshalb nicht als unabhängige Variable, da es nicht experimentell manipuliert und variiert werden kann, während alle übrigen Faktoren konstant gehalten werden.

WOHLWILL (1970, 1973/1977) schlägt aus ähnlichen Gründen vor, das Alter als einen Parameter der Messung der *abhängigen* Variablen zu verwenden. In diesem Sinne läßt sich z. B. das Alter, in dem bestimmte Leistungen erbracht werden können (etwa alleine laufen, lesen können u. ä.) als abhängig von der Gegebenheit bestimmter Leistungsvoraussetzungen definieren. Der Zeitaufwand zur Schaffung dieser Leistungsvoraussetzungen kann wiederum mit dem Alter auf komplexe Art variieren. Mit dem Alter eintretende Veränderungen werden somit nicht mehr als abhängige Variable vom Alter (der Lebenszeit) betrachtet, sondern die Zeit (Altersspanne), die benötigt wird, um von einem Entwicklungsniveau auf ein höheres Niveau zu gelangen, ist nun als abhängige Variable konzipiert (HERTZOG & LERNER, 1990; vgl. auch Untersuchung 1.1).

Ad. 2.: Vernachlässigung interindividueller Unterschiede. Da die Ausprägung bzw. Auswirkung der verschiedenen Entwicklungsfaktoren (z. B. Funktionsreifungen, Lernanregungen, Erziehungspraktiken) nicht bei allen Individuen mit dem Alter in der gleichen Weise variiert, streuen die abhängigen Verhaltensmaße nicht nur über das Alter (zwischen Altersgruppen), sondern auch *innerhalb* der einzelnen Altersgruppen. Und zwar, in Relation zur Altersvariation, um so stärker, je weniger eng der Zusammenhang zwischen dem Alter und den jeweiligen Entwicklungsfaktoren ist. Die Rückführung von Merkmalsänderungen auf die Altersvariation nach der Formel V = f(A) läßt diese Merkmalsvariation *innerhalb* einer Altersgruppe außer acht. Zwar könnte außer dem Mittelwert pro Alter prinzipiell auch die altersspezifische Streubreite angegeben werden, das Zustandekommen der Streuung innerhalb der Gruppe der Gleichaltrigen wäre damit aber noch nicht aufgeklärt.

Unter der *Streuung* eines Merkmals versteht man in der Psychologie das Ausmaß der Abweichung der individuellen Meßwerte voneinander. Es gibt verschiedene Streuungsmaße und entsprechend unterschiedliche statistische Methoden der Berechnung. Das geläufigste Streuungsmaß ist die sogenannte *Standardabweichung*, das ist die Quadratwurzel der durchschnittlichen quadratischen Abweichung der individuellen Meßwerte x_{1-n} vom Mittelwert $\bar{x}$, sie berechnet sich nach der Formel:

$$S = \sqrt{\frac{\sum x_{ij}^2}{N}}$$

Wobei $x_{ij} = X_{ij} - \bar{X}_{ij}$; x_{ij} = individuelle Abweichungswerte
X_{ij} = individuelle Rohwerte
$\bar{X}_{ij}$ = arithmetisches Mittel der individuellen Rohwerte
N = Zahl der Versuchspersonen

Ad.3.: Bindung von Veränderungen an das Lebensalter. Überall da, wo Veränderungen nicht fest an vorprogrammierte Reifungsprozesse gebunden sind bzw. wo Veränderungen nicht von verschiedenen Umweltbdingungen weitgehend unbeeinflußt bei fast allen Individuen ähnlich verlaufen, besteht die Gefahr, die unter den gerade gegebenen Entwicklungsbedingungen angetroffenen typischen Altersverläufe fälschlicherweise als unveränderlich anzusehen und das Eintreten von „altersgemäßen" Entwicklungsfortschritten einfach abzuwarten. Dies ist aber nur bei einer tatsächlichen Reifungsabhängigkeit berechtigt. Die funktionale Beziehung zwischen Alter und Verhaltensänderung liefert jedoch keine Information darüber, inwieweit einem Altersfortschritt Reifungs- oder Lernprozesse zugrunde liegen.

So hat sich z. B. herausgestellt, daß die Fähigkeit von Kindern lesen zu lernen nicht an das Einschulungsalter von 6 Jahren gebunden ist, auch nicht im Regelfall, sondern unter bestimmten Voraussetzungen bereits einige Jahre früher erworben werden kann (RESNICK & WEAVER, 1979; SCHMALOHR, 1971). Man geht heute in der Pädagogischen Psychologie generell davon aus, „daß nicht das Erreichen eines bestimmten Lebensalters, sondern die Verfügbarkeit der notwendigen Lernvoraussetzungen für den Lernerfolg entscheidend ist" (SIMONS, 1973). Selbstverständlich können die entsprechenden Lernvoraussetzungen nur durch das Zusammenspiel bestimmter biologischer und soziokultureller Faktoren erworben werden, was u. U. wiederum nicht vom Alter oder dem Entwicklungsstand unabhängig ist bzw. eine gewisse Zeit benötigt (s. dazu WEINERT, 1979). In welchem Alter am frühesten oder am günstigsten einzelne Verhaltensmerkmale erworben werden können, ist aber heute noch weitgehend unbekannt. Entsprechend ist fraglich, ob die unter unseren soziokulturellen Gegebenheiten (z. B. unseren Erziehungsvorstellungen, unserem Schul- und Unterrichtssystem) resultierenden Altersveränderungen auch unter veränderten Bedingungen fortbestehen werden. GEWIRTZ (1969) weist in diesem Zusammenhang darauf hin, daß die „natürliche" Lebensumwelt, verglichen mit „programmierten" Umwelten, eher ein ungünstiges Entwicklungsklima darstellt. Ungünstig, soweit man die Beschleunigung von Entwicklungsprozessen als wünschenswert ansieht.

GESELL, dessen wissenschaftliche Arbeit hauptsächlich darin bestand, lebensalterbezogene Entwicklungsreihen aufzustellen, hat Zweifel an der Wichtigkeit des chronologischen Alters einmal in ironischer Weise charakterisiert. Er erzählt in diesem Zusammenhang die Anekdote von dem hypermodernen Jungen, der auf die Frage einer freundlichen Dame nach seinem Alter folgendermaßen antwortet: „Mein psychologisches Alter, gnädige Frau, ist zwölf Jahre; mein soziales Alter acht Jahre; mein moralisches Alter beträgt zehn Jahre; mein anatomisches bzw. mein physiologisches Alter sind sechs bzw. sieben Jahre. Über mein chronologisches Alter bin ich indessen nicht unterrichtet, aber das ist ja auch verhältnismäßig unwichtig." (GESELL 1952, S. 63 f.).

Die Berechtigung der eben vorgenommenen Relativierung der Altersvariable und deren Gebrauch als Trägervariable veranschaulicht die Untersuchung 1.1.

Untersuchung 1.1 *Zur Bedeutung des Lebensalters für die Entwicklung*

Im Rahmen einer Versuchsserie, die die Prozesse beim Aufbau von Lernstrategien (*learning sets*) untersuchen sollte, ließen Billey LEVINSON und Hayne REESE (1967) Versuchspersonen aus verschiedenen Altersgruppen Aufgaben zum Unterscheidungslernen lösen. An den Versuchen nahmen 53 Kinder aus verschiedenen Kindergärten (Durchschnittsalter = 4;4 Jahre) 53 Kinder aus 5. Schulklassen (Durchschnittsalter = 11 Jahre) und 57 College-Studenten des ersten Psychologiesemesters (Durchschnittsalter = 18 Jahre) teil.

Die Autoren berichten außerdem über die Ergebnisse von Versuchen mit über 200 alten Leuten zwischen 61 und 97 Jahren. Zum Zweck der Veranschaulichung der Bedeutung des Lebensalters für Entwicklungsprozesse ist die Darstellung der Ergebnisse dieses Teils der Untersuchung entbehrlich, zumal hier spezielle methodische Variationen vorgenommen wurden.

LEVINSON und REESE verwendeten Diskriminationsaufgaben, bei denen jeweils ein bestimmter Unterschied zwischen zwei Reizobjekten herauszufinden war. Die 1000 insgesamt von ihnen hergestellten dreidimensionalen Objekte unterschieden sich in mehrfacher Hinsicht voneinander: nach Form, Größe, Farbe oder Lage. Z. B. gab es gelbe und rote Holzwürfel unterschiedlicher Größe, die in verschiedenen Positionen dargeboten wurden. Die 1000 Reizobjekte wurden nach Zufall in 500 Reizpaare geordnet. Für jede Diskriminationsaufgabe wurde ein neues Reizpaar ausgewählt.

Der Versuchsaufbau folgte dem Typ *four trial object-quality discrimination learning set*, d. h. die der Versuchsperson nacheinander vorgelegten Paare von Reizobjekten (die einzelnen Aufgaben) wurden jeweils viermal hintereinander dargeboten. 10 solcher Aufgaben bildeten einen Aufgabenblock. Zu Beginn des Versuchs muß die Versuchsperson das „richtige" Objekt quasi erraten, da das vom Versuchsleiter zuvor bestimmte herauszufindende Unterscheidungsmerkmal (z. B. Farbe, Größe, Lage usw.) nicht kennt. Sobald die Versuchsperson bei einem Reizpaar das als „richtig" ausgewählte Unterscheidungsmerkmal genannt hat, wird zur nächsten Aufgabe gegangen, bei der eine neue Unterscheidungsleistung verlangt wird usw. Der Versuchsperson wird jeweils mitgeteilt, ob sie „richtig" oder „falsch" gewählt hat, jede korrekte Wahl wird überdies belohnt. Die Versuchsreihe wird so lange fortgesetzt, bis die Versuchsperson bei fünf aufeinanderfolgenden Aufgaben nicht mehr als 1 Fehler bei den Reizpaardarbietungen 2–4 macht (= Lernkriterium). Im Laufe der Versuchsreihe lernen die Versuchspersonen allmählich Problemlösungsstrategien, die das Herausfinden der wesentlichen Unterscheidungsmerkmale bei den nachfolgenden Aufgaben zunehmend erleichtern und beschleunigen.

Learning set-Versuche wie die von LEVINSON und REESE liefern nicht nur Maße für die Lernleistungen bei einer bestimmten Diskriminationsaufgabe, sondern gleichzeitig ein Maß für den kumulativen Anstieg der Lernleistung – oder genauer: des Lerntransfers – bei einer großen Zahl verschiedener Diskriminationsaufgaben. Mit der Verbesserung des Learning sets steigt die Anzahl richtiger Antworten, und die Schnelligkeit bis zur Lösung einer Aufgabe wird zunehmend größer. Das Maß für den Lernfortschritt ist dabei definiert durch die Veränderung der prozentualen Anzahl richtiger Antworten in einer Serie von Aufgabenblöcken.

Für unsere Fragestellung, die Rolle des Lebensalters für Entwicklungsprozesse, ist der Vergleich der Lernleistung der drei Altersgruppen wichtig. Hierbei interessieren drei Arten von Vergleichen: a) ein Vergleich der Anfangsleistungen der drei Altersgruppen, b) ein Vergleich der notwendigen Anzahl von Reizdarbietungen bis zum Erreichen des gesetzten Lernkriteriums, c) ein Vergleich der Unterscheidungsleistungen der drei Altersgruppen am Ende der Versuchsreihe. Die Ergebnisse zu a) bis c) zeigt die Tabelle 1.1.

Tabelle 1.1: Vergleich der Leistungsunterschiede dreier Altersgruppen bei Aufgaben zum Diskriminationslernen

	Altersgruppe		
	Kindergarten	5. Schuljahr	Studenten
Prozentsatz der Vpn, die im ersten Aufgabenblock das gesetzte Leistungskriterium erreichen	31%	49%	77%
Mittlere Anzahl der notwendigen Aufgabendarbietungen bis zum Erreichen des Leistungskriteriums	20.4	10.8	6.7
Prozentsatz der Vpn, die am Ende der Versuchsserie das Leistungskriterium erreichen	>90%	>90%	>90%

Aus der Tabelle geht hervor: Die zu Beginn sehr großen Leistungsunterschiede zwischen den drei Altersgruppen (Zeile 1) verschwinden in relativ kurzer Zeit (Zeile 2), nach der fast alle Versuchspersonen in den drei Altersgruppen das gesetzte Kriterium erreicht haben (Zeile 3). Man mußte also z. B. bei den 4jährigen nicht 14 Jahre abwarten, bis sie die Leistung der 18jährigen erreichten, es genügten dazu wenige Versuchsdurchgänge. Gleichzeitig ließen sich während des Versuchs auch die Gründe feststellen, warum die Älteren ursprünglich einen Leistungsvorsprung hatten.

„Den Älteren fiel es schon zu Anfang leichter, falsche Hypothesen auszuscheiden. Sie stellten eine größere Zahl von verschiedenen Hypothesen auf. Sie waren mehr davon überzeugt, daß es tatsächlich eine richtige Lösung geben müsse, wenn man nur auf die künstlich hergestellten Besonderheiten der Aufgabe achtet. Die Jüngeren dagegen mußten erst erfahren lernen, daß ein Problem nicht unbedingt realistisch und mit den eigenen persönlichen Belangen verknüpft sein muß". (HECKHAUSEN, 1974a, S. 92).

Der charakteristische Unterschied zwischen den drei Altersgruppen ist weniger in einem alterstypischen, d.h. stabilen Grad der Diskriminationsfähigkeit zu sehen als in einem verschieden großen Zeitaufwand bis zur Erreichung des Leistungskriteriums.

Selbstverständlich ist eine derartig leichte Nivellierung von ursprünglichen Altersunterschieden nicht bei allen Entwicklungsmerkmalen oder in allen Altersbereichen gleich gut möglich. An dem ausgewählten Untersuchungsbeispiel lassen sich aber trotzdem einige allgemeine Kennzeichen der Bedeutung des Lebensalters für Entwicklungsprozesse veranschaulichen:

1. Aufgefundene Altersdifferenzen sind erklärungsbedürftig. In der geschilderten Untersuchung von LEVINSON und REESE war hierzu eine genauere Analyse des Lernverlaufs und seiner Bedingungen in den einzelnen Altersgruppen notwendig.

2. Innerhalb jeder Altersgruppe gibt es individuelle Differenzen, deren Bedingungen ebenfalls erst festzustellen sind und die bei einem ausschließlichen Rekurs auf Altersunterschiede vernachlässigt werden.

3. Altersunterschiede lassen sich genauer durch den (Zeit-) Aufwand bis zur Erreichung eines Kriteriums charakterisieren als allein durch die Differenzen in den gerade vorgefundenen Ausgangsleistungen. Die Zeit, die zur Aufhebung von Altersunterschieden erforderlich ist, kann wesentlich geringer sein als der jeweilige Altersabstand.

LEVINSON, B. & REESE, H. W. (1967). Patterns of discrimination learning in preschool, fifth graders, college freshmen, and the aged. *Monographs of the Society for Research in Child Development, 32* (Serial No. 115).

Vorteile der Verwendung der Zeitvariable

Die gleichen Einwände, die gegen die Verwendung der Altersvariable vorgetragen wurden, gelten natürlich auch für die Zeitvariable. Auch die Zeit erklärt nichts, im Unterschied zu echten Entwicklungsfaktoren, sondern ist nur ein Medium, in dem sich Entwicklungsprozesse abspielen. Die Gleichung $V = f(t)$ vernachlässigt ebenso wie die Gleichung $V = f(A)$ interindividuelle Unterschiede und läßt offen, inwieweit der Entwicklungsverlauf auch anders aussehen könnte. Davon abgesehen hat aber die Verwendung des Terminus *Zeitabhängigkeit* bzw. *über die Zeit eintretende Veränderung* gegenüber der Formulierung *Veränderung über das Alter* eine Reihe von Vorteilen:

1. Der Zeitbegriff macht deutlich, daß es sich um eine physikalische Größe handelt, um ein Medium, in dem sich Prozesse abspielen, die zum Zwecke der Erklärung von Veränderungen erst aufzudecken sind.

2. Im Unterschied zum traditionellen Gebrauch der Altersvariable ist der Begriff Zeit frei von impliziten Hypothesen über eine Reifungsabhängigkeit der Entwicklung.

3. Alter ist ein Merkmal des sich verändernden Individuums. Soweit individuelle Merkmalsänderungen mit veränderten Umweltbedingungen zusammenhängen, ist Entwicklung nicht nur vom Individuum aus, sondern auch von seiner Umwelt aus zu betrachten. Die Zeitdimension erscheint leichter sowohl individuelle als auch Umweltveränderungen abbilden zu können.

4. Zeit ist der weitere, Alter der engere Begriff. Soweit eine Altersgebundenheit von Veränderungen vorliegt, läßt sich die Zeitstrecke ohne weiteres in Altersabständen einteilen.

Korrelativer Zusammenhang von Alter und Veränderung

Die auf den vorhergehenden Seiten dargestellte Position einer weitgehenden Lebensalterunabhängigkeit von Entwicklungsvorgängen leugnet nicht den empirischen Sachverhalt eines *korrelativen Zusammenhangs* zahlreicher Veränderungen mit dem Lebensalter. WOHLWILL (1973a/1977) weist mit Recht darauf hin, daß die Ausprägung zahlreicher Verhaltensmerkmale einen engeren Zusammenhang mit dem Alter aufweist als mit den meisten anderen angenommenen unabhängigen Variablen. Dieser Zusammenhang kommt aber erst dadurch zustande, daß bestimmte Entwicklungsfaktoren bzw. ihre Auswirkungen in einer mehr oder weniger engen Beziehung zum Alter stehen. Neben der mangelnden Kenntnis der tatsächlichen Einflußgrößen von Entwicklungsprozessen war es vor allem die Tatsache der Korrelation der (unbekannten) Einflußgrößen mit dem Alter, die die Altersvariable zur klassischen „unabhängigen" Variablen werden ließ. Nicht nur Reifungsvorgänge sind alterskorreliert, sondern auch soziale Erwartungen (z. B. bezüglich der Sauberkeit oder der Selbständigkeit) und gesellschaftliche Anforderungen (z. B. die Einschulung, Curricula, die Volljährigkeit) gehen zum Teil von impliziten Altersnormen aus. Häufig ist dabei schwer festzustellen, ob die Erwartungen und Anforderungen der sozialen Umwelt nur „natürliche" Altersunterschiede gesellschaftlich verankern oder diese Altersunterschiede vielmehr erst herbeiführen. Die Einflußfaktoren der Umwelt sind aber in der Regel nur sehr grob am Lebensalter orientiert.

Die *Korrelation* ist ein Maß für den statistischen Zusammenhang zweier Meßreihen. Die Höhe des Korrelationskoeffizienten gibt an, wie eng die Beziehung zwischen dem Auftreten oder der Ausprägung zweier Merkmale ist (z. B. zwischen Alter und Gehirnentwicklung). Bei vollkommener Entsprechung erreicht der Korrelationskoeffizient den Wert 1, besteht kein überzufälliger Zusammenhang, ist er 0. Bei völlig gegenläufiger Entsprechung (mit dem Ansteigen der Werte der einen Meßreihe sinken die Werte der anderen Meßreihe) wird der Koeffizient - 1.

Zur Verwendung der Altersvariable in der Entwicklungspsychologie

Unter Berücksichtigung der dargelegten Einschränkungen sind folgende Forderungen für den Gebrauch der Altersvariable in der Entwicklungspsychologie aufzustellen:
Soweit auftretende Veränderungen *deskriptiv* in Abhängigkeit vom Alter dargestellt werden, z. B. in Form von Entwicklungskurven oder Entwicklungsfunktionen, sollte der Entwicklungsverlauf jeweils für bestimmte Populationen oder Untergruppen beschrieben werden (z. B. getrennt nach dem Geschlecht, dem Intelligenzgrad, der Ängstlichkeit, dem sozialen Hintergrund, dem Geburtsjahrgangs usw.), je nach dem bekannten oder vermuteten Grad der Bedeutung dieser Merkmale für die betreffenden Veränderungen. Auf diese Art nähert man sich in einem ersten Schritt der *Erklärung* der Altersvariation in der interessierenden abhängigen Variable an und erhält gleichzeitig Informationen über die Allgemeingültigkeit oder Variabilität der betreffenden Entwicklungsfunktionen.

Die ausschließliche Frage nach der Beziehung zwischen dem Alter und bestimmten Veränderungen V = f(A), ohne Berücksichtigung weiterer Größen, erscheint nur berechtigt:
– als Ausgangspunkt einer entwicklungspsychologischen Fragestellung, z. B.

wenn noch nicht bekannt ist, ob überhaupt langfristige Veränderungen zu beobachten sind;
– wenn über zugrundeliegende, vorausgehende Entwicklungsbedingungen Informationen fehlen oder nicht zugänglich sind;
– bei einer bewußten Beschränkung auf die Ebene der Deskription und unter zusätzlicher Angabe der Merkmalsstreuung innerhalb der Altersgruppen;
– zur Untersuchung von Bereichen, deren Veränderungen überwiegend reifungsbedingt sind, d.h. deren zeitlicher Verlauf unter den verschiedensten Entwicklungsbedingungen ähnlich aussieht (z.B. in der körperlichen-motorischen Entwicklung);
– wenn es zunächst nur darum geht, durch Bezugnahme auf Altersnormen auffällige Entwicklungsverzögerungen festzustellen, etwa im Hinblick auf klinisch relevante Variablen.

Grundsätzlich ist die Frage nach der Altersabhängigkeit nur dann sinnvoll, wenn – statistisch gesprochen – die Merkmalsstreuung *zwischen* den Altersgruppen bedeutsam größer ist als *innerhalb* der Altersgruppen.

2.4 Merkmale von ontogenetischen Veränderungen

Mit der Bestimmung von ontogenetischen Veränderungen als Gegenstand der Entwicklungspsychologie ist, über die unter 2.3 erläuterte funktionale Beziehung zu einem Zeitkontinuum hinaus, noch nichts darüber ausgesagt, *welche Merkmale* zeitliche Veränderungen besitzen, die mit dem Begriff *Entwicklung* belegt werden.

Nach der Erörterung der Bedeutung der Altersvariablen im vorangegangenen Abschnitt wende ich mich nun der Erläuterung des Veränderungsbegriffs, und damit auch des Begriffs *Entwicklung*, zu. Zur Strukturierung der Darstellung bietet sich an, von den drei klassischen Fragen nach dem *Was*, dem *Wie* und dem *Wodurch* der Entwicklung auszugehen.

1. *Was* verändert sich überhaupt? – Wie sind die Variablen definiert, die auf Veränderungen hin betrachtet werden, d.h. welche Merkmale von Individuen werden unter dem Entwicklungsaspekt zum Beobachtungsgegenstand gemacht?

2. *Wie* sind die Veränderungen zu beschreiben? – Mit welchen Begriffen lassen sie sich am besten kennzeichnen, welcher Art sind sie und wie sieht ihr Verlauf aus?

3. *Wodurch* kommen die Veränderungen zustande? – Welche Bedingungen und Wirkgrößen bringen sie hervor und wie hängen die zeitlich aufeinanderfolgenden Veränderungen miteinander zusammen?

Die beiden ersten Fragen zielen auf die *Beschreibung* der Veränderungen, die dritte Frage ist auf die *Erklärung* der Veränderungen gerichtet. Es ist wichtig, zwischen beschreibenden und erklärenden Aussagen scharf zu trennen.

2.4.1 Was verändert sich?

Untersuchungsgegenstand der Psychologie ist das menschliche Verhalten und Erleben in seinen empirisch faßbaren Äußerungen (vgl. S. 21). Die Entwicklungspsychologie interessiert sich dabei speziell für die intraindividuellen Veränderungen des Verhaltens und Erlebens im Laufe der Ontogenese (vgl. S. 16). Menschliches Verhalten und Erleben läßt sich aber nun je nach dem Erkenntnisinteresse auf verschiedenen Ebenen und in verschiedenen Ausschnitten betrachten. Nicht zuletzt daraus resultiert das Vorhandensein mehrerer Entwicklungspsychologien (s. dazu insbesondere die Kap. 7 bis 13 in Band 2).

Vor der Beschreibung und der Erklärung von Entwicklungsprozessen hat deshalb eine genaue Bestimmung des Gegenstands der Beschreibung und Erklärung zu erfolgen. Es ist zu definieren, welche Variable(n) X mit welchem Meßinstrument Y hinsichtlich welcher Merkmale untersucht werden soll(en). Für die als untersuchungsrelevant ausgewählten Verhaltensausschnitte ist festzulegen, ob die beobachteten *Verhaltensinhalte selbst* den Untersuchungsgegenstand darstellen oder ob dieser in *funktionalen* Merkmalen des betreffenden Verhaltens (z. B. in Anpassungs- oder Effizienzkriterien) oder in den dem Verhalten als zugrundeliegend gedachten *Strukturen* (z. B. strukturellen Merkmalen des Zentralen Nervensystems, bestimmten Denkstrukturen) zu sehen ist.

Es sind also inhaltliche und formale Entscheidungen bezüglich der zu messenden Variablen zu treffen: die Variablenklasse ist auszuwählen, die Beobachtungsebene ist festzulegen, und die beobachtete Variable ist in einen theoretischen Zusammenhang einzuordnen.

Die Entwicklungspsychologie steht dabei vor dem prinzipiellen Problem der Identität bei gleichzeitiger Variabilität: die Variablen sind so zu definieren, daß sie einerseits homogen genug sind, um über längere Abschnitte des Lebenslaufs verfolgt werden zu können, daß sie andererseits aber auffälligen Veränderungen über die Zeit unterliegen. Die methodischen Probleme im Zusammenhang mit der Definition von Entwicklungsvariablen werden in Kap. 4.1. behandelt.

Da Merkmalsveränderungen außerdem situationsspezifisch variieren können bzw. entwicklungsrelevante Situationen (Umwelten) sich über die Ontogenese verändern, ist neben den Variablen Person, Zeit und Merkmal auch die *Situation* in eine umfassende Gegenstandsbestimmung einzubeziehen (Buss, 1979; Rudinger, 1983). Entwicklungsveränderungen lassen sich so als Veränderungen von Person-Umwelt-Systemen darstellen (Trautner & Lohaus, 1985).

Die Festlegung der Beobachtungsebene

Die verschiedenen Möglichkeiten der Festlegung der Beobachtungsebene sollen im folgenden am Beispiel eines für das Säuglingsalter typischen Verhaltens, *Gegenstände in den Mund nehmen und an ihnen lutschen*, aufgezeigt werden.

Die erste Festlegung betrifft die Abgrenzung der *Beobachtungseinheiten*. Diese können entweder sehr eng oder relativ weit definiert sein. Man kann die gesamte

Verhaltenssequenz *Greifen nach einem Gegenstand – In den Mund nehmen – Lutschen*, in spezifische Bewegungsabläufe bis hinunter zur Analyse von einzelnen Muskelkontraktionen auflösen oder aber die gleiche Verhaltenssequenz unter dem Aspekt ihrer Zielgerichtetheit oder einem anderen Kriterium der Einheitlichkeit insgesamt als Einheit definieren. (Zu Beobachtungsmethoden in der Entwicklungspsychologie s. Kap. 5.2).

Weiter ist zu unterscheiden, in welcher Art ein Verhaltensmerkmal zu quantifizieren ist: nach seiner *Auftretenshäufigkeit*, seiner *Intensität*, *Dauer*, *Latenz* oder auch seiner *Situationsabhängigkeit*. Je nachdem ist zu messen, *wie oft* ein Säugling im Beobachtungszeitraum einen Gegenstand in den Mund genommen hat und an ihm gelutscht hat, *mit welcher Intensität* das geschehen ist, *wie lange* der Säugling einen Gegenstand im Mund behielt usw. oder *unter welchen Bedingungen* das betreffende Verhalten ausgelöst wurde oder nicht. Damit sind die Möglichkeiten der Verhaltensaufzeichnung noch nicht einmal erschöpft. Man könnte darüber hinaus noch das genaue Aussehen (die *Topographie*) des Verhaltens exakt zu beschreiben versuchen, etwa auf der Grundlage einer Videoaufzeichnung. Man könnte weiter die *Funktion* des Verhaltens ins Auge fassen (z. B. Lutschen in seiner Funktion als Mittel der Bedürfnisbefriedigung) oder die dem Lutschen zugrundeliegenden sensumotorischen *Strukturen* analysieren. Die Entscheidung für die eine oder andere der gerade geschilderten Möglichkeiten ist nicht willkürlich. Sie richtet sich nach dem hinter einer Untersuchung stehenden Erkenntnisinteresse, das selbst wiederum eng verknüpft ist mit theoretischen Vorannahmen.

Beobachtete und erschlossene Merkmale

Häufig interessieren die einzelnen Verhaltensmaße den Forscher weniger für sich genommen, sondern als *Indikatoren* für etwas anderes. Sie können dienen a) als *Operationalisierung* einer Variablen (d.h vereinfacht gesagt: zur Angabe eines Verfahrens, durch das eine Variable einer Messung zugänglich gemacht wird), b) als *repräsentatives Maß* für eine umfassendere Verhaltensklasse oder c) als *Indikator* für eine selbst nicht direkt beobachtbare, dem beobachtbaren Verhalten als *zugrundeliegend gedachte Variable*. a) und b) können u. U. auch zusammenfallen.

Ad a: Orientierungsreaktionen (SOKOLOV, 1961) wie die Hinwendung zu einer Reizquelle oder die Fixationsdauer bei optischen Reizen, können z. B. als Operationalisierungen der Untersuchungsvariable *Aufmerksamkeitsverhalten* angesehen werden.

Ad b: Das Lutschen an Gegenständen läßt sich in die breitere Verhaltensklasse *Orales Verhalten* oder die noch allgemeinere Klasse *Aktivität* einordnen.

Ad c: Lutschen an Gegenständen könnte auch als Verhaltensausdruck einer zugrundeliegenden organischen Struktur (morphologischer oder zentralnervöser Natur) oder eines sensumotorischen Assimilationsschemas (PIAGET; s. Kap. 10.2.1) betrachtet werden.

In allen drei Fällen werden die einzelnen konkreten Verhaltensindizes, um ihnen eine Bedeutung zu verleihen, umfassenderen Konzepten zugeordnet bzw. als repräsentativer Ausschnitt einer breiteren Verhaltensklasse verstanden. Die behauptete Zugehörigkeit eines konkreten Verhaltensmaßes zu solchen umfassenderen Konzepten ist empirisch nachzuweisen; etwa dadurch, daß man – im Fall der Zuordnung von Lutschen und „Oralität" – eine gesetzmäßige Beziehung zwischen dem Lutschen an Gegenständen und anderen als „oral" definierten Verhaltensindizes zeigen kann.

STEVENSON (1972b) hat darauf aufmerksam gemacht, daß die meisten empirischen Untersuchungen ausschließlich auf die Repräsentativität der Stichprobenselektion (Versuchspersonen-Repräsentativität) achten und darüber den Aspekt der Repräsentativität von Verhaltensmaßen, also die repräsentative Aufgabenselektion, vernachlässigen. Dadurch wird sowohl die Vergleichbarkeit verschiedener Untersuchungen als auch die Generalisierbarkeit einzelner Untersuchungsergebnisse vermindert.

Mit HERRMANN (1984) lassen sich die umfassenderen Konzepte, in die einzelne empirische Indikatoren eingeordnet werden, als *deskriptive theoretische Konstrukte* bezeichnen. Sie stellen die begrifflichen *Invarianten* oder Klassen dar, in die konkretes Verhalten und Erleben beschreibend eingeordnet wird (HERRMANN, 1984, S. 64). Um die unterschiedliche Ausprägung dieser deskriptiven Konstrukte bei verschiedenen Individuen (= interindividuell) oder, wie speziell in der Entwicklungspsychologie, über die Zeit (= intraindividuell) *erklären* zu können, sind dann *explikative Konstrukte* notwendig, die selbst wieder theoretische Abstraktionen aus empirischen Sachverhalten sind (HERRMANN, 1984, S. 65). Von einem Konstrukt spricht man in der Psychologie immer dann, wenn in einem Begriff genaue Angaben über die empirischen Beziehungen mehrerer theoretisch aufeinander bezogener empirischer Sachverhalte enthalten sind. Die häufig hypothetisch angenommenen Beziehungsverhältnisse (Netzwerke von Beziehungen) sind ständig anhand der Empirie zu überprüfen und zu präzisieren (HERRMANN, 1984, S. 34). Ein hypothetisches Konstrukt ist einerseits also verankert in mehreren beobachtbaren bzw. meßbaren empirischen Sachverhalten, andererseits verleiht das Konstrukt den einzelnen Sachverhalten ihre „konstrukt-spezifische" Bedeutung (HERRMANN, 1984, S. 35). Die sogenannte *Konstruktvalidität* spielt in der Psychologischen Diagnostik eine wichtige Rolle. (s. dazu CRONBACH & MEEHL, 1955; GUTHKE, BÖTTCHER & SPRUNG, 1990; HÖRMANN, 1964).

Selektivität bezüglich der Inhalte der Beobachtung

Von der Wahl weiter oder enger Beobachtungseinheiten und bestimmter Arten ihrer Quantifizierung sowie von der Verwendung bestimmter hypothetischer Konstrukte abgesehen, besteht bereits in der Auswahl der Inhaltsbereiche, die als paradigmatisch oder zumindest bedeutsam für die Darstellung der menschlichen Entwicklung herausgegriffen werden, eine Einschränkung des Beobachtungsgegenstandes. Entwicklungstheorien und Untersuchungsmethoden sind abgestimmt – und damit auch brauchbar und gültig – für ganz bestimmte Ausschnitte aller denkbaren Veränderungsreihen. Man trifft etwa auf eine schwerpunktmäßige Betrachtung der körperlich-motorischen Entwicklung (z.B. GESELL), der geistigen Entwicklung (z.B WERNER, s. Kap. 7.2.2; PIAGET s. Kap. 10.2.1) oder der Persönlichkeitsentwicklung (z.B. FREUD, s. Kap. 8.2.1; Theorien des sozialen Lernens, s. Kap. 9), und zwar jeweils wiederum in ganz bestimmten Ausschnitten.

Durch die Auswahl der Gegenstände, die auf mögliche Veränderungen über die Zeit betrachtet werden, sind die Entscheidungen bezüglich unserer Fragen 2. (*Wie*) und 3. (*Wodurch*) bereits in erheblichem Maße festgelegt. Die Kennzeichen der auftretenden Veränderungen, die Begriffe, die sich zu ihrer Beschreibung anbieten, und die Erklärung ihres Zustandekommens und inneren Zusammenhangs variieren mit dem gewählten Forschungsgegenstand. So kommt es, daß wir in der Entwicklungspsychologie konkurrierende Teiltheorien und Teilsysteme vorfinden, die sich häufig nicht gegenseitig ausschließen, sondern aufgrund der unterschiedlichen Definition des gewählten Forschungsfeldes eher ergänzen (s. dazu die Kap. 7 bis 13 in Band 2).

2.4.2 Wie sind die Veränderungen zu beschreiben?

Es gibt bis heute kontroverse Standpunkte darüber, ob die im Laufe der Entwicklung eintretenden Veränderungen eher *quantitativer* oder *qualitativer* Art sind, ob sie *kontinuierlich* (stetig) oder *diskontinuierlich* (sprunghaft) verlaufen, ob sie *universell* oder *individuell verschieden*, *reversibel* oder *irreversibel*, *auf ein Endziel gerichtet* oder *ungerichtet* sind, *isoliert* voneinander oder *integriert* ablaufen, und ob nur *Aufbauprozesse* (progressive Änderungen) oder auch *Abbauprozesse* (ein Rückgang der Leistungsfähigkeit, Regressionen u.ä.) unter den Entwicklungsbegriff fallen (BALTES & GOULET, 1979; HARRIS, 1957; KAGAN, 1984/1987; THOMAE, 1959a; WOHLWILL, 1973/1977; s. dazu Abschnitt 2.5).

Aus der Darstellung der Vielfalt von Möglichkeiten, den unter einem Veränderungsaspekt zu betrachtenden Beobachtungsgegenstand zu definieren, geht unmittelbar hervor, daß *generelle* Antworten hinsichtlich der Kennzeichnung von Entwicklungsprozessen im Sinne eines Entweder-Oder kaum möglich sind. Man geht heute vielmehr davon aus, daß die eben in ihren polaren Ausformungen aufgeführten Verlaufsmerkmale alle mehr oder weniger zutreffen, je nachdem was gerade zum Gegenstand einer entwicklungspsychologischen Betrachtung gemacht wird und wie der betreffende Gegenstand untersucht wurde.

Die Alternative zu dem hier vertretenen Standpunkt des „Sowohl-als auch" hinsichtlich der Beschreibungsmerkmale von Entwicklungsprozessen wäre, von einer a-priori-Definition der Entwicklung auszugehen und alles, was nicht unter diese Definition fällt, als nicht zum Gegenstand einer Entwicklungspsychologie gehörig zu betrachten. Dieser Weg erscheint aber aufgrund der fehlenden eindeutigen Ausschlußkriterien als nicht gangbar. Außerdem hieße das, daß man häufig erst nach der gründlichen Untersuchung eines Gegenstands feststellen würde, daß etwas *nicht* zum Gegenstandsbereich der Entwicklungspsychologie gehört. Dies ist wenig sinnvoll. Der Entwicklungsbegriff sollte vielmehr so weit gehalten sein, daß möglichst alle langfristigen Veränderungen im Laufe der Ontogenese, die in gesetzmäßiger Weise aufeinander folgen und miteinander zusammenhängen, darin eingeschlossen sind.

Art und Verlauf von Veränderungen

Die Beschreibungsmerkmale von Entwicklungsprozessen variieren mit der Definition des Untersuchungsgegenstands und der Art seiner Messung, was nicht zuletzt wiederum davon abhängt, welche entwicklungspsychologischen Fragestellungen beantwortet werden sollen.

Grundsätzlich kann zwischen zwei Arten von Veränderungen unterschieden werden: 1. Veränderungen ein und derselben Variablen; 2. regelhaften Abfolgen verschiedener Variablen. Während regelhafte Abfolgen verschiedener Variablen immer qualitative Veränderungen beinhalten, können Veränderungen in einer Variablen quantitativer oder qualitativer Art sein.

Die motorische Entwicklungssequenz vom Sitzen über das Stehen und Krabbeln zum Laufen (vgl. Abbildung 1.2) beinhaltet eine qualitative Veränderung. Die Zunahme des Wortschatzes (definiert als Anzahl bekannter Wörter) ist eine rein quantitative Veränderung. Die Verschiebung des zahlenmäßigen Verhältnisses des Gebrauchs von Verben und von Adjektiven beim Sprechen (Adjektiv-Verb-Quotient) stellt hingegen bereits eine qualitative Veränderung des Sprachgebrauchs dar.

Bei entsprechender Quantifizierung der Variablenänderung lassen sich entweder relativ allgemeine Aussagen über die Richtung der Veränderung (z. B. *ansteigend, abfallend, zwischen Anstieg und Stillstand abwechselnd*) oder speziellere Aussagen über die Form des Kurvenverlaufs (z. B. *linear ansteigend, anfänglich positiv, später negativ beschleunigt*) bis hin zur Darstellung des Kurvenverlaufs in Form von mathematischen Gleichungen machen. Bei Entwicklungssequenzen sind ausschließlich Aussagen über die Regelhaftigkeit der Reihenfolge der Variablen und ihre ungefähre Alterszuordnung möglich. Eine Quantifizierung des Entwicklungsverlaufs ist ausgeschlossen, da es sich bei den Gliedern der Veränderungsreihe um diskrete Größen handelt.

Welche Beschreibungsmerkmale zur Darstellung von Entwicklungsverläufen verwendet werden können, hängt in starkem Maße auch von der gewählten Untersuchungsmethodik ab. Dies soll am Beispiel der Gegenüberstellung von quantitativen und qualitativen Veränderungen veranschaulicht werden.

Verwendet man z. B. über alle untersuchten Entwicklungszeitpunkte dasselbe Untersuchungsinstrument (die gleichen Aufgaben in einem Test, die gleichen Items in einem Fragebogen etc.) und hat man überdies ein einheitliches Reaktionsmaß (Anzahl gelöster Aufgaben oder in bestimmter Richtung beantworteter Fragen) resultiert zwangsläufig eine eindimensionale quantitative Veränderungsreihe. Variiert man hingegen über die verschiedenen Entwicklungszeitpunkte die gestellten Aufgaben und Fragen oder stellt den Versuchspersonen die Art ihrer Reaktion frei, so ergeben sich qualitative, d.h. nicht auf einer einzigen Dimension nur nach der Zu- oder Abnahme abbildbare Veränderungen. Ersteres Vorgehen kennzeichnet etwa die klassische Intelligenzmessung mit Hilfe standardisierter Tests, letzteres ist charakteristisch für die Untersuchung der Intelligenzentwicklung in der Tradition von PIAGET (vgl. Kap. 10.2.1).

Auf ähnliche methodische Probleme wie bei der Frage „quantitativ versus qualitativ" treffen wir auch bei den übrigen Gegensatzpaaren. Der Zusammenhang von Verlaufsmerkmalen der Entwicklung und methodischen Vorgehensweisen wird in den Kap. 4 und 5 wieder aufgegriffen.

Allgemeine Kennzeichen von Entwicklungsvorgängen

Die Vielfalt der Merkmale, die die verschiedenen ontogenetischen Veränderungsreihen kennzeichnen, läßt es schwierig erscheinen, übergeordnete Begriffe zur Beschreibung der Gesamtentwicklung aufzufinden. Nur wenige Begriffe eignen sich zur allgemeinen Charakterisierung von Entwicklungsvorgängen. Bei der Suche nach solchen übergeordneten Begriffen trifft man am häufigsten auf eine nähere Umschreibung der Entwicklung als *Wachstum, Reifung, Differenzierung, Lernen, Prägung* oder *Sozialisation* (MUSSEN, CONGER & KAGAN, 1974/1976; NICKEL, 1972; OERTER & MONTADA, 1987; THOMAE, 1959a). Diese sechs Grundbegriffe werden in ihrer Bedeutung für die Entwicklungspsychologie im Kapitel 2 ausführlich behandelt.

An dieser Stelle ist jedoch noch einmal auf die Trennung von Beschreibung und Erklärung einzugehen. Der Gebrauch der genannten Begriffe ist in dieser Hinsicht zuweilen nicht eindeutig. Die Termini *Wachstum, Differenzierung* und *Sozialisation* können strenggenommen nur als Beschreibungsbegriffe gelten. Die Begriffe *Reifung, Lernen* und *Prägung* gehen über die Beschreibung der Entwicklung hinaus und können auch zur Erklärung von Veränderungen herangezogen werden. Die Verwendung von *Wachstum, Differenzierung* oder *Sozialisation* zur Erklärung von Veränderungen erscheint demgegenüber wenig sinnvoll, weil diese Begriffe, im Unterschied zu *Reifung, Lernen* und *Prägung*, nicht eindeutig im Sinne eines bestimmten Erklärungskonzepts festgelegt sind.

So läßt sich z. B. *Differenzierung* sowohl zur Bezeichnung der Ausgliederung von Teilen aus einem organischen Ganzen verwenden (vgl. Kap. 2.3), als auch im Sinne des Erwerbs von Unterscheidungsleistungen im Bereich der Gefühle oder des Problemlöseverhaltens nach lerntheoretischen Vorstellungen der Reaktionsdifferenzierung und Reizdiskrimination (zu letzterem s. Kap. 2.4). *Wachstum* kann biologisches, reifungsgesteuertes (Körper-)Wachstum bedeuten, aber auch einfach die quantitative Zunahme an Fertigkeiten oder Kenntnissen, ohne nähere Bezeichnung ihrer Grundlagen (vgl. Kap. 2.1). Zwar sind die mit den betreffenden Begriffen verknüpften Konnotationen weniger vieldeutig. Aus Gründen der klaren Trennung von Beschreibung und Erklärung ist es jedoch zweckmäßig, die Begriffe *Wachstum, Differenzierung* und *Sozialisation* nur unter deskriptivem Aspekt zu verwenden und die in ihnen möglicherweise enthaltenen Annahmen hinsichtlich der Steuerung von Veränderungen mit zusätzlichen Begriffen (z. B. *Reifung* oder *Lernen*) zu bezeichnen.

2.4.3 Wodurch kommen die Veränderungen zustande?

Die Frage nach den Bedingungen und Mechanismen des Zustandekommens von Veränderungen nimmt eine zentrale Stellung in den Theorien der Entwicklung ein (s. Kap. 6 bis 10). Die erklärende Analyse beginnt mit den von der Entwicklungsbeschreibung aufgeworfenen, aber nicht beantworteten Fragen (AUSUBEL & SULLIVAN, 1974): „Auf welche Weise ist die Veränderung erfolgt? Welche

Variablen waren verantwortlich? Wie interagieren die Variablen miteinander und mit dem bisherigen Zustand des Organismus? Haben bestimmte Faktoren für die Herbeiführung der Veränderung eine wichtigere Rolle gespielt als andere? Änderte sich die Bereitschaft für eine Veränderung von einem Stadium zum nächsten?" (S. 23). All dies sind Probleme der Erklärung von Veränderungen.

Entwicklungsfaktoren

Als die wesentlichen Faktoren und Steuerungsmechanismen des Eintretens von Veränderungen können auf der einen Seite Anlagebedingungen und anlagemäßig verankerte Reifungsvorgänge, auf der anderen Seite die Verarbeitung von Einflüssen der dinglichen und sozialen Umwelt, vor allem auf dem Wege von Lernvorgängen, angesehen werden. Man geht heute davon aus, daß die genannten Faktoren und Steuerungsmechanismen ihren Einfluß nicht unabhängig voneinander oder isoliert ausüben, sondern daß sie grundsätzlich in komplexer Weise zusammenwirken. Die relative Bedeutung der einzelnen Entwicklungsfaktoren und die Art ihres Zusammenwirkens ist, wie der Entwicklungsverlauf, abhängig vom Gegenstand der Betrachtung, d.h. vom jeweils gewählten Bereich der Entwicklung (motorische, intellektuelle, emotionale, soziale Entwicklung etc.) sowie seiner näheren inhaltlichen und methodischen Definition. Die Frage der Steuerung von Entwicklungsprozessen wird im Kap. 3 ausführlich behandelt.

Priorität früherer Entwicklungseinflüsse

Ein häufig vernachlässigtes Problem im Zusammenhang mit der Steuerung von Entwicklungsprozessen, das teilweise noch in die zuvor behandelte Problematik der Merkmale von Entwicklungsänderungen hineinreicht, ist die Frage nach der Art des Auseinanderhervorgehens der Veränderungen, d.h. nach der Beziehung der zeitlich aufeinanderfolgenden Veränderungen innerhalb der einzelnen Veränderungsreihen.

Grundsätzlich ist davon auszugehen, daß bei ontogenetischen Veränderungsreihen das Spätere auf dem Früheren aufbaut. Jeder gegenwärtig einwirkende Faktor trifft jeweils auf bereits bestehende Resultate oder Auswirkungen früherer Faktoren und wird davon in seiner Wirkung mitbestimmt. Die Entstehung der Leistungsmotivation im Vorschulalter baut so auf zuvor erworbenen kognitiven Fähigkeiten (u.a. der Erkennung von Leistungsunterschieden und der (Selbst-)Verursachung von Leistungen) und sozialen Verhaltensmustern (u.a. Selbständigkeit, Wetteifer) auf (vgl. HECKHAUSEN, 1980). Die Auswirkung einer Trennung von der Mutter im Kleinkindalter ist erst dann genauer abzuschätzen, wenn bekannt ist, wie die bisherigen Mutter-Kind-Interaktionen ausgesehen haben und an welchem Punkt der Entwicklung einer sozialen Bindung an die Mutter das Kind angelangt ist (BOWLBY, 1973/1979, 1980/1983).

Gegenwärtige und vergangene Entwicklungsfaktoren wirken somit auf komplexe Art ineinander. Dem Früheren kommt dabei gegenüber dem Späteren häufig nicht nur von der zeitlichen Lokalisation Priorität zu, sondern auch vom Gewicht hinsichtlich der Bestimmung der Entwicklungsrichtung. Von daher wird auch die herausragende Bedeutung gerade der frühen Entwicklung, sinnfällig ausgedrückt im Satz „das Kind ist der Vater des Mannes / .... die Mutter der Frau", einsichtig. Anfänglich treffen die Entwicklungseinflüsse noch auf relativ wenig vorhandene „bleibende Resultate", sie legen dadurch die Entwicklungsrichtung in stärkerem Maße fest als die späteren Einflüsse. Die ständige Zunahme an „bleibenden Entwicklungsresultaten" ist dann eine Voraussetzung für die fortschreitende Stabilität und Vorhersagbarkeit der weiteren Entwicklung. Gerade der Prozeßcharakter der Entwicklung und ihre *Kumulativität* macht die erklärende Analyse von ontogenetischen Veränderungen besonders schwierig.

2.4.4 Arten des Verhältnisses aufeinanderfolgender Entwicklungsschritte

Zur Analyse des Verhältnisses von Früherem und Späterem hat FLAVELL (1972) für kognitive Entwicklungssequenzen ein Klassifikationssystem vorgelegt, das auch zur Ordnung verschiedener Arten des inneren Zusammenhangs nicht-kognitiver Entwicklungssequenzen anwendbar erscheint. FLAVELL unterscheidet fünf Arten des Verhältnisses von zeitlich aufeinanderfolgenden Entwicklungsschritten: Addition, Substitution, Modifikation, Inklusion und Mediation.

Addition als die einfachste Form einer kumulativen Beziehung ist gegeben, wenn ein späteres Verhaltensmerkmal zu einem früheren hinzukommt, ohne daß dieses aufgegeben wird. Neue Wörter werden gelernt, ohne daß frühere Wörter verschwinden. Ein anderes Beispiel: Einfaches Auswendiglernen als eine frühe Form der Informationsspeicherung ist weiter verfügbar, auch wenn später die Informationsspeicherung durch den Einsatz von kognitiven Vermittlungsgliedern (z. B. Bedeutungsähnlichkeit) erleichtert werden kann.

Bei einer *Substitution* wird das Frühere mehr oder weniger vollständig durch das Spätere ersetzt. Ein Beispiel: Die ursprüngliche Abhängigkeit von der Pflegeperson, die sich u. a. in dem Wunsch dokumentiert, von dieser getragen zu werden, wird zugunsten größerer Selbständigkeit und Unabhängigkeit aufgegeben.

Während die *Addition* den extremen Fall eines *kumulativen* Verhältnisses darstellt (Früheres wird weitgehend unverändert beibehalten), kann man in der *Substitution* den extremen Fall eines disjunktiven Verhältnisses sehen: Früheres verschwindet mit dem Erwerb von Neuem. Die Unterscheidung von kumulativ und disjunktiv spielt eine Rolle bei der Anwendung der Skalogramm-Analyse auf Entwicklungsprobleme (s. dazu WOHLWILL, 1977, S. 138-150).

Von einer *Modifikation* spricht FLAVELL, wenn der spätere Zustand eine Differenzierung, Generalisierung oder Stabilisierung des vorangegangenen Zustandes beinhaltet. Beispiele: Die allmähliche Herausbildung der Unterscheidung von Aussehen und Wirklichkeit (Differenzierung); die Bildung von Klassenbegriffen und ihre Anwendung über die Situation hinaus, in der sie ursprünglich erworben wurden (Generalisierung); die Konsolidierung einer Verhaltensgewohnheit, z. B.

die Konsistenz oder Verläßlichkeit, mit der die moralische Beurteilung von Handlungen das Kriterium der Absicht zugrundelegt (Stabilisierung).

Im Falle der *Inklusion* wird das Frühere weder ergänzt, noch aufgegeben oder modifiziert, sondern im Späteren eingeschlossen und integriert. Beispiel: Die beim Kleinkind zunächst voneinander isoliert auftretenden Verhaltensweisen, nach Gegenständen zu greifen und Gegenstände wegzuschieben, werden zu einem koordinierten Handlungsablauf integriert (ein Kissen wird weggeschoben, *um* einen dahinter liegenden Gegenstand ergreifen zu können).

Eine *Mediation* liegt vor, wenn die frühere Gegebenheit ein notwendiges oder förderliches Zwischenglied für einen späteren Entwicklungsschritt darstellt. Beispiel: Die Fähigkeit, sich in andere hineinzuversetzen, fördert die Erkenntnis und Berücksichtigung der Motivation einer Handlung bei der moralischen Beurteilung von Handlungen anderer Personen.

Die Diskontinuität des Entwicklungsverlaufs ist nach FLAVELL um so ausgeprägter,

– je geringer die Veränderungen innerhalb einer Stufe im Verhältnis zu den Veränderungen zwischen den Stufen sind;

– je weniger sich die Fähigkeiten unterschiedlicher Niveaus bei einem Individuum zeitlich überlappen;

– je höher die Geschwindigkeit ist, mit der sämtliche Fähigkeiten der höheren Stufe erworben werden.

2.4.5 Schlußbemerkung

Die in den Abschnitten 2.4.1 bis 2.4.4 abrißartig dargestellten drei Grundfragen der Entwicklungspsychologie werden in den folgenden Kapiteln erneut aufgegriffen und näher erläutert. Durchgehendes Prinzip der Darstellung wird sein, den engen Zusammenhang zwischen der Eingrenzung des Beobachtungsgegenstands, der Beschreibung der ausgewählten Veränderungsreihen und ihrer Erklärung aufzuzeigen. Den Ausgangspunkt der Definition des Forschungsfelds bilden dabei häufig (implizite) theoretische Vorannahmen. So wählen z. B. Anhänger eines Reifungskonzepts der Entwicklung am ehesten strukturelle und funktionale Merkmale im körperlich-motorischen Bereich als Untersuchungsgegenstand und beschreiben Veränderungen mit Begriffen wie Wachstum, Differenzierung und Zentralisierung (vgl. Kap. 7). Anhänger der Theorien des sozialen Lernens sind hingegen eher geneigt, Verhaltensmuster im Bereich der sozialen Interaktion als Beobachtungsgegenstand auszuwählen und diese nach ihrer Auftretenshäufigkeit und ihrer Reizabhängigkeit zu betrachten (vgl. Kap. 9).

2.5 Die Definition des Entwicklungsbegriffs

Die Vielfalt von Entwicklungsdefinitionen

Aus der vorangegangenen Schilderung der verschiedenen Möglichkeiten der Beschreibung und Erklärung der Veränderungen des Verhaltens und Erlebens im Laufe der Ontogenese erhellt unmittelbar, daß unter dem Begriff *Entwicklung* sehr unterschiedliche Sachverhalte verstanden werden können. Die Erörterung verschiedener Definitionen von Entwicklung steht bewußt am Ende des Abschnitts 2. So wird am ehesten deutlich, daß mit jeder inhaltlichen Festlegung des Entwicklungsbegriffs nur bestimmte Ausschnitte des Entwicklungsgeschehens erfaßt werden, andere von vornherein ausgeschlossen sind. Die durch den verwendeten Entwicklungsbegriff gesetzten Grenzen sind umso enger, je mehr Kriterien zu seiner Definition herangezogen werden.

Die Wortgeschichte bis hin zum Gebrauch des Entwicklungsbegriffs im naturwissenschaftlichen Denken des 19. Jahrhunderts wurde bereits kurz skizziert (vgl. Kap. 1.1). In der in der Folgezeit entstehenden wissenschaftlichen Entwicklungspsychologie treffen wir dann auf eine Vielzahl mehr oder weniger voneinander abweichender Entwicklungsdefinitionen. Zur Illustration der Vielfalt der Begriffsfassung werden einige in der Literatur vorgefundene Definitionen von Entwicklung unkommentiert wiedergegeben. Am Anfang stehen die inhaltlich stärker ausgefüllten Entwicklungsbegriffe, am Ende die eher inhaltsarmen, formalen Definitionen.

(1) H. REMPLEIN (1958, S. 28): (Entwicklung ist) „eine nach immanenten Gesetzen (einem Bauplan) sich vollziehende fortschreitende (d. h. unumkehrbare, irreversible) Veränderung eines ganzheitlichen Gebildes, die sich als Differenzierung (Ausgliederung) einander unähnlicher Teilgebilde bei zunehmender Strukturierung (gefügehafter Ordnung) und funktionaler Zentralisierung (Unterordnung der Funktionen und Glieder unter beherrschende Organe) darstellt.

(2) E. NAGEL (1967, S. 17; übers. v. Verf.): (Entwicklung ist der Begriff für) „eine Abfolge von Veränderungen in einem System, die relativ überdauernde Neuerwerbungen sowohl im strukturellen Aufbau des Systems wie in seiner Funktionsweise beinhalten".

(3) W. STERN (1914; zit. nach THOMAE, 1959b, S. 6): „Seelische Entwicklung ist nicht ein bloßes Hervortretenlassen angeborener Eigenschaften, aber auch nicht ein bloßes Empfangen äußerer Einwirkungen, sondern das Ergebnis einer Konvergenz innerer Angelegtheiten mit äußeren Entwicklungsbedingungen".

(4) R. I. WATSON (1959, S. 76; übers. v. Verf.): „Wenn Veränderungen gesetzmäßig und aufeinander abgestimmt sind und die Fähigkeit des Organismus erhöhen, sich seiner Umgebung anzupassen, verdienen sie das Etikett Entwicklung".

(5) H. D. SCHMIDT (1970, S. 20): „Wir bezeichnen solche psychophysischen Veränderungsreihen als Entwicklung, deren Glieder existentiell auseinander hervorgehen (d. h. in einem natürlichen inneren Zusammenhang stehen), sich Orten in einem Zeit-Bezugssystem zuordnen lassen und deren Übergänge von einem Ausgangszustand in einen Endzustand mit Hilfe von Wertkriterien zu beschreiben sind".

(6) H. THOMAE (1959b, S. 10): (Entwicklung ist zu verstehen) „als Reihe von miteinander zusammenhängenden Veränderungen, die bestimmten Orten des zeitlichen Kontinuums eines individuellen Lebenslaufs zuzuordnen sind".

(7) W. KESSEN (1960, S. 36; übers. v. Verf.): „Ein Phänomen wird entwicklungsbedingt genannt, wenn es in regel-oder gesetzmäßiger Weise mit dem Alter in Beziehung gesetzt werden kann".

Enger vs. weiter Entwicklungsbegriff

Die in den zuvor aufgelisteten Entwicklungsdefinitionen zum Ausdruck kommenden Auffassungen von Entwicklung lassen sich im großen und ganzen zwei Polen zuordnen. An dem einen Ende finden sich die eher traditionellen, einem biologischen Denken nahestehenden Definitionen, die nur beim Vorliegen einer Reihe inhaltlicher Kriterien von Entwicklung sprechen. Am anderen Ende trifft man auf die heute eher gebräuchlichen sehr weiten Definitionen von Entwicklung.

Die traditionelle *enge Entwicklungsdefinition* schränkt die Anwendung des Entwicklungsbegriffs auf Veränderungen ein, die folgende Merkmale aufweisen (vgl. HARRIS, 1957; WOHLWILL, 1973/1977):

(1) Die Veränderungen verlaufen in einer Richtung (*Unidirektionalität*) auf ein Ziel (*Reifezustand*) hin. In der Regel handelt es sich um Aufbauprozesse, wobei das Endniveau meist als höherwertig oder ideal verstanden wird (z. B. größere Differenziertheit oder geistige Überlegenheit).

(2) Die Abfolge der Veränderungen gilt als unveränderlich, d. h. als nicht umkehrbar (*Irreversibilität*).

(3) Bei allen Menschen treten weitgehend unabhängig von unterschiedlichen Umweltgegebenheiten die gleichen Veränderungsschritte auf (*Universalität*). Interindividuelle Unterschiede gibt es höchstens hinsichtlich der Entwicklungsgeschwindigkeit und des erreichten Endniveaus.

(4) Bei den Veränderungen handelt es sich grundsätzlich um *qualitativ-strukturelle Transformationen*, die sich nicht rein quantitativ darstellen lassen.

Die heute gebräuchlichere *weite Entwicklungsdefinition* ist von diesen Festlegungen frei und faßt unter den Entwicklungsbegriff sämtliche ontogenetischen Veränderungen, die *relativ überdauernd* (langfristig) sind, eine irgendwie geartete *Ordnung* und einen *inneren Zusammenhang* aufweisen, sowie mit dem *Lebensalter* (Zeitkontinuum) in einer mehr oder weniger engen Beziehung stehen. Dieser weite Entwicklungsbegriff schließt sämtliche Veränderungen ein, die den Kriterien der engen Definition genügen.

Motorische Entwicklungssequenzen in den ersten Lebensjahren, Grundlinien des Spracherwerbs im Vorschulalter oder qualitative Veränderungen des Denkens im Kindes- und Jugendalter genügen z. B. weitgehend den Kriterien der engen Entwicklungsdefinition. Es gibt aber auch viele Veränderungen, die nicht von dem engen Entwicklungsbegriff abgedeckt werden. Das gilt z. B. für die Ansammlung von Wissen über die dingliche und soziale Umwelt, den Erwerb und die Veränderung von Spielinteressen und -aktivitäten oder – später – beruflichen Interessen und Aktivitäten, die Gewinnung einer persönlichen Identität, die Bewältigung von Aufgaben im Rahmen von Familie und Beruf u.v.a.m.

Die große Mehrheit der Entwicklungspsychologen hält es daher heute nicht mehr für angemessen, wegen des Nichtzutreffens einzelner Kriterien der engen Entwicklungsdefinition bestimmte Untersuchungsgegenstände aus der Entwicklungspsychologie auszuschließen. Dies erscheint auch deshalb wenig sinnvoll, weil man häufig erst *nach* der gründlichen Untersuchung eines Gegenstandes feststellen würde, daß etwas nicht zum Gegenstandsbereich der Entwicklungspsychologie gehört. Der Entwicklungsbegriff sollte vielmehr so weit gehalten sein, daß möglichst alle langfristigen Veränderungen, die während der Ontogenese in gesetzmäßiger Weise aufeinander folgen und miteinander zusammenhängen, darin eingeschlossen sind. Dies wird nur erreicht, wenn der Entwicklungsbegriff von inhaltlichen Bestimmungen der Kennzeichen, Verlaufsmerkmale und Bedingungsfaktoren freigehalten wird. Die Funktion einer derartigen weiten Entwicklungsdefinition ist weniger, das Forschungsfeld der Entwicklungspsychologie einzugrenzen, sondern im Gegenteil dieses Forschungsfeld nicht von vornherein durch definitorische Abgrenzungen willkürlich einzuschränken. Von diesem forschungspragmatischen Aspekt abgesehen, leistet eine derart weite Begriffsfassung von Entwicklung allerdings wenig.

Zur Klärung des Entwicklungsbegriffs und zur Einordnung entwicklungspsychologischer Fragestellungen sind noch zwei bisher nicht behandelte Probleme anzusprechen: 1. mit Entwicklung kann der Prozeß oder das Produkt von Veränderungen gemeint sein; 2. es gibt unterschiedliche Niveaus von Gesetzmäßigkeiten der Entwicklung.

Entwicklung als Prozeß und Produkt

Der Begriff Entwicklung bezeichnet sowohl den *Prozeß* fortschreitender Veränderungen, samt den zugrundeliegenden Bedingungen, als auch das jeweilige *Produkt* dieses Prozesses zu einem bestimmten Zeitpunkt. Direkt beobachtbar sind immer nur die jeweiligen Produkte des Entwicklungsprozesses. Durch Verringerung des zeitlichen Abstands zwischen den Beobachtungszeitpunkten läßt sich der ablaufende Prozeß selbst annähernd erfassen. Die zugrundeliegenden Bedingungen können prinzipiell nicht beobachtet, sondern nur erschlossen oder höchstens aufgewiesen werden; letzteres z. B. durch das Eintreten bestimmter Effekte nach einer kontrollierten Variation von vermuteten Bedingungsgrößen.

Der Allgemeinheitsgrad von Entwicklungsgesetzen

Die Suche nach Gesetzmäßigkeiten der Entwicklung kann auf verschiedenen Niveaus stattfinden. Vom Allgemeinen zum Speziellen fortschreitend lassen sich mindestens vier Gesetzestypen unterscheiden:

(1) Allgemeine Entwicklungsgesetze des *Lebendigen*. Beispiele: Phylogenetisch wie ontogenetisch aufweisbare Verlaufsmerkmale von Entwicklungssequenzen wie z. B. ansteigende Komplexität oder Differenzierung; allgemeingültige Mechanismen von Entwicklungsprozessen wie Reifungs-, Prägungs- oder Lernmechanismen. (Dies ist der Ansatz einer Allgemeinen und Vergleichenden Entwicklungspsychologie wie sie z. B. H. WERNER angestrebt hat; s. Kap. 7.2.2).

(2) Allgemeine Entwicklungsgesetze der *menschlichen Entwicklung generell*. Beispiele: Außer dem unter (1) Genannten etwa die ansteigende Bezogenheit auf soziale Systeme, die zunehmende Bedeutung sprachlicher Symbole oder die enorme Lernkapazität und Flexibilität menschlicher Organismen.

(3) Spezielle Entwicklungsgesetze der *menschlichen Entwicklung in bestimmten Bereichen*. Beispiele: Gesetzmäßigkeiten der motorischen Entwicklung, der sprachlichen, motivationalen, sozialen Entwicklung etc.

(4) Spezielle Entwicklungsgesetze der *Entwicklung einzelner Individuen* (oder auch Gruppen von Individuen), d. h. Gesetzmäßigkeiten des *Zustandekommens individueller Unterschiede in einzelnen Bereichen* der menschlichen Entwicklung. Beispiele: Aufklärung der Unterschiede in Intelligenzwerten, Aggressionsmaßen, dem Ausmaß der Leistungsmotivation usw. bei verschiedenen Individuen.

Bei der Auseinandersetzung mit entwicklungspsychologischen Theorien und Befunden ist es wichtig darauf zu achten, welche der genannten Fragestellungen die einzelnen Aussagen anzielen. Die heutige Entwicklungspsychologie richtet ihr Augenmerk vor allem auf Gesetzmäßigkeiten in Teilbereichen der Entwicklung, und zwar entweder unter dem Aspekt der *intra*individuellen Variation (Typ 3) oder der interindividuellen Variation in intraindividuellen Veränderungen (Typ 4). Im ersten Fall, der Suche nach gesetzmäßigen Abfolgen und ihren Bedingungen, sind individuelle Unterschiede, etwa bezüglich der Entwicklungsgeschwindigkeit oder des erreichten Entwicklungsniveaus, von eher sekundärem Interesse. Dieses Vorgehen ist z. B. typisch für PIAGET (s. Kap. 10.2.1). Im zweiten Fall, der Suche nach Gesetzmäßigkeiten des Zustandekommens individueller Unterschiede, wird häufig die *intra*individuelle zeitliche Veränderung außer acht gelassen bzw. besteht die Tendenz, die gleichen Faktoren, die individuelle Unterschiede hervorbringen, für das Zustandekommen zeitlicher Veränderungen verantwortlich zu machen. Dieses Vorgehen ist z. B. typisch für die S-R-Theorien der Entwicklung (s. Kap. 9).

Ein Teil der Kontroversen zwischen verschiedenen Entwicklungstheorien gründet in dieser Verschiedenheit der Formulierung entwicklungspsychologischer Fragestellungen. Gleichzeitig läßt die Verschiedenheit der Ausgangsfrage keinen unmittelbaren Vergleich der verschiedenen Untersuchungsbefunde zu.

3. Das Verhältnis der Entwicklungspsychologie zu anderen Forschungsgebieten

Bis hierhin ist die Entwicklungspsychologie weitgehend als selbständiges, in sich geschlossenes Teilgebiet der Psychologie mit eigenen Problemen behandelt worden. Diese Eigenständigkeit kann auch berechtigterweise in der Art der Thematisierung der Zeitvariablen, der besonderen Kennzeichnung der Veränderungen während der Ontogenese und den sich daraus ergebenden Fragestellungen gesehen werden. Gleichzeitig geht die Entwicklungspsychologie jedoch enge Verbindungen zu anderen Forschungsgebieten außerhalb der Psychologie ein. Sie nimmt theoretische Ansätze, Methoden und Befunde aus verwandten Disziplinen in sich auf und liefert umgekehrt für andere Disziplinen wichtige Impulse. Eine wechselseitige Durchdringung der verschiedenen Wissenschaftsgebiete und eine teilweise Aufhebung der Grenzen zwischen ihnen ist besonders in den letzten Jahrzehnten verstärkt zu beobachten (s. die Handbücher von BIRREN & SCHAIE, 1990; KELLER, 1989; MUSSEN, 1970, 1983).

Die Notwendigkeit einer interdisziplinären Zusammenarbeit zwischen der Entwicklungspsychologie und verwandten Disziplinen ergibt sich schon aus der Tatsache der engen Verflechtung des psychischen Entwicklungsgeschehens mit dem physischen Entwicklungsgeschehen einerseits, mit soziokulturellen Einflüssen andererseits. Ersteres wird berücksichtigt in Teilbereichen der Biologie, Genetik, Entwicklungsphysiologie und Ethologie. Zu letzterem gewinnt die Entwicklungspsychologie wertvolle zusätzliche Informationen u. a. aus Kulturanthropologie, Soziologie und Sozialpsychologie.

Im einzelnen läßt sich die Bedeutung der genannten Gebiete für Entwicklungsprobleme wie folgt umreißen:

Biologie, Genetik und *Entwicklungsphysiologie* sind vor allem wichtig für das Verständnis der pränatalen Entwicklung, einschließlich der in ihr fundierten Bedingungen des späteren Entwicklungsgeschehens. Sie spielen ebenfalls eine bedeutende Rolle für die Betrachtung der Anpassungsleistungen des Neugeborenen, sowie die gesamte körperliche und motorische Entwicklung, speziell in ihrer Relation zu den fortschreitenden Veränderungen des Verhaltens und Erlebens. Von besonderem Interesse ist hier die Entwicklung des Zentralen Nervensystems, der Sinnesorgane und der endokrinen Drüsen. Außerdem sind die Befunde der biologischen Wissenschaften von grundlegender Bedeutung für die Auseinandersetzung mit der Anlage-Umwelt-Problematik, d.h. die Erklärung der Ähnlichkeiten und Unterschiede in der Entwicklung verschiedener Individuen (s. Kap. 3).

Eine Darstellung der biologischen Grundlagen der Entwicklung unter Einbeziehung neuerer biologischer Erkenntnisse findet sich in KELLER (1989), MUSSEN, 1983, Vol. 2), NASH (1978).

Die Bedeutung der *Ethologie* oder *Vergleichenden Verhaltensforschung* für die Entwicklungspsychologie ist in den letzten Jahrzehnten ständig gewachsen (vgl. MUSSEN, 1970, 1983). Sie vermag die biologische Verankerung von Verhaltenseigentümlichkeiten aufzuweisen, gleichzeitig liefert sie Informationen über das Zusammenspiel von Umweltgegebenheiten und angelegten Bereitschaften, so z.B. bei der Prägung (s. Kap. 2.5). Wertvoll ist auch die mit ihr gegebene methodische Möglichkeit, an Tieren Beobachtungen und Experimente durchzuführen, die sich beim Menschen aus ethischen Gründen verbieten, deren Befunde jedoch – bei der gebotenen Vorsicht der Übertragung von Tierbefunden auf den Humanbereich –

auch für die Humanentwicklung aufschlußreich sein können. Zu nennen sind hier etwa Untersuchungen zu den Auswirkungen früher Stimulation und Deprivation (s. das Sammelreferat von THOMPSON & GRUSEC, 1970). Schließlich läßt sich durch den Vergleich von Arten verschiedener Entwicklungshöhe feststellen, ob bezüglich *homologer* Verhaltensweisen eine phylogenetische Kontinuität (stetige Veränderungen mit steigender Entwicklungshöhe) oder eher eine Diskontinuität anzutreffen ist.

Unter *homologen* Verhaltensweisen versteht man in der Ethologie arttypische, relativ invariante Verhaltensmuster, die bei verschiedenen Arten in ähnlicher Form vorkommen und auf einen gemeinsamen historischen Ursprung zurückgehen. Von Verhaltens*analogien* spricht man hingegen, wenn zwar eine Ähnlichkeit von Verhaltensmerkmalen bei verschiedenen Arten existiert, diese aber keinen Schluß auf die phylogenetische Verwandtschaftsbeziehung der betreffenden Arten zuläßt (s. dazu von CRANACH, 1979).

Der Beitrag der Ethologie für die Entwicklungspsychologie wird im Kap. 7.3 ausführlich dargestellt.

Ein wesentliches Forschungsobjekt von *Kulturanthropologie* und *Ethnologie* ist die Suche nach überkulturellen Gemeinsamkeiten und interkulturellen Unterschieden des Verhaltens und Erlebens. Diese Disziplinen liefern so einerseits Erkenntnisse hinsichtlich der Generalisierbarkeit von Entwicklungsgesetzen, die überwiegend an Personen des amerikanisch-europäischen Kulturkreises gewonnen worden sind. Andererseits können durch derartige Untersuchungen auf breiterer Basis die verschiedensten Entwicklungsbedingungen (z. B. Erziehungspraktiken, Leistungsanforderungen) in ihrer Auswirkung oder zumindest auf ihre korrelative Beziehung mit der Herausbildung bestimmter Verhaltens-und Erlebnisweisen analysiert werden (s. z. B. WHITING & WHITING, 1975). Indirekt trägt dieser Forschungszweig damit zur Beantwortung der Anlage-Umwelt-Problematik bei. Kulturanthropologische Untersuchungen haben bisher überwiegend Daten und Theorien zur emotionalen und sozialen Entwicklung der Persönlichkeit erbracht (vgl. ZIGLER & CHILD, 1969). Zum Teil liegen auch kulturvergleichende Analysen der kognitiven Entwicklung vor (z. B. BRUNER, OLVER & GREENFIELD, 1966/1971; SANTS, 1980).

Einen Überblick über entwicklungspsychologisch relevante Befunde der Kulturanthropologie vermitteln MUNROE, MUNROE & WHITING (1981), TRIANDIS & HERON (1981) sowie VALSINER (1989). Zur Bedeutung eines kulturvergleichenden Ansatzes für die Entwicklungspsychologie s. ECKENSBERGER (1983).

Soziologie und *Sozialpsychologie* gewinnen ihre Bedeutung für die Entwicklungspsychologie zum einen von bestimmten theoretischen Ansätzen her (Rollentheorie, Sozialisationstheorien, Theorien über die Herausbildung von Einstellungen und Normen), zum anderen durch die von ihnen geleistete Analyse der Art und Auswirkungen sozialer Interaktionen in Familie, Schule oder in der Gruppe der Gleichaltrigen (peer group), sowie die Untersuchung des Einflusses sozioökonomischer Bedingungen bzw. allgemein gesellschaftlicher Bedingungen (s. hierzu BALDWIN, 1980; NEUGARTEN & DATAN, 1979).

Über die bereits genannten Verbindungen zwischen der Entwicklungspsychologie und benachbarten Forschungsgebieten hinaus bezieht die Entwicklungspsychologie zunehmend Ansätze aus der Allgemeinen Psychologie (Lernen, Motivation, Kognition) sowie aus der Pädagogischen und der Klinischen Psychologie (Training und Förderung von Fertigkeiten und Verhaltensmustern, Entstehung von Verhaltensstörungen und ihre Modifikation) in ihre eigenen Fragestellungen ein. Sie wird damit zu einem Feld, auf dem die Tragfähigkeit von Theorien, die im wesentlichen aus Untersuchungen an Erwachsenen gewonnen worden sind, überprüft werden kann. Die Ergebnisse dieser Überprüfung geben Aufschluß über die ontogenetische Kontinuität oder Diskontinuität der Gültigkeit von psychologischen Gesetzen bzw. über die Randbedingungen, unter denen die betreffenden Gesetze Gültigkeit beanspruchen können, und sie erhellen u. a., wie Persönlichkeitsmerkmale in ihrer individuell unterschiedlichen Ausprägung zustandekommen (Differentielle Psychologie). Grundsätzlich ist dabei von der Erkenntnis auszugehen, daß Erwachsene in ihrem Verhalten und Erleben nur aus ihrer Vergangenheit, d. h. aus ihrer Entwicklungsgeschichte heraus zu verstehen sind.

4. Die Bedeutung der Entwicklungspsychologie für die Praxis - Angewandte Entwicklungspsychologie

4.1 Grundlagenforschung und Anwendung

Die Entwicklungspsychologie ist vorrangig eine Grundlagenwissenschaft, sie ist nicht unmittelbar anwendungsbezogen. Dies schließt aber nicht aus, daß entwicklungspsychologische Erkenntnisse einen bedeutsamen Einfluß auf die pädagogische, klinische oder gerontologische Praxis haben und daß die Grundlagenforschung auf die Lösung aktueller pädagogischer oder sozialer Probleme gerichtet ist.
Entwicklungspsychologisches Wissen kann helfen, die Erziehung auf die Bedürfnisse und Möglichkeiten der Erzogenen abzustimmen, schulische Lernanforderungen angemessen zu gestalten, Begabungen und Fähigkeiten adäquat zu fördern, Risiken für die Entwicklung zu erkennen sowie Verhaltensauffälligkeiten zu beheben oder deren Entstehung zu verhindern. Die Kenntnis entwicklungspsychologischer Sachverhalte ist daher für den in der Erziehungsberatung, Schule, Klinik, Heim oder Strafanstalt tätigen Psychologen, aber auch für alle anderen Personengruppen, die mit Kindern, Jugendlichen, Erwachsenen oder älteren Menschen beruflich zu tun haben (z. B. Kindergärtnerinnen, Lehrer, Sozialarbeiter, Altenpfleger) von großer Bedeutung.
Nicht nur den Entscheidungen und Handlungen von Psychologen, Eltern,

Lehrern, Erziehern und Ärzten, sondern auch bildungs- und sozialpolitischen sowie gesetzgeberischen Maßnahmen von Politikern und Richtern liegen vielschichtige entwicklungspsychologische (Vor-)Annahmen und Überzeugungen zugrunde (MONTADA & FILIPP, 1979, S. 525). Zwei Beispiele: Die Befunde über die während des Grundschulalters steil anwachsende Stabilität des IQ (BLOOM, 1964/1973) bewirkten eine Intensivierung der vorschulischen Förderung. Welche Rolle dem Vater für die Kindesentwicklung zukommt (FTHENAKIS, 1985) findet zunehmend Berücksichtigung bei Sorgerechtsentscheidungen.

Das wachsende Interesse an einer anwendungsorientierten Forschung und die zunehmende Einsicht in ihre Notwendigkeit haben sich allerdings noch nicht entsprechend in der Forschungspraxis niedergeschlagen. So zeigte eine Analyse der deutschsprachigen entwicklungspsychologischen Forschung, in der 254 empirische Arbeiten der Jahre 1973 bis 1982 ausgewertet wurden, daß über 90 % der Untersuchungen der Grundlagenforschung zuzuordnen waren. Lediglich 7 % der Veröffentlichungen konnten als praxisorientierte Entwicklungspsychologie eingestuft werden. Immerhin ließen rund 50 % der Arbeiten einen impliziten Anwendungsbezug erkennen, indem quasi am Rande auf die praktische Relevanz der Ergebnisse hingewiesen wurde.

Die Autoren der Studie (STEPHAN, PETZOLD & NICKEL, 1986) diskutieren als mögliche Gründe für die geringe Auswirkung des theoretischen Anspruchs der Anwendungsorientierung auf die Forschungspraxis pragmatische und methodische Schwierigkeiten wie die Begrenztheit finanzieller Mittel, den erschwerten Zugang zu relevanten Stichproben und unzulängliche Ausbildungs- und Forschungsbedingungen an den Hochschulen (zu weiteren möglichen Gründen siehe Abschnitt 4.3).

Deutschsprachige Monographien und Sammelwerke, in denen anwendungsrelevante Erkenntnisse bereichsspezifisch aufgearbeitet werden, gibt es u. a. über das Jugendalter (OLBRICH & TODT, 1984), entwicklungspsychologische Grundlagen des Sports (ALLMER, 1983), kritische Lebensereignisse (FILIPP, 1990), Erziehungs- und Schulberatung (HELLER & NICKEL, 1982) und Entwicklungsberatung (BRANDTSTÄDTER GRÄSER, 1985). Seit 1979 erscheint in den USA das *Journal of Applied Developmental Psychology*. Im deutschsprachigen Raum existiert (noch) kein spezielles Fachorgan für *Angewandte Entwicklungspsychologie*. Anwendungsorientierte Forschungsberichte finden sich am ehesten in der *Zeitschrift für Entwicklungspsychologie und Pädagogische Psychologie* und in der Zeitschrift *Psychologie in Erziehung und Unterricht*.

4.2 Aufgaben einer Angewandten Entwicklungspsychologie

Anwendung heißt zunächst einmal allgemein die *Nutzung wissenschaftlicher Erkenntnisse für die Lösung praktischer Probleme*. Angewandte Entwicklungspsychologie – oder genauer: Anwendungsorientierte Entwicklungspsychologie – wäre demnach zu verstehen als an den Fragen, Problemen und Erfordernissen der praktischen Arbeit im pädagogischen, therapeutischen und sozialen Kontext ausgerichtete empirische Forschungstätigkeit. Eine derartige Orientierung an praktischen Belangen läßt sich durch zwei unterschiedliche Strategien verwirklichen (MONTADA, 1980, S. 32): (1) *Konvergente Strategie*. Ein an den Forscher herangetragenes praktisches Problem (z. B. Optimierung der Vermittlungspraxis bei Adoptionen, Prävention von Gewaltkriminalität) wird zum Ausgangspunkt für die Suche nach (vorhandenen) wissenschaftlichen Erkenntnissen und Methoden für die Lösung des Problems bzw. für die Planung von Untersuchungen zur Beantwortung offener Fragen. (2) *Divergente Strategie*. Vorhandene Wissensbestände werden systematisch auf denkbare Anwendungsbereiche hin ausgewertet.

Eine Angewandte Entwicklungspsychologie liefert somit wesentliche Beiträge zur Generierung von Wissen einerseits und zur Anwendung von Wissen andererseits, wobei sich beides im günstigen Fall gegenseitig beeinflußt und befruchtet.

Die Aufgaben, die sich einer Angewandten Entwicklungspsychologie im einzelnen stellen, hat MONTADA erstmals 1979 in einem vielbeachteten Referat auf der 4. Tagung Entwicklungspsychologie in Berlin – und seither in mehreren Beiträgen – systematisch dargestellt (MONTADA, 1980, 1983, 1987b). Sechs Aufgaben werden von ihm unterschieden: (1) Orientierung über den Lebenslauf, (2) Ermittlung von Entwicklungs- und Veränderungsbedingungen, (3) Prognose der Stabilität und Veränderung von Personmerkmalen, (4) Begründung von Entwicklungs-und Interventionszielen, (5) Planung von Interventionsmaßnahmen und (6) Evaluation von Entwicklungsinterventionen. Sie sollen im folgenden kurz erläutert werden.

Man erkennt in den sechs Aufgaben unschwer die vier am Beginn dieses Kapitels genannten allgemeinen Aufgaben der Entwicklungspsychologie – Beschreibung, Erklärung, Vorhersage und Beeinflussung – wieder. Naturgemäß steht in einer Angewandten Entwicklungspsychologie der Interventionsaspekt im Vordergrund.

Was ist? – Orientierung über den Lebenslauf

Die Ordnung von Entwicklungsveränderungen nach dem Lebensalter, sei es in Form der Beschreibung quantitativer Entwicklungsfunktionen oder qualitativer Entwicklungsstufen, ist eine klassische Grundfrage der Entwicklungspsychologie (vgl. Abschnitt 2.3). Auf diese Art gelangt man zu (statistischen) Alters- bzw. Entwicklungsnormen, auf deren Grundlage man (behandlungsbedürftige?) Abweichungen des Entwicklungsverlaufs im Einzelfall und die Entwicklungsangemessenheit von Lernangeboten, Erziehungsmaßnahmen, Interventionen allgemein einschätzen und bewerten kann.

Wenn man weiß, welche Aufgaben ein 7jähriges Kind normalerweise selbständig ausführen kann, läßt sich die Selbständigkeit eines einzelnen 7jährigen Kindes als für sein Alter normal, unter- oder überdurchschnittlich beurteilen. Gleichzeitig liefert das entwicklungspsychologische Wissen über altersangemessene Anforderungen an die Selbständigkeit und alterstypische Lernangebote und Übungsmöglichkeiten bei 7jährigen Hinweise zur Förderung der Selbständigkeit eines wenig selbständigen Kindes.

Wie ist etwas entstanden? – Ermittlung von Entwicklungs- und Veränderungsbedingungen

Entwicklungspsychologische Erklärungsmodelle legen den Schwerpunkt ihrer Betrachtung auf die Ontogenese von Personmerkmalen und Störungen unter Berücksichtigung von Dispositionen, Entwicklungsumwelten, Interaktionen mit Erziehern, spezifischen Ereignissen usw. sowie – im Idealfall – der Wechselwirkungen zwischen diesen Variablen (s. dazu Kap. 3 und Kap. 6 bis 10). Hierbei interessieren den Entwicklungspsychologen weniger die kurzfristigen als die langfristigen Auswirkungen von Entwicklungsfaktoren. Zu beachten ist dabei auch der kumulative Charakter der Auswirkung von Entwicklungsfaktoren und die Diskontinuität der Antezedenz-Konsequenz-Beziehungen (TRAUTNER, 1983).

Bedingungswissen ermöglicht die Verhinderung potentieller Fehlentwicklungen (Prävention), Entscheidungen über angemessene Interventionen und die Optimierung von Entwicklungsverläufen. Dabei scheint die *Passung* zwischen den Entwicklungsbedingungen (Interventionsmaßnahmen) einerseits und dem Entwicklungsstand (personalen Merkmalen eines Individuums) andererseits eine wichtige Voraussetzung für günstige Effekte zu sein (MONTADA, 1987b, S. 772 f.).

Was wird? – Prognose der Stabilität und Veränderung von Personmerkmalen

Viele Maßnahmen in der Praxis beinhalten – implizit oder explizit – eine Prognose der weiteren Entwicklung: Die Erteilung des Sorgerechts für die Mutter nach der Scheidung der Eltern erfolgt unter der Annahme, daß dies für die weitere Entwicklung des Kindes am günstigsten sei; die Sicherungsverwahrung eines Straftäters geschieht unter der Erwartung, daß dieser auch in Zukunft eine erhebliche Gefahr für seine Umgebung darstellen wird.

Um solche Vorhersagen machen zu können, braucht man Erkenntnisse über die Stabilität oder Instabilität von Merkmalen und über person- oder gruppenspezifische Entwicklungsverläufe und ihre Bedingungen. Da im Regelfall – interindividuell verschieden – eine Vielzahl von Einflußgrößen wirksam sind, die alle erfaßt und ihrerseits hinsichtlich der Wahrscheinlichkeit ihres Eintretens vorhergesagt werden müßten, beinhalten Entwicklungsprognosen meist ein hohes Irrtumsrisiko.

Da man heute eher von einer Plastizität der Entwicklung über die Lebensspanne und einer ständigen Interaktion zwischen dem sich entwickelnden Individuum und einer sich ändernden Umwelt ausgeht, erwartet man von vornherein keine hohe Treffsicherheit von Prognosen. Selten sind mehr als 25% bis 35% der Varianz aufgeklärt (vgl. DOLLASE, 1985, S. 128-137; MONTADA, 1987b, S. 773-776).

In der Entwicklungspsychologie ist es noch weitgehend üblich, Prognosen auf der Basis von sog. Stabilitätskoeffizienten aus deskriptiven Längsschnittstudien zu erstellen, ohne daß im einzelnen bekannt ist, unter welchen Entwicklungsbedingungen Stabilität oder Instabilität bzw. bestimmte Arten des Entwicklungsverlaufs zu erwarten sind (vgl. BLOOM, 1964/1973; eine rühmliche Ausnahme ist: MCCALL, APPELBAUM & HOGARTY, 1973). Außerdem sind bislang nur wenige Personmerkmale (Intelligenz, Schul- und Berufserfolg, Temperamentseigenschaften, Delinquenz) hinsichtlich ihrer Stabilität oder Instabilität über die Lebensspanne untersucht worden.

Was soll werden? – Begründung von Entwicklungs- und Interventionszielen

Die Entwicklungspsychologie als Erfahrungswissenschaft ist wertneutral. Aus entwicklungspsychologischen Befunden allein lassen sich nicht direkt Ziele der Entwicklung und Erziehung ableiten. De facto werden Wert- und Zielentscheidungen jedoch ständig durch entwicklungspsychologisches Wissen beeinflußt. Wenn sich z. B. herausstellt, daß Kinder nicht erst im Einschulungsalter, sondern bereits ein bis zwei Jahre früher lesen lernen können, wird das Frühlesenlernen u. U. ein (neues) Entwicklungsziel. „Wenn die Forschung zeigt, daß man Ziele erreichen kann, werden Entscheidungen verlangt, wo zuvor nur Schicksalsergebenheit oder fromme Wünsche möglich waren." (MONTADA, 1982, S. 11).

Entwicklungspsychologisches Wissen kann somit als Korrektiv für gewählte Ziele, Wertentscheidungen und Inhalte in der Praxis dienen. Es liefert Informationen und Orientierungshilfen zur Beantwortung der Fragen, was wünschenswert, machbar, nicht realisierbar ist, aber auch welche (unerwünschten) Folgen und Nebenwirkungen bei Versuchen, ein Ziel zu erreichen, zu erwarten sind.

BRANDTSTÄDTER (1986) diskutiert ausführlich die Bedeutung von entwicklungsbezogenen Ziel-und Wertvorstellungen und schlägt vor, Entwicklungsziele auf den Dimensionen von Verwirklichungsmöglichkeiten, Verwirklichungsfolgen und möglichen Zielkonflikten zu analysieren und kritisch zu beurteilen.

Nicht selten werden die je gefundenen Entwicklungsnormen selbst (die „normale" Entwicklung) zum nicht in Frage gestellten Entwicklungsziel. Das Normabweichende ist dann an die Norm anzupassen. In besonderem Sinne gilt dies für Stufenkonzepte der Entwicklung, in denen das ontogenetisch Spätere meist mit dem Höherwertigen gleichgesetzt wird.

Wie können Ziele erreicht werden? – Planung von Interventionsmaßnahmen

Werden angestrebte Entwicklungsziele nicht erreicht, werden anstehende Entwicklungsaufgaben nicht bewältigt, oder läßt die Kenntnis der (bisherigen und/ oder künftigen) Entwicklungsbedingungen einen ungünstigen Entwicklungsverlauf erwarten, so sind u. U. Interventionsmaßnahmen angezeigt.

Mit BRANDTSTÄDTER (1984) sind hierbei a) die Entwicklungsziele des Individuums selbst, b) die Entwicklungspotentiale des Individuums, c) die Entwicklungsanforderungen im sozialen Umfeld und d) die Entwicklungsangebote (Lern- und Hilfeangebote, Ressourcen in der Umwelt) zu unterscheiden. Entsprechend kann die Intervention die Ziele, die Potentiale, die Anforderungen und die Angebote betreffen. Im Einzelfall werden ganz bestimmte Diskrepanzen oder Konflikte zwischen den genannten Bestimmungsstücken bestehen und evtl. zum Gegenstand der Intervention gemacht werden.

Ziel einer geplanten Intervention kann die Verhinderung von Fehlentwicklungen (*Prävention*), die *Korrektur* fehlgelaufener Entwicklung oder die Verbesserung oder die Förderung von Entwicklungsprozessen (*Optimierung*) sein. In jedem Fall müssen fundierte Entscheidungen darüber getroffen werden, *wann* ein Eingreifen Erfolg verspricht, *wo* angesetzt werden soll (beim Betroffenen, seiner Familie, einer Institution) und *welches Verfahren* gewählt werden soll (informieren, Fertigkeiten vermitteln, Einstellungen ändern, Umweltbedingungen verändern usw.).

Wichtig ist, zwischen den Entstehungsbedingungen und den Stabilisierungsbedingungen eines interventionsbedürftigen Entwicklungsproblems zu unterscheiden. Letztere sind für die Planung konkreter Maßnahmen u. U. bedeutsamer. Eine Intervention muß im übrigen nicht notwendigerweise an den Bedingungen einer Fehlentwicklung ansetzen. Sie kann auch immunisierende, kompensatorische oder rehabilitative Ziele verfolgen.

Was ist geworden? – Evaluation von Entwicklungsinterventionen

Der Beitrag der Entwicklungspsychologie zur empirischen Überprüfung und Bewertung der Effektivität von Interventionen liegt vor allem in der Beachtung der längerfristigen Folgen (Spätfolgen, Nebenwirkungen) und der differentiellen (alters- oder entwicklungsstandabhängigen und kontextspezifischen) Wirksamkeit eines Programms. Grundsätzlich ist zu beachten, daß die Wahl der Evaluationskriterien vom Entwicklungskonzept des Untersuchers abhängig ist.

Nach DOLLASE (1985) ist die Mitgestaltung kultureller Überzeugungen der Gesellschaft über die Entwicklung ihrer Mitglieder ein weiterer wesentlicher Anwendungsimpuls entwicklungspsychologischer Theorie und Forschung.

Untersuchung 1.2   *Krankheitskonzepte, Krankheitserleben und Bewältigung der Krankheit bei juveniler chronischer Arthritis*

Eine der wenigen deutschsprachigen Untersuchungen, in der entwicklungspsychologische Grundlagen (hier zur kognitiven Entwicklung) und deren praktische Anwendung (hier im Erleben und der Bewältigung eigener Krankheit) miteinander verknüpft werden, stammt von Silvia WIEDEBUSCH (1992). Die Untersuchung geht von der Annahme aus, daß subjektive Konzepte, die Kinder und Jugendliche im Bereich Krankheit und Gesundheit ausbilden, altersspezifische und entwicklungsabhängige Besonderheiten aufweisen, die das Verständnis und den Umgang mit der eigenen Erkrankung wesentlich bestimmen. Von besonderer praktischer Bedeutung erscheinen derartige Zusammenhänge im Falle einer chronischen Erkrankung.

60 7- bis 18jährige Patienten (40 weiblich, 20 männlich), die an juveniler chronischer Arthritis (JCA) erkrankt sind, nahmen an der Untersuchung teil. In einem halbstrukturierten Interview, in dem Fragen zu den Bereichen *Symptome, innere Krankheitsprozesse, Ursachen, Prognosen* und *Interventionen* bei JCA gestellt wurden, wurden die *Krank-*

heitskonzepte der Patienten erhoben. In einem Interview zu den *psychosozialen Krankheitsbelastungen* wurden krankheitsbedingte Veränderungen im Alltagsleben und Unterschiede zu Gleichaltrigen sowie negative Krankheitserfahrungen und Ängste erfaßt. Die Auswertung der Interviews erfolgte anhand verschiedener Kategoriensysteme, wobei jeweils die jüngeren Patienten (7- bis 12jährige) und die älteren Patienten (13- bis 18jährige) miteinander verglichen wurden (s. WIEDEBUSCH, 1992).

Die Angehörigen der jüngeren Altersgruppe, die unter Zugrundelegung von PIAGETS Entwicklungstheorie dem Stadium der konkreten Operationen zugeordnet werden können (vgl. Kap. 10.2.1), konzeptualisierten die Erkrankung vorrangig als Ansammlung externer Krankheitsmerkmale, wogegen eine Repräsentation interner pathophysiologischer Faktoren und Prozesse noch weitgehend fehlte. Die Beschreibungen des Krankheitsgeschehens waren statisch und bei der Erläuterung von Zusammenhängen zwischen einzelnen Aspekten der Krankheit überwogen monokausale Erklärungsmodelle. Bei den älteren JCA-Patienten, die nach PIAGET der formal-logischen Entwicklungsstufe zuzurechnen sind, lagen hingegen häufiger Konzeptualisierungen innerer Krankheitszustände und -prozesse vor. Es bestanden abstrakte Vorstellungen über die chronologische Abfolge des Krankheits- und Therapiegeschehens und die Patienten verknüpften verschiedene Krankheitsaspekte miteinander.

Konkrete Antworten zur Beschreibung des pathologischen Prozesses im Gelenk gaben ausschließlich jüngere Probanden. Im folgenden Beispiel überträgt ein zwölf Jahre altes Mädchen ein äußeres Krankheitsmerkmal, nämlich die Schwellung, auf den inneren Körperzustand: *„Wenn das außen so dick, also so dick geschwollen ist an den Fingern, müßte das eigentlich innen drin auch geschwollen sein."*

Detaillierte Vorstellungen zur inneren Gelenkansicht vertraten dagegen überwiegend ältere Patienten. Die folgende Antwort eines 16jährigen Mädchens enthält z.B. nicht nur differenzierte Aussagen über den Zustand eines rheumatischen Gelenkes, sondern auch über den angenommen Verlauf der pathologischen Veränderungen: *„Diese Schleimbeutel, die da drin sind, die sind wohl auch angeschwollen. Ja, und der Gelenkspalt ist halt nen bißchen weiter zusammen... ja vielleicht Verknöcherungen schon an den Gelenken. Das Gelenk wird ja nicht mehr so viel bewegt, man versucht das ja zu schonen und dadurch wird auch nicht mehr so viel Gelenkschmiere produziert und das Gelenk wird immer härter und steifer, bis es irgendwann mal richtig verknöchert ist."*

Jeder zweite Proband der jüngeren Altersgruppe führte die JCA auf eine externe Verursachung zurück, z.B. auf einen Sturz aufs Knie. Interne, pathophysiologische Vorgänge (z.B. eine Störung des Abwehrsystems mit der Folge einer Autoimmunreaktion) wurden ausschließlich von älteren JCA als Ursache für das Auftreten der rheumatischen Erkrankung genannt.

Bemerkenswert ist in beiden Altersgruppen die hohe Kohärenz der kindlichen Vorstellungen in den verschiedenen Inhaltsbereichen der Krankheitstheorie. Häufig enthalten die subjektiven Konzepte einige zentrale Annahmen, die in verschiedenen Zusammenhängen wiederkehren und durch die Verknüpfung der unterschiedlichen Themenbereiche eine konsistente Theorie über das Krankheitsbild und die Therapie der JCA entstehen lassen. Die Untersuchungsergebnisse korrespondieren mit Studien, in denen entwicklungsabhängige Merkmale von Krankheitskonzepten bei anderen chronischen Erkrankungen nachgewiesen wurden (vgl. LOHAUS, 1990).

Für die klinische Praxis bedeutsam ist weiter, daß die jüngeren chronisch Kranken nicht nur die krankheitsbezogenen Informationen in Abhängigkeit von ihrem jeweiligen kognitiven Entwicklungsstand verarbeiten, sondern auch die aus der Erkrankung resultierenden psychosozialen Belastungen. Wie die Untersuchungsergebnisse zeigen, berichten die jüngeren JCA-Patienten vorrangig von konkreten und gegenwärtigen Problemen, während die älteren Patienten signifikant häufiger von einzelnen Erfahrungen abstrahieren und generalisierte Beschreibungen der Belastungen anführen. Demnach wirken sich die Charakteristika des konkret-operationalen und des formal-logischen Denkens nicht nur auf die Konzeptualisierung des Krankheitsgeschehens, sondern auch auf die kognitive Verarbeitung der psychischen Krankheitsbelastungen aus.

Ferner ergeben sich aus den entwicklungsabhängigen Krankheitskonzepten unterschiedliche Probleme für die Krankheitsbewältigung. Die Antizipation eines progredienten und destruktiven Krankheitsprozesses führt beispielsweise zu Zukunftsängsten und der gedanklichen Vorwegnahme zukünftiger Belastungen, die sich aus einem solchen Krankheitsverlauf ergeben können. Ist aufgrund der verfügbaren kognitiven Fähigkeiten eine Antizipation des weiteren Krankheitsgeschehens gar nicht möglich, können auch die damit verbundenen Probleme nicht erkannt werden. Auch die Inhalte der subjektiven Krankheitstheorien wirken sich auf das Krankheitserleben aus. Je destruktiver und aggressiver der Krankheitsprozeß beispielsweise konzeptualisiert wird, desto eher lassen sich Störungen der emotionalen Befindlichkeit wie resignative und depressive Tendenzen erwarten; je ungünstiger die individuellen Konzepte über die Prognose der chronischen Krankheit ausfallen, desto mehr werden sich die Patienten in ihrer Lebensplanung eingeschränkt fühlen.

In der *Compliance*-Forschung wird den subjektiven Krankheitsvorstellungen der Patienten erst in jüngster Zeit größere Beachtung geschenkt. Dabei werden die individuellen krankheitsbezogenen Kognitionen als determinierende Faktoren der Einhaltung von Behandlungsmaßnahmen (Compliance) diskutiert. Allerdings finden sich bislang nur wenige empirische Belege für den vermuteten Zusammenhang. Auch in der vorliegenden Untersuchung konnte zwischen den Wirksamkeitseinschätzungen der Therapiemaßnahmen und der Regelmäßigkeit ihrer Einhaltung keine signifikante Beziehung festgestellt werden. Dennoch bestehen in Einzelfällen unmittelbare Bezüge zwischen den Therapiekonzepten und der Patientencompliance. Dies bestätigt die Notwendigkeit weiterer Untersuchungen zur Rolle subjektiver Konzepte im komplexen Bedingungsgeflecht der Compliance.

Aus den subjektiven Krankheitskonzepten und ihren Bezügen zum Krankheitserleben und -verhalten lassen sich für die Gestaltung der Langzeitbetreuung chronisch erkrankter Kinder und Jugendlicher zahlreiche Anforderungen ableiten.

Um das Krankheitsverständnis und damit auch ein adäquates Krankheitsverhalten zu fördern, ist es zunächst einmal notwendig, die mündliche und schriftliche Patienteninformation dem kognitiven Entwicklungsstand der betroffenen Kinder anzupassen. Nur wenn die krankheitsbezogenen Informationen altersentsprechend sind, können sie vom Kind verstanden und in das bestehende Krankheitskonzept integriert werden. Bislang mangelt es an Informationsmaterialien für chronisch kranke Kinder, die auf entwicklungspsychologischer Grundlage konzipiert sind und der altersgemäßen Krankheitsaufklärung sowie der Vermittlung therapierelevanten Krankheitswissens dienen. Auf der Grundlage der Untersuchungsergebnisse werden von der Autorin derzeit kindgerechte Patientenbroschüren zur juvenilen chronischen Arthritis erstellt.

Neben den subjektiven Konzepten über die Krankheit ist in die psychosoziale Betreuung chronisch kranker Kinder aber auch die altersspezifische Sichtweise der Krankheitsbelastungen einzubeziehen. Jüngere Kinder benötigen für ihre gegenwärtigen und konkreten Probleme andere Hilfen als Jugendliche, die sich globaler mit der Krankheit auseinandersetzen und daher ihre Belastungen anders erleben. Hieraus ergibt sich die Notwendigkeit, die Auswahl der Beratungsangebote stärker am kognitiven Entwicklungsstand der Patienten zu orientieren. Außerdem sind die Auswirkungen der Krankheitsvorstellungen auf das Krankheitserleben zu berücksichtigen. So können subjektive Konzepte, die hinsichtlich des Krankheitsgeschehens oder -verlaufs übersteigerte Ängste und Befürchtungen auslösen, durch die Ergänzung objektiven Krankheitswissens in realistische Vorstellungen umgewandelt werden und auf diese Weise wiederum die Krankheitsbewältigung beeinflussen. In der individuellen Therapie kann die Einbeziehung der kindlichen Vorstellungswelt insbesondere bei einer mangelnden Kooperationsbereitschaft sinnvoll und hilfreich sein. Hierdurch können inadäquate Konzeptualisierungen der Wirkmechanismen und Ziele einer Behandlung, die auf der Verhaltensebene zur Non-Compliance führen, aufgedeckt werden. Bei Therapieverweigerungen, die sich aus dem subjektiven Konzept des Kindes herleiten lassen, besteht eine Interventionsmöglichkeit darin, dem Kind alternative Erklärungsmuster anzubieten, aus denen es ein angemesseneres Therapieverhalten ableiten kann.

Insgesamt ist es aufgrund der vielschichtigen Zusammenhänge von subjektiven Krankheitskonzepten und dem Krankheitserleben und -verhalten dringend erforderlich, entwicklungspsychologische Erkenntnisse im klinischen Tätigkeitsfeld der Pädiatrie stärker zu berücksichtigen.

WIEDEBUSCH, S. (1992). *Krankheitskonzepte von Kindern und Jugendlichen mit juveniler chronischer Artrithis und ihre Bezüge zur Krankheitsbewältigung und Compliance.*. Göttingen: Hogrefe.

4.3 Probleme der praktischen Anwendung entwicklungspsychologischer Befunde

Abgesehen von dem noch fehlenden Wissensbestand aus einer anwendungsbezogenen entwicklungspsychologischen Grundlagenforschung steht der Umsetzung entwicklungspsychologischer Befunde in der Praxis das Problem einer Diskrepanz zwischen der „Nachfrage" der Praxis und dem „Angebot" von seiten der Wissenschaft entgegen. Diese Diskrepanz äußert sich in einer Reihe wissenschaftstheoretischer und methodischer Divergenzen sowie in pragmatischen Hindernissen.

Wissenschaftstheoretische und methodische Probleme

Grundlagenforschung und Anwendungspraxis unterscheiden sich fundamental in ihrem Selbstverständnis, da sie sich auf ganz unterschiedliche Anliegen, Ziele, Anforderungen, Forschungsstrategien und Settings beziehen (BROCKE, 1980). Auch das Verständnis und die Operationalisierung theoretischer Konzepte (z.B. Intelligenz, Altruismus) sind in Wissenschaft und Praxis verschieden (Äquivalenzproblem nach MONTADA, 1983).

Auf methodischer Ebene besteht vor allem die Gefahr ungerechtfertigter oder zumindest voreiliger *Generalisierungen*. So wird häufig von Altersunterschieden auf intraindividuelle Veränderungen, von Korrelationen auf Bedingungszusammenhänge, von ausgewählten Stichproben auf die Gesamtpopulation, von Laborversuchen auf Alltagssituationen, von einem bestimmten historischen Zeitpunkt auf zukünftige Zeitpunkte oder von Normwerten, die an Gruppen gewonnen wurden, auf Einzelfälle generalisiert.

Im Zusammenhang mit dem letztgenannten Problem der Übertragung von Gruppenbefunden auf den Einzelfall sind hauptsächlich fünf Punkte zu beachten (nach AUSUBEL & SULLIVAN, 1974, S. 32):

1. An einem bestimmten individuellen Verhalten sind in der Regel viele Faktoren beteiligt. Empirische Untersuchungen beschäftigen sich aus methodischen Gründen aber oft nur mit jeweils einem Faktor oder wenigen Faktoren, ohne deren wechselseitigen Zusammenhang genauer zu analysieren. So können für die Entstehung von Leistungsstörungen z. B. Begabungsmängel, Selbstwertprobleme, Ablehnung durch Mitschüler, Scheidung der Eltern u.v.a.m. von Bedeutung sein.

2. Um gesicherte Aussagen machen zu können, müßten alle im Einzelfall wichtigen Variablen zuverlässig und genau erfaßt worden sein. Dies ist selten möglich.

3. Viele Entwicklungsgesetze sind so allgemein formuliert, daß sie sich oft nicht direkt auf praktische Probleme oder individuelle Abweichungen anwenden lassen (z. B.: der IQ ist mit 8 bis 10 Jahren stabil).

4. Es muß gewährleistet sein, daß das Individuum, um das es im Einzelfall geht, aus der gleichen Population stammt, an der eine Gesetzmäßigkeit ursprünglich gewonnen wurde.

5. Individuelle Diagnosen und Prognosen können von ihrer methodischen Grundlage her nie absolute Gültigkeit beanspruchen; es handelt sich immer nur um Wahrscheinlichkeitsaussagen für genau definierte Gruppen und Untersuchungsbedingungen (z. B. gilt das für die Aussage: „Streng erzogene Kinder zeigen eine erhöhte Ängstlichkeit").

Die angesprochenen Generalisierungsfehler lassen sich im wesentlichen auf drei Arten von Problemen reduzieren: das Komplexitätsproblem, das Wahrscheinlichkeitsproblem und das Problem der Zeitgebundenheit entwicklungspsychologischer Befunde.

Das *Komplexitätsproblem*. Es besteht darin, daß psychologische Variablen (wie z. B. Intelligenz, Ängstlichkeit, Leistungstörung) nicht nur selbst komplex sind, sondern auch in ihren Manifestierungen und Ausprägungen von vielen Faktoren abhängen. Die Faktoren können überdies – interindividuell verschieden – in verschiedenster Art und Weise miteinander in Wechselwirkung stehen.

Bezogen auf den Theorie-Praxis-Zusammenhang spricht MONTADA (1983) in Anlehnung an BUNGE (1967) von dem *Ableitungsproblem*. Theorien haben demnach nur Gültigkeit unter spezifischen Randbedingungen, die im Einzelfall nicht existieren müssen.

Das *Wahrscheinlichkeitsproblem*. Forschungsergebnisse sind meist probabilistischer Natur. D. h., ein bestimmter Zusammenhang ist mit erhöhter Wahrscheinlichkeit gegeben, nicht aber in allen Fällen. Warum ein Zusammenhang besteht, bei wem er gegeben ist und bei wem nicht, ist häufig nicht bekannt. Die Praxis verlangt jedoch oft eine verbindliche Aussage. So wollen Eltern z. B. wissen, ob ihr Kind für das Gymnasium geeignet ist oder nicht, nicht jedoch, mit welcher Wahrscheinlichkeit Kinder mit vergleichbaren intellektuellen Voraussetzungen das Gymnasium bewältigen.

So bedeutet auch die allgemeine Aussage „Männer sind Frauen im räumlichen Vorstellungsvermögen überlegen" nur, daß mit steigendem Anforderungsniveau die Wahrscheinlichkeit anwächst, eher Männer als Frauen auf dem entsprechenden Leistungsniveau zu finden. Das schließt aber nicht aus, daß es auch Frauen mit hohem und Männer mit niedrigem Leistungsniveau gibt. Aus der Kenntnis der Geschlechtszugehörigkeit allein läßt sich keine verlässliche Aussage über die räumliche Fähigkeit einer Person ableiten (s. hierzu Kap. 12.4).

Das Problem der *Zeitgebundenheit*. Von den wenigen Ausnahmen überwiegend reifungsabhängiger oder sachlogisch begründbarer Entwicklungsveränderungen abgesehen, unterliegen die Gesetzmäßigkeiten der Entwicklung einem historischen Wandel. Die Praxis kann aber immer nur auf Befunde zurückgreifen, deren Gewinnung mehr oder weniger lange zurückliegt.

Die Konfrontation von heranwachsenden Kindern und Jugendlichen mit dem Medium Fernsehen ist z. B. ein Phänomen der letzten Jahrzehnte. Frühere entwicklungspsychologische Untersuchungen haben den Einfluß des Fernsehens nicht oder wenig berücksichtigt. Da, wo Effekte existieren, ist das Entwicklungsgeschehen nicht mehr vergleichbar.

Zur Vermeidung ungeprüfter Generalisierungen schlägt MONTADA (1987b) vor, Diskontinuitäten des Einflusses von Entwicklungsfaktoren und Interventionsmöglichkeiten über den Lebenslauf, differentielle Entwicklungsverläufe, Unterschiede und Veränderungen in Entwicklungskontexten sowie historische Veränderungen in der Forschungspraxis systematisch zu berücksichtigen.

Pragmatische Hindernisse

Trotz der fast exponentiell ansteigenden Menge wissenschaftlicher Publikationen stagniert der Beitrag der Entwicklungspsychologie zur Lösung praktischer Probleme. Vorhandene Erkenntnisse werden offensichtlich wenig angewandt. Außer den zuvor geschilderten wissenschaftstheoretischen und methodischen Problemen sind hierfür eine Reihe pragmatischer Hindernisse verantwortlich, die im übrigen nicht nur für die Entwicklungspsychologie, sondern für die Psychologie generell gelten (s. hierzu ZIGLER & FINN, 1984).

Pragmatische Hindernisse sind u. a.: die Unterschätzung der Problemlösekompetenz der Psychologie bei gleichzeitig bestehenden unangemessen hohen Ansprüchen und Erwartungen; das im Vergleich zur Grundlagenforschung geringere Prestige angewandter Forschung; die mangelnde Verdeutlichung des ökonomischen Nutzens psychologischer Maßnahmen; die Abstinenz von Psychologen gegenüber der Politik; die für den Praktiker wenig verständliche Wissenschaftssprache bzw. die unzureichende Repräsentation psychologischer Erkenntnisse in für die breitere Öffentlichkeit gedachten Wissenschaftsjournalen.

ZIGLER & FINN (1984) diskutieren ausführlich konkrete Maßnahmen, wie auf der Grundlage eines veränderten gesellschaftlichen Rollenverständnisses von Entwicklungspsychologen der reziproke Nutzen von Grundlagenforschung, angewandter Wissenschaft und politischen Entscheidungen optimiert werden kann. Die Etablierung eines ständigen Kommitees der *Society for Research in Child Development* (SRCD) in den USA für *Public Policy and Public Information* ist ein Schritt in diese Richtung. Ein vergleichbares Gremium gibt es in der deutschsprachigen Entwicklungspsychologie bisher noch nicht.

4.4 Forderungen an eine tragfähige Angewandte Entwicklungspsychologie

Die Anwendungsmöglichkeiten entwicklungspsychologischer Befunde lassen sich dadurch erhöhen, daß Grundlagen- und Anwendungsorientierung in der Forschung von vornherein theoretisch und methodisch miteinander verschränkt werden. Im Hinblick auf die Verwirklichung einer derartigen Forschungspraxis hat MONTADA (1987b, S. 784-788) folgenden Forderungskatalog aufgestellt:
- mehr *Längsschnittuntersuchungen* zum Aufbau von fundiertem Wissen über *Veränderungen*, nicht nur über Altersunterschiede;
- stärkere Beachtung von *differentiellen (person- und gruppenspezifischen) Entwicklungsverläufen*;
- mehr *Interventionsstudien*, statt ausschließlich deskriptiver bzw. korrelativer Designs;
- mehr *prospektive Untersuchungen* zur Gewinnung von Wissen über Entwicklungsbedingungen und als Basis von Entwicklungsprognosen, anstelle der üblichen ex post facto-Erhebungen;
- mehr *Felduntersuchungen* zur Erhöhung der *ökologischen Validität*;
- mehr *multivariate Untersuchungsdesigns*;
- mehr *Sekundäranalysen* und *Replikationen* mit verschiedenen Populationen, Kontexten und Maßnahmevarianten.

Das Plädoyer für eine stärkere Anwendungsorientierung der Entwicklungspsychologie ist selbstverständlich nicht so zu verstehen, daß *jede* entwicklungspsychologische Untersuchung einen Anwendungsbezug haben muß oder daß *sämtliche* Forderungen in der einzelnen Untersuchung erfüllt sein müssen. Es soll vor allem die Aufmerksamkeit darauf lenken, daß die Arbeit von Entwicklungspsychologen in vielfältiger Weise von Bedeutung für praktische Anwendungsfelder ist.

5. Zusammenfassung

1. Die *Anfänge einer wissenschaftlichen Entwicklungspsychologie* lassen sich in die zweite Hälfte des 19. Jahrhunderts datieren. Für ihre Entstehung waren die *Evolutionstheorie* DARWINS und die *Tagebuchaufzeichnungen über die Beobachtungen an Kleinkindern* von besonderer Bedeutung. Der weitere Fortschritt war eng mit der Entwicklung *psychologischer Untersuchungsmethoden* verknüpft.

2. *Gegenstand* der Entwicklungspsychologie ist die *Beschreibung, Erklärung, Vorhersage* und *Beeinflussung der intraindividuellen Veränderungen des Verhal-

tens und Erlebens beim Menschen sowie der interindividuellen Unterschiede in diesen Veränderungen. Trotz der breiten Akzeptanz einer *Lebensspannen-Orientierung* ist die Entwicklungspsychologie bislang weithin eine *Kindes- und Jugendpsychologie* geblieben.

3. Die klassische Darstellung von Veränderungen in *Abhängigkeit vom Lebensalter*, $V = f(A)$, hat drei Nachteile: a) das Alter selbst hat keinen Erklärungswert, es ist bloß Trägervariable für die verschiedensten Entwicklungsdeterminanten; b) der Rekurs auf die Altersvariation vernachlässigt die interindividuellen Unterschiede zwischen Altersgleichen; c) lebensalterbezogene Entwicklungsreihen erwecken den falschen Eindruck einer festen Bindung ontogenetischer Veränderungen an das Alter.

4. Zwischen der Beschreibung und der Erklärung von Entwicklung ist scharf zu trennen. Unter *beschreibendem* Aspekt ist zu fragen, *was* überhaupt auf Veränderungen hin betrachtet wird und *wie* sich die einzelnen Veränderungen kennzeichnen lassen. Unter *erklärendem* Aspekt stellt sich die Frage nach den *Bedingungen* und *Mechanismen* des Zustandekommens von Veränderungen. Die Beschreibungs- und Erklärungsmerkmale von Entwicklungsprozessen variieren mit dem jeweiligen Beobachtungsgegenstand. Entwicklungsprozesse sind außerdem *kumulativ*, d. h. spätere Entwicklungen bauen immer auf bereits Vorhandenem auf.

6. Aufgrund der Vielfalt von Entwicklungsprozessen ist eine umfassende, allgemeingültige Entwicklungsdefinition nicht möglich. Der *Entwicklungsbegriff* ist vielmehr von inhaltlichen Bestimmungen bezüglich der Verlaufsmerkmale und Bedingungsfaktoren von Veränderungen frei zu halten. Unter einen derartigen Entwicklungsbegriff fallen sämtliche ontogenetischen Veränderungen, die *relativ überdauernd* sind, einen geordneten *inneren Zusammenhang* aufweisen und mit dem *Lebensalter (Zeitkontinuum)* in einer mehr oder weniger engen Beziehung stehen. Entwicklung beinhaltet überdies sowohl den *Prozeß* als auch das *Produkt* fortschreitender Veränderungen.

6. Entwicklungspsychologische Aussagen können verschiedene Arten von Gesetzmäßigkeiten anzielen: *Entwicklungsgesetze* a) *alles Lebendigen*, b) *der menschlichen Entwicklung generell*, c) *bestimmter Bereiche der menschlichen Entwicklung* oder d) speziell des Zustandekommens von *interindividuellen Unterschieden in bestimmten Bereichen*.

7. Die Entwicklungspsychologie steht in enger Verbindung mit *anderen Forschungsgebieten, insbesondere Biologie, Genetik, Entwicklungsphysiologie, Ethologie, Kulturanthropologie* und *Soziologie*. Darüber hinaus bezieht sie zunehmend Ansätze aus den übrigen psychologischen Disziplinen ein. Sie wird damit zu einem Prüffeld für die Gültigkeit von Gesetzen, die ursprünglich ohne Berücksichtigung einer möglichen ontogenetischen Diskontinuität aufgestellt worden sind.

8. Die Entwicklungspsychologie ist eine Grundlagenwissenschaft und als solche nicht unmittelbar *anwendungsbezogen*. Dies schließt aber nicht aus, daß sie bei der Lösung praktischer Probleme helfen kann. Eine *Angewandte Entwicklungspsychologie* hat *sechs Aufgaben*: (1) Orientierung über den Lebenslauf, (2) Er-

mittlung von Entwicklungsbedingungen, (3) Prognose von Personmerkmalen, (4) Begründung von Entwicklungs- und Interventionszielen, (5) Planung von Interventionsmaßnahmen, (6) Evaluation von Entwicklungsinterventionen. Die Umsetzung entwicklungspsychologischen Wissens in praktische Entscheidungen wird insbesondere durch Probleme der Übertragung von Gruppenbefunden auf den Einzelfall erschwert.

Zum Weiterstudium empfohlene Lektüre

Einen systematischen und gut lesbaren Überblick der Geschichte der Entwicklungspsychologie vom Altertum bis zum Ende der 30er Jahre des 20. Jahrhunderts liefert:

REINERT, G. (1976). Grundzüge einer Geschichte der Human-Entwicklungspsychologie. In H. BALMER (Hrsg.), *Die europäische Tradition: Tendenzen, Schulen, Entwicklungslinien*. Die Psychologie des 20. Jahrhunderts, Band 1 (S. 862-896). Zürich: Kindler.

Über die Entstehung und Veränderung der Entwicklungspsychologie während der vergangenen rund hundert Jahre informiert aus der Perspektive der amerikanischen Psychologie:

CAIRNS, R. B. (1983). The emergence of developmental psychology. In P. H. MUSSEN (Ed.), *Handbook of psychology* (Vol. 1, Chap. 2 - pp. 41-102, New York: Wiley.

Ein Klassiker, in dem verschiedene Autoren ihre Definition und Verwendung des Entwicklungsbegriffs darstellen und begründen, ist:

HARRIS, D. B. (Ed.). (1957). *The concept of development*. Minneapolis: Minnesota University Press.

Die mit der Verwendung der Altersvariable in der Entwicklungspsychologie zusammenhängenden Probleme behandeln unter verschiedenen Perspektiven die beiden Texte:

BAER, D. M. (1970). An age-irrelevant concept of development. *Merrill-Palmer-Quarterly, 16*, 238-245.

WOHLWILL, J. F. (1970). The age variable in psychological research. *Psychological Review, 77*, 49-64.

Einen guten Einblick in Fragestellungen, Aufgaben und Probleme der Anwendung entwicklungspsychologischer Erkenntnisse liefert:

MONTADA, L. (1987). Systematik der Angewandten Entwicklungspsychologie: Probleme der Praxis, Beiträge der Forschung. In R. OERTER & L. MONTADA, *Entwicklungspsychologie* (Kap. 16, S. 769-788) München: PVU.

Kapitel 2:

Grundlegende Merkmale des Entwicklungsgeschehens

In diesem Kapitel werden die wichtigsten *Grundbegriffe* erläutert, die zur Charakterisierung von Entwicklungsvorgängen herangezogen werden können. Es handelt sich insofern um *grundlegende* Merkmale des Entwicklungsgeschehens als sie sich in zahlreichen ontogenetischen Veränderungsreihen aufzeigen lassen, d. h. nicht auf die körperliche, motorische, emotionale, kognitive oder soziale Entwicklung beschränkt sind.

Aufgrund der Vielfalt der Merkmale von ontogenetischen Veränderungen (vgl. Kap. 1.2.4) lassen sich nur wenige übergeordnete Begriffe zur Charakterisierung der Gesamtentwicklung finden. Als die wichtigsten sind zu nennen: *Wachstum, Reifung, Differenzierung, Lernen, Prägung* und *Sozialisation*. Ihre Bedeutung und Reichweite soll in diesem Kapitel geklärt werden.

In jedem Abschnitt wird zunächst die Bedeutung und der Gebrauch des betreffenden Begriffs dargestellt. Ein exemplarisches Untersuchungsbeispiel veranschaulicht jeweils die Verwendung des Begriffs in der entwicklungspsychologischen Forschung. Abschließend wird jeder Begriff im Hinblick auf seinen Gebrauch und seine Bedeutung in der gegenwärtigen Entwicklungspsychologie betrachtet.

1. Wachstum

Veränderungen in einer Entwicklungsvariablen können *quantitativer* oder *qualitativer* Art sein. Die Zunahme an Körperhöhe oder die Zunahme des Wortschatzes stellen z. B. rein quantitative Veränderungen dar. Die körperlichen Veränderungen in der Pubertät (z. B. die Ausbildung der sekundären Geschlechtsmerkmale) oder der Erwerb des Verständnisses für die Doppeldeutigkeit von Wörtern in Sprachwitzen lassen sich hingegen nur als qualitative Veränderungen beschreiben. Der Begriff *Wachstum* bezeichnet den quantitativen Aspekt von Entwicklungsprozessen.

Biologischer und psychologischer Wachstumsbegriff

Ursprünglich stammt der Begriff *Wachstum* aus der *Entwicklungsbiologie*. Er bezeichnet dort *quantitative somatische Veränderungen im Sinne einer Volumenzunahme* (s. Abbildung 2.1). Im Unterschied dazu werden qualitative Veränderungen, die Proportionsverschiebungen oder die Ausdifferenzierung von Strukturen beinhalten, eher mit dem Begriff *Entwicklung* belegt (HURLOCK, 1970; UNDEUTSCH, 1959a).

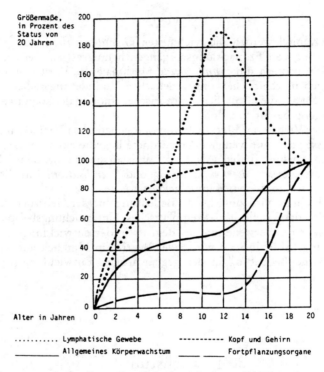

Abbildung 2.1: Die vier Grundtypen des Wachstumsverlaufs verschiedener Körperteile und Gewebe. Ordinate: Größenmaße der Organe, umgerechnet auf einen Maßstab, der die Größe bei der Geburt = 0 und die Größe im Alter von 20 Jahren = 100 % setzt (nach TANNER, 1962, S. 12)

Eine derartige Gegenüberstellung von Entwicklung als Begriff für qualitative Veränderungen und Wachstum als Begriff für quantitative Veränderungen erscheint allerdings in der Psychologie wenig zweckmäßig. Entwicklung ist vielmehr als Oberbegriff für qualitative *und* quantitative Veränderungen zu betrachten. Wachstum stellt dabei einen Teilaspekt des Gesamtgeschehens der Entwicklung dar, nämlich den einer *eindimensionalen quantitativen Betrachtungsweise von Entwicklungsvorgängen.*

Wenn man Entwicklung unter einem Wachstumsaspekt betrachtet, heißt das, daß man sich auf die Untersuchung rein quantitativer Veränderungen beschränkt, wie sie sich in der *mengenmäßigen Zunahme* an Kenntnissen, Fertigkeiten, Gedächtnisinhalten, Gefühlsqualitäten, Interessen usw. zeigen.

Die Übertragung des biologischen Wachstumsbegriffs auf die psychische Entwicklung beinhaltet somit eine erhebliche Ausweitung seiner ursprünglichen Bedeutung (Volumenzunahme). SCHMIDT (1970) faßt den Wachstumsbegriff noch weiter, indem er darunter nicht nur Veränderungen im Sinne einer Zunahme subsumiert, sondern alle „zähl- oder meßbaren Veränderungen von Bewußtseinsinhalten, Reaktionen, Leistungen, Funktionen – was ihre Anzahl, Menge, Größe, Intensität, Dauer, Beschleunigung usw. betrifft" (S. 415) und zwar unabhängig davon, wie diese zustandekommen. Das schließt auch „Nullwachstum" oder eine Abnahme ein.

Allein in diesem rein *deskriptiven* Sinne wird der Begriff weiterhin verwendet. Dabei sind sowohl physische Veränderungen (Zuwachs an Größe, Gewicht, Funktionstüchtigkeit) als auch psychische Veränderungen (Zuwachs des Wortschatzes oder der allgemeinen Intelligenz, Steigerung von Wahrnehmungs- oder Gedächtnisleistungen etc.) eingeschlossen. Wodurch es zu diesen quantitativen Veränderungen kommt, bleibt dabei offen. Zur Beantwortung dieser Frage sind weitere Begriffe heranzuziehen, z. B. Reifung, Lernen oder Übung.

Wachstumskurven

Die Darstellung psychischer Veränderungen als Wachstum von Funktionen und Leistungen war lange Zeit charakteristisch für die amerikanische Entwicklungspsychologie. Sie verbindet sich vor allem mit den Namen GESELL, CARMICHAEL und OLSON (s. hierzu Kap. 7.1).

In den sogenannten *Wachstumsmodellen der Entwicklung* wurden psychische Veränderungen als stetiges, kontinuierliches Fortschreiten konzipiert, im Gegensatz zur kontinentaleuropäischen Psychologie, die eher zur Auffassung einer diskontinuierlichen Entwicklung in qualitativ verschiedenen Stufen und Phasen neigte. Implizit lag diesen Vorstellungen meist eine Reifungstheorie der Entwicklung zugrunde.

Die Betonung von kontinuierlichen, quantitativen Veränderungen im Laufe der Entwicklung führte zu einer Reihe von umfangreichen *Längsschnittuntersuchungen* (vgl. Kap. 1.1). Mit ihnen wurde versucht, vor allem für die Intelligenz und für psychomotorische Leistungen, aber auch für die Entwicklung des Denkens des Gedächtnisses, der Sprache und des sozialen Verhaltens, *Wachstumskurven* zu erstellen und davon ausgehend (mathematische) *Wachstumsfunktionen* für die untersuchten Größen zu berechnen. Zugrundeliegendes Paradigma war die bereits ausführlich diskutierte Formel $V = f(A)$: Die auf der Ordinate abgetragene Leistungshöhe – oder ein anderes quantifizierbares Maß – wird in Abhängigkeit von dem auf der Abszisse abgetragenen Alter betrachtet.

Der typische Verlauf der solcherart gewonnenen Wachstumskurven zeigt einen zunächst stark beschleunigten Anstieg, der sich im Kindes- und Jugendalter zunehmend verlangsamt, um nach Erreichung eines Kulminationspunktes schließlich wieder leicht abzufallen.

Wachstumskurven der körperlichen Entwicklung, speziell von Körperhöhe und Geschlechtsmerkmalen, zeigen einen etwas anderen Verlauf. Durch den hormonell bedingten Wachstumsschub kommt es in der Pubertät erneut zu sprunghaften Veränderungen, d. h. zu einem vorübergehend stark beschleunigten Anstieg der Werte nach vorangegangener Entwicklungsverlangsamung (s. TANNER, 1978; TANNER & TAYLOR, 1970).

Zur Illustration des Vorgehens in den klassischen Wachstumsstudien der psychischen Entwicklung eignet sich die *Berkeley Growth Study* von JONES und BAYLEY. Wichtige Ergebnisse daraus sind in BAYLEY (1955) dargestellt.

Untersuchung 2.1 *Zum Wachstum der Intelligenz*

In einer zusammenfassenden Übersicht über die *Berkeley Growth Study*, einer 1928 begonnenen und auf mehrere Jahrzehnte angelegten Längsschnittuntersuchung, berichtete Nancy BAYLEY (1955) u. a. über die Ergebnisse von Versuchen zur Erstellung von Wachstumskurven der Intelligenz. Im Rahmen der Studie waren 61 gesunde Babys vom 1. Lebensmonat an bis zum Alter von 21 Jahren wiederholt getestet worden. In den ersten 5 Lebensjahren wählten die Autoren Monats- bzw. Halbjahresabstände zwischen zwei Testzeitpunkten, ab dem 6. Lebensjahr gingen sie zu Jahresabständen über. Ziel war, den Entwicklungsverlauf der durch standardisierte Tests erfaßbaren Intelligenz zu verfolgen.

Da kein Intelligenztest existierte, dessen Aufgaben für die gesamte untersuchte Lebensspanne (Geburt bis frühes Erwachsenenalter) geeignet waren, mußten nacheinander verschiedene Tests verwendet werden: a) bis 15 Monate – die von BAYLEY selbst entwickelte *California First Year Mental Scale* (die späteren BAYLEY Scales of Infant Development), die in starkem Maße auf den Untersuchungen GESELLS zur sensorisch-motorischen Entwicklung des Kleinkindes aufbaute; b) zwischen 1 und 5 Jahren – die ebenfalls von BAYLEY entwickelten *California Preschool Tests*; c) für die 6- und 7jährigen – der *Stanford-Binet-Test* aus 1916; d) für die Altersspanne von 8 bis 17 Jahren – der *Stanford Binet-Test* (mit 8 bis 12 Jahren, 14 und 17 Jahren) bzw. der *Terman-McNemar-Gruppentest* (mit 13 und 15 Jahren); e) für die Altersgruppen 16, 18 und 21 Jahre der *Wechsler-Bellevue-Test* für Erwachsene.

Aufgrund der Verwendung unterschiedlicher Tests auf den verschiedenen Altersstufen war zur Erstellung einer fortlaufenden, eindeutig quantifizierbaren Entwicklungskurve ein gemeinsamer Skalenbezugspunkt zu wählen. Als einen solchen gemeinsamen Bezugspunkt wählte BAYLEY den Mittelwert und die Streuung der Testwerte im Alter von 16 Jahren. Sie entwickelte eine Methode, mit der die Testwerte aller Tests auf diesen sog. *16 D Score* bezogen werden können. Dabei werden die Testwerte jeder Versuchsperson für jedes Alter ausgedrückt als Abweichung vom Mittelwert im Alter von 16 Jahren.

Die Wahl fiel gerade auf das Alter von 16 Jahren, da dies dasjenige Alter war, in dem die drei verwendeten Tests (Stanford-Binet, Terman-McNemar, Wechsler) am ehesten als vergleichbar angesehen werden konnten. D.h., die im Alter von 16 Jahren in dem einen Test erzielten Durchschnittswerte entsprachen einem Intelligenzalter von 16 Jahren in den anderen Tests. BAYLEY stützte sich bei ihrem Vorgehen im übrigen auf THURSTONEs Methode der absoluten Skalierung (THURSTONE, 1925), mit der man so etwas wie den „Nullpunkt der Intelligenz" zeitlich zu lokalisieren versucht. Die Festsetzung des Testwerts im Alter von 16 Jahren auf 140 Punkte geht nicht zuletzt auf den THURSTONEschen Ansatz zurück. Extrapoliert man die Kurve nämlich in die Vergangenheit, so erreicht die Kurve den Nullpunkt der Intelligenz zum Zeitpunkt der Konzeption.

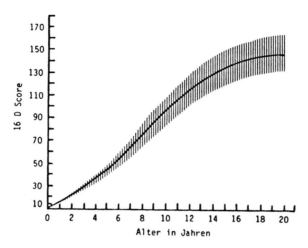

Abbildung 2.2: Mittelwerte und Standardabweichungen der Intelligenzleistung von der Geburt bis 21 Jahre, ausgedrückt in 16 D-Einheiten (nach BAYLEY, 1955, S. 811)

Die aus dem geschilderten Vorgehen resultierende Kurve zeigt die Abbildung 2.2. Obwohl die aufgezeichnete Entwicklungskurve eindeutig als eine Wachstumskurve der Intelligenz bezeichnet werden kann, da sie dem entscheidenden Kriterium des psychologischen Wachstumsbegriffs – der eindimensionalen Quantifizierbarkeit – genügt, wird aus der zuvor gegebenen Beschreibung der Datenerhebung und des Zustandekommens dieser Intelligenzkurve deutlich, daß es sich bei einer derartigen Darstellungsweise um eine vereinfachende Abstraktion eines sehr komplexen Entwicklungsprozesses handelt. Sowohl die Art der bewältigten Aufgaben als auch die Art der zur Aufgabenlösung eingesetzten Intelligenzfunktionen variiert in der untersuchten Zeitspanne in einer Weise, die eine ausschließlich quantitative (eindimensionale) Betrachtungsweise ergänzungsbedürftig erscheinen läßt.

Es ist noch auf eine Besonderheit der Stichprobe der *Berkeley Growth Study* hinzuweisen. Sie ist nicht repräsentativ bezüglich der Verteilung der Intelligenzwerte. Es handelt sich vielmehr fast ausschließlich um überdurchschnittlich intelligente Versuchspersonen. Der mit 16 Jahren im Durchschnitt erreichte IQ (Wechsler-Test) betrug 117 Punkte.

BAYLEY, N. (1955). On the growth of intelligence. *American Psychologist, 10*, 803-818.

Quantitative versus qualitative Veränderungen

Bei näherer Betrachtung stellt sich heraus, daß eine saubere Trennung von quantitativen Veränderungen (Wachstum) und qualitativen Veränderungen nur schwer durchführbar ist. Bereits in der körperlichen Entwicklung ergeben sich qualitative Veränderungen aufgrund quantitativer Verschiebungen. So verändert sich die Körpergestalt aufgrund unterschiedlicher Wachstumsgeschwindigkeiten in verschiedenen Bereichen (Kopf, Rumpf und Extremitäten). Veränderungen im Verhältnis der ausgeschütteten Mengen verschiedener Hormone führen zur Ausbildung der sekundären Geschlechtsmerkmale (TANNER, 1962; EICHHORN, 1970). Qualitative Wandlungen lassen sich damit als die neuartige Kombination quantitativer Werte darstellen (SCHMIDT, 1970; UNDEUTSCH, 1959a). Derartige Verhältnisse finden wir erst recht im viel komplexeren psychischen Geschehen vor.

Die Frage, ob Entwicklungsvorgänge eher quantitativer oder qualitativer Natur sind, ein Problem, das die Entwicklungspsychologie lange beschäftigt hat, ist empirisch nicht entscheidbar (WOHLWILL, 1973/1977). Ihre Beantwortung hängt von der Wahl der entwicklungspsychologischen Fragestellung und der Art ihrer Untersuchung ab (s. dazu. Kap. 4.1).

Das Problem der Abgrenzung von quantitativen und qualitativen Veränderungen läßt sich gut an folgendem Beispiel veranschaulichen: Ich kann Wasser abkühlen oder erhitzen und jedesmal die Temperatur messen. Komme ich in Temperaturbereiche, wo das Wasser zu Eis wird oder wo es verdampft, so sind offensichtlich qualitative Zustandsänderungen eingetreten. Die Aggregatzustände (festes) Eis, (flüssiges) Wasser und (flüchtiger) Dampf haben unterschiedliche Qualitäten. Trotzdem kann ich die Unterschiede von Eis, Wasser und Dampf ausschließlich unter dem Aspekt der jeweiligen Temperatur, also rein quantitativ, betrachten. Ist mein Interesse auf die qualitativen Veränderungen gerichtet, so werde ich aus den gleichen Vorgängen eine Theorie der qualitativen Veränderung von H_2O unter Einwirkung verschiedener Kälte- bzw. Hitzegrade aufstellen. Die Art der Darstellung der Veränderungen ist also offensichtlich ein Resultat der eingenommenen Perspektive, nicht einer objektiven Realität.

Entsprechendes gilt für die psychische Entwicklung. Rein quantitativ kann ich die Anzahl gelöster Aufgaben in einem Intelligenztest zum Untersuchungsgegenstand machen, unter Vernachlässigung ihrer qualitativ unterschiedlichen Anforderungen oder der zu ihrer Lösung eingesetzten Funktionen. Ich kann mich aber auch dafür interessieren, mit welchen Denk- und Lösungsstrategien jeweils an die Aufgaben herangegangen wird.

Bei der Gegenüberstellung von quantitativ und qualitativ ist außerdem zweierlei auseinanderzuhalten: a) die Stetigkeit oder Sprunghaftigkeit, mit der quantitativ unterscheidbare Maße sich verändern, d.h. die jeweilige *Entwicklungsgeschwindigkeit* (nur dies wird in Wachstumskurven sichtbar!) und b) die Kontinuität oder Diskontinuität des *Inhalts* der sich verändernden Größen. Über letzteres geben Wachstumskurven keine Auskunft. Eine rein quantitative Betrachtungsweise setzt vielmehr stillschweigend ein Gleichbleiben der gemessenen Variablen zu den verschiedenen Zeitpunkten der Entwicklung voraus, evtl. auch im methodischen Vorgehen (Beibehalten des Untersuchungsinstruments und Verwendung gleicher Meßwerte über alle Entwicklungszeitpunkte).

Strenggenommen ist ein solches Vorgehen aber nur bei einer inhaltlichen oder dimensionalen *Identität* der über die Zeit gemessenen Variablen zulässig. So geben Wachstumskurven der Intelligenz (vgl. Abb. 2.2) nur die unterschiedliche Geschwindigkeit, d.h. die Beschleunigung oder die Verlangsamung der Zunahme der Intelligenzwerte wieder. Implizit wird dabei vorausgesetzt, daß die Intelligenz sich über die Zeit inhaltlich, z.B. hinsichtlich der zum Einsatz gelangenden intellektuellen Funktionen, nicht verändert. Jedenfalls wird dies nicht erfaßt.

> Für die Intelligenz gilt dies sicherlich nicht. Vergleicht man z.B. die Intelligenzleistungen von kleinen Kindern mit denen von Erwachsenen, „so vergleicht man eigentlich nicht mehr gleiche Fähigkeiten, die sich nur quantitativ verändern – d.h. in der Regel zunehmen, sondern man vergleicht z.B. sensomotorische Geschicklichkeit des Kleinkindes mit schlußfolgerndem Denken des Erwachsenen." (ROTH, 1972, S. 67f.)

Hiermit ist ein prinzipielles Problem der Entwicklungspsychologie oder generell jeder Wissenschaft von zeitlichen Veränderungen angesprochen: Soweit Entwicklung durch einen *Neuerwerb* oder einen strukturellen Wandel von Merkmalen zu kennzeichnen ist, sind der Darstellung von Veränderungen im Sinne eines bloßen Zuwachses Grenzen gesetzt. Die eben angeschnittene Problematik des Verhältnisses von Identität und Veränderung hängt eng mit methodischen Fragen der Veränderungsmessung zusammen. Sie soll daher erst im Methodenkapitel ausführlich behandelt werden (s. dazu Kap. 4). Wertvolle Hinweise über Methoden der Festlegung und Skalierung von Entwicklungsdimensionen finden sich in WOHLWILL (1973/1977).

Abschließende Beurteilung des Wachstumsbegriffs

In der Entwicklungspsychologie versteht man unter Wachstum die quantitative Zunahme (Anstieg der Zahl, Größe, Geschwindigkeit etc.) bzw. allgemein die quantifizierbare Veränderung von Verhaltensmaßen. Wachstum ist insofern nicht gleichzusetzen mit biologischem Körperwachstum (Wachstum im engen Sinne). Die Probleme der Verwendung des Alters als unabhängige Variable (s. Kap. 1.2.3) und die Mängel sowohl der Querschnitt- wie der Längsschnittmethode (s. Kap. 4.2.1) weisen nachdrücklich darauf hin, daß Wachstumskurven Entwicklungsprozesse nur in Grenzen angemessen abbilden. Dies gilt vor allem, wenn es sich um gemittelte Gruppenkurven handelt. Bei der Darstellung von Veränderungsreihen in Form von Wachstumskurven sind die folgenden Punkte zu berücksichtigen:
1. Der funktionale Zusammenhang zwischen Veränderungswerten und einem Zeitkontinuum (die Wachstumsfunktion) sagt noch nichts über das Zustandekommen dieser Veränderungen aus. Wachstumskurven besitzen rein deskriptiven Charakter.
2. Möglicherweise auftretende qualitative Änderungen können von einer quantitativen Betrachtungsweise nicht erfaßt werden, sie werden vielmehr durch

Wachstumskurven überdeckt. Wachstumskurven sind „in Wahrheit die Zusammenfügung verschiedener, einander überschneidender und überlagernder Kurven verschiedener psychischer Funktionen" (UNDEUTSCH, 1959a, S. 84).

3. Das Aussehen von Wachstumskurven ist in starkem Maße abhängig vom gewählten methodischen Vorgehen (Querschnitt- oder Längsschnittmethode, Stichprobenzusammensetzung, Beibehalten oder Wechsel der verwendeten Untersuchungstechniken usw; s. dazu Kap. 4).

4. Mit der Erstellung von Wachstumskurven ist nur ein erster Schritt getan. Eine genauere Analyse der Werte, ihrer Variabilität und ihres Zustandekommens hat zu folgen.

Der Wert einer Betrachtung von Entwicklungsvorgängen unter dem Wachstumsaspekt besteht vor allem darin, daß man Informationen über Entwicklungsnormen erhält, die als Vergleichsmaßstab für den Einzelfall herangezogen werden können. Darüber hinaus ist der Wachstumsaspekt überall dort von Bedeutung, wo Veränderungen durch innengesteuerte, in starkem Maße zeitlich festgelegte Impulse zustandekommen, also im wesentlichen in der körperlichen Entwicklung.

2. Reifung

Die Betrachtung der Entwicklung unter dem Reifungsaspekt hat in der Entwicklungspsychologie lange Zeit dominiert (vgl. Kap. 1.1). Reifung als übergeordneter Begriff für die Steuerung von Entwicklungsprozessen ist von grundlegender Bedeutung für die Anlage-Umwelt-Problematik. Der Einfluß von Vererbung und Reifung auf die Entwicklung wird an anderer Stelle noch ausführlich behandelt (s. Kap. 3). Ich beschränke mich deshalb hier auf eine Klärung dessen, was unter Reifung verstanden werden soll.

Biologische Herkunft des Reifungsbegriffs

Wie *Wachstum* stammt der Begriff *Reifung* aus der Biologie. Er bezeichnet dort ursprünglich die Entwicklung der unreifen Keimzelle bis zu ihrer möglichen Befruchtung (R. I. WATSON, 1959, S. 95). Im weiteren Sinne fallen unter den biologischen Reifungsbegriff alle Vorgänge, die spontan aufgrund endogen vorprogrammierter, d. h. durch Vererbung determinierter, innengesteuerter Wachstumsimpulse einsetzen und in ihrem weiteren Ablauf vorwiegend von diesen gesteuert werden (NICKEL, 1972, S. 23). Es handelt sich dabei um Prozesse, die – eine den artspezifischen Merkmalen und Bedürfnissen angepaßte Umwelt vorausgesetzt – bei allen normalen Mitgliedern einer Spezies natürlicherweise

gleichartig oder zumindest sehr ähnlich ablaufen. Bedingungen, die von „außen"
auf den Organismus einwirken (Ernährung, Stimulation, Konditionierung, Unterweisung, Training, Verstärkung, Verhaltensvorbilder etc.) wird hierbei eine
nur unterstützende oder bahnende, keine determinierende Rolle zugeschrieben.

Solcherart sind im wesentlichen alle *körperlichen* Veränderungen, insonderheit
die für die psychische Entwicklung grundlegende Ausreifung des *Gehirns*, des
Nerven- und *Muskelsystems* sowie der *endokrinen Drüsen*. Ausgehend von der
psychophysischen Einheit des Menschen bzw. vom Zusammenhang somatischer
und psychischer Prozesse stellen sich biologisch orientierte Entwicklungsmodelle
auch die psychische Entwicklung als einen innengesteuerten Reifungsprozeß analog der anatomisch-physiologischen Reifung vor (s. hierzu Kap. 7).

Feststellung von Reifung durch Ausschluß exogener Faktoren

Von Reifung wird speziell dann gesprochen, wenn Erfahrung, Lernen oder
Übung, allgemein gesagt: *exogene* Faktoren, keinen oder einen sehr geringen Einfluß auf das Zustandekommen von Veränderungen ausüben. D. h., trotz des Fehlens dieser exogenen Faktoren tritt keine Verzögerung im Erwerb eines Merkmals ein. Zur empirischen Feststellung der Wirkung von Reifung werden Erfahrung und Übung dementsprechend möglichst ausgeschaltet oder kontrolliert
variiert. Beim Menschen verbietet sich aus ethischen Gründen weitgehend eine
experimentelle Ausschaltung der natürlicherweise gegebenen Erfahrungsbedingungen. Man ist hier auf *vorgefundene* Bedingungsunterschiede angewiesen (s.
hierzu auch Kap. 3). Als Beispiel für die Untersuchung des Einflusses der Reifung auf die Entwicklung habe ich eine Arbeit von DENNIS und DENNIS (1940)
zum Laufenlernen unter verschiedenen Erziehungsbedingungen ausgewählt.

Untersuchung 2.2   *Zu den Auswirkungen der Bewegungseinschränkung auf das Laufenlernen*

Wayne DENNIS und Marsena DENNIS (1940) verglichen die *Alterswerte des Laufenlernens* bei zwei Gruppen von Hopi-Kindern. Die eine Gruppe war während des ersten
Lebensjahres in ihrer motorischen Bewegungsfreiheit stark eingeschränkt, die andere
Gruppe wuchs ohne solche Einschränkungen auf.

Die *erste Gruppe* von Kindern wurde nach alter Hopi-Tradition vom ersten Lebenstag
bis etwa zum vierten Lebensmonat fest auf ein Wickelbrett gebunden (s. Abbildung 2.3).
Die Kinder können dabei ihren Körper nicht drehen und ihre Arme und Beine nicht frei
bewegen. Nur der Kopf hat eine gewisse Bewegungsfreiheit, er ist aber meist zum Schutz
vor Sonne und Fliegen mit einem Tuch abgedeckt. Das Brett liegt meistens auf dem Boden
oder auf einem Bett. Es wird selten aufgestellt oder herumgetragen. Während der ersten
drei Lebensmonate werden die Kinder nur zum Baden oder zum Wechseln der Windeln
für ein paar Minuten losgebunden. Auch beim Stillen oder während des Schlafens befindet sich der Säugling auf dem Brett. Ab dem vierten Lebensmonat nimmt dann allmählich

Abbildung 2.3: Wickelbrett für Säuglinge bei den Hopi-Indianern (entnommen aus BOWER, 1977, S. 88)

die tägliche Zeitdauer zu, in der der Säugling sich frei bewegen kann. Erst gegen Ende des ersten Lebensjahres wird schließlich das Brett überhaupt nicht mehr benutzt. (Im Schnitt verwendeten die Hopi-Mütter das Wickelbrett über 9 Monate, die Variationsbreite erstreckte sich von 4 bis 14 Monaten). Diese Kinder sind somit lange Zeit in ihren motorischen Aktivitäten erheblichen Einschränkungen unterworfen.

Bei der *zweiten Gruppe* handelte es sich ebenfalls um Hopi-Kinder. Deren Mütter hatten allerdings nach dem Kontakt mit weißen Siedlern auf das Festbinden ihrer Säuglinge verzichtet. Bezüglich der Kinderpflege und ihrer Erziehungspraktiken unterschieden sie sich aber nicht von den übrigen Hopi-Indianern.

In mehreren Indianerdörfern und in den beiden „amerikanisierten" Indianersiedlungen befragten die Autoren die Mütter mit Kindern zwischen 2 und 6 Jahren nach dem Alter, in dem ihr Kind die ersten Schritte ohne fremde Hilfe machen konnte.

Ergebnis der Untersuchung:

Die beiden, hinsichtlich ihrer motorischen Aktivität während des ersten Lebensjahres so unterschiedlichen Gruppen unterschieden sich nicht in dem Alter, mit dem sie alleine zu laufen begannen (s. Tabelle 2.1):

Das Festbinden der Säuglinge auf das Wickelbrett wirkte sich also nicht auf den Zeitpunkt aus, mit dem die Kinder alleine zu laufen begannen.

Die Ergebnisse lassen den Schluß zu, daß der Aktivitätsgrad der nicht eingeschränkten Kinder weit über dem für eine „normale" Entwicklung notwendigen Niveau liegt. Das minimale Maß an Übungsmöglichkeiten bei den festgebundenen Kindern reicht offen-

Tabelle 2.1: Auswirkung der Einschränkung der motorischen Aktivität im Säuglingsalter auf das Alter des Laufenlernens

Alter in Monaten	Zum ersten Male alleine gelaufen	
	Hopi-Kinder mit Wickelbrett (n = 63)	Hopi-Kinder ohne Wickelbrett (n = 42)
9–11	11	4
12–14	31	20
15–17	6	10
18–20	12	6
21–23	1	0
24 und mehr	2	2
Altersdurchschnittswert ($\bar{x}$):	14.98	15.05

sichtlich aus, das selbständige Laufenlernen zum gleichen Zeitpunkt zu erwerben, wie die Kinder, die während des ersten Lebensjahres viel Bewegungsfreiheit haben. Aufgrund der fehlenden Auswirkung des zusätzlichen Trainings auf den Beginn des Laufenlernens liegt es nahe, Reifungsprozesse als ausschlaggebend für das Auftreten dieser motorischen Fertigkeit anzunehmen.

Damit ist jedoch nicht ausgeschlossen, daß unter besonders ungünstigen Umweltbedingungen, etwa in Kinderheimen mit extrem wenig Entwicklungsanregungen, doch Retardierungen der motorischen Entwicklung eintreten (vgl. DENNIS, 1941). Außerdem sind die hier dargestellten Befunde zur Reifungsabhängigkeit des Laufenlernens unter normalen Entwicklungsbedingungen nicht auf andere, insbesondere auf komplexere motorische Fertigkeiten unmittelbar zu übertragen.

DENNIS, W. und DENNIS, M. G. (1940). The effect of cradling practices upon the onset of walking in Hopi children. *Journal of Genetic Psychology,* 56, 77-86.

Weitere Indizes für das Vorliegen von Reifung

Außer dem Eintreten von Entwicklungsfortschritten auch bei einer Begrenzung der Gelegenheit für Erfahrung und Übung deuten nach HECKHAUSEN (1974b, S. 106) folgende weitere Bedingungen auf die Wirksamkeit von Reifungsprozessen hin:

(1) *Universelles Auftreten:* Bei allen Kindern ist die gleiche Abfolge der Entwicklung zu beobachten bzw. tritt ein Merkmal gleichartig auf (so z. B. beim Er-

werb psychomotorischer Leistungen oder bei mimischen Ausdruckserscheinungen);

(2) *Auftreten in einem eng begrenzten Altersbereich*: Ab einem bestimmten Alter ist eine hohe Veränderungsrate (steiler Anstieg) eines Merkmals festzustellen (z. B. Anfänge des Laufens oder der Sprachentwicklung, puberaler Wachstumsschub);

(3) *Nachholbarkeit*: Von außen unterbundene Verhaltensfortschritte können nach Wegfall der Behinderung in kurzer Zeit nachgeholt werden (z. B. Fliegenlernen bei Vögeln, Laufenlernen bei Kleinkindern nach Wegfall einer Einengung der Bewegungsfreiheit);

(4) *Nichtumkehrbarkeit*: Einmal erzielte Fortschritte gehen nicht mehr verloren, d. h. die Veränderungen sind irreversibel, sie können nicht mehr verlernt werden (z. B. motorische Fertigkeiten wie Gehen oder Schwimmen).

Aber auch die eben genannten Bedingungen liefern nicht unbedingt einen eindeutigen Nachweis für die Steuerung von Veränderungen durch Reifung. So kann das universelle Auftreten eines Merkmals mit universell gültigen sozialen Normierungen oder Erziehungspraktiken zusammenhängen (z. B. kulturellen Normen der Erziehung zur Sauberkeit, sozialer Bekräftigung geschlechtstypischen Verhaltens, Einschulung mit sechs Jahren). Entsprechendes gilt für das plötzliche Auftreten von Veränderungen in einem bestimmten Altersbereich. Nachholbarkeit gibt es auch im Bereich des Lernens. Andererseits spricht die mangelnde Nachholbarkeit eines Verhaltensfortschritts im Anschluß an den Wegfall einer Behinderung nicht gegen die Bedeutung von Reifung. Es kann sich nämlich um eine genetisch determinierte zeitliche Abstimmung von Reifungsschritten und notwendigen Umweltstimulationen handeln, um sogenannte kritische oder sensible Perioden (s. dazu Kap. 2.5). Schließlich gibt es irreversible Entwicklungsfortschritte auch außerhalb einer biologischen Reifung: der wesentlich auf Erfahrung beruhende Erwerb kognitiver Fähigkeiten (z. B. Zahlbegriff, Ursache-Wirkungs-Relation usw.) ist in der Regel ebenso wenig umkehrbar wie viele Verhaltensgewohnheiten, die in einer stabilen, vorhersagbaren Umwelt gelernt worden sind.

Für den Einfluß von Reifungsprozessen spricht noch am ehesten, daß besondere Stimulation und Training keinen Vorteil erbringen gegenüber dem Fehlen solcher Anregungen bzw. ein spezielles Training erst ab einem bestimmten Zeitpunkt positive Effekte hat.

Das Verhältnis von endogenen und exogenen Faktoren

Wir werden später noch feststellen, daß die Trennung von inneren und äußeren Bedingungen, von Reifen und Lernen, nur eine gedanklich notwendige und für empirische Untersuchungen brauchbare Unterscheidung ist, die jedoch im tatsächlichen Entwicklungsverlauf selten eindeutig vorgenommen werden kann. Abgesehen davon ergeben sich erhebliche methodische Schwierigkeiten einer derartigen Trennung (s. Kap. 3). Außerdem sind die beiden Faktorengruppen niemals im Sinne eines Entweder–Oder, eines isolierten Nebeneinander oder additiven Zusammenwirkens anzutreffen. Vielmehr wirken innere und äußere Bedingungen prinzipiell auf vielfältige Art und Weise *interaktiv* zusammen. Dies gilt bereits für Tiere (CRUZE, 1935; FROMME, 1941; SCHNEIRLA, 1956). Die Art der Interaktion variiert überdies mit dem Untersuchungsgegenstand, der untersuchten Stichprobe und dem gewählten methodischen Ansatz (vgl. Kap. 3.3).

Reifung im übertragenen Sinne

Der Reifungsbegriff wird außer in der bisher geschilderten Bedeutung manchmal in einem eher *übertragenen Sinne* gebraucht. Aufgrund der biologischen Konnotationen des Reifungsbegriffs wäre es vielleicht besser, in diesen Fällen andere Termini zu verwenden.

Im kognitiven Entwicklungsverlauf (s. Kap. 10). ist von der *kognitiven Reifung* die Rede. Damit ist jedoch nicht mehr gemeint, als daß die einzelnen Stufen der kognitiven Entwicklung gesetzmäßig aufeinander folgen, aufeinander aufbauen und auseinander hervorgehen. Die Entwicklungssequenz selbst ist aber kein Resultat einer biologischen Reifung, sondern kommt durch einen in ständigem Austausch zwischen Organismus und Umwelt sich vollziehenden „Äquilibrationsprozeß" zustande (PIAGET, 1975/1976). Sie folgt keiner endogen gesteuerten, sondern einer *sachimmanenten Entfaltungslogik* (HECKHAUSEN, 1964).

Eine andere Art des Gebrauchs von Reifung im übertragenen Sinne liegt vor, wenn von der *Reifezeit*, dem *reifen Organismus* oder bestimmten *Reifezuständen* (Schulreife, Hochschulreife, moralischer Reife) gesprochen wird. Zwar finden in der Reifezeit oder Pubertät in verstärktem Maße hormonelle Veränderungen oder allgemeiner: innengesteuerte körperliche Veränderungen, also Reifungsprozesse im eigentlichen Sinne, statt. Soweit jedoch unter Reifezeit auch die psychische Annäherung des Heranwachsenden an den „reifen" Endzustand des Erwachsenen verstanden wird, kommen zusätzlich eine Reihe von exogenen Faktoren ins Spiel: der veränderte soziale Status und die damit einhergehenden veränderten Rollenerwartungen, evtl. das Eintreten in das Berufsleben, die Aufnahme heterosexueller Partnerbeziehungen usw. (vgl. EWERT, 1983). „Reif" heißt hier dann so viel wie „ausgewachsen", „fertig" bezogen auf einen bestimmten Zielzustand, und bringt bloß zum Ausdruck, daß die vormalig hohe Veränderungsrate sich inzwischen erheblich verlangsamt hat oder zum Stillstand gekommen ist. Generell ist davon auszugehen, daß sogenannte Reifezustände sowohl aufgrund einer fortgeschrittenen anatomisch-physiologischen Ausreifung erreicht werden können, als auch durch Erfahrung und Übung bzw. ein Zusammenspiel endogener und exogener Faktoren. Welches Gewicht den beiden Faktoren zukommt, ist im einzelnen jeweils erst nachzuprüfen.

Es erscheint daher sinnvoller, in diesem Zusammenhang anstatt von „Reife" von der *Bereitschaft* eines Individuums zu sprechen (vgl. auch AUSUBEL & SULLIVAN, 1974). Die *Bereitschaft* umfaßt die Summe aller jeweils vorhandenen genetischen Bedingungen samt deren Auswirkungen und aller Erfahrungen und Lernprozesse *bis zu einem gegebenen Zeitpunkt*. Die jeweils gegebene Bereitschaft begrenzt und beeinflußt die Fähigkeit eines Individuums, von der gegenwärtigen Erfahrung zu profitieren. Als Sonderfall der so definierten Bereitschaft ist der

Zustand einer abgeschlossenen *Funktionsreifung* anzusehen. So ist eine Sauberkeitserziehung beim Kleinkind erst möglich bzw. ohne übermäßigen Aufwand durchführbar, wenn die an der Kontrolle der Schließmuskel beteiligten Nervenbahnen ausgereift sind. Oder verständliche Lautäußerungen setzen einen bestimmten Grad der Funktionstüchtigkeit zentralnervöser, sensorischer und motorischer Prozesse voraus. Dahinter steht die simple Erkenntnis, daß nur solche Leistungen vollbracht werden können, deren erforderliche Voraussetzungen, sei es reifungs- oder erfahrungsbedingt, bereits ausgebildet sind.

Abschließende Beurteilung des Reifungsbegriffs

Zusammenfassend läßt sich zur Bedeutung der Reifung für die Entwicklungspsychologie vorläufig folgendes feststellen:

Reifung als Steuerungsfaktor für psychische Veränderungen ist nicht unabhängig von Erfahrung und Übung zu betrachten. Reifungsprozesse schaffen für zahlreiche Entwicklungsvorgänge erst die grundlegenden Voraussetzungen und setzen die Grenzen für das Wirksamwerden äußerer Einflüsse. Dies gilt insbesondere für die ersten Lebensjahre. In entscheidendem Maße reifungsabhängig verläuft die gesamte körperliche und auch die psychomotorische Entwicklung in der frühen Kindheit. Für die spätere Funktionstüchtigkeit ist aber auch bei gegebener Reifungsdominanz wenigstens eine minimale Übung unerläßlich. Mit der Verlangsamung der anatomisch-physiologischen Ausreifung tritt die Bedeutung von Reifungsprozessen für die Entwicklung allmählich zurück. Ein vorübergehend starkes Ansteigen von Reifungsvorgängen während der Pubertät (der Wachstumsschub mit den Verschiebungen innerhalb der Körperproportionen, die Ausreifung der primären und sekundären Geschlechtsmerkmale) beeinflußt die psychische Entwicklung wahrscheinlich eher indirekt über sozial vermittelte Änderungen des Selbstbildes, des Status und der Interessen (s. dazu DEGENHARDT, 1971; EWERT, 1983; TRAUTNER, 1972a,b). Der Gebrauch des Reifungsbegriffs im Zusammenhang mit der kognitiven Entwicklung, der zunehmenden psychischen *Reife* oder erreichter *Reifezustände* führt zu seiner Erweiterung über die ursprüngliche biologische Bedeutung hinaus. In diesen Fällen sollte besser von einer *Bereitschaft* des Individuums für die Verarbeitung von Erfahrung als von *Reife* gesprochen werden.

Da Reifung nicht direkt beobachtet und in der Regel auch nicht experimentell manipuliert werden kann, sondern meist aus der relativen Unempfindlichkeit gegenüber dem Fehlen äußerer Einflüsse erschlossen werden muß, bietet sich als Alternative zur Untersuchung von Reifungsprozessen die genaue Analyse der Effekte gezielter Interventionen an. Hier wäre dann zu fragen, inwieweit Entwicklungsprozesse durch äußere Faktoren modifiziert werden können, ob derartige Modifikationen in bestimmten Entwicklungsabschnitten (sensiblen Perioden) besonders leicht oder besonders schwer zu erzielen sind und wie sich äußere Einflüsse (z. B. das Training eines bestimmten Verhaltens) auf die weitere Entwicklung auswirken. Genau diese Fragestellungen treffen wir in der heutigen Entwicklungspsychologie an.

3. Differenzierung

Autoren, die unter Entwicklung vorwiegend das Auftreten reifungsabhängiger, qualitativer Veränderungen verstehen, beschreiben den Entwicklungsprozeß gern mit dem Begriff *Differenzierung* (REMPLEIN, 1958; SANDER & VOLKELT, 1962; WERNER, 1926/1959). Der Differenzierungsbegriff nimmt dementsprechend in den biologisch orientierten Entwicklungsmodellen eine zentrale Stellung ein (s. dazu Kap. 7).

Begriffsdefinition

Im engen Sinne bedeutet *Differenzierung* die *fortschreitende Ausgliederung unähnlicher Teilgebilde* aus einem anfänglich ungegliederten einheitlichen Ganzen, nach dem Muster somatischer Prozesse wie der Zellteilung und der Ausbildung von Geweben und Organen. Sie führt zu einer Zunahme der strukturellen Komplexität und der Variation und Flexibilität des Verhaltens. Ebenso können darunter subsumiert werden die *zunehmende Mannigfaltigkeit, Spezialisierung* und *Verselbständigung* der einzelnen Strukturen und Funktionen (vgl. DUHM, 1959). Ohne sich auf eine Reifungsabhängigkeit der Entwicklung festzulegen, bezeichnet Differenzierung einfach den allgemeinen Sachverhalt der *fortschreitenden Verfeinerung, Erweiterung* und *Strukturierung* psychischer Funktionen und Verhaltensweisen.

Beispiele für Differenzierung

Besonders gut beobachten läßt sich der Vorgang der Differenzierung in der *motorischen Entwicklung*. Aus den anfänglich unkoordinierten gleichförmigen Massenbewegungen des gesamten Körpers werden immer verschiedenere, gezieltere und spezialisiertere Bewegungen einzelner Glieder. COGHILLs detaillierte Analyse der Entwicklung beim Salamander liefert ein gutes Anschauungsbeispiel für dieses Prinzip (COGHILL, 1929).

Die Entwicklungsrichtung beim Kleinkind läßt einen *cephalocaudalen* und einen *proximodistalen* Trend erkennen (GESELL, 1954).

Nach dem *cephalocaudalen* Gesetz beginnt die Verfeinerung der Bewegungen in der Kopfregion, schreitet über die Region des Rumpfes fort und ist zuletzt in der Region der Beine festzustellen. So kann ein Baby, wenn es flach hingelegt wird, zuerst seinen Kopf durch ein Anheben des Halses aufrichten, bevor es dies durch ein Anheben des Brustkorbs erreichen kann. Hat das Baby nach einigen Lebensmonaten Kontrolle über die Muskeln seiner Augen, des Kopfes und der Schultern gewonnen, ist der Muskeltonus des Rumpfes immer noch so gering, daß es nicht ohne fremde Hilfe eine sitzende Haltung einnehmen kann. Nach dem *proximodistalen* Gesetz schreitet die Verfeinerung von der Zentralachse des

Körpers zu den Extremitäten fort, sie geht also vom Zentralen zum Peripheren. Dies gilt bereits für die vorgeburtliche Entwicklung: die rudimentären Ansätze der Glieder erscheinen, nachdem Kopf und Rumpf schon relativ gut entwickelt sind. Erst später entwickeln sich die Ansätze der Arme zu Händen und Fingern. Auch in der motorischen Sequenz stehen kontrollierte Fingerbewegungen (Feinmotorik) am Ende der Entwicklung. Zunächst werden gezielte Bewegungen mit dem ganzen Arm, dann mit den Händen und schließlich mit den Fingern ausgeführt.

Auch die sich erst allmählich herausbildenden *Unterscheidungen* von Ich und Nicht-Ich, von Bekanntem und Fremdem im Säuglingsalter oder die zunehmende Geschiedenheit von Wahrnehmen, Fühlen und Handeln (WERNER, 1926/1959) läßt sich mit dem Begriff Differenzierung anschaulich kennzeichnen.

Im Bereich der *Emotionen* und der *Motive* zeigt sich die Differenzierung in der Herausbildung einer Vielzahl von Gefühlen, Motiven und Interessen aus einem ursprünglich undifferenzierten, d.h. ungeschiedenen, diffusen Bedürfniszustand. Die Entstehung sehr spezieller Gefühlsregungen während der ersten beiden Lebensjahre aus einer anfänglich diffusen Erregtheit beim Neugeborenen schildert BRIDGES (1932; siehe dazu unser Untersuchungsbeispiel 2.3).

Untersuchung 2.3   *Zur Differenzierung von Emotionen in der frühen Kindheit*

In einer kombinierten Querschnitt-/Längsschnittuntersuchung an 62 Kindern eines Waisen- und Säuglingskrankenhauses in Montreal beobachtete Katherine BRIDGES (1932) die Genese der Gefühle in den ersten zwei Lebensjahren. Die Kinder waren nach Altersgruppen getrennt in verschiedenen Räumen untergebracht, die unter 1 Monat alten Kinder für sich, die 1 bis 3 Monate alten, die 3 bis 6 Monate alten, die 6 bis 9 Monate alten usw. jeweils zusammen.

Jedes einzelne Kind wurde über einen Zeitraum von rund 3 Monaten täglich beobachtet. Seine Gefühlsreaktionen und die Bedingungen ihres Auftretens wurden genau registriert.

Ergebnisse:

Vom ersten Lebensmonat bis zum Ende des zweiten Lebensjahres wurden die emotionalen Reaktionen der Kinder immer spezifischer, sowohl hinsichtlich der auslösenden Reize als auch der Art der Reaktion. Dieser Prozeß der Gefühls-Differenzierung verlief graduell, und es fiel daher schwer, das genaue Alter der Herausbildung einer neuen Gefühlsreaktion zu bestimmen. Die Sequenz der Genese von Gefühlsreaktionen und die ungefähren Altersangaben für das Auftreten der einzelnen Gefühle gehen aus der Abbildung 2.4 hervor.

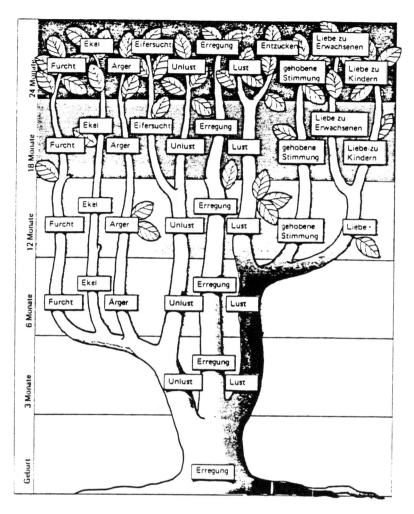

Abbildung 2.4: Die Differenzierung von Gefühlen in den ersten beiden Lebensjahren (nach BRIDGES, 1932; entnommen aus FIM-Materialien, MONTADA, 1984, S. 7)

Es ist anzunehmen, daß die Altersangaben für Kinder, die in Familien aufwachsen, von denen der Stichprobe in der Untersuchung von BRIDGES abweichen. Da es hier primär um den Aufweis eines Differenzierungsvorgangs, also die Entwicklungs*sequenz*, geht, können wir letzteres allerdings vernachlässigen.

BRIDGES, K. M. B. (1932). Emotional development in early infancy. *Child Development*, 3, 324-341.

Differenzierung und Zentralisation

Vertreter eines Differenzierungskonzepts nehmen in der Regel an, daß mit der fortschreitenden Differenzierung quasi als Gegengewicht eine ständig steigende hierarchische *Zentralisierung, Integration* oder *Organisation* der Strukturen und Funktionen des Verhaltens einhergeht, ähnlich der phylogenetisch wie ontogenetisch zunehmenden Zentralisierung und Hierarchisierung des Zentralen Nervensystems und der damit verbundenen wachsenden kortikalen Kontrolle.

Während in den frühen Entwicklungsstadien die wechselseitige Abhängigkeit verschiedener Funktionen darin bestand, daß alles von allem irgendwie abhing (horizontale Abhängigkeit), geraten nun einzelne Funktionen unter die steuernde Kontrolle übergeordneter Mechanismen (vertikale Abhängigkeit). Das Verhalten wird zunehmend koordinierter und zielgerichteter. LEWIN (1954) spricht im gleichen Zusammenhang von einfacher und organisierter Interdependenz.

LEWINS Differenzierungskonzept

Für Kurt LEWIN stellt sich Entwicklung ebenfalls hauptsächlich als ein Differenzierungsprozeß dar (BARKER, DEMBO & LEWIN, 1941; LEWIN, 1935, 1954; vgl. auch GRAUMANN, 1981). Er verbindet dabei den Differenzierungsbegriff mit seinen feldtheoretischen Vorstellungen (s. dazu auch BALDWIN, 1974a). Wichtig ist in diesem Zusammenhang der Begriff des *Lebensraums*. Er ist der graphisch darstellbare und in Felder aufgeteilte Bezugsrahmen, in dem sich die psychische Wirklichkeit des Verhältnisses von Person und Umwelt abbilden läßt. Der Lebensraum umfaßt alle Gegebenheiten, die das Verhalten der Person zu einem bestimmten Zeitpunkt determinieren. Die vergangenen Einwirkungen sind dabei nur soweit repräsentiert, als sie in gegenwärtig wirkende Kräfte eingehen. Differenzierung ist für LEWIN dann die *Zunahme der Anzahl der (kognitiven) Felder* innerhalb einer Person bzw. des Person-Umwelt-Bezugs. Gleichzeitig verfestigen sich die Grenzen zwischen den einzelnen Feldern, und ursprünglich voneinander Abhängiges verselbständigt sich. LEWIN hat vor allem die ständig wachsende Ausdehnung und Gliederung von Raum und Zeit beim Kinde sowie die zunehmende Unterscheidung verschiedener Realitätsebenen ausführlich beschrieben (s. Abbildung 2.5).

WITKINS Differenzierungskonzept

In seiner Differenzierungshypothese der Entwicklung postuliert Herman WITKIN eine intraindividuelle Korrelation des Differenzierungsniveaus verschiedener psychischer Bereiche. Neu an WITKINS Ansatz ist, daß die fortschreitende Differenzierung im Zusammenhang mit Sozialisationseinflüssen betrachtet wird (DYK & WITKIN, 1965; WITKIN, 1969: s. dazu auch FRÖHLICH, 1972). Nicht zu Unrecht wurde WITKIN allerdings vorgeworfen, daß er seine in Untersuchungen von Wahrnehmungsstilen gewonnenen Daten in typologisierender Weise überinterpretiert hat (ZIGLER, 1963).

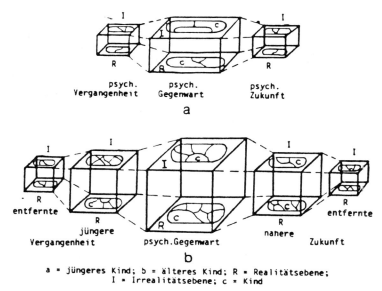

a = jüngeres Kind; b = älteres Kind; R = Realitätsebene;
I = Irrealitätsebene; c = Kind

Abbildung 2.5: Die Differenzierung des Lebensraums in der Kindheit (nach LEWIN, 1954. S. 925)

Differenzierungshypothese der Intelligenz

Ein spezieller Gebrauch des Konzepts *Differenzierung* bezieht sich auf die Tatsache der mit dem Alter abnehmenden Korrelation intellektueller Fähigkeiten bzw. dem damit einhergehenden Anstieg der Anzahl von Intelligenzfaktoren (*Differenzierungshypothese der Intelligenz*). Inwieweit tatsächlich die Anzahl der Intelligenzfaktoren zunimmt oder das beobachtete Phänomen ein methodisches Artefakt darstellt, nämlich – unabhängig vom Lebensalter – mit der Intelligenzhöhe und dem Ausmaß der interindividuellen Streubreite der Intelligenzwerte in einer Stichprobe variiert, ist umstritten. (Zur Auseinandersetzung um die sogenannte Differenzierungshypothese der Intelligenz siehe u. a. BUSS, 1973; MERZ & KALVERAM, 1965; REINERT, 1964, 1970).

Die Bedeutung des Differenzierungsbegriffs für die heutige Entwicklungspsychologie

In der gegenwärtigen Entwicklungspsychologie kommt dem Differenzierungs-/ Integrationskonzept der Entwicklung als theoretischem Konzept keine herausragende Bedeutung mehr zu. Als rein deskriptiver, d. h. von theoretischen Annahmen über zugrundeliegende Prozesse freier Begriff ist Differenzierung jedoch durchaus brauchbar zur anschaulichen Umschreibung eines Wesensmerkmals zahlreicher Entwicklungsvorgänge. Bei seiner Verwendung sollte man sich aber immer darüber im klaren sein, daß Verfeinerungen, Strukturierungen und Spezialisierungen auf die verschiedenste Art und Weise zustandekommen können und sich überdies in den einzelnen Entwicklungsbereichen (z. B. Motorik, Wahrnehmung, Motivation, Sozialverhalten) unterschiedlich darstellen. Gerade auch in der motorischen Entwicklung und auf dem Gebiet der Wahrnehmung, deren Reifungsdominanz oft herausgestellt wird, kann durch Lernen und Übung eine fortschreitende Differenzierung erzielt werden. So etwa beim Spielen eines Musikinstruments, bei sportlichen Tätigkeiten oder bei visuellen oder akustischen Unterscheidungsleistungen. Außerdem sind frühere Auffassungen über relativ geringe Differenzierungsleistungen im Vorschulalter (vgl. WERNER, 1926/ 1959) nach Untersuchungen von LORF (1966), NICKEL (1967, 1969 a, b) u.a. zu revidieren.

4. Lernen

Begriffsklärung

Lernen ist der Sammelbegriff für eine Vielzahl von Prozessen, durch die es zu Verhaltensänderungen kommt. Verhaltensänderung wird hier in einem weiten Sinne verstanden und schließt den Erwerb von Wissen, Gedächtnisinhalten, Einstellungen, Motiven etc. ein. Da die Quelle von Veränderungen beim Lernen in der Umwelt liegt (exogene Steuerung der Entwicklung), ist Lernen der klassische Gegenbegriff zu *Reifung* (endogene Steuerung der Entwicklung; vgl. Abschnitt 2.).

Im allgemeinen Sprachgebrauch versteht man unter Lernen das Erreichen eines Leistungsfortschritts aufgrund gezielter Anstrengung und Übung, z.B. das Lernen von Vokabeln, Radfahren- oder Lesenlernen. Der psychologische Lernbegriff ist weiter gefaßt. Unter ihn fallen alle mehr oder weniger *überdauernden Verhaltensänderungen aufgrund von Erfahrung, Übung oder Beobachtung.* Dabei spielt es keine Rolle, ob diese Veränderungen mit einem Leistungszuwachs verbunden sind oder nicht und ob sie absichtlich herbeigeführt wurden oder beiläufig zustandegekommen sind. Danach fällt nicht nur der Zuwachs an Fertigkeiten und Kenntnissen unter den Lernbegriff, sondern auch die Veränderung von Gewohnheiten, Motiven, Einstellungen usw. Lernen kann dabei sowohl zur *Aneignung neuen Verhaltens* führen, als auch zur *Veränderung von im Verhaltensrepertoire bereits Vorhandenem*.

Von Lernen sprechen wir hingegen grundsätzlich nicht, wenn ein neues Verhalten oder eine Verhaltensänderung a) auf eine *Funktionsreifung* unabhängig von Erfahrung und Übung, b) auf *vorübergehende physiologische Zustände* wie Ermüdung, sensorische Adaptation, Medikamenteneinfluß oder c) auf *angeborene Reaktionstendenzen* wie Reflexe oder instinktive Verhaltensweisen zurückgeht.

In der Umgangssprache werden die Begriffe *Lernen* und *Reifung* manchmal mit umgekehrter Bedeutung verwendet. So werden vornehmlich reifungsabhängige Entwicklungsprozesse als gelernt bezeichnet (z.B. Laufenlernen), während erlernte Fähigkeiten als reifungsbedingt betrachtet werden (z.B. Schulreife).

Verhaltensaneignung und Verhaltensäußerung

Wichtig ist, zwischen dem *eigentlichen Lernprozess*, d. h. den Bedingungen und Prinzipien der *Aneignung* der neuen Erfahrung, und dem *Resultat* des Lernprozesses, d. h. der *Äußerung* des neuen Verhaltens (allgemein: dem neuen Zustand des Organismus), zu unterscheiden. Der einer Veränderung zugrundeliegende Lernprozeß läßt sich nicht direkt beobachten, da er intern abläuft.

Das Ergebnis eines Lernprozesses ist nur dann zu beobachten, wenn es sich auch tatsächlich im Verhalten äußert. Das muß nicht immer der Fall sein (*latentes Lernen*). Es ist sogar davon auszugehen, daß Lernprozesse sich in den seltensten Fällen in direkten Verhaltensänderungen äußern: Einstellungsänderungen, der Erwerb kognitiver Fähigkeiten und selbst so einfache Dinge wie Vokabellernen werden meistens erst nach einer Latenzzeit in konkretem Verhalten sichtbar. Selbst dann ist es schwierig, aus diesem konkreten Verhalten auf den eigentlichen Lernvorgang zurückzuschließen, zumal das Erworbene meistens nicht als Ganzes, sondern nur in Ausschnitten präsentiert wird.

Der zugrundeliegende Lernprozess muß also aus Verhaltensäußerungen nach dem Wirken bestimmter Einflußgrößen, bei gleichzeitiger Ausschaltung anderer möglicher Faktoren (Reifung, Ermüdung, Drogeneinfluß u.ä.), erschlossen werden. Vom Auftreten einer Verhaltensänderung unter kontrollierten Bedingungen läßt sich dann auf vorangegangenes Lernen schließen.

Umgekehrt kann jedoch vom Fehlen einer Verhaltensänderung nicht unbedingt fehlendes Lernen angenommen werden. So zum Beispiel beim *latenten Lernen*, wo sich ohne Antrieb oder Anreiz stattfindende Lernprozesse erst nach Einführung von Antrieb oder Anreiz in der Lernleistung ausweisen (HILGARD & BOWER, 1971, S. 758).

Lernpsychologische Untersuchungen haben es demnach mit drei Variablengruppen zu tun (nach einer schematischen Darstellung von KIMBLE, 1961, S. 3):

Unabhängige Variablen	Intervenierende Variablen	Abhängige Variablen
Einflußgrößen: Darbietung von Reizen oder Reizkombinationen	Lernprozeß: Hypothetisch angenommene Prozesse zur Erklärung und Vorhersage der gesetzmäßigen Beziehungen zwischen Einflußgrößen und Verhaltensänderung	Resultat des Lernprozesses: Auftreten neuen Verhaltens Änderung der Rate, Intensität, Dauer, Latenz oder Topographie eines Verhaltens (jeweils unter gegebenen Stimulusbedingungen)
Aktivität eines Organismus (Übung, Beobachtung)		
= Experimentelle Bedingung	= Aneignung (Acquisition)	= Äußerung oder Leistung (Performance)

Verschiedene Arten des Lernens

Da die hypothetisch angenommenen Lernprozesse nicht direkt beobachtet werden können, sind verschiedene Möglichkeiten ihrer Formulierung gegeben. So existieren unterschiedliche Auffassungen über die wesentlichen Gesetzmäßigkeiten des Lernens, aus denen man unterschiedliche Arten des Lernens ableiten kann: die *Lerntheorien* (BOWER & HILGARD, 1981/1983; FOPPA, 1965) . Ihr Ziel ist die optimale Erklärung der empirisch aufgefundenen Beziehungen zwischen unabhängigen und abhängigen Variablen bzw. die Vorhersage von Verhaltensänderungen aufgrund der Kenntnis der gegebenen Einflußgrößen.

Die verschiedenen Arten des Lernens variieren bezüglich einer Reihe von Merkmalen. So schreiben sie dem lernenden Individuum im Lernprozeß eine unterschiedliche Rolle zu. Während die früheren Lerntheorien dem Individuum eine eher passive Rolle zuweisen, gehen die neueren Theorien des Lernens von einem aktiven Individuum aus, das selbständig die für sich optimalen Lernumwelten aufsucht (WOHLWILL, 1980). Weitere Unterscheidungsmerkmale sind: a) die ausschließliche Beachtung offenen (*overt*) Verhaltens oder die Einbeziehung interner (*covert*) Prozesse, b) das Ausmaß der Berücksichtigung von Merkmalen des Lernenden, die in den Lernprozeß eingehen, c) ob Verstärker vornehmlich durch ihre zeitliche Kontiguität, ihren Anreizwert oder ihren Informationsgehalt wirksam sind, d) der Grad der Komplexität und Intensität des Lernprozesses (s. auch THOMAS, 1990b).

Darüber hinaus ist zu beachten, daß bestimmte Lernarten auch mit bestimmten Lerninhalten verknüpft sind: das, *was gelernt wird*, bestimmt das, *wie gelernt wird*.

So kommen beim Jonglierenlernen sicherlich andere Lernarten zum Zuge als beim Lösen einer komplexen Schachaufgabe. Einige grundlegende Lernprinzipien können jedoch auch bei beiden Prozessen die gleichen sein. Begrifflich werden diese Aspekte des *Wie* und des *Was* häufig vermischt (z. B. beim sogenannten Paarassoziationslernen).

Will man die unterschiedlichen Lerntheorien grob klassifizieren, so bietet sich die folgende Zweiteilung an (s. auch STEVENSON, 1983; THOMAS, 1990b):

1. Die klassischen S-R-Theorien, die als grundlegenden Erwerbsmechanismus die Konditionierung im Sinne eines *verknüpfenden S-R-Lernens* annehmen (s. dazu ausführlich Kap. 9). Sie entstammen der behavioristischen Tradition. Die hierzu zählenden Lernarten sind das Klassische Konditionieren, das Operante Konditionieren sowie das Verbale Assoziationslernen und die sprachliche und motorische Kettenbildung (nach GAGNÉ, 1965/1969).

2. Die neueren Lerntheorien, die auch *kognitives (strukturierendes) Lernen* einschließen. Sie umfassen nach GAGNÉ (1965/1969) Prozesse wie das Lernen von Begriffen, Regellernen und Problemlösen.

Eine Zwischenstellung nehmen Theorien des *Mediationslernens* (BERLYNE, 1970; KENDLER, 1963; OSGOOD, 1957) und des *Beobachtungslernens* (BANDURA, 1977/1979, 1986) ein. Obwohl sie interne, kognitive Prozesse berücksichtigen, stehen beide jedoch in der Tradition eines verknüpfenden S-R-Lernens.

In diesem Abschnitt (2.4) beschränke ich mich auf die Darstellung der Gesetzmäßigkeiten des verknüpfenden S-R-Lernens. Im einzelnen werden vier Arten des Lernens unterschieden: 1. *Klassisches Konditionieren* (auch Lernen durch Kontiguität, Signallernen), 2. *Operantes Konditionieren* (auch Instrumentelles Lernen), 3. *Beobachtungslernen* (auch Imitationslernen, Lernen am Modell), 4. *Mediationslernen.* Sie werden im folgenden in ihren Grundzügen und speziell in ihrer Bedeutung für Entwicklungsprozesse beschrieben.

Der Verzicht auf die Darstellung kognitiven Lernens läßt sich auch dadurch begründen, daß die kognitive Entwicklungspsychologie mehr beschreibt, wie kognitive Strukturen in den einzelnen Entwicklungsabschnitten aussehen, als daß etwas darüber ausgesagt würde, wie sie erworben oder verändert werden (STEVENSON, 1983, S. 214). Letzteres macht nach unserer Definition aber wesentlich Lernen aus. Kognitive Ansätze, die die Mechanismen des Erwerbs und der Veränderung kognitiver Strukturen analysieren, finden sich am ehesten innerhalb von Informationsverarbeitungsansätzen (SIEGLER, 1983; STERNBERG, 1984; s. dazu Kap. 10.3).

4.1 Klassisches Konditionieren

Von „Klassischem" Konditionieren wird gesprochen, weil es sich historisch gesehen um die erste Form experimentell untersuchten Konditionierens handelt. Die Prinzipien des Klassischen Konditionierens wurden um die Jahrhundertwende von dem bedeutenden russischen Physiologen Iwan PAWLOW (1849-1936) bei der Untersuchung der Verdauungsphysiologie entdeckt. PAWLOW stellte 1897 fest, daß der Speichelfluß im Mund von Hunden bereits beim Anblick des Futters, also vor der Nahrungsaufnahme, einsetzte. Diese an sich nicht neue oder umwälzende Beobachtung veranlaßte ihn zur experimentellen Überprüfung a) der Bedingungen, unter denen auch andere Reize (z. B. Glockenton, Ticken eines Metronoms, Lichtreize usw.) den gleichen Effekt (Speichelsekretion) hervorrufen können und b) inwieweit dabei auf eine tatsächlich folgende Nahrungsgabe verzichtet werden kann. Dabei gelang ihm der Nachweis, daß früher nicht miteinander assoziierte Reize und Reaktionen unter bestimmten Bedingungen miteinander verknüpft werden können (PAWLOW, 1972). Die Kenntnis der PAWLOWschen Versuche zur Konditionierung der Speichelsekretion bei Hunden gehört heute zur Allgemeinbildung. Wir können uns deshalb gleich den daraus abgeleiteten Lernprinzipien zuwenden. Eine Veranschaulichung soll dann später an Beispielen aus der Humanentwicklung erfolgen.

Eine erste Anwendung der PAWLOWschen Experimente auf bedingte Reflexe bei Kindern erfolgte durch KRASNOGORSKI (1907, 1926).

Das Grundprinzip

Das Grundprinzip des Klassischen Konditionierens ist die *Reiz-* oder *Stimulussubstitution* aufgrund von *Kontiguität,* d.h. raum-zeitlicher Nähe. Beim PAWlowschen Hund wird die natürlicherweise durch Nahrung (*unkonditionierter Stimulus*) hervorgerufene Speichelsekretion (*unkonditionierte Reaktion*) nach wiederholter Darbietung eines ursprünglich *neutralen Stimulus* (z. B. einen Glockenton) kurz vor der Nahrungsgabe später auch durch die alleinige Darbietung eines (nun) *konditionierten Stimulus* ausgelöst (*konditionierte Reaktion*). Der konditionierte Stimulus kann an die Stelle des unkonditionierten Stimulus treten.

Statt von Klassischem Konditionieren spricht man zuweilen auch von einem Lernen durch *Kontiguität* oder von *Signallernen*. Ersteres bringt zum Ausdruck, daß dem Lernvorgang das Prinzip der Verknüpfung räumlich und zeitlich benachbarter Ereignisse zugrunde liegt. Letzteres hebt darauf ab, daß der konditionierte Stimulus Signalbedeutung für das Auftreten des unkonditionierten Stimulus gewonnen hat.

Wir haben demnach fünf Elemente zu unterscheiden: (1) den unkonditionierten Stimulus (*UCS*, für unconditioned stimulus), der (2) eine unkonditionierte Reaktion (*UCR*, für unconditioned response) auslöst; (3) einen neutralen Stimulus (*NS*, für neutral stimulus), der durch wiederholte Koppelung mit dem UCS (4) zum konditionierten Stimulus (*CS*, für conditioned stimulus) wird, der nun ohne weitere Darbietung des UCS (5) eine konditionierte Reaktion (*CR*, für conditioned response) auslöst.

In der zeitlichen Abfolge bzw. von der Versuchsanordnung läßt sich die gesamte Konditionierungsprozedur in drei Schritte unterteilen (dargestellt am Beispiel der Angstkonditionierung bei einem Kind):

(1) Auswahl einer ungelernten Reaktion

UCS – – – – – – UCR
Schmerzreize durch   Ängstliche Erregung,
ärztliche Behandlung   Schreien des Kindes

(2) Wiederholte Darbietung eines neutralen Stimulus kurz vor dem Auftreten des unkonditionierten Stimulus

NS – – – – – – UCS – – – – – – UCR
Person, Kittel,   Schmerzreize durch   Ängstliche Erre-
Spritze, Warte-   ärztliche Behand-   gung, Schreien des
zimmer etc. des   lung   Kindes
Arztes

(3) Alleinige Darbietung des ursprünglich neutralen Stimulus, der aufgrund von (2) inzwischen zum konditionierten Stimulus geworden ist

CS – – – – – – CR
Person, Kittel,   Ängstliche Erregung,
Spritze, Wartezimmer   Schreien des Kindes
etc. des Arztes

Oft reicht in unserer Beispielsituation (Erfahrung von Schmerz beim Arzt) die einmalige Paarung von Arztstimuli und Schmerzerfahrung für die Konditionierung einer Angstreaktion bereits aus. Dies ist dann wahrscheinlich, wenn der unkonditionierte Stimulus (hier: die Schmerzerfahrung) sehr stark ist und das Erregungsniveau in der Situation sehr hoch ist (STEINER, 1988, S. 19).

Weitere Prinzipien

Sind CS und CR einmal stabil miteinander verknüpft, so ist es möglich, durch Koppelung eines weiteren neutralen Stimulus mit dem konditionierten Stimulus die konditionierte Reaktion nun auch auf den neuen Stimulus zu konditionieren. Dieser wird damit zu einem konditionierten Stimulus zweiter Ordnung usw. (*Konditionierung höherer Ordnung*). Beispiel: Geht dem Arztbesuch des Kindes regelmäßig eine Busfahrt über eine bestimmte Strecke voraus, so löst diese Fahrtstrecke nach einiger Zeit ebenfalls Angst und Schreien des Kindes aus. Tritt allerdings ein konditionierter Stimulus sehr oft hintereinander ohne den unkonditionierten Stimulus auf, verliert er allmählich wieder seine Auslösefunktion für die konditionierte Reaktion. Die gelernte Verbindung von CS und CR verschwindet. Wir sprechen hier von *Löschung* oder *Extinktion* (s. auch S. 102f.).

Im Rahmen des Paradigmas des Klassischen Konditionierens lassen sich außerdem *Stimulus-Generalisierung* und *Stimulus-Diskriminierung* beobachten.

Von *Stimulus-Generalisierung* spricht man, wenn eine Reaktion, die auf einen bestimmten Stimulus konditioniert worden ist, auch bei der Darbietung ähnlicher Stimuli gezeigt wird. Beispiel: eine konditionierte Reaktion wird nicht nur beim Anblick des während der Konditionierung vom Arzt getragenen Kittels gezeigt, sondern auch auf den weißen Kittel des Bäckers. Der Vorgang der *Stimulus-Diskriminierung* verläuft konträr zur Stimulus-Generalisierung. Die konditionierte Reaktion wird nur auf einen ganz bestimmten Stimulus, nicht aber auf andere, u. U. auch ähnliche Stimuli geäußert. Die Diskriminierung wird erzielt durch Verknüpfung des einen Stimulus und Nichtverknüpfung der anderer Stimuli mit einem unkonditionierten Stimulus. Beispiel: der Arztkittel ist mit Schmerzerfahrung verknüpft, der Bäckerkittel hingegen mit dem Erhalten von Süßigkeiten.

Anwendung auf die Kindesentwicklung

Die zuvor beschriebenen Gesetzmäßigkeiten der Verknüpfung von vorhandenen Reaktionen mit neuen Reizen im Sinne des Klassischen Konditionierens versuchte John WATSON (1913, 1925/1968, 1928) auf dem Hintergrund seines behavioristischen Ansatzes auf den Verhaltenserwerb beim Menschen zu übertragen. Man mußte nach WATSON nur von den wenigen ungelernten Reiz-Reaktions-Verbindungen (Reflexen, angeborenen Emotionen) ausgehen und nachweisen, daß in enger zeitlicher Nähe auftretende Stimuli die Funktion der unkonditionierten Stimuli übernehmen können. Mit den Prinzipien der Konditionierung höherer Ordnung, der Stimulus-Generalisierung und -Diskriminierung usw. sollten dann auch komplexere Reiz-Reaktions-Verknüpfungen erklärbar sein.

Bis heute sind allerdings nur wenige Untersuchungen zur Wirksamkeit der Klassischen Konditionierung in der Humanentwicklung durchgeführt worden, und zwar fast ausschließlich an Säuglingen und Kleinstkindern (vgl. FITZGERALD & BRACKBILL, 1976; STEVENSON, 1972a). In diesen Untersuchungen geht es außerdem meist weniger darum, langfristige Entwicklungsprozesse in Abhängigkeit von Vorgängen des Klassischen Konditionierens darzustellen als die Konditionierbarkeit des Verhaltens bereits im frühesten Kindesalter zu demonstrieren (MARQUIS, 1941; SAMEROFF, 1971). Neben der Frage, *ab welchem Alter* sich konditionierte Reaktionen ausbilden lassen, beschäftigen sich die Konditionierungsstudien häufig mit zwei weiteren Problemen: *Welche Arten von Stimuli* eignen sich zur Konditionierung im Hinblick auf *welche Reaktionen? Welche nervösen Prozesse* liegen den entsprechenden Lernprozessen zugrunde?

Umfangreiche Untersuchungen zu diesen Fragen führte Hanus PAPOUSEK in den 60er Jahren am *Institut zur Pflege von Mutter und Kind* in Prag durch (PAPOUSEK, 1965, 1967a, 1967b). Eine seiner Untersuchungen soll uns zur Veranschaulichung der Anwendung des Klassischen Konditionierens im Humanbereich dienen (s. Untersuchung 2.4).

Untersuchung 2.4 *Zum Klassischen Konditionieren im Säuglingsalter*

Hanus PAPOUSEKs mehrteilige Untersuchung erstreckte sich auf Kinder im Alter von 1 Tag bis 6 Monaten. Mit diesen Kindern führte er nacheinander 6 Versuche durch: (1) Konditionierung, (2) Extinktion, (3) Rekonditionierung, (4) Diskrimination, (5) und (6) Umlernversuche. Die folgende Darstellung beschränkt sich auf die ersten drei Versuchsteile.

An den Versuchen nahmen drei Gruppen von Kindern teil. Sie unterschieden sich im Alter zu Beginn der einzelnen Versuchsteile. Zu Beginn des ersten Konditionierungsversuchs war Gruppe A im Schnitt 3 Tage alt, Gruppe B hatte ein Durchschnittsalter von 86 Tagen, Gruppe C ein Durchschnittsalter von 142 Tagen. Innerhalb der Gruppen streute das Alter nur um 1 bis 2 Tage.

Der erste Versuchsteil diente der Ausbildung einer konditionierten Reaktion (Kopfdrehung) auf einen akustischen Reiz (elektrische Klingel). Als unkonditionierten Stimulus verwendete PAPOUSEK Milch, die in einer Saugflasche gegeben wurde. Als unkonditionierte Reaktion war die Kopfdrehung in Richtung der Milchflasche definiert (entweder rechts oder links vom Kopf des Kindes dargeboten).

Gemessen wurde: die Schnelligkeit der Ausbildung einer konditionierten Reaktion (Kopfdrehung) auf den Klingelton. Als Maß galt die Zahl der notwendigen Reizdarbierungen bis zum Erreichen eines Kriteriums (5 konditionierte Reaktionen nacheinander).

Außer der interessierenden spezifischen Reaktion, Kopfdrehen, wurden noch weitere Merkmale des Verhaltens des Kindes erfaßt: Veränderungen der allgemeinen motorischen Aktivität, Vokalisierungen, der Gesichtsausdruck, Augenbewegungen und Atmung.

Zur Aufzeichnung der Reizgabe und der Reaktionen des Kindes wurde ein Mehrkanalschreiber benutzt. Ein Beobachter protokollierte zusätzlich Gesichtsausdruck, Augenbewegungen und die Intensität der motorischen Aktivität. Während des Versuchs lagen die Säuglinge in einer Stabilimeterkrippe, die Bewegungen der Arme verhindern sollte.

Versuchsablauf:

Um zu prüfen, daß der zu konditionierende Reiz (Klingelton) vor der Konditionierung keine Kopfdrehung hervorruft, wurde der Klingelton zunächst in der Mitte hinter dem Kopf des Kindes fünfmal allein dargeboten. Bei der eigentlichen Konditionierung wurde dann der Klingelton dargeboten, während eine Vl auf der linken Seite des Kopfes eine Milchflasche hinhielt. Bei Kopfdrehung nach links wurde dem Kind sofort die Flasche gegeben. Der Klingelton dauerte solange an, bis das Kind an der Flasche zu saugen begann. Drehte der Säugling auch nach 10 sec Klingelton nicht den Kopf nach links, versuchte die Vl den Kopf durch taktile Stimulation (Berühren des linken Mundwinkels) zu einer Drehbewegung zu bringen. Klappte auch dies nicht, wurde der Kopf mit sanfter Gewalt nach links gedreht. Nach der Milchgabe wurde der Kopf dann wieder zur Mitte gedreht und der Sauger aus dem Mund gezogen. Pro Fütterungsperiode von 10 bis 15 Minuten wurden 10 trials dieser Art durchgeführt.

Die Ergebnisse dieses Versuchs gehen aus der folgenden Tabelle hervor:

Tabelle 2.2: Mittelwerte ($\bar{X}$) und Standardabweichungen (s) a) der Anzahl notwendiger Reizdarbietungen bis zum Konditionierungskriterium und b) der Reaktionslatenzen

Gruppe	n	Alter in Tagen ($\bar{X}$)	Reizdarbietungen bis zum Kriterium		Latenzzeit in Sekunden	
			($\bar{X}$)	(s)	($\bar{X}$)	(s)
A	14	3.4	177.1	93.4	4.95	0.74
B	14	86.6	42.3	18.4	3.92	1.08
C	16	142.5	27.8	13.7	3.55	1.29

Aus Tabelle 2.2 geht hervor:

1. Die Konditionierbarkeit nahm von Gruppe A zu Gruppe B rapide zu.
2. Auffällig war die große interindividuelle Streubreite in Gruppe A.
3. Die Latenzzeiten zeigten kaum Unterschiede zwischen den drei Gruppen.

In zwei weiteren Versuchsteilen, wieder mit den drei unterschiedlich alten Gruppen von Kindern, führte PAPOUSEK einen *Extinktions-* und einen *Rekonditionierungsversuch* durch.

Unter der *Extinktionsbedingung* lief der Versuch ab wie das Konditionierungsexperiment, mit dem Unterschied, daß pro Untersuchungsperiode (10 trials) der Klingelton (CS) ohne Milchgabe (US) dargeboten wurde. Die Ergebnisse des Extinktionsversuchs zeigt Tabelle 2.3.

Tabelle 2.3: Mittelwerte ($\bar{X}$) und Standardabweichungen (s) a) der Anzahl notwendiger Reizdarbietungen bis zur Löschung und b) der Reaktionslatenzen

Gruppe	n	Alter in Tagen ($\bar{X}$)	Reizdarbietungen bis zum Kriterium		Latenzzeit in Sekunden	
			($\bar{X}$)	(s)	($\bar{X}$)	(s)
A	12	31.8	26.8	12.9	5.5	1.0
B	14	94.1	25.1	10.4	3.7	0.9
C	16	149.1	27.3	15.3	3.2	1.0

Aus Tabelle 2.3 geht hervor, daß bezüglich der Extinktionsrate keine Unterschiede zwischen den Altersgruppen bestanden.

Der *Rekonditionierungsversuch*, der wie die erste Konditionierung ablief, erbrachte die folgenden Ergebnisse:

Tabelle 2.4: Mittelwerte ($\bar{X}$) und Standardabweichungen (s) a) der Anzahl notwendiger Reizdarbietungen bis zur Rekonditionierung und b) der Reaktionslatenzen

Gruppe	n	Alter in Tagen ($\bar{X}$)	Reizdarbietungen bis zum Kriterium		Latenzzeit in Sekunden	
			($\bar{X}$)	(s)	($\bar{X}$)	(s)
A	12	37.2	42.8	29.9	4.9	0.9
B	14	100.3	31.6	19.8	2.7	0.6
C	16	153.9	22.4	11.9	3.3	0.8

Aus Tabelle 2.4 läßt sich ablesen: Nur Gruppe A lernte auffällig schneller als vorher (43 trials versus 177 trials im ersten Konditionierungsversuch). Auch die Streuung war nun erheblich geringer als in der ersten Konditionierungsphase (29.9 versus 93.4), in der die Säuglinge der Gruppe A allerdings auch etwa 1 Monat jünger waren.

Die Untersuchungsreihe von PAPOUSEK zum Klassischen Konditionieren zeigt zweierlei:
1. Bereits in den ersten Lebenstagen und Wochen bewirkt die Kontiguität eines UCS mit neutralen Stimuli die Ausbildung einer konditionierten Reaktion. Es finden also Lernprozesse nach dem Muster des Signallernens bzw. der Reizsubstitution statt.
2. Sowohl die Geschwindigkeit wie die Art des Konditionierungslernens ändern sich während der ersten Lebensmonate in auffälliger Weise. Dafür scheinen im wesentlichen Reifungsprozesse verantwortlich zu sein.

Die Befunde machen deutlich, daß die Betrachtung der Entwicklung als Ergebnis von Lernprozessen zu ergänzen ist durch die Betrachtung der Veränderungen des Lernens im Laufe der Entwicklung.

Das Unterschungsparadigma der Experimente von PAPOUSEK entspricht nicht in allen Elementen der üblichen Versuchsanordnung zum Klassischen Konditionieren (vgl. oben S. 88). Es ließe sich u. U. auch in Termini des Operanten Konditionierens formulieren. Danach wäre der Klingelton ein verstärkungsanzeigender Stimulus und die Milchflasche die positive Verstärkung für die Kopfdrehung nach der richtigen Seite. (Zum Operanten Konditionieren s. Abschnitt 4.2).

PAPOUSEK, H. (1967b). Experimental studies of appetitional behavior in human newborns and infants. In: H. W. STEVENSON, E. HESS, & H. L. RHEINGOLD (Eds.) *Early behavior.* (pp. 249-2 77). New York: Wiley.

Die Bedeutung des Klassischen Konditionierens für die Entwicklung

WATSONS Versuch, *jegliches* Lernen auf Prinzipien des Klassischen Konitionierens zurückzuführen, darf als gescheitert angesehen werden. Die Verknüpfung unwillkürlicher, reflexartiger Reaktionen mit neuen Stimuli, Stimulus-Generalisierung und -Diskriminierung stellen nur *eine* einfache Form des Lernens dar. Prinzipien des Klassischen Konditionierens sind jedoch an zahlreichen Vorgängen der Verhaltensentwicklung *beteiligt*.

Eine wichtige Rolle spielt die Klassische Konditionierung im Bereich der situationsabhängigen Entstehung und Modifikation von Gefühlen, gefühlsmäßigen Einstellungen und Motiven (s. Kap. 9.2.1). Insbesondere Angstentstehung und Angstabbau sind unter diesem Aspekt ausführlich untersucht worden (MARKS, 1987; RACHMAN, 1970). Auf der physiologischen Ebene unterliegen die durch das Autonome Nervensystem (ANS) vermittelten unwillkürlichen Reaktionen der Klassischen Konditionierung. Durch die Biofeedback-Forschung konnte allerdings gezeigt werden, daß das ANS einer operanten Kontrolle unterworfen werden kann (N. E. MILLER, 1969; SHAPIRO, 1972).

Unter Entwicklungsaspekt bedeutsam sind die, vermutlich aufgrund sensorischer und neuraler Reifungsprozesse, im Laufe der Entwicklung eintretenden Veränderungen der Eignung und Wirksamkeit verschiedener Stimuli zur Konditionierung (BRACKBILL & KOLTSOVA, 1968; GARCIA, McGOWAN & GREEN, 1972).

Während des Säuglingsalters erwiesen sich nacheinander akustische Reize, Berührung, Geruch, Geschmack und schließlich visuelle Reize am wirksamsten. Auch besteht eine Altersabhängigkeit hinsichtlich der generellen Konditionierbarkeit. Sie steigt bis zum sechsten Lebensjahr an, von da an fällt sie dann bis ins hohe Alter wieder ab (STEVENSON, 1972a; WHITE, 1965). Ebenfalls entwicklungsabhängig, d. h. einem Wandel unterworfen, sind Art und Ausmaß von Generalisierungs- und Diskriminierungsprozessen (STEVENSON, 1970). Um die Bedeutung des Klassischen Konditionierens im Rahmen von Entwicklungsvorgängen besser einschätzen zu können, muß neben die Analyse des Einflusses der Konditionierung auf Verhaltensänderungen eine Betrachtung des Wandels von Konditionierungsgesetzen im Laufe der Entwicklung treten.

4.2 Operantes Konditionieren

Etwa um die Zeit der PAWLOWschen Konditionierungsexperimente begann der amerikanische Lerntheoretiker Edward THORNDIKE mit seinen Experimenten zum *Lernen durch Versuch und Irrtum* (THORNDIKE, 1898) oder, wie er es später nannte, *Lernen durch Auswahl und Verbindung* (THORNDIKE, 1932). Er experimentierte hauptsächlich mit Katzen. Im typischen Versuch mußte eine hungrige Katze erst herausfinden, wie sich ein Käfig öffnen läßt, ehe sie vor dem Käfig liegendes Futter erreichte. Der Zeitaufwand, den das Tier dafür benötigte, wurde bei wiederholten Versuchen allmählich immer geringer. Für THORNDIKE bedeutete dies, daß Verhalten durch die Erfahrung von Erfolg und Mißerfolg gesteuert wird. Erfolgreiche Verhaltensweisen werden beibehalten, nichterfolgreiche aufgegeben. Er drückte dies aus im sogenannten *Gesetz der Auswirkung* oder *Effekt-Gesetz*: „Wenn eine modifizierbare Verknüpfung entsteht und dies von einem lustbetonten Zustand begleitet oder gefolgt wird, dann erhöht sich die Stärke der Verknüpfung. Wenn das Zustandekommen der Verknüpfung dagegen zu einem unlustbetonten Zustand führt, so ergibt sich eine Schwächung." (zit. nach HILGARD & BOWER, 1970, S. 35). Verhaltensänderungen, d. h. die Stärkung oder Schwächung von Reiz-Reaktions-Verknüpfungen, werden somit wesentlich als Resultat der *Verhaltenskonsequenzen* angesehen. Damit ist die SKINNERsche Theorie des Operanten Konditionierens (SKINNER, 1938, 1953, 1961 u. a.) bereits in ihrem Ansatz formuliert.

Anstatt vom Operanten Konditionieren ist manchmal auch vom Instrumentellen Konditionierens oder Instrumentellen Lernen die Rede (BERGIUS, 1971; KIMBLE, 1961). Die Adjektive *Operant* und *Instrumentell* werden von mir synonym gebraucht. *Instrumentell* betont stärker die Art der Abhängigkeit des Verhaltens von nachfolgenden Ereignissen, *Operant* die Art der konditionierten Verhaltensklasse (s. dazu weiter unten). Ich verwende in der Folge den heute geläufigeren SKINNERschen Terminus *Operantes Konditionieren* (vgl. BOWER & HILGARD, 1981/1983; GEWIRTZ, 1969; STEINER, 1988).

Respondentes und Operantes Verhalten

Zum Verständnis der Prinzipien des Operanten Konditionierens ist zunächst die von SKINNER (1938) eingeführte Unterteilung des Verhaltens in *respondentes* und *operantes* Verhalten wichtig. Ersteres wird durch vorausgehende Stimuli reflexartig *ausgelöst (elicited)*; etwa so wie es beim Klassischen Konditionieren beschrieben wurde. Letzteres wird vom Organismus „spontan" *geäußert (emitted)* bzw. läßt keine unmittelbaren Auslösereize erkennen. Operantes Verhalten ruft in der Umwelt bestimmte Konsequenzen hervor (deshalb auch: *Wirkverhalten*) und wird umgekehrt durch seine Folgen gesteuert. Das Eintreten von verhaltensbezogenen Konsequenzen setzt logischerweise das vorherige Auftreten des entsprechenden Verhaltens voraus. Insofern ist operantes Verhalten *instrumentell* für das Eintreten der jeweiligen Verhaltensfolgen. Während der entscheidende Stimuluseinfluß im Fall des respondenten Verhaltens zeitlich *vor* dem Verhalten liegt, liegt er beim operanten Verhalten zeitlich *nach* dem Auftreten des Verhaltens.

Das Grundprinzip

Das grundlegende Prinzip der Verhaltenssteuerung beim Operanten Konditionieren ist die *Verstärkung* oder *Bekräftigung* (engl. *reinforcement*). Deshalb spricht man auch von *Verstärkungs-* oder *Bekräftigungslernen*. Durch die planmäßige Gestaltung der Folgen eines beliebig zu wählenden Verhaltens wird die Auftretenswahrscheinlichkeit (oder auch die Latenz, Intensität oder Dauer) des betreffenden Verhaltens verändert. Je nach der Art der Verhaltensfolgen erhöht oder verringert sich die Auftretenswahrscheinlichkeit, Intensität etc. *Verstärker* heißen dabei alle Ereignisse (Stimuli), die auf ein bestimmtes Verhalten gesetzmäßig (*kontingent*) folgen und die Auftretenswahrscheinlichkeit dieses Verhaltens *erhöhen*. Die verstärkende Qualität eines Ereignisses ist dabei nicht a priori festzustellen, sondern empirisch (a posteriori) definiert durch die Auswirkung auf das Verhalten.

Die experimentelle Basis der Operanten Lernprinzipien beruht zu einem großen Teil auf Tierversuchen in der sogenannten SKINNER-Box, vornehmlich mit Tauben oder Ratten. Eine SKINNER-Box ist mit einem für das Tier erreichbaren Hebel, einer Futterschale und einer Lichtquelle ausgestattet (s. Abbildung 2.6).

Wird z. B. eine Taube in eine solche Box gesetzt, so zeigt sie verschiedene Verhaltensweisen. Sie läuft hin und her, sie hebt den Kopf, sie pickt usw. Irgendwann wird sie auch den Hebel betätigen, d. h. ihn durch Picken herunterdrücken. Daraufhin fällt ein Körnchen Nahrung in die Futterschale. Beim nächsten Hebeldruck passiert das Gleiche und so fort. Es zeigt sich nun, daß die Verhaltensweise *Hebeldrücken* allmählich immer häufiger auftritt. Genau so gut hätte aber auch irgendeine andere spontan auftretende Verhaltensweise, z. B. das Stehen auf einem Bein, mit Futter bekräftigt werden können. Es wäre dann ebenso in der Folgezeit häufiger aufgetreten. Das wesentliche Prinzip ist jeweils, daß eine Verstärkung durch Futtergabe nur dann erfolgt, wenn eine zuvor definierte Reaktion (hier: Hebeldrücken) ausgeführt worden ist.

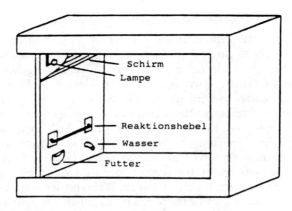

Abbildung 2.6: Schematische Darstellung einer SKINNER-Box (nach FOPPA, 1966, S. 54)

Beim Klassischen Konditionieren ist die Darbietung des verstärkenden UCS hingegen nicht an die Reaktion (z. B. Speichelsekretion) gebunden, sondern an einen (vom Versuchsleiter kontrollierten) vorausgehenden Stimulus (z. B. Glockenton).

Der gerade veranschaulichte Prozeß des Operanten Konditionierens beinhaltet drei Elemente: (1) eine beliebig zu wählende (operante) Reaktionsklasse R, (2) eine verstärkende Verhaltenskonsequenz C (für engl. *consequence*) und (3) eine Kontingenz K, d. h. eine Festlegung der Häufigkeit und zeitlichen Abfolge der Konsequenz C auf das Verhalten R.

Schematisch dargestellt sieht das Verhältnis dieser drei Elemente im Konditionierungsprozeß folgendermaßen aus:

(1) Beobachtung des spontan auftretenden Verhaltens
R_1 (Herumlaufen) .
R_2 (Kopf heben) .
R_3 (auf den Hebel picken) .
R_4 (auf einem Bein stehen) R_n (Sonstiges Verhalten)

(2) Auswahl einer Reaktionsklasse und deren kontingente Verstärkung
R_1
R_2
R_3 (auf den Hebel picken) — — K — — — — — C
R_4 bei jedem   ein Futterkorn
R_n Hebeldruck

(3) Überprüfung der Veränderung in der Auftretensrate von R_3.

Stimuluskontrolle im Operanten Konditionieren

Zur Durchführung einer Operanten Konditionierung ist nach dem bisher Gesagten keine Kenntnis oder Manipulation der einem Verhalten *vorausgehenden* Stimuli erforderlich. Trotzdem kann eine operante Reaktion unter die Kontrolle von vorausgehenden Stimuli gebracht werden, indem sie nur bei Anwesenheit bestimmter Stimuli verstärkt wird und bei anderen Stimuli unverstärkt bleibt. Derartige Bedingungen sind für Lernvorgänge außerhalb des Labors sogar eher der Regelfall als die Ausnahme. So lernt ein Kind z. B., daß seine Eltern nur dann über sein ausgelassenes Herumspringen begeistert sind, wenn es auf dem Spielplatz geschieht, nicht aber zu Hause in der Wohnung. Oder es lernt, daß seine Kritzeleien auf weißes Zeichenpapier sehr viel Zustimmung finden, die gleichen Kritzeleien auf der ebenso weißen Tapete des Wohnzimmers aber gar nicht begrüßt werden. Ein bestimmtes Verhalten erfährt also nur unter spezifischen Bedingungen eine Bekräftigung. Entsprechend wird es unter den unterschiedlichen Stumulusbedingungen in seiner Rate ansteigen oder abfallen. Diesen eben beschriebenen Stimuli kommt jedoch beim Operanten Konditionieren keine Auslösefunktion zu, sondern eine *Hinweisfunktion*. Sie zeigen an, welche Art von Konsequenzen, z. B. Belohnung, Bestrafung, Nichtbestrafung, auf ein Verhalten folgt. Aufgrund dieser *unterschiedliche* Konsequenzen anzeigenden Hinweisfunktion spricht man hier von *diskriminativen Stimuli*. Zur Unterscheidung der Stimuli, die Verstärkung oder Nichtverstärkung anzeigen, verwendet man die Symbole S^D und S^Δ. In der Gegenwart eines S^D ist die Wahrscheinlichkeit für ein bestimmtes Verhalten erhöht, bei Anwesenheit eines S^Δ nimmt sie ab.

Während beim Klassischen Konditionieren eine bereits bestehende Stimulus-Reaktions-Beziehung (ein Respondent) unter die Kontrolle eines *neuen Stimulus* gebracht wird, gerät beim Operanten Konditionieren eine *bestehende Reaktion*, die nicht an einen spezifischen Stimulus gebunden ist (ein Operant) unter die Kontrolle eines Stimulus, in dem die betreffende Reaktion in Anwesenheit dieses Stimulus konsistent bekräftigt wird.

Probleme des Verstärkungsbegriffs

Die a posteriori-Definition der Verstärkung (vgl. S. 95) birgt die Gefahr eines logischen Zirkelschlusses: der Verstärkungswert eines Ereignisses (einer kontingenten Verhaltenskonsequenz) wird aus der Reaktionsänderung erschlossen, umgekehrt wird die Reaktionsänderung auf die Wirksamkeit von Verstärkung zurückgeführt. Wenn aber alles was die Auftretenswahrscheinlichkeit eines Verhaltens verändert ein Verstärker ist, und alles was sich durch irgendwelche kontingenten Konsequenzen verändern läßt ein Operant, so gibt es praktisch keine Möglichkeit, das Verstärkungsprinzip zu widerlegen. Nur die *Zahl* der möglichen Verstärker und Operanten läßt sich empirisch einschränken. Offen bleibt bei einer empirischen Verstärkungsdefinition auch, *was* sich bei der Verstärkung abspielt, d. h. *warum* die Kontiguität eines Verhaltens mit einem nachfolgenden Stimulus zur Erhöhung der Verhaltenswahrscheinlichkeit führt. Ob dies z. B. mit im Organismus ausgelösten befriedigenden Zuständen zusammenhängt oder mit dem Informationswert einer Verstärkung, also der Rückmeldung über „richtiges" Verhalten. Wahrscheinlich ist beides wirksam bzw. läßt sich beides häufig nicht voneinander trennen: ein Lob („gut gemacht") löst einen angenehmen Zustand (Zufriedenheit, Stolz o.ä) aus und stellt gleichzeitig eine Information über die Güte einer Leistung dar.

Der Verstärkungswert eines Ereignisses ist prinzipiell nicht an sich oder absolut zu bestimmen, sondern nach KRAIKER (1974, S. 29) immer nur relativ zu:

a) einem bestimmten Organismus bzw. Individuum (was eine Ratte verstärkt, verstärkt nicht unbedingt ein Kind; die Attraktivität von Verstärkern variiert außerdem zwischen verschiedenen Individuen einer Art);

b) einem bestimmten Deprivationszustand (wie lange die letzte Erfahrung mit dem betreffenden Stimulus zurückliegt, z. B. ob man hungrig oder satt ist);

c) einer bestimmten Reaktion (was aggressives Verhalten verstärkt, muß nicht unbedingt auch altruistisches Verhalten verstärken);

d) einer bestimmten Lerngeschichte (welche Erfahrungen bisher mit dem betreffenden Ereignis zusammenhängen, ob z. B. Lob meist im Kontext schulischer Leistungen erfahren wird);

e) einer bestimmten Umgebung (wodurch die Eltern ein Kind verstärken können, wirkt nicht unbedingt auch in der Gruppe der Gleichaltrigen);

f) einer bestimmten Kontingenz (was bei regelmäßiger Darbietung verstärkend wirkt, kann diese Qualität bei unregelmäßiger Darbietung verlieren oder auch steigern).

Trotz des logisch unbefriedigenden Status des Verstärkungskonzepts erweist sich dieses für praktische Zwecke der gezielten Verhaltensänderung als brauchbar, so z. B. in der Verhaltenstherapie oder in der Erziehung (BANDURA, 1969; SCHLOTTKE & WETZEL, 1980). Zur Abschätzung der Wirksamkeit eines Verstärkers liegen im Einzelfall meist auch Informationen bezüglich der Merkmale vor, die über die Verstärkungsqualität eines Ereignisses bestimmen.

Den Entwicklungspsychologen interessiert speziell, was in verschiedenen Altersstufen Verstärkungswert besitzt und was nicht (vgl. BAER & GOLDFARB, 1962; LEWIS, WALL & ARONFREED, 1963).

Verschiedene Arten von Verstärkung

Verstärker können prinzipiell sein a) Gegenstände (z. B. Süßigkeiten, Münzen, Spielzeuge), b) Stimuli im engeren Sinne (z. B. Körperkontakt, Musik, soziale Zuwendung), c) Reaktionsmöglichkeiten (z. B. spielen, ein Buch lesen, spazieren gehen), die kontingent auf das Auftreten einer definierten Reaktion folgen und deren Auftretenswahrscheinlichkeit erhöhen. Nach der Darbietungsweise (z. B. direkte oder stellvertretende Verstärkung), dem Grad der biologischen Verankerung (z. B. Nahrung, Hautkontakt, soziale Zuwendung, Geld) oder dem Inhalt (z. B. materielle, soziale, verbale Verstärkung) lassen sich verschiedene Arten oder Klassen von Verstärkern unterscheiden.

Die Darbietung „angenehmer" (positiver) Stimuli (Belohnung, Lob) bezeichnen wir als *positive Verstärkung*, die Beendigung „unangenehmer" (aversiver) Stimuli, z. B. das Stillen eines Schmerzes oder die Beendigung des Ausschimpfens, als *negative Verstärkung*. Beides *erhöht* die Auftretenswahrscheinlichkeit des unmittelbar vorangegangenen Verhaltens.

Für die Humanentwicklung kommt den sozialen Verstärkern besonders große Bedeutung zu, da Lernen beim Menschen zumeist in einem sozialen Kontext der Interaktion und Kommunikation stattfindet (vgl. hierzu Abschnitt 2.6). Die Wirksamkeit sozialer Verstärkung im Säuglingsalter veranschaulicht unser Untersuchungsbeispiel 2.5.

Abgesehen von der Art des gewählten Verstärkers kann die *zeitliche Abfolge* und die *Häufigkeit* der Verstärkung in einem Operanten Konditionierungsvorgang unterschiedlich aussehen. Die Verstärkung eines Verhaltens kann sofort erfolgen oder aufgeschoben werden, sie kann regelmäßig oder unregelmäßig sein, häufig oder selten. Dies kann außerdem im Verlauf des Konditionierungsprozesses variiert werden. Man spricht hier von *Verstärkungsplänen*. Sie sind von FERSTER und SKINNER (1957) eigens in einem Buch zusammengestellt worden (s. auch BOWER & HILGARD, 1981/1983).

Unter natürlichen Bedingungen trifft man in der Regel auf einen unsystematischen Wechsel von sofortiger und aufgeschobener, regelmäßiger und unregelmäßiger Verstärkung. Solcherart intermittierende Verstärkung scheint auf Dauer stabileres (löschungsresistenteres) Verhalten auszubilden als kontinuierliche Verstärkung.

Zur Veranschaulichung des Vorgehens bei der Operanten Konditionierung von Verhaltensweisen eignet sich eine Untersuchung von RHEINGOLD, GEWIRTZ & ROSS (1959) zur sozialen Verstärkung von Vokalisierungen bei Säuglingen (s. Untersuchung 2.5).

Untersuchung 2.5 *Zur Operanten Konditionierung von Vokalisierungen bei Säuglingen*

Nachdem BRACKBILL (1958) bereits gezeigt hatte, daß sich die Häufigkeit des Lächelns bei Säuglingen durch Verstärkung bzw. Nichtverstärkung beeinflussen läßt, untersuchten Harriet RHEINGOLD, Jacob GEWIRTZ und Helen ROSS, ob die *Vokalisierungen* von Säuglingen durch soziale Verstärkung in ihrer Auftretenshäufigkeit verändert werden können. Die Äußerung von Lauten ist bei Säuglingen des untersuchten Alters (3 Monate) Teil der üblichen sozialen Reaktion auf Erwachsene, die meist in der Sequenz *Anschauen - Lächeln - Motorische Aktivität - Lautäußerung* abläuft. Sie scheint ein brauchbares Maß für die soziale Ansprechbarkeit zu sein (RHEINGOLD, 1956).

Die Autoren führten nacheinander zwei Experimente durch, in denen jeweils 11 Säuglinge (6 männliche und 5 weibliche) im Alter von 3 Monaten konditioniert wurden. (Ein Säugling aus dem 1. Experiment nahm auch am 2. Experiment teil, so daß die Ergebnisse auf insgesamt 21 Kindern basieren). Die Kinder waren seit ihrer Geburt im Säuglingsheim, sie waren normal entwickelt und ohne Auffälligkeiten im Sozialverhalten. Die beiden Versuchleiter waren weiblich. Die eine Vl konditionierte das Kind, die andere Vl beobachtete und registrierte das Verhalten des Kindes. Die Rollen wurden im zweiten Experiment vertauscht.

Jeweils drei oder vier Säuglinge wurden gleichzeitig den experimentellen Bedingungen unterworfen und beobachtet. Die Experimente wurden in der normalen Umgebung der Kinder durchgeführt, wo sich auch andere, nicht untersuchte Babies aufhielten, und ohne den gewöhnlichen Tagesablauf der Säuglinge oder die Aktivitäten des Pflegepersonals zu unterbrechen. Der Beobachtungszeitraum erstreckte sich pro Tag auf neun 3-Minuten-Perioden, aufgeteilt auf den frühen Vormittag, den späten Vormittag und den frühen Nachmittag. Nach jeder 3-Minuten-Periode wurde eine Pause von 2 Minuten eingeschaltet, während der die beiden Vl sich vom Bettchen entfernten.

Im Beobachtungszeitraum wurde jede vernehmbare lautliche Äußerung als *Vokalisierung* gezählt, außer husten, pfeifen, quietschen und schnaufen. Als Maß für die Häufigkeit von Vokalisierungen galt die mittlere Anzal pro 3-Minuten-Periode. Die Beurteilungsübereinstimmung zwischen zwei Beobachtern lag bei 96 %. Juchzen, wimmern, weinen, schreien oder „Protestlaute" wurden unter der Kategorie *Emotionales Verhalten* gesondert registriert.

Zur Überprüfung des Konditionierungseffekts verwendeten die Autoren einen ABA-Plan: auf die Festlegung der Grundrate der Vokalisierungen ohne Verstärkung (A) folgte eine Konditionierungsphase mit Verstärkung (B), an die sich wiederum eine verstärkungsfreie Extinktionsphase (A) anschloß. Jede Versuchsphase erstreckte sich über zwei Tage.

Phase 1 (Auszählung der *Grundrate*): Die eine Vl lehnte sich über das Bettchen des Säuglings und machte dabei ein ausdrucksloses Gesicht. Sie achtete darauf, immer im Blickfeld des Säuglings zu bleiben. Die andere Vl, die vom Kind nicht gesehen werden konnte, registrierte jede Vokalisierung.

Phase 2 (*Operante Konditionierung*): Die erste Vl verhielt sich genau wie in Phase 1. Sobald jedoch der Säugling einen Laut produzierte, der als Vokalisierung definiert war, antwortete sie sofort mit einem breiten Lächeln, drei „tsk"-Lauten und einer leichten Berührung des Bauches des Säuglings, was etwa eine Sekunde dauerte. Anschließend machte sie wieder ein ausdrucksloses Gesicht, bis zur nächsten Vokalisierung usw. Die zweite Vl zählte wie in Phase 1 die Vokalisierungen.

Phase 3 (*Extinktionsbedingung*): Sie entsprach der Phase 1.

Ergebnisse:
Beide Experimente zeigten den gleichen Verlauf über die drei Versuchsphasen. Bereits am ersten Konditionierungstag ergab sich ein signifikanter Anstieg der Vokalisierungsrate, der sich am zweiten Konditionierungstag weiter signifikant erhöhte. Am ersten Löschungstag gingen die Vokalisierungen signifikant zurück, der weitere Abfall am zweiten Löschungstag im Experiment 1 war nur noch gering.

Der weniger steile Abfall am 6. Versuchstag im Experiment 1 geht wahrscheinlich darauf zurück, daß einige Säuglinge im 1. Experiment nach anfänglicher kontinuierlicher Verstärkung nach einiger Zeit nur noch für jede 2. oder später jede 3. Vokalisierung verstärkt worden waren und dadurch u. U. eine größere Löschungsresistenz aufwiesen.

Die Ergebnisse der Untersuchung sind in der Abbildung 2.7 zusammengefaßt.

Die Ergebnisse belegen, daß die Vokalisierungen bei Säuglingen durch normales soziales Verhalten eines Erwachsenen (Lächeln, „tsk"-Laute, Bauch berühren) sehr schnell erhöht werden können, und zwar ohne daß dieser Erwachsene sonst mit der Säuglingspflege betraut ist. Es ist anzunehmen, daß auch andere Arten der sozialen Ansprechbarkeit bei Säuglingen (z. B. Interesse an Personen, Furcht vor Fremden) konditionierbar sind.

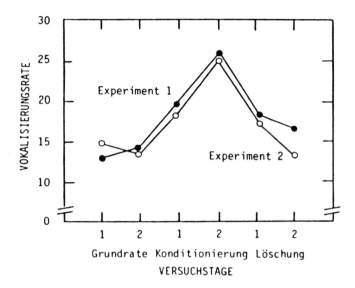

Abbildung 2.7: Mittlere Rate von Vokalisierungen während sechs aufeinanderfolgenden Versuchstagen

Offen bleibt, aufgrund welcher Mechanismen das Verhalten der Vl verstärkend wirkte. Z. B. inwieweit allein die Kontingenz zwischen Säuglings- und Erwachsenenverhalten oder die durch die Vl erfahrene Stimulation (der Reizwechsel? die Zuwendung?) entscheidend ist, und ob u. U. das Lächeln des Erwachsenen eine Art Auslösefunktion für die soziale Reaktion beim Säugling hat. Auf jeden Fall scheint aber das Vokalisieren bei Säuglingen und wahrscheinlich deren soziale Ansprechbarkeit generell durch die Art, wie Erwachsene in der Umwelt des Kindes darauf antworten, beeinflußt zu werden.

RHEINGOLD, H. L. , GEWIRTZ, J. L. & ROSS, H. W. (1959). Social conditioning of vocalizations in the infant. *Journal of Comparative and Physiological Psychology,* 52, 68-73.

Weitere Prinzipien

Neben dem Grundprinzip der Verstärkung und der Anwendung verschiedener Verstärkungspläne lassen sich im Modell des Operanten Konditionierens eine Reihe weiterer Lernprinzipien bzw. Prozeduren der Verhaltensänderung darstellen.

Die bereits beim Klassischen Konditionieren vorgestellten Prinzipien der *Stimulus-Generalisierung* und *Stimulus-Diskriminierung* sind auch beim Operanten Konditionieren wirksam. Generalisierung heißt hier, daß nicht nur auf den spezifischen, während der Konditionierung anwesenden diskriminativen Stimulus S^D, sondern auch unter ähnlichen Stimulusbedingungen das verstärkte Verhalten gezeigt wird. Besonders kleine Kinder generalisieren ein unter bestimmten Bedingungen verstärktes Verhalten auf andere Situationen. So werden anfänglich auch fremde Männer mit *Papa* angesprochen. Der Vorgang der Stimulus-Diskriminierung läuft dieser Tendenz entgegen. Durch Verstärkung einer Reaktion ausschließlich unter der Stimulusbedingung S^D und Nichtverstärkung des gleichen Verhaltens unter den übrigen Stimulusbedingungen S^Δ wird die Äußerung des betreffenden Verhaltens allmählich auf bestimmte Stimulusbedingungen eingeengt. Nur noch der Vater wird mit *Papa* bezeichnet.

Beim *Shaping* (Ausformen) eines Verhaltens schreitet man von der anfänglichen Verstärkung grober Annäherungen an die gewünschte Endform eines Verhaltens sukzessiv zur differentiellen Verstärkung nur noch des gewünschten spezifischen Verhaltens fort (Verfahren der sukzessiven Approximation). Auf diese Art der *Reaktionsdifferenzierung* lassen sich Verhaltensweisen „herausschälen", die bisher im Verhaltensrepertoire eines Individuums nicht vorhanden waren bzw. nicht spontan auftraten. So hat man z. B. zum Sprachaufbau bei behinderten Kindern nach anfänglicher Verstärkung jeglicher lautlicher Äußerung die Verstärkung fortschreitend von der zunehmenden Verbesserung der Artikulation abhängig gemacht (LOVAAS, 1967). Oder man brachte auf diese Art Tauben das Ping-Pong-Spielen bei (SKINNER, 1961).

Bis jetzt war ausschließlich von verschiedenen Formen des *Er*lernens von Verhalten die Rede, vom Verhaltensaufbau oder der Stärkung von Verhaltensweisen. Veränderungen im Laufe der Entwicklung lassen sich jedoch zu einem Teil auch als *Ver*lernen, d. h. Abbau, Hemmung oder Verschwinden früherer Verhaltensgewohnheiten definieren. Im Rahmen eines Konditionierungsparadigmas gibt es im großen und ganzen drei Formen des Verlernens: *Extinktion, Kontrakonditionierung* und *Bestrafung*.

Ein Operant wird *extingiert* oder *gelöscht*, wenn auf ihn längere Zeit keine Verstärkung mehr folgt. Beim Klassischen Konditionieren tritt eine Löschung ein, wenn der konditionierte Stimulus für längere Zeit ohne den unkonditionierten Stimulus dargeboten wird (vgl. S. 89). Der Löschungs- oder Extinktionswiderstand (wie lange es dauert, bis eine Löschung erreicht ist) dient als ein Maß für die Stabilität eines Verhaltens. Er scheint besonders hoch zu sein, wenn das Verhalten in der Lernphase intermittierend verstärkt worden ist.

Von *Kontrakonditionierung* spricht man, wenn eine mit der ursprünglichen Reaktion unvereinbare (*inkompatible*) Antwort gelernt wird, die allmählich an die Stelle der früheren Reaktion treten soll. Dies erreicht man durch Weglassen der Verstärkung der früher bekräftigten Reaktion und gleichzeitige systematische Bekräftigung von Reaktionen, die mit der früher aufgetretenen Reaktion unvereinbar sind. So läßt sich das bisher durch soziale Zuwendung bekräftigte Schülerverhalten *Aufstehen und in der Klasse herumlaufen* durch Nichtbeachtung und systematische Bekräftigung der damit unvereinbaren Verhaltensweise *Auf dem Platz sitzen* allmählich abbauen: vorausgesetzt allerdings, ersteres ist nicht bereits selbstverstärkend oder wird durch andere Verstärker als *soziale Zuwendung* aufrechterhalten.

Im Modell des Klassischen Konditionierens heißt Kontrakonditionierung die Verknüpfung des konditionierten Stimulus mit einem in seiner Wirkung entgegengesetzten unkonditionierten Stimulus; z.B. die Koppelung von konditionierten Angstreizen mit Süßigkeiten (JONES, 1924a, b).

Bestrafung ist definiert als Darbietung aversiver, d.h. „unangenehmer" Stimuli (z.B. Schmerzreize, Ausschimpfen) oder Beendigung bzw. Entzug „angenehmer" Stimuli (z.B. sozialer Zuwendung, Geld, Bewegungsfreiheit). Umstritten ist, ob Bestrafung ein Verhalten lediglich momentan und nur im Kontext der speziellen Bestrafungssituation unterdrückt oder zu einem dauerhaften Verschwinden der Tendenz führt, das betreffende Verhalten zu äußern. Die Wirkung von Strafe scheint von einer Vielzahl von Zusatzbedingungen abzuhängen (AZRIN & HOLZ, 1966; JOHNSON, 1972; PARKE, 1977; s. auch Kap. 13.3.3), so daß eine generelle Beantwortung dieser Frage nicht möglich ist. U.a. gilt: a) Bestrafung ruft beim Bestraften für weiteres Lernen ungünstige emotionale Reaktionen hervor; b) das Verhalten des Strafenden kann zum Modell für das Verhalten des Bestraften werden; c) der Unterdrückungseffekt der Bestrafung generalisiert möglicherweise auch auf anderes, u.U. erwünschtes Verhalten; d) die Auftretenswahrscheinlichkeit des bestraften Verhaltens erhöht sich evtl. in straffreien Situationen.

Abgesehen von prinzipiellen Bedenken gegen den Einsatz von Strafen in der Erziehung erscheint Bestrafung zum Verhaltensabbau unter natürlichen Lebensbedingungen auch deshalb wenig geeignet, da sie dort selten systematisch (konsistent) angewendet wird. Bei inkonsistenter Anwendung wirkt Strafe jedoch eher wie intermittierende Verstärkung, d.h. das abzubauende Verhalten wird eher gestärkt. Insgesamt dürften die ungünstigen Effekte von Bestrafung gegenüber den verhaltensfördernden Auswirkungen überwiegen.

Die Bedeutung des Operanten Konditionierens für die Entwicklung

Die Wirksamkeit der Gesetzmäßigkeiten des Operanten Konditionierens zur Herbeiführung von Verhaltensänderungen läßt sich an zahlreichen Beispielen belegen (Übersichten in GEWIRTZ, 1969; KUHLEN, 1972; STEVENSON, 1970, 1972a), und zwar nicht nur bei Säuglingen und Kleinkindern, wie meist beim Klassischen Konditionieren. Eher als das an ursprünglich ungelernte, reflexartige Reiz-Reaktions-Verknüpfungen gebundene Klassische Konditionieren erscheint das Modell des Lernens aufgrund von situationsspezifischen Verhaltenskonsequenzen in der Lage, die Relation des Verhaltens zu Ereignissen in der Umwelt adäquat darzustellen. Zum einen ist die Basis der für die Humanentwicklung wichtigen Verhaltensklassen breiter, da die Zahl der für die Entwicklung relevanten Operanten (= spontan emittierten oder erst auszubildenden) Verhaltensweisen größer sein dürfte als die entsprechende Zahl der (fertig vorgebildeten) respondenten Verhaltensweisen. Zum anderen steht eine Vielfalt von Modifikationsmöglichkeiten zur

Verfügung. Die Anwendbarkeit des operanten Ansatzes auf Lernvorgänge in der natürlichen Lebensumwelt zeigt sich eindrucksvoll in der Verhaltensmodifikation im klinischen und pädagogischen Bereich (BELSCHNER, HOFFMANN, SCHOTT & SCHULZE, 1973; KANFER & PHILIPPS, 1975; THARP &WETZEL, 1966).

Es sind kaum irgendwelche Verhaltensweisen denkbar, die nicht unter kontrollierten Bedingungen durch bestimmte Arten von Verstärkung, Shaping, Extinktion usw. in vorhersagbarer Weise verändert werden *können*. Es wäre aber falsch, daraus den Schluß zu ziehen, daß Verhalten *ausschließlich* auf diese Art verändert werden kann und, noch wesentlicher, daß Verhalten in der „natürlichen" Lebensumwelt, also das normale Aufwachsen von Kindern, *tatsächlich* in erster Linie nach den Gesetzmäßigkeiten des Operanten Konditionierens abläuft. Dies würde nämlich, soll es effektiv sein, u. a. eine weitgehend *programmierte Umwelt* voraussetzen, in der Verhalten kontingent und konsistent nach festgelegten Prinzipien beantwortet wird. Besonders gilt das für Shaping-Prozeduren. Eine derartige Programmierung der Lebensumwelt ist aber kaum irgendwo anzutreffen.

Anhänger des Operanten Konditionierens ziehen aus dieser Tatsache allerdings weniger den Schluß, daß Operante Lernprinzipien für die Entwicklung eine geringere Rolle spielen als angenommen, sondern daß die natürliche Lebensumwelt, verglichen mit den kontrollierten Bedingungen im Experiment, wenig optimal und effizient zur Verhaltenssteuerung ist. Damit wird im übrigen auch die relative Schnelligkeit der experimentell hervorgerufenen Verhaltensänderungen im Vergleich zur langsamen Entwicklungsgeschwindigkeit unter normalen Bedingungen erklärt (GEWIRTZ, 1969; RISLEY & BAER, 1973).

Neben der Nichtprogrammiertheit der Lebensumwelt sind die Grenzen des Bekräftigungslernens in den biologischen Grundlagen der Verstärkung zu sehen: was bei wem genetisch bedingt als Verstärker wirkt und welche Reaktionen unabhängig von Verstärkung bereits feste Auftretenswahrscheinlichkeiten besitzen. Die biologischen Grundlagen des Verhaltens werden im Operanten Modell zwar nicht geleugnet, sie sind jedoch nicht Teil der Verhaltensanalyse (vgl. BIJOU und BAER, Kap. 9.2.2). Was unter welchen Bedingungen bei welchem Verhalten verstärkend wirkt oder nicht (und warum dies so ist!), müßte jedoch in einem umfassenden Ansatz berücksichtigt werden.

Damit wird nicht bestritten, daß Verhaltenskonsequenzen den Lernvorgang in erheblichem Maße beeinflussen, sondern es wird nach den Grundlagen dieser Beziehung gefragt. So gelangt STEVENSON (1970) nach Durchsicht zahlreicher Arbeiten zu dem Schluß, daß die rückgemeldete *Richtigkeit* eines Verhaltens die wichtigste verstärkende Bedingung zu sein scheint und sich die Wahrscheinlichkeit einer richtigen Antwort mit der motivational bedingten Aufmerksamkeit für relevante Aufgabenaspekte erhöht. Die motivationale Grundlage (Anreizbedingungen) für die Erzielung richtiger Antworten verändert sich überdies im Laufe der Entwicklung. Trifft dies zu, so ist fraglich, ob das, was verstärkt oder miteinander verknüpft wird, beliebig, austauschbar und reversibel ist, wie es von einem Konditionierungsparadigma angenommen wird.

Schließlich ist der Stellenwert des Operanten Konditionierens danach zu beurteilen, inwieweit auch unter anderen Lernbedingungen Verhaltensänderungen zustandekommen: durch Beobachtung, Unterweisung, Einsicht in die Struktur einer Aufgabensituation usw.

Wie für die Klassische Konditionierung ist für die Analyse der Entwicklung unter dem Aspekt des Operanten Konditionierens zu fordern, daß auch die Veränderungen des Lernens im Laufe der Entwicklung untersucht werden. Außerdem ist die Beziehung des Operanten Lernens zu anderen Lernformen und anderen Lernbedingungen genauer zu klären. All dies sollte so geschehen, daß die Befunde auf Entwicklungsprozesse unter realen Lebensbedingungen übertragen und angewendet werden können (s. dazu BAER, 1973).

Eine ausführlichere Auseinandersetzung mit der Rolle des Operanten Konditionierens für die Entwicklung erfolgt im Zusammenhang mit der Darstellung der Entwicklungskonzeption von BIJOU und BAER (s. Kap. 9.2.2).

4.3 Beobachtungslernen (Lernen am Modell)

Die Angleichung des kindlichen Verhaltens hinsichtlich bestimmter Ausdrucksweisen, Gewohnheiten, Eigenarten etc. an das Verhaltensvorbild anderer (Eltern, Geschwister, Freunde, aber auch Personen aus dem Fernsehen oder aus Büchern) läßt sich im Laufe der Entwicklung an zahlreichen Beispielen aufzeigen. Man bezeichnet dieses Phänomen mit dem Begriff *Nachahmung* oder *Imitation*. Imitation umfaßt die Wahrnehmung und den Nachvollzug des Verhaltens eines Vorbilds (*Modells*) seitens eines *Beobachters*. Sie kann sowohl willentlich als auch unwillkürlich erfolgen. Ersteres unterscheidet sich von letzterem vornehmlich durch den ständigen Vergleich zwischen dem eigenen Verhalten und dem des Vorbildes (TRAUTNER, 1970).

Während in den Anfängen der Psychologie Nachahmung sozusagen aus sich selbst, nämlich aus einer angeborenen Nachahmungstendenz „erklärt" wurde (MCDOUGALL, 1908; TARDE, 1890), geht man seit den grundlegenden Untersuchungen von MILLER und DOLLARD (1941) davon aus, daß Nachahmungsverhalten das beobachtbare Resultat eines vorangegangenen, genauer zu klärenden Lernprozesses ist. Abweichend von der Triebreduktionstheorie von MILLER und DOLLARD (1941) oder der *Affektiven Feedback-Theorie* MOWRERS (1960) und verwandten Ansätzen wird dieser Lernprozeß heute überwiegend im Sinne von BANDURAS Imitationstheorie als *Beobachtungslernen* (engl.: observational learning) oder *Lernen am Modell* (engl.: modeling) aufgefaßt (BANDURA, 1962, 1971, 1977/1979, 1986). Die besondere Bedeutung BANDURAS ist vor allem darin zu sehen, daß er die früheren Ansätze des Imitationslernens erweitert und zu einer umfassenden Theorie des Beobachtungslernens ausgearbeitet hat.

In der aktuellen Version seiner Theorie betrachtet BANDURA (1986) Beobachtungslernen als einen allgemeinen Prozeß der Informationsverarbeitung, der über eine einfache Nachahmung von Modellverhalten (Imitation im engen Sinne) hinausgeht. Durch Beobachtung werden nicht einfach situationsspezifische Verhaltensgewohnheiten und Fertigkeiten gelernt, sondern allgemeine Regeln über situationsangemessenes Verhalten und zu erwartende Verhaltenskonsequenzen. Durch BANDURA und seine Mitarbeiter ist erst eine intensive experimentelle Erforschung dieser Art des Lernens in Gang gekommen. (Zu BANDURAS sozial-kognitiver Lerntheorie der Entwicklung s. Kap. 9.3).

Das Grundprinzip

Grundlegendes Prinzip in BANDURAS Lerntheorie ist das *Lernen durch Beobachtung* oder *Lernen am Modell*. Durch die Beobachtung des Verhaltens anderer Menschen und den daraus für diese resultierenden Konsequenzen werden neue Verhaltensmuster erworben oder bereits vorhandene Verhaltensmuster verändert. Das Vorbild (Modell) kann dabei *real* sein (persönlicher Kontakt) oder *symbolisch* (in Textform beschrieben oder bildlich dargestellt).

Lernen durch Beobachtung vereinigt Prinzipien des Klassischen Konditionierens (Lernen durch *Kontiguität*) und des Operanten Konditionierens (Lernen durch *Verstärkung*) und verbindet beides mit der Annahme *kognitiver Vermittlungsprozesse* (Wahrnehmung, Vorstellung, Gedächtnis, Sprache). Beobachtungslernen stellt sich dabei als eine Sequenz von vier Teilschritten dar, die in verschiedenen Subsystemen der Verhaltenssteuerung anzusiedeln sind (BANDURA, 1977/1979, 1986; s. dazu auch die Tabelle 2.5).

Zunächst löst das Verhalten eines Modells (= Stimulusbedingung) beim Beobachter bestimmte (innere) Wahrnehmungsreaktionen aus. Durch die wiederholte Kontiguität von Modellreizen und Wahrnehmungsreaktionen wird beides miteinander verknüpft (sensorische Konditionierung). Das wahrgenommene Modellverhalten wird nun *vorstellungsmäßig* repräsentiert und u. U. *sprachlich kodiert* und auf diese Art *eingeprägt*. In Zukunft löst ein für die betreffende Reizfolge konstituierender Reiz die vorstellungsmäßige Repräsentation der gesamten Reizfolge bzw. der modellbezogenen Verhaltenssequenz aus. Mit dem Auftreten der Vorstellung tritt „dann die vermittelte Tendenz zur Reproduktion der zugehörigen Reaktionen wiederum auf" (FRÖHLICH & WELLEK, 1972, S. 705). Es wird also weniger eine spezifische Assoziation zwischen Stimuli und offenen Nachahmungsreaktionen als zwischen Stimuli und kognitiven Vermittlungsprozessen hergestellt. Die Umsetzung der Vorstellungen in verbale Kodierungssysteme erklärt die Schnelligkeit, mit der auch komplexe Verhaltenssequenzen durch Beobachtung gelernt werden können, sowie das langzeitige Behalten einmal gelernter Sequenzen. Diese sprachlichen Symbole fungieren später als interne Richtungshinweise (*Cues*). (Zum Vergleich des Einflusses vorstellungsmäßiger und sprachlicher Kodierung auf die Imitation siehe BANDURA, GRUSEC & MENLOVE, 1966; GERST, 1968, 1971).

Die eben skizzierte *Kontiguitäts-Mediations-Theorie* des Lernens reicht nach BANDURA zur Erklärung der Verhaltensaneignung bzw. genauer: des *Erwerbs der Bereitschaft zur Verhaltensangleichung* (HOLZKAMP, 1972, S. 1289) vollkommen aus. In der Lernphase ist weder eine Bekräftigung noch eine Verhaltensäußerung (Übung) des Beobachters notwendig, abgesehen von den inneren Wahrnehmungsreaktionen und den vorstellungsmäßigen oder sprachlichen Kodierungen. Deshalb spricht man auch, im Unterschied zum Lernen durch Versuch und Irrtum, von einem *Kein-Versuch-Lernen* (engl.: *no-trial learning*). Die Bekräftigung des Beobachters für nachahmendes Verhalten (direkte Bekräftigung), die Bekräftigung des Modells für sein Verhalten (stellvertretende Bekräftigung) oder die Selbstbekräftigung ist aber auch in BANDURAS Imitationstheorie von Bedeutung. Und zwar bestimmt die (beobachtete oder antizipierte) Bekräftigung des Modellverhaltens darüber, ob und in welchem Ausmaß das Gelernte sich im *manifesten Verhalten tatsächlich aktualisiert*. Es wird also scharf zwischen Lernen (als hypothetisch angenommenem Prozeß der Verhaltensaneignung) und Verhaltensäußerung (als beobachtbarem Resultat dieses Prozesses) unterschieden (vgl. S. 85). Verstärkung ist dabei keine notwendige Bedingung für das Lernen, sie ist vielmehr eine Voraussetzung dafür, daß sich das Gelernte im beobachtbaren (*offenen*) Verhalten zeigt.

Im Gegensatz zu den zuvor dargestellten Konditionierungstheorien weist BANDURA auf die kognitiven Vermittlungsprozesse bei der Bekräftigung hin. Nicht die tatsächliche Bekräftigung, sondern die Antizipation von erlebter oder beobachteter Bekräftigung steuert die Ausführung von Verhalten. Verhaltenskonsequenzen haben neben ihrer motivierenden vor allem auch eine informierende Funktion.

Die vier zu unterscheidenden Vermittlungsprozesse zwischen Modellreizen und Verhalten des Beobachters laufen nach BANDURA (1986) im einzelnen wie folgt ab (s. Tabelle 2.5).

(1) Zuerst entscheiden *Aufmerksamkeitsprozesse* darüber, was aus den auf den Beobachter einströmenden Reizen ausgewählt und somit beobachtet wird. Dabei wird die Aufmerksamkeit von den verschiedensten Faktoren gelenkt. Zu diesen Faktoren gehören die Eigenschaften der Modellaktivität wie z. B. Bedeutsamkeit, Unterscheidbarkeit und Komplexität von Verhalten ebenso wie die Attraktivität eines Modells. Die verschiedenen Merkmale der Modellreize wirken jedoch nicht gleichermaßen auf jeden Beobachter: seine jeweiligen Einstellungen und Erwartungen, seine kognitiven Fähigkeiten und sein Erregungsniveau üben einen modifizierenden Einfluß auf seine Aufmerksamkeit aus.

(2) Wird eine beobachtete Verhaltensweise nicht im Gedächtnis behalten, kann sie nicht erlernt und nachgeahmt werden. Der zweite beim Beobachtungslernen beteiligte Prozeß beinhaltet somit das *Behalten von beobachteten Verhaltensäußerungen*, oft über lange Zeiträume hinweg. Den ersten Schritt stellt dabei die symbolische Kodierung modellierten Verhaltens in ein sprachliches oder bildliches Medium dar. Ein tatsächliches Einüben oder motorisches Wiederholen, aber auch ein Wiederholen „im Geiste" erleichtert die Behaltensprozesse. Natürlich wirken sich auch hier Personenvariablen wie die kognitiven Strukturen und Fähigkeiten des Beobachters auf den Lernprozeß aus.

(3) Im Rahmen von sog. *motorischen Reproduktionsprozessen* werden die erworbenen Konzepte und Regeln in angemessenes Verhalten umgeformt. Vor der eigentlichen Ausführung einer in der Vergangenheit beobachteten Verhaltensweise wird diese durch einen zentralen Integrationsmechanismus vollständig organisiert. Dabei werden einzelne, bereits bekannte Reaktionskomponenten zu neuen

Tabelle 2.5: Teilprozesse des Beobachtungslernens (nach BANDURA, 1986, S. 52; Übers. v. Verf.)

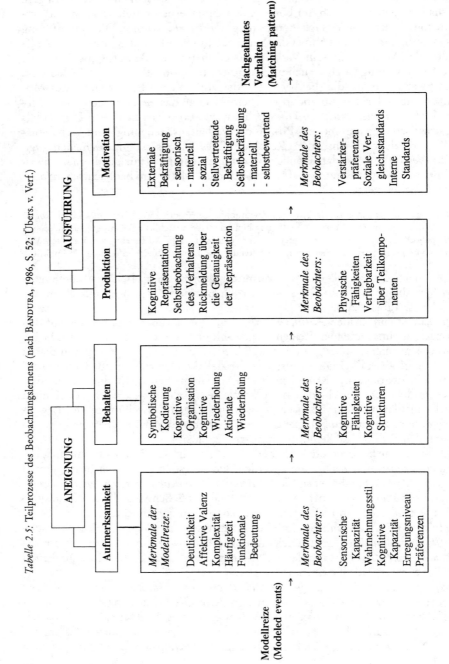

Mustern kombiniert. Dies geschieht auf der rein kognitiven Ebene, es entsteht also zuerst ein vollständiges Modell der dann auszuführenden Handlung. Sowohl mangelnde physische Fähigkeiten als auch Fehler bei der kognitiven Konzeption können für eine fehlerhafte Performanz verantwortlich sein. Durch Rückmeldung über die Genauigkeit der ausgeführten Handlung kann die Reproduktionsleistung jedoch verbessert werden.

(4) *Motivationale Faktoren* stellen den vierten Teilprozeß des Beobachtungslernens dar. Die Ausführung einer bereits gelernten Handlung wird durch drei verschiedene Arten von Anreizen angeregt:
- externale Anreize
- stellvertretende Anreize
- selbstproduzierte Anreize.

Die Antizipation der zu erwartenden Bekräftigung beeinflußt die Entscheidung darüber, welche von den gelernten Verhaltensmöglichkeiten schließlich zur Aufführung gelangt.

Die relevanten Modellreize werden also zunächst (1) mehr oder weniger aufmerksam beobachtet, (2) durch Verschlüsselungsprozesse sowie symbolische oder motorische Wiederholung gespeichert und dann in Abhängigkeit von (3) ihrer Reproduzierbarkeit und rückgemeldeten Korrektheit sowie (4) den jeweiligen Verstärkungsbedingungen in offenes Verhalten umgesetzt. Diese vier Teilprozesse stehen miteinander in enger Beziehung.

Die Aufstellung zeigt, daß zur Analyse der Bedingungen und Gesetzmäßigkeiten dieser Lernart eine Vielfalt von Faktoren berücksichtigt werden muß. Gleichzeitig wird deutlich, daß ein Ausbleiben von Nachahmungsverhalten auf den verschiedensten Gründen beruhen kann: auf Mängeln der sensorischen Registrierung, Defiziten der vorstellungsmäßigen oder sprachlichen Kodierung und Speicherung, motorischen Einschränkungen oder fehlenden motivationalen Anreizen.

Die Beobachtung eines Modells führt außerdem nicht immer zum Erwerb eines neuen Verhaltens, sondern kann bereits im Verhaltensrepertoire des Beobachters vorhandene, aber bisher aufgrund von Bestrafung unterdrückte Verhaltensbereitschaften enthemmen (auslösen bzw. in der Verhaltensrate ansteigen lassen) oder weiter unterdrücken, je nach den beobachteten Verhaltenskonsequenzen. Die Frage der hemmenden oder enthemmenden Wirkung der Beobachtung von Modellen ist besonders wichtig hinsichtlich der Folgen der Beobachtung von Gewalttätigkeit (s. dazu BERKOWITZ, 1971).

Die Beobachtung von Modellen führt häufig auch nur zu einer Erhöhung der Aufmerksamkeit bezüglich bestimmter Objekte, ohne daß die auf diese Objekte bezogenen Verhaltensweisen des Modells ebenfalls nachgeahmt würden. Außerdem scheint die Beobachtung von Modellen, die Gefühle zum Ausdruck bringen, eine emotionale Erregung beim Beobachter hervorzurufen (BANDURA, 1986).

Moderatorvariablen beim Beobachtungslernen

Im Laufe der Entwicklung bietet sich die Gelegenheit, eine *Vielzahl von Verhaltensweisen bei den verschiedensten Modellen* zu beobachten. Trotzdem werden *bestimmte Personen* oder *bestimmte Verhaltensaspekte* einzelner Personen bevorzugt, andere hingegen weniger oder überhaupt nicht übernommen. Ein Kind wird z. B. „ganz der Vater " sein, vom älteren Bruder nur die „schlimmen Redensarten" übernehmen oder dem Held gerade einer bestimmten Fernsehserie nacheifern. Ebenso unterscheiden sich verschiedene Individuen in der Art und im Grad der Imitation der gleichen Modelle. Soll eine Imitationstheorie einen Erklärungs- und Vorhersagewert besitzen, so muß sie diese Tatsachen einordnen können.

BANDURA nimmt hierzu über die bisher beschriebenen Mechanismen hinaus noch die Wirksamkeit einer Reihe von sogenannten *Moderatorvariablen* an. Als solche Moderatorvariablen wirken:

- *Merkmale des Modells* (Alter, Geschlecht, sozialer Status, Prestige, besondere Fähigkeiten) bzw. Merkmale des Modellverhaltens (z. B. die Konsistenz, Komplexität oder Neuheit);
- *Merkmale des Beobachters* (Aufmerksamkeit, Motivation, Übung, Fähigkeit zur Wahrnehmung, zur Verarbeitung, zum Behalten und zum Nachvollzug des Beobachteten);
- die Art des *Verhältnisses von Beobachter und Modell* (z. B. der Grad der Abhängigkeit, der Sympathie, der wahrgenommenen Ähnlichkeit).

So scheinen Modelle mit sozialer Macht, hohem Prestige und besonderen Fähigkeiten stärker nachgeahmt zu werden, insbesondere wenn der Beobachter zu ihnen ein positives emotionales Verhältnis hat oder sich ihnen ähnlich fühlt (HETHERINGTON, 1965; MUSSEN & DISTLER, 1959; STOTLAND, 1961). Dies gilt allerdings nicht in gleichem Maße für alle Modellverhaltensweisen oder alle Beobachter (HETHERINGTON & MCINYRE, 1975). Auf seiten des Beobachters wird Imitation u. a. erleichtert durch eine erhöhte Aufmerksamkeit, Motivation und die Verfügbarkeit der erforderlichen Verhaltenskomponenten sowie bestimmte Persönlichkeitsmerkmale wie Ängstlichkeit oder Abhängigkeit (BANDURA, 1986). Die verschiedenen Moderatorvariablen sind im übrigen nicht unabhängig voneinander. So korrelieren z. B. soziale Macht eines Modells, die Aufmerksamkeit des Beobachters und dessen Bewunderung für das Modell. Außerdem besitzen die verschiedenen Moderatorvariablen unterschiedliche Bedeutung für die einzelnen Phasen des Imitationsprozesses, d. h. für die Wahrnehmung, Verschlüsselung, Reproduktion oder Verstärkung des Modellverhaltens. Vermutlich werden auch bestimmte Verhaltensklassen (z. B. aggressives Verhalten) eher nachgeahmt als andere, bzw. es unterscheiden sich die optimalen Bedingungen für die Nachahmung verschiedener Verhaltensklassen (HETHERINGTON &MCINTYRE, 1975; YARROW & SCOTT, 1972; YARROW, SCOTT & WAXLER, 1973). Hierfür dürften Faktoren wie die Auffälligkeit, der emotionsauslösende Charakter, der Grad der bisherigen Sanktionierung und entsprechenden Hemmung des Verhaltens u.ä. eine Rolle spielen.

Experimenteller Nachweis des Beobachtungslernens

Das experimentelle Paradigma des Lernens am Modell ist der Nachweis eines Zusammenhangs zwischen der Beobachtung des Verhaltens eines Modells in einer bestimmten Situation und Verhaltensweisen eines Beobachters in einer vergleichbaren Situation zu einem späteren Zeitpunkt. Strenggenommen müßte dazu in einem Vorher-Nachher-Design die Verhaltensrate der Versuchsperson *vor* dem Modelleinfluß und *nach* der Beobachtung des Modells festgestellt werden. Meist wird aber auf die Festlegung der vorherigen Grundrate verzichtet und der Einfluß der vorher bestehenden Verhaltenstendenz dadurch auszuschalten versucht, daß das Modell ungewöhnliche, nicht zur Aufgabensituation gehörige oder mit hoher Wahrscheinlichkeit bisher nicht im Verhaltensrepertoire der Versuchsperson vorhandene Verhaltensmuster zeigt. Oder es werden Kontrollgruppen (kein Modelleinfluß) eingeführt. Dieses Vorgehen wird vor allem gewählt, wenn es um den Vergleich verschiedener Versuchsbedingungen geht (z. B. Belohnung versus Bestrafung des Modellverhaltens, verschiedene Modellcharakteristika u. ä.).

Das typische Vorgehen in Experimenten zum Beobachtungslernen und einige wesentliche Mechanismen des Lernens am Modell veranschaulicht unser Untersuchungsbeispiel 2.6.

Untersuchung 2.6 *Zum Einfluß von Bekräftigung auf die Aneignung und die Äußerung von beobachtetem Verhalten*

33 Jungen und 33 Mädchen aus dem Kindergarten der Stanford-Universität wurden nach dem Zufallsprinzip in drei Gruppen mit je 11 Jungen und 11 Mädchen eingeteilt. Die Kinder waren zwischen 3 1/2 und 6 Jahren alt.

Alle Kinder nahmen in Einzelversuchen an einem dreiteiligen Experiment teil. Die Versuche wurden von einer weiblichen Versuchsleiterin (Vl) durchgeführt.

In der *ersten Phase (Beobachtungsphase)* hatte jedes Kind Gelegenheit, einen 5 Minuten langen Film, in dem ein erwachsener Mann namens Rocky aggressiv mit einer lebensgroßen Puppe umgeht, auf einem Fernsehschirm anzuschauen. Im Verlauf des Films zeigte Rocky vier physische und vier begleitende verbale Aggressionsäußerungen, also acht verschiedene Aggressionen, die in gleicher Reihenfolge noch zweimal wiederholt wurden. Zur Ausschaltung des Einflusses bereits vorhandener aggressiver Verhaltenstendenzen wurden Modellverhaltensweisen gewählt, von denen ausgeschlossen werden konnte, daß sie bei den Kindern spontan auftreten. Z. B. setzte sich Rocky auf die Puppe, boxte ihr mehrmals auf die Nase und sagte dabei „Puh, direkt auf die Nase, bum-bum." Oder er warf Gummibälle nach ihr und rief bei jedem Wurf laut: „Päng!"

Alle Kinder sahen den gleichen Film, der Ausgang des Films war für die drei Gruppen jedoch verschieden: Die Kinder der *Gruppe 1* sahen, daß Rocky von einem zweiten Mann mit Süßigkeiten, Limonade und lobenden Worten („Champion", „starke Leistung" u. ä.) *belohnt* wurde. In der *Gruppe 2* wurde Rocky von dem anderen Mann *bestraft*: dieser schimpfte ihn aus („brutaler Kerl", „wirst du wohl aufhören!" u. ä.), schlug ihn mit einer aufgerollten Zeitung und drohte, ihn das nächste Mal noch mehr zu verhauen. In der *Gruppe 3* entfiel ein zusätzlicher Filmschluß. Rocky wurde weder belohnt noch bestraft. Sein aggressives Verhalten hatte also *keine Konsequenzen*.

In der unmittelbar folgenden *zweiten Phase (Spontane Imitationsphase)* wurde jedes Kind in ein Spielzimmer gebracht und dort für 10 Minuten allein gelassen. In diesem Raum fand das Kind neben den im Film gezeigten Gegenständen (Puppe, Gummibälle, Holzhammer) noch eine Menge anderes Spielzeug vor (Autos, Plastiktiere, eine Puppenstube usw.). Es wurde ihm ausdrücklich gesagt, daß es mit allem spielen dürfte. Damit sollte die Freiheit des Kindes, nachzuahmen oder nicht nachzuahmen, möglichst groß gehalten werden. Zwei Beurteiler beobachteten das Kind durch eine Einwegscheibe und registrierten, wieviele der acht verschiedenen aggressiven Verhaltensweisen des Filmmodells vom Kind nachgeahmt wurden. Diese Versuchsphase sollte die Auswirkung der unterschiedlichen Konsequenzen für das Modell auf die Verhaltensäußerung der Kinder prüfen.

In der anschließenden *dritten Phase* des Experiments *(Imitation unter Anreizbedingungen)* kam die Vl ins Spielzimmer und sagte dem Kind, daß es für jedes richtig wiedergegebene Verhalten von Rocky ein Abziehbild bekommen und von einem Fruchtsaft trinken dürfe. Die Vl forderte jedes Kind ausdrücklich zur Nachahmung auf („Zeig mir, was Rocky im Fernsehen gemacht hat!" -„Erzähl mir, was er gesagt hat!"). Für jede Nachahmungsreaktion wurde es belohnt. Die Anzahl der verschiedenen Nachahmungsreaktionen wurde wieder registriert. Diese Versuchsphase sollte prüfen, was die Kinder durch die Beobachtung von Rocky *gelernt* (übernommen bzw. „behalten") haben, unabhängig von den beobachteten Folgen für Rocky.

Die *Ergebnisse* des Experiments gibt die Abbildung 2.8 wieder:

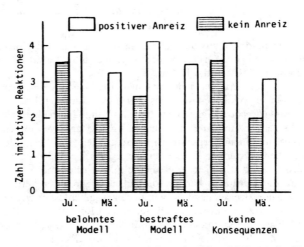

Abbildung 2.8: Mittlere Anzahl von Imitationsreaktionen in Abhängigkeit von den Konsequenzen des Modellverhaltens und den Anreizbedingungen für den Beobachter, getrennt für Jungen und Mädchen

Aus der Abbildung 2.8 geht hervor:
1. Das belohnte Modell (Gruppe 1) wurde am meisten, das bestrafte Modell (Gruppe 2) am wenigsten spontan nachgeahmt (Phase 2). Dieser Unterschied war allerdings nur bei den Mädchen signifikant, bei den Jungen ergab sich nur ein Trend in dieser Richtung. Jungen und Mädchen der Gruppe 3 (keine Konsequenzen für Rocky) verhielten sich wie die Gruppe mit dem belohnten Modell.
2. Unter den Anreizbedingungen der Phase 3 stieg in allen drei Gruppen die Nachahmung aggressiven Verhaltens signifikant an, und zwar speziell bei den Mädchen und in der Gruppe, die gesehen hatten, daß Rocky bestraft worden war.
3. Die Unterschiede zwischen den drei Gruppen in Phase 2 verschwanden allesamt in Phase 3. Die unterschiedlichen Folgen für Rockys aggressives Verhalten hatten auf die Reproduktionsleistung unter den positiven Anreizbedingungen also keinen Einfluß.
4. Jungen zeigten in allen drei Gruppen und in beiden Imitationsphasen mehr aggressives Verhalten als Mädchen. Die Differenz zwischen den Geschlechtern verringerte sich in Phase 3 gegenüber Phase 2.

Die Ergebnisse stützen weitgehend BANDURAS Kontiguitäts-Mediations-Theorie des Lernens durch Beobachtung: Die Konsequenzen, die ein Modell für sein Verhalten erfährt, führen zur Enthemmung oder Hemmung eines gelernten Verhaltens, wenn es spontan geäußert werden soll, sie beeinflussen jedoch nicht den Lernvorgang selbst, d. h. die Wahrnehmung, symbolische Verschlüsselung und Speicherung des beobachteten Verhaltens.

Bei dieser Interpretation des Experiments von BANDURA wird allerdings vorausgesetzt, daß die Verhaltens*äußerungen* der Kinder in Phase 3 ein valider Index für den *Lern*erfolg (die Verhaltens*aneignung*) in Phase 1 sind, und daß außerdem die direkte Bekräftigung der Nachahmung aggressiven Verhaltens in Phase 3 den Lernerfolg aus Phase 1 nicht systematisch verändert, sondern nur hilft, ihn sichtbar zu machen.

Daß auch unter den positiven Anreizbedingungen nicht alle acht aggressiven Verhaltensweisen geäußert wurden, weist auf die Wirkung von Moderatorvariablen hin, die mit den experimentellen Bedingungen (Beobachtung von aggressiven Modellreizen, stellvertretende und direkte Bekräftigung aggressiven Verhaltens) interferieren: z. B. langfristig aufgebaute Hemmungstendenzen bestimmter aggressiver Äußerungen, mangelnde Diskriminations- oder Speicherfähigkeit für einzelne Modellreize u. ä. So wird auch das Ergebnis verständlich, daß nur 20 % der verbalen Aggressionen gegenüber 67 % der motorischen Aggressionen richtig wiedergegeben wurden, was sicher mit der in der untersuchten Altersgruppe noch nicht weit genug fortgeschrittenen Sprachentwicklung zusammenhängen dürfte. Das Vorhandensein der für das nachzuahmende Verhalten erforderlichen Komponenten im Verhaltensrepertoire des Beobachters scheint aber eine notwendige Voraussetzung für die Verhaltensaneignung durch Beobachtung zu sein.

BANDURA, A. (1965). Influence of model's reinforcement contingencies on the acquisition of imitative responses. *Journal of Personality and Social Psychology*, 1, 589-595.

Die Bedeutung des Beobachtungslernens für die Entwicklung

Die Bedeutung der Imitation für die *frühkindliche* Entwicklung, insbesondere in der Entwicklung des sozialen Lächelns, in den Anfängen der Sprachentwicklung und im kindlichen Rollenspiel ist schon lange bekannt. Seit den Untersuchungen von MILLER und DOLLARD (1941) und von MOWRER (1950, 1960), vor allem aber seit der durch BANDURA angeregten umfangreichen experimentellen Untersuchung des Lernens durch Beobachtung und Imitation wird deutlich, daß das Lernen am Modell während der gesamten Entwicklung eine wichtige Form des Lernens darstellt. Es ist sogar wahrscheinlich, daß ohne Beteiligung eines Lernens durch Beobachtung Sprache, Kunst, Fertigkeiten, Sitten und Normen einer Kultur kaum tradiert werden können oder zumindest auf viel mühevollere und langwierige Art und Weise (BANDURA, 1969b). Man stelle sich vor, Sprechen müßte gelernt werden, ohne daß man andere sprechen hören oder deren Mundbewegungen verfolgen kann, sondern allein durch Shaping und Verstärkung der eigenen spontanen Lautäußerungen. Oder jeder Künstler würde ohne Kenntnis der bisherigen Kunstwerke und ohne jegliche Anleitung und Unterweisung versuchen, künstlerisch tätig zu sein.

Die verschiedenen, bereits beschriebenen Teilprozesse des Beobachtungslernens entwickeln sich mit der Reifung und Erfahrung des Individuums. Die Effektivität des Beobachtungslernens ist also davon abhängig, inwieweit ein Kind die Teilprozesse bereits beherrscht oder darin Defizite aufweist. Deshalb beinhaltet die Entwicklung des Beobachtungslernens mehr als den Erwerb von Nachahmungsverhalten oder einzelner Fertigkeiten. Beobachtungslernen ist abhängig vom kognitiven Entwicklungsstand eines Kindes bezüglich der Fähigkeit zur selektiven Aufmerksamkeit, zur symbolischen Kodierung und Übung, zur Koordinierung des sensumotorischen und des konzeptuell-motorischen Systems, zur Beurteilung möglicher Handlungskonsequenzen u. a.m.

Beobachtungslernen und seine Entwicklung gründet sich auf soziale Interaktion. Da auch kleine Kinder rudimentäre repräsentationale Fähigkeiten besitzen und über eine sensumotorische Koordination verfügen, sind sie zu elementarer Nachahmung in der Lage. PAPOUSEK (1977) konnte zeigen, daß Eltern neue Verhaltensweisen ihrer Kinder imitieren und dadurch das Nachahmungsverhalten der Kinder fördern (reziproke Imitation). Kinder hingegen merken früh, daß dieses Wechselspiel eine gute Möglichkeit ist, sozialen Kontakt herzustellen und Reaktionen der Eltern zu evozieren. Im ersten Lebensjahr steigt die Rate der reziproken Imitation stark an. Die Entwicklung des Nachahmungsverhaltens hängt also neben der Kompetenz der Kinder stark von der Reaktion der Modelle als Interaktionspartner ab. Soziale Zuwendung wirkt als motivationaler Anreiz (vgl. auch unser Untersuchungsbeispiel 2.5).

Erst gegen Ende der sensumotorischen Phase erwerben Kinder die Fähigkeit zur zeitlich verzögerten Imitation (PIAGET, 1945/1969; s. hierzu Kap. 10.2.1). Aufgrund ihres kognitiven Entwicklungsstandes sind sie nun in der Lage, Verhalten so lange nach dem Prinzip von Versuch und Irrtum einzuüben, bis es dem beobachteten Verhalten entspricht.

Mit dem Erwerb internalisierter Repräsentationen oder Vorstellungsbilder gelingt es Kindern dann in einem weiteren Entwicklungsschritt, die Nachahmung rein auf der Vorstellungsebene durchzuführen. Sie werden unabhängig von der tatsächlichen motorischen Ausführung des Gelernten. Sprachliche Modelle gewinnen eine zunehmende Bedeutung. Ebenso kann beobachtetes Verhalten kognitiv zu neuen Mustern zusammengestellt werden, so daß Kinder nun in der Lage sind, völlig neue Verhaltensweisen zu produzieren.

Die Konzeption des Lernens am Modell erweist sich in mehrfacher Hinsicht als besonders geeignet für eine Betrachtung der menschlichen Entwicklung unter dem Aspekt des Lernens. Einmal werden Stimuli ausdrücklich als *soziale* Stimuli definiert, d. h. als ausgehend von anderen Personen in sozialen Situationen. Verhalten wird dementsprechend in erster Linie als *soziales* Verhalten angesehen, als untrennbar mit einem sozialen Kontext verbunden, was den Bedingungen des Aufwachsens in der natürlichen Lebensumwelt entspricht. Zum anderen berücksichtigt dieser Ansatz die spezifisch menschliche Fähigkeit der *Sprache* oder allgemeiner: *symbolischer* Prozesse und vermag die Wirkung einer Reihe von Moderatorvariablen, die den Lernprozeß beeinflussen können, zu integrieren. Speziell der Gebrauch verbaler Formen des Modellernens, also die Verwendung von verbalen Modellreizen (Instruktionen), ermöglicht, sobald die Sprache ausreichend entwickelt ist, die Übermittlung einer fast unbegrenzten Menge von Reaktionsmustern, die auf andere Art nur sehr schwer oder zeitraubend beizubringen sind. Durch das Lesen einer Gebrauchsanweisung lernt man sicher schneller und effektiver, wie man einen Elektromotor baut, als durch Versuch und Irrtum.

Mit der Theorie des Beobachtungslernens ist auch leichter als durch ein reines Konditionierungsparadigma der *Erwerb neuen Verhaltens* zu erklären, abgesehen von der größeren Schnelligkeit, mit der auch komplexe Verhaltensweisen gelernt werden können.

Andererseits gerät die Konzeption des Lernens durch Beobachtung mit der Annahme einer *Vielzahl von vermittelnden Prozessen* zwischen Modellreizen und Imitationsverhalten in Schwierigkeiten bei der operationalen Definition und dem experimentellen Nachweis dieser Variablen. Außerdem fragt sich, wenn Beobachtungslernen Wahrnehmungsprozesse, Kodierungs- und Speicherungsvorgänge, Reproduktionsprozesse (Übung) und motivationale Prozesse umfaßt, inwieweit es sich noch um eine *eigenständige Lernform* handelt, bei der in erster Linie die Gelegenheit zur *Beobachtung eines Modells* ausschlaggebende Lernbedingung ist. Werden hier nicht verschiedene Arten des Lernens einfach unter einem ausgewählten Aspekt, der Beobachtung, zusammengefaßt? Die Gelegenheit zur Beobachtung von Modellen wäre dann nur eine erleichternde oder optimale Bedingung für Kontiguitätslernen, Bekräftigungslernen, kognitives Lernen oder Übung.

Auf jeden Fall ergibt sich daraus die Forderung, die Bedeutung und Auswirkung der einzelnen Teilprozesse, die offensichtlich zwischen Modell- und Beobachterverhalten vermitteln, genauer zu klären. In diese Richtung scheint sich die gegenwärtige Forschung auch zu bewegen. Nach einer Phase des Nachweises, *was* alles durch Beobachtung von Modellen gelernt werden kann, richtet sich das Interesse nun auf die einzelnen Faktoren, von denen die Art und der Grad des Imitationsverhaltens abhängen. Drei Fragen werden in diesem Zusammenhang besonders häufig untersucht: (1) die Rolle kognitiver und motivationaler Faktoren bei der Imitation, (2) die relative Bedeutung und der Zusammenhang von Nachahmung allein aufgrund von Beobachtung und von Verstärkung, (3) die Generalisierung von Imitationsverhalten auf neue Situationen und von verbalem auf nichtverbales Verhalten (BANDURA, 1986; HETHERINGTON &McINTYRE, 1975).

Die Bedeutung des Lernens am Modell für die Entwicklung läßt sich abschließend wie folgt zusammenfassen: Als gesichert kann gelten, daß überall dort, wo Personen miteinander agieren oder Personen bei der Auseinandersetzung mit bestimmten Aufgaben oder im Umgang mit Objekten beobachtet werden können, ein Lernen durch Beobachtung stattfindet. Darüber hinaus spielt Beobachtungslernen bei der Konfrontation mit symbolischen Modellen (in Filmen, Fernsehen, Büchern u.ä.) eine wichtige Rolle. Gerade letzteres, die realen Modellen vergleichbare Auswirkung von Massenmedien, ist unter pädagogischen Gesichtspunkten besonders bedeutsam. Sehr wahrscheinlich kommt es in allen Bereichen der Entwicklung, bei der Ausbildung motorischer Fertigkeiten, in der kognitiven, emotionalen und sozialen Entwicklung zu einem Beobachtungslernen, soweit jeweils die dazu notwendigen Fähigkeiten und Anreizbedingungen zur Beobachtung und Verarbeitung der betreffenden Modellreize vorausgesetzt werden können.

4.4 Mediationslernen

Das klassische Konzept des S-R-Lernens beinhaltet Gesetzmäßigkeiten der Verknüpfung von *beobachtbaren Reizen und Reaktionen*. Zwar schließt dies nicht-beobachtbare, hypothetische Mechanismen der Verknüpfung ein (Kontiguität, Verstärkung, Generalisierung etc.), *interne Reize und Reaktionen* wurden jedoch zunächst nicht zum Gegenstand der Analyse von Lernvorgängen gemacht. Erst mit BANDURAS Theorie des Beobachtungslernens gerieten interne Vermittlungsglieder zwischen Reizen und Reaktionen in den Blickpunkt des Interesses. Einen weiteren Versuch der Einführung interner Vermittlungsglieder in die S-R-Psychologie stellen die *Mediationstheorien* des Lernens dar.

Die Wurzeln der behavioristischen Mediationstheorien sind vor allem in PAWLOWS Konzept der Sprache als zweitem Signalsystem (PAWLOW, 1953), WATSONS Formulierung des Denkens als subvokalem Sprechen (WATSON, 1914) und HULLS Begriff der reinen Stimulusakte (engl. *pure stimulus acts*) und der damit verbundenen Vorstellungen über antizipatorische Zielreaktionen und Gewohnheitshierarchien (HULL, 1930) zu sehen.

Das Grundprinzip

Zur Erklärung zielgerichteten Verhaltens und zur Einordnung der Rolle symbolischer Prozesse (Vorstellen, Denken, Schlußfolgern) für die Verhaltenssteuerung erwies es sich für die S-R-Theorien bald als notwendig, zwischen dem Ausgangsreiz und der Endreaktion einer Handlungsfolge *vermittelnde Zwischenglieder (Mediatoren)* anzunehmen. Diese *verdeckten* (engl. *covert*), oder *internen*

Zwischenglieder sind selbst wiederum als Reaktion *und* Reiz definiert (siehe Schema):

$$S_e \dashrightarrow \boxed{r_i \longrightarrow s_i} \dashrightarrow R_e$$

(Die Indices e und i stehen für *extern* und *intern*.)

Es handelt sich also um nicht-beobachtbare, sondern bloß hypothetisch angenommene Variablen. Sie heißen *Mediatoren*, weil sie die Verknüpfung der externen Reize und Reaktionen *vermitteln*. Die verdeckten (*covert*) Reaktionen gelten hinsichtlich ihrer Entstehung und Veränderung als den gleichen Lerngesetzen unterliegend wie die offenen (engl. *overt*) Reaktionen. Untersucht wird, wie die hypothetischen verdeckten Reaktionen und die von ihnen hervorgerufenen verdeckten Reize die Äußerung des offenen Verhaltens beeinflussen. Eine besondere Bedeutung kommt dabei *verbalen Vermittlungsreaktionen* zu.

Antizipatorische Zielreaktion und Gewohnheitshierarchie

Die beiden HULLschen Begriffe *antizipatorische Zielreaktion* (engl. *anticipatory goal response*) und *Gewohnheitshierarchie* (engl. *habit family hierarchy*) können als wichtige Vorläufer eines Mediationskonzepts angesehen werden. Sie erlauben die Erklärung zielgerichteten Verhaltens, ohne auf Begriffe wie *Bewußtsein* oder *Einsicht* zurückgreifen zu müssen.

Das Konzept der *antizipatorischen Zielreaktion* geht davon aus, daß die vor einem Ziel (vor dem verstärkten Endverhalten) einwirkenden Reize durch ihre wiederholte Kontiguität mit der verstärkten Zielreaktion zu konditionierten Reizen werden, die *Teile* der auf die Zielerreichung abgestimmten beobachtbaren Zielreaktion auslösen. Solche schon *vor* der Zielerreichung vorhandenen Reize sind: die durch den Antrieb bedingten Reize, vor der Verstärkung liegende Umweltreize, ihre Spuren, sowie die durch eigene Bewegungen produzierten propriozeptiven Reize (die sensorisch-kinästhetischen Rückkoppelungen der Reaktionen). Die partiell antizipierenden Zielreaktionen r_G rufen ihrerseits wiederum Reize s_G hervor, die das weitere Verhalten steuern und eine Rückwirkung der Verstärkung des Endverhaltens auch auf noch weit vor dem Ziel liegende Reaktionen gewährleisten. Das unterschiedliche Ausmaß der Verstärkung der zeitlich verschieden weit von der Endverstärkung entfernten Reaktionen läßt sich in einem *Verstärkungsgradienten* ausdrücken.

Häufig gibt es verschiedene Wege, um zur Zielerreichung (Verstärkung) zu gelangen. Nach HULL konstituieren sich diese verschiedenen Möglichkeiten aufgrund der partiell antizipatorischen Zielreaktionen zu einer *Familie von Gewohnheiten (habit family)*. Dabei gilt: Die Stärke der Verknüpfung variiert mit dem Verstärkungsgradienten, d. h., die in der Nähe der Zielreaktion ausgeführten (am schnellsten zur Zielreaktion führenden) Reaktionen sind stabiler als die weiter davor liegenden. Die verschiedenen Verhaltensmöglichkeiten ordnen sich entsprechend zu einer Rangreihe der Bevorzugung. Weniger günstige Wege zur Zielerreichung werden nur dann gewählt, wenn die günstigeren blockiert sind. Die durch einen gemeinsamen Zielreiz integrierten, nach Bevorzugung angeordneten Gewohnheiten bilden eine *Hierarchie zielbezogener Gewohnheiten (habit family hierarchy)* oder kurz: eine *Gewohnheitshierarchie*.

Verbale Mediation

Für die Entwicklungspsychologie besonders wichtig sind die *verbalen Vermittlungsreaktionen*. Ihnen kommt für das Erlernen von Wortbedeutungen, die Begriffsbildung, die willkürliche Verhaltenssteuerung und jegliches sprachlich vermittelte Lernen im S-R-Konzept eine entscheidende Bedeutung zu (s. dazu HÖRMANN, 1967; LANGER, 1969; OSGOOD, 1957).

Beim Erlernen von *Wortbedeutungen* wird von Mediationstheoretikern davon ausgegangen, daß die vermittelnde Reaktion eine stumme Wiederholung des gehörten Reizwortes ist, die wiederum als (innerer) Reiz rückgemeldet wird (BOUSFIELD, 1961). Seine Bedeutung erhält ein ursprünglich neutrales Wort (z. B. *böse*) auf dem Wege eines klassischen Konditionierungsvorgangs, nämlich durch die wiederholte Koppelung mit einem unkonditionierten (u. U. auch einem konditionierten) Reiz, z. B. einem Schmerz- oder Strafreiz. Sowohl der bisher neutrale Reiz als auch der (un-)konditionierte Reiz rufen eine *repräsentationale* (verdeckte) *Reaktion* bzw. eine davon ausgehende repräsentationale Stimulation hervor. Am Ende des Konditionierungsvorgangs besteht eine Verbindung zwischen dem repräsentationalen Reiz *böse* und der repräsentationalen Reaktion auf den Schmerzreiz (HÖRMANN, 1967, S. 191).

In OSGOODS Mediationstheorie des Bedeutungserwerbs (OSGOOD, 1957, 1961) stellt das *Reizobjekt* S den ursprünglich eine Gesamtreaktion R_T auslösenden Reiz dar. Die *Bezeichnung* des Reizobjekts (S) löst nach wiederholter Koppelung mit dem Reizobjekt S selbst einen Teil der ursprünglichen Reaktion R_T aus, nämlich eine verdeckte Reaktion r_m . r_m umfaßt dabei die besonders leicht konditionierbaren Anteile der Gesamtreaktion R_T. Dies sind nach OSGOOD vor allem die *emotionalen* Komponenten der auf S folgenden R_T . r_m erzeugt wiederum eine Art innere Selbstreizung s_m, die dann die vermittelte beobachtbare R_x auslöst. Von den möglichen Reaktionen R_{x1-n} manifestiert sich diejenige, die sowohl dem bezeichneten Objekt als auch der Situation angemessen ist (HÖRMANN, 1967, S. 196 f.). Bei OSGOOD ist das repräsentationale Vermittlungsglied also nicht im rein Verbalen, sondern im Emotionalen zu suchen, d. h. in den von einem Wort ausgelösten Gefühlen und gefühlshaften Bedeutungen. OSGOOD erfaßt damit in erster Linie den *konnotativen* Aspekt von Wortbedeutungen. Schematisch läßt sich der gesamte Mediationsprozeß folgendermaßen darstellen (nach HÖRMANN 1967, S. 197):

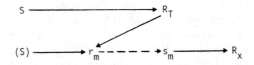

OSGOOD selbst erläutert sein Mediationskonzept am Beispiel der Reaktion auf das Reizobjekt *Ball* und das Wort *Ball*. S umfaßt dabei die Reizaspekte des Objekts (z. B. Größe, Gewicht), die regelmäßig zu einem bestimmten Gesamtverhalten R_T führen (Augenbewegungen, Greifen, Werfen, aber auch die damit verbundenen Emotionen). Der leicht konditionierbare Teil dieser Gesamtreaktion wird als r_m auf das Zeichen (S) für Ball konditioniert. Dieses Vermittlungsglied r_m hat auch einen Reizaspekt s_m, der dann das weitere Verhalten R_x auf das Zeichen *Ball* auslöst. (OSGOOD, 1957).

Der Bedeutungserwerb vollzieht sich demnach in zwei Phasen: In der ersten Phase, der *Dekodierung*, wird der Sprachreiz (S) in die verdeckte Reaktion r_m umgewandelt. In der zweiten Phase, der *Enkodierung*, löst der verdeckte Stimulus s_m die Reaktion R_x aus.

Mediationstheorien des Wortbedeutungserwerbs spielen in der gegenwärtigen Sprachentwicklungspsychologie keine nennenswerte Rolle mehr (vgl. SZAGUN, 1983; Kap. 11.3.2 in diesem Lehrbuch). Als ein letztes Relikt des Ansatzes von OSGOOD kann das von OSGOOD, SUCI & TANNENBAUM (1957) entwickelte *Semantische Differential* oder *Polaritätsprofil* angesehen werden. Es wird auch heute noch oft – in der Regel vermutlich ohne Kenntnis seines theoretischen Hintergrunds – verwendet. Es dient vornehmlich zur Feststellung der gefühlsmäßigen Bedeutung von bzw. der Einstellung zu Personen oder Gegenständen.

Die Wirksamkeit (verdeckter und offener) verbaler Vermittlungsglieder bei der willkürlichen Verhaltenssteuerung untersuchten u. a. WYGOTSKY (1934, 1964) und LURIA (1961, 1967, 1969), sowie teilweise daran anknüpfend MEICHENBAUM (1977).

Mediationslernen und Entwicklung

Den Entwicklungspsychologen interessieren am Mediationslernen vor allem die im Laufe der Entwicklung eintretenden Veränderungen in der Art und im Ausmaß des Einsatzes von Vermittlungsreaktionen. Der Wandel in der Verwendung verbaler Vermittlungsreaktionen wurde vor allem mit Versuchsanordnungen zum *Transpositionslernen* und mit Umlernaufgaben nach dem Muster der *Umkehrungsverschiebung* (*reversal shift* und *nonreversal shift*) untersucht.

Bei *Transpositionsaufgaben* werden die Versuchspersonen zunächst darauf trainiert, aus mehreren Reizen einen Reiz als den „richtigen" auszuwählen. Nehmen wir an, es handele sich um ein Reizpaar mit zwei sich ausschließlich in der Größe unterscheidenden Reizen A und B, sagen wir zwei verschieden großen Quadraten. B als das Größere sei als „richtig" definiert. Nachdem B richtig zu beantworten gelernt worden ist, wird in der zweiten Versuchsphase nun das bisher nicht verstärkte kleinere Quadrat A aus der ersten Versuchsphase durch ein neues Quadrat C ersetzt. Stellen wir uns vor, C sei wiederum größer als B. Bei der Darbietung des neuen Reizpaares B und C hat die Versuchsperson nun zwei Möglichkeiten: sie wählt weiterhin B als das zuvor bereits verstärkte Quadrat oder sie wählt Quadrat C, weil C verglichen mit B der größere Reiz ist, wie zuvor B im Vergleich zu A. Im ersten Fall (Wahl des zuvor verstärkten Reizes B) nennen wir die Reaktion *absolut*. Im zweiten Fall (Wahl des neuen größere Reizes C) nennen wir die Reaktion *relational*. (s. Abbildung 2.9).

Nach den einfachen Gesetzen des Verknüpfungslernens müßten die Versuchspersonen eher absolut reagieren. Geht man hingegen davon aus, daß bei der er-

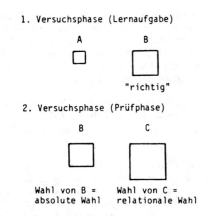

Abbildung 2.9: Versuchsaufbau einer Transpositionsaufgabe

sten Lernaufgabe (A–B) eine verbale Vermittlungsreaktion („das Größere ist richtig") gelernt worden ist und auf die zweite Aufgabe (B–C) übertragen wird, so ist zu erwarten, daß eher C gewählt wird. Welche Reaktion Versuchspersonen verschiedenen Alters zeigen, hängt von einer Vielzahl von Faktoren ab (vgl. STEVENSON, 1970, 1972a). Eine wichtige Rolle scheint dabei der sprachliche Entwicklungsstand und die damit zusammenhängende Verwendung oder Nichtverwendung von Relationsbegriffen (in unserem Beispiel: „größer - kleiner als") zu spielen (KUENNE, 1946; STEVENSON, 1970, 1972a).

Zu ähnlichen Ergebnissen gelangten das Ehepaar Howard und Tracy KENDLER und Mitarbeiter in Umlernversuchen, bei denen das verstärkte („richtige") Reizmerkmal in der zweiten Testphase entweder innerhalb einer Dimension oder auf eine neue Dimension wechselt (KENDLER, 1963; KENDLER & KENDLER, 1961, 1975; KENDLER, KENDLER & LEARNARD, 1962).

In einer typischen Umlernaufgabe wird folgendermaßen vorgegangen. Es werden vier verschiedene Reize ausgewählt (z.B Quadrate), die sich gleichzeitig in zwei Dimensionen (z. B. Größe und Helligkeit) voneinander unterscheiden. Die Reize werden paarweise dargeboten. In der ersten Versuchsphase wird beispielsweise die Reaktion auf das jeweils helle Quadrat verstärkt, und zwar unabhängig von der Größe. Diese Verknüpfung wird bis zu einem Kriterium trainiert. Danach wird die Aufgabe verändert. Entweder ist nun das jeweils dunkle Quadrat zu wählen, wiederum unabhängig von der Größe, oder es ist das jeweils kleinere (oder das größere) Quadrat zu wählen, unabhängig von der Helligkeit oder Dunkelheit des Quadrates (s. Abbildung 2.10).

Im ersten Fall ist die relevante Dimension (hell/dunkel) gleich geblieben, aber die neue korrekte Reaktion ist die Umkehrung der alten (dunkel anstelle von hell). Deshalb spricht man von einem *Umlernen innerhalb der gleichen Dimension* (OERTER, 1970) oder einer *Umkehrungsverschiebung* (BALDWIN, 1974b), engl. *reversal shift.* Beide zuvor richtigen Reaktionen werden nicht mehr verstärkt. Im

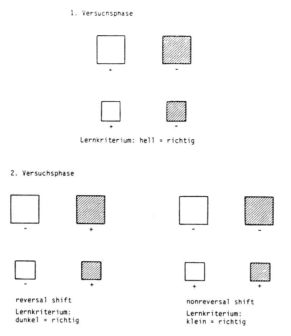

Abbildung 2.10: Umlernaufgabe nach dem Muster des *reversal shift* und des *nonreversal shift*

zweiten Fall hat die relevante Dimension gewechselt (von hell/dunkel zu groß/klein). Hier spricht man von einem *Umlernen auf eine neue Dimension* (OERTER, 1970) oder einer *nichtumkehrenden Verschiebung* (BALDWIN, 1974b), engl. *nonreversal shift*. Verstärkt werden nun kleine Quadrate, ob hell oder dunkel. Die kleinen hellen Quadrate wurden bereits in der ersten Testphase verstärkt.

Wie bei den Transpositionsaufgaben kommt man zu entgegengesetzten Vorhersagen, je nachdem, ob man von einem einphasigen S-R-Konzept oder von einem zweiphasigen Mediationskonzept ausgeht. Nach dem einfachen S-R-Konzept der direkten Verknüpfung von externen Reizen und offenem Verhalten müßte das Umlernen auf eine neue Dimension (nonreversal shift) schneller gelingen als das Umlernen innerhalb der gleichen Dimension (reversal shift). Denn beim reversal shift ist eine bisher verstärkte Reaktion (helle Quadrate) durch eine bisher gelöschte Reaktion (dunkle Quadrate) zu ersetzen, während beim nonreversal shift die neu zu lernende Reaktion (helle und dunkle kleine Quadrate) bislang genau so häufig verstärkt worden ist wie die zu verlernende Reaktion (helle und dunkle große Quadrate), nämlich jeweils in der Hälfte der Fälle. Nach einem Mediationskonzept hingegen, d.h. unter der Annahme, daß verbale Vermittlungsreaktionen eingesetzt werden, müßte ein Umlernen innerhalb der gleichen Dimension (reversal shift) leichter fallen als ein Umlernen auf eine neue Dimension (nonreversal shift). Beim reversal shift behält nämlich sowohl die für das Lernen relevante Dimension (hell/dunkel) als auch die entsprechende Vermittlungsreaktion ihre Bedeutung, allein die offene Reaktion hat von der einen Alternative (hell) auf die andere Alternative (dunkel) zu wechseln. Beim nonreversal shift dagegen ist sowohl die vorangegangene Mediation (hell/dunkel) als auch die offene Reaktion zu verändern, d. h. die Versuchsperson hat auf einen neuen Reizaspekt zu reagieren und muß gleichzeitig lernen, welche spezifische Reaktion, *größer* oder *kleiner*, innerhalb der neuen Dimension richtig ist.

Entwicklungspsychologisch interessant ist nun, daß in Versuchen an Ratten und mit Kindern bis etwa zum Alter von 5 Jahren die Vorhersage des einphasigen S-R-Konzepts zutraf, also ein Umlernen auf eine neue Dimension leichter fiel. Ältere Kinder und Erwachsene hingegen verhielten sich eher so wie von einem Mediationskonzept zu erwarten. Sie hatten weniger Schwierigkeiten innerhalb der gleichen Dimension umzulernen. Ähnlich wie die Veränderungen im Lernverhalten bei den Transpositionsaufgaben läßt sich das unterschiedliche Verhalten von jüngeren und älteren Versuchspersonen in Umlernversuchen auf entwicklungsmäßige Unterschiede in der Verwendung von verbalen Vermittlungsgliedern zurückführen.

Daß sich kleine Kinder von Erwachsenen darin unterscheiden, in welchem Ausmaß sie verbale Vermittlungsglieder in den geschilderten Lernaufgaben einsetzen, ist gesichert. Umstritten ist, ob in der Übergangszeit, etwa zwischen 5 und 7 Jahren, in der die Kinder zwar die notwendigen Worte kennen, beim Lernen aber trotzdem keine verbalen Mediatoren verwenden, eine *Mediations-Defizienz* (KENDLER, KENDLER & WELLS, 1960) oder eine *Produktionsdefizienz* (FLAVELL, BEACH & CHINSKY, 1966) vorliegt. Es sieht so aus, als ob letzteres eher zutrifft. Kinder in diesem Alter scheinen die erforderlichen Worte zu kennen und in anderen Situationen auch zu gebrauchen, sie produzieren sie jedoch nicht in den Lernversuchen und können insofern auch keine verbale Mediation einsetzen.

Nachfolgende Untersuchungen zeigten, daß die Ergebnisse von Umlernversuchen, wie auch von Transpositionsexperimenten, nicht ausschließlich vom Einsatz verbaler Vermittlungsreaktionen abhängen (STEVENSON, 1970, 1972a). Neben der Art der Reizauswahl und der gewählten Versuchsanordnung scheint von Bedeutung zu sein, wie weit die Abstraktionsfähigkeit der Versuchspersonen fortgeschritten ist (JEFFREY, 1965) und wie gut die Versuchspersonen in der Lage sind, ihre Aufmerksamkeit auf die für die geforderte Reizdiskrimination relevanten Reizdimensionen zu lenken (ZEAMAN & HOUSE, 1963).

5. Prägung

Vorwissenschaftlicher Prägungsbegriff

Die bildliche Vorstellung des Eingravierens oder Einprägens von Merkmalen durch die Umwelt trifft man bereits im vorwissenschaftlichen Denken an. Sie steht hinter Aussagen wie, jemand sei durch seine schwere Kindheit, einen dominanten Vater, ein bestimmtes Erlebnis usw. *geprägt*. Man meint damit, daß die Umwelt *durch einmalige oder länger andauernde Einwirkungen bleibende Eindrücke hinterlassen* hat bzw. die Persönlichkeitsentwicklung eines Individuums langfristig beeinflußt hat. Dabei gilt der geprägte Organismus aufgrund der angenommenen Offenheit für eine Vielzahl von Erfahrungen (*Unspezialisiertheit*) als überwiegend *passiver Empfänger*, der durch die betreffenden Einwirkungen in seinen potentiellen Entwicklungsmöglichkeiten eingeschränkt und in bestimmten Richtungen festgelegt wird (s. auch das „*Trichtermodell" der Sozialisation*).

In diesem Sinne kann man von der prägenden Wirkung von Familie, Schule, Beruf, Massenmedien und Zeitgeist sprechen (vgl. THOMAE, 1959d). Verhaltensänderungen durch äußere Einflüsse in Richtung einer Kanalisierung und Verfestigung der Entwicklung lassen sich jedoch zum größten Teil mit Begriffen des *Lernens* und der *Sozialisation* umschreiben (s. dazu Kap. 2.4, 2.6 und 9). Soll der Begriff *Prägung* einen eigenständigen Wert für eine entwicklungspsychologische Betrachtungsweise besitzen, so muß mit ihm über die Merkmale *Verhaltensänderung durch Erfahrung, Übung und Beobachtung (Lernen)* oder *Verhaltensänderung durch Anpassung an die kulturell gegebenen Wertvorstellungen (Sozialisation)* hinaus etwas ausgesagt werden. Dies leistet erst der wesentlich engere Prägungsbegriff der *Ethologie*.

Ethologischer Prägungsbegriff

In der Ethologie oder Verhaltensforschung versteht man unter *Prägung* (engl.: *Imprinting*) seit LORENZ (1935) den *einmaligen, irreversiblen Vorgang der Spezialisierung eines Auslöseschemas für bestimmte Instinkthandlungen, der nur während einer kurzen Zeitspanne, einer kritischen oder sensiblen Periode, bald nach der Geburt stattfinden kann*. Ähnlich definiert MOLTZ (1960) Prägung als den Prozeß der Erhöhung der Selektivität eines Auslösemechanismus, d. h. als Einschränkung der Zahl möglicher Auslöse- oder Schlüsselreize für bestimmte Verhaltensmuster. Die Zahl der in Frage kommenden Auslösereize bzw. die prägungsrelevanten Charakteristika potentieller Reizobjekte sowie die dadurch auslösbaren Reaktionsmuster sind dabei von vornherein durch spezies-spezifische Anlagen begrenzt. (Zu Grundbegriffen der Ethologie s. auch Kap. 7.3). Ein Individuum läßt sich somit nicht auf jeden Reiz oder auf jedes Objekt prägen. Vielmehr müssen bestimmte, wenn auch relativ unspezifische Reizmerkmale (Bewegung, optische oder akustische Eigenheiten) gegeben sein. Welches Verhalten geprägt wird, ist ebenfalls artspezifisch.

Paradigmatisch untersucht und nachgewiesen wurde die so definierte Prägung für das *Nachfolgeverhalten* gegenüber dem ersten bewegten Objekt bei verschiedenen Vogelarten (COLLIAS, 1952; HESS, 1964, 1975; HINDE, THORPE & VINCE, 1956, LORENZ, 1935) aber auch bei einigen Säugern, wie Ziegen und Schafen (CAIRNS, 1966; SCOTT, 1945) Hunden (SCOTT & FULLER, 1965) oder nichtmenschlichen Primaten (HARLOW, 1961; HARLOW & HARLOW, 1969; SACKETT, 1965).

Zwar regten LORENZ' Versuche erst ein systematisches Interesse für Prägungsvorgänge an. Bereits sehr viel früher hatten jedoch SPALDING (1873) an Küken und HEINROTH (1910) an Wildgänsen ähnliche Beobachtungen gemacht.

Natürlicherweise wird ein Junges auf die Mutter geprägt. Die biologische Funktion dieses Phänomens dürfte im Überlebensvorteil zu suchen sein, der mit der Aufrechterhaltung der Nähe der Mutter zum hilflosen, pflegebedürftigen Jungen gegeben ist. Dies scheint bei Tierarten, denen die Erkennung der Artgenossen nicht angeboren ist, ohne den Prägungsvorgang nicht garantiert zu sein. Unter experimentellen Bedingungen können an die Stelle der Mutter andere Individuen (andere Tiere oder sogar Menschen) oder auch unbelebte Objekte (eine Atrappe, ein Ball etc.) treten. So konnten RAMSAY und HESS (1954) in einer phantasievollen Versuchsanordnung 12 bis 17 Stunden alte Entenküken innerhalb von 10 Minuten auf eine in einem Wasserbecken rotierende künstliche Ente prägen.

Nachfolgeverhalten oder die Annäherung an das Prägungsobjekt, wofür Prägungsvorgänge im Tierreich demonstriert werden konnten, sind *soziale* Reaktionen. Entsprechend verwendet die Mehrzahl der Autoren den Prägungsbegriff zur Bezeichnung der *Herausbildung* und *Festlegung* der ersten *sozialen Bindung* (GRAY, 1958; MOLTZ, 1960; NASH, 1978; SLUCKIN, 1972). Außer dem Nachfolgeverhalten werden manchmal auch Jammern und Schreien (*distress calls*) bei einer Trennung vom Prägungsobjekt, die im Unterschied zur Annäherung an das Prägungsobjekt beobachtete Vermeidung anderer Objekte oder die Wirksamkeit des Prägungsobjekts als Verstärker in Lernversuchen als Indizes für das Vorliegen einer Prägung (sozialen Bindung) angesehen.

Es wird weiter angenommen, daß die erste Bindung das *spätere* soziale Verhalten gegenüber anderen Individuen der eigenen oder fremden Art determiniert, sich z. B. auf die Wahl des Geschlechtspartners auswirkt (BATESON, 1978; GUITON, 1961, 1962; SCHUTZ, 1965).

Die Nachfolgereaktion, wie auch die anderen Prägungsindizes scheinen nach heutiger Auffassung kein notwendiger Bestandteil der *Entstehung* einer Prägung zu sein, sondern eher deren *Folge* (HINDE, 1983; SLUCKIN, 1972). Entsprechend subsumiert SLUCKIN (1972) unter Prägung jeden Vorgang, bei dem irgendeine sensorische Stimulation zu irgendeiner Art von Bindung an diese Stimulation führt, unabhängig davon ob das Tier während der Stimulation Gelegenheit zur Ausführung der Nachfolgereaktion hatte oder nicht. Ähnlich nehmen THOMPSON und GRUSEC an, daß allein die *Vertrautheit* mit dem Reizobjekt zur Bindung führt. Prägung wird demnach nicht, wie anfänglich postuliert, *motorisch* durch den Erwerb einer Nachfolgereaktion definiert, sondern *wahrnehmungsmäßig* als das Lernen der (optischen, akustischen etc.) Reizcharakteristika des Prägungsobjekts (SLUCKIN, 1972, S. 108). Damit einhergehend wird auch die Vorstellung aufgegeben, daß bereits die einmalige kurzfristige Darbietung des Reizobjekts zur Ausbildung einer dauerhaften Prägung ausreichen muß.

Außer der Prägung auf Individuen einer Art, also der Nachlaufprägung und der Geschlechtspartnerprägung als Formen der sozialen Bindung, läßt sich im übrigen auch eine Prägung auf bestimmte Aspekte der Umgebung, in der das Tier heranwächst (*Biotopprägung*) oder auf bestimmte Arten von Nahrung (*Nahrungsprägung*) beobachten (BATESON, 1966; HESS, 1962; SLUCKIN, 1972; THORPE, 1956). Das von mir zur Illustration der Merkmale von Prägungsvorgängen gewählte Untersuchungsbeispiel 2.9 schildert eine solche Nahrungsprägung.

Merkmale von Prägungsvorgängen

Prägungsvorgänge lassen sich im wesentlichen durch die folgenden sechs Merkmale kennzeichnen (vgl. LORENZ, 1935; SLUCKIN, 1972). Diese können gleichzeitig zur Unterscheidung von Prägung und Lernen herangezogen werden (s. dazu S. 133f.).

1. Eine eigentümliche *Verschränkung* von *angelegten Reaktionsmustern* mit *Reizgegebenheiten der Umwelt*. Aufgrund angeborener, relativ unspezifischer Reizpräferenzen (z. B. für Größe, Bewegung, Farbe) gewinnt ein einmalig oder über eine gewisse Zeit wahrgenommenes Reizobjekt von nun an Auslösefunktion für ein bestimmtes Verhalten.

2. Die Einwirkungsmöglichkeit der Umwelt ist auf eine *genetisch determinierte Zeitspanne* beschränkt (eine kritische bzw. sensible Periode; s. weiter unten). Sie liegt bei den meisten untersuchten Tierarten bald nach der Geburt und ist nur von kurzer Dauer. Ihr Auftreten hängt vermutlich mit Phasen vorübergehend stark erhöhter physiologischer Bereitschaft zusammen (BORNSTEIN, 1989; NASH, 1978).

3. Sobald eine Prägung erfolgt ist, erweist sich diese als äußerst stabil oder sogar *irreversibel*. Die eingetretene Prägung ist resistent gegen neuerliche Einwirkungen.

4. Durch Prägung werden *artspezifische*, keine individuellen Merkmale des Reizobjekts „gelernt". Entsprechend wird ein Individuum auch auf die Art geprägt, nicht auf ein bestimmtes Individuum.

5. Die Verknüpfung eines Verhaltensmusters mit bestimmten Auslösereizen (Objekten) erfordert nicht unbedingt die bereits bestehende Funktionstüchtigkeit oder eine Äußerung des betreffenden Verhaltens während der Prägungsphase. So kann sich z. B. späteres Paarungsverhalten auf Reizobjekte richten, auf die vor der Geschlechtsreife eine Prägung von Nachfolgeverhalten stattgefunden hat (SCHUTZ, 1965).

6. Das Eintreten von Prägungseffekten läßt sich nicht auf Bekräftigung oder Triebreduktion, etwa durch Nahrung, Wärme, taktile Reize, zurückführen. Die erlernte Verknüpfung tritt außerdem u. U. beim ersten Auftreten mit voller Stärke ein (HESS, 1962).

Zur Illustration der zeitlichen Steuerung von Prägungsvorgängen eignet sich die folgende Untersuchung von HESS (1962) zur Nahrungsprägung.

Untersuchung 2.7 *Nahrungsprägung bei Küken*

In verschiedenen Experimenten mit jungen Enten und Hühnern hatte Eckhard Hess festgestellt, daß die sensible Periode für eine Nachlaufprägung bei diesen Tieren während der ersten 32 Stunden nach dem Ausschlüpfen liegt. Das Maximum der Prägbarkeit war zwischen 13 und 16 Stunden gegeben. In späteren Untersuchungen dehnte Hess das Prägungskonzept auf andere ungelernte Verhaltensweisen aus, so z. B. auf das Picken von Futterkörnern bei kleinen Küken.

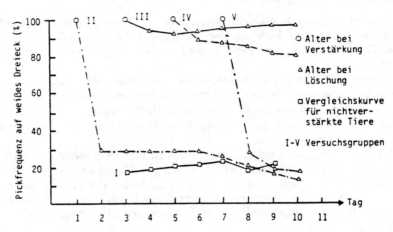

Abbildung 2.11: Pickfrequenzen von Versuchstieren, die in unterschiedlichem Lebensalter für das betreffende Pickverhalten verstärkt worden sind (nach Hess, 1962, S. 260)

Die Untersuchungen zur Nahrungsprägung bei Küken gingen von folgenden Beobachtungen aus. Küken bevorzugen beim Picken ungelernt einige Objekte vor anderen. Leghornküken picken z. B. häufiger auf weiße Kreise auf blauem Hintergrund als auf weiße Dreiecke auf grünem Hintergrund, und zwar ohne daß diese Präferenz irgendwann einmal verstärkt worden wäre. Diese Präferenz kann allerdings verändert werden, indem beim Picken auf die weißen Dreiecke ein Futterkorn als Verstärker gegeben wird. Die Küken bevorzugen daraufhin das zuvor weniger beachtete Reizobjekt. Das neu erworbene Verhalten ist dann auch ohne weitere Verstärkung recht stabil (löschungsresistent) und wird nach 10 Tagen weiter aufrechterhalten.

Unter theoretischem Aspekt, nämlich zur Abgrenzung von Prägung und Lernen, ist es aufschlußreich zu untersuchen, inwieweit es sich hier bloß um einfaches Unterscheidungslernen handelt oder um Prägung. Zugrundeliegendes Prinzip des Unterscheidungslernens ist: Pickreaktionen auf Reiz 1 werden verstärkt, Pickreaktionen auf Reiz 2 werden nicht verstärkt, sie werden daraufhin vermehrt bei Anwesenheit von Reiz 1 gezeigt. Zugrundeliegendes Prinzip einer Prägung ist hingegen: Reiz-Reaktionskoppelungen sind während bestimmter Perioden optimal, d. h. besonders schnell und dauerhaft hervorzurufen und sind dann weitgehend resistent gegen Versuche einer Verhaltensmodifikation.

Zur Abklärung dieser Frage stellte Hess fünf Gruppen von Küken zusammen, die verschieden alt waren (zwischen 1 und 9 Tagen) als sie für Pickverhalten entgegen der angeborenen Präferenz (Picken von weißen Dreiecken auf grünem Grund) mit Futterkörnern verstärkt wurden. Danach wurden die Tiere täglich einer zweistündigen Löschungsperiode ausgesetzt, d.h. beim Picken auf Dreiecke erhielten sie nun kein Futterkorn mehr.

Ergebnisse:

Die Häufigkeit des Pickens auf Dreiecke (in Prozent aller Pickreaktionen) für Tiere mit unterschiedlichem Alter während der Verstärkungsphase geht aus der Abbildung 2.11 hervor:

Die Kurven zeigen deutlich, daß es eine sensible Periode gibt, während der Futterverstärkung am effektivsten die angeborene Pickpräferenz modifiziert. Sie ist bei den untersuchten Tieren am 3. Tag gegeben (Versuchsgruppe III). Trotz fehlender Verstärkung an den nachfolgenden Tagen wird das einmal verstärkte Verhalten beibehalten (Resistenz gegen Löschung). Um so weiter sich die Verstärkungsphase vom 3. Tag entfernt, sei es früher oder später, desto weniger löschungsresistent ist das gelernte Pickverhalten (s. die Abbildung 2.12).

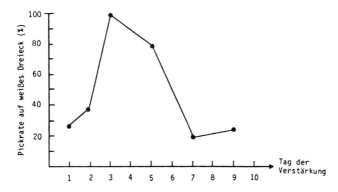

Abbildung 2.12: Modifikation des angeborenen Pickverhaltens bei Küken durch Futterverstärkung in Abhängigkeit vom Alter bei der Verstärkung (nach Hess, 1962)

Aus der Untersuchung von Hess ist zu ersehen, daß das Pickverhalten bei Küken, ähnlich wie deren soziale Bindung, von angeborenen Präferenzen ausgeht. Diese können aber während einer sensiblen Periode durchaus modifiziert werden. D.h., während der sensiblen Periode kann durch Verstärkung eine dauerhafte Substitution des angeborenermaßen bevorzugten Reizes erreicht werden.

Hess, E. H. (1962). Imprinting and the „critical period" concept. In: E. L. Bliss (Ed.) *Roots of behavior. Genetics, instinct, and socialization in animal behavior* (pp. 254-263). New York: Hoeber.

Anwendung auf die Humanentwicklung

Die bisherige Schilderung des ethologischen Prägungsbegriffs bezog sich auf die Verhältnisse bei einigen Tierarten. Nur wenn sich gleiche oder zumindest ähnliche Verhältnisse im Humanbereich finden lassen, gewinnt das Prägungskonzept auch für den Entwicklungspsychologen eine Bedeutung.

Tatsächlich wurde eine Ausdehnung des Prägungskonzepts auf die menschliche Entwicklung versucht und die Herausbildung der ersten sozialen Bindung beim Säugling bzw. deren Störung, samt der späteren Auswirkungen, als ein Prägungsvorgang betrachtet. Wichtigster Ausgangspunkt hierfür waren Beobachtungen an hospitalisierten Kindern (BOWLBY, 1951; SPITZ, 1945; SPITZ & WOLF, 1946).

Da der menschliche Säugling in der ersten Zeit nach der Geburt sich nicht selbständig fortbewegen kann, muß an die Stelle des Nachfolgeverhaltens beim Menschen ein anderes Kriterium für die soziale Bindung treten. GRAY (1958) glaubt das *soziale Lächeln* des Säuglings, das etwa ab der sechsten Lebenswoche durch Blickzuwendung und Ausdrucksbewegung von Erwachsenen (normalerweise der Mutter) hervorgerufen wird, als Entsprechung der Nachfolgereaktion bei geprägten Tieren ansehen zu können. Dies wird dadurch gestützt, daß nach einiger Zeit nur noch ganz bestimmte Personen angelächelt werden (BOWER, 1977; HINDE, 1961, 1983). CALDWELL (1962) hält das Folgen des Blicks (visual following response) für das Äquivalent der motorischen Nachfolgereaktion. Nach BOWLBY und AINSWORTH nehmen alle Reaktionsmuster, die einen engen räumlichen Kontakt zwischen Mutter und Kind aufrechterhalten helfen, den Platz von prägungsrelevanten Verhaltensweisen ein (AINSWORTH, 1969; BOWLBY, 1969/1975). Saugen, Anklammern, Nachschauen und – später – Nachlaufen bringen dabei das Kind in die Nähe der Mutter, während Lächeln und Weinen die Mutter in die Nähe des Kindes holen oder dort festhalten.

Da heute weniger den verschiedenen Formen der Aufrechterhaltung von räumlicher Nähe (Nachfolgereaktionen) als der Art und Dauer der *Wahrnehmung* von Objekten im Rahmen von Prägungsvorgängen Bedeutung zugemessen wird (vgl. S. 127), hat die Suche nach Entsprechungen der Nachfolgereaktion beim Menschen an Gewicht verloren. Das Interesse richtet sich nun stärker auf die Auswirkungen der *Vertrautheit* mit Reizen auf aktuelles und späteres Verhalten (SLUCKIN, 1972). Die Nähe zum potentiellen Prägungsobjekt wäre dann nur die notwendige Voraussetzung für die Wahrnehmung und die allmähliche Vertrautheit.

Inzwischen ist die Untersuchung prägungsverwandter Vorgänge beim Menschen weitgehend zu einem Zweig der Erforschung der Entwicklung von Anhänglichkeit (attachment) im Säuglings- und Kleinkindalter geworden (vgl. AINSWORTH, 1969; BOWLBY, 1969/1975; MACCOBY & MASTERS, 1970; s. dazu Kap. 7.3).

Ehe näher auf die Bedeutung von Prägungsvorgängen für die menschliche Entwicklung eingegangen wird, erscheint es notwendig, zwei in diesem Zusammenhang wichtige Punkte zu klären: das Konzept der *Sensiblen Perioden* und das Verhältnis von *Prägung und Lernen*.

Sensible Perioden

Das Vorhandensein von Entwicklungsphasen mit vorübergehend stark erhöhter Beeinflußbarkeit durch äußere Reize scheint für das Prägungsphänomen zentral zu sein (vgl. S. 127). Früher bezeichnete man diese Zeiträume als *Kritische Phasen* oder auch *Kritische Perioden*. Damit sollte die Ausschließlichkeit und Irreversibilität der Beeinflussung des Organismus zu einer bestimmten Zeit verdeutlicht werden. Heute spricht man eher von *Sensiblen Phasen* oder *Sensiblen Perioden*, da selten eine vollkommene Irreversibilität der Prägungseffekte oder eine ausschließliche Beeinflußbarkeit in einem eng umgrenzten Zeitraum angetroffen wird (BORNSTEIN, 1989; FABRICIUS, 1962; MOLTZ & ROSENBLUM, 1958a,b).

Der Begriff „Kritische Phase" stammt ursprünglich aus der Embryologie und bezeichnet dort den Zeitpunkt, bis zu dem eine Gewebsverpflanzung noch zu einer Anpassung des sich entwickelnden Gewebes an die neue Umgebung führt. Nach diesem „kritischen" Zeitpunkt ist eine Modifikation durch Verpflanzung nicht mehr möglich, der Zustand ist irreversibel geworden (STOCKARD, 1921).

Für die Embryonalentwicklung hat man auch einen Zusammenhang zwischen Phasen beschleunigten Wachstums und Kritischen Phasen festgestellt (C. M. CHILD, 1941; STOCKARD, 1921). Diesen Gedanken hat BLOOM (1964/1971) auf die Intelligenzentwicklung im Kindesalter übertragen. Er nahm an, daß während der Zeit der stärksten Beschleunigung der Intelligenzentwicklung, das ist etwa in den ersten acht Lebensjahren, Umwelteinflüsse sich besonders nachhaltig auf die Intelligenz auswirken können (s. dagegen aber KRAPP & SCHIEFELE, 1976; WOHLWILL, 1980).

Etwas völlig anderes als in der Embryologie oder der Ethologie ist übrigens mit dem gleichlautenden Begriff in den Stufenmodellen KROHS oder BUSEMANNS gemeint (s. Kap. 7.2). Dort bedeutet „Kritische Phase" die vor allem durch Trotz ausgezeichnete krisenhafte Zeit starker Veränderungen beim Übergang zur jeweiligen nächsten Entwicklungsstufe (auch 1. und 2. Trotzphase genannt).

Sowohl für Kritische Phasen im engen Sinne als auch für Sensible Perioden gilt: Gleiche Einwirkungen haben zu verschiedenen Zeiten unterschiedliche Effekte. Sensible Phasen sind demnach biologisch vorprogrammierte Zeiträume vorübergehend stark erhöhter Empfänglichkeit für bestimmte äußere Einwirkungen. Weder vorher noch nachher sind vergleichbare Effekte möglich. Die während einer Sensiblen Periode eingetretene Veränderung bleibt auch über die betreffende Zeitspanne hinaus erhalten. Die zeitlich begrenzte erhöhte Sensibilität ist sowohl reiz- als auch reaktionsspezifisch: „es gibt keine sensible (kritische) Phase für alle Außenbedingungen oder alle Verhaltensbereiche" (SCHMIDT, 1970, S. 308; vgl. auch BORNSTEIN, 1989).

Sensible Prägungsphasen sind hinsichtlich des Zeitpunkts ihres Einsetzens und ihrer zeitlichen Ausdehnung je nach Spezies verschieden. Prinzipiell kann man davon ausgehen, daß sich mit aufsteigender phylogenetischer Entwicklungshöhe der Zeitpunkt des Beginns hinausschiebt und die Dauer verlängert (BORNSTEIN, 1989; NASH, 1978; SLUCKIN, 1972). So liegt die Sensible Periode zur Auslösung von Nachfolgereaktionen bei verschiedenen Vogelarten bereits in den ersten Lebenstagen (SLUCKIN, 1972). Bei kleinen Hunden erstreckt sich die Prägungsphase etwa von der 4. bis zur 14. Lebenswoche (SCOTT & FULLER, 1965), während bei nichtmenschlichen Primaten die Zeit zwischen dem 3. und 6. Lebensmonat prägungsrelevant zu sein scheint (HARLOW, 1961).

Verschiedene Autoren haben versucht, auch für den menschlichen Säugling den Beginn und das Ende einer sensiblen Prägungsphase zu markieren. So unterscheidet GRAY (1958) eine erste Phase der Lernfähigkeit, auf die mit dem Beginn der Phase des sozialen Lächelns etwa um die 6. Lebenswoche die eigentliche Prägungsphase folgt, die dann durch die in der zweiten Hälfte des ersten Lebensjahres aufkommende Furcht vor Fremden beendet wird. Wichtig ist in diesem Zusammenhang, daß sich in dem von GRAY angenommenen Zeitraum nur eine Bindung an Menschen allgemein (eine generelle soziale Ansprechbarkeit) herausbilden kann und nicht eine Bindung an eine individuelle Person (etwa die Mutter), da Kinder angeblich erst ab dem 6. Lebensmonat das Gesicht der Pflegeperson von fremden Gesichtern unterscheiden können sollen (s. aber BOWER, 1977; LEWIS & BROOKS, 1974). Auch für das Eintreten von Schäden durch die Trennung von der Mutter wird erst die Zeit nach dem 6. Lebensmonat als besonders sensibel angesehen. Hiermit stimmt BOWLBY überein, der den gesamten Zeitraum zwischen 6 Monaten und 3 Jahren als bedeutsam für prägungsanaloge Effekte in der sozialen Entwicklung des Kleinkindes ansieht (BOWLBY, 1969/ 1975).

Sensible Perioden für Prägung, d. h. die Ausbildung einer sozialen Bindung, die Nahrungs- oder Biotopprägung, stellen nur *eine* Form vorübergehend erhöhter Reizempfindlichkeit eines Organismus dar. Davon zu unterscheiden sind *Sensible Perioden für Stimulation* und *Sensible Perioden der Lernbereitschaft* (SCOTT, 1962). Das Konzept der Sensiblen Perioden ist somit weiter als das der Prägung.

Prägung und Lernen

Kontrovers ist, ob Prägung auf einer angeborenen, in ihrer Art und ihrem zeitlichen Ablauf biologisch vorgegebenen Lernbereitschaft mit eigenen Gesetzmäßigkeiten basiert oder „nur" eine besondere Art des assoziativen Lernens (Konditionierens) ist. Im letzteren Fall wäre die Herausbildung einer sozialen Bindung das Resultat der Verknüpfung von Reizobjekten oder Reizmustern (natürlicherweise der Mutter) mit primärer Verstärkung. Die vorhin aufgeführten Merkmale von Prägungsvorgängen, insonderheit das Vorhandensein deutlich reifungsabhängiger Sensibler Perioden, die weitgehende Irreversibilität der Effekte und die artgebundene Reiz- und Reaktionsspezifität scheinen jedoch für ersteres zu sprechen. Eine Prägung scheint außerdem unabhängig vom Vorhandensein verstärkender Bedingungen oder der Befriedigung körperlicher Bedürfnisse, allein durch die wiederholte Konfrontation mit einem Reizobjekt, erzielbar zu sein (SLUCKIN, 1972).

Die experimentelle Kontrolle von Lernfaktoren ist allerdings häufig nur schwer zu erreichen. Insbesondere Bekräftigung und Triebreduktion sind kaum völlig auszuschließen. Sie scheinen oft sowohl beim ursprünglichen Prägungsvorgang als auch bei der späteren Aufrechterhaltung des Prägungseffekts beteiligt zu sein (MOLTZ, 1963). Daß bei einem gezielten Entzug von Bekräftigern (unter Extinktionsbedingungen) eine allmähliche Abnahme der Intensität der Nachfolgereaktion eintritt, konnten MOLTZ und ROSENBLUM (1958a,b) zeigen.

MOLTZ (1963) betrachtet die Prägung als einen zweigleisigen Prozeß des Klassischen und des Instrumentellen Konditionierens. Zuerst wird ein aufmerksamkeitserregender Stimulus während eines Zustands geringer Angst mit diesem geringen Angstniveau assoziiert und erhält dadurch Bekräftigungswert. Bestimmte Reaktionskomponenten des Triebzustands sind nun auf diesen Reiz konditioniert. Wird später durch irgendwelche neuen Reize Angst erzeugt, so sucht das geprägte Individuum die Nähe des mit Angstfreiheit assoziierten Reizobjekts. Antworten, die das Individuum in die Nähe des betreffenden Reizobjektes bringen (Nachfolgereaktionen), werden verstärkt. Nimmt mit dem Vertrautwerden mit den neuen Reizen die Angst ihnen gegenüber ab, so verschwindet auch allmählich das Nachfolgeverhalten.

Die scharfe Trennung von Prägung und Lernen ist inzwischen aufgegeben worden (HINDE, 1962, 1983; KOVACH, FABRICIUS & FALT, 1966). LORENZ selbst hat in einer späteren Veröffentlichung Prägung als eine besondere Art der Konditionierung bezeichnet (LORENZ, 1955). Trotzdem bleiben wesentliche Unterschiede zwischen Prägung und Lernen bestehen.

Als die zwei wichtigsten nennt SLUCKIN (1972, S. 102 ff.): (1) die Nicht-Assoziativität und (2) die Unabhängigkeit von Verstärkung bei der Prägung.

(1) Das Konditionierungsparadigma geht davon aus, daß grundsätzlich *jeder* (neutrale) Stimulus durch Kontiguität mit einem unkonditionierten Stimulus (einer Verstärkung) zu einem bedingten Auslöser der betreffenden Reaktion werden kann. Es wird also eine bisher nicht bestehende Verknüpfung zwischen einem Stimulus und einer Reaktion hergestellt und gefestigt. Bei der Prägung ist eine artspezifisch definierte Anzahl von Stimuli von Anfang an potentiell in der Lage, eine (artspezifische) Reaktion auszulösen. Der Stimulus, dem das Tier in einer bestimmten Zeitspanne konfrontiert ist, löst nach kurzer Zeit als einziger die betreffende Reaktion aus, während andere Stimuli ignoriert, später sogar gefürchtet werden. Dies geschieht ohne eine für Konditionierungsprozeduren übliche Koppelung von Reizen und Reaktionen. Es wird vielmehr eine bereits bestehende ungelernte (latente) Verbindung manifest und schließlich exklusiv.

(2) Zur Konditionierung einer neuen (bedingten) Stimulus-Reaktions-Verbindung ist ein zweiter, unkonditionierter Stimulus erforderlich, der diese Verbindung festigt. Der konditionierte Stimulus wird schließlich zum Signal für den unkonditionierten Stimulus und löst die gleiche oder eine ähnliche Reaktion aus. Am Prägungsvorgang ist hingegen nur ein *einziger* Stimulus beteiligt, auslösender und verstärkender Stimulus fallen nämlich zusammen. D.h., der Stimulus, der durch Darbietung in einer sensiblen Phase zum Auslösereiz wird, besitzt gleichzeitig Verstärkungswert. Dies zeigt sich z.B. darin, daß ein solcher Auslösereiz (das Prägungsobjekt) in einem Lernexperiment gleichzeitig als Verstärker verwendet werden kann (CAMPBELL & PICKLEMAN, 1961).

Was im Verlauf eines Prägungsvorgangs *gelernt* werden muß, ist die *Erkennung des Prägungsobjekts*. Dies erfordert die Unterscheidung von anderen Objekten. Das Erkennen und Unterscheiden des Prägungsobjekts scheint dabei im wesentlichen von der Gelegenheit zur Wahrnehmung der betreffenden Reizmuster während sensibler Perioden abzuhängen (SLUCKIN, 1972). Die prägungsrelevanten Reizmerkmale, die von ihnen ausgelösten Reaktionen und die Zeiträume, in denen bestimmte Reize Auslösefunktion erwerben können, dürften jedoch biologisch angelegt sein.

Bedeutung der Prägung für die Humanentwicklung

Unter Berücksichtigung der Vorbehalte gegenüber einer Übertragung von Tierbefunden auf den Menschen scheinen *prägungsartige Vorgänge* bei der Herausbildung der ersten sozialen Bindung auch in der Humanentwicklung eine Rolle zu spielen (AINSWORTH, 1969; BOWLBY, 1969/1975). Es spricht alles dafür, daß die frühesten sozialen Erfahrungen des Kleinkindes, d. h. das Vorhandensein oder Nichtvorhandensein einer Pflegeperson, die während einer bestimmten Entwicklungsphase dem Kleinkind eine bestimmte Art der Stimulation und der Beantwortung kindlichen Verhaltens bietet, die soziale Entwicklung nachhaltig beeinflussen (vgl. BRETHERTON & WATERS, 1985; GROSSMANN, 1977; GROSSMANN & GROSSMANN, 1986). Dies wird sowohl durch Tieruntersuchungen, vor allem denen an Primaten (HARLOW & HARLOW, 1969; SUOMI & HARLOW, 1972), als auch durch Beobachtungen an Kindern, die in Heimen aufgewachsen sind (BOWLBY, 1969/1975; RUTTER, 1972/1972, SCHMALOHR, 1980) belegt. Inwieweit Lernprinzipien zur Erklärung der betreffenden Phänomene ausreichen, ist allerdings weiter umstritten. Macht man aber den Gebrauch des Prägungsbegriffs vom Vorliegen sämtlicher auf S. 127 f. genannten Merkmale abhängig, so ist eine Übertragung auf die Humanentwicklung nur noch mit großen Einschränkungen möglich. Außerhalb der Entwicklung der ersten sozialen Bindung läßt sich der Prägungsbegriff überhaupt nur in einem vorwissenschaftlichen Sinn verwenden. Es fragt sich jedoch, ob Termini des Lernens und der Sozialisation hier nicht eine angemessenere Beschreibung und Erklärung der gleichen Vorgänge liefern.

Anders verhält es sich mit dem Konzept der *Sensiblen Perioden*, vor allem wenn wir darunter nicht nur Sensible Prägungsphasen, sondern auch Sensible Phasen der Stimulation und des Lernens verstehen. Solche Perioden finden sich auch beim Menschen. Sie setzen immer dann ein, wenn ein abgeschlossener Reifungsprozeß (Funktionsreifung) oder auch der Erwerb einer bestimmten Fähigkeit (z. B. der Unterscheidung von Vertrautem und Fremdem) neue Erfahrungsmöglichkeiten eröffnet (WEINERT, 1979). Liefert die Umwelt die entsprechenden Erfahrungsmöglichkeiten nicht oder nicht in ausreichendem Maße, kann die Entwicklung – u. U. auf Dauer – beeinträchtigt werden. Allerdings treffen wir beim Menschen typischerweise kaum auf Sensible Perioden von kurzer Ausdehnung bald nach der Geburt, in denen einmalige oder sehr kurzfristige Einwirkungen auf innere Entwicklungsbedingungen stoßen und irreversible Effekte haben. Vielmehr handelt es sich im Wortsinne eher um *optimale* Perioden mit relativ großer zeitlicher Erstreckung, ohne abruptes Ende und mit eher längerdauernden, relativ gleichförmigen Erfahrungen, deren Auswirkungen u. U. reversibel sind (EWERT, 1978). Die häufig zu beobachtende Stabilität des Verhaltens dürfte eher auf eine relativ überdauernde Konstanz der Bedingungen in der natürlichen Lebensumwelt und die kumulative Festlegung der weiteren Entwicklung aufgrund der bisherigen Entwicklungseinflüsse zurückgehen als auf frühere einmalige Einwirkungen.

Soweit es während des Entwicklungsverlaufs Zeiten erhöhter Sensibilität für äußere Einwirkungen gibt, sei es aufgrund von Reifung oder von Lernen, ist deren Kenntnis insofern wichtig, als dadurch zu frühes oder zu spätes Lernen ausgeschaltet werden kann. Im ersten Fall besteht die Gefahr des Erwerbs falscher Gewohnheiten oder des Lernens „nicht zu lernen" aufgrund unzureichender Vorbedingungen (SCOTT, 1958). Im zweiten Fall treten Interferenzen mit früherem Lernen auf, mag die Zeit, die zum Lernen zur Verfügung steht, zu kurz sein oder kann sogar die Möglichkeit, das Versäumte nachzuholen, vorbei sein.

Auch FREUDs Phasenmodell der psychosexuellen Entwicklung (s. dazu Kap. 8.2.1), speziell das Fixierungskonzept, enthält die Vorstellung prägungsartiger Vorgänge während sensibler Phasen. Die Fixierung an eine psychosexuelle Entwicklungsstufe, d.h. das Festhalten an phasentypischen Verhaltensgewohnheiten als Folge bestimmter Erfahrungen im Zusammenhang mit der Befriedigung oder Nichtbefriedigung der in der betreffenden Phase vorherrschenden Bedürfnisse, impliziert ebenfalls die zeitlich lokalisierbare Verschränkung innerer, angelegter Bedingungen mit äußeren, umweltabhängigen Erfahrungen.

6. Sozialisation

Es ist eine fast triviale Feststellung, daß jeder Mensch „unter normalen Bedingungen in ein bereits bestehendes Gesellschaftsgefüge mit bestimmten Verhaltens- und Erlebensnormen hineingeboren wird" (FRÖHLICH & WELLEK, 1972, S. 667). Von Geburt an tritt das heranwachsende Kind in Interaktion mit seiner sozialen Umwelt, zunächst vor allem mit den Eltern, später dann mit Personen und Gruppen in Schule, Freizeit und Beruf. Es erfährt dadurch die für seine Umgebung typischen Wertvorstellungen, Normen und Rollen. Es liegt daher nahe anzunehmen, daß es durch diese Erfahrungen in seinem Verhalten und Erleben nachhaltig bestimmt wird und allmählich die für eine bestimmte Gesellschaft relevanten Verhaltens- und Erlebensformen erwirbt. Den allgemeinen Sachverhalt des Einflusses soziokultureller Faktoren auf die Entwicklung im Sinne des Hineinwachsens in die umgebende Gesellschaft und Kultur umschreibt man mit dem Terminus *Sozialisation*.

Von herausragender Bedeutung für den Sozialisationsprozeß im Kindes- und Jugendalter sind dabei Familie und Schule als die wichtigsten mit Sozialisationsaufgaben betrauten gesellschaftlichen Institutionen (s. GRAUMANN, 1972; HURRELMANN & ULICH, 1980; MACCOBY & MARTIN, 1983).

Weniger gebräuchliche Synonyme für Sozialisation sind *Culturalization* (KLUCKHOHN, 1939) oder *Enculturalization* (HERSKOVITZ, 1948). WURZBACHER (1968) unterscheidet in Anlehnung an Max WEBER zwischen *Sozialisation* als Eingliederung in die Gesellschaft, *Enkulturation* als Internalisierung der kulturellen Werte und *Personalisation* als Vorgang der individuellen Gestaltung und Entfaltung. Nach dem hier verwendeten Begriffsgebrauch fallen alle drei Begriffe unter Sozialisation.

Unter *Akkulturation* versteht man in der Soziologie die Anpassung von Individuen einer Kultur an eine andere Kultur bzw. deren Eingliederung in eine neue Kultur (THOMAE, 1972a).

Der im Begriff Sozialisation thematisierte *soziale* Aspekt der Entwicklung, die Bezogenheit des Heranwachsenden auf seine soziale Umwelt, d.h. auf gesellschaftlich verankerte Institutionen, Gruppen und Normen, wird von allen bisher erörterten Grundbegriffen weitgehend vernachlässigt. Eine Ausnahme bildet das Lernen am Modell (vgl. Abschnitt 2.4.3). Die Begriffe *Lernen* und *Prägung* geben zwar *formale* Bedingungen und Mechanismen der Einwirkung soziokultureller Einflüsse an, ohne diese Einflüsse selbst und ihre Auswirkungen auf die Entwicklung aber *inhaltlich* als *soziale* näher zu bestimmen.

Sozialwerdung und Sozialmachung

Die Sozialisation eines Menschen läßt sich von zwei Seiten betrachten. Aus der Sicht des Heranwachsenden handelt es sich um einen Prozeß der *Sozialwerdung*, d.h. des Hineinwachsens in die umgebende Kultur, der Anpassung an die jeweils herrschenden kulturellen Wertvorstellungen und der aktiven Verarbeitung der kulturellen Normen. Die Sozialwerdung kommt zustande auf dem Wege von Interaktionen in einem sozialen Kontext. Aus der Sicht der sozialen Umgebung (der Sozialisationsträger) stellt sich die Sozialisation des Heranwachsenden dar als Ziel der sozialen Einwirkungen (Erziehung, Unterweisung, Bildung), als *Sozialmachung*. Diese Sozialmachung geschieht häufig ohne bewußte Erziehungsabsicht, sozusagen „beiläufig". Erziehung als bewußtes, absichtliches und zielgerichtetes pädagogisches Handeln ließe sich als Sonderfall der Sozialisation auffassen, die sowohl beiläufig als auch gezielt sein kann. Sozialisation ist demnach der weitere, Erziehung der engere Begriff.

In den Begriffen Sozialisation, Sozialwerdung und Sozialmachung schwingt neben dem Hinweis auf die soziale Bezogenheit der Entwicklung unterschwellig ein *wertender* Gesichtspunkt mit: sozial sein oder sozial werden als positiv zu bewertendes Merkmal der sozialen Aufgeschlossenheit oder gar der Hilfsbereitschaft.

Die Definition von Sozialisation

Der Begriff *Sozialisation* geht vermutlich auf COOLEYS Terminus *socialized mind* zurück (COOLEY, 1902). Die systematische Untersuchung von Sozialisationsprozessen wurde von der Psychologie, von der Soziologie und von der Kulturanthropologie in Angriff genommen, und zwar jeweils mit unterschiedlichen Schwerpunkten (vgl. GOSLIN, 1969; HURRELMANN & ULICH, 1980; ZIGLER &

CHILD, 1969). Die Psychologie interessiert sich vor allem für die Persönlichkeitsentwicklung und die soziale Entwicklung verschiedener Individuen und die ihr zugrundeliegenden Lernprozesse. Beliebte Themen sind z. B. die Sozialisation von Abhängigkeit, Aggressivität, geschlechtstypischem Verhalten oder moralischen Haltungen (GOSLIN, 1969; MACCOBY, 1980; MUSSEN, 1970, 1983). Die Soziologie beschäftigt sich vorwiegend mit den Merkmalen der Gruppen und Institutionen, in denen Sozialisationsprozesse stattfinden, und mit den allgemeinen Regeln und Ergebnissen von Sozialisationsprozessen, z. B. den Gesetzmäßigkeiten der Übernahme sozialer Rollen, der Sanktionierung von Abweichungen, der Ausbildung von sozialen Rangordnungen u.ä (vgl. HURRELMANN & ULICH, 1980). Die Kulturanthropologie schließlich betrachtet die Sozialisation vom Gesamtrahmen einer Kultur aus, z. B. unter dem Aspekt der Herausbildung der kulturtypischen „Basispersönlichkeit" (KARDINER, 1945) und vergleicht verschiedene Kulturen in ihrer unterschiedlichen Wirkung auf die Entwicklung der in ihr lebenden Individuen (LIEGLE, 1980; THOMAE, 1972a). Eine historische Analyse der Sozialisationsforschung findet sich in GEULEN (1980).

Wie eine Integration von Kulturanthropologie und Entwicklungspsychologie (eine *culture inclusive developmental psychology*) aussehen könnte, stellt VALSINER (1987, 1989) dar.

Auch innerhalb der Psychologie ist der Sprachgebrauch nicht einheitlich, wie die folgenden Begriffsdefinitionen zeigen:

(1) I. L. CHILD (1954, S. 655; übers. v. Verf.) „Sozialisation bezeichnet denjenigen Prozeß, durch den ein Individuum, das mit einem Verhaltenspotential größter Variationsbreite geboren wurde, zur Entwicklung solcher Verhaltensweisen gebracht wird, die sich im Rahmen des weit engeren Verhaltensspielraums befinden, wie er durch Gruppennormen festgelegt ist."

(2) P. F. SECORD und C. W. BACKMAN (1974, S. 459; übers. v. Verf.) „Sozialisation ist ein Interaktionsprozeß, durch den das Verhalten einer Person so verändert wird, daß es den Erwartungen der Mitglieder seiner Bezugsgruppe entspricht".

(3) E. ZIGLER und I. L. CHILD (1969, S. 474; übers. v. Verf.) „Sozialisation ist der Sammelbegriff für den gesamten Prozeß, durch den ein Individuum im aktiven Umgang (transaction) mit anderen Menschen die für ihn eigentümlichen sozial relevanten Verhaltens- und Erlebensmuster entwickelt".

(4) L. LIEGLE (1980, S. 198) Unter „Sozialisation wird ... der Prozeß verstanden, durch welchen das Individuum vermittels der aktiven Auseinandersetzung mit seiner menschlichen und dinglichen Umwelt eine persönliche und soziale Identität ausbildet und Handlungsfähigkeit erwirbt."

Die beiden Definitionen (3) und (4) unterscheiden sich von den beiden Definitionen (1) und (2) vor allem hinsichtlich der aktiven oder passiven Rolle des Individuums.

Aus gegenwärtiger Sicht läßt sich Sozialisation in Anlehnung an FRÖHLICH und WELLEK (1972) zusammenfassend in folgender Art umschreiben:
Sozialisation ist der umfassende Titel für einen hypothetischen Prozeß des sozialen Lernens, der durch eine wechselseitige Interaktion zwischen voneinander abhängigen oder aufeinander bezogenen Personen gekennzeichnet ist. Diese Interaktionen werden im Laufe der Entwicklung zunehmend symmetrischer und führen allmählich zur Ausbildung sozial relevanter Verhaltens- und Erlebensschemata. Daraus resultiert eine mehr oder weniger realistische Einschätzung des eigenen

Bezugs zur sozialen Umwelt, was schließlich dazu führt, daß ein ausgewogenes Verhältnis zwischen den eigenen Wünschen und Bedürfnissen und den evtl. damit interferierenden Wünschen und Bedürfnissen anderer erreicht wird.

Innerhalb dieses Rahmens lassen sich verschiedene Sichtweisen von Sozialisation vorfinden, die jeweils Teilaspekte der umfassenden Definition in den Vordergrund stellen. Die folgenden Sichtweisen können unterschieden werden: (1) „Trichtermodell" der Sozialisation, (2) Sozialisation als Erwerb von Rollen, (3) Sozialisation als Bewältigung von Entwicklungsaufgaben, (4) Bidirektionales Modell der Sozialisation.

CHILDs Trichtermodell der Sozialisation und seine Mängel

Unter dem Einfluß der „klassischen" Definition CHILDs betrachtete man den Sozialisationsprozeß lange Zeit einseitig als einen *passiven Vorgang fortschreitender Einengung und Festlegung des Verhaltens*, veranschaulicht im Bild des enger werdenden Trichters. Über die darin zum Ausdruck kommende Betonung des Anpassungsdrucks und Konformitätszwangs hinaus wurde von CHILD in Anlehnung an die Psychoanalyse außerdem die Vorstellung vertreten, daß das Kind bei der Geburt ein *asoziales*, auf unmittelbaren Lustgewinn ausgerichtetes Wesen ist, das erst unter äußerem Druck zu einem realitätsbezogenen, *sozialen* Wesen gemacht werden kann. Ebenfalls in Übereinstimmung mit der Psychoanalyse wurden überdies alle entscheidenden Sozialisationsereignisse in die frühe Kindheit (die ersten sechs Lebensjahre) verlegt und in einen Zusammenhang mit der Bedürfnisbefriedigung des Kindes gebracht. Letzteres beeinflußte die Forschungsaktivität in erheblichem Maße in Richtung einer Beschränkung auf psychoanalytische Annahmen der frühkindlichen psychosexuellen Entwicklung. Mit FRÖHLICH & WELLEK (1972) kann man hier geradezu von einem „Reinlichkeits- und Eßgewohnheitsdeterminismus" in der Sozialisationsforschung sprechen (zur Psychoanalyse s. Kap. 8).

Die im Trichtermodell CHILDs enthaltenen Aussagen sind in mehrfacher Hinsicht zu kritisieren.

(a) Die einseitige Betonung des Anpassungsdrucks an vorgegebene Normen, d. h. letzlich die Sicht des Kindes als eines den Einflüssen der Umwelt hilflos ausgesetzten Wesens, verkennt dessen *aktive* Beteiligung am Sozialisationsprozeß durch eigenständige Erkundung und Verarbeitung der sozialen Erfahrungen. Das heranwachsende Kind reproduziert nicht einfach bestimmte Verhaltensvorschriften, sondern verarbeitet die Einflüsse der sozialen Umwelt jeweils nach seinen momentan gegebenen kognitiven Möglichkeiten und seinen bisherigen individuellen Erfahrungen. Die kulturell vorgegebenen Formen des Erlebens und Verhaltens erfahren während der Entwicklung des Kindes so ständig Veränderungen. Ein reiner Anpassungszwang ließe im übrigen auch kaum eine Möglichkeit für die Erklärung sozialen Wandels offen.

<small>Die Überbetonung der Konformität in der Sozialisationsforschung hängt teilweise mit der erwähnten psychoanalytischen Annahme des ursprünglich asozialen, lustbetonten Wesens zusammen, das</small>

durch Einschränkung seiner Bedürfnisse erst mühsam an die Realität angepaßt werden muß, zum anderen aber auch mit mechanistischen lerntheoretischen Vorstellungen (Lernen als Konditionierung). Die Hinwendung zu einer aktiven Sichtweise ging vor allem von kognitiven Ansätzen in der Entwicklungspsychologie aus, die in stärkerem Maße auf die Selbstregulation und die aktive Auseinandersetzung mit der Umwelt abstellen (s. hierzu Kap. 10).

(b) Gleichzeitig mit der aktiven Verarbeitung gehen vom Heranwachsenden Rückmeldungen an die soziale Umwelt aus. Der Sozialisierte wirkt auch auf die soziale Umgebung ein (s. unten: Bidirektionales Modell). Bereits ein Baby „sozialisiert" seine Mutter bezüglich ihrer Mutterrolle bzw. ihres Pflegeverhaltens (RHEINGOLD, 1969). Der wechselseitige Interaktionsprozeß wird mit der wachsenden Selbständigkeit und der Erweiterung des Aktionsradius auf seiten des Kindes zunehmend symmetrischer (BELL, 1968; BELL & HARPER, 1977). Empirische Untersuchungen zur Sozialisation gehen allerdings bis heute meist nur von der sozialen Umwelt als Einflußgröße aus, z.B. hinsichtlich des Zusammenhangs von Erziehungsstilen und der Persönlichkeitsentwicklung. Sozialisation ist jedoch ein zweiseitiger Prozeß der gegenseitigen Beeinflussung von Sozialisierendem und Sozialisiertem.

(c) Sozialisation, wie Entwicklung überhaupt, ist während der ersten Lebensjahre, aufgrund der dort anzutreffenden hohen Entwicklungsgeschwindigkeit und relativ geringen Festgelegtheit, von besonderer Bedeutung. Sie ist damit aber nicht abgeschlossen. Sozialisation ist vielmehr ein lebenslanger Prozeß (s. BALTES & SCHAIE, 1973; BRIM & KAGAN, 1980; FILIPP, 1981; GOSLIN, 1969). Einige Aufgaben tauchen erst im Erwachsenenalter auf, so z.B. Aufgaben in der Familie und im Beruf. Die Sozialisation eines Menschen erstreckt sich zum Teil bis ins hohe Lebensalter.

(d) Schließlich ist es auch einseitig, Sozialisation ausschließlich als Festlegung und Einengung des Verhaltensspielraums aufzufassen, als Zuspitzung des Trichters. Die Beobachtung der im Laufe der Entwicklung auftretenden Veränderungen legt im Gegenteil eher die Schlußfolgerung nahe, daß sich Verhalten und Erleben ständig *erweitern* (vgl. hierzu die Befundkapitel 11-13).

Sozialisation als Erwerb von Rollen

Einen anschaulichen Rahmen für die Beschreibung der Übernahme kultureller Standards liefert das Konzept der sozialen *Rolle* aus der Rollentheorie (BRIM, 1960, 1966; SADER, 1969).

Das Rollenkonzept wurde nach Ansätzen in der älteren Soziologie (DURKHEIM, 1925) vor allem von Kulturanthropologen wie G. H. MEAD (1934) oder LINTON (1936) entwickelt. In der neueren Soziologie hat PARSONS (1955, 1964) den Rollenansatz in Verquickung mit der psychoanalytischen Theorie fortgeführt.

In der Rollentheorie wird Sozialisation als das Hineinwachsen des Individuums in gesellschaftlich definierte Positionen aufgefaßt. An diese Positionen knüpfen sich bestimmte Erwartungen bezüglich der für sie notwendigen Qualifikationen.

Jede Gesellschaft sieht für ihre Mitglieder bestimmte *Klassifikationssysteme* vor. Mindestens fünf solcher Klassifikationssysteme lassen sich für unsere Gesellschaft unterscheiden:
(1) Geschlechts- und Altersgruppen
(2) Verwandtschaftsgruppen
(3) Beschäftigungsgruppen
(4) Statusgruppen
(5) Freundschafts- und Interessengruppen

Innerhalb jeder der fünf Kategorien können verschiedene *Positionen* eingenommen werden. In der Kategorie Alter z. B. die Positionen Säugling, Kleinkind, Schulkind, Jugendlicher usw. oder in der Beschäftigungskategorie die Positionen Maurer, Bergmann, Arzt, Vertreter usw.

Positionen können entweder *zugeschrieben* sein (ascribed), wie z. B. das Lebensalter, das Geschlecht, der Verwandtschaftsgrad, oder sie sind *erworben* (acquired), wie z. B. der ausgeübte Beruf, der Vorsitz im Taubenzüchterverein oder auch die durch Heirat erworbene Position der Millionärsgattin.

An die einzelnen Positionen knüpfen sich bestimmte Erwartungen hinsichtlich der für sie angemessenen Qualifikationsmerkmale (Kenntnisse, Fertigkeiten, Einstellungen etc.). Diese *Bündel der Erwartungen* bezeichnen wir als *Rolle*. Die vom Positionsinhaber realisierten rollenkonformen Verhaltensweisen definieren dann das *Rollenverhalten*.

Ein Individuum kann gleichzeitig oder nacheinander verschiedene Positionen und entsprechend verschiedene Rollen einnehmen. Gleichzeitig kann jemand z. B. Vater, Ehemann, Angestellter, Stürmer in einer Fußballmannschaft und leidenschaftlicher Kunstsammler sein. Nacheinander durchläuft man die Positionen des Säuglings, Kleinkinds, Schulkinds usw. oder des Lehrlings, Gesellen und Meisters.

Jede Position hat eine oder mehrere Gegenpositionen. Sie sind reziprok aufeinander bezogen und nicht unabhängig voneinander denkbar. So ist die Gegenposition des Ehemanns die Ehefrau, stehen sich Lehrer und Schüler, Arzt und Patient gegenüber. Zu jeder Position gehören Rechte und Pflichten. Die Rechte umfassen dabei die Erwartungen hinsichtlich des Verhaltens anderer: das Kind hat ein Recht auf Pflege seitens der Mutter oder anderer Pflegepersonen, der Patient hat ein Recht auf Behandlung seitens des Arztes. Die Pflichten sind die Erwartungen an das eigene Verhalten: das Kind muß der Pflege bedürfen, zum Patienten gehört, daß er krank ist. Diese Rechte und Pflichten sind identisch mit den Erwartungen, die eine Person oder eine Personengruppe innerhalb des sozialen Systems mit der betreffenden Position verbindet.

In unserer Gesellschaft gibt es für viele Positionen keine einheitlichen Rollenerwartungen. Verschiedene Individuen richten sich vielmehr nach unterschiedlichen *Bezugsgruppen* bei der Beurteilung der Angemessenheit von Rollen. Die Wahl der Bezugsgruppe, nach der er sich richtet, ist dem Positionsinhaber in einem gewissen Grade freigestellt, d. h., er kann sein Verhalten nach den Erwartungen verschiedener Bezugsgruppen ausrichten. So kann sich ein Lehrer in seinem Verhalten Schülern gegenüber an die Bezugsgruppe der Kollegen, der Eltern oder der Schüler anlehnen. Da das Gesamt der Erwartungen sich aus den Erwartungen verschiedener Personen bzw. Bezugsgruppen zusammensetzt, kann man die Rolle in Abschnitte unterteilen. Man spricht hier von *Rollensegmenten* oder Rollensektoren, die jeweils den Erwartungen einer bestimmten Bezugsgruppe zugeordnet sind. Solche Rollensegmente wären z. B. „der Lehrer als Kollege" und „der Lehrer als Pauker".

Da nicht alle Eigenschaften oder Verhaltensweisen eines Rollenträgers in einer definierten Rolle aufgehen, wird neben dem Begriff der Rolle manchmal der des *Selbst* eingeführt. Das Selbst umfaßt dann die über die verschiedenen Rollen gleichbleibenden individuellen Eigenheiten einer Person.

Weitere Merkmale von Rollen sind:

(a) Rollen sind interdependent. Wandelt sich die Rolle eines Rollenpartners, dann wandelt sich auch die darauf bezogene Rolle. Wird z. B. der Arzt zum Spezialisten, so wird der Patient u. U. zum Behandlungsobjekt.

(b) Rollen beziehen sich auf rollentypische Standardsituationen. Z. B. gehört zur Rolle der Mutter die Situation der Kinderpflege, zum Lehrer die Unterrichtssituation usw.

(c) Rollen werden auffällig beim Rollenwechsel oder beim Aus-der-Rolle-fallen (Rollenkonflikt). So etwa machen Transsexuelle (Individuen, die ihre Geschlechtszugehörigkeit wechseln) oder Transvestiten (Individuen, die sich wie Angehörige des anderen Geschlechts kleiden und benehmen) geschlechtstypisches Verhalten sichtbar.

(d) Rollenerwartungen sind schwer zu ändern. Dies hängt vor allem mit gesellschaftlichen Sanktionen zusammen, die die Aufrechterhaltung von konformen Normen gewährleisten und Normabweichungen sanktionieren.

Welche Bedingungen erleichtern oder erschweren die Aneignung einer Rolle bzw. das erwartungsgemäße Ausfüllen einer Position? SECORD und BACKMAN (1974) nennen drei Gruppen von Faktoren (S. 480): 1. Charakteristika des sozialen Systems, durch das sich der Lernende bewegt, 2. Besonderheiten der Rollensituation und 3. Charakteristika des Individuums.

Ad 1) Die Klarheit der Rollenerwartungen und der Konsensus über das angemessene Verhalten des Positionsinhabers sind die Hauptfaktoren, die das Erlernen einer Rolle erleichtern oder erschweren. Darüber hinaus ist der Grad der Vereinbarkeit zwischen gleichzeitig oder nacheinander übernommenen Rollen von Belang. So kann die Übernahme der Mutterrolle u. U. durch eine gleichzeitige Berufstätigkeit erschwert werden. Ein weiterer wichtiger Gesichtspunkt ist die Übereinstimmung der Rollenerwartungen von Rolleninhaber (z. B. Meister) und (Noch-)Nichtinhaber (dem Gesellen, der Meister werden will).

Ad 2) Die Intensität oder Schnelligkeit der Rollenaneignung hängt von der Stärke der Forderung nach Rollenkonformität ab. Im Gefängnis besteht z. B. ein starker Druck in Richtung rollenkonformen Verhaltens. Manche Änderungen werden dadurch beschleunigt, daß der „Neuling" aller alten Bindungen beraubt wird. Beispiele sind der Soldat in der Grundausbildung oder Verheiratete in den Flitterwochen. Oder die Bindung an die Gruppe wird durch Rituale und Einführungszeremonien erleichtert, wie z. B. bei den Mannbarkeitsriten mancher Primitivvölker.

Ad 3) Individuelle Faktoren, die das Rollenlernen beeinflussen, sind die kognitiven, affektiven und verhaltensmäßigen Komponenten des Selbst. Ein wesentlicher Teilprozeß der Entwicklung des sozialen Selbst ist der Vorgang, durch den ein Individuum lernt, sich so zu sehen, wie es glaubt, daß andere es sehen. Dies impliziert die grundlegende soziale Fähigkeit, sich in die Rolle des Sozialpartners hineinzuversetzen (G. H. MEADS „to take the role of the other").

Sozialisation als Abfolge und Bewältigung von Entwicklungsaufgaben

Ähnlich wie FREUD und –stärker ausgearbeitet– ERIKSON in ihren psychoanalytischen Phasenmodellen (vgl. Kap. 8.2) hat Robert HAVIGHURST (1948) den einzelnen Entwicklungsabschnitten des individuellen Lebenslaufs spezifische *Entwicklungsaufgaben* zugeordnet. Ihre Bewältigung stellt ein wesentliches *Sozialisationsziel* dar. Die Bewältigung späterer Aufgaben wird durch die Meisterung der jeweils vorausgehenden Aufgaben erleichtert.

Einige dieser Entwicklungsaufgaben bzw. deren Altersgrenzen sind primär *biologisch* determiniert (z. B. die Kontrolle der Ausscheidungsfunktionen, die Erreichung der Fortpflanzungsfähigkeit oder die Menopause). Andere Aufgaben sind (zumindest auch) *gesellschaftlich* festgelegt (z. B. Schuleintritt, Berufseintritt, Heirat). Häufig sind biologische und soziokulturelle Vorgaben miteinander verknüpft (z. B. beim Aufbau der sozialen Bindung, bei der Entwicklung der Geschlechtsidentität oder bei der Auseinandersetzung mit dem Altern und Sterben).

Außer den biologisch oder kulturell vorgegebenen Entwicklungsaufgaben, die bei HAVIGHURST – wie schon bei FREUD und ERIKSON – im Vordergrund stehen, gibt es auch selbstgesetzte individuelle Aufgaben (Zielsetzungen und Werte), die nicht als gesellschaftliche Norm vorgegeben sein müssen (z. B. die Erfüllung bestimmter Leistungsstandards oder bestimmter Qualitäten sozialer Beziehungen).

Die Bewältigung einzelner Aufgaben wird *von allen verlangt* und bei Nichterfüllung strikt sanktioniert (z. B. gilt dies für die Kontrolle der Ausscheidungsfunktionen oder für den Schulbesuch). Andere Aufgaben sind *weniger verpflichtend* (z. B. Eheschließung und Elternschaft, Berufsfindung oder Auseinandersetzung mit dem Tod). Einige der Entwicklungsaufgaben sind *langfristig vorhersehbar* und planbar (z. B. Schuleintritt, Eintritt ins Berufsleben, Elternschaft, Ruhestand); d. h., man kann sich auf diese Ereignisse vorbereiten. Entwicklung ist damit nicht nur ein Resultat vergangener Ereignisse, sondern auch einer Vorwegnahme zukünftiger Ereignisse (*antizipatorische Sozialisation*). Andere Aufgaben hingegen treffen einen plötzlich und *unerwartet* (z. B. die Verarbeitung des Verlusts des Lebenspartners oder des Arbeitsplatzes).

Die nach HAVIGHURST (1948/1972) für die einzelnen Lebensperioden spezifischen Entwicklungsaufgaben sind in der Tabelle 2.6 zusammengestellt.

OERTER (1986) nimmt eine Taxonomie von Entwicklungsaufgaben nach ihrem *zeitlichen Umfang* und nach *Bereichen* vor. Vom zeitlichen Umfang her unterscheidet er Aufgaben, die für das ganze Leben gelten, von solchen, die für mehr oder weniger große Lebensabschnitte bzw. kleinere Zeitabschnitte innerhalb einer größeren Lebensperiode gelten. Außerdem gibt es herausgehobene punktuelle Ereignisse (Schulabschluß, Eheschließung, Versetzung in den Ruhestand). An Bereichen unterscheidet

Tabelle 2.6: Entwicklungsaufgaben über die Lebensspanne (nach NEWMAN & NEWMAN, 1975; entnommen aus OLBRICH, 1982, S. 112)

Entwicklungsperiode	Entwicklungsaufgaben
Frühe Kindheit (0–2 Jahre)	1. Anhänglichkeit (social attachment) 2. Objektpermanenz 3. Sensumotorische Intelligenz und schlichte Kausalität 4. Motorische Funktionen
Kindheit (2–4 Jahre)	1. Selbstkontrolle (vor allem motorisch) 2. Sprachentwicklung 3. Phantasie und Spiel 4. Verfeinerung motorischer Funktionen
Schulübergang und frühes Schulalter (5–7 Jahre)	1. Geschlechtsrollenidentifikation 2. Einfache moralische Unterscheidung treffen 3. Konkrete Operationen 4. Spiel in Gruppen
Mittleres Schulalter (6–12 Jahre)	1. Soziale Kooperation 2. Selbstbewußtsein (fleißig, tüchtig) 3. Erwerb der Kulturtechniken (Lesen, Schreiben etc.) 4. Spielen und Arbeiten im Team
Adoleszenz (13–17 Jahre)	1. Körperliche Reifung 2. Formale Operationen 3. Gemeinschaft mit Gleichaltrigen 4. Heterosexuelle Beziehungen
Jugend (18–22 Jahre)	1. Autonomie von den Eltern 2. Identität in der Geschlechtsrolle 3. Internalisiertes moralisches Bewußtsein 4. Berufswahl
Frühes Erwachsenenalter (23–30 Jahre)	1. Heirat 2. Geburt von Kindern 3. Arbeit/Beruf 4. Lebensstil finden
Mittleres Erwachsenenalter (31–50 Jahre)	1. Heim/Haushalt führen 2. Kinder aufziehen 3. Berufliche Karriere
Spätes Erwachsenenalter (51 und älter)	1. Energien auf neue Rollen lenken 2. Akzeptieren des eigenen Lebens 3. Eine Haltung zum Sterben entwickeln

OERTER (1) Gesundheit und körperliches Wohlbefinden, (2) subjektive Einteilung des Lebenslaufes, (3) Familie, (4) soziales und politisches Leben, (5) Schule, Beruf und Freizeit und (6) Persönlichkeitsentwicklung.

Bidirektionales Modell der Sozialisation

Wie bereits in der Kritik an CHILDS Trichtermodell festgestellt, ist die Sozialisation keine Einbahnstraße von den Eltern und Erziehern zum Kind und Jugendlichen. Eltern und Erzieher werden umgekehrt auch von Kindern und Jugendlichen beeinflußt.

Dies gilt schon für die ersten Lebensmonate eines Kindes. So besitzt der Säugling ein Verhaltensrepertoire (z. B. Schreien, Blickkontakt, Lächeln, Anklammern), das seine Pflegepersonen dazu bringt, seine Bedürfnisse zu befriedigen und in seiner Nähe zu sein. Elterliches Verhalten wird auch schon früh durch die Temperamentseigenschaften eines Kindes, dessen Ansprechbarkeit und soziale Aufgeschlossenheit beeinflußt. Eltern verhalten sich unterschiedlich gegenüber einem *einfachen*, eher ruhigen und emotional ausgeglichenen Kind und einem *schwierigen*, eher unruhigen und leicht irritierbaren Kind. Das jeweilige elterliche Verhalten kann wiederum mehr oder weniger gut auf die Eigenheiten und Möglichkeiten des Kindes abgestimmt sein.

Die Aufmerksamkeit von Entwicklungspsychologen auf diese – an sich nicht neue – Tatsache der Beeinflussung elterlichen Verhaltens durch kindliche Merkmale gerichtet zu haben, ist das Verdienst des amerikanischen Psychologen Richard BELL, der 1968 einen programmatischen Artikel hierzu in der Zeitschrift *Psychological Review* und 1977 (zusammen mit Lawrence HARPER) ein Buch über *Child effects on adults* veröffentlichte.

Die in diesen Arbeiten von den Autoren nachgewiesenen Effekte von Kindern auf ihre Eltern machten im nachhinein auch die geringe Konsistenz der Untersuchungsbefunde zum Einfluß von Eltern auf ihre Kinder und die durchweg niedrigen Korrelationen zwischen elterlichen und kindlichen Merkmalen verständlich. Außerdem erschienen die durch Elternmerkmale kaum befriedigend zu erklärenden Unterschiede zwischen Kindern, die in der gleichen Familie aufgewachsen sind, in einem neuen Licht: unterschiedliche Kinder reagieren auf das gleiche Verhalten der Eltern unterschiedlich und rufen durch ihr eigenes Verhalten unterschiedliche Reaktionen bei ihren Eltern hervor.

PAULS und JOHANN (1984) beschreiben die verschiedenen Methoden, die Kinder zur Beeinflußung ihrer Eltern verwenden: „konstruktive-aktive Steuerung (z. B. logisches Argumentieren, Kompromißaushandlung), Vorwürfe und oppositionelle Steuerung (z. B. Drohen, Trotzen, Fordern, Erpressen), Steuerung durch Bestrafung (Schreien, Nerven, für die Eltern unangenehmes Verhalten in der Öffentlichkeit), Steuerung durch Ignorieren elterlicher Normen, passiv-resignative Steuerung (z. B. demonstrative Hilf- und Machtlosigkeit), Steuerung durch Schmusen und Schmeicheln..., Verlangen einer Begründung von Vorschriften und Verboten von Einstellungen und Urteilen" (zit. nach MONTADA, 1987a, S. 80).

Nachdem BELL und Mitarbeiter den Schwerpunkt ihrer Argumentation zunächst auf den Nachweis der Beeinflussung von Eltern durch Kinder legten, haben sie später zunehmend die *wechselseitige Beeinflussung* von Eltern und Kindern herausgestellt. Sie leugnen auch nicht, daß in einzelnen Fällen die Eltern-Effekte dominant sein können.

In einem erstmals von BELL (1971) formulierten sogenannten *Kontrollsystem-Modell* werden die Grundprinzipien der wechselseitigen Beeinflussung von Eltern und Kindern formalisiert (vgl. auch BELL & HARPER, 1977; BELL & CHAPMAN, 1986). Das Modell geht davon aus, daß Eltern keine ein für allemal festgelegten Erziehungstechniken haben, die sie unabhängig vom Verhalten des Kindes anwenden, sondern daß Eltern wie Kinder ein Repertoire von hierarchisch organisierten Verhaltensweisen besitzen, die sie abhängig vom Verhalten des Interaktionspartners in vorhersagbarer Weise variieren. Kernannahme des Modells ist nun, daß jede der beiden Parteien eine *obere* und eine *untere Toleranzgrenze* in bezug auf die Intensität, die Häufigkeit oder die Situationsangemessenheit des Verhaltens des Partners hat. Wird die Obergrenze von dem einen überschritten, versucht der andere das exzessive oder unangemessene Verhalten durch Kontrollreaktionen zu reduzieren. Wird die Untergrenze unterschritten, besteht die Reaktion darin, daß unzureichende oder fehlende Verhalten zu stimulieren. Die Hauptfunktion des elterlichen Verhaltens ist somit, das Verhalten des Kindes innerhalb einer optimalen Bandbreite zu halten. Solange dies der Fall ist, befindet sich das System im Gleichgewicht, und es findet keine (direkte) Kontrolle des einen durch den anderen statt.

Das von BELL und Mitarbeitern aufgestellte Modell der Eltern-Kind-Interaktion erlaubt nicht nur die Umkehrung der traditionellen Sichtweise von den *aktiven* Eltern und dem *passiven* Kind im Sinne des *aktiven* Kindes, auf das die Eltern *reagieren*, sondern es berücksichtigt auch die *denkenden* Eltern (und das *denkende* Kind). Die Interaktionspartner reagieren nicht nur auf das aktuelle Verhalten des anderen, sondern auf ihre *Interpretation* des beobachteten Verhaltens oder gar die *Antizipation* des von ihnen erwarteten Verhaltens (MACCOBY & MARTIN, 1983, S. 63).

So verhielten sich Mütter gegenüber ihren eigenen hyperaktiven Söhnen anders als gegenüber fremden hyperaktiven Jungen – bei objektiv gleichem Verhalten der Jungen. Ihre Versuche der Verhaltenskontrolle variierten nur beim eigenen Sohn mit dessen Hyperaktivität (HALVERSON & WALDROP, 1970). Die Mütter haben offensichtlich ihr kumulatives Wissen über ihr eigenes Kind herangezogen und nicht nur auf das aktuelle Verhalten in der Untersuchungssituation reagiert.

Auf dem Hintergrund ihres Kontrollsystem-Modells zeigen BELL und HARPER (1977) sowie BELL und CHAPMAN (1986) auf, mit welchen Untersuchungsansätzen Effekte von Kindern auf Erwachsene genauer analysiert werden können. Dabei gelangen sie zu einer Reinterpretation der Befunde von Sozialisationsstudien zum Zusammenhang zwischen Eltern- und Kindvariablen.

Die empirische Untersuchung von Sozialisationsprozessen

Hauptaufgabe der Sozialisationsforschung ist es, Zusammenhänge zwischen einzelnen soziokulturellen Faktoren z. B. Erziehungspraktiken, Familienstrukturen, kulturellen Wertvorstellungen und interindividuellen Unterschieden oder Gemeinsamkeiten der Entwicklung innerhalb einer Kultur und zwischen verschiedenen Kulturen aufzudecken. Der Entwicklungspsychologie geht es dabei in erster Linie um den Nachweis von Wenn-Dann-Beziehungen zwischen Sozialisationseinflüssen und der Verhaltensentwicklung von Individuen. Sozialisationseffekte werden inmer dann angenommen, wenn Verhaltensmerkmale von Personen, die unter ähnlichen soziokulturellen Lebensbedingungen aufgewachsen sind, stärker übereinstimmen als aufgrund des Zufalls zu erwarten wäre bzw. wenn Individuen, die unter verschiedenen soziokulturellen Bedingungen aufgewachsen sind, sich entsprechend in ihrer Verhaltensentwicklung unterscheiden.

Vom methodischen Ansatz der meisten Sozialisationsstudien, nämlich der *Korrelation* vermuteter Sozialisationsfaktoren mit davon als abhängig gedachten Verhaltensmerkmalen, ist es nicht möglich, den Einfluß soziokultureller Faktoren auf die Entwicklung direkt nachzuweisen. Es kommen daher verschiedene Interpretationen bezüglich der Richtung des Einflusses in Frage. Geht man von einer wechselseitigen Beeinflussung von Sozialisatoren und Sozialisanden aus, wie im bidirektionalen Modell, so können die erhaltenen Korrelationen ebenso (teilweise) auf Effekte, die die Heranwachsenden auf ihre Umgebung ausüben, zurückgeführt werden.

Die wichtigsten Orte in unserer Gesellschaft, an denen Sozialisationsprozesse stattfinden, sind die Familie, Kindergarten und Schule, sowie mit steigendem Alter zunehmend Freizeit und Beruf (vgl. GRAUMANN, 1972; HURRELMANN & ULICH, 1980).

Die Mehrheit der psychologischen Sozialisationsstudien beschäftigt sich mit dem Einfluß der Familie, speziell den elterlichen Erziehungsvorstellungen und -praktiken auf die Persönlichkeitsentwicklung (vgl. GOSLIN, 1969; MACCOBY & MARTIN, 1983; ZIGLER & CHILD, 1969; ZIGLER, LAMB & CHILD, 1982).

Untersuchung 2.8   *Mutter-Kind-Interaktion bei der Hausaufgabenerledigung und Leistungsmotiventwicklung im Grundschulalter*

Der Zusammenhang zwischen der Mutter-Kind-Interaktion beim Erledigen der Hausaufgaben und der Entwicklung der Leistungsmotivation von Grundschulkindern wurde in einer Studie von Clemens TRUDEWIND und Brigitte HUSAREK detailliert untersucht (1979). Die Interaktion bei der Hausaufgabenanfertigung betrachten die Autoren als eine „ökologische Schlüsselsituation". Sie verstehen unter einer ökologischen Schlüsselsituation dabei einen sich wiederholenden, gleichartigen Handlungszusammenhang, an dem die für bestimmte Entwicklungsprozesse wichtigen Faktoren deutlich werden. Sie wird nicht experimentell hergestellt, sondern unter natürlichen Lebensumständen von Beobachtern erfaßt und kann nach Meinung der Autoren wertvolle Beiträge für die ökologisch orientierte entwicklungspsychologische Forschung liefern.

Die Autoren gehen von der Annahme aus, daß sich das Leistungsmotiv von Kindern ab dem Zeitpunkt des Schuleintritts durch die Erfahrungen in der neuartigen Leistungssituation zunehmend differenziert in Richtung auf Erfolgsorientiertheit bzw. Mißerfolgsvermeidung. Ziel der Untersuchung war es, Merkmale der Mutter-Kind-Interaktion in der Hausaufgaben-Schlüsselsituation aufzuzeigen, die für die Entwicklung und Veränderung des Leistungsmotivs in die eine oder andere Richtung relevant sind. Die Autoren sehen hierbei folgende vier Merkmalskomplexe als wichtig an:

(1) *Höhe und Verankerung von Gütestandards und Gütenormen.* Sie kommen im Verhalten der Mutter zum Ausdruck. Da Kinder bei Schuleintritt in der Regel keine eigenen Bezugssysteme für die Bewertung ihrer Leistungen besitzen, werden sie sich an den Äußerungen der Zufriedenheit bzw. Unzufriedenheit ihrer Bezugspersonen (hier: die Mutter) orientieren, die wiederum auf deren Gütenormen und -kriterien zurückzuführen sind. Die Bezugsnormen können hierbei frühere Leistungen des Kindes selbst, Leistungen anderer Kinder, „objektive" Urteile wie Zensuren oder auch die eigenen Vorstellungen der Mutter sein.

(2) *Selbständigkeitserziehung.* Bei der Bewältigung der Hausaufgaben haben Mütter die Gelegenheit, die Eigenständigkeit der kindlichen Leistungsbemühungen zu beeinflussen. Sie können dem Kind die Strukturierung der Hausaufgaben und andere Entscheidungen überlassen, hilfesuchendes Verhalten unterstützen und eigenständiges Arbeit fördern. Ferner ist es bedeutsam, ob sie auf die kindlichen Leistungsbemühungen wohlwollend, sachlich oder ablehnend reagieren.

(3) *Kausalattribuierungen.* Kausale Erklärungen für Erfolg und Mißerfolg in Leistungssituationen sind wichtige Zwischenvariablen des Motivierungsprozesses. Nach dem zweidimensionalen Klassifikationsschema von WEINER et al. (1974) ergeben sich die folgenden vier Attribuierungsmuster, die von den Müttern zur Erklärung der kindlichen Leistungen herangezogen werden: internal-stabil = Begabung des Kindes; internal-variabel = Anstrengung des Kindes; external-stabil = Aufgabenschwierigkeit; external-variabel = Zufall.

(4) *Sanktionen, Anreize und Bewertungen.* Die Qualität und Intensität der Sanktionen und Leistungsanreize bestimmt die mit dem Erreichen des Leistungsziels verknüpfte Affektlage und damit die erfolgszuversichtlichen oder mißerfolgsängstlichen Erwartungen der Kinder in Leistungssituationen. Die Sanktionen werden von TRUDEWIND und HUSAREK nach ihrer Richtung (positiv/negativ) und Art (körperlich-emotional, materiell oder sachbezogen) unterschieden.

Untersucht wurden 40 Jungen der Bochumer Längsschnittstudie (TRUDEWIND, 1982), die sich zum Zeitpunkt der Untersuchung im zweiten Halbjahr des zweiten Schuljahres befanden und ihre Mütter. Alle 40 Jungen waren zu Beginn der Schulzeit weder ausgeprägt erfolgsorientiert noch ausgeprägt mißerfolgsängstlich. Die Stichprobe bestand aus zwei Untergruppen zu je 20 Schülern. Die eine Gruppe umfaßte 20 Jungen, deren Leistungsmotivation (Netto-Hoffnung, NH), ermittelt mit Hilfe des Leistungsmotivationstest für Kinder (LMTK) von TRUDEWIND, JENESSEN, GEPPERT & MENDACK (1975), sich während des ersten Schuljahres beträchtlich erhöht hatte (NH+ - Gruppe). Bei den Jungen der zweiten Gruppe war die Motivation im gleichen Zeitraum auffällig gesunken (NH− -Gruppe). Dabei beinhaltet hohe Netto-Hoffnung ein auffälliges Überwiegen von Erfolgszuversicht gegenüber Mißerfolgsängstlichkeit, niedrige Netto-Hoffnung ein Überwiegen von Mißerfolgsängstlichkeit gegenüber Erfolgszuversicht. Die beiden Gruppen waren sorgfältig parallelisiert im Hinblick auf die soziale Schichtzugehörigkeit, den Leistungsdurchschnitt und den Entwicklungsstand zum Zeitpunkt der Einschulung der Jungen. Außerdem bestand zwischen den Gruppen kein Unterschied hinsichtlich der

Schulbildung der Mütter, der durchschnittlichen Anzahl der Geschwister, sowie dem von den Eltern vor Eintritt in die Schule geplanten Ausmaß der Hilfe bei den Schularbeiten und der Intensität der Kontrolle der Hausaufgaben.

Die Untersuchung, die bei den Versuchspersonen zu Hause durchgeführt wurde, gliederte sich in zwei Teile. Zunächst wurde die Mutter-Kind-Interaktion beim Anfertigen der Hausaufgaben beobachtet. Danach erfolgte ein halbstrukturiertes Interview mit der Mutter, das ungefähr eine Stunde dauerte und in dem ihre Orientierungen sowie der „typische" Ablauf der Hausaufgabensituation erfragt wurden. Die Häufigkeiten der Kategorisierungen bei der Beobachtung und die Aussagen der Mutter wurden auf fünfstufigen Ratingskalen skaliert und für die beiden Gruppen (NH+ und NH−) mit Hilfe des Mann-Whitney-U-Tests verglichen.

In jedem der vier Merkmalsbereiche zeigten sich signifikante Unterschiede zwischen den erfolgssuchenden (NH+) und den mißerfolgsängstlichen (NH−) Versuchspersonen.

Gütestandards. Die Mütter der Jungen, die im Laufe des ersten Schuljahres deutlich mißerfolgsängstlicher geworden waren, zeigten sich in der Hausaufgabensituation weitaus unzufriedener als die Mütter der erfolgssuchenden Jungen, obwohl deren Zeugnisdurchschnitt gleich war. Sie orientierten sich eher an sozial verankerten Bezugsnormen, an eigenen Vorstellungen und an quasi-objektiven Maßstäben wie Zensuren und Lehrerurteilen. Die Mütter der erfolgssuchenden Jungen hingegen bezogen sich häufiger auf frühere Leistungen ihrer Söhne, d. h., sie orientierten sich stärker an individuellen Bezugsnormen.

Selbständigkeitserziehung. Ermunterung zum eigenständigen Arbeiten, weniger Kontrolle bei der Durchführung der Hausaufgaben und Respekt vor den kindlichen Entscheidungen trat bei den Müttern der erfolgssuchenden Jungen häufiger auf. Im Ausmaß der Unterstützung hilfesuchenden Verhaltens zeigte sich kein Unterschied; die Reaktionen der Mütter der mißerfolgsängstlichen Jungen waren hierbei jedoch weniger vorhersagbar.

Kausalattribuierungen. Die Mütter der Jungen mit positivem Motivwandel führten den Erfolg ihrer Söhne eher auf deren hohe Begabung, Mißerfolg eher dagegen auf external-stabile Faktoren wie Aufgabenschwierigkeit zurück, während die Mütter der Mißerfolgsgruppe schlechte Leistungen häufiger auf mangelnde Begabung und mangelnde Anstrengung, gute Leistungen hingegen auf die Leichtigkeit der Aufgabe zurückführten.

Sanktionen. Es zeigten sich keine Unterschiede zwischen den Gruppen im Hinblick auf den Einsatz von materiellen Bekräftigungen und Anreizen. Große Differenzen ergaben sich jedoch im Ausmaß der körperlich-emotionalen Belohnungen und Bestrafungen. Erfolgsorientierte Jungen wurden von ihren Müttern bei Erfolg öfter gelobt und geherzt, dagegen bei Mißerfolg weniger getadelt als die Jungen in der Vergleichsgruppe. Die Mütter mißerfolgsorientierter Jungen zeigten bei erfolgreicher Bewältigung einer Aufgabe eher neutrale Reaktionen und reagierten bei Mißerfolg häufiger mit körperlich-emotionaler Bestrafung. Die genannten Sanktionen standen in enger Beziehung zur Zufriedenheit der Mütter mit den kindlichen Leistungen, die Teil des ersten Merkmalskomplexes sind.

Die Frage nach der *Richtung des Zusammenhangs* zwischen dem Motivwandel der Söhne und dem mütterlichen Verhalten in der Hausaufgabensituation läßt sich vom Untersuchungsdesign her nicht eindeutig beantworten. TRUDEWIND und HUSAREK vermuten eine wechselseitige Verstärkung des motivabhängigen kindlichen Leistungsverhaltens und der Verhaltensweisen der Mütter. Da beide Gruppen bei Schuleintritt die gleichen motivationalen und leistungsmäßigen Voraussetzungen aufwiesen, ist ein Vorlauf des mütterlichen Verhaltens wahrscheinlich.

Die Befunde der Untersuchung von TRUDEWIND und HUSAREK ergeben ein Zusammenhangsmuster, in dem sich verschiedene Variablen zur Erklärung der Leistungsmotivgenese anbieten. Die Kombination „hohe mütterliche Gütestandards", „wenig Gewährung von Entscheidungsfreiheit" und „Bevorzugung neutraler Reaktionen auf Mißerfolg" scheint zur zunehmenden Mißerfolgsängstlichkeit der Jungen in den ersten Grundschuljahren zu führen. Dies entspricht den „klassischen" Bedingungsfaktoren für die Entwicklung eines (mißerfolgsorientierten) Leistungsmotivs allgemein.

Relativ unabhängig von den mütterlichen Gütestandards scheinen zwei weitere Faktorenkomplexe auf den Wandel des Leistungsmotivs einzuwirken. Dies ist einmal die Bezugsnorm, an der die Mutter ihre Gütestandards orientiert und die – im Fall der Orientierung an quasi-objektiven Standards wie Zensuren – den Aufbau eines eigenen leistungsthematischen Bezugssystems beim Kind erschweren. Zum anderen sind dies die mütterlichen Ursachenzuschreibungen für die Leistungsergebnisse ihrer Kinder. Es ist zu vermuten, daß die Attribuierungskonzepte der Mutter, vor allem im Hinblick auf die Begabung des Kindes, beim Aufbau des kindlichen Selbstkonzeptes eine wichtige Rolle spielen.

Da in der vorliegenden Untersuchung zwei Gruppen mit extrem differierender Leistungsmotiventwicklung gegenübergestellt wurden, erlauben die Ergebnisse keine Einschätzung der Bedeutsamkeit der untersuchten Variablen für die Genese individueller Differenzen der Motiventwicklung in der Gesamtpopulation. Es ist jedoch wahrscheinlich, daß die Untersuchung allgemein bedeutsame Dimensionen der elterlichen Leistungserziehung aufgedeckt hat (vgl. TRUDEWIND, UNZNER & SCHNEIDER, 1989).

TRUDEWIND, C. & HUSAREK, B. (1979). Mutter-Kind-Interaktion bei der Hausaufgabenanfertigung und die Leistungsmotiventwicklung im Grundschulalter. In H. WALTER & R. OERTER (Hrsg.) *Ökologie und Entwicklung* (S. 229-246). Donauwörth: Auer.

Der ökopsychologische Ansatz von BRONFENBRENNER

Die Familie, die Schule oder andere Träger und Vermittler von Sozialisationseinflüssen sind selbst wiederum eingebettet in die Gesellschaft und beeinflußt durch gesellschaftliche Strukturen und Standards.

Mit der Verschachtelung individueller, sozialer und gesellschaftlicher Einflüsse auf die Entwicklung hat sich besonders BRONFENBRENNER (1976, 1979/1981) beschäftigt. Auf dem Hintergrund seines ökopsychologischen Ansatzes entwarf BRONFENBRENNER (1976) ein Modell drei sich überlagernder Ebenen im Sozialisationsprozeß. Auf der *unteren Ebene* befindet sich die *unmittelbare Umgebung* des Individuums, die nach ihren physikalischen und sozialen Merkmalen und nach den am Interaktionsprozeß beteiligten Personen und deren Interaktionsverhalten zu charakterisieren ist. Die *mittlere Ebene* wird von den *informellen sozialen Netzwerken* (z.B. Freundschaftscliquen, Nachbarschaft) und den *formellen Institutionen* (z.B. im Gesundheits-, Erziehungs- und Rechtswesen, politische Institutionen, Massenmedien) gebildet. Umschlossen werden die unmittelbare Umgebung und die übergeordnete soziale Struktur auf der *oberen Ebene* von einem *ideologischen System*, das die sozialen Netzwerke, Institutionen, Rollen und ihre Verbindungen mit Bedeutungen und Motiven ausstattet. Implizit geht BRONFENBRENNER davon aus, daß die Umwelten niederer Ordnung jeweils in den Umwelten höherer Ordnung enthalten sind.

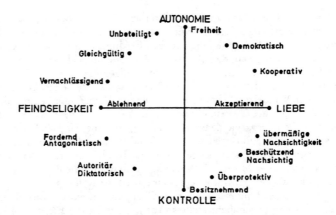

Abbildung 2.13: Dimensionen des elterlichen Erziehungsstils (nach SCHAEFER, 1959, S. 232; entnommen aus WEINERT, 1974, S. 381)

BRONFENBRENNER (1979/81) hat sein Modell weiter ausgearbeitet und unterscheidet nun vier hierarchisch sich überlagernde Systeme: *Mikrosystem* (Aktivitäten, Rollen und interpersonale Beziehungen in der unmittelbaren sozialen Umgebung); *Mesosystem* (die Beziehung zweier oder mehrerer sozialer Settings, denen das Individuum angehört); *Exosystem* (Settings, denen das Individuum nicht angehört, die jedoch Settings auf der Ebene des Mikro- und Mesosystems beeinflussen oder von diesen beeinflußt werden); *Makrosystem* (Regelhaftigkeiten der Form oder des Inhalts von Systemen niederer Ordnung, die in der Gesamtkultur oder einer Subkultur gegeben sind, einschließlich der diesen Regelhaftigkeiten zugrundeliegenden Überzeugungen oder Ideologien). (Zu einem ökopsychologischen Sozialisationsmodell s. auch BRONFENBRENNER & CROUTER, 1983; OERTER, 1987; WALTER, 1980; WALTER & OERTER, 1979).

Ausgehend von der Kritik an einem sozialisationstheoretischen Ansatz, in dem vornehmlich die Bedeutung einzelner isolierter Variablen des Eltern- oder Lehrerverhaltens für die Entwicklung des Leistungsmotivs untersucht wurde, wählte TRUDEWIND (1975, 1982) einen ökologisch-taxonomischen Ansatz, in dem die postulierten Bedingungen für die Genese individueller Unterschiede in insgesamt 30 Variablen erfaßt wurden.

Dimensionen und Auswirkungen der familiären Sozialisation

Das Hauptinteresse der psychologischen Sozialisationsforschung gilt der Untersuchung des Zusammenhangs von *elterlichen Erziehungsstilen* (meist: *mütterlichen Erziehungseinstellungen* und/oder *Erziehungspraktiken*) und Charakteristika von Kindern und Jugendlichen (vgl. die Übersichtsartikel von MACCOBY & MARTIN, 1983; THOMAE, 1972b; ZIGLER & CHILD, 1969; oder das Buch von SCHNEEWIND & HERRMANN, 1980). Für diesen Zweck ist es zunächst erforderlich, die verschiedenen möglichen Erziehungsstile zu systematisieren, d.h. Dimensionen zu finden, auf denen sich verschiedene Eltern relativ stabil voneinander unterscheiden. Auf der Grundlage der Ergebnisse von zahlreichen Befragungen und Interviews von Eltern gelangte SCHAEFER (1959) zu zwei voneinander unabhängigen Hauptdimensionen des elterlichen Erziehungsstils: (1) *Autonomie* versus *Kontrolle* (= Ausmaß der Lenkung, Beeinflussung oder Einschränkung des kindlichen Verhaltens) und (2) *Wärme* (*Liebe*) versus *Feindseligkeit* (= Ausmaß der liebevollen Zuwendung und Akzeptierung). Je nach der Kombination der Ausprägungen auf den beiden Dimensionen ergeben sich unterschiedliche Erziehungsstile (siehe Abbildung 2.13).

Ähnlich wie SCHAEFER (1959) unterscheidet BECKER (1964) die beiden Dimensionen (1) *Permissivität* versus *Restriktivität* und (2) *Wärme* (Akzeptierung) versus *Feindseligkeit* (Ablehnung). Nach BECKER (1964) erhöht sich aufgrund der Erfahrung eines bestimmten Erziehungsstils die Wahrscheinlichkeit für ganz bestimmte Verhaltensmerkmale bei so Erzogenen. Die von BECKER (1964) erwarteten Auswirkungen des elterlichen Erziehungsstils sind in Tabelle 2.7 zusammengefaßt.

Tabelle 2.7: Auswirkungen des elterlichen Erziehungsstils (nach BECKER, 1964, S. 198)

	Kontrolle	Autonomie
Liebe	unterwürfig, abhängig, berechnend, gehorsam, nett, geringe Aggressivität, wenig kreativ, sehr nachgiebig	aktiv, unabhängig, sozial aufgeschlossen, kreativ, „erfolgreiche" Aggressivität, fähig zur Rollenübernahme
Feindseligkeit	„neurotische Verhaltensstörungen", Schwierigkeiten bei Rollenübernahme, hohe Autoaggressivität; sozial abgelehnt, schüchtern und streitsüchtig gegenüber Freunden	häufig kriminelles Verhalten, starke Aggressivität, widersetzlich

Spätere Untersuchungen, die sich nicht nur auf die Befragung der Eltern, sondern auch auf die *Beobachtung des elterlichen Erziehungsverhaltens* und die *Befragung von Kindern* zu dem von ihnen *wahrgenommenen Erziehungsstil* stützten, gelangten zu einem etwas anderen Bild der Grunddimensionen des elterlichen Erziehungsverhaltens. BAUMRIND (1966, 1971) faßt die Ergebnisse dieser Untersuchungen zusammen, in dem sie elterliches Verhalten auf den beiden komplexen Dimensionen *Fordernd* (*demandingness*) und *Antwortend* (*responsiveness*) einordnet. Durch Kombination der jeweils positiven und negativen Ausprägungen ergeben sich vier verschiedene Erziehungsstile: 1. autoritär-autokratisch, 2. nachgiebig-permissiv, 3. autoritativ-reziprok, 4. indifferent-unbeteiligt.

Nach der Zusammenstellung von MACCOBY und MARTIN (1983) sind typischerweise die folgenden kindlichen Merkmale mit den einzelnen Erziehungsstilen korreliert:

Kinder von *autoritär-autokratischen* Eltern zeichnen sich durch geringe soziale Kompetenzen im Umgang mit Gleichaltrigen aus. Sie sind sozial zurückgezogen, gehen nicht auf andere zu und sind wenig spontan. Moralische Normen werden von ihnen nur schwach internalisiert und auch ihr eigenes Verhalten sehen sie eher als extern gesteuert an. Ihre Selbstwertschätzung ist gering.

Kinder von *nachgiebig-permissiven* Eltern sind impulsiv und aggressiv, und es fehlt ihnen an Selbständigkeit und an der Fähigkeit, Verantwortung zu übernehmen.

Kinder von *autoritativ-reziproken* Eltern sind sowohl in ihrem Denken als auch im sozialen Handeln selbständig. Sie zeichnen sich durch eine hohe soziale Verantwortlichkeit aus, können ihre aggressiven Impulse beherrschen, sind selbstsicher und mit einer hohen Selbstwertschätzung ausgestattet.

Die Effekte eines *indifferenten-unbeteiligten* elterlichen Erziehungsstils sind weniger eindeutig. Es scheint ein optimales (mittleres) Niveau der Beteiligung zu geben, das mit generell positiven Effekten verbunden ist. Extrem geringe Beteiligung (Vernachlässigung) und extrem hohe Beteiligung (Überbehütung) sind beide – auf unterschiedliche Art – schädlich. Das optimale Niveau der elterlichen Beteiligung variiert außerdem mit dem Entwicklungsstand des Kindes. Es ist bei älteren Kindern und Jugendlichen geringer als bei Säuglingen und Kleinkindern.

Die Einzelergebnisse zusammenfassend stellen MACCOBY und MARTIN (1983) fest:

> Der elterliche Erziehungsstil, bei dem klare – und manchmal recht strenge – Anforderungen an reifes Verhalten gestellt werden, die zudem nachdrücklich eingefordert werden, geht einher mit Selbstvertrauen und einer hohen Selbstachtung, sowie kooperativem und prosozialem Verhalten auf seiten der Kinder. Dieser Zusammenhang besteht allerdings nur, sofern die hohen elterlichen Forderungen und die starke Kontrolle von elterlicher Zuneigung, Aufmerksamkeit und einem Eingehen auf die Bedürfnisse des Kindes, samt einem offenen Meinungsaustausch mit dem Kind beim Lösen von familiären Problemen begleitet sind. Sowohl Theorie als auch Forschungsbefunde deuten darauf hin, daß es für den Erwerb angemessener und effektiver sozialer Verhaltensmuster des Kindes wichtig ist, daß die Eltern auf der Einwilligung des Kindes gegenüber begründeten Forderungen bestehen und dem Widerstand des Kindes dagegen nicht nachgeben. (MACCOBY & MARTIN, 1983, S. 79; übers. v. Verf.).

Die zuvor beschriebenen Korrelationen zwischen elterlichen Erziehungsstilen und Merkmalen der so Erzogenen sind generell nicht sehr hoch. D. h., in vielen Fällen weichen die Zusammenhänge vom generellen Trend ab. Welche Faktoren hierfür im einzelnen verantwortlich sind, ist weitgehend unbekannt. Zu vermutende Gründe für die Variation der Zusammenhänge dürften sein, daß der elterliche Erziehungsstil nur *ein* Faktor unter vielen ist, der zur Entstehung interindividueller Unterschiede beiträgt und daß der elterliche Erziehungsstil selbst zum Teil eine Reaktion auf kindliches Verhalten darstellt.

Wenn in der Sozialisationsforschung von Auswirkungen des Erziehungsstils die Rede ist, muß außerdem zwischen kurzfristigen und langfristigen Auswirkungen der Erziehung unterschieden werden. Um so weiter Erziehungseinflüsse zurückliegen, um so weniger eng ist meist der Zusammenhang mit Verhaltensmerkmalen der Heranwachsenden. Dies dürfte auch daran liegen, daß Erziehungsstile sich mit dem Alter des Kindes allmählich wandeln, insbesondere wenn sie auf den Entwicklungsstand und die individuellen Eigenheiten eines Kindes abgestimmt sind. Ein solcher zeitlicher Wandel ist vor allem für die Dimension Autonomie/Kontrolle zu beobachten, und zwar in Richtung einer Abnahme der Lenkung und Einschränkung des Heranwachsenden, weniger für die Dimension Liebe/Feindseligkeit (BAYLEY & SCHAEFER, 1960).

Ein nicht zu vernachlässigendes Problem der Sozialisationsforschung stellt schließlich die Entwicklung von brauchbaren Untersuchungsinstrumenten zur Erfassung von Erziehungsstilen dar. Häufig werden *retrospektive* Angaben über Erziehungspraktiken erhoben oder *globale* Erziehungsvorstellungen und -ziele erfragt. Nur selten wird das *tatsächliche Erziehungsverhalten* systematisch beobachtet. Manchmal wird auch das vom Erzogenen *wahrgenommene Erziehungsverhalten* erfaßt. So kann man zur Untersuchung der Entwicklung von Selbständigkeit die den Eltern vorschwebenden Erziehungsziele und Entwicklungsnormen, ihr tatsächlich praktiziertes Verhalten der Unterstützung oder Einschränkung von Selbständigkeit bei ihrem Kind oder die vom Heranwachsenden wahrgenommene Förderung oder Einschränkung seiner Selbständigkeit zu erfassen suchen. Vermutlich trägt alles drei zur Selbständigkeitsgenese bei. Je nach der Wahl des Untersuchungsverfahrens kann es jedoch zu unterschiedlichen Ergebnissen bezüglich des Zusammenhangs des Erziehungsstils und der Persönlichkeitsentwicklung kommen. Welche Datenquelle für eine bestimmte Fragestellung angemessen ist, hängt neben theoretischen Überlegungen auch vom jeweiligen Aufwand und der Zugänglichkeit der verschiedenen Datenquellen ab. Einen Überblick über die verschiedenen Möglichkeiten der Erfassung von Erziehungsstilen liefern HERRMANN (1966), MACCOBY & MARTIN (1983) und SCHNEEWIND & HERRMANN (1980).

Die Komplexität von Sozialisationsprozessen

Die Erfassung der meist komplexen Sozialisationsbedingungen und -prozesse stößt auf erhebliche methodische Schwierigkeiten. Die einzelnen empirischen Studien beschränken sich notwendigerweise meist auf die Untersuchung weniger oder gar nur einer einzigen Sozialisationsvariablen, z.B. auf die Untersuchung der Bedeutung der Dominanz von Vater oder Mutter in der familiären Rollenverteilung für die Sozialisation der Geschlechtsrolle (HETHERINGTON, 1967; MUSSEN & RUTHERFORD, 1963).

Um gesicherte Aussagen über die tatsächlichen Zusammenhänge machen zu können, ist es erforderlich, über die Untersuchung globaler, klassifikatorischer

Variablen wie elterliche Strenge, warmer Erziehungsstil u.ä. hinauszugehen, und *die im Interaktionsprozeß tatsächlich wirksamen Faktoren* differenziert zu erfassen. Solche Faktoren könnten z. B. sein die Art und Dauer der gemeinsamen Beschäftigung von Eltern und Kind, die genauen wechselseitigen Verstärkungsmuster, die Übereinstimmung von verbalem und nichtverbalem elterlichen Verhalten, die einzelnen inhaltlichen Erziehungsziele und deren Abgestimmtheit auf die Entwicklungsvoraussetzungen des Individuums usw.

Was eine differenzierte Erfassung der familiären Sozialisationsvariablen alles beinhalten könnte, erhellt aus der folgenden Aufstellung von WEINERT (1972, S. 364 f.):

„Da spielen die Schulbildung, der Beruf und das Einkommen der Eltern ebenso eine Rolle wie die Wohngegend, die Freunde und die Verwandtschaft. Zu beachten sind sowohl das Familienklima, wie es sich beim sonntäglichen Spaziergang, am Eßtisch oder bei einem Streit zeigt, als auch die besonderen sozialen Beziehungen zwischen den einzelnen Familienmitgliedern. Außerdem dürfen die Persönlichkeitseigenschaften der Eltern im allgemeinen und ihr Erziehungsverhalten im besonderen nicht vernachlässigt werden. Die damit zusammenhängenden Probleme werden noch dadurch vermehrt, daß die verschiedenen familiären Sozialisationsbedingungen in komplizierter Weise miteinander zusammenhängen, daß die Auswirkung einer dieser Bedingungen nie isoliert betrachtet werden darf, sondern stets im Zusammenspiel mit den anderen vorausgegangenen, gleichzeitig wirkenden und nachfolgenden Sozialisationsfaktoren, daß das Kind selbst in vielfältiger Weise auf das Sozialisationsgeschehen zurückwirkt und daß man neben den Folgen langfristiger Erfahrungen nur schwer die Auswirkungen kurzzeitiger, traumatischer Erlebnisse abschätzen kann."

Die bisher durchgeführten Sozialisationsstudien sind von wenigen Ausnahmen abgesehen (z. B. SCHNEEWIND, BECKMANN & ENGFER, 1983) noch weit von einer Erfüllung derartiger Forderungen entfernt.

Die Bedeutung der Sozialisation für die Entwicklung

Die große Bedeutung des Sozialisationsaspekts für die Psychologie läßt sich allein schon aus dem Umfang ablesen, den die Sozialisationsthematik in entwicklungspsychologischen und sozialpsychologischen Handbüchern und Texten einnimmt (vgl. GOSLIN, 1969; GRAUMANN, 1972; MUSSEN, 1970). Lernen durch Interaktion, Kommunikation und Rollenübernahme im Kontext gesellschaftlich geprägter Wertvorstellungen und Normen ist ein spezifisch menschliches Phänomen. Da kaum irgendein Bereich der Entwicklung, sieht man von den wenigen reifungsdominanten Prozessen der Verhaltensentwicklung einmal ab, unabhängig von sozialen Interaktionen betrachtet werden kann, somit alle Erfahrungen und deren Auswirkungen als sozial vermittelt erscheinen, bietet sich eine Gleichsetzung von Entwicklung und Sozialisation an. Eine derartige Gleichsetzung findet man bis zu einem gewissen Grad auch in den Entwicklungsmodellen des sozialen Lernens vertreten (vgl. Kap. 9). Faktisch sind jedoch empirische Untersuchungen zur Sozialisation, gerade auch im Modell des sozialen Lernens, bisher nur für ausgewählte Bereiche der (Persönlichkeits-) Entwicklung durchgeführt worden: für die sogenannte psychosexuelle Entwicklung, die Übernahme der Geschlechtsrolle, die Entstehung interpersonaler Bindungen, Aggressivität, Leistungsmotivation und die moralische Entwicklung (vgl. GOSLIN, 1969; HURRELMANN & ULICH, 1980; MUSSEN, 1970; ZIGLER & CHILD, 1969; ZIGLER, LAMB & CHILD, 1982).

Aber auch aus anderen Gründen als der empirischen Einschränkung der Gegenstände von Sozialisationsstudien erscheint eine Gleichsetzung von Sozialisation und Entwicklung nicht gerechtfertigt. Sozialisation stellt wie Wachstum oder Differenzierung nur einen Teilaspekt der Entwicklung dar, wenn auch einen sehr wichtigen. Die Betrachtung von Entwicklungsprozessen unter dem Aspekt der Abhängigkeit von soziokulturellen Einflüssen und des Hineinwachsens in die umgebende Gesellschaft bildet eine Forschungsstrategie, die von Entwicklungsbedingungen und Entwicklungsgesetzlichkeiten außerhalb dieses Ansatzes weitgehend absieht; ähnlich wie die Untersuchung von Lernprozessen andere als Erfahrungseinflüsse ausblendet oder die Untersuchung von Reifungsvorgängen durch Einschränkung der Erfahrungsmöglichkeiten angegangen wird. Die Gemeinsamkeiten und Verschiedenheiten der Verhaltensentwicklung von Individuen werden in der Sozialisationsforschung in erster Linie daraufhin untersucht, inwieweit sie sich auf Gemeinsamkeiten und Verschiedenheiten der sozialen Lebensumwelt zurückführen lassen.

Erscheint es von daher sinnvoll, Entwicklung als den weiteren Begriff anzusehen, der Sozialisation einschließt, so ist allerdings gleichzeitig zu fordern, daß kein Entwicklungsprozeß ohne Berücksichtigung des Sozialisationsaspekts betrachtet werden sollte. Jegliche Entwicklung geschieht in einem sozialen Kontext und ist ohne diesen Kontext nicht denkbar. Auch in starkem Maße biologisch gesteuerte Entwicklungsprozesse, wie z. B. die Anfänge von Motorik oder Sprache, müssen sozial angeregt und beantwortet werden, um für die weitere Entwicklung eine Bedeutung zu gewinnen.

7. Zusammenfassung

1. Die wichtigsten *grundlegenden Merkmale des Entwicklungsgeschehens* sind: *Wachstum, Reifung, Differenzierung, Lernen, Prägung* und *Sozialisation*. In der gegenwärtigen Entwicklungspsychologie kommt dabei der Betrachtung der Entwicklung unter den Aspekten des Lernens und der Sozialisation die größte Bedeutung zu.

2. Der Begriff *Wachstum* bezeichnet den *quantitativen* Aspekt von Entwicklungsprozessen. In der Entwicklungs*biologie* versteht man unter *Wachstum* die quantitativen somatischen Veränderungen eines Organismus (Volumenzunahme). Der weitere *psychologische Wachstumsbegriff* umfaßt neben den quantitativen körperlichen Veränderungen die *mengenmäßige Zunahme* von Kenntnissen,

Fertigkeiten, Gedächtnisinhalten, Interessen usw., d. h. alle zähl-oder meßbaren eindimensionalen psychischen Veränderungen. Der zeitliche Verlauf der Veränderungen läßt sich unter rein quantitativem Aspekt in Form von *Wachstumskurven* darstellen.

3. Mit *Reifung* sind die Vorgänge der Entwicklungssteuerung gemeint, die spontan aufgrund *endogen* vorprogrammierter Wachstumsimpulse einsetzen und auch in ihrem weiteren Ablauf überwiegend endogen determiniert sind. Reifungsabhängig verlaufen vor allem die körperlichen Veränderungen. Reifungsprozesse schaffen für zahlreiche Entwicklungsvorgänge erst die grundlegenden Voraussetzungen und begrenzen die Beeinflußbarkeit durch exogene Faktoren.

Manchmal wird Reifung in einem eher *übertragenen Sinn* gebraucht, wenn z. B. von der kognitiven Reifung, der Reifezeit oder von bestimmten Reifezuständen (Schulreife, moralische Reife u.ä.) die Rede ist. In diesen Fällen sollte besser von der *Bereitschaft* eines Individuums für die Verarbeitung von Erfahrung gesprochen werden.

4. Die *Verfeinerung, Erweiterung* und *Strukturierung* psychischer Funktionen und Verhaltensweisen nennt man im allgemeinen *Differenzierung*. Mit ihr geht eine zunehmende Mannigfaltigkeit, Flexibilität, Spezialisierung und Verselbständigung der psychischen Funktionen und Verhaltensweisen einher. Besonders gut beobachten läßt sich der Vorgang der Differenzierung in der motorischen Entwicklung. Als Gegengewicht zur Differenzierung ergibt sich gleichzeitig eine ständig steigende hierarchische Zentralisierung, Integration und Organisation der Strukturen und Funktionen des Verhaltens. Die Differenzierung in der Verhaltensentwicklung kann sowohl auf endogene Steuerungsmechanismen als auch auf Erfahrung und Übung zurückgehen.

5. *Lernen* ist der Sammelbegriff für verschiedene Prozesse der *Erfahrung, Übung* und *Beobachtung*, durch die es zu mehr oder weniger überdauernden Verhaltensänderungen kommt. Lernprozesse können sowohl zur *Aneignung* neuer Verhaltensmuster als auch zur *Veränderung* bereits vorhandener Verhaltensmerkmale führen. Innerhalb des *S-R-Lernens* lassen sich mindestens vier verschiedene *Lernarten* unterscheiden: (1) *Klassisches Konditionieren*, auch Lernen durch Kontiguität oder Signallernen genannt; (2) *Operantes Konditionieren* oder Instrumentelles Lernen; (3) *Beobachtungslernen* auch Imitationslernen oder Lernen am Modell genannt; (4) *Mediationslernen*.

Klassisches Konditionieren stellt eine einfache Lernform dar, die an zahlreichen Vorgängen der Verhaltensentwicklung beteiligt ist, diese aber nicht vollständig beschreibt. *Operantes Konditionieren* ist praktisch auf die Veränderung jeglichen Verhaltens anwendbar und kann sich überdies einer Vielfalt von Modifikationsprinzipien bedienen. *Beobachtungslernen* oder Lernen am Modell berücksichtigt ausdrücklich den sozialen Kontext menschlichen Lernens. Hierbei spielen neben Kontiguität und Bekräftigung eine Vielzahl vermittelnder Prozesse und Moderatorvariablen eine Rolle. Treten zwischen Ausgangsreiz und Endreaktion einer Handlungsfolge interne Zwischenglieder (Vorstellungen und Gedanken), so spricht man von einem *Mediationslernen*. Für das Erlernen von Wortbedeutungen, die Begriffsbildung und die willkürliche Verhaltenssteuerung kommt den verbalen Vermittlungsreaktionen eine besondere Bedeutung zu.

Nachdem die lernpsychologisch orientierte Entwicklungspsychologie anfänglich vor allem nachzuweisen versuchte, *daß* sich verschiedene Arten des Lernens auf den Ablauf der Entwicklung auswirken, richtet sich das gegenwärtige Forschungsinteresse verstärkt auf die Analyse des Wandels der Gesetzmäßigkeiten des Lernens im Laufe der Entwicklung.

6. Aus der Vergleichenden Verhaltensforschung, der Ethologie, stammt der Begriff *Prägung*. Darunter versteht man den *einmaligen, irreversiblen Vorgang der Spezialisierung eines Auslöseschemas für bestimmte Instinkthandlungen*. Dieser Vorgang kann nur während einer kurzen Zeitspanne, einer *sensiblen Periode* meist bald nach der Geburt, stattfinden. In der Humanentwicklung spielen prägungsartige Vorgänge bei der Herausbildung der ersten *sozialen Bindung* eine Rolle. Allerdings treffen wir beim Menschen, im Unterschied zu den Verhältnissen bei den Tieren, auf sensible Perioden mit relativ großer zeitlicher Erstreckung und mit eher längerdauernden gleichförmigen Erfahrungen, deren Auswirkungen zumindest teilweise reversibel sind. Auch handelt es sich in der Humanentwicklung weniger ausschließlich um sensible Prägungsphasen als um sensible oder optimale Perioden der Stimulation und des Lernens.

7. Mit dem Begriff *Sozialisation* umschreibt man den allgemeinen Sachverhalt des Einflusses soziokultureller Faktoren auf die Entwicklung im Sinn des *Hineinwachsens in die Verhaltens- und Erlebensnormen der umgebenden Kultur* oder *Gesellschaft*. Aus der Sicht des Heranwachsenden handelt es sich um einen Prozeß der *Sozialwerdung*, aus der Sicht der Gesellschaft um einen Prozeß der *Sozialmachung*. Der Sozialisationsprozeß vollzieht sich auf dem Wege eines Lernens durch *Interaktion, Kommunikation* und *Rollenübernahme* im Kontext gesellschaftlich geprägter Wertvorstellungen und Normen. Einen anschaulichen Rahmen für die Beschreibung der Übernahme gesellschaftlicher Standards liefern die *Rollentheorie* und das Konzept der *Entwicklungsaufgaben*. Sozialisation wird heute überwiegend als ein *bidirektionaler* Prozeß der wechselseitigen Beeinflussung von Umwelt und Individuum angesehen.

Hauptaufgabe der Sozialisationsforschung ist es, Zusammenhänge zwischen soziokulturellen Faktoren und interindividuellen Unterschieden oder Gemeinsamkeiten innerhalb und zwischen Kulturen aufzudecken. Ein wichtiges Teilgebiet der Sozialisationsforschung ist die Erziehungsstilforschung.

Die Bedeutung des Sozialisationsaspekts für die Entwicklungspsychologie ist dadurch gegeben, daß jegliche Entwicklung in einem sozialen Kontext geschieht und ohne diesen Kontext nicht denkbar ist. Die Erfassung der meist komplexen Sozialisationsbedingungen und -prozesse stößt auf erhebliche methodische Schwierigkeiten.

Zum Weiterstudium empfohlene Lektüre

Wachstum als quantitativer Aspekt körperlicher und psychischer Entwickungsprozesse wird überblicksartig abgehandelt in:

UNDEUTSCH, U. (1959). Entwicklung und Wachstum. In H. THOMAE (Hrsg.) *Handbuch der Psychologie, Band 3: Entwicklungspsychologie* (S. 79-103). Göttingen: Hogrefe.

Eine umfassende Beschreibung der verschiedenen körperlichen Wachstumsprozesse von der Befruchtung bis zum Ende des Jugendalters, mit zahlreichen Tabellen und Abbildungen, liefert:

TANNER, J. M. (1978). *Foetus into man: Physical growth from conception to maturity.* Cambridge, Mass.: Harvard University Press.

Eine ausführliche Darstellung der für die Humanentwicklung bedeutsamen Reifungsprozesse findet sich in:

NASH, J. (1978). *Developmental psychology. A psychobiological approach* (2nd ed.). Englewood Cliffs, NJ: Prentice-Hall.

Die verschiedenen Bedeutungen des Differenzierungsbegriffs in der Entwicklungspsychologie erläutert:

DUHM, E. (1959). Entwicklung und Differenzierung. In H. THOMAE (Hrsg.) *Handbuch der Psychologie. Band 3: Entwicklungspsychologie* (S. 220-239). Göttingen: Hogrefe.

Eine vergleichende Darstellung der Gesetzmäßigkeiten der Humanentwicklung (Ontogenese) mit solchen der Phylogenese, Anthropogenese, Psychopathologie und Aktualgenese unter der Perspektive einer fortschreitenden Differenzierung und Integration beinhaltet:

WERNER, H. (1959). *Einführung in die Entwicklungspsychologie* (4. Aufl.). München: Barth.

Einen sehr gut lesbaren Überblick über die in typischen Alltagssituationen beobachtbaren verschiedenen Lernarten und Lerninhalte, vom Konditionieren elementarster Verhaltensweisen bis zum Aufbau von komplexen Denksystemen, vermittelt:

STEINER, G. (1988). *Lernen. 20 Szenarien aus dem Alltag.* Bern: Huber.

Aus der fiktiven Perspektive eines Androneaners werden die verschiedenen psychologischen Theorien über das menschliche Lernen dargestellt und kritisch bewertet in:

LEFRANCOIS, G. R. (1976). *Psychologie des Lernens. Report von Kongor dem Androneaner.* Berlin: Springer.

Eine ausführliche Darstellung der klassischen Untersuchungen zur Prägung und ihrer Ergebnisse findet sich in:

HESS, E. H. (1975). *Prägung.* München: Kindler.

Einen guten Überblick über die Fragestellungen, Methoden und Ergebnisse der entwicklungspsychologischen Sozialisationsforschung mit dem Schwerpunkt auf Eltern-Kind-Interaktionen gibt:

MACCOBY, E. E. & MARTIN, J. A. (1983). Socialization in the context of the family: Parent-child interaction. In P. H. MUSSEN (Ed.) *Handbook of child psychology. Vol. IV* (S. 1-101). New York: Wiley.

Die aktuelle Version des bidirektionalen Kontrollsystem-Modells der Sozialisation und dazu vorliegende neuere Ergebnisse werden dargestellt in:

BELL, R. Q. & CHAPMAN, M. (1986) Child effects in studies using experimental or brief longitudinal approches to socialization. *Developmental Psychology, 22,* 595-603.

Sämtliche Aspekte der Sozialisationsforschung, unter Betonung soziologischer Fragestellungen und Befunde, werden abgehandelt in:

HURRELMANN, K. & ULICH, D. (Hrsg.). (1980). *Handbuch der Sozialisationsforschung.* Weinheim: Beltz. (4. Aufl. 1991).

Kapitel 3:

Die Steuerung von Entwicklungsprozessen – Anlage und Umwelt

In diesem Kapitel beschäftigen wir uns mit der Frage, *wodurch* die im Laufe der Entwicklung eintretenden intraindividuellen Veränderungen zustandekommen, also mit der *Erklärung* von Entwicklungsprozessen. Wir stellen dabei fest, daß diese Frage häufig nur indirekt über die Aufklärung der Bedingungen von interindividuellen Verhaltensunterschieden angegangen wird.

Wie im ersten Kapitel ausführlich dargelegt, ist die *Erklärung von Entwicklung* eine wesentliche Aufgabe der Entwicklungspsychologie. Die Frage, wodurch und unter welchen Bedingungen die im Laufe der Ontogenese beobachteten intraindividuellen Veränderungen zustandekommen, steht im Zentrum der verschiedenen Entwicklungstheorien (s. dazu die Kap. 6 bis 10). Dabei sind sowohl die Bedingungen aufzufinden, durch die es zu dem typischen Entwicklungsverlauf kommt, als auch diejenigen Bedingungen, die für interindividuelle Unterschiede im Entwicklungsverlauf verantwortlich sind.

Die Auseinandersetzung mit dem Problem der Erklärung von Entwicklung wird häufig auf die Frage der (relativen) Bedeutung *endogener* und *exogener* Faktoren (Anlagen- und Umwelteinflüsse) – oder noch enger: die Frage der Erblichkeit von Entwicklungsmerkmalen – verkürzt. Wie noch gezeigt wird, hat die Analyse der Faktoren und Bedingungen, die zur Erklärung von ontogenetischen Veränderungen herangezogen werden können, jedoch über den Nachweis einer Anlage- oder Umweltabhängigkeit von Entwicklungsmerkmalen hinauszugehen. Ein hinreichendes Verständnis der Frage der Steuerung von Entwicklungsprozessen und der Anlage-Umwelt-Problematik ist nur bei einer Kenntnis der grundlegenden Tatsachen der Humangenetik und der Komplexität der theoretischen und methodischen Probleme bei der Untersuchung der Bedingungen ontogentischer Veränderungen möglich. Das Fehlen dieser Kenntnisse führt häufig zur Formulierung unsinniger, weil nicht beantwortbarer Fragen wie z. B., ob Intelligenz vererbt ist, ob dem Menschen aggressive Verhaltensweisen angeboren sind oder inwieweit der Mensch veränderbar ist. Wie sinnvollerweise Fragen nach der Steuerung der Entwicklung zu formulieren sind und welche Antworten auf diese Fragen derzeit gegeben werden können, soll in diesem Kapitel dargestellt werden.

Nach der Erörterung allgemeiner Probleme der Erklärung von Entwicklungsprozessen (Abschnitt 1.) werden zunächst die im einzelnen wirksamen Steuerungsfaktoren und ihr Zusammenspiel erläutert (Abschnitte 2. und 3.). Es folgt eine Auseinandersetzung mit den biologischen Grundlagen der Entwicklung beim Menschen (Abschnitt 4.). Im letzten und längsten Abschnitt dieses Kapitels werden die wichtigsten Methoden und Ergebnisse der Untersuchung der Anlage-Umwelt-Problematik vorgestellt und diskutiert (Abschnitt 5.). Entsprechend ihrer Bedeutung in der Humanforschung stehen dabei Zwillingsuntersuchungen und Adoptionsstudien im Vordergrund. Der Schlußabschnitt (6.) faßt die wesentlichen Aussagen dieses Kapitels noch einmal zusammen.

1. Voraussetzungen und Probleme der Erklärung von Entwicklung

Intraindividuelle Veränderungen oder interindividuelle Unterschiede als Erklärungsgegenstände

Wie die Beschreibung der Entwicklung kann die Erklärung der Entwicklung grundsätzlich drei verschiedene Dinge zum Gegenstand haben: 1. den *typischen Entwicklungsverlauf* eines Merkmals, 2. die *Unterschiede des Entwicklungsverlaufs* eines Merkmals bei verschiedenen Individuen und 3. *Merkmalsunterschiede zu einem bestimmten Zeitpunkt der Entwicklung*, entweder innerhalb einer Population (z. B. bei fünfjährigen Kindern) oder zwischen verschiedenen Populationen (z. B. bei fünfjährigen Kindern aus verschiedenen sozialen Schichten). Strenggenommen handelt es sich nur bei 1. und 2. um entwicklungspsychologische Fragestellungen, da nur hier Veränderungen über die Zeit thematisiert werden (vgl. oben S. 16f.).

Da in der entwicklungspsychologischen Forschung fast ausschließlich Querschnittuntersuchungen durchgeführt werden, intraindividuelle Veränderungen und deren interindividuelle Variation aber nur mit Hilfe von Längsschnittuntersuchungen festgestellt werden können (zur Querschnitt- und zur Längsschnittmethode s. Kap. 4.2), werden im Regelfall nur Bedingungen interindividueller Merkmalsunterschiede innerhalb oder zwischen Populationen aufgedeckt (TRAUTNER, 1983, S. 46). So wird z. B. aus dem korrelativen Zusammenhang zwischen Unterschieden des Erziehungsstils und Verhaltensunterschieden der Erzogenen auf gleichartige Bedingungszusammenhänge zwischen dem Erziehungsstil und dem langfristigen Verhaltenserwerb geschlossen (vgl. Kap. 2.6). Dies wäre aber nur unter der Voraussetzung erlaubt, daß die für interindividuelle Unterschiede zum Zeitpunkt X verantwortlichen Faktoren in gleichem Maße auch den intraindividuellen Veränderungen des betreffenden Merkmals und deren interindividueller Variation zugrunde liegen. Ob diese Voraussetzung gegeben ist, muß im Einzelfall immer erst geprüft werden. Ein direkter Schluß vom Anteil eines

Faktors an der Varianz der Merkmalsunterschiede zwischen Individuen auf den Anteil dieses Faktors am Zustandekommen des betreffenden Merkmals ist nicht möglich (MONTADA, 1987a, S. 32).

Dies hat damit zu tun, daß Merkmalsunterschiede zwischen Individuen nur auf Faktoren zurückgeführt werden können, die interindividuell variieren, während gleichartige intraindividuelle Veränderungen auch bei fehlender Variation eines zugrundeliegenden Faktors zustandekommen können. So gehen die Intrapaardifferenzen in einem Merkmal bei (genotypisch identischen) eineiigen Zwillingen ausschließlich auf Unterschiede in Umweltbedingungen zurück (s. hierzu Abschnitt 5.2). Daraus ist aber nicht zu schließen, daß die – im Fall von eineiigen Zwillingen identischen – Anlagebedingungen für den Erwerb und die Veränderungen des betreffenden Merkmals bei den untersuchten Zwillingen bedeutungslos sind (TRAUTNER, 1983, S. 46).

Den drei Erklärungsgegenständen kommt in den verschiedenen Entwicklungstheorien unterschiedliches Gewicht zu (s. hierzu Kap. 7 bis 10). Ihre mangelnde Trennung kann zu Fehlschlüssen bei der Beurteilung der einzelnen Entwicklungstheorien führen.

Die Reichweite von Erklärungen

Die Frage nach den für die Steuerung von Entwicklungsvorgängen und die interindividuellen Unterschiede der Entwicklung verantwortlichen Faktoren ist nicht generell zu beantworten, sondern jeweils in bezug auf die Entwicklung *eines bestimmten Verhaltensmerkmals in einer bestimmten Population*. Den einzelnen Faktoren kommt ein unterschiedliches Gewicht zu, je nachdem um welches Verhaltensmerkmal es sich handelt (z. B. Intelligenz, Aggressivität, Leistungsmotivation). Aber auch hinsichtlich der Entwicklung ein und desselben Merkmals variieren die Ergebnisse, und zwar je nach der für eine Population charakteristischen Merkmalsstreuung und der in ihr angetroffenen Variabilität der Bedingungsfaktoren. Ein wichtiger Parameter dürfte hier sein, in welchem Entwicklungsabschnitt eine Population untersucht wird.

Bei der Erklärung interindividueller Unterschiede der Entwicklung ist außerdem a) zwischen dem *Vorhandensein* oder *Nichtvorhandensein* der für eine normale Entwicklung notwendigen allgemeinen Voraussetzungen und b) dem *unterschiedlichen Ausprägungsgrad* vorhandener Entwicklungsbedingungen zu unterscheiden. Beispiele für ersteres sind: ein zusätzliches Chromosom und daraus folgender Schwachsinn bei der Trisomie 21 (dem sogenannten DOWN-Syndrom), die normale physiologische Ausreifung des Zentralen Nervensystems als notwendige Grundlage bestimmter sensorischer und motorischer Leistungen oder das Vorhandensein der kognitiven Fähigkeiten zur Leistungsunterscheidung und zur Kausalattribuierung als Voraussetzungen für die Äußerung von Leistungsmotivation. Beispiele für letzteres sind: angenommene genetische Differenzen oder Unterschiede des Anregungsgehalts der Lernumwelt, die zu interindividuellen Unterschieden der Intelligenzentwicklung führen können; das Ausmaß früherer Wahrnehmungserfahrungen und sein Einfluß auf die spätere Güte der räumlichen Orientierung; die Auswirkungen elterlicher Strenge auf den Grad der Ängstlichkeit des heranwachsenden Kindes.

Das Verhältnis von Anlage und Umwelt

Am Beginn der wissenschaftlichen Entwicklungspsychologie stand die Auffassung von Entwicklung als einem im wesentlichen biologisch vorprogrammierten, *endogen* gesteuerten *Entfaltungsprozeß*, entweder als reifungsabhängige *Ausdifferenzierung* einer primären Ganzheit oder als *Wachstum* nach dem Muster von biologischen Wachstumsprozessen (s. dazu Kap. 7). Demgegenüber betonten der zu Beginn dieses Jahrhunderts entstandene Behaviorismus und die später daran anknüpfenden S-R-Theorien der Entwicklung die Steuerung der Entwicklung durch *exogene*, insbesondere soziokulturelle Faktoren (s. dazu Kap. 9).

Heute geht man davon aus, daß die Entwicklung beim Menschen von einer Vielzahl wechselseitig abhängiger endogener und exogener Faktoren gesteuert wird (ANASTASI, 1958). Dabei wird die einfache Gegenüberstellung von Anlage (endogenen Faktoren) und Umwelt (exogenen Faktoren) fallengelassen, da sie von der unzutreffenden Annahme einer unabhängigen, additiven Wirkung von Entwicklungsfaktoren ausgeht. Hierauf haben bereits CARMICHAEL (1925) und LUSH (1937) hingewiesen. Anlage- und Umweltfaktoren wirken auf vielfältige Art und Weise interaktiv zusammen und sind in ihren Wirkungen auf den Entwicklungsverlauf untrennbar miteinander verbunden (ANASTASI, 1958). Allein zur *statistischen* Aufteilung der Merkmalsstreuung in einer Population und bei Berücksichtigung einer Reihe methodischer Einschränkungen erweist sich die Verwendung einer derartigen Unterscheidung als bedingt brauchbar (s. dazu Abschnitt 4.4). (Zu den wissenschaftstheoretischen und weltanschaulichen Hintergründen der Bevorzugung eines additiven oder interaktiven Paradigmas bei der Bedingungsanalyse von Entwicklungsprozessen siehe OVERTON, 1973).

Einerseits werden die Wirkungen von Anlagefaktoren durch Umwelteinflüsse überformt, kompensiert, unterstützt oder behindert. Andererseits begrenzen Anlagefaktoren die Möglichkeiten von Umwelteinflüssen oder können diese kompensieren.

Biologische und soziokulturelle Variabilität

Es ist ein häufig anzutreffendes Mißverständnis, daß *biologische* (endogene) Faktoren ausschließlich für *Ähnlichkeiten* zwischen Individuen verantwortlich sind, z. B. Ähnlichkeiten zwischen Erbverwandten, arttypisches Verhalten, während *soziokulturelle* (exogene) Faktoren *Unterschiede* zwischen Individuen hervorrufen. Es läßt sich jedoch leicht zeigen, daß *beide* Faktorengruppen sowohl Ähnlichkeiten wie Unterschiede zwischen Individuen hervorbringen können.

Zum einen gibt es zwischen verschiedenen Individuen innerhalb einer Art natürlich auch in den Genen *Unterschiede*. Diese genetische Variabilität dürfte beim Menschen aufgrund seiner großen Genzahl und deren zahlreichen Kombinationsmöglichkeiten vermutlich sogar weitaus größer sein als die Variabilität soziokultureller Faktoren (s. dazu Abschnitt 4.1). In weiten Bereichen des soziokulturellen Umfelds gibt es andererseits neben der gegebenen Variabilität ein hohes Maß an Gleichförmigkeit, z. B. innerhalb einer sozialen Schicht, im Schulsystem, hinsichtlich weit verbreiteter kultureller Normen. Durch die Homogenität von soziokulturellen Einflüssen können u. U. ursprünglich vorhandene genetisch bedingte Unterschiede zwischen Individuen überdeckt und nivelliert werden. Die *Umwelt* ist demnach in starkem Maße auch für *Ähnlichkeiten* zwischen Individuen verantwortlich.

Aktuelle (proximale) und zeitlich zurückliegende (distale) Entwicklungsbedingungen

Jede in einem Organismus stattfindende Veränderung ist gleichzeitig eine Funktion seines momentanen Zustands und der aktuell gegebenen Stimulation wie auch der endogenen und exogenen Bedingungen, denen er bis dahin ausgesetzt war und die auf irgendeine Weise ihre Spuren in seiner Anatomie und Physiologie hinterlassen haben (LEWONTIN, 1986). Ein Verhalten bzw. eine Verhaltensänderung läßt sich somit prinzipiell als Folge *aktueller* (proximaler) oder *zeitlich weiter zurückliegender* (distaler) Bedingungen betrachten (BALTES & SCHAIE, 1979). Bezogen auf den Fall zukünftigen Verhaltens heißt das: es gibt aktuelle Auswirkungen und es gibt langfristige Auswirkungen von Entwicklungseinflüssen.

Ein Beispiel für aktuelle Auswirkungen wären die unmittelbaren Verhaltensreaktionen eines Kleinkindes bei einer vorübergehenden Trennung von der Mutter, deren Art und Intensität wiederum von den bisherigen Bindungs- und Trennungserfahrungen beeinflußt wird (vgl. Kap. 7.3.). Ein Beispiel für spätere Auswirkungen von Entwicklungseinflüssen wäre defizitäres Pflegeverhalten bei mutterlos aufgewachsenen Affenmüttern (HARLOW & HARLOW, 1962).

Von der größeren theoretischen Bedeutung für die Entwicklungspsychologie sind Bedingungszusammenhänge, in denen Antezedenz-Konsequenz-Beziehungen durch große Zeiträume voneinander getrennt sind.

Bei der Unterscheidung von aktuellen und zeitlich zurückliegenden Einflüssen ist zu berücksichtigten, daß aktuelle Einflüsse immer auf einen Organismus treffen, der bereits aufgrund seiner bisherigen Entwicklungsgeschichte (also zeitlich zurückliegender Bedingungen) an einem bestimmten Punkt der Entwicklung angelangt ist und diese aktuellen Einflüsse seinem Entwicklungsstand entsprechend verarbeitet (TRAUTNER, 1983, S. 47).

Das Zusammenwirken aktueller und zeitlich zurückliegender Einflüsse wird im entwicklungspsychologischen Experiment als Interaktion von experimentell gesetzten Bedingungen (aktuellen Einflüssen) und gegebenem Entwicklungsstand der Versuchsperson (Ergebnis der bisherigen Entwicklungsgeschichte) besonders deutlich. Da im Experiment grundsätzlich nur aktuelle Bedingungen manipuliert und variiert werden können, decken experimentelle Untersuchungen in der Entwicklungspsychologie meist nur aktuelle Bedingungen kurzfristig hervorrufbarer Verhaltensänderungen auf (vgl. WOHLWILL, 1973/1977; zum Experiment s. Kap. 5.4). Eine Alternative dazu wäre die sich über größere Zeiträume erstreckende fortlaufende Beobachtung der Auswirkungen experimenteller Bedingungen (follow-up-Studie). Hierbei stellt sich allerdings das Problem der

Kontrolle der in der Zwischenzeit auftretenden (weiteren) Einflüsse (TRAUTNER, 1983, S. 47f.).

Notwendige und hinreichende Entwicklungsbedingungen

Im Zentrum der Erklärung von Entwicklung steht die Frage, welche Bedingungen als hinreichend und/oder notwendig anzusehen sind, um das Auftreten eines Entwicklungsphänomens zu erklären (BALTES & SCHAIE, 1979).

Die Frage nach den *hinreichenden* Bedingungen von Entwicklung lautet: *Kann* unter bestimmten Randbedingungen Faktor X das Verhalten Y hervorrufen bzw. seinen Erwerb fördern? (MCCALL, 1977). Führt z. B. die Beobachtung aggressiver Verhaltensmodelle zur Entstehung bzw. Erhöhung aggressiver Verhaltenstendenzen beim Beobachter? (vgl. unser Untersuchungsbeispiel 2.6). Aus einer positiven Antwort auf diese Frage läßt sich aber nicht ableiten, daß unter den üblichen Entwicklungsbedingungen in der natürlichen Lebensumwelt Faktor X tatsächlich wesentlich zur Ausbildung von Verhalten Y beiträgt oder gar, daß Faktor X notwendig ist, um Y herbeizuführen, Y also nur so zustandekommen kann.

So zeigen experimentelle Untersuchungen auf dem Boden der sozialen Lerntheorie (z. B. Konditionierungs- und Imitationsexperimente) oder Trainingsstudien nur, wie Verhaltensänderungen *kurzfristig* herbeigeführt werden *können*. Sie belegen weder, daß entsprechende Veränderungen nur auf diese Art zustandekommen können, noch daß die langfristigen Veränderungen im Laufe der Entwicklung tatsächlich so entstehen. Wahrscheinlich ist, daß die „gleichen" Entwicklungsresultate auf verschiedenen Wegen erworben werden können.

Notwendige Entwicklungsbedingungen sind solche Bedingungen, die gegeben sein *müssen*, damit es zu bestimmten Entwicklungsveränderungen kommt. Ohne deren Vorhandensein kommt es in keinem Fall zu der betreffenden Veränderung. Das Hören menschlicher Sprache und die Gelegenheit zur sprachlichen Kommunikation scheinen in diesem Sinne notwendig für den Spracherwerb zu sein (s. hierzu Kap. 11).

Um *notwendige* Entwicklungsbedingungen einwandfrei festzustellen, müßte man dem Organismus während der Entwicklungsperiode, in der die fraglichen Bedingungen vermutlich zur Auswirkung gelangen, diese Bedingungen vorenthalten. Für die Humanentwicklung ist dies aus ethischen Gründen ausgeschlossen, es sei denn, es handelt sich um mutmaßliche Bedingungen für Entwicklungsstörungen. Ist das nicht der Fall, kann man höchstens auf vorgefundene Deprivationen zurückgreifen (wie z. B. angeborene Blindheit oder Taubheit, Mutterdeprivation).

Die Vielzahl der Bedingungen

Grundsätzlich ist davon auszugehen, daß die Entwicklung beim Menschen von einer *Vielzahl* wechselseitig abhängiger Bedingungen gesteuert wird, und dies in unterschiedlicher Art und Weise, je nach dem ausgewählten Verhaltensmerkmal, der daraufhin untersuchten Population und dem ins Auge gefaßten Entwicklungsabschnitt. Aufgabe der Forschung ist es, sowohl festzustellen, *welche* Faktoren in *welchem* Ausmaß einen Einfluß auf die Entwicklung ausüben, als auch aufzuzeigen, *wie* die einzelnen Bedingungen im gegebenen Fall zusammenwirken und aufgrund welcher Mechanismen sie zur Herausbildung des betreffenden Verhaltensmerkmals bzw. zu individuellen Unterschieden in der Merkmalsausprägung führen.

Aus Gründen der Forschungsökonomie, d. h. um zu gezielten Hypothesen und interpretierbaren Befunden zu gelangen, beginnt man dabei zunächst mit der Untersuchung des Einflusses *einzelner* Faktoren und klammert andere Faktoren aus. Man macht etwa den Einfluß elterlicher Disziplinierungstechniken auf das Verhalten von Kindern deutlich und vernachlässigt darüber andere Faktoren der Verhaltenssteuerung wie Gene, Hormone, Erwartungen der Kinder oder Erfahrungen außerhalb von Disziplinierungssituationen, bzw. man unterstellt diese Bedingungen als „zufällig variierend" oder „konstant" (vgl. HERRMANN, 1984, S. 345). Die Entscheidung für einen bestimmten Grad der Differenziertheit und Komplexität der Bedingungsanalyse richtet sich dabei nicht zuletzt nach dem gegebenen Forschungsstand.

Die kumulative Auswirkung von Entwicklungsbedingungen

Für ontogenetische Veränderungsreihen gilt grundsätzlich: das Spätere baut auf dem Früheren auf (vgl. Kap. 1.2.4.4). Dies gilt sowohl für die beobachteten Verhaltensänderungen selbst wie für die ihnen zugrundeliegenden Entwicklungsbedingungen und ihre Auswirkungen. Jede aktuell einwirkende Entwicklungsbedingung trifft jeweils auf bereits vorhandene Auswirkungen früherer Entwicklungsbedingungen und wird davon in ihrer Wirkung beeinflußt.

So sind beispielsweise die Auswirkungen einer Mutter-Kind-Trennung auf die weitere Entwicklung eines Kindes erst dann genauer abzuschätzen, wenn die bisherigen Mutter-Kind-Interaktionen, Art und Ausmaß der vorliegenden Mutter-Bindung und weitere aktuelle Entwicklungsmerkmale berücksichtigt werden (RUTTER, 1978). Wie aktuelle, neue Entwicklungseinflüsse verarbeitet werden und sich auswirken, d.h., wie sich Individuen weiter verändern, hängt somit nicht zuletzt von den gegebenen (reifungs- und/oder lernabhängig zustandegekommenen) Fähigkeiten und Bereitschaften zur Verarbeitung dieser neuen Einflüsse ab (TRAUTNER, 1983, S. 49).

Der kumulative Prozeßcharakter von Entwicklung, das Auseinanderhervorgehen und der innere Zusammenhang von Früherem und Späterem macht die Erklärung von ontogenetischen Veränderungen so schwierig.

Diskontinuität von Antezedenz-Konsequenz-Beziehungen

Die Frage nach der Kontinuität oder Diskontinuität der Entwicklung stellt sich sowohl bei der Beschreibung von Entwicklungsprozessen als auch bei der Analyse von Entwicklungsbedingungen. Daß sich die für die Ausprägung bzw. Veränderung eines Entwicklungsmerkmals bedeutsamen Bedingungen über die Ontogenese verändern können (s. z. B. EMMERICH, 1964, 1973), wird häufig außer acht gelassen. Das Vorgehen, von Antezedenz-Konsequenz-Beziehungen auf einem bestimmten Entwicklungsniveau auf entsprechende Zusammenhänge in anderen Entwicklungsabschnitten zu schließen, ist besonders charakteristisch für die der sozialen Lerntheorie verpflichtete, differentiell-psychologisch angelegte Sozialisationsforschung (vgl. Kap. 2.6 und Kap. 9).

Neben der mit dem Lebensalter einhergehenden Diskontinuität von Einflüssen sind außerdem der an die historische Zeit gebundene biosoziale Wandel und die nicht-normativen, nur für individuelle Lebensgeschichten bedeutsamen Einflüsse (z. B. kritische Lebensereignisse) als wichtige Quellen der Diskontinuität von Entwicklung zu berücksichtigen (BALTES, 1979b). Eingeschlossen ist hier, daß einzelne Entwicklungsbedingungen bei verschiedenen Individuen zu verschiedenen (Entwicklungs-) Zeitpunkten zur Auswirkung gelangen (BALTES & SCHAIE, 1979). Mit BALTES und NESSELROADE (1979) ist deshalb die inter- und intraindividuelle Homogenität von Entwicklungsmatrizen viel geringer einzuschätzen als es in nomothetischen Modellen der ontogenetischen Entwicklung gemeinhin angenommen wird.

2. Die Faktoren der Steuerung von Entwicklungsprozessen

Die Vielzahl der möglichen Einflußgrößen der Verhaltensentwicklung läßt sich in Abwandlung eines Schemas von HERRMANN (1984, S. 348f.) in fünf Gruppen von Steuerungsfaktoren aufgliedern:
1. Allgemeine genetische Determinanten
2. Individuelle genetische Determinanten
3. Reifungsvorgänge
4. Einflüsse der materiellen Umgebung (physikalisch-chemische Faktoren)
5. Einflüsse der Lernumwelt (soziokulturelle Faktoren)

Die verschiedenen Faktorengruppen stehen in wechselseitiger Abhängigkeit miteinander, wobei vergangene und gegenwärtige Bedingungen auf komplexe Art ineinander wirken. Außerdem weisen die genannten Faktoren einen unterschiedlichen Grad der Direktheit bzw. Indirektheit auf, mit dem sie sich auf Verhaltensmerkmale auswirken. Besonders die Anlage- und Reifungsfaktoren beeinflussen Verhalten erst über eine Reihe von Zwischengliedern.

Außer den genannten Faktoren führt HERRMANN (1984) noch *momentane Zustände* des Organismus (z. B. Sättigung, Ermüdung, Motivierung) und *aktuelle Reize* (z. B. bestimmte situative Hinweisreize, Merkmale einer Aufgabensituation, wirksame Bekräftiger) als Einflußgrößen für Verhalten auf.

Zwar gehen diese aktuellen Bedingungen immer in die Befunde einer empirischen Untersuchung ein, für entwicklungspsychologische Fragestellungen interessieren diese Beziehungen jedoch nicht für sich genommen, sondern allein in ihrer Wechselwirkung mit den ersten fünf Faktoren. So möchte der Entwicklungspsychologe zwar wissen, welchen Einfluß eine gegenwärtig gegebene soziale Bekräftigung, also eine aktuelle Reizbedingung, auf ein bestimmtes Verhalten hat, jedoch in erster Linie unter dem Aspekt des Aufweises der Wirksamkeit solcher Bekräftiger zur Hervorbringung von Verhaltensänderungen generell oder auch um unterschiedliche Auswirkungen sozialer Bekräftigung je nach Alter, Intelligenz, sozialer Herkunft etc. festzustellen.

Die einzelnen Faktorengruppen und ihre Wirkweisen werden im folgenden näher erläutert.

Allgemeine genetische Determinanten

Alle Menschen sind gleich. Alle Menschen sind verschieden. Beide Aussagen treffen für die biologische Ausstattung des Menschen zu. Neben der genetischen Variabilität verschiedener Individuen gibt es innerhalb einer Art auch grundlegende Gemeinsamkeiten in der genetischen Ausstattung und eine daraus resultierende Gleichförmigkeit der Entwicklung. Solche *artspezifischen Gemeinsamkeiten* sind beim Menschen etwa charakteristische morphologische Merkmale (z. B. der Bau der Extremitäten oder der Augen), die Entwicklung zum aufrechten Gang, die Fähigkeit zur artikulierten Sprache, mimische Ausdruckserscheinungen, Reflexe, hormonelle Prozesse, Entwicklungsphasen erhöhter Sensibilität für exogene Einflüsse oder die Entwicklungshöhe des Gehirns und die damit einhergehende enorme Lernfähigkeit. Es ist das, was die „Natur" des Menschen ausmacht.

Erbschäden und prä- oder postnatale Schädigungen ausgeschlossen werden die genannten Merkmale bei allen Menschen ausgebildet. Die artspezifischen Determinanten schaffen hierbei die allgemein notwendigen anatomisch-physiologischen Voraussetzungen, daß es überhaupt zu diesen Merkmalen kommen kann. Gleichzeitig begrenzt das artspezifische Erbgut die Möglichkeiten des Erwerbs bestimmter Verhaltensmerkmale. So kann ein Mensch niemals aus eigener Kraft, d. h. ohne technische Hilfsmittel, fliegen, und er vermag nicht bestimmte Schallfrequenzen (unter 10 Hz und über 20.000 Hz) akustisch wahrzunehmen. Diese allgemeinen biologischen Grundlagen der Entwicklung des Menschen sind phylogenetisch entstanden und werden individuell durch Vererbung weitergegeben. Sie liefern die Basis, auf der, je nach der Gen-Variabilität in einer Population, individuelle genetische Unterschiede aufbauen.

Auch zwischen den Arten gibt es neben den biologischen Unterschieden Gemeinsamkeiten der biologischen Ausstattung. So stimmt der Mensch in über 98 % seines genetischen Materials mit dem Schimpansen überein.

Individuelle genetische Determinanten

Zu individuellen Unterschieden der genetischen Ausstattung kommt es immer dann, wenn in einer Population die einzelnen Gene in mehr als einer Form, also in verschiedenen Allelen, auftreten (s. dazu auch Abschnitt 4.1). Je nach der Art der korrespondierenden Gene der Eltern, also der Gene auf den entsprechenden Loci eines Chromosoms, ergeben sich verschiedene Möglichkeiten für den Genotyp. Da sich die Chromosomenpaarlinge (nicht die Gene!) der Geschlechtszellen eines Elternteils bei der Zellteilung frei kombinieren können, gibt es pro Elternteil 2^{23} = 8.388.608 verschiedene Möglichkeiten der Bildung des haploiden elterlichen Chromosomensatzes. Dabei ist die mögliche Trennung der Gene auf einem Chromosom (z. B. durch Crossing over) noch nicht eingerechnet.

Da es sich bei Verhaltensmerkmalen im Normalfall nicht um von einzelnen Genen gesteuerte, dichotome Merkmale handelt, sondern um polygen bedingte, kontinuierliche Merkmalsverteilungen, sind die Verhältnisse noch weit komplizierter und können nur durch quantitative genetische Modelle dargestellt werden. (Zu den Grundlagen der Humangenetik s. Abschnitt 4.1). Bislang können Verhaltensmerkmale bloß auf irgendwelche erblichen Unbekannten bezogen werden. Die anzunehmenden individuellen Unterschiede der genetischen Ausstattung bleiben unaufgeklärt. Es ist nur möglich, globale Schätzungen für die Erblichkeit der betreffenden Merkmale abzugeben, z. B. mit Hilfe von Zwillingsuntersuchungen (s. dazu Abschnitt 5.2).

Mit dem Fortschritt der Gen-Forschung, d. h. der genaueren und vollständigen Erfassung des menschlichen Genoms, wird sich dies vermutlich ändern.

Reifungsvorgänge

Bei der Darstellung der allgemeinen und individuellen genetischen Determinanten der Entwicklung wurde offen gelassen, zu welchem Zeitpunkt der Entwicklung und aufgrund welcher Prozesse sich diese in Verhaltensmerkmale umsetzen. Da *anlagebedingt* nicht gleich *angeboren* im Sinne von – bei der Geburt oder gar bei der Zeugung – *sofort fertig ausgebildet* ist, müssen zeitlich mehr oder weniger ausgedehnte Entwicklungsprozesse angenommen werden, bis sich Anlagen in körperlichen (anatomisch-physiologischen) oder psychischen Veränderungen manifestieren. Soweit die zeitliche Steuerung der eintretenden Veränderungen im Genprogramm eingebaut ist, handelt es sich um Reifungsprozesse. Zu nennen sind hier etwa die Entwicklung der primären und sekundären Geschlechtsmerkmale oder die Anfangsentwicklung von Motorik und Sprache. Auf die Wechselwirkungen zwischen den verschiedenen Faktoren wird noch gesondert eingegangen (s. Abschnitt 3).

Reifungsvorgänge können wir überall da annehmen, wo bei allen Individuen zu bestimmten Zeiten Entwicklungssequenzen in etwa gleicher Form und in fester Reihenfolge ablaufen, ohne daß Erfahrung und Übung hierbei einen entscheidenden Anteil hätten (vgl. Kap. 2.2). Dies läßt sich nur für wenige Entwicklungsveränderungen feststellen. Auch hier haben wir wieder zwischen einer allgemeinen genetischen Determination, bezogen auf die grobe zeitliche Steuerung und die Sequenz, und einer individuellen genetischen Steuerung, bezogen auf die Entwicklungsgeschwindigkeit und das erreichbare Endniveau, zu trennen.

Machen wir nun an irgendeinem Punkt des Entwicklungsverlaufs einen Einschnitt, so treffen wir auf einen bestimmten Reifegrad des Organismus, z. B. bezüglich der Ausreifung des Zentralen Nervensystems, der Muskelkontrolle des Sphinkters oder der physiologischen Bereitschaft für Stimulation. Dieser endogen bedingte Reifegrad ist definiert als die Summe der Auswirkungen genetisch gesteuerter Entwicklungsprozesse bis zu dem betreffenden Zeitpunkt.

Reifung bringt aber nicht quasi von selbst Verhaltensmerkmale hervor, sondern bedeutet allein eine erhöhte Bereitschaft, auf Stimulation und Übung hin zu lernen (AEBLI, 1970). Nehmen wir zum biologischen Reifegrad (Summe der Auswirkungen bisheriger Reifungsvorgänge) den erfahrungsabhängigen Entwicklungsstand (Summe der Auswirkungen der Konfrontation mit der materiellen und der soziokulturellen Umgebung) hinzu, und berücksichtigen außerdem den interaktiven Zusammenhang zwischen diesen beiden, so erhalten wir ein Maß für den gegenwärtigen Grad der *Bereitschaft* eines Organismus für weitere Veränderungen (vgl. oben S. 77).

Außer im Experiment erscheint es allerdings kaum möglich, autochthone Reifungsprozesse von gleichzeitig stattfindenden Lernprozessen eindeutig zu trennen, zumal der Reifegrad wiederum nur am Verhalten, nämlich an empirisch faßbaren Leistungen, abgelesen werden kann, in die neben Reifung in der Regel Erfahrung und Übung mit eingehen.

Einflüsse der materiellen (physischen) Umgebung

Als materielle oder physische Umgebung bezeichnen wir alle physikalischen oder chemischen Faktoren, die unmittelbar auf den Organismus einwirken und ihn in seiner Entwicklung fördern oder schädigen können. Hierunter fallen z. B. alle pränatalen Einflüsse (die vorgeburtliche Umwelt im Uterus bzw. die über den mütterlichen Organismus an den Embryo weitergegebenen Einflüsse), die Ernährungsbedingungen, Krankheitserreger, Umweltgifte, Lärm oder die Bewegungsmöglichkeiten und sonstigen räumlichen Verhältnisse der Umgebung.

Die Beispiele machen deutlich, daß die Bedeutung dieser Art exogener Faktoren stärker in Richtung von möglichen *Schädigungen* zu sehen ist als in einer entwicklungsfördernden Funktion. Eine ausreichende Ernährung, körperliche Gesundheit, Bewegungsmöglichkeiten usw. sind zwar Vorbedingungen für eine normale Entwicklung, sie greifen aber nicht positiv steuernd oder determinierend in den Entwicklungsverlauf ein. Das Fehlen dieser Bedingungen oder das Auftreten toxischer Einflüsse kann hingegen zu Entwicklungsstörungen oder -schäden führen. Die auf diese Art entstehenden – meist organischen – Auswirkungen beeinflussen Verhaltensmerkmale im wesentlichen nur indirekt und in deutlicher Wechselwirkung mit anderen Faktoren.

Die jeweils gegebenen materiellen Einflüsse sind sozial vermittelt. Je nach vorhandenem Einkommen, Bildungsstand, der sozialen Lage allgemein, herrschen günstige oder ungünstige Bedingungen der Versorgung des werdenden Kindes, der Ernährung, der Bewegungsmöglichkeiten etc. vor.

Einflüsse der sozialen Lernumwelt

Die soziale Lernumwelt eines Individuums umfaßt „die Gesamtheit der von der mitmenschlichen Umwelt ausgehenden Einwirkungen" (NICKEL, 1972, S. 24). Hierunter fallen die in sozialen Interaktionen in Form von Konditionierung, Verstärkung, Unterweisung, Verhaltensmodellen, Rollenanforderungen, Strukturierungen von Aufgabensituationen usw. übermittelten Einflüsse. Eingeschlossen sind die von der Umwelt gelieferten Reize und Informationen, die teilweise auch außerhalb sozialer Interaktionen aufgenommen und verarbeitet werden, wie z. B. Spiel- und Lernmaterial, Bücher, Fernsehen usw. Wir sprechen hier allgemein von *soziokulturellen Faktoren*. Die im einzelnen wirkenden Einflußgrößen werden in empirischen Untersuchungen häufig unter globale Konzepte wie Schichtzugehörigkeit, Erziehungsstil, schulischer Einfluß oder Geschwisterposition subsumiert, anstatt sie selbst genauer zu erfassen (vgl. Kap. 2.6).

Die Untersuchung des Einflusses der sozialen (im weiteren Sinne: der sozial vermittelten) Lernumwelt auf die Entwicklung steht im Vordergrund der heutigen entwicklungspsychologischen Forschung. Zunächst liegt es vom Gegenstand der Psychologie her, nämlich der Untersuchung des menschlichen Verhaltens und Erlebens, nahe, sich mit den soziokulturellen Faktoren zu beschäftigen; denn menschliches Verhalten und Erleben ist meist in einen sozialen Kontext eingebettet. Von allen fünf Bedingungsgruppen wirken sich soziokulturelle Faktoren auch am ehesten *direkt* auf das Verhalten aus. Da soziokulturelle Faktoren meist über das Verhalten sozialer Partner vermittelt werden, liegen Einflußgrößen und die davon abhängigen Variablen hier auf der gleichen Ebene, nämlich der des Verhaltens. Nicht zuletzt dürften methodische Gründe für die Betonung der Einflüsse der Lernumwelt verantwortlich sein. Im Unterschied zu Genen oder Reifungsvorgängen, die nicht direkt untersucht werden können und damit in ihrer Bedeutung nur global aus ihrer relativen Resistenz gegenüber Umwelteinflüssen geschätzt werden müssen, lassen sich soziokulturelle Faktoren beobachten, „messen", zum Teil auch kontrollieren und variieren.

Vom Heranwachsenden aus gesehen geschieht die Verarbeitung soziokultureller Einflüsse auf dem Weg des (assoziativen und strukturierenden) sozialen Lernens, d. h. als Erwerb und Modifikation von Verhaltensmerkmalen aufgrund von Erfahrung, Übung, Beobachtung und Informationsverarbeitung in einem sozialen Kontext. Den Entwicklungspsychologen interessieren dabei weniger die aktuellen, vorübergehenden Prozesse der Verhaltensänderung, sondern primär die überdauernden Effekte von Erfahrungen mit der Lernumwelt, z. B. die Ausbildung von überdauernden Motiven, Einstellungen, Kognitionen, Verhaltensgewohnheiten und Fertigkeiten. Die relative Konstanz der durch soziales Lernen erworbenen Verhaltensmerkmale wird u. a. dadurch gewährleistet, daß sich die Entwicklung normalerweise in einer stabilen Lernumwelt mit über längere Zeit andauernden, in etwa gleichartigen Bedingungen abspielt (z. B. einer meist liebevollen Mutter, einem festen Klassenverband, einem gleichbleibenden Anregungsgehalt der Umwelt etc.). Diese relative Stabilität der Lernumwelt erlaubt erst die Verwendung globaler Konzepte wie Schichteinfluß oder Erziehungsstil.

Selbstregulation

Jenseits der Gegenüberstellung von endogenen und exogenen Steuerungsfaktoren läßt sich Entwicklung als ein *Selbstregulationsprozeß* betrachten, in dem Reifung und Lernen gleichsam aufgehoben sind (vgl. PIAGET, 1970). Dieser vor allem von kognitiven Entwicklungspsychologen vertretene Standpunkt betont den *aktiven* Anteil des heranwachsenden Kindes an seiner eigenen Entwicklung (s. hierzu Kap. 10). Das Individuum ist nicht nur ein Produkt endogener und exogener Einflüsse, sondern es *produziert selbst* seine Entwicklung, in dem es bestimmte Einflüsse auswählt bzw. sich diesen aussetzt (LERNER & BUSCH-ROSSNAGEL, 1981; SCARR & MCCARTNEY, 1983).

Das – von seiner Veranlagung oder Umgebung her – sportliche Kind tritt in einen Sportverein ein, trainiert fleißig und ordnet sein ganzes Leben dem Traum von einer großen Sportlerkarriere unter. Das im Sozialkontakt unsichere und scheue Kind zieht sich auf Tätigkeiten zurück, die es gut alleine ausüben kann (z. B. Lesen, Malen, Musik hören oder machen) und gewinnt dadurch zunehmend Interesse an Literatur und Kunst.

Eine noch komplexere Art der Selbststeuerung von Entwicklung ist gegeben, wenn Individuen durch ihr Verhalten gegenüber anderen von diesen bestimmte Rückmeldungen erhalten, die sich wiederum auf sie selbst auswirken. Ein fröhliches und freundliches Kind erfährt von anderen positive Zuwendung und Lob, was sein Selbstvertrauen und seine soziale Aufgeschlossenheit weiter verstärkt.

Wie bei einer endogenen Betrachtungsweise wird die Entwicklungsdetermination bei der Selbstregulation einerseits zwar nach *innen* verlegt, andererseits vollzieht sich die Aktivität des heranwachsenden Kindes und seine Veränderung nicht streng reifungsabhängig, sondern als erfahrungsabhängiger Austauschprozeß zwischen Organismus und Umwelt.

Bei PIAGET wird die Selbstregulation als Ausdruck eines allen Organismen innewohnenden Strebens nach Gleichgewicht (Äquilibration) angesehen. (Kognitive) Entwicklung stellt sich dann als ein ständiger Wechsel von Gleichgewicht, Gleichgewichtsstörung und Gleichgewichtsherstellung dar, wobei fortschreitend ein höheres Gleichgewichtsniveau erreicht wird. (vgl. Kap. 10.2.1) Die als universell angenommene Entwicklungssequenz soll dabei dem Prinzip einer *sachimmanenten Entfaltungslogik* (HECKHAUSEN, 1965) folgen. D.h., die jeweils früheren (niedrigeren) Entwicklungstadien bilden die sachlogische Voraussetzung für die späteren (höheren) Entwicklungsstadien. Den Umwelteinflüssen bzw. Veränderungen aufgrund von Lernprozessen sind nach dieser Auffassung sowohl vom jeweiligen Entwicklungsstand des Kindes als auch von der sachlogischen Entwicklungsfolge her Grenzen gesetzt. Nicht alles kann zu jeder Zeit oder in beliebiger Reihenfolge gelernt werden.

Die Selbstregulation ist im übrigen weniger ein eigenständiger Entwicklungsfaktor, vergleichbar den auf S. 165 aufgezählten Faktorengruppen, als eine besondere Art der Verarbeitung und des Zusammenspiels von endogenen und exogenen Entwicklungseinflüssen. Das erhellt schon daraus, daß Selbstregulation oder auch Äquilibration im Unterschied zu endogenen und exogenen Faktoren kaum als beobachtbare und meßbare unabhängige Variable, d. h. als kontrollierbare und manipulierbare Variable definiert werden kann.

Zusammenfassende Beurteilung der einzelnen Steuerungsfaktoren im Hinblick auf ihren Wirkungsbereich

Auf S. 159 wurden drei verschiedene Gegenstände unterschieden, für die nach Bedingungsfaktoren gesucht werden kann: (1) typische intraindividuelle Veränderungen, (2) interindividuelle Unterschiede in intraindividuellen Veränderungen, (3) interindividuelle Unterschiede zu irgendeinem Zeitpunkt der Entwicklung. Die beschriebenen Entwicklungsfaktoren zielen in unterschiedlichem Ausmaß auf die Erklärung dieser drei Sachverhalte ab.

Die *allgemeinen genetischen Determinanten* können ausschließlich zur Erklärung typischer (artspezifischer) Entwicklungsverläufe, also intraindividueller Veränderungen, herangezogen werden.

Die *individuellen genetischen Determinanten* liefern die biologische Grundlage für das Auftreten interindividueller Unterschiede in den individuellen Entwicklungsverläufen. Gleichzeitig erklären sie einen Teil der interindividuellen Merkmalsvarianz zu irgendeinem Zeitpunkt der Entwicklung.

Auf artspezifisch bzw. individuell genetisch vorprogrammierte *Reifungsvorgänge* lassen sich sowohl die intraindividuellen Veränderungen als auch deren interindividuelle Variabilität hinsichtlich der Entwicklungsgeschwindigkeit und des erreichten Entwicklungsstandes zurückführen.

Die Auswirkungen der drei genannten endogenen Entwicklungsfaktoren sind selbstverständlich nicht unabhängig von ihrem Zusammenspiel mit exogenen Faktoren zu sehen.

Die *Einflüsse der materiellen Umgebung* haben im wesentlichen nur eine Bedeutung für die Entstehung individueller Unterschiede des Entwicklungsverlaufs, speziell Retardierungen oder bleibende Entwicklungsschäden. Bestimmte materielle Bedingungen (z. B. ausreichende Ernährung und Sauerstoffversorgung) sind zwar notwendige Voraussetzungen dafür, daß es überhaupt zu Entwicklung und Wachstum kommen kann, sie determinieren aber nicht den typischen Entwicklungsverlauf.

Die im Zusammenspiel mit den Reifungsfaktoren wirksamen *soziokulturellen Einflüsse* sind sowohl verantwortlich für den in einer Kultur typischen Entwicklungsverlauf wie für die interindividuellen Unterschiede des Entwicklungsverlaufs und die unterschiedlichen Ausprägungen von Verhaltensmerkmalen innerhalb einer Population oder zwischen verschiedenen Populationen. Bei einigen Entwicklungsmerkmalen beeinflussen sie die überindividuellen Verlaufsmerkmale der Entwicklung jedoch – ähnlich wie die materiellen Faktoren – nur unter extremen Deprivationsbedingungen.

Selbstregulationsmechanismen können ebenfalls sowohl zur Erklärung typischer Entwicklungssequenzen als auch zur Erklärung interindividueller Unterschiede herangezogen werden.

Die drei verschiedenen Gegenstände einer Entwicklungserklärung sind nicht immer eindeutig voneinander zu trennen. Vor allem die Abgrenzung von interindividuellen Verlaufsunterschieden und individuellen Unterschieden unabhängig von Verlaufsmerkmalen fällt schwer, da momentane individuelle Unterschiede das Ergebnis unterschiedlicher Entwicklungsverläufe sind.

Festzuhalten bleibt, daß die Bedingungen von Veränderungen im Laufe der Entwicklung und die Bedingungen von interindividuellen Unterschieden nicht zusammenfallen müssen. Auch erfordern die Untersuchung von Veränderungen und die Untersuchung von Unterschieden verschiedene methodische Vorgehensweisen (s. dazu Kap. 4).

3. Die wechselseitige Abhängigkeit der verschiedenen Entwicklungsfaktoren

Bisher wurden die Auswirkungen der einzelnen Entwicklungsfaktoren jeweils unabhängig vom Zusammenspiel mit den anderen Faktoren dargestellt. Die isolierte Betrachtung einzelner Wirkgrößen ist zunächst aus didaktischen Gründen geboten. Sie entspricht aber auch der überwiegend angetroffenen Forschungsstrategie in weiten Bereichen der Entwicklungspsychologie (s. dazu Kap. 4). Damit wird jedoch nicht in Frage gestellt, daß Entwicklungsprozesse beim Menschen multipel determiniert sind und durch das Ineinanderwirken wechselseitig abhängiger Bedingungen gesteuert werden. Was heißt aber überhaupt wechselseitige Abhängigkeit?

Kovariation und Interaktion

Mindestens zwei Formen der wechselseitigen Abhängigkeit von Faktoren sind zu unterscheiden: *Kovariation* und *Interaktion*.

Von *Kovariation* sprechen wir, wenn die Ausprägung eines Faktors mit der Ausprägung eines anderen Faktors systematisch variiert. Statistisch ausgedrückt: die *Faktoren sind miteinander korreliert*. So findet man beispielsweise einen unterschiedlichen Grad der elterlichen Tolerierung aggressiven Verhaltens bei Jungen und Mädchen (SIMON & GAGNON, 1969), also eine Korrelation zwischen dem biologischen Geschlecht eines Kindes und den elterlichen Erziehungspraktiken. Oder man stellt fest, daß die elterliche Unterstützung für schulische Aktivitäten mit steigender Sozialschicht zunimmt. Über mögliche Auswirkungen der korrelierten Faktoren auf die Entwicklung, außer daß sie je nach Höhe der Korrelation mehr oder weniger stark in ähnlicher Richtung liegen dürften, ist damit noch nichts ausgesagt.

Interaktion oder Wechselwirkung bezeichnet im Unterschied dazu nicht den Zusammenhang zwischen der Ausprägung verschiedener Faktoren (z. B. deren positive oder negative Korrelation), sondern bedeutet, daß die *Auswirkung des einen Faktors mit der Ausprägung des anderen Faktors variiert*. So fanden MEYER und WACKER (1970) eine Wechselwirkung zwischen Selbstständigkeitserziehung und erlebtem Familienklima hinsichtlich der Selbstverantwortlichkeit bei 9- bis 11jährigen Jungen: Der Zeitpunkt der Selbständigkeitserziehung hatte nur dann einen Einfluß auf die Selbstverantwortlichkeit für Mißerfolg, wenn das Familienklima gleichzeitig durch emotionale Zuwendung gekennzeichnet war. Bei den Jungen, die sich von ihren Eltern abgewiesen fühlten, wies die Selbständigkeitserziehung hingegen keine Beziehung zur Mißerfolgsverantwortlichkeit auf (s. Abbildung 3.1).

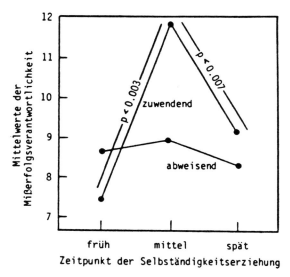

Abbildung 3.1: Mittelwerte der Mißerfolgsverantwortlichkeit bei früher, mittlerer und später Selbständigkeitserziehung in Abhängigkeit von einer zuwendend oder abweisend erlebten Eltern-Kind-Beziehung (aus MEYER & WACKER, 1970, S. 33)

Beim Vorliegen von Wechselwirkungszusammenhängen (Interaktion) sind demnach Aussagen über den Einfluß einer Variablen (hier: Selbständigkeitserziehung) auf ein Verhaltensmerkmal (hier: Mißerfolgsverantwortlichkeit) nicht generell zu treffen, sondern immer nur unter Beachtung der Ausprägung weiterer Variablen (hier: zuwendend oder abweisend erlebtes Familienklima).

Der Unterschied von Kovariation und Interaktion läßt sich abschließend an der Beziehung zwischen der intellektuellen Förderung durch die Umwelt und der Sozialschichtzugehörigkeit noch einmal verdeutlichen: Kovariation bezeichnet den Tatbestand, daß Angehörige höherer sozialer Schichten intellektuell stärker gefördert werden (positive Korrelation zwischen Intelligenzförderung und Sozialschicht). Eine Interaktion liegt hingegen vor, wenn sich die (gleiche) intellektuelle Förderung durch die Umwelt bei Angehörigen verschiedener sozialer

Schichten unterschiedlich stark auf deren Intelligenzleistungen auswirkt (z. B. Mitttelschicht-Kinder mehr von der Förderung profitieren als Unterschicht-Kinder).

Nicht alle denkbaren Kombinationen einer Kovariation oder Interaktion der in Abschnitt 2. geschilderten Faktorengruppen sind für entwicklungspsychologische Fragestellungen in gleichem Maße bedeutsam. Die heutige Entwicklungspsychologie interessiert sich vor allem für die wechselseitigen Beziehungen der einzelnen Faktorengruppen mit soziokulturellen Einflüssen. Einige wichtige Arten der wechselseitigen Abhängigkeit werden zur Veranschaulichung kurz beschrieben.

Alter und soziokulturelle Einflüsse

Soziale Erwartungen und gesellschaftliche Anforderungen sind teilweise mit dem Alter korreliert. Dies gilt etwa für die Erwartungen über den Besitz von Kenntnissen und Fertigkeiten, die Beurteilung der Angemessenheit sozialen Verhaltens, das Einräumen einer eigenständigen Verfügung über Taschengeld oder die Aufnahme heterosexueller Beziehungen. Gleichzeitig stehen das Alter und soziokulturelle Einflüsse in Interaktion miteinander: Die gleichen soziokulturellen Einflüsse, z. B. die Unterweisung in bestimmten Fertigkeiten, die Stützung auf bestimmte Arten von Bekräftigung, führen auf verschiedenen Altersstufen zu unterschiedlichen Effekten.

Dabei ist das Alter strenggenommen keine psychologische Variable, sondern steht bloß als grober Index für die bisherigen Reifungsvorgänge sowie die bisherigen Auswirkungen der materiellen und soziokulturellen Einflüsse. (Zur Bedeutung der Altersvariable in der Entwicklungspsychologie vgl. Kap. 1.2.3).

Allgemeine genetische Determinanten und soziokulturelle Einflüsse

Es ist anzunehmen, daß es auch beim Menschen genetisch determinierte sensible Perioden des Lernens gibt, in denen die Empfänglichkeit für äußere Einwirkungen erhöht ist (vgl. Kap. 2.5). Unter günstigen Entwicklungsbedingungen sind die exogenen Einflüsse zeitlich und inhaltlich optimal auf die biologischen Gegebenheiten abgestimmt. D. h., es ist eine liebevolle Bezugsperson vorhanden, die das erhöhte Bedürfnis des Säuglings nach Zuwendung und Kontakt stillt, oder es setzen gezielte Lernprozesse – etwa Lesenlernen – ein, wenn die Lernfähigkeit dafür besonders groß ist. Es besteht dann eine *Kovariation* der genetischen Determination und der gegebenen Umweltbedingungen. Abweichungen von diesen günstigen Bedingungen (fehlende, inadäquate, zu frühe oder zu späte exogene Einwirkungen) machen erst die *Wechselwirkung* zwischen genetischer Determination und Lernumwelt deutlich: trotz gegebener „normaler" biologischer Bedingungen beim Heranwachsenden kommt es dann u. U. zu Entwicklungsstörungen, z. B. einer anaklitischen Depression oder einer intellektuellen Retardierung als Folge unzureichender Pflege oder einer Trennung von der Mutter.

Ein spezielles Gebiet der Erforschung von Zusammenhängen zwischen den biologischen Grundlagen des Verhaltens und exogenen Einflüssen ist die Untersuchung der Auswirkungen früher Stimulation und Deprivation (MUSSEN, 1983; THOMPSON & GRUSEC, 1970).

Schließlich stehen die biologische Ausstattung und der Einfluß von Umweltreizen prinzipiell in Interaktion, insofern die sensorische Ausstattung eines Lebewesens den Bereich „effektiver" Umweltreize festlegt.

Individuelle genetische Determinanten und soziokulturelle Einflüsse

Die im vorangegangenen Abschnitt behandelten Fragen stellen sich hier unter dem besonderen Aspekt der interindividuellen Gen-Variabilität. Zu untersuchen wäre etwa, inwieweit die Auswirkungen soziokultureller Einflüsse, z. B. des mütterlichen Pflegeverhaltens oder der schulischen Unterweisung, mit unterschiedlichem Erbgut variieren bzw. inwieweit die Auswirkungen genetischer Bedingungen in der Verhaltensentwicklung von der Art der soziokulturellen Einflüsse abhängen. Auch die Frage nach der Kovariation von Genotyp und Umwelteinfluß stellt sich hier. Geht z. B. das Vorhandensein einer hohen musikalischen Begabung mit einer begabungsspezifischen Förderung durch die Umwelt einher? Die Untersuchung derartiger Wechselwirkungszusammenhänge wird durch die Unbekanntheit der einzelnen Genfaktoren und deren fehlende Manipulierbarkeit allerdings erheblich eingeschränkt.

Körperliche Merkmale und soziale Reaktionen

Einen Spezialfall der Interaktion zwischen individuellen genetischen Determinanten und soziokulturellen Einflüssen stellen die Auswirkungen sozialer Reaktionen auf körperliche Merkmale dar. ANASTASI (1958) spricht in Anlehnung an BARKER, WRIGHT, MYERSON & GONICK (1953) etwas mißverständlich von *psychosomatischen Korrelationen*. Gemeint ist damit, daß die Entwicklung eines Menschen durch die soziale Beantwortung körperlicher Eigenheiten beeinflußt werden kann. So wirken sich beispielsweise Verspottung wegen einer Körperbehinderung, Diskriminierungen aufgrund der Hautfarbe oder auch häufige positive soziale Zuwendung aufgrund eines attraktiven Äußeren in bestimmter Art und Weise auf die Entwicklung eines Menschen aus.

Dieser Gebrauch des Terminus *psychosomatische Korrelation* ist nicht mit seiner gebräuchlicheren Verwendung zur Bezeichnunq des Zusammenhangs körperlicher und psychischer Indices der Entwicklung zu verwechseln (zu letzterem s. UNDEUTSCH, 1959b).

Wechselseitige Abhängigkeit innerhalb einer Faktorengruppe

Einige der zuvor verwendeten Beispiele haben bereits gezeigt, daß wechselseitige Abhängigkeiten nicht nur *zwischen verschiedenen* Faktorengruppen anzunehmen sind, sondern auch *innerhalb* der einzelnen Arten von Steuerungsfaktoren. So kovariieren und interagieren innerhalb der genetischen Determinanten eine

Vielzahl von Genen miteinander. Zwischen einzelnen Variablen der Lernumwelt bestehen ebenfalls zahlreiche Abhängigkeiten. So etwa zwischen den Wohnverhältnissen, dem elterlichen Erziehungsstil und dem Anregungsgehalt der Lernumwelt. Zusätzlich ist immer die zeitliche Dimension zu berücksichtigen. Gemäß dem mehrfach erwähnten kumulativen Prinzip der Entwicklung summieren sich zeitlich aufeinander folgende Einflüsse nicht einfach auf, sondern wirken jeweils in Abhängigkeit von den Auswirkungen der bis dahin wirksam gewordenen Steuerungsfaktoren. Dies gilt auch für zeitlich aufeinander folgende Einflüsse ein und desselben Faktors. Der Übersichtlichkeit wegen habe ich mich bei der Schilderung der wichtigsten Zusammenhänge außerdem auf Kovariationen oder Wechselwirkungen jeweils zweier Variablen beschränkt. Der tatsächliche Entwicklungsverlauf einzelner Verhaltensmerkmale geht wahrscheinlich auf weit kompliziertere Wechselwirkungen höherer Ordnung zurück.

4. Die biologischen Grundlagen der Entwicklung

In der Auseinandersetzung mit dem Anlage-Umwelt-Problem steht die Frage nach dem Einfluß der Anlagen eindeutig im Vordergrund. Man versucht Entwicklungsprozesse (die Ausbildung physischer oder psychischer Merkmale) auf Anlagebedingungen zurückzuführen, oder man berechnet Erblichkeitsmaße für die Variation von Merkmalen in einer Population (s. dazu im einzelnen Abschnitt 5.). Man fragt also primär nach den biologischen Grundlagen der Entwicklung. Die Umwelt ist dabei nur eine Restgröße.

Bei einer lerntheoretischen Betrachtung der Entwicklung geht man genau umgekehrt vor. Man untersucht ausschließlich Umweltstimuli und deren Verknüpfung mit Reaktionen des Individuums. Hier sind die Anlagen eine nicht weiter aufgeklärte Restgröße, durch die u. U. die Möglichkeiten und Grenzen von Lernprozessen festgelegt sind (vgl. hierzu Kap. 9).

Zum Verständnis der biologischen Grundlagen der Entwicklung ist zunächst die Klärung einiger Grundbegriffe der Humangenetik und des Verhältnisses zwischen Genen (Anlagen) und Verhalten erforderlich.

4.1 Grundbegriffe der Humangenetik

Die *Genetik* beschäftigt sich mit dem Aufbau genetischen Materials, seiner Aktualisierung und Wirkweise im lebenden Organismus, seiner Weitergabe von der Mutterzelle an die Tochterzelle und von der Elterngeneration an die Nachkommen, sowie mit der Art und Weise, wie es die Entwicklung und Manifestierung von Merkmalen im individuellen Lebenslauf steuert (vgl. SCARR & KIDD, 1983). Die zwei wichtigsten Aufgaben der *Humangenetik* sind: 1. Merkmalsunterschiede zwischen Individuen auf Unterschiede der genetischen Ausstattung zurückzuführen und 2. aufzuzeigen, auf welche Art einzelne genetische Informationen zu den beobachteten Merkmalsausprägungen führen.

Chromosomen und Gene

Der im Innern einer jeden Zelle eines Lebewesens befindliche Zellkern enthält eine Reihe fadenförmiger Gebilde, die durch Einfärbung lichtmikroskopisch sichtbar gemacht werden können. Man nennt diese Gebilde deshalb auch *Farbkörperchen* oder *Chromosomen*. Das Erbgut eines Lebewesens ist in seinem *Chromosomensatz* niedergelegt. Zahl und Form der Chromosomen sind arttypisch. Beim Menschen finden sich 46 Chromosomen in 23 Paaren: 22 Paare Autosomen und 1 Paar Geschlechtschromosomen (2 X-Chromosomen bei weiblichen Individuen, 1 X- und 1 Y-Chromosom bei männlichen Individuen).

Jede Körperzelle enthält den gleichen vollständigen Chromosomensatz. Bei der Zellteilung einer Körperzelle (*Mitose*) verdoppelt sich zunächst der Chromosomensatz, je eine Hälfte der Chromosomen wandert in Richtung der entfernten Zellwände und bildet schließlich den vollständigen Chromosomensatz der beiden neuen Zellen. Durch besondere Zellteilungsvorgänge (*Meiose*) weisen Ei- und Samenzellen (Geschlechtszellen oder Gameten) nur jeweils den einfachen (haploiden) Satz von 23 Chromosomen auf, die sich bei der Befruchtung, d h. bei der Vereinigung von Samen- und Eizelle, zum doppelten (diploiden) Satz der Zygote verbinden. Je nachdem, ob die Samenzelle, die die Eizelle befruchtet, ein X- oder ein Y-Chromosom enthält, entsteht ein Mädchen (XX) oder ein Junge (XY).

Die eine Hälfte der Chromosomen eines Individuums stammt somit vom Vater, die andere Hälfte von der Mutter. Je zwei Chromosomen (ein väterliches und ein mütterliches) sind zueinander *homolog*, d. h., sie gleichen sich äußerlich und enthalten in identischer linearer Anordnung die genetischen Informationen für die gleichen Merkmale.

Bei den Geschlechtschromosomen männlicher Individuen ist diese Parallelität der Anordnung genetischer Information nicht gegeben. Das Y-Chromosom ist wesentlich kleiner als das X-Chromosom. Es ist fraglich, ob das Y-Chromosom über die Steuerung einer männlichen Ausbildung der primären Geschlechtsmerkmale während der Embryonalentwicklung hinaus überhaupt genetische Information trägt (s. dazu Kap. 12).

Auf den Chromosomen liegen die *Gene*, die eigentlichen Träger der Erbinformation. Der Ausdruck stammt von dem dänischen Botaniker JOHANNSEN (1857-1927). Gene sind Moleküle, in denen die Erbinformationen auf chemischem Wege gespeichert sind. Ihre biochemische Struktur wurde erst vor rund vier Jahrzehnten von dem amerikanischen Biochemiker James WATSON und dem britischen Molekularbiologen Francis CRICK (1953) entdeckt. Man stellt sich die Gene am besten als langgestreckte, jeweils aus zwei ineinander verschlungenen, leiterartigen Einzelsträngen gebildete Moleküle der Desoxyribonukleinsäure (DNS) vor (*Doppelhelix*). Die genetische Information eines DNS-Moleküls steckt in der sequentiellen Anordnung vier verschiedener Basen: Adenin (A), Cytosin (C), Guanin (G) und Thymin (T). Dabei paaren sich immer nur jeweils ein Adenin mit einem Thymin und ein Guanin mit einen Cytosin (s. Abbildung 3.2).

Jedes einzelne Gen besteht aus einer Kombination von Tausenden bis Millionen solcher Basenpaare. Insgesamt enthalten die menschlichen Chromosomen – nach gegenwärtigen Schätzungen – zwischen 50.000 und 100.000 Gene mit insgesamt drei Milliarden Basenpaaren.

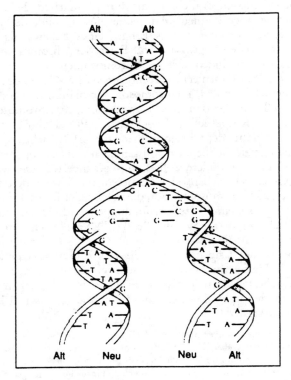

Abbildung 3.2: Das *Strickleiter*-Modell (Doppelhelix) der DNS von WATSON & CRICK (aus MIETZEL, 1989, S. 47)

Damit die genetische Information in Aminosäuresequenzen von Eiweißmolekülen der Zelle umgesetzt werden kann (*Translation*), muß sie aus dem Zellkern an den Ort der Proteinbiosynthese im Zytoplasma, zu den Ribosomen, gelangen. Dies erfolgt auf dem Wege der Umkopierung (*Transskription*) der genetischen Information auf einen Informationszwischenträger, die sogenannte *Messenger-Ribonukleinsäure*. Die DNS selber verläßt den Zellkern aber nicht. Den Weg von der DNA zu Proteinmolekülen veranschaulicht die Abbildung 3.3.

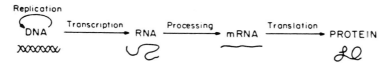

Abbildung 3.3: Umsetzung genetischer Information in Aminosäuresequenzen von Eiweißmolekülen auf Zellebene (nach SCARR & KIDD, 1983, S. 354)

Die „Sprache" des genetischen Informationscodes ist für Pflanzen, Tiere und Menschen gleich. Nach dem Bauplan, der in den DNS-Molekülen gespeichert ist, bestimmt sich, ob durch die Teilung einer Zelle eine Nerven-, Muskel-, Knochen- oder sonstige Körperzelle entsteht.

Der Begriff *Gen* bezeichnet im engeren Sinn nur den *Genort*, nicht aber die Information auf diesem Genort. Diese wird *Allel* genannt. Es hat sich aber eingebürgert, auch hier von (Einzel-) Genen zu sprechen. Die einzelnen Allele (Gene) sind wie die Chromosomen paarweise vorhanden, eines von der mütterlichen, eines von der väterlichen Seite. Sie liegen auf den jeweils einander entsprechenden *Loci* eines Chromosomenpaares. Sind die beiden Allele identisch, sprechen wir von einem *homozygoten* Genpaar, sind sie verschieden von einem *heterozygoten* Genpaar.

Besondere Verhältnisse sind für Gene auf den Geschlechtschromosomen gegeben. Da beim Mann nur ein X-Chromosom pro Zelle vorhanden ist, besitzt er jedes X-chromosomale Gen nur einmalig (und zwar von der Mutter, da er das Y-Chromosom nur vom Vater geerbt haben kann). Ein Mann ist für X-chromosomale Gene *hemizygot*, eine Frau *homozygot* oder *heterozygot*.

Genotyp und Phänotyp

Alle Gene zusammen machen den *Genotyp* oder das *Genom* eines Individuums aus. Je die Hälfte davon wird durch die Vereinigung von Spermium und Eizelle bei der Befruchtung von väterlicher und mütterlicher Seite vererbt. Unter normalen Bedingungen, d. h. außergewöhnliche Einflüsse wie hohe Dosen von Röntgenstrahlen oder radioaktiver Strahlung ausgeschlossen, bleibt der Genotyp über die gesamte Lebensspanne weitgehend unverändert.

Bei jeder Zellteilung, wenn der DNS-Text kopiert wird, können sich allerdings Fehler einschleichen, die das Genom eines Individuums u. U. verändern. Zu derartigen Genom-Veränderungen kann es auch durch Umweltgifte oder Krankheiten kommen.

Als *Phänotyp* bezeichnet man das beobachtbare Erscheinungsbild eines Individuums, also die Merkmale bzw. Merkmalsausprägungen, die dieses zu einem bestimmten Zeitpunkt seines Lebens aufweist. Der Phänotyp ist nicht ererbt. Er entwickelt und verändert sich u. U. während der gesamten Lebensspanne. Der Genotyp setzt allerdings durch seine Beschaffenheit gewisse Grenzen, innerhalb derer Merkmale (Phänotypen) ausgeprägt werden können. Die Auswirkungen des Genotyps auf den Phänotyp sind aber nicht unabhängig von den gegebenen Umweltbedingungen zu betrachten (s. dazu den nächsten Abschnitt über die Reaktionsnorm von Genotypen).

Die wichtige Unterscheidung zwischen Genotyp und Phänotyp stammt, wie der Ausdruck Gene, von dem dänischen Botaniker JOHANNSEN. Der Begriff Genotyp wird im übrigen sowohl auf die Gesamtheit aller Gene als auch auf ein einzelnes Gen(paar) bezogen. Entsprechendes gilt für den Begriff Phänotyp.

Je nach dem Grad und der Art der Variabilität eines Gens in einer Population, d. h., je nach der Verschiedenheit der Allele auf einem Genort, sind ganz unterschiedliche Genotypen in einer Population möglich.

Die populationsspezifische Genotyp-Variabilität hinsichtlich eines Gens läßt sich bei Bekanntheit der Zahl der verschiedenen Allele, die im Genpool einer Population vorkommen, nach der Formel $\frac{n(n + 1)}{2}$ berechnen (HIRSCH, 1963, S. 1437). n bezeichnet dabei die Anzahl der verschiedenen Allele.

Je nachdem, ob die Genpaare homozygot oder heterozygot sind und das Allel dominant oder rezessiv vererbt wird, resultieren entsprechend unterschiedliche Ausprägungen in den Phänotypen, also in den meßbaren Erscheinungsbildern.

Wirkt sich ein einziges Gen zugleich auf mehrere Merkmale aus, spricht man von *Pleiotropie*.

Die Mehrzahl der normalen Merkmale beim Menschen beruht auf dem Zusammenwirken zahlreicher Gene. Man spricht hier von *Polygenie*. Dies gilt in besonderem Maße für alle psychischen Merkmale. Wieviele und welche Gene dabei im einzelnen im Spiel sind, ist in der Regel noch völlig unbekannt. So nimmt man an, daß mindestens 150 Gene die prä- und postnatale Gehirnentwicklung beeinflussen.

Diese Schätzung basiert auf der Kenntnis verschiedenster Formen geistiger Behinderung, für deren Entstehung 150 Gene verantwortlich gemacht werden konnten. Die Zahl ist wahrscheinlich eher zu niedrig angesetzt, da die mögliche genetische Verursachung weiterer Formen der geistigen Behinderung noch unbekannt ist und außerdem für die normale Gehirnentwicklung zusätzliche Gene eine Rolle spielen dürften (SCARR-SALAPATEK, 1975).

Polygen gesteuerte Merkmale zeichnen sich durch eine kontinuierliche Merkmalsstreuung zwischen den Individuen aus und erfordern quantitative Modelle der Genetik (s. MERZ & STELZL, 1977). Die Verhältnisse bei Merkmalen, die auf Einzelgene zurückgehen, sind deshalb nicht unmittelbar auf polygene Merkmale zu übertragen.

Verschiedene Gene zeichnen sich außerdem durch eine unterschiedliche Manifestationswahrscheinlichkeit (*Penetranz*) und einen unterschiedlichen Ausprägungsgrad (*Expressivität*) im Phänotyp aus.

Reaktionsnorm von Genotypen

Es gibt vermutlich nur wenige Merkmale, deren phänotypische Ausprägung durch den Genotyp determiniert, d. h. in allen Umwelten konstant ist (z. B. gilt dies für die Blutgruppenzugehörigkeit beim Menschen). Normalerweise kann es unter verschiedenen Umweltbedingungen bei gleichem Genotyp durchaus zu unterschiedlichen phänotypischen Ausprägungen kommen. Vererbt werden dann allerdings wieder nur die Genotypen, nicht die umweltbedingten phänotypischen Modifikationen. Dies bedeutet, daß niemals ein phänotypisches Merkmal (eine Merkmalsausprägung) vererbt wird, sondern immer nur die Reaktionsweise eines bestimmten Genotyps auf bestimmte Umweltbedingungen. Da Verhaltensmerkmale oft weitgehenden Modifikationen durch die Umwelt unterliegen, kann aus dem Phänotyp nicht ohne weiteres auf den Genotyp geschlossen werden (vgl. MERZ & STELZL, 1977).

Obwohl Genotyp und Phänotyp also nicht übereinstimmen müssen, sind sie doch gesetzmäßig aufeinander bezogen. Diese Gesetzmäßigkeit, die angibt, welcher Phänotyp unter bestimmten Umweltbedingungen dem vorliegenden Genotyp entspricht, nennt man *Reaktionsnorm*. Der Begriff stammt von dem deutschen Biologen Heinz WOLTERECK (1909). Die Reaktionsnorm für einen Genotyp läßt sich tabellarisch oder graphisch abbilden, indem man den verschiedenen möglichen Umwelten die jeweils resultierenden Phänotypen zuordnet. Es gibt also für jeden Genotyp ein ganzes Spektrum von Phänotypen. Wie groß dieses Spektrum ist, wird durch die Reaktionsnorm definiert. Sie läßt sich allerdings nicht im *voraus* aus der Kenntnis des Genotyps und der gegebenen Umweltbedingungen bestimmen, sondern immer erst *nachdem* die Auswirkungen der betreffenden Umweltbedingungen auf den betreffenden Genotyp abgetestet worden sind.

Ob Unterschiede des Genotyps sich im Phänotyp niederschlagen, hängt davon ab, ob die Umwelt solche genetischen Unterschiede tatsächlich in eine sichtbare Merkmalsvariation überführt. Umgekehrt schlagen sich verschiedenartige Umweltbedingungen nur bei bestimmten Genotypen nieder. „Genotyp und Umwelt sind untrennbar verbundene Faktoren, die gemeinsam den Gesamtorganismus und seine Variation hervorbringen." (LEWONTIN, 1986, S. 71).

Dazu ein anschauliches Beispiel (entnommen aus MERZ & STELZL, 1977, S. 20-22): Nachdem TRYON (1929) zeigen konnte, daß man durch Reinzüchtung (s. dazu unten S. 189) über mehrere Generationen „dumme" und „intelligente" Rattenstämme züchten kann, die sich in ihrer Leistung beim Erlernen eines Labyrinths weit voneinander unterscheiden, führten COOPER und ZUBEK (1958) in einem Anschlußversuch als zusätzliche Variable verschiedene Aufzuchtbedingungen ein. „Labyrinthdumme" und „-intelligente" Jungtiere wurden auf drei verschiedene Umgebungen verteilt: eine anregungsarme Umgebung, eine für die Versuchstiere „normale" Umgebung und eine besonders anregungsreiche Umgebung. Später wurden die Tiere der drei verschiedenen Gruppen auf ihre Leistung beim Labyrinthlernen geprüft. Die Ergebnisse dieses Versuchs sind in der Abbildung 3.4 wiedergegeben.

Wie die Abbildung 3.4 zeigt, werden die Unterschiede zwischen den Stämmen nur dann deutlich, wenn die Tiere in „normaler" Umgebung aufwuchsen. Unter deprivierten Bedingungen waren die „intelligenten" Tiere so schlecht wie ihre „dummen" Artgenossen unter normalen Bedingungen. Gab es viele Erfahrungsmöglichkeiten, erreichten die „dummen" Tiere das Leistungsniveau, das die „intelli-

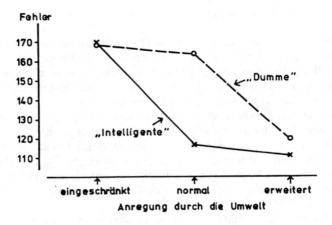

Abbildung 3.4: Fehlerzahlen von zwei genetisch verschiedenen Stämmen beim Erlernen eines Labyrinths, getrennt nach dem Anregungsgehalt der Aufzuchtbedingungen (nach COOPER & ZUBEK, 1958; entnommen aus MERZ & STELZL, 1977, S. 21)

genten" auch ohne besondere Anregungen aufwiesen. Kurz gesagt: Deprivation machte sonst „Intelligente" „dumm", Anregung machte sonst „Dumme" „intelligent".

Sicher lassen sich diese Ergebnisse nicht auf den Menschen und seine Intelligenzleistung übertragen. Das allgemeine Prinzip der Reaktionsnorm wird jedoch deutlich: „Die gleichen Genotypen führen in verschiedenen Umwelten zu verschiedenen Phänotypen. Unterschiede zwischen Genotypen, die in einer Umwelt beobachtbar werden, mögen in einer anderen verschwinden." (MERZ & STELZL, 1977, S. 22).

Das Konzept der Reaktionsnorm als Modell für den Zusammenhang von Genotyp (Anlage) und Umwelt weist auf die Problematik der Gegenüberstellung von *genetisch bedingten* im Gegensatz zu *umweltbedingten* Merkmalen hin (MERZ & STELZL, 1977):

> Jede Eigenschaft eines Organismus ist trivialerweise zugleich sowohl genetisch als auch umweltbedingt. Genetisch bedingt, insofern sich andere Organismen (mit anderen Genotypen) denken lassen, die in dieser Umwelt die Merkmale nicht zeigen – umweltbedingt insofern sich denken läßt, daß der gleiche Organismus in einer andersartigen Umwelt das Merkmal nicht zeigen würde. Strenggenommen gibt also die Unterscheidung zwischen genetisch- und umweltbedingt keinen Sinn. Sagt man von einem Merkmal, es sei genetisch bedingt, ... so kann man damit nur meinen, daß dieses Merkmal in einem weiten Bereich von Umwelten, in allen Umwelten, die man in Betracht zieht, bei gleichem Genotyp gleich ausfällt, so daß in dem interessierenden Bereich von Genotypen ... und Umwelten ... eine eindeutige Genotyp-Phänotyp-Zuordnung möglich ist. (S. 22)

Nicht zufällig stammte das Beispiel zur Reaktionsnorm von Genotypen nicht aus dem Humanbereich. Die anderen in der Literatur vorgefundenen Beispiele stammen ebenfalls von Tieren oder Pflanzen. Für kein menschliches Merkmal, ausgenommen für die in allen Umwelten konstanten Eigenschaften (z.B. Blutgruppenzugehörigkeit) ist die Reaktionsnorm bekannt. Das hat nach LEWONTIN

(1986) zwei Gründe. Zur Ermittlung der Reaktionsnorm müßte man 1. Organismen desselben Genotyps während ihrer Entwicklung systematisch und kontrolliert zahlreichen unterschiedlichen Umwelten aussetzen und 2. brauchte man viele Individuen desselben Genotyps. Beides ist beim Menschen nicht möglich. Häufig sind die relevanten Umweltfaktoren gar nicht bekannt, geschweige denn experimentell kontrollierbar. Es reichte auch nicht, einen einzelnen Organismus nacheinander verschiedenen Umwelten auszusetzen. Wir müßten vielmehr Gruppen von eineiigen Mehrlingen haben, die systematisch auf verschiedene Umgebungen aufgeteilt werden könnten.

LEWONTIN (1986) macht auf eine weitere, meist vernachlässigte Größe in der Anlage-Umwelt-Debatte aufmerksam: beim Menschen werden die Einflüsse der Gene und der Umwelt auf die individuelle Entwicklung noch vom *Bewußtsein* überlagert. Menschen nehmen sich selbst und ihre soziale Umwelt wahr.

Es gibt außer dem Modell der Reaktionsnorm noch weitere Modelle der Genotyp-Phänotyp-Beziehung: z. B. WADDINGTONS (1957) Modell der *epigenetischen Landschaft* oder das *Scoop*-Modell von MCCALL (1981). Diese Modelle berücksichtigen zusätzlich zur Reaktionsnorm eines Genotyps für verschiedene Umwelten die zeitliche Steuerung von Genwirkungen. Unterschieden werden Perioden und Bedingungen einer starken Kanalisierung und einer schwachen Kanalisierung von Merkmalen, d.h. einer geringen und einer großen Beeinflußbarkeit des phänotypischen Merkmals durch die Umwelt.

4.2. Der Weg von den Genen zum Verhalten

Seit den 60er Jahren ist unter den Stichworten *Behavior Genetics* (*Verhaltensgenetik*) und *Gene-to-Behavior-Pathway* eine intensive Beschäftigung mit den Mechanismen der Umsetzung genetischer Information in Verhaltensmerkmale zu beobachten (vgl. HIRSCH, 1967; KAPLAN, 1974; LOEHLIN, WILLERMAN & HORN, 1988; SCARR & KIDD, 1983). Trotz vieler erfolgreicher Versuche mit Tieren (z. B. der Drosophila-Fliege, Mäusen oder Ratten) steht dieser Forschungszweig, was die Verhaltensentwicklung beim Menschen angeht, immer noch am Anfang. Die biochemischen oder genetischen Mechanismen der normalen Variation auch nur eines geringen Teils des menschlichen Verhaltens aufzuklären, scheint gegenwärtig – und in absehbarer Zukunft – außerhalb der technischen Möglichkeiten der Forschung zu liegen (SCARR & KIDD, 1983, S. 379). Insbesondere welche Gene im einzelnen bestimmten Verhaltensmerkmalen zugrunde liegen, ist weitgehend ungeklärt.

Genauer untersucht sind die Anfälligkeit für Zuckungen bei starker akustischer Dauerreizung (*audiogenic seizure susceptibility*) und die Reaktion auf Alkohol (*alcohol preference and aversion*) bei Mäusen. Beim Menschen sind bisher nur zwei körperliche Merkmale hinsichtlich der ihnen zugrundeliegenden genetischen Mechanismen analysiert worden: die *Phenylketonurie* (PKU) und der *Albinismus*. Die PKU ist ein Stoffwechseldefekt, der über eine Schädigung des Gehirns zu Schwachsinn führt, falls nicht schon früh eine bestimmte Diät gegeben wird (s. weiter unten S. 185). Beim Albinismus fehlen die für eine Pigmentbildung notwendigen physiologischen Voraussetzungen. Auch liegen Befunde zu den genetischen Grundlagen der *Blutgruppenzugehörigkeit* und zur Entstehung von einzelnen *Intelligenzdefekten* vor, die auf Chromosomenaberrationen zurückgehen (vgl. SCARR & KIDD, 1983).

<small>Erheblich vorangekommen ist man in den letzten Jahren mit der Erfassung der genetischen „Landkarte" (des *Genoms*), des Menschen. Das Ziel des Genom-Projekts ist es, alle Gene des Menschen zu kartographieren und für jedes Gen die Abfolge der Basenpaare festzustellen.</small>

Unter entwicklungspsychologischem Aspekt sind vor allem zwei Probleme der Verhaltensgenetik von Bedeutung: die in den Genen verankerten zeitlichen Steuerungsmechanismen und die Art der Vermittlung genetischer Information auf der Verhaltensebene.

Die zeitliche Steuerung von Genwirkungen

Aus einer einzigen, etwa stecknadelkopfgroßen Zelle entsteht im Laufe der Entwicklung ein Organismus, der aus mehreren Billionen Zellen von unterschiedlicher Struktur und Funktion besteht, die sich ständig weiter teilen und erneuern. Da jede dieser Zellen in ihrem Zellkern das gleiche genetische Material (den vollständigen Chromosomensatz enthält), muß es im Genprogramm Mechanismen des An- und Abschaltens von Genen geben, die dafür sorgen, daß es nach einem bestimmten Zeitplan und in einer bestimmten Abfolge zu einer allmählichen Ausdifferenzierung der verschiedenen Zellen kommt.

Beispiele für eine genetisch verankerte zeitliche Steuerung von Entwicklungsprozessen finden sich vor allem in der gesamten Embryonalentwicklung und in den reifungsabhängigen anatomisch-physiologischen Veränderungen während der ersten Lebensjahre. Auch die hormonellen Veränderungen während der Pubertät oder der Ausbruch endogener Erkrankungen im Erwachsenenalter (z. B. genuine Epilepsie, Chorea Huntington) gehen auf derartige zeitliche Steuerungsmechanismen zurück. Vermutlich sind auch die Alterungsprozesse des Körpers und die obere zeitliche Grenze der Lebensdauer im Genprogramm verankert. Vererbt oder durch Gene gesteuert ist demnach nicht gleichzusetzen mit angeboren im Sinne von bereits bei der Geburt als beobachtbares Merkmal im Erscheinungsbild (Phänotyp) vorhanden.

Die zeitliche Steuerung durch Gene geht in der Regel allerdings nicht soweit, daß Beginn und Verlauf eines Entwicklungsprozesses unabhängig von exogenen Einflüssen betrachtet werden können (s. dazu den nächsten Abschnitt). Auch unterliegen nicht nur die Auswirkungen der Gene selbst einer zeitlichen Steuerung, sondern auch wie sich bestimmte Umweltbedingungen auf den Organismus auswirken, variiert über die Zeit.

Die Indirektheit der Beziehung zwischen Genen und Verhalten

Daß Verhalten und Erleben des Menschen eine genetische Grundlage haben, sagt noch nichts über die Art der Beziehung zwischen genetischer Ausstattung und Verhalten aus. Grundsätzlich ist davon auszugehen, daß es keine direkten Genwirkungen auf das Verhalten gibt. Das geht schon daraus hervor, daß niemals Merkmale oder Verhaltensmuster (Phänotypen) vererbt werden, sondern immer nur Reaktionsweisen von Genotypen auf Umweltbedingungen (vgl. Abschnitt 4.1). Gene sind chemische Substanzen (DNS-Moleküle), die mit Hilfe von Träger- und Übermittlersubstanzen ein *Potential* zur Ausbildung von Verhaltensmerkmalen beinhalten. Die Beziehung zwischen Genen und Verhalten ist immer eine *indirekte*, über zahlreiche Zwischenglieder vermittelte Beziehung (s. Abbildung 3.5).

Gene →	Genprodukte →	Zwischenglieder →	Verhalten
Chemische Substanzen	Auswirkungen im anatomisch-physiologisch-nervösen Substrat	Exogene Einflüsse im Zusammenspiel mit der gegebenen Bereitschaft des Organismus, die die Auswirkungen der bisherigen endogenen und exogenen Einflüsse umfaßt	Topographie, Häufigkeit, Intensität, Situationsspezifität etc. eines bestimmten Verhaltensmerkmals

Abbildung 3.5: Schematische Darstellung zur Beziehung zwischen Genen und Verhalten

Ein anschauliches Beispiel für die Indirektheit und Modifizierbarkeit des Zusammenhangs von Genen und Verhalten liefert die bereits erwähnte Phenylketonurie (PKU). Hier kennt man den Weg von den Genen zum Verhalten. Aus dem genetischen Defekt bei der PKU resultiert eine Stoffwechselstörung, nämlich eine Überproduktion von Phenylalanin (Genprodukt), was sich bei normaler Ernährung mit eiweißhaltigen Milchprodukten (auch Muttermilch) schädigend auf die Gehirnentwicklung auswirkt (Zwischenglieder). Dies führt zu einer fortschreitenden schweren Retardierung der Intelligenzentwicklung (Verhaltensmerkmal). Diese Kette kann allerdings dadurch unterbrochen werden, daß solche Kinder von Geburt an eine phenylalaninarme Diät erhalten, was eine Schädigung der Gehirnentwicklung verhindert. Unter diesen Bedingungen kommt es nicht zu den sonst beobachteten auffälligen Intelligenzschäden.

Unbehandelte PKU-Kinder zeigen außer der Intelligenzretardierung eine gesteigerte Reizbarkeit, Überaktivität und – in einzelnen Fällen – epileptische Anfälle. Sollen Schädigungen vermieden werden, muß die phenylalaninarme Diät und das den Eiweißmangel ausgleichende, äußerst übel riechende und schmeckende Medikament meist mindestens bis ins Jugendalter verabreicht werden.

Die Indirektheit und Komplexität der Beziehungen ist meist größer als bei der

PKU und wächst mit steigendem Alter und der inhaltlichen Nuanciertheit eines Verhaltens eher noch an. Solche komplexen Zusammenhänge kommen in den zwei folgenden Fällen zum Ausdruck. Die schwächliche Konstitution eines Jungen, sei sie genetisch bedingt oder eine Folge schlechter Ernährung und durchgemachter Krankheiten, verhindert Erfolge in der körperlichen Auseinandersetzung mit Gleichaltrigen. Dies führt zunehmend zur Vermeidung jeglicher körperlicher Betätigungen und einer Hinwendung zu intellektuellen Beschäftigungen. Dadurch wird die Intelligenzentwicklung positiv beeinflußt. Oder ein Kind mit roten Haaren wird von anderen deswegen verspottet und als Außenseiter behandelt. Im Laufe der Entwicklung kann es dann tatsächlich zu „typischem" Außenseiterverhalten kommen. Bestimmte Dispositionen können also dazu führen, daß man sich selbst eine bestimmte Umwelt schafft oder bei anderen bestimmte Reaktionen hervorruft.

Das Zentrale Nervensystem (ZNS) als wichtige Grundlage für die gesamte Entwicklung ist ebenso nur in seiner allgemeinen Struktur und u. U. noch in der Geschwindigkeit seiner Ausreifung durch die Anlagen festgelegt, nicht jedoch bezüglich des Umfangs und des Inhalts aufgenommener Informationen (SCHMIDT, 1970, S. 267). Die im wesentlichen von der Umwelt bereitgestellten Informationen und deren Verarbeitung wirken aber wiederum auf die Entwicklung des ZNS zurück. D. h., die physische Entwicklung des Gehirns wird durch die Aktivierung der Gehirntätigkeit direkt beeinflußt. Dies gilt vor allem für das früheste Entwicklungsstadium, das Säuglingsalter, in dem die Entwicklungsgeschwindigkeit sehr hoch ist und gleichzeitig die Abhängigkeit von der Umwelt bezüglich der erfahrenen Stimulation am größten ist.

GOTTLIEB (1983) hat darauf hingewiesen, daß der Weg von den Genen über Zwischenglieder zum Verhalten keine Einbahnstraße ist, sondern daß Wirkungen in beiden Richtungen beobachtet werden können. Dies reicht bis zu Genaktivierungen und -desaktivierungen als Folge von Reifungsprozessen, deren Ablauf wiederum nicht unabhängig vom Verhalten und der Stimulation des Organismus ist. Man müßte also die Pfeile in Abbildung 3.5 eigentlich in beiden Richtungen anbringen.

Weiter gilt, daß jeweils nur 10 bis 20 % der Gene in einem Organismus aktiviert sind, je nachdem, in welchem Gewebe sich die Zellen befinden und wie sie vom umliegenden Gewebe beeinflußt werden (BEERMAN, 1965). Außerdem lassen sich Genwirkungen durch gezielte exogene Einflüsse modifizieren. So konnte HYDÉN (1969) Molekülveränderungen in Zellen nach Stimulation und Deprivation nachweisen.

Die Frage nach den Mechanismen der Umsetzung genetischer Information in Verhalten ist somit zu ergänzen durch die Frage nach den Steuerungsmechanismen der Geneffekte, d. h. was bestimmt, ob und wie sich Gene auf Verhalten auswirken. Hierüber ist bisher nur wenig bekannt (s. hierzu PLOMIN, DEFRIES & MCCLEARN, 1990).

Weitere Fortschritte in der Erfassung des menschlichen Genoms und der technischen Möglichkeiten der Genmanipulation werden in Zukunft vielleicht eine völlig neue Qualität der Beziehung zwischen Genen und Verhalten schaffen, für die die bisherigen Modelle des Zusammenspiels von (unveränderlichen) Genen und (manipulierbaren) Umweltbedingungen nicht mehr ausreichen. Wahrscheinlich wird es dann möglich sein, direkt in den Genbestand einzugreifen und auf diese Art körperliche oder psychische Merkmalsausprägungen zu beeinflussen. Gegenwärtig liegt der Schwerpunkt dieser Forschung noch auf der Suche nach den genetischen Ursachen für verschiedene Erkrankungen und deren Verhinderung oder Behandlung.

5. Methoden und Ergebnisse von Untersuchungen zur Anlage-Umwelt-Problematik

Obwohl die von ANASTASI bereits 1958 erhobene Forderung, eher das *Wie* als das *Wieviel* des Einflusses von Anlagen und Umweltfaktoren auf die Entwicklung zu untersuchen, seither immer wieder betont wurde, steht in der Auseinandersetzung mit der Anlage-Umwelt-Problematik die Frage der relativen Bedeutung von Anlage und Umwelt weiterhin eindeutig im Vordergrund.

Ein wichtiger Auslöser für die Fortführung des alten Streits über das *Wieviel* von Anlage und Umwelt war der von dem angesehenen amerikanischen Psychologen Arthur JENSEN 1969 in der *Harvard Educational Review* veröffentlichte Artikel „Wie sehr können wir Intelligenzquotient und schulische Leistung steigern?". Nicht zuletzt die darin enthaltenen Äußerungen zur Angelegtheit von Intelligenzunterschieden zwischen der weißen und der schwarzen Bevölkerung in den USA erregten viel Aufsehen. Im Anschluß daran kam es zu einer Vielzahl von kontroversen Veröffentlichungen zum Thema (u. a. BRODY & BRODY, 1976; EYSENCK & KAMIN, 1981; HERRNSTEIN, 1973; JENSEN, 1972; LEWONTIN, ROSE & KAMIN, 1984; VERNON, 1979), und es wurden neue Untersuchungen gestartet (zusammengefaßt im Heft 2 der Zeitschrift *Child Development*, 1983).

Die Kontroverse wurde weiter angeheizt durch den sog. BURT-Skandal. Anfang der 70er Jahre deckte der amerikanische Psychologe Leon KAMIN auf, daß die in der Diskussion um die Erblichkeit des IQ besonders häufig herangezogenen Daten des englischen Psychologen Sir Cyril BURT teilweise gefälscht waren (KAMIN, 1974).

Der direkte Weg einer Untersuchung der Anlage- oder Umweltabhängigkeit intraindividueller Veränderungen und interindividueller Unterschiede wäre, durch die kontrollierte Variation der vermuteten Einflußgrößen die Bedingungen und ätiologischen Mechanismen aufzudecken, die zu den beobachteten Merkmalsausprägungen und Merkmalsunterschieden führen. Dem stehen beim Menschen eine Reihe von ethischen und methodischen Einschränkungen entgegen.

Eine systematische Variation und Kontrolle von Entwicklungsbedingungen verbietet sich aus ethischen Gründen. Eingriffe in den Genbestand, die Aufteilung auf bestimmte Lebensräume, die Deprivation von Umwelteinflüssen u.ä. sind unzulässig. Derartige Eingriffe wären außerdem, vor allem was die biologischen Entwicklungsdeterminanten betrifft, bislang auch methodisch nicht zu bewältigen. Allein im Bereich der soziokulturellen Faktoren ist partiell eine experimentelle Bedingungsvariation möglich und zulässig. So zum Beispiel wenn der Einfluß verschiedener Modelle oder unterschiedlicher Bekräftigungsweisen auf das Verhalten untersucht wird oder die Effekte unterschiedlicher Unterweisungsmethoden auf den Erwerb kognitiver Fähigkeiten festgestellt werden.

In der Humanforschung greift man deshalb häufig auf die *vorgefundene Variabilität* anstelle der experimentell hergestellten Variabilität von Faktoren zurück. Man untersucht dann deren Zusammenhang mit den beobachteten Merkmalsänderungen oder -unterschieden. Auf diese Art wird z.B. die Bedeutung des Geschlechts, des Grades von Erbverwandtschaft, der Zugehörigkeit zu verschiedenen sozialen Schichten oder des Ernährungsstandes der Mutter während der Schwangerschaft für die Verhaltensentwicklung untersucht.

Nur in seltenen Fällen klärt man dabei im strengen Sinne die Bedingungen auf, die den langfristigen intraindividuellen Veränderungen zugrunde liegen. Dies erforderte nämlich Längsschnittuntersuchungen, in denen nicht nur die sich verändernden Verhaltensmerkmale selbst, sondern auch die für ihre Veränderung verantwortlichen Einflußgrößen fortlaufend erfaßt und hinsichtlich ihrer Beziehung zu den jeweils eintretenden Veränderungen analysiert werden. In der Regel sucht man stattdessen über den Umweg der Varianzaufklärung interindividueller Merkmalsunterschiede Aufschluß über die Bedeutung endogener und exogener Faktoren zu gewinnen. Die vorgefundenen Unterschiede werden dabei mit Hilfe statistischer Verfahren anteilsmäßig auf einzelne Faktorengruppen zurückgeführt. Die Vielfalt der Bedingungsfaktoren wird meist auf wenige methodisch angehbare Einflußgrößen reduziert.

Die im Humanbereich am häufigsten verwendeten Methoden zur globalen Rückführung interindividueller Unterschiede auf endogene und exogene Faktoren sind die Zwillingsmethode und die Methode der Adoptionsstudie (s. Abschnitte 5.2 und 5.3). Hierbei wird durch die systematische Gegenüberstellung von Paaren erbgleicher und erbverschiedener Individuen, die entweder in gleichen oder in verschiedenen Umwelten aufgewachsen sind, versucht, vorgefundene Merkmalsunterschiede auf Anlagefaktoren und Umweltfaktoren zurückzuführen. Dabei läßt sich allerdings nicht angeben, a) um welche Erb- und Umwelteinflüsse es sich im einzelnen handelt, b) wie diese ihre Wirkung ausüben und c) wie der zeitliche Verlauf der Entwicklung beeinflußt wird.

5.1 Experimentelle Untersuchungen an Tieren

Wo beim Menschen aus den genannten ethischen und methodischen Gründen Experimente nicht durchführbar sind, kann man zur Abschätzung der Auswirkungen endogener und exogener Faktoren die Tierforschung heranziehen. Hier lassen sich durch *Isolierung, selektive Reinzüchtung* oder die gezielte *Manipulation von Umweltbedingungen* vermutete Einflußgrößen für Verhaltensunterschiede kontrollieren und variieren. Eine Übertragung der an Tieren gewonnenen Ergebnisse auf den Menschen hat allerdings unter einer Reihe von Vorbehalten zu geschehen. Sie ergeben sich einmal aus der herausragenden Stellung des Menschen in der Phylogenese bezüglich seiner Entwicklungshöhe, seiner enormen Lernfähigkeit und seiner Fähigkeit zu Bewußtsein und Sprache, zum anderen aus der größeren Komplexität der Steuerungsfaktoren. So sind die Untersuchungen zur Variablen „Klugheit/Dummheit" bei Ratten (COOPER & ZUBEK, 1958; TRYON 1940) nur sehr begrenzt mit Untersuchungen zu Intelligenzunterschieden beim Menschen zu vergleichen. Abgesehen davon sind bei den Ratten TRYONS offensichtlich keine allgemeinen Fähigkeiten, sondern sehr spezifische situationsgebundene Merkmale erfaßt worden (SEARLE, 1949).

Isolierung

Bei der *Isolierung* werden im Extremfall alle Umwelteinflüsse außer der lebensnotwendigen Nahrung für mehr oder weniger lange Dauer nach der Geburt vorenthalten. Die Tiere wachsen z. B. in Dunkelheit, bei minimaler akustischer Stimulation und ohne Artgenossen auf (HARLOW & HARLOW, 1962, RIESEN, 1950). Durch den Vergleich mit erbgleichen, nicht isolierten Tieren erhält man Aufschluß über ausschließlich anlagebedingte Merkmale (keine Unterschiede zu den normal aufgewachsenen Tieren) bzw. über die Auswirkungen der Deprivation (Unterschiede zu den normal aufgewachsenen Tieren).

Selektive Reinzüchtung

Bei der *selektiven Reinzüchtung* werden Gruppen von Tieren einer Art (*strains*), die sich in bestimmten, kontinuierlich abgestufen Verhaltensmerkmalen auffällig unterscheiden, z. B. bezüglich der Laufgeschwindigkeit durch ein Labyrinth oder der Reaktion auf Alkohol, über mehrere Generationen jeweils unter sich weiter gezüchtet. Auf diese Art werden die Gruppenunterschiede ständig weiter vergrößert (MCCLEARN & RODGERS, 1959; TRYON, 1940). Nimmt die phänotypische Varianz der Nachkommen innerhalb der strains über die Generationen fortschreitend ab, deutet dies auf einen Erbeinfluß hin.

Manipulation von Umweltbedingungen

Während Isolierung und selektive Reinzüchtung den Einfluß der genetischen Determinanten abschätzen helfen, liefert die *gezielte Manipulation von Umweltbedingungen* Angaben über Effekte exogener Faktoren auf das Verhalten, speziell über die Auswirkung bestimmter Arten der Stimulation eines Organismus. Hier gibt es eine Vielzahl von Untersuchungsmöglichkeiten, zum Teil auch am Menschen. Spezielle Forschungszweige sind die Untersuchung der Auswirkungen pränataler Einflüsse auf die Entwicklung (EICHHORN, 1970) oder die Erforschung der Effekte früher Stimulation und Deprivation (HARLOW, 1959; NEWTON & LEVINE, 1968; THOMPSON & GRUSEC, 1970). Im weiteren Sinne fällt hierunter auch die Sozialisationsforschung, soweit sie mit experimentellen Methoden arbeitet, d.h. soziokulturelle Einflußgrößen in experimentellen Anordnungen kontrolliert und variiert (vgl. Kap. 2.6).

5.2 Zwillingsuntersuchungen

5.2.1 Die Zwillingsmethode

Der gebräuchlichste Ansatz zur Untersuchung der Anlage-Umwelt-Problematik in der Humanforschung ist die Zwillingsmethode. Sie macht sich folgendes „Experiment des Lebens" zunutze. Es gibt zwei Gruppen von Zwillingen oder generell Mehrlingsgeburten: die einen gehen aus einer *einzigen* befruchteten *Eizelle* hervor, die anderen entstehen, wenn gleichzeitig oder kurz nacheinander *zwei* (oder mehr) *Eizellen* von verschiedenen Spermien befruchtet werden. *Eineiige Zwillinge* (EZ) sind völlig erbgleich, *zweieiige Zwillinge* (ZZ) stimmen, wie sonstige leibliche Geschwister, im Durchschnitt zu 50 % in ihrem Erbgut überein.

Daß Geschwister in 50 % ihrer Anlagen übereinstimmen, ist insofern nicht ganz richtig, da alle Menschen in fast allen Genen völlig übereinstimmen, so wie auch Mensch und Schimpanse über 98 % ihres Genmaterials gemeinsam haben. Die 50 % Gemeinsamkeit zwischen Geschwistern bezieht sich nur auf jene Gene, die beim Menschen in verschiedenen Varianten (Allelen) vorkommen.

Man findet hier somit die einzigartige Bedingung des Vorhandenseins völlig erbgleicher Individuen (EZ) und einer natürlichen Vergleichsgruppe mit bekannter Erbverschiedenheit (ZZ) vor, die sonst annähernd gleiche Bedingungen wie EZ aufweist; nämlich gleiches Alter, gleiche Erbverwandtschaft zu den leiblichen Eltern, Doppelgängersituation und – im Normalfall – Zusammenaufwachsen.

Da die Paarlinge von EZ in ihrem Erbgut völlig übereinstimmen, können Merkmalsunterschiede zwischen ihnen ausschließlich auf Umweltbedingungen zurückgehen, während Unterschiede zwischen Paarlingen von ZZ (wie zwischen Geschwistern generell) auf Anlagebedingungen *und* Umweltfaktoren zurückgeführt werden müssen.

Sofern Erbfaktoren irgendeine Rolle bei der Hervorbringung von Verhaltensunterschieden spielen, müssen die Unterschiede innerhalb der EZ-Paare geringer sein als die innerhalb der ZZ-Paare, diese wiederum geringer als die nichtverwandter Paare. Dabei sind jeweils vergleichbare Umweltbedingungen in den verschiedenen Gruppen vorausgesetzt. Den gleichen Sachverhalt kann man auch anders ausdrücken: EZ-Paare müssen sich stärker ähneln als ZZ-Paare oder Geschwister, diese wiederum stärker als nichtverwandte Personen. Zur Beurteilung der Erbbedingtheit ist dabei nicht so sehr das *absolute* Maß der Ähnlichkeit der Paare entscheidend, sondern das Ausmaß der *Differenz* der Übereinstimmung zwischen EZ, ZZ, entfernt verwandten und nichtverwandten Personen (SCHWIDETZKY, 1971). Wären alle Intrapaarunterschiede genetisch bedingt, so sollten Paare von ZZ sich nur halb so ähnlich sein wie Paare von EZ.

In einigen Untersuchungen werden zusätzlich zur Erbvariation (EZ versus ZZ usw.) die Paare danach unterschieden, ob sie zusammen oder getrennt aufgewachsen sind. Damit soll die Umweltstabilität von Merkmalen direkter angegangen werden. Die in diesem Zusammenhang gebräuchliche Gleichsetzung von *zusammen aufgewachsen* mit *gleicher Umwelt* und *getrennt aufgewachsen* mit *verschiedener Umwelt* ist jedoch nicht gerechtfertigt und kann zu einer Fehlinterpretation von Befunden führen (s. dazu weiter unten). Auch sind der Zeitpunkt und die Dauer der Trennung hierbei zu berücksichtigen.

Inzwischen werden Zwillingsuntersuchungen immer mehr durch Adoptionsstudien ergänzt oder ersetzt. Auch hier werden Paare mit unterschiedlichem Verwandtschaftsgrad (z. B. Kind-leibliche Mutter versus Kind-Adoptivmutter, leibliche Geschwister versus Adoptivgeschwister) miteinander verglichen und daraus Schätzungen über die Anlage-und die Umweltabhängigkeit von Merkmalsunterschieden abgeleitet (s. dazu Abschnitt 5.3). Untersuchungen an getrennt aufgewachsenen Zwillingen sind Zwillings- und Adoptionsstudien in einem.

Ziel der Zwillingsmethode ist es, die phänotypische Varianz V_p der Verteilung eines Merkmals in einer Population, z. B. der Körperhöhe, Intelligenz oder Aggressivität, in ihre genetisch bedingten Anteile V_G und ihre umweltbedingten Anteile V_U zu zerlegen. Der Varianzanteil eines Faktors bezogen auf die Gesamtvarianz V_p gibt an, um wieviel Prozent die Merkmalsstreuung in der untersuchten Population absinken würde, wenn der betreffende Faktor für alle Individuen konstant gehalten werden könnte. So bedeutet die Aussage: „70 % der Intelligenzunterschiede gehen auf Anlagebedingungen zurück" nichts anderes, als daß bei identischem Genbestand aller Individuen der untersuchten Population – und bei gleichzeitig unverändertem Ausmaß der Umweltvariation! – die Merkmalsvarianz V_p zwischen den Individuen sich um 70 % verringern müßte. Ein Erblichkeitsmaß liefert dementsprechend eine Populationsschätzung bezüglich des Varianzanteils einer Merkmals*verteilung*, der auf Geneffekte zurückgeht. Der Zahlenwert sagt hingegen nichts aus über das Gewicht von Anlagebedingungen für die *Hervorbringung* oder *Veränderung* eines Merkmals, etwa bezüglich der gegebenen Intelligenzhöhe bei einem Individuum oder in einer Population (s. dazu Abschnitt 5.4).

Die Zerlegung der Merkmalsvarianz in Varianzanteile

Zur totalen Varianz eines Merkmals in einer Population tragen außer den beiden hauptsächlich interessierenden Varianzanteilen für Anlagebedingungen (V_G) und für Umweltbedingungen (V_U) noch drei weitere Varianzquellen bei: die Kovariation von Anlage- und Umweltbedingungen (KOV_{GU}), die Interaktion von Anlage- und Umweltbedingungen (V_{Gu}) und die Fehlervarianz aufgrund unreliabler Messung des Merkmals (V_f). Die gesamte Merkmalsvarianz läßt sich somit statistisch in einzelne additive, d. h. voneinander unabhängige Varianzanteile aufgliedern (vgl. JENSEN, 1972, 1973a):

(1) $\qquad V_p = V_G + V_U + V_{GU} + KovGU + V_f$

wobei $\quad V_G$ = Varianzanteil der Anlagebedingungen (Genotypvariation)
$\qquad V_U$ = Varianzanteil der Umweltbedingungen (Umweltvariation)
$\quad Kov_{GU}$ = Kovariation von Anlage- und Umweltbedingungen
$\qquad V_{GU}$ = Varianz, die auf die Interaktion von Anlagen und Umweltbedingungen zurückgeht (Anlage-Umwelt-Interaktion)
$\qquad V_f$ = Fehlervarianz aufgrund unreliabler Messung des Merkmals

Der Anlageanteil V_G läßt sich weiter aufschlüsseln in

(2) $\qquad V_G = V_{AG} + V_{GD} + V_{GI} + V_H$

wobei $\quad V_{AG}$ = Additive Genwirkungen
$\qquad V_{GD}$ = Nichtadditive Genwirkungen aufgrund von Gendominanz der Allele gleicher Loci
$\qquad V_{GI}$ = Nichtadditive Genwirkungen aufgrund von Geninteraktion zwischen Genen verschiedener Loci
$\qquad V_H$ = Genetische Varianz aufgrund nichtzufälliger, sondern nach Genähnlichkeit erfolgender Partnerwahl (Homogamie; engl.: Assortative Mating)

Prinzipiell ließe sich auch der Umweltanteil ähnlich aufschlüsseln, etwa in additiv wirkende Umwelteinflüsse und nicht-additiv wirkende Kovariations- und Interaktionszusammenhänge von Umweltvariablen. Auf die Möglichkeit von Kovariation und Interaktion innerhalb der exogenen Faktoren wurde in Abschnitt 3. bereits hingewiesen. Da das Hauptziel der Zwillingsuntersuchungen die Schätzung der *Erblichkeit* von Merkmalsunterschieden ist, wird in den betreffenden Untersuchungen auf eine derartige Aufgliederung der Umwelteinflüsse jedoch verzichtet.

Die Berechnung der Erblichkeit

Unter der *Erblichkeit* E eines Merkmals versteht man also den Anteil der Merkmalsstreuung, der auf die genotypische Variation in einer Population zurückgeht. Man unterscheidet zwischen einer *Erblichkeit im weiten Sinne* (E_w) und einer *Erblichkeit im engen Sinne* (E_e). (Im Englischen wird die Erblichkeit eines Merkmals mit dem Symbol h – für heritability – bezeichnet).

Bei der Berechnung der E_w berücksichtigt man entsprechend unserer Formel (2) neben den rein additiven Genwirkungen noch die Gendominanz (= das Verhältnis der Allele auf den jeweils gleichen Loci bezüglich Dominanz und Rezessivität), die Geninteraktion oder Epistase (= nicht-additive kombinierte Genwirkungen) und die Homogamie der Partnerwahl (die überzufällige Genkorrelation aufgrund von Partnerwahl).

Daraus ergibt sich:

(3) $$E_w = \frac{V_{AG} + V_{GD} + V_{GI} + V_H}{V_p - V_f}$$

Die weiter unten dargestellten gebräuchlichen Erblichkeitsmaße erfassen nur die Erblichkeit im engen Sinne E_e, die ausschließlich additive Genwirkungen umfaßt:

(4) $$E_e = \frac{V_{AG}}{V_p - V_f}$$

E_e fällt zahlenmäßig etwas geringer aus als E_w.

Die einzelnen Komponenten der Merkmalsvarianz lassen sich nicht direkt messen. Dies gilt entsprechend auch für die einzelnen Komponenten der Erblichkeit. Mit Hilfe der Zwillingsmethode ist es jedoch möglich, den Anteil der Vererbung und der Umweltvariation an der Varianz eines Merkmals zu *schätzen*.

Zur genaueren Quantifizierung der Erblichkeit von Merkmalsunterschieden sind verschiedene Methoden der Berechnung von Schätzmaßen entwickelt worden. Sie gehen im Prinzip alle von dem Vergleich der Intrapaarvarianzen bzw. Intraklassenkorrelationen für Gruppen von Paaren mit unterschiedlicher Erbverwandtschaft aus. Eine ausführliche Beschreibung und mathematische Ableitung der Maße findet sich in JENSEN (1973a), JINKS & FULKER (1970) und MERZ & STELZL (1977).

Am ältesten und bekanntesten ist der Index h^2 von HOLZINGER (1929). Er existiert in zwei Schreibweisen:

(5) $$h^2 = \frac{V_{ZZ} - V_{EZ}}{V_{ZZ}}$$

wobei V_{ZZ} = Varianz innerhalb der ZZ-Paare
V_{EZ} = Varianz innerhalb der EZ-Paare

und

(6) $$h^2 = \frac{r_{EZ} - r_{ZZ}}{1 - r_{ZZ}}$$

wobei r_{EZ} = Maß der Intraklassenkorrelation für EZ
r_{ZZ} = Maß der Intraklassenkorrelation für ZZ

FALCONER (1960) berechnet die auf genetische Unterschiede rückführbare Varianz als

(7) $$h^2 = 2(r_{EZ} - r_{ZZ}),$$

was NICHOLS (1965) erweitert, indem er h^2 noch einmal auf die Intraklassenkorrelation der EZ bezieht:

(8) $$HR = \frac{r_{EZ}}{h^2} = \frac{2(r_{EZ} - r_{ZZ})}{r_{EZ}}$$

JENSEN (1972) schlägt zur Berechnung von Erblichkeitsschätzungen aufgrund des Vergleichs von Paaren mit unterschiedlichem Verwandtschaftsgrad generell folgende einfache Formel vor:

(9)
$$h^2 = \frac{r_{12} - r_{34}}{g_{12} - g_{34}}$$

wobei r_{12} = Intraklassenkorrelation der näher verwandten Paare
r_{34} = Intraklassenkorrelation der entfernter verwandten Paare
g_{12} = Genetische Ähnlichkeit der näher verwandten Paare
g_{34} = Genetische Ähnlichkeit der entfernter verwandten Paare

Nach JENSEN (1972) stehen die verschiedenen Indices zwar nicht in einer monotonen funktionalen Beziehung zueinander, sie erbringen jedoch in etwa vergleichbare Ergebnisse, wenn man die Werte für verschiedene Merkmale jeweils der Größe nach in eine Rangreihe ordnet.

Über statistische Modellannahmen, die den aufgeführten Indices zugrundeliegen, informieren ausführlich JINKS & FULKER (1970) sowie MERZ & STELZL (1977).

Ein wesentlicher Nachteil von Erblichkeitsschätzungen aufgrund von Zwillingsuntersuchungen ist, daß in der Regel weder die mögliche Kovariation und Interaktion von Anlage- und Umweltbedingungen noch die Varianz *zwischen* den Paaren, d.h. zwischen den untersuchten Familien, in die Berechnung eingehen.

Zur Einbeziehung der zuletzt genannten Varianzquellen in die Berechnung von Varianzanteilen entwickelte CATTELL (1960, 1965) die *Multiple Abstract Variance Analysis* (MAVA)-Methode. Sie zerlegt die Merkmalsvarianz in:
- Erbvarianz zwischen Familien
- Erbvarianz innerhalb Familien
- Umweltvarianz zwischen Familien
- Umweltvarianz innerhalb Familien.

Diese vier Varianzquellen werden aus den Varianzen zwischen bzw. innerhalb der EZ- und ZZ-Paare geschätzt. Darüber hinaus wird auch die wechselseitige Abhängigkeit von Anlage und Umwelt berücksichtigt. Und zwar wiederum innerhalb der Familien und zwischen den Familien. CATTELL hat die MAVA-Methode später weiter ausgebaut, indem er Anlage- und Umweltbedingungen auch noch für Reifungs- und Lernprozesse herauszuarbeiten versucht (CATTELL, 1973). Das Verfahren ist sowohl rechnerisch sehr aufwendig als auch praktisch kaum durchführbar. Es werden z.B. Stichproben von rund 2500 zusammen und getrennt aufgewachsenen Paaren verschiedenster Erbverwandtschaft benötigt. Aus diesem Grund wurde die MAVA bisher kaum verwendet.

5.2.2 Ergebnisse der Zwillingsforschung

In jüngerer Zeit häufen sich die anekdotischen Berichte über erstaunliche Übereinstimmungen im Verhalten und im Lebensschicksal von getrennt aufgewachsenen eineiigen Zwillingen, die sich teilweise erst nach Jahrzehnten wiedergesehen hatten (BOUCHARD, 1983, 1987; WATSON, 1981; ZIMMER, 1989).

Besonderes Aufsehen erregte z.B. der Fall von *Jim Lewis* und *Jim Springer*. Sie waren vier Wochen nach ihrer Geburt von verschiedenen Familien adoptiert worden und hatten neunundreißig Jahre lang nichts voneinander gewußt. Beide hatten nicht nur zweimal geheiratet, ihre Frauen hatten auch die gleichen Vornamen (bei beiden hieß die erste Frau *Linda*, die zweite *Betty*), ihre Söhne hießen ähnlich (*James Allan* und *James Alan*), beide hatten einen Hund *Toy*, sie rauchten beide die gleiche Zigarettenmarke, tranken das gleiche Bier und fuhren beide einen Chevrolet. Es gab noch mehr frappierende Ähnlichkeiten zwischen ihnen (HOLDEN, 1980). Ähnliches wurde für einige weitere Zwillingspaare berichtet, die sich im Rahmen des von Thomas BOUCHARD geleiteten *Minnesota Twin-Project* nach längerer Zeit wiedergetroffen hatten und ausführlich untersucht worden waren (BOUCHARD, 1983, 1987).

Da es kaum vorstellbar ist, daß es Gene gibt, die bis ins einzelne festlegen, welchen Namen man seinem Kind oder seinem Hund gibt, welche Biersorte oder Zigarettenmarke man bevorzugt, welches Auto man fährt u.ä., steht eine überzeugende wissenschaftliche Erklärung für die in Einzelfällen gefundenen erstaunlichen Übereinstimmungen von eineiigen Zwillingen, vorausgesetzt, daß sie einer genaueren Überprüfung standhalten, noch aus. Eine so weit ins Detail gehende genetische Vorprogrammierung widerspräche nicht nur der Natur des für Erfahrung und Lernen offenen Menschen, sie wäre biologisch auch völlig unangepaßt.

So beeindruckend die geschilderten Einzelfälle sind, von größerem Gewicht für das Anlage-Umwelt-Problem sind die Ergebnisse der systematischen Untersuchung größerer Stichproben von eineiigen und zweieiigen Zwillingen. Während der vergangenen Jahrzehnte ist eine Vielzahl von physischen und psychischen Merkmalen mit Hilfe der Zwillingsmethode auf ihre endogene oder exogene Bedingtheit hin untersucht worden (BOUCHARD & MCGUE, 1981; LOEHLIN & NICHOLS, 1976; SCARR & KIDD, 1983; VANDENBERG, 1966). In der Entwicklungspsychologie bei weitem am häufigsten und am stärksten beachtet sind darunter die Untersuchungen zur Aufklärung von Intelligenzunterschieden, die im folgenden auch im Vordergrund stehen sollen (BRODY & BRODY, 1976; JENSEN, 1969, 1972; NICHOLS, 1978; VERNON, 1979, 1990).

Zur Erblichkeit von Intelligenzunterschieden

Die vorliegenden Studien untersuchen meist Unterschiede der Allgemeinen Intelligenz bzw. des Gesamtwerts in einem Intelligenztest (IQ). Einige Arbeiten analysieren darüber hinaus auch Unterschiede in spezifischen Fähigkeiten, z. B. in der Raumvorstellung, im abstrakten oder rechnerischen Denken. Zur Messung der Intelligenz wird in der Regel einer der gebräuchlichen standardisierten Intelligenztests verwendet (Stanford-Binet-Test, Wechsler-Test o.ä.). Auf die im einzelnen verwendeten Intelligenzdefinitionen und Intelligenztests soll an dieser Stelle nicht näher eingegangen werden. Für den Zweck der exemplarischen Darstellung des Vorgehens und der Ergebnisse der Zwillingsmethode ist eine derartige Erörterung entbehrlich.

Das typische Vorgehen ist folgendes. Man untersucht Paare von eineiigen Zwillingen (EZ), zweieiigen Zwillingen (ZZ), sowie Paare weiterer Verwandtschaftsgrade mit einem Intelligenztest. U. U. sind die Paare zusätzlich danach aufgeteilt, ob sie überwiegend, d. h. während einer längeren Zeit ihrer Entwicklung zusammen oder getrennt aufgewachsen sind. Die Testleistungen der einzelnen Versuchspersonen werden jeweils in ein Maß für die Intelligenzhöhe umgerechnet. Für die verschiedenen Stichproben zusammen und/oder getrennt aufgewachsener Paare von EZ, ZZ, Geschwistern etc. werden dann Intraklassenkorrelationen berechnet, aus denen sich die Ähnlichkeit innerhalb der betreffenden Stichproben ablesen läßt.

Tabelle 3.1: Intraklassenkorrelationen für den IQ bei zusammen und getrennt aufgewachsenen Paaren mit unterschiedlichem Verwandtschaftsgrad (nach ERLENMEYER-KIMLING & JARVIK, 1963, und BOUCHARD & McGUE, 1981)

Untersuchungsstichprobe	ERLENMEYER-KIMLING und JARVIK (1963)			BOUCHARD und McGUE (1981)	
	n	r_{Med}	Spanne	n	r_{Med}
zusammen aufgewachsen					
EZ	14	.87	.76 – .95	34	.85
ZZ				41	.58
a) GG	11	.50	.38 – .87	29	.61
b) VG	9	.53	.34 – .61	18	.57
Geschwister	35	.49	.30 – .77	69	.45
Kind/Eltern	12	.50	.22 – .80	32	.38
Kind/Adoptiveltern	3	.20	.18 – .39	6	.18
Adoptivgeschwister	5	.23	.17 – .31	5	.29
getrennt aufgewachsen					
EZ	4	.75	.62 – .88	3	.67
Geschwister	2	.40	.34 – .49	2	.24
Kind/Eltern				4	.22
h^2					
Holzinger		.74			.61
Jensen		.74			.48

GG = Paare gleichen Geschlechts
VG = Paare verschiedenen Geschlechts
n = Anzahl der berücksichtigten Untersuchungen
r_{Med} = Median der Intraklassenkorrelationen
h^2 = Erblichkeitsschätzung

Einige Untersuchungen gehen anstelle von Ähnlichkeiten innerhalb der Paare von den Intrapaar*differenzen* aus (z. B. NEWMAN, FREEMAN & HOLZINGER, 1937, VANDENBERG, 1962). Beides läßt sich ineinander überführen.

Die Ergebnisse aus zahlreichen Untersuchungen verschiedener Autoren faßt die Tabelle 3.1 zusammen. Die Stichproben sind nach dem Kriterium zusammen versus getrennt aufgewachsen und – innerhalb dieser beiden Gruppen – nach dem Grad der Erbverwandtschaft absteigend geordnet.

Ein Blick auf die Tabelle 3.1 zeigt deutlich, wie die Höhe der Ähnlichkeit der Intelligenzwerte mit absteigender Erbverwandtschaft sinkt. Das Zusammen-oder Getrenntaufwachsen scheint demgegenüber einen geringen Unterschied zu machen. Dieses Hauptergebnis der Zwillingsuntersuchungen zu Intelligenzunterschieden wird in der Abbildung 3.6 in vereinfachter Form graphisch veranschaulicht.

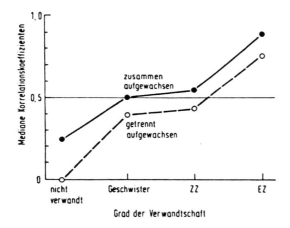

Abbildung 3.6: IQ-Ähnlichkeit als Funktion des Verwandtschaftsgrades und der Umweltähnlichkeit (aus OERTER & MONTADA, 1987, S. 31)

Zur genaueren Wertung des Befundes einer angeblich geringen Bedeutung der Variablen *zusammen versus getrennt aufgewachsen* sei an dieser Stelle nur darauf hingewiesen, daß z. B. bei den 19 von NEWMAN et al. (1937) untersuchten EZ-Paaren, die relativ früh, d. h. zwischen 2 Wochen und 6 Jahren, voneinander getrennt worden waren, die Größe der Intrapaardifferenzen mit durchschnittlich 8.2 Punkten, die der zweieiigen Zwillinge mit 9.9 Punkten immerhin fast erreichte. Bei 4 getrennt aufgewachsenen EZ-Paaren traten sogar IQ-Differenzen von erheblich größerem Ausmaß auf: 12, 17, 19 und 24 Punkte. Es handelte sich interessanterweise dabei gerade um solche Paare, die besonders früh (zwischen 5 und 18 Monaten) getrennt worden waren. Auch bei SHIELDS (1962) erreichte die mittlere Leistungsdifferenz von getrennt aufgewachsenen eineiigen Zwillingen im Schnitt 10 Punkte gegenüber rund 14 Punkten Differenz bei den zweieiigen Zwillingen. Auf das Problem der Umweltähnlichkeit oder -verschiedenheit bei zusammen und bei getrennt aufgewachsenen Zwillingen wird noch in Abschnitt 5.2.3 ausführlicher eingegangen.

Bei der Betrachtung der Tabelle 3.1 fällt weiter die große Streubreite der Werte aus verschiedenen Untersuchungen und die auffällig niedrigere Erblichkeitsschätzung nach der Zusammenstellung von BOUCHARD & McGUE (1981) im Vergleich zur Zusammenstellung von ERLENMEYER-KIMLING & JARVIK (1963) auf. Letzteres geht im wesentlichen darauf zurück, daß der Faktor zusammen oder getrennt aufgewachsen sich in den neueren Untersuchungen stärker auf die Intelligenzunterschiede auswirkt (s. auch PLOMIN & DEFRIES, 1980). Die Schwankungen der Korrelationskoeffizienten zwischen den verschiedenen Untersuchungen dürften zum großen Teil auf Unterschiede der Verteilung der gemessenen Intelligenzwerte in den verschiedenen Untersuchungsstichproben, sonstige Stichprobenunterschiede und verschieden hohe Reliabilitäten der verwendeten Testverfahren zurückgehen.

Das typische Vorgehen in Zwillingsuntersuchungen veranschaulicht unser Untersuchungsbeispiel 3.1.

Untersuchung 3.1 *Eine Zwillingsuntersuchung zur Anlage-Umwelt-Problematik*

James SHIELDS (1962) berichtet über eine Untersuchung von 88 Paaren eineiiger Zwillinge (EZ). 40 Paare waren - vorübergehend oder auf Dauer - getrennt aufgewachsen (EZ_g), die restlichen Paare wuchsen zusammen auf (EZ_z). Die beiden Gruppen wurden von SHIELDS nach Alter und Geschlecht in etwa parallelisiert. die Altersvariation erstreckte sich von 8 bis 59 Jahren. Die größte Gruppe der Versuchspersonen waren Frauen zwischen 30 und 40 Jahren. Bei den Versuchspersonen handelte es sich überwiegend um Personen, die sich auf einen Aufruf im Fernsehen gemeldet hatten.

Die häufigsten Gründe für die Trennung der Paarlinge der EZ_g waren: aufgrund eines schlechten Gesundheitszustands der Mutter oder anderer ungünstiger familiärer Bedingungen wurde ein Paarling zu Verwandten gegeben; es handelte sich um uneheliche Kinder und die Mutter wollte sie nicht behalten, oder die Mutter war nach der Geburt verstorben und die Kinder wurden dann auf verschiedene Pflegefamilien aufgeteilt. Etwas mehr als die Hälfte der EZ_g war bereits mit 3 Monaten voneinander getrennt, die übrigen Paare wurden erst später getrennt. Einige Paare wurden im Laufe der Kindheit wieder vereinigt, nachdem sie mindestens 5 Jahre in verschiedenen Familien verbracht hatten.

Zusätzlich zu den 88 Paaren von EZ_g und EZ_z untersuchte SHIELDS noch eine kleinere Gruppe von zweieiigen Zwillingen (ZZ), insgesamt 28 Paare, von denen 11 getrennt aufgewachsen waren und 17 zusammen. Die Auswahl der ZZ geschah aber weniger sorgfältig als die der EZ und ihre Untersuchung war weniger umfangreich. Die Ergebnisse für diese Gruppe werden von SHIELDS nicht unterschieden für die getrennt und die zusammen aufgewachsenen Paare aufgeführt.

Die Zygosität der Zwillingspaare wurde zunächst nur durch einen Ähnlichkeitsvergleich phänotypischer Merkmale festgestellt, sie schloß in den meisten Fällen jedoch auch eine Blutgruppenuntersuchung und die Erhebung von Fingerabdrücken ein.

Folgende Variablen wurden erhoben und hinsichtlich ihrer Intrapaarähnlichkeit in den einzelnen Gruppen verglichen: Körpergröße, Körpergewicht, Intelligenz (nichtverbal: *Dominoes-Test*; verbal: Synonymen-Test aus der *Mill Hill Vocabulary Scale*), Extraversion und Neurotizismus (Fragebogen von EYSENCK). Außerdem wurden durch ein Interview oder durch schriftliche Befragung noch eine Reihe von persönlichen Daten sowie Beschreibungsmerkmale der Umwelt, in denen die Versuchspersonen aufgewachsen waren, erhoben. Nicht bei allen Versuchspersonen konnten sämtliche Verfahren angewendet werden. Vor allem die Daten der ZZ sind unvollständig (s. dazu weiter unten).

Ergebnisse:
Die Ähnlichkeitskoeffizienten und die mittleren Intrapaardifferenzen der erhobenen Merkmale in den drei Stichproben von Zwillingspaaren (EZ_z, EZ_g und ZZ) geben die beiden folgenden Tabellen wieder.

Tabelle 3.2: Intraklassenkorrelationen für verschiedene Variablen bei EZ und ZZ (nach SHIELDS, 1962, S. 139)

	EZ_z	EZ_g	ZZ
Körperhöhe*)	.94	.82	.44
Körpergewicht*)	.81	.37	.56
Dominoes (nichtverbale Int.)	.71	.76	−.05
Mill Hill (verbale Int.)	.74	.74	.38
Kombinierter Intelligenzwert	.76	.77	.51
Extraversion	.42	.61	−.17
Neurotizismus	.38	.53	.11

*) Die angegebenen Koeffizienten für Körperhöhe und Körpergewicht basieren ausschließlich auf den Daten der weiblichen Paare und bei den ZZ auf den Daten der zusammen aufgewachsenen Paarlinge.

Die Vpn-Zahlen, die den Mittelwerts-Berechnungen zugrunde liegen, schwanken bei den verwendeten Verfahren bzw. in den einzelnen Gruppen. Bei den EZ wurden mindestens 34 Paare (*Dominoes* bei EZ_z) und maximal 43 Paare (*Mill Hill* bei EZ_z) erfaßt. Bei den ZZ wurden mindestens 7 Paare (*Mill Hill*) und maximal 25 Paare (EYSENCK-Fragebogen) untersucht.

Aus den beiden Tabellen läßt sich ablesen, daß die Ähnlichkeiten innerhalb der EZ-Paare durchgängig größer sind als innerhalb der ZZ-Paare. Getrennt oder zusammen aufgewachsene EZ-Paare unterscheiden sich in dieser Hinsicht kaum. Dies gilt vor allem für die Intelligenzwerte. Ein Vergleich der beiden Tabellen läßt außerdem erkennen, daß sich Unterschiede in der Höhe der Ähnlichkeitskoeffizienten und Unterschiede im Ausmaß von Intrapaardifferenzen nicht entsprechen müssen.

Tabelle 3.3: Mittlere Intrapaardifferenzen für verschiedene Variablen bei EZ und ZZ (nach SHIELDS, 1962, S. 139)

	EZ_z	EZ_g	ZZ
Körperhöhe	.509 inch.	.813 inch.	1.770 inch.
Körpergewicht	10.41 lbs.	10.50 lbs.	17.30 lbs.
Dominoes (nichtverbale Int.)	4.68	5.24	10.88
Mill Hill (verbale Int.)	2.14	3.39	4.14
Kombinierter Intelligenzwert	7.38	9.46	13.43
Extraversion	2.71	2.52	4.72
Neurotizismus	2.97	3.10	4.04

SHIELDS hat seine Ergebnisse als Beleg für eine relativ größere Bedeutung genetischer Faktoren gegenüber Umweltfaktoren interpretiert. Aufgrund der Stichprobenselektion und einer Reihe weiterer methodischer Probleme sind derartige Schlußfolgerungen jedoch nicht möglich.

Die gravierendsten Mängel der SHIELDS-Studie sind (vgl. auch KAMIN, 1981):

Durch die Art der Stichprobenrekrutierung (Aufruf im Fernsehen) war nicht gewährleistet, daß die untersuchten Zwillinge eine repräsentative Zufallsstichprobe der damals in England lebenden Zwillinge darstellten. So setzte sich z. B. die Gruppe der getrennt aufgewachsenen EZ überwiegend aus 30- bis 40jährigen Frauen zusammen.

Eine große Zahl der „getrennt" aufgewachsenen Zwillinge hatte auch nach der Trennung mehr oder weniger intensiven Kontakt miteinander oder die Paarlinge lebten später wieder zusammen bzw. nahe beieinander. Bei 40 Paaren der EZ wuchs der eine Paarling z. B. bei der Großmutter, einer Tante oder anderen nahen Verwandten der Herkunftsfamilie auf. Eine Reanalyse der Daten durch KAMIN (1981) ergab, daß die Korrelation der Intelligenzwerte der bei Verwandten aufgewachsenen ZZ Paare mit r = .83 auffällig höher war als die Korrelation der bei Nichtverwandten aufgewachsenen Paare (r = .51).

Die Vergleichbarkeit der getrennt und der zusammen aufgewachsenen EZ war in mehrfacher Hinsicht nicht gegeben. So stammten die zusammen aufgewachsenen EZ sämtlich aus London und Umgebung, während die getrennt aufgewachsenen EZ aus allen Teilen Englands kamen. Die Gruppe der EZ_z hatte überdies im Mittel einen höheren sozioökonomischen Status, war größer, intelligenter, extravertierter und weniger neurotisch als die Gruppe der EZ_g.

Die Gruppengröße der von SHIELDS getesteten ZZ war relativ gering, und die Gruppe enthält sowohl zusammen wie getrennt aufgewachsene ZZ. Außerdem wurden die Daten der meisten ZZ-Paare, im Unterschied zu den Daten der EZ-Paare, über eine *schriftliche* Befragung erhoben.

Besonders problematisch erscheint, daß beide Angehörige der meisten Zwillingspaare von SHIELDS selbst, sehr wahrscheinlich unter Kenntnis ihrer Zygosität, getestet worden waren.

SHIELDS, J. (1962). *Monozygotic twins brought up apart and brought up together.* London: Oxford University Press.

Die Erblichkeitsschätzungen für *spezifische Intelligenzfähigkeiten* sind weniger einheitlich und liegen durchgehend niedriger als die für die Gesamtintelligenz. Tabelle 3.4 faßt die hierzu vorliegenden Ergebnisse zusammen. Sie beschränken sich auf die Gegenüberstellung von EZ und ZZ. Vergleichbare Angaben zu den verschiedenen Verwandtschaftsgraden wie beim Gesamt-IQ findet man in der Literatur nicht.

Tabelle 3.4: Mittlere Intraklassenkorrelationen und Erblichkeitsschätzungen für spezifische Intelligenzfähigkeiten bei zusammen aufgewachsenen eineiigen und zweiigen Zwillingen (nach NICHOLS, 1978; entnommen aus SCARR & KIDD, 1983, S. 396)

Fähigkeit	Anzahl der Studien	Mittlere Intraklassenkorrelationen		h^2	
		r_{EZ}	r_{ZZ}	Holzinger	Jensen
Wortverständnis	27	.78	.59	.46	.38
Rechenfähigkeit	27	.78	.59	.46	.38
Räumliche Vorstellung	31	.65	.41	.41	.48
Gedächtnis	16	.52	.36	.25	.32
Schlußfolgendes Denken	16	.74	.50	.48	.48
Wahrnehmungsgeschwindigkeit	15	.70	.47	.43	.46
Wortflüssigkeit	12	.67	.52	.31	.30
Divergentes Denken	10	.61	.50	.22	.22

Von besonderem Interesse für die Entwicklungspsychologie sind Längsschnittuntersuchungen, in denen Paare mit verschiedenen Verwandtschaftsgraden, z. B. EZ und ZZ, hinsichtlich der Ähnlichkeit oder Verschiedenheit ihrer *Entwicklungsverläufe* miteinander verglichen werden können. Eine derartige Untersuchung wurde in den 50er Jahren von FALKNER in Louisville, USA, gestartet (FALKNER, 1957) und wird bis heute von Ronald WILSON von der University of Louisville in Kentucky fortgeführt (WILSON, 1983, 1987).

Mehrere 100 Zwillingspaare wurden inzwischen untersucht. Die Intelligenz der Kinder wurde zunächst in kürzeren Abständen (mit 3, 6, 9, 18 und 24 Monaten), später in Einjahresabständen (zwischen 3 und 8 Jahren) und schließlich noch einmal mit 15 Jahren mit standardisierten Intelligenztests untersucht. Es zeigte sich eine auffällig größere Übereinstimmung der Entwicklungsverläufe bei EZ als bei ZZ (vgl. Abbildung 3.7).

Die Konkordanz der IQ-Werte bei EZ war ab dem Alter von 18 Monaten auffällig größer als bei ZZ (r = .82 versus r = .65). Sie erhöhte sich bei ersteren bis zum Alter von 15 Jahren auf .88, während sie bei den ZZ im gleichen Zeitraum auf einen Wert von .54 absank. Die Befunde der *Louisville Twin Study* bestätigen die aus Querschnittuntersuchungen vorliegenden Befunde somit auch für intraindividuelle Veränderungen.

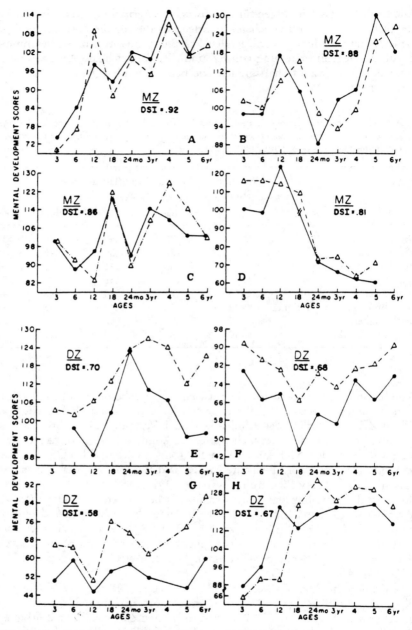

Abbildung 3.7: Entwicklungsverläufe der Intelligenz in der frühen Kindheit (1. bis 6. Lebensjahr) bei 4 Paaren von eineiigen Zwillingen (MZ) und 4 Paaren von zweieiigen Zwillingen (DZ) (nach WILSON, 1983, S. 301); DSI = Entwicklungs-Synchronie-Index

5.2.3 Grenzen und Mängel der Zwillingsmethode

Im Unterschied zu den Anfängen der Zwillingsforschung stellt die Bestimmung, ob es sich um ein monozygotes oder um ein dizygotes Zwillingspaar handelt, heute aufgrund verläßlicher serologischer Methoden kein wesentliches Problem mehr dar. Sie ist mit fast 100%iger Sicherheit zu treffen. Der Zwillingsmethode wohnt jedoch von ihrem Ansatz und der gebräuchlichen Art der Durchführung her eine Reihe von Mängeln inne, die bei der Interpretation von Befunden aus Zwillingsuntersuchungen in Rechnung zu stellen sind. Dies gilt in besonderem Maße für die Schlußfolgerungen bezüglich der Erblichkeit von Merkmalsunterschieden. Die Kritik läßt sich in sieben Punkten zusammenfassen.

Nichtrepräsentativität von Zwillingsstichproben

Zwillinge sind nicht repräsentativ für die Gesamtbevölkerung, sowohl was die Verteilung des Genbestands als die Variation der Umweltbedingungen betrifft. Ergebnisse aus Zwillingsuntersuchungen können daher nicht unmittelbar auf die Gesamtbevölkerung verallgemeinert werden.

Nur 1% aller Lebendgeburten sind Zwillinge, etwa ein Drittel davon eineiige Zwillinge, zwei Drittel zweieiige Zwillinge. Bedingt durch die Aufteilung des Raum- und Nährstoffangebots auf zwei Embryonen ist ihre prä- und perinatale Entwicklung im Vergleich zu Einzelgeborenen mit einem erhöhten Risiko behaftet. Zwillinge haben u. a. eine um durchschnittlich 4 Wochen verkürzte Embryonalzeit. Dementsprechend ist ihr Geburtsgewicht geringer. Ihr IQ liegt im Schnitt 4 bis 8 Punkte unter dem von einzeln Geborenen der entsprechenden sozialen Schicht (HOFSTÄTTER, 1971). Auch ist die Paarsituation, speziell das Doppelgängerverhältnis bei den eineiigen Zwillingen, eine Ausnahmesituation. Ein wesentlicher Nachteil ist, daß Zwillingspaare nur einen Ausschnitt möglicher Verwandtschaftsgrade darstellen. Sie können daher nicht repräsentativ sein für die Erb- und Umweltvariation in der Bevölkerung, die mehrheitlich nicht miteinander verwandt ist. Erblichkeitsschätzungen als für die Gesamtbevölkerung gültige Statistiken müßten aber auf Daten beruhen, die die Verteilungscharakteristiken der betreffenden Population berücksichtigen.

Abgesehen von der Nichtrepräsentativität von Zwillingen sind die Stichproben in den einzelnen Untersuchungen außerdem häufig sehr klein und/oder mangelhaft zusammengestellt.

Vernachlässigung der Varianz zwischen den Paaren

Alle klassischen Zwillingsuntersuchungen berücksichtigen ausschließlich die Varianz *innerhalb* der Paare und vernachlässigen die Varianz *zwischen* den Paaren. Dies obwohl zwischen den Paaren höchst unterschiedliche Anlagen und eine Umweltvariation unbekannten Ausmaßes vorliegen dürfte. Beides wirkt sich auf die Merkmalsverteilung und damit die Höhe der Korrelationskoeffizienten aus.

Dabei wird von der unzulässigen und nicht überprüften Annahme ausgegangen, daß die Varianz zwischen Paaren von eineiigen Zwillingen ausschließlich genetisch bedingt ist, und nur die Varianz innerhalb der Paare auch auf nichtgenetische Faktoren zurückgeht. CATTELLS MAVA-Methode, die auch Varianzen zwischen den Paaren zu schätzen versucht, ist aufgrund ihres großen methodischen Aufwands bislang praktisch kaum verwendet worden (vgl. S. 194).

Vernachlässigung von Kovariation und Interaktion zwischen Erbe und Umwelt

Die übliche Aufteilung der Gesamtvarianz in additive Anteile von Erb- und Umweltvarianz ohne Berücksichtigung deren wechselseitiger Abhängigkeit läßt die Kovariation und Interaktion zwischen Anlage- und Umweltbedingungen außer acht. Bezüglich der Intelligenz ist aber z. B. eine positive Korrelation (Kovariation) zwischen Anlage und Umweltförderung anzunehmen. Es ist auch wahrscheinlich, daß verschiedene Genotypen auf die gleichen Umweltbedingungen unterschiedlich ansprechen (Interaktion). Wird aber der Einfluß der Umweltbedingungen auf die verschiedenen Genotypen nicht genauer erfaßt, so besteht die Gefahr der Überschätzung des Vererbungseinflusses (VANDENBERG, 1966).

Mangelnde Trennung von Anlage- und Umweltbedingungen

Vom Ansatz her ist die Zwillingsmethode nicht in der Lage, Anlage- und Umweltbedingungen eindeutig voneinander zu trennen. Dies ist besonders bei der Interpretation von Intraklassenkorrelationen getrennt aufgewachsener eineiiger Zwillinge zu beachten. Während sicher ist, daß die *Unterschiede* zwischen den EZ-Paarlingen auf Umwelteinflüsse zurückgehen müssen, ist unbekannt, wieviel der vorgefundenen *Ähnlichkeiten* zwischen ihnen auf Anlage- oder Umweltbedingungen zurückgeht. Ähnliche oder gleiche Umweltbedingungen erhöhen aber die Korrelation zwischen den Paarlingen und werden bei Erblichkeitsschätzungen dem genetischen Varianzanteil zugeschlagen, da fälschlicherweise von einer Nullkorrelation der Umgebungseinflüsse bei getrennt aufgewachsenen Zwillingspaaren ausgegangen wird (DEFRIES, 1967). Erst beim Vergleich der Werte von eineiigen Zwillingen mit denen von zweieiigen Zwillingen ist diese Fehlerquelle ausgeschaltet, sofern eine vergleichbare Umweltvariation bei eineiigen und bei zweieiigen Zwillingen vorausgesetzt werden kann (s. dazu aber weiter unten).

Irreführende Definition von gleicher versus verschiedener Umwelt

Die Gleichsetzung von zusammen versus getrennt aufgewachsen mit gleicher versus verschiedener Umwelt ist irreführend. Zunächst darf *gleiche Umwelt* nicht mit völliger Übereinstimmung und *verschiedene Umwelt* nicht mit völliger Unterschiedlichkeit der Umwelteinflüsse verwechselt werden. So können Unterschiede zwischen Paarlingen eineiiger Zwillinge, die in der gleichen Umwelt aufgewachsen sind, nur auf Verschiedenheiten innerhalb der „gleichen" Umwelt zurückgehen. Solche „Verschiedenheiten" können auch darin bestehen, daß äußerlich ähnliche oder gleichartige Umweltbedingungen subjektiv unterschiedlich erlebt und gedeutet werden (DEUTSCH, FRICKE & WAGNER, 1991). Das getrennte Aufwachsen von Paarlingen ist umgekehrt nicht gleichbedeutend mit einer völligen Verschiedenheit der Umgebungsbedingungen. Auch die Auswahl von Adoptiveltern oder Verwandten zur Betreuung von getrennten Kindern geschieht nicht rein zufällig, sondern nach Selektionsprinzipien, die die Umweltvariation beeinflussen. Der *Grad* der Ähnlichkeit oder Verschiedenheit von Umwelten geht aus dem dichotomen Klassifikationsmerkmal *zusammen versus getrennt aufgewachsen* jedenfalls nicht hervor. Davon abgesehen enthalten Stichproben von getrennt aufgewachsenen Zwillingspaaren oder Geschwistern zum Zeitpunkt der Erhebung Individuen, die erst ab einem bestimmten Zeitpunkt, oft erst einige Jahre nach der Geburt voneinander getrennt worden sind (NEWMAN et al., 1937; SHIELDS, 1962) oder gar nur vorübergehend getrennt waren (SHIELDS, 1962). Bis dahin bzw. später waren sie also ähnlichen Umwelteinflüssen ausgesetzt.

LEWONTIN (1986) stellt fest: „... daß (auch) bei der Geburt getrennte Zwillinge meistens doch recht nahe beieinander bleiben: Sie werden von Geschwistern, Tanten, Großmüttern oder engen Freunden aufgezogen, leben gewöhnlich in derselben Gegend, oft sogar im selben Dorf, und gehen zusammen zur Schule." (S. 25) Und: „Bis auf vier waren alle von SHIELDS untersuchten Zwillinge von nahen Verwandten, Freunden oder Nachbarn aufgezogen worden. Zwillingspaare, die es nach der Geburt in ganz verschiedene Umgebungen verschlägt, gehören eher ins Reich der Dichtung als zur Realität." (S. 106).

Nichterfassung des Grades von Umweltverschiedenheiten

Die zum Teil hohen Zahlenangaben über die Erblichkeit von Intelligenzunterschieden lassen sich schlecht mit den in Einzelfällen angetroffenen großen Intrapaardifferenzen bei getrennt aufgewachsenen eineiigen Zwillingen vereinbaren (z.B. bei NEWMAN et al., 1937), auch wenn in Rechnung gestellt wird, daß Erblichkeitsmaße Populationsschätzungen sind und in einzelnen Fällen durchaus andere Proportionen vorliegen können. Noch bedeutsamer für eine Kritik an den Erblichkeitsschätzungen ist jedoch der Befund eines engen Zusammenhanges zwischen dem *Grad* der Umweltverschiedenheit innerhalb der Paare und der Höhe der Intrapaardifferenzen. So fanden NEWMAN et al. (1937) eine Korrelation von $r = .79$ zwischen diesen beiden Variablen. BLOOM (1964/1971) unterteilte die Gruppe der getrennt aufgewachsenen eineiigen Zwillinge nochmals nach sehr ähnlicher und wenig ähnlicher Umgebung. Für erstere erhielt er eine Intraklassenkorrelation, die mit $r = .91$ sogar etwas höher lag als die Durchschnittswerte für zusammen aufgewachsene eineiige Zwillinge. Letztere hingegen ähnelten sich nur zu $r = .24$, erreichten also einen Wert, den man z.B. bei zusammen aufgewachsenen Nichtverwandten vorfindet. Das zeigt deutlich, wie wenig aussagekräftig Ähnlichkeitsmaße aus Zwillingsuntersuchungen sind, wenn es darum geht, das Gewicht von Anlage- und Umweltbedingungen bei der Hervorbringung von individuellen Unterschieden genauer zu bestimmen.

Annahme gleicher Umweltvariation bei eineiigen und zweieiigen Zwillingen

Der Vergleich von eineiigen und zweieiigen Zwillingen geht davon aus, daß die Umweltvariation bei beiden Arten von Paaren gleich ist und damit bei der Erblichkeitsschätzung vernachlässigt werden kann. Dies trifft jedoch nicht zu. Schon die pränatale Umgebung ist für eineiige und für zweieiige Zwillinge verschieden. Auch dürfte der unterschiedliche Grad der Ähnlichkeit in der äußeren Erscheinung bei EZ und bei ZZ zu differenten sozialen Reaktionen gegenüber den beiden Klassen von Zwillingspaaren führen. So fanden JONES (1955) und SMITH (1965) bei eineiigen Zwillingen eine größere Ähnlichkeit der Umwelt als bei zweieiigen Zwillingen, insbesondere bei Mädchen.

CLARIGDE, CANTER & HUME (1973) und LYTTON (1977) nehmen allerdings an, daß die ähnlichere Erziehung von eineiigen Zwillingen eine *Folge* der größeren genetischen Ähnlichkeit ist. Gestützt wird diese Position durch Ergebnisse einer Untersuchung von SCARR (1968), nach der entgegen ihrer Zygosität eingestufte Zwillinge trotzdem von den Eltern so behandelt wurden wie die richtig eingestuften Zwillinge. Die Erziehung wurde also weniger von dem – in diesem Fall unzutreffenden – „Wissen" geleitet, daß die Kinder eineiige oder zweieiige Zwillinge sind, als von der tatsächlichen biologischen Zugehörigkeit der Kinder zu der einen oder anderen Gruppe. Die Behauptung einer unterschiedlichen Umweltvariation bei eineiigen und bei zweieiigen Zwillingen wird damit allerdings nicht widerlegt, sondern erhält nur eine andere Interpretation.

MÜHLE (1970) kommt hinsichtlich der Umweltvariation bei eineiigen Zwillingen und bei zweieiigen Zwillingen zu dem folgenden Schluß:

„Die Ergebnisse (von Zwillingsuntersuchungen) können genau das nicht beweisen, was sie beweisen wollen: Es fehlt zwischen eineiigen Zwillingen und zweieiigen Zwillingen eine genau bestimmbare Vergleichsbasis. Die Umwelt wird für die zweieiigen Zwillinge stets differenter sein als für eineiige Zwillinge, größere Differenzen in den Leistungen bei den zweieiigen Zwillingen brauchen daher nicht zu erstaunen. Sie können auf Erb- wie auf Umweltfaktoren zurückgeführt werden ... Die Frage ist prinzipiell so lange nicht zu entscheiden, wie nicht genau kontrollierbar „gleiche" Umwelten für zweieiige Zwillinge hergestellt werden können." (S. 80).

Schlußbemerkung

Nach alldem kann die Voraussetzung der Zwillingsforschung, mit bekannten und meßbaren Größen genotypischer und umweltbedingter Variation zu arbeiten, als nicht erfüllt und prinzipiell nicht erfüllbar angesehen werden. Die meisten Fehlerquellen weisen Untersuchungen an getrennt aufgewachsenen eineiigen Zwillingen auf. Abgesehen von der noch nicht abgeschlossenen Minnesota-Studie von Thomas BOUCHARD liegen hierzu außerdem weltweit nur vier Untersuchungen mit insgesamt nur 128 Paaren vor. Die umfangreichste Untersuchung darunter (mit 53 Paaren) ist die von BURT, die nach der Analyse von KAMIN (1974) zumindest in Teilen gefälschte Daten enthält. Es erscheint von daher nur möglich, sich auf die weit umfangreicheren Daten des Vergleichs von zusammen aufgewachsenen EZ und ZZ zu stützen. Allerdings sind auch hier die erörterten Kritikpunkte zu beachten.

Durch die aufgezählten Fehler fallen Erblichkeitsschätzungen eher zu hoch aus. Die Zwillingsmethode scheint noch am ehesten dazu geeignet, durch die Analyse mehrerer Merkmale und den Vergleich der für sie erhaltenen Erblichkeitsmaße auf Ordinalskalenniveau Hinweise über die *relative* Bedeutsamkeit genetischer Faktoren bezüglich der ausgewählten Merkmale zu liefern. Mit Hilfe der Zwillingsmethode ist schließlich auch nicht festzustellen, welche genetischen Mechanismen im einzelnen Merkmalsunterschiede hervorbringen. Sie führt nicht zu spezifischen genetischen Hypothesen. Insofern besitzt die Zwillingsmethode auch für die Genetik selbst nur eine eingeschränkte Bedeutung.

DEUTSCH, FRICKE & WAGNER (1991) regen an, die Zwillingsforschung nicht nur in ihrer traditionellen Rolle einer Methode der Differentiellen Psychologie zur Abschätzung der Anlage-und Umweltabhängigkeit psychischer Merkmale zu sehen, sondern sie mit einer stärkeren entwicklungspsychologischen Orientierung zu benutzen. Hier ginge es dann darum, „inwieweit Entwicklungsverläufe und die Ergebnisse von Entwicklungsprozessen unterschiedlich ausfallen, wenn ein Kind zusammen mit einem eineiigen Zwilling, einem zweieiigen Zwilling, einem älteren oder jüngeren Geschwister oder als Einzelkind aufwächst". (DEUTSCH et al., 1991).

5.3 Adoptionsstudien

5.3.1 Voraussetzungen und Vorgehensweise

Aufgrund der aufgezeigten Mängel von Zwillingsuntersuchungen und der Schwierigkeit, genügend Zwillingspaare zu finden, die zudem noch getrennt aufgewachsen sind, verwendet man zunehmend eine andere Methode, um die Einflüsse der genetischen Ausstattung und der Umwelt auf Merkmalsunterschiede voneinander zu trennen: die Methode der *Adoptionsstudie*.

Wie bei der Zwillingsmethode kann man auch hier auf ein „Experiment des Lebens" zurückgreifen. Es gibt Kinder, die getrennt von ihren leiblichen Eltern in Adoptivfamilien aufwachsen. Mit ihren leiblichen Eltern haben sie jeweils die Hälfte ihrer Gene gemeinsam, während der Umwelteinfluß der Herkunftsfamilie – bei genügend früher Trennung – gegen Null geht. Mit ihren Adoptiveltern, sofern es keine Blutsverwandten sind, verbindet sie genetisch nichts, sie sind jedoch der Umwelt der Adoptivfamilie ausgesetzt. Wie bei der Zwillingsmethode kann man somit Paare von unterschiedlichem Verwandtschaftsgrad zusammenstellen und diese nach dem Zusammen-oder Getrenntaufwachsen gruppieren.

Der große Vorteil der Adoptionsstudie ist, daß hier Anlage und Umwelt nicht, wie beim Aufwachsen eines Kindes bei seinen leiblichen Eltern, miteinander konfundiert sind. Die Ähnlichkeit eines Merkmals zwischen Adoptivkind und dessen leiblichen Eltern kann nur genetisch bedingt sein. Unter der Annahme einer völligen genetischen Determiniertheit beträgt der Erwartungswert für die Eltern-Kind-Korrelation $r = .50$. Da Adoptivkind und Adoptiveltern hingegen nicht miteinander verwandt sind, liefert die Ähnlichkeit eines Merkmals zwischen beiden eine Schätzung des Umwelteinflusses. Leben in der Adoptivfamilie außerdem noch leibliche Kinder der Adoptiveltern, kann zusätzlich a) die Ähnlichkeit der genetisch nicht miteinander verwandten, jedoch gemeinsam aufgewachsenen Geschwister und b) die Ähnlichkeit der Adoptiveltern mit ihren leiblichen Kindern analysiert werden. Die gegebenen Vergleichsmöglichkeiten illustriert die Abbildung 3.8.

Die zuvor geschilderten Verhältnisse und die daraus möglichen Schlußfolgerungen gelten allerdings nur für den Idealfall 1. des Ausschlusses jeglichen Umwelteinflusses seitens der leiblichen Eltern auf das zur Adoption weggegebene Kind und 2. des Fehlens einer Korrelation zwischen Merkmalen der Herkunftsfamilie und der Adoptivfamilie. Beides ist in den vorliegenden Studien nur annähernd gegeben. Ersteres läßt sich prinzipiell für die vorgeburtliche Umwelt nicht realisieren, und es trifft auch bei einer Trennung einige Zeit nach der Geburt für die bis zur Trennung erfahrenen Umwelteinflüsse nicht zu. Letzteres würde eine „zufällige" Aufteilung der Kinder auf die Adoptivfamilien voraussetzen, unabhängig z. B. von der Ähnlichkeit der Intelligenz oder der Persönlichkeit der leiblichen Eltern und der Adoptiveltern. Auch dies trifft meist nicht zu (vgl. weiter unten).

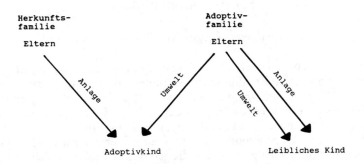

Abbildung 3.8: Vergleichsmöglichkeiten in Adoptionsstudien

Die vorhandene Ähnlichkeit zwischen zwei Gruppen kann grundsätzlich auf zweierlei Art angegeben werden: 1. als *Intraklassenkorrelation*, wobei jede Person der einen Gruppe einen Partner in der anderen Gruppe hat (z.B. Adoptivmutter und bei ihr lebendes Adoptivkind); 2. als *Differenz der Gruppenmittelwerte*, wobei jede Gruppe insgesamt betrachtet wird (z.B. die Differenz der IQ-Mittelwerte von Adoptivmüttern und Adoptivkindern). Im ersten Fall drückt sich eine hohe Ähnlichkeit in einem hohen Korrelationskoeffizienten aus, im zweiten Fall in einer geringen Differenz der beiden Mittelwerte. Die Intraklassenkorrelation ist das üblichere Maß. Darauf hat sich meist auch die Zwillingsforschung beschränkt (vgl. oben Tab. 3.1). Da die Höhe eines Korrelationskoeffizienten bekanntermaßen unabhängig von der Differenz der Gruppenmittelwerte ist, liefert letzteres eine wichtige zusätzliche Information.

Auf diese für das Verständnis der Ergebnisse von Adoptionsstudien wesentliche Unterscheidung von Korrelationen und Gruppenmittelwerten wird weiter unten noch ausführlicher eingegangen.

5.3.2 Ergebnisse von Adoptionsstudien

Ältere Studien

Einzelne für den Adoptionsansatz relevante Ergebnisse wurden bereits im vorangegangenen Abschnitt über Zwillingsuntersuchungen mitgeteilt. So fand sich bei den zum Vergleich mit den Zwillingspaaren herangezogenen Eltern-Kind- bzw. Kind-Kind-Paaren, wie sie in Adoptionsstudien vorkommen, folgendes Befundmuster (vgl. Tabelle 3.1): Während der IQ von leiblichen Eltern-Kind-Paaren und Geschwisterpaaren gleichermaßen mit $r \approx .50$ (zusammen aufgewachsen) bzw. etwas niedriger (getrennt aufgewachsen) korrelierte, lagen die Intraklassenkorrelationen von Adoptiveltern und -kindern und von nicht miteinander lebenden Geschwistern mit $r \approx .20$ auffällig niedriger. Ein ähnliches Befundmuster ergibt sich aus einer Zusammenstellung von MUNSINGER (1975), in der die Ergebnisse von 17 bis dahin veröffentlichten Adoptionsstudien berücksichtigt wurden.

Allerdings sind nach KAMIN (1974) und MUNSINGER (1975), abweichend von den oben angegebenen Zahlen, zusammen lebende Eltern-Kind-Paare sehr viel ähnlicher ($r \approx .58$) als getrennt lebende Eltern-Kind-Paare ($r \approx .34$).

In jedem Fall ähneln sich genetisch miteinander verwandte Eltern und Kinder, auch wenn sie getrennt leben, stärker als nicht miteinander verwandte Adoptiveltern und -kinder. Dieser, eine Vererbungshypothese stützende Befund ist aber nur die halbe Wahrheit der Adoptionsstudien. Betrachtet man nämlich die *durchschnittliche Höhe der Intelligenzwerte* in den einzelnen Gruppen, so sind die Werte der adoptierten Kinder meist den Werten ihrer Adoptiveltern ähnlicher als denen ihrer leiblichen Eltern. So lag bei SKODAK & SKEELS (1949) der durchschnittliche IQ der biologischen Mütter der Adoptivkinder bei nur 86, während die von überdurchschnittlich intelligenten Adoptivmüttern aufgezogenen Adoptivkinder selbst einen mittleren IQ von 117 aufwiesen. Dies belegt den Einfluß der Umweltstimulation. Aufgrund der Unabhängigkeit der Höhe eines Korrelationskoeffizienten von den Verteilungsmittelwerten ist dies kein Widerspruch zu den relativ höheren Intrapaarkorrelationen adoptierter Kinder mit ihren leiblichen Eltern (s. aber TURKHEIMER, 1991).

Neuere Studien

Mitte der 70er Jahre wurden an verschieden Orten in den USA mehrere sehr sorgfältig geplante und aufwendige Adoptionsstudien begonnen: die beiden *Minnesota Adoption Studies* von Sandra SCARR und Richard WEINBERG (die *Transracial Adoption Study* und die *Adolescence Adoption Study*), das *Texas Adoption Project* von Joseph HORN, John LOEHLIN und Lee WILLERMAN, sowie das *Colorado Adoption Project* von Robert PLOMIN und J. C. DEFRIES. Diese Studien sollten einige der Fragen, die die bisherigen Zwillings- und Adoptionsstudien – vorwiegend aufgrund ihrer methodischen Begrenzungen – nicht beantworten konnten, einer Klärung näher bringen. Interessanterweise sind die Projektleiter sämtlich als Verhaltensgenetiker ausgewiesen und dürften von daher primär am Nachweis der Erblichkeit interessiert gewesen sein.

Die stärkste Beachtung haben die Ergebnisse der Minnesota-Studien gefunden, die nicht zuletzt deshalb als exemplarisches Beispiel für die aktuelle Adoptionsforschung ausgewählt worden sind.

Untersuchung 3.2   *Die Minnesota-Adoptions-Studien*

Sandra SCARR und Richard WEINBERG starteten Mitte der 70er Jahre an der Universität von Minnesota zwei große Adoptionsstudien: die *Transracial Adoption Study* (Studie 1) und die *Adolescence Adoption Study* (Studie 2). Die erste Studie sollte die Hypothese überprüfen, daß schwarze Kinder und Mischlingskinder, die in weißen Familien aufwachsen, ebenso gute Ergebnisse in IQ- und Schulleistungstests erreichen wie weiße Adoptivkinder. Ziel der zweiten Studie war es, den kumulativen Einfluß von Unterschieden in der familiären Umgebung bis zum Ende des Jugendalters festzustellen.

Studie 1

Mit der Untersuchung von farbigen Kindern, die in weißen Familien aufgewachsen sind, hofften SCARR und WEINBERG die Frage zu beantworten, warum farbige Kinder, als Gruppe, auffällig niedrigere Werte in IQ-Tests haben als weiße Kinder. Ist hierfür eine schlechtere Erbausstattung verantwortlich, wie einige Forscher behauptet haben, oder liegt es daran, daß viele farbige Kinder in einer Umwelt groß werden, die sie unzureichend auf die Bewältigung von Aufgaben in Intelligenztests vorbereitet?

An der Untersuchung nahmen 101 Familien mit insgesamt 176 Adoptivkindern teil, von denen 130 als schwarz klassifiziert wurden. 111 der Kinder waren vor Vollendung des ersten Lebensjahres adoptiert worden, die restlichen 65 Kinder später. Zusätzlich gab es in den Adoptivfamilien noch insgesamt 143 leibliche Kinder. Zum Zeitpunkt der Untersuchung waren die Kinder zwischen 4 und 18 Jahren alt, mit einem Durchschnittsalter von 7 Jahren (Adoptivkinder) bzw. 10 Jahren (leibliche Kinder).

Mit den Eltern und Kindern der Adoptivfamilien wurden jeweils altersangemessene Intelligenztests durchgeführt: Der Stanford-Binet-Test (für 4- bis 7jährige), der Wechsler-Intelligenztest für Kinder (für 8- bis 16jährige) und der Wechsler-Intelligenztest für Erwachsene (für über 16jährige und die Eltern). Anstelle der nicht zugänglichen Intelligenzdaten der leiblichen Eltern der Adoptivkinder wurden zu deren Intelligenzeinschätzung die vorliegenden Angaben zur Dauer des Schulbesuchs herangezogen.

Nicht nur die Adoptiveltern und ihre leiblichen Kinder lagen mit ihren IQ-Werten über dem Durchschnitt, sondern auch die farbigen Adoptivkinder erreichten Werte, die über dem Durchschnitt der weißen Population lagen. Vor Ende des ersten Lebensjahres adoptierte Kinder hatten einen mittleren IQ von 110, was 20 Punkte über dem Mittelwert von farbigen Kindern liegt, die in überwiegend von Farbigen bewohnten Gebieten aufwachsen. Allerdings lagen die Werte der Adoptivkinder im Mittel um 6 Punkte unter den Werten der leiblichen Kinder. Die Ergebnisse stützen eindeutig die Hypothese, daß die Intelligenzleistung eines farbigen Kindes davon abhängt, ob es unter den gleichen („weißen") kulturellen Rahmenbedingungen aufwächst, unter denen der Intelligenztest entwickelt wurde, und daß hierfür keine genetischen Rassenunterschiede eine Rolle spielen.

Ein Vergleich der Intrapaarkorrelationen von biologisch miteinander verwandten und nicht miteinander verwandten Eltern-Kind-Paaren zeigte, daß erstere (mit durchschnittlich .43) – in Übereinstimmung mit einer Erblichkeitshypothese – durchgehend höher waren als letztere (mit durchschnittlich .29). Die zahlenmäßigen Unterschiede sind allerdings nicht groß und erreichen nur in wenigen Fällen die Signifikanzgrenze (vgl. Tabelle 3.5).

Eine mathematische Korrektur der Koeffizienten aufgrund der eingeschränkten Varianz der IQ-Werte in den Gruppen der Adoptiveltern erhöhte die Korrelationskoeffizienten auf .37 für Adoptiveltern-Adoptivkind-Paare und .66 für Adoptiveltern-leibliche Kind-Paare.

Ein ganz anderes Bild zeigten die Intrapaarkorrelationen der Geschwisterpaare. Für verwandte und nicht-verwandte Geschwisterpaare ergaben sich – entgegen einer Erblichkeitshypothese – etwa gleich hohe Korrelationen von im Mittel .43 (vgl. Tabelle 3.5). Die Korrelation von zwei in der gleichen Familie aufgewachsenen Adoptivkindern lag mit durchschnittlich .44 sogar teilweise über den Korrelationen der leiblichen Eltern-Kind-Paare (s. Tabelle 3.5).

Studie 2

Um die zum Teil widersprüchlichen Befunde von Studie 1 einordnen zu können, stützten sich SCARR und WEINBERG auf eine zweite Studie. An der Untersuchung nahmen 115 Adoptivfamilien mit insgesamt 194 Adoptivkindern teil, die alle vor Beendigung ihres ersten Lebensjahres adoptiert worden waren. Zum Zeitpunkt der Untersuchung hatten die Adoptivkinder im Durchschnitt 18 Jahre in ihrer Adoptivfamilie gelebt und waren zwischen 16 bis 22 Jahre alt. Zum Vergleich diente eine Kontrollgruppe von 120 Familien mit insgesamt 237 leiblichen Kindern. Alle beteiligten Personen waren weiß. Als Intelligenztest wurde der Wechsler-Test für Erwachsene verwendet. Das Intelligenzniveau der leiblichen Eltern der adoptierten Kinder wurde wieder über das Ausbildungsniveau geschätzt.

Alle Eltern zusammengenommen hatten einen mittleren IQ von 115, der IQ der leiblichen Kinder betrug im Mittel 113 und der der Adoptivkinder 106. Die IQ-Korrelationen zwischen leiblichen Eltern-Kind-Paaren lagen mit .41 (Mütter) bzw. .40 (Väter) ähnlich hoch wie in Studie 1, und sie waren auch – noch stärker als in Studie 1 – auffällig höher als die Korrelationen zwischen Adoptiveltern und Adoptivkindern (s. Tab. 3.5). Wie aus der Tabelle 3.5 ebenfalls hervorgeht, bewegten sich auch die Korrelationen leiblicher Geschwisterpaare in einer ähnlichen Größenordnung wie in der ersten Studie. Die einzige erhebliche Abweichung der Befunde aus beiden Studien zeigte sich in der Korrelationshö-

Tabelle 3.5: Intrapaarkorrelation für den IQ bei Paaren mit unterschiedlichem Verwandtschaftsgrad

Paare	Intrapaarkorrelationen Transracial Study		Adolescence Study	
	r	N	r	N
Leiblich verwandte Eltern-Kind-Paare				
Adoptivmutter/leibliches Kind	.34	(141)	.41	
Biologische Mutter/Adoptivkind	.33	(135)	.28*	
Adoptivvater/leibliches Kind	.39	(142)	.40	
Biologischer Vater/Adoptivkind	.43	(46)	.43*	
Nicht verwandte Eltern-Kind-Paare				
Adoptivmutter/Adoptivkind	.21	(174)	.09	
Adoptivvater/Adoptivkind	.27	(170)	.16	
Verwandte und nichtverwandte Kind-Kind-Paare				
Leibliche Geschwister	.42	(107)	.32	(61)
Leibliches Kind/Adoptivkind	.25	(230)		(49)
Adoptivkind/Adoptivkind	.44	(140)	.09	
h^2 nach Jensen				
Mutter-Kind-Paare	.26		.64	
Kind-Kind-Paare	.34		.46	

N = Anzahl der Paare, soweit angegeben.
r = Bildungsabschluß der Eltern anstelle IQ.

he der in der gleichen Familie aufgewachsenen, nicht miteinander verwandten Geschwisterpaare. Hier lag die Korrelation kaum über Null.

Betrachtet man die Ergebnisse der beiden Studien zusammen, so scheint folgendes zu gelten: Jüngere Kinder ähneln einander in intellektueller Hinsicht, sofern sie in der gleichen Umgebung aufwachsen, ungeachtet ihrer genetischen Verwandtschaft. Ältere Jugendliche ähneln einander in dieser Hinsicht nur, wenn sie genetisch miteinander verwandt sind. SCARR und WEINBERG glauben, daß der Einfluß des familiären Umfelds mit steigendem Alter der Kinder immer schwächer wird und daß Kinder und Jugendliche zunehmend aktiv ihre Umgebung gemäß ihren (genetisch gegebenen) Begabungen und Interessen wählen. Sie richten sich, so SCARR und WEINBERG, „Nischen" ein und werden so ihren Geschwistern (und Eltern) immer unähnlicher. Da leibliche Geschwister die Hälfte ihres Erbgutes gemeinsam haben, sind ihre Ähnlichkeiten auch noch im Jugendalter größer als die von nicht-verwandten Adoptivgeschwistern.

Die Ergebnisse der Minnesota-Studien belegen zweifelsfrei, daß Kinder und Jugendliche, die in einer ähnlichen Umgebung aufwachsen, sich den Standards ihrer Umgebung entsprechend entwickeln, d.h., sich von Kindern aus einer anderen Umgebung unterscheiden. Gleichzeitig scheint aber auch zu gelten, daß verschiedene Kinder auf ähnliche Umweltbedingungen unterschiedlich reagieren, d.h. sich auch von Kindern aus der gleichen Umgebung (der gleichen Familie) unterscheiden. Ob, wie SCARR und WEINBERG dies sehen, diese unterschiedlichen Reaktionen weitgehend genetisch determiniert sind, oder ob sie von spezifischen Umwelteinflüssen oder Zufällen abhängen, muß bei der derzeit gegebenen Datenlage offenbleiben.

SCARR, S. & WEINBERG, R. A. (1983). The Minnesota Adoption Studies: Genetic differences and malleability. *Child Development, 54,* 260-267.

Die beiden in Texas und in Colorado durchgeführten Adoptionsstudien gelangten im wesentlichen zu ähnlichen Ergebnissen wie die Minnesota-Studien. Die Unterschiede zwischen miteinander verwandten und nicht miteinander verwandten Paaren fielen aber eher etwas geringer aus. D. h., genetischen Einflüssen kommt eher weniger Gewicht zu als nach den Minnesota-Studien.

Tabelle 3.6: Intrapaarkorrelationen für den IQ bei leiblich verwandten und nicht verwandten Eltern-Kind- und Kind-Kind-Paaren in der Texas-Studie von Horn (1983)

Paare	Intrapaarkorrelationen	
	r	N
Leiblich verwandte Eltern-Kind-Paare		
Adoptivmutter/leibliches Kind	.21	(143)
Biologische Mutter/Adoptivkind	.28	(297)
Adoptivvater/leibliches Kind	.29	(144)
Biologischer Vater/Adoptivkind	–	–
Nicht verwandte Eltern-Kind-Paare		
Adoptivmutter/Adoptivkind	.15	(401)
Adoptivvater/Adoptivkind	.12	(405)
Verwandte und nichtverwandte Kind-Kind-Paare		
Leibliche Geschwister	.33	(40)
Leibliches Kind/Adoptivkind	.44	(266)
Adoptivkind/Adoptivkind		
h^2 nach Jensen		
Mutter-Kind-Paare	.12	
Kind-Kind-Paare	.30	

N = Anzahl der Paare, soweit angegeben.

An dem *Texas-Adoption Project* nahmen 300 Adoptivfamilien teil, in denen insgesamt 469 Kinder von 364 ledigen Müttern als Adoptivkinder aufwuchsen. Alle Kinder wurden innerhalb der ersten Woche nach der Geburt adoptiert. Im Unterschied zu den meisten anderen Adoptionsstudien wiesen nicht nur die Adoptiveltern eine überdurchschnittliche Intelligenz auf (IQ_{MU} = 112, IQ_{VA} = 115), sondern auch die leiblichen Mütter der Adoptivkinder (IQ = 109). Dies lag daran, daß die beteiligten Adoptionsbehörden nur Kinder von jungen ledigen Müttern aus sozial „besseren" Verhältnissen vermittelten. Über die Väter der Kinder gab es kaum Informationen. Auffällig war noch die im Vergleich zur Population geringe Streuung der Intelligenzwerte sowohl bei den Adoptiveltern wie bei den leiblichen Müttern (7,7 und 7,5 bei den Müttern bzw. den Vätern der Adoptivfamilie, 8,7 bei den leiblichen Müttern, bei einer üblichen Standardabweichung von s = 15 in der Gesamtpopulation). Zum Zeitpunkt der Intelligenztestung waren die Adoptivkinder im Durchschnitt 8 Jahre alt.

Die Hauptergebnisse der Texas-Studie, soweit sie dem Verfasser zugänglich waren, sind in der Tabelle 3.6 vergleichend gegenübergestellt.

In den letzten mir bekannten Veröffentlichungen zum *Colorado Adoption Project* wird erst über Ergebnisse bis zum vierten Lebensjahr der untersuchten Adoptivkinder berichtet (PLOMIN & DEFRIES, 1985a,b). In allen drei Untersuchungsgruppen (biologisch verwandte Paare, Adoptivpaare, Kontrollpaare) liegen die Eltern-Kind-Korrelationen zwischen r = .00 und maximal .25, was kaum sinnvolle Vergleiche zwischen den Gruppen erlaubt.

5.3.3 Grenzen und Mängel der Adoptionsmethode

Die meisten der unter 5.2.3 für Zwillingsuntersuchungen genannten Kritikpunkte gelten auch für Adoptionsstudien: auch Adoptivkinder sind nicht repräsentativ für die Gesamtpopulation; die Varianz zwischen Familien wird vernachlässigt, ebenso die Kovariation und Interaktion von Anlage und Umwelt; die Gleichsetzung von zusammen oder getrennt aufgewachsen mit gleicher oder verschiedener Umwelt ist irreführend.

Gelungener als bei der Zwillingsmethode erscheint bei der Adoptionsmethode die Trennung von Anlage- und Umwelteinflüssen. Dies gilt allerdings nur unter der Voraussetzung, daß die Kinder bald nach der Geburt von ihren leiblichen Eltern getrennt werden und daß die Auswahl der Adoptivfamilie nicht systematisch durch Merkmale der Herkunftsfamilie beeinflußt wird (z. B. nach der Ähnlichkeit des Intelligenz- oder Ausbildungsniveaus von leiblichen und Adoptiveltern erfolgt). Ersteres war in den neueren Adoptionsstudien der Fall, letzteres, die *selektive Placierung* der Adoptivkinder, dürfte jedoch nach den vorliegenden Informationen nicht auszuschließen sein.

Eine elegante Möglichkeit, den Einfluß der selektiven Placierung auf die Ergebnisse einer Adoptionsstudie quantitativ zu bestimmen, stellt die Berechnung der Intraklassenkorrelation zwischen den leiblichen Müttern der Adoptivkinder und den leiblichen Kindern der Adoptivmütter dar. Ist diese Korrelation signifikant von Null verschieden, liegt eine selektive Placierung vor. In der Texas-Studie betrug diese Korrelation für den IQ immerhin r = .19, was etwa gleich hoch war wie die in dieser Studie gefundenen Korrelation von r = .21 für die Adoptivmütter und deren leiblichen Kinder.

Eine spezielle Form der Nichtrepräsentativität von Adoptivfamilien wurde ebenfalls im *Texas Adoption Project* sichtbar. Die Adoptivfamilien zeigten eine stark eingeschränkte Variation der elterlichen IQ-Werte, vermutlich auch der damit zusammenhängenden Umweltbedingungen. LEWONTIN, ROSE & KAMIN

(1984) stellen für diesen Fall mit Recht fest, daß von vornherein kein enger Zusammenhang zwischen Umweltbedingungen und der Variation eines Merkmals zu erwarten ist, wenn die Umwelt wenig variiert. In dem – nur gedanklich vorstellbaren – Extremfall identischer Umwelten wäre der Umwelteinfluß Null und die Erblichkeit der Merkmalsunterschiede = 1.

Dieser Kritikpunkt ist dann weniger gravierend, wenn in den Adoptivfamilien weitere (leibliche) Kinder der Adoptiveltern aufwachsen und die Korrelation für diese leiblichen Eltern-Kind-Paare auffällig höher ist als zwischen den Adoptiveltern-Kind-Paaren. Von den Befunden zu den Gruppenmittelwerten ausgehend gelangt LEWONTIN (1986) zu dem Schluß: „Wie auch immer die IQ-Korrelationen zwischen Kindern und leiblichen Eltern ausfallen, *allein das Phänomen der Adoption steigert den kindlichen IQ signifikant*" (S. 108).

Abschließend ist festzuhalten, daß die Ergebnisse der neueren Adoptionsstudien die Position einer substantiellen Erblichkeit des IQ nicht zu stützen vermochten. Dies ist umso bemerkenswerter, als die Leiter der aktuellen Adoptionsprojekte sich selbst durchweg als „Verhaltensgenetiker" betrachten.

Vielleicht sind die weniger als erwartet in Richtung einer IQ-Erblichkeit tendierender Ergebnisse auch der Grund dafür, daß die letzten Veröffentlichungen zu diesen Projekten von Anfang/Mitte der 80er Jahre stammen. Daß seither keine weiteren Daten vorgelegt worden sind, ist deshalb so erstaunlich, weil die Projekte durchweg die Möglichkeit für Längsschnittbeobachtungen eröffnet hätten, die gerade unter einem Entwicklungsaspekt, d. h. für die Frage der Veränderung der Einflüsse von Anlage- und Umwelteinflüssen, von Bedeutung sind.

5.4 Die Bedeutung von Erblichkeitsschätzungen für die Entwicklungspsychologie

Abgesehen von den genannten methodischen Mängeln von Zwillings- und Adoptionsstudien und von der „wirklichen" Höhe von Erblichkeitsmaßen erweisen sich derartige Untersuchungen zur Beantwortung entwicklungspsychologischer Fragestellungen als wenig brauchbar. Was die Erblichkeit eines Merkmals bedeutet, ist weit begrenzter als es die sprachliche Bezeichnung suggeriert (SKOWRONEK, 1973, S. 228).

Zunächst ist festzuhalten, daß die Faktoren, die interindividuelle *Unterschiede* hervorbringen, nicht identisch sein müssen mit den Faktoren, die für intraindividuelle *Veränderungen* (Entwicklung) verantwortlich sind (vgl. oben S. 159 f.). Sollten z. B. Unterschiede der Lernfähigkeit von Individuen in starkem Maße genotypisch bedingt sein, so ist daraus weder abzuleiten, daß das Fortschreiten der Intelligenzentwicklung der einzelnen Individuen, noch daß die individuellen Unterschiede im Entwicklungsverlauf in gleichem Maße auf genotypische Bedingungen zurückgehen. Sogar angenommen, auch die Grundlagen der intraindividuellen Veränderungen seien weitgehend im Genotyp verankert, so heißt das trotzdem nicht, daß die individuellen Entwicklungsverläufe unveränderlich sind, d. h. durch Umgebungsfaktoren nicht beeinflußt werden können. Sonst müßte nämlich unterstellt werden, alles Vererbte sei grundsätzlich unbeeinflußbar und alles Erworbene grundsätzlich änderbar. Die Entstehungsweise eines Merkmals ist jedoch kein verläßlicher Indikator für dessen Änderbarkeit (KLAUER, 1975a).

So lassen sich eine Reihe von Erbkrankheiten durch gezielte exogene Maßnahmen, jedenfalls in ihren phänotypischen Auswirkungen, weitgehend modifizieren. Umgekehrt gibt es sehr stabile, d. h. nur schwer rückgängig zu machende Lernprozesse (vgl. etwa Prägungseffekte – s. Kap. 2.5 – oder PIAGETs Darstellung des Erwerbs kognitiver Strukturen; zu letzterem siehe Kap. 10.2.1). Für den Entwicklungspsychologen, speziell wenn es um Fragen der Erziehung und Unterrichtung geht, ist eine „Beeinflußbarkeitsforschung" (KLAUER, 1975a), d. h. die Untersuchung der Frage: Wie wirken sich bestimmte Bedingungen aus? daher wichtiger als eine Erblichkeitsforschung im Sinne der Schätzung des globalen Ausmaßes der Erblichkeit eines Merkmals. Dies gilt umso mehr, wenn letztere weder die im einzelnen wirksamen genetischen Variablen erfaßt, noch die zugrundeliegenden genetischen Mechanismen kennt.

Schließlich ist zu trennen zwischen dem Zustandekommen und der Beeinflußbarkeit von *relativen Unterschieden* zwischen Individuen innerhalb einer Population und von *absoluten Niveaus* bzw. Niveauunterschieden zwischen Populationen. Als Beispiel für das Auseinanderklaffen von beidem wurden die Untersuchungen an Adoptivkindern angeführt.

Die nur beschränkte Brauchbarkeit von Erblichkeitsuntersuchungen für die Zwecke der Entwicklungspsychologie läßt sich im einzelnen noch näher ausführen.

Die Populationsabhängigkeit von Erblichkeitsschätzungen

Als Populationsstatistiken liefern Erblichkeitsmaße ausschließlich Schätzwerte über die Varianzaufteilung von Merkmalsunterschieden *unter den in der betreffenden Population gegebenen endogenen und exogenen Bedingungen*. Dies hat zumindest zwei Konsequenzen.

Erblichkeitsmaße sagen nichts darüber aus, welche Veränderungen in der Merkmalsverteilung unter *anderen* Bedingungen, z. B. bei einem anderen Schulsystem, anderen Erziehungstechniken, gezielten Förderungsmaßnahmen, eintreten *könnten*. Zum zweiten ist die Höhe der Erblichkeitsschätzung selbst nichts Festes, Naturgegebenes, sondern variiert mit der Zusammensetzung und den Lebensbedingungen einer Population.

So liegt die Erblichkeit des Körpergewichts nach den Befunden des Zwillingsforschers Thomas BOUCHARD (1984) bei Männern mit 91 % sehr viel höher als bei Frauen mit 49 %. Der Grund ist sehr einfach: Frauen versuchen ihr Gewicht viel stärker durch Eßgewohnheiten und Diäten zu beeinflussen als Männer. Dem vorherrschenden Schönheitsideal entsprechend dürften vornehmlich die (genetisch) zum Dickwerden neigenden Frauen sich möglichst so schlank hungern wie die von Natur aus Schlanken. Männer lassen hingegen eher ihrem genetisch vorprogrammierten Gewicht freien Lauf.

Wie gleich noch genauer auszuführen sein wird, hängt das Ausmaß der Erblichkeit eines Merkmals grundsätzlich in gesetzmäßiger Weise mit der Art und dem Grad der Umweltvariation zusammen: und zwar ist h² umgekehrt proportional zum Ausmaß der Umweltvariation.

Aus der Populationsabhängigkeit von Erblichkeitsschätzungen läßt sich weiter ableiten, daß die Untersuchung des gleichen Merkmals in Populationen unterschiedlichen Alters unterschiedliche Erblichkeitskoeffizienten erbringen kann. Eine Analyse der Stabilität oder Variation von Erblichkeitskoeffizienten über das Alter steht bislang aber aus.

Die Nichtvorhersagbarkeit von Änderungen der Gruppenmittelwerte

Erblichkeitsschätzungen liefern keine Information bezüglich der in einer Population *erreichbaren mittleren Merkmalsausprägungen und Fähigkeitsniveaus*. Dies zeigte sich z. B. in den scheinbar widersprüchlichen Korrelationskoeffizienten und Gruppenmittelwerten der Adoptionsstudien. Die erreichbaren Fähigkeitsniveaus und die speziellen Bedingungen, unter denen sie sich erreichen lassen, interessieren aber den Entwicklungspsychologen und Pädagogen mindestens genau so wie die angetroffenen Fähigkeitsunterschiede.

Insofern stellt JENSEN (1969) in seinem berühmten Aufsatz „Wie sehr können wir den Intelligenzquotienten und die schulische Leistung steigern?" eine Frage, die er gar nicht beantworten kann. Die von ihm tatsächlich behandelte Frage lautet genau genommen vielmehr: „Wie sehr können wir *Unterschiede* im Intelligenzuquotient und in schulischen Leistungen unter den gegenwärtig gegebenen gesellschaftlichen Bedingungen (!) *verringern*?"

Außerdem dürften genetische Faktoren nur Prädiktoren für sehr schwer zu erreichende Fähigkeitsgrade (spezifische Hochbegabungen und Talente) sein, weniger für relativ leichte Fertigkeiten wie Schreiben, Lesen, Rechnen und die übrigen Schulstoffe (KAGAN, 1969).

Die Nichterfassung homogen wirkender Einflüsse

Erblichkeitsmaße verleiten dazu, die Bedeutung endogener und exogener Bedingungen für die Steuerung von Entwicklungsprozessen (*Veränderungen*) falsch einzuschätzen. Da vom Ansatz der Varianzaufteilung her ja nur gefragt wird, wieviel der vorgefundenen Unterschiede auf die *Variation* der endogenen und exogenen Bedingungen in einer Population zurückgeht, fallen *homogene* Einflüsse innerhalb der Population nicht ins Gewicht. So wird auch der Umwelteinfluß in seiner Auswirkung nur so weit sichtbar, als eine Umwelt*variation* gegeben ist. Die Konsequenz dieses Vorgehens erhellt das folgende Gedankenexperiment von HIRSCH (1973; zit. nach SKOWRONEK (1973): „Man stelle sich vor, daß ... alle Individuen einer bestimmten Population exakt den gleichen Umweltbedingungen ausgesetzt sind. Unter diesen Umständen einer vollständigen Homogenität der Umwelt würde das Erblichkeitsmaß den Wert 1.0 erreichen, weil es Variation nur noch in genetischer Hinsicht gibt. Dieses Experiment möge nun für beliebig viele weitere Umwelten durchgeführt werden. In jeder dieser Umwelten wird der Erblichkeitsindex 1.0 erreichen, aber jeder Genotyp *kann* für jede dieser Umwelten einen ganz unterschiedlichen Phänotyp entwickeln!" (S. 228 f.)

Umgekehrt werden Erblichkeitsmaße absinken und wird der Einfluß der Umwelt stärker sichtbar werden, wenn die Umweltvariation ein so großes Ausmaß annimmt, daß zahlreiche Individuen nur ein sehr geringes Niveau von Umweltanregungen erhalten.

Veranschaulichen wir uns diese Tatsachen noch einmal an einem Beispiel. Im Fall einer für alle Individuen einer Population gleich intensiven Intelligenz- bzw. schulischen Förderung, d. h. einem hohen Maß von Umweltanregung, käme es vermutlich zu einem allgemeinen Leistungsanstieg in der betreffenden Population, wahrscheinlich auch zu einer leichten Verringerung der Leistungsunterschiede. Nach der üblichen Art der Berechnung von Anlage- und Umweltanteilen resultierte unter diesen Bedingungen paradoxerweise eine *Erhöhung der Erblichkeitswerte*, obwohl doch offensichtlich Eingriffe auf seiten der Umwelt für die eingetretenen Effekte verantwortlich sind. Dieser Befund überrascht allerdings nur, wenn man davon ausgeht, daß Erblichkeitsmaße und Varianzanteile etwas über das Gewicht von Steuerungsfaktoren bei der Hervorbringung von individuellen Merkmals*ausprägungen* (z. B. der Leistungshöhe) aussagen. Dies trifft jedoch, wie wir gesehen haben, nicht zu. Man erfährt nur etwas darüber, welches Gewicht der in einer Population vorgefundenen Variabilität der Bedingungsfaktoren für die beobachtete interindividuelle Merkmals*streuung* zukommt. Beim Vorliegen homogener Umwelteinflüsse muß der dann noch bestehende Rest individueller Unterschiede logischerweise auf genetische Differenzen zurückgehen bzw. u. U. auf eine Genotyp-Umwelt-Interaktion.

Für die Pädagogik ergibt sich aus dem eben beschriebenen Gedankenexperiment und seinem Ergebnis, daß Chancengleichheit, intensive Intelligenzförderung und der Befund hoher Erblichkeitsmaße für Intelligenzunterschiede sich nicht gegenseitig ausschließen. Gerade bei einem Ausbildungssystem mit optimaler Chancengleichheit, d. h. maximaler Förderung für jeden, kämen die erblich bedingten Unterschiede am stärksten zum Vorschein. „Gerechtigkeit" eines Bildungssystems hieße dann Reduktion von Leistungsunterschieden auf – nicht beeinflußbare – Erbfaktoren. Solange Unterschiede noch auf Umweltvarianz zurückgeführt werden können, weiß man, daß das genetische Potential einer Population durch die gegebenen Umweltbedingungen nicht voll ausgeschöpft ist. Eine Umweltstabilität von Merkmalen ist aber erst dann nachzuweisen, wenn die Einflußmöglichkeiten der Umwelt voll ausgenutzt und abgetestet sind. Das ist heute noch lange nicht der Fall.

Die gesellschaftliche Bedeutung der gefundenen Zahlenwerte

Zahlenmäßige Unterschiede in Intelligenz- oder Schulleistungen, oder auch in anderen Merkmalen, sollten auch hinsichtlich ihrer sozialen und gesellschaftlichen Bedeutung betrachtet werden. Wenn z. B. Mittelwertsunterschiede in der Größenordnung von durchschnittlich 8 bis 10 IQ-Punkten zwischen erbgleichen, aber getrennt aufgewachsenen Zwillingen auftreten, die per definitionem nur auf

Umweltfaktoren zurückführbar sind, so ist zu fragen, was 10 IQ-Punkte im Schnitt für den Schulerfolg, die späteren Berufsmöglichkeiten und die Statuszuweisung ausmachen können. Sozial bedeutsamer als der IQ sind außerdem Schulleistung und Berufserfolg. Sie sind jedoch meist stärker als die Intelligenz von Umweltbedingungen bzw. von anderen Faktoren als Intelligenz abhängig.

Die Heftigkeit der Debatte über die IQ-Erblichkeit in den USA ist nur auf dem Hintergrund der großen Bedeutung zu verstehen, die IQ-Tests im Leben eines Amerikaners spielen. Sie werden dort in der Schule, bei der Zulassung zum Studium und bei der Bewerbung um einen Arbeitsplatz verwendet.

Schließlich sind für das menschliche Zusammenleben und die Stellung eines Individuums im sozialen Feld die spezifischen *Formen* und *Manifestationen* von Verhaltensmerkmalen häufig wichtiger als die Ausprägung globaler Merkmale wie Intelligenz. Unter spezifischen Ausformungen eines Verhaltens verstehen wir z. B. ganz bestimmte Kenntnisse und Fertigkeiten oder ganz bestimmte, häufig situationsabhängige Arten der Verhaltensäußerung. Diese dürften viel stärker, wenn nicht ausschließlich, umweltabhängig sein. Der Mensch zeichnet sich gerade durch seine Variabilität und Nuanciertheit in den Möglichkeiten des Verhaltensausdrucks innerhalb eines Verhaltensbereichs aus, die mit Variablen wie „Intelligenz", „Extraversion" o.ä. nicht differenziert genug erfaßt werden. Unter Umständen kann es aber bedeutsamer sein, auf welche *Art* jemand seine Intelligenz einsetzt oder seine Extraversion äußert als *wie* intelligent oder extravertiert jemand ist.

Die mangelnde heuristische Brauchbarkeit von Erblichkeitsuntersuchungen

Zur Erklärung ontogenetischer Veränderungen sind die Bedingungen und Mechanismen, die sie im einzelnen Fall hervorbringen, genauer aufzudecken. Hierzu tragen globale Schätzungen der Anlage- und Umweltabhängigkeit von Merkmalsunterschieden aber nur wenig bei. Erblichkeitsuntersuchungen führen weder zur Benennung der spezifischen Bedingungen des Zustandekommens von Veränderungen noch zur Aufstellung von Handlungsanweisungen für die (optimale) Gestaltung von Sozialisationsprozessen und Förderungsprogrammen.

So kann z. B. JENSEN (1969, 1972, 1973 a,b) auch nicht mehr sagen, als daß Erziehung und Unterricht individuelle Unterschiede berücksichtigen sollten, indem sie ihre Maßnahmen auf diese Unterschiede abstimmen. *Was für wen wie angemessen ist und zu welchen Konsequenzen führt, bleibt dabei offen.* Zur Beantwortung dieser Fragen benötigt man empirische Untersuchungen über die Auswirkungen spezieller Umgebungsbedingungen unter ganz bestimmten Rahmenbedingungen. Insofern muß der Erzieher immer ein „Milieuanhänger" sein, denn er kann nur durch Schaffung von Umweltbedingungen wirken, d. h. den Lernprozeß des Kindes beeinflussen. Die Berücksichtigung globaler Populationsschätzungen der Erblichkeit eines Merkmals liefert keine Information über das hinaus, was man erfährt, wenn man Lernumwelten gestaltet und in ihrer Wirkung abtestet. Soweit der Beeinflußbarkeit von Entwicklungsprozessen biologische Grenzen gezogen sind, werden sie sich in der Empirie zeigen. Nur auf diese Art ist auch festzustellen, was geschehen *könnte*, denn die Anlagefaktoren sind in ihrer Wirkung erst genauer abzuschätzen, wenn die Umweltbedingungen in ihren Auswirkungen tatsächlich abgetestet sind. Auf den meisten Gebieten ist die Modifikabilität (die Reaktionsnorm; vgl. oben) aber noch gar nicht genau einzuschätzen, weil die entsprechenden empirischen Untersuchungen dazu fehlen.

Aus heuristischen Gründen erscheint es fruchtbarer, den Varianzanteil der Anlagebedingungen zu vernachlässigen und prinzipiell zunächst die Einflußmöglichkeiten von Umweltbedingungen abzutesten. Nur die exogenen Faktoren lassen sich bei der Untersuchung von Entwicklungsprozessen in der Regel beobachten und messen, u. U. auch manipulieren und variieren (vgl. Kap. 5.4). Nur so ist man auch gezwungen, das, was man unter Umwelt versteht, genauer zu bestimmen und in spezifische Wirkgrößen aufzugliedern. Auf der Seite der Anlagebedingungen ist eine derartige spezifische Bestimmung von Wirkgrößen im Hinblick auf Verhaltensmerkmale derzeit noch nicht annähernd möglich.

Für die Entwicklungspsychologie ergibt sich daraus nicht zuletzt die Forderung, über die *Konstatierung* des Verlaufs und der individuellen Unterschiede der Entwicklung *unter den gerade gegebenen soziokulturellen Bedingungen* hinauszugehen und aufzuzeigen, wie Entwicklungsprozesse unter anderen Bedingungen verlaufen könnten.

Neue Perspektiven in der Anlage-Umwelt-Debatte

In der aktuellen Anlage-Umwelt-Debatte geraten zwei Fragen immer stärker in den Blickpunkt des Interesses: 1. Was bedeutet es für die Entwicklung von verschiedenen Individuen, in der gleichen (Familien)-Umwelt aufzuwachsen? 2. Welche Rolle spielt der Genotyp bei der Determination entwicklungsrelevanter Umwelteinflüsse?

Hinsichtlich der Bedeutung einer gemeinsamen familiären Umwelt setzt sich immer mehr die Auffassung durch, daß die Umwelteinflüsse, die zusammen aufwachsende Familienmitglieder nicht miteinander gemeinsam haben (*nonshared environmental influences*) für die Entstehung interindividueller Unterschiede wichtiger sind als die Umweltunterschiede zwischen verschiedenen Familien (s. dazu PLOMIN & DANIELS, 1987, und die in der Zeitschrift *Behavioral and Brain Sciences* Vol. 10 ff. abgedruckten zahlreichen Diskussionsbeiträge zu diesem Thema). Dies könnte sowohl erklären, daß Geschwister, trotz ähnlicher Sozialisationsbedingungen, oft so verschieden sind, als auch daß die in der Sozialsationsforschung beim Vergleich verschiedener Familien aufgefundenen Korrelationen zwischen elterlichen und kindlichen Merkmalen durchgehend so niedrig sind.

In dem Beziehungsgeflecht zwischen Genotyp, Umwelt und Phänotyp wird der Einfluß des Genotyps neuerdings nicht mehr ausschließlich als Gegenpol zum Umwelteinfluß betrachtet, wobei Genotyp und Umwelt höchstens in ihren Auswirkungen miteinander kovariieren oder interagieren. Die auf das Individuum einwirkenden Umwelteinflüsse werden darüber hinausgehend als *Ergebnis genetischer Disposition* angesehen (SCARR & MCCARTNEY, 1983). Es wird angenommen, daß das Individuum die Umwelten aufsucht und sich von den Umwel-

ten beeinflussen läßt, die zu seinem Genotyp „passen". Ein Kind und später noch stärker – ein Jugendlicher oder Erwachsener schaft sich seine ihm gemäße Umwelt in hohem Maße selber.
Die Diskussion zu diesen beiden Punkten ist gegenwärtig noch in vollem Gange.

5.5 Schlußbemerkungen

Hinsichtlich der Erklärung von Entwicklung gibt es gegenwärtig noch weit mehr Fragen als Antworten. Fortschritte wird es hier nur geben, wenn die entwicklungspsychologische Forschung die folgenden Punkte beachtet (vgl. hierzu auch TRAUTNER, 1983):

(1) Die Entwicklungspsychologie hat sich stärker als bisher geschehen auf ihren wesentlichen Untersuchungsgegenstand, die Beschreibung und Erklärung *intraindividueller Veränderungen über die Ontogenese*, zu besinnen.

(2) Wegen der engen Verzahnung von intraindividuellen Veränderungen und Veränderungen in der Umwelt sind nicht nur individuelle Verhaltensmerkmale und ihre Veränderungen zu erfassen, sondern auch die *entwicklungsrelevanten Umweltmerkmale und deren Veränderungen*.

(3) Da die Entwicklung einzelner Verhaltensmerkmale in der Regel nicht unabhängig von der Entwicklung anderer Verhaltensmerkmale ist und auch auf der Seite der Entwicklungsfaktoren bzw. ihrer Auswirkungen wechselseitige Abhängigkeiten bestehen, ist eine vermehrte Anwendung *multivariater Ansätze* zu fordern.

(4) Da für die Abschätzung der Auswirkungen aktueller Entwicklungseinflüsse der jeweils gegebene individuelle Entwicklungsstand bekannt sein muß, sollte der *Entwicklungsstand eines Individuums* grundsätzlich als eine wesentliche Entwicklungsbedingung mit berücksichtigt werden.

Auch bei Beachtung der vorgenannten Punkte wird es nur in seltenen Fällen möglich sein, die notwendigen Bedingungen für Entwicklungsveränderungen aufzudecken, und auch die Komplexität der Bedingungszusammenhänge wird man immer nur annähernd in den Griff bekommen können. „Brauchbare Ergebnisse zur Erklärung von Entwicklungsprozessen sind am ehesten dann zu erwarten, wenn man sich nicht auf eine einzige Forschungsstrategie beschränkt, sondern verschiedene Wege einschlägt: die Beobachtung von Individuum-Umwelt-Interaktionen und ihren Veränderungen in der natürlichen Lebensumwelt, die Manipulation und Kontrolle langfristiger Verhaltensänderungen und die experimentelle Analyse von kurzfristigen Antezedenz-Konsequenz-Beziehungen in unterschiedlichen Entwicklungsabschnitten." (TRAUTNER, 1983, S. 54).

6. Zusammenfassung

1. Gegenstand der *Erklärung von Entwicklung* können sein: a) *intraindividuelle Veränderungen*, b) *interindividuelle Unterschiede in intraindividuellen Veränderungen* oder c) *interindividuelle Unterschiede*. Hinsichtlich der verschiedenen Entwicklungsbedingungen ist u. a. zu unterscheiden zwischen *aktuellen* und *zeitlich zurückliegenden* Bedingungen, sowie zwischen *notwendigen* und *hinreichenden* Bedingungen.

Grundsätzlich ist davon auszugehen, daß die Entwicklung beim Menschen von einer *Vielzahl wechselseitig abhängiger Bedingungen* gesteuert wird, und dies in unterschiedlicher Art und Weise, je nach dem ausgewählten Verhaltensmerkmal, der daraufhin untersuchten Population und dem ins Auge gefaßten Entwicklungsabschnitt. Die Erklärung von Entwicklung wird durch den *kumulativen Prozeßcharakter* von Entwicklungsveränderungen zusätzlich erschwert.

2. Der Entwicklung liegt eine Vielfalt von *endogenen* und *exogenen Steuerungsfaktoren* zugrunde. Sie wirken sich mit einem unterschiedlichen Grad der Direktheit aus. Im einzelnen lassen sich fünf Gruppen von Entwicklungsfaktoren unterscheiden: (1) *Allgemeine genetische Determinanten* (artspezifischer Genotyp); (2) *Individuelle genetische Determinanten* (individueller Genotyp); (3) *Reifungsvorgänge* (anatomisch-physiologische Faktoren); (4) *Einflüsse der materiellen Umgebung* (physikalisch-chemische Faktoren); (5) *Einflüsse der Lernumwelt* (soziokulturelle Faktoren). Überdies greift das heranwachsende Kind über *Selbstregulationsprozesse* aktiv in seine Entwicklung ein.

4. *Anlagebedingungen* wirken über die im Chromosomensatz eines Menschen niedergelegten rund 100.000 Gene. Für jeden Genotyp gibt es, je nach den gegebenen Umweltbedingungen, ein bestimmtes Spektrum von Phänotypen, was als *Reaktionsnorm* des Genotyps bezeichnet wird. Genetisch determiniert ist außerdem nicht gleichzusetzen mit angeboren im Sinne von bei der Geburt im Phänotyp vorhanden.

Die den einzelnen Verhaltensmerkmalen möglicherweise zugrundeliegenden Gene und die Mechanismen der Umsetzung von Gensubstanzen in Verhalten sind, von den Auswirkungen einiger Gendefekte abgesehen, bis heute weitgehend unbekannt. Die Beziehung des Verhaltens zu möglichen Genfaktoren ist in jedem Fall nur indirekt, d. h. über zahlreiche Zwischenglieder, vorwiegend exogener Natur, vermittelt. Im Unterschied zu den Anlagebedingungen und Reifungsvorgängen lassen sich die exogenen Entwicklungseinflüsse häufig direkt beobachten und messen, zum Teil auch kontrollieren und variieren.

3. Die verschiedenen Steuerungsfaktoren der Entwicklung stehen in *wechselseitiger Abhängigkeit* miteinander. Zwei Formen sind zu unterscheiden: (1) *Kovariation*, das ist die Korrelation von Faktoren, und (2) *Interaktion*, das ist die Variation der Auswirkung eines Faktors mit der Ausprägung eines anderen Faktors. Für die Entwicklungspsychologie sind insbesondere die wechselseitigen Abhängigkeiten zwischen soziokulturellen Einflüssen und den übrigen Faktorengruppen bedeutsam.

5. Der experimentellen Untersuchung des Einflusses der einzelnen Faktoren stehen beim Menschen methodische und ethische Probleme entgegen. Man greift deshalb manchmal auf *Tieruntersuchungen* zurück. Hier lassen sich durch *Isolierung, selektive Züchtung* oder die *Manipulation von Umweltbedingungen* die vermuteten Einflußgrößen kontrollieren und variieren. In der Humanforschung hat man sich hingegen meist mit der vorgefundenen Variabilität der Faktoren zufrieden zu geben.

6. Die im Humanbereich am häufigsten verwendeten Methoden zur Untersuchung der Anlage-Umwelt-Problematik sind die *Zwillingsmethode* und die *Adoptionsstudie*. Hierbei werden Paare mit unterschiedlichen Graden der Erbverwandtschaft, die entweder in der gleichen oder in verschiedenen Umwelten aufgewachsen sind, systematisch hinsichtlich ihrer Merkmalsähnlichkeit miteinander verglichen. Durch Zerlegung der phänotypischen Merkmalsvarianz in Anlage-und Umweltanteile und die Berechnung von Schätzmaßen der *Erblichkeit* versucht man sich der Aufklärung des Zustandekommens von Merkmalsunterschieden anzunähern. Ergebnisse aus Zwillingsuntersuchungen und Adoptionsstudien liegen vor allem zur Erblichkeit von Intelligenzunterschieden vor. Vom Ansatz und der Durchführung her haben Zwillingsuntersuchungen und Adoptionsstudien eine Reihe von Mängeln inne. Als wichtigste sind zu nennen: die Nichtrepräsentativität von Zwillingsstichproben und Stichproben von Adoptivfamilien, die Vernachlässigung der Varianz zwischen den Paaren sowie der Kovariation und Interaktion von Anlage und Umwelt, die unklare Definition der Gleichheit und Verschiedenheit von Umwelten, sowie, speziell bei den Adoptionsstudien, die nicht-zufällige Aufteilung der Kinder auf die Adoptivfamilien.

7. Abgesehen von den Mängeln der Zwillings- und der Adoptionsstudien und von der „wirklichen" Höhe der daraus abgeleiteten Erblichkeitsmaße erweist sich der Ansatz der *Erblichkeitsschätzung* von Merkmalsunterschieden aus folgenden Gründen für die Entwicklungspsychologie als grundsätzlich wenig brauchbar: a) Erblichkeitsschätzungen lassen weder genaue Schlüsse zu bezüglich der Entstehungsbedingungen eines Merkmals noch hinsichtlich seiner Beeinflußbarkeit; b) als Populationsstatistiken sagen Erblichkeitsmaße nichts aus über das Ausmaß möglicher Änderungen der Merkmalsverteilung unter veränderten exogenen Bedingungen, speziell lassen sich keine Vorhersagen machen über Änderungen von Populationsmittelwerten, z. B. die erreichbaren Fähigkeitsniveaus in einer Population.

Aus heuristischen Gründen erscheint es vorteilhafter, anstelle der globalen Schätzung des Einflusses von Anlagebedingungen die Auswirkungen spezifischer Umweltbedingungen genauer zu untersuchen.

8. Hinsichtlich der Erklärung von Entwicklung gibt es gegenwärtig noch weit mehr Fragen als Antworten. Fortschritte dürften hier am ehesten durch die Kombination unterschiedlicher Forschungsstrategien zu erzielen sein.

Zum Weiterstudium empfohlene Lektüre

Die allgemein bei der Erklärung von Entwicklung auftretenden Probleme sowie die Implikationen und Konsequenzen verschiedener Arten des Verständnisses einer erklärenden Entwicklungsanalyse werden kurz dargestellt in:

TRAUTNER, H. M. (1983). Modelle für die Erklärung von Entwicklungsprozessen. In R. K. SILBEREISEN &L. MONTADA (Hrsg.) *Entwicklungspsychologie. Ein Handbuch in Schlüsselbegriffen* (S. 44-54). München: Urban &Schwarzenberg.

Eine Betrachtung der Entwicklungsprozesse beim Menschen unter der Perspektive ihrer biologischen Grundlagen findet sich in:

NASH, J. (1978). *Developmental psychology. A psychobiological approach* (2nd ed.). Englewood Cliffs, NJ: Prentice-Hall.

Einen umfassenden Überblick über die Grundbegriffe, Fragen und Antworten der modernen Verhaltensgenetik, soweit sie für die Entwicklungspsychologie von Bedeutung sind, liefern:

SCARR, S. & KIDD, K. K. (1983). Developmental behavior genetics. In P. H. MUSSEN (Ed.) *Handbook of child psychology* (Vol. 2, S. 345-434). New York: Wiley.

PLOMIN, R. , DEFRIES, J. C. & McCLEARN, G. E. (1990). *Behavioral genetics: A primer* (2nd ed.). New York: Freeman.

In einfacher Sprache und mit zahlreichen Tabellen und Abbildungen werden grundlegende Probleme und ausgewählte Ergebnisse der Anlage-Umwelt-Problematik dargestellt in:

LEWONTIN, R (1986). *Menschen. Genetische, kulturelle und soziale Gemeinsamkeiten*. Heidelberg: Spektrum der Wissenschaften.

Eine – streckenweise polemische – Auseinandersetzung über die Anlage- oder Umweltabhängigkeit der Intelligenz zwischen dem britischen Psychologen und BURT-Schüler Hans Jürgen EYSENCK und dem amerikanischen Psychologen Leon KAMIN ist in Buchform zusammengefaßt in:

EYSENCK, H. J & KAMIN, L. (1981). *Intelligence: The battle for the mind. H. J. Eysenck versus Leon Kamin*. London: Macmillan.

Die im Abschnitt 5.3 erwähnten neueren Adoptionsstudien sowie weitere Forschungsprojekte und theoretische Arbeiten zum Anlage-Umwelt-Problem sind zusammengestellt in einer *Special Section on Developmental Behavioral Genetics* der Zeitschrift *Child Development*, April 1983, Vol 54 (No. 2, S. 253-435).

Teil II:

Methoden der Entwicklungspsychologie

In den zwei Kapiteln des Teils II werden die wesentlichen *methodischen Probleme* der entwicklungspsychologischen Forschung dargestellt.

In dem einführenden Abschnitt des *Kapitels 4* beschäftigen wir uns mit der *Beziehung* zwischen dem *Gegenstand* und der *Methodik* der Entwicklungspsychologie. Dabei geht es insbesondere um die Beschreibung ontogenetischer Veränderungen in Form von Entwicklungsfunktionen und um Probleme der Auswahl und Messung entwicklungspsychologischer Variablen. Im zweiten Abschnitt behandeln wir ausführlich die gebräuchlichen *Stichprobenpläne* zur Untersuchung von *Altersunterschieden* und *Altersveränderungen* (Querschnitt, Längsschnitt, sequentielle Pläne von SCHAIE und BALTES). Der dritte Abschnitt handelt von einigen statistischen *Problemen der Veränderungsmessung*. Sie betreffen vor allem die Berechnung von individuellen Veränderungswerten und die Auswertung von Entwicklungskurven. Dabei wird zwischen Problemen der *univariaten* und der *multivariaten* Erfassung von Veränderungen getrennt. Die multivariate Erfassung von Entwicklungsänderungen wird vornehmlich unter dem Aspekt der Strukturierung von komplexen Beziehungsmustern mit Hilfe faktorenanalytischer Techniken betrachtet. Im vierten Abschnitt werden einige Probleme der entwicklungspsychologischen *Forschungspraxis* angesprochen. Dazu gehören die Begründung der Auswahl von Forschungsgegenständen, praktische Schwierigkeiten bei der Planung und Durchführung von Untersuchungen, sowie ethische Probleme von Untersuchungen an Kindern und Jugendlichen.

Im *Kapitel 5* werden die in der Entwicklungspsychologie zum Einsatz gelangenden *Methoden der Datenerhebung* in ihren allgemeinen Grundlagen dargestellt. Die Einteilung der Verfahren erfolgt hauptsächlich nach der Art des „technischen" Zugangs zu den Verhaltens- oder Erlebnisdaten (Beobachtung, Befragung, Testung, Experiment). Nacheinander werden *Beobachtungsmethoden* (Abschnitt 1.), mündliche und schriftliche *Befragungsmethoden* (Abschnitt 2.), *Testverfahren* (Abschnitt 3.), *experimentelle Versuchsanordnungen* (Abschnitt 4.) sowie *projektive Verfahren* und *Werkgestaltungen* (Abschnitt 5.) erörtert. Abschließend wird kurz auf das Problem der sich mit dem Alter verändernden *unterschiedlichen Eignung verschiedener Datenerhebungsmethoden* (Abschnitt 6) eingegangen.

Kapitel 4:

Methodische Probleme der Entwicklungspsychologie

1. Einführung in methodische Probleme der entwicklungspsychologischen Forschung

Wie in jeder empirischen Wissenschaft sind auch in der Entwicklungspsychologie die Methoden das Bindeglied zwischen Theorie und Empirie. Die Kenntnis und die Anwendung von Methoden sind unabdingbare Voraussetzungen für die adäquate Formulierung von Forschungsfragen und das Auffinden von Wegen, wie diese Fragen beantwortet werden können. Dabei werden unter *Methoden der Entwicklungspsychologie* nicht ausschließlich die in der empirischen Forschung zur Anwendung gelangenden *Verfahren der Datenerhebung* (Beobachtung, Befragung, Tests etc.), d. h. die Untersuchungsinstrumente oder Untersuchungsmethoden im engeren Sinne, verstanden (vgl. etwa NICKEL, 1972; THOMAE, 1959c). Methoden der Entwicklungspsychologie umfassen vielmehr alle Probleme und Verfahren der *Definition und Messung von Untersuchungsvariablen, der Zusammenstellung von Stichproben, der Veränderungsmessung und der Aufklärung von Entwicklungsbedingungen*. Die in der Entwicklungspsychologie gebräuchlichen Verfahren der Datenerhebung, die Untersuchungsmethoden im engeren Sinne, nehmen im Methodenteil dieses Lehrbuchs demgegenüber vergleichsweise wenig Raum ein (s. dazu Kap. 5). Die immer noch umfassendste Darstellung hierzu ist das von MUSSEN (1960) herausgegebenen *Handbook of Research Methods in Child Development* (Zweitauflage 1967). Neuere Darstellungen zum Thema stammen von MESSICK (1983) und von VASTA (1982).

An verschiedenen Stellen der vorangegangenen drei Kapitel sind methodische Probleme der entwicklungspsychologischen Forschung bereits angesprochen worden, so z. B. im Zusammenhang mit:
- der Gegenüberstellung von Entwicklungskurven für Individuen und für Gruppen (vgl. S. 17f.);
- dem Hinweis auf die Abhängigkeit des Verlaufs von Entwicklungskurven von den verwendeten Erhebungsmethoden und Stichprobenplänen (vgl. S. 40 f.);
- dem Problem der Identität der untersuchten Variablen bzw. der verwendeten Untersuchungsinstrumente trotz der zu beobachtenden Veränderungen der Variablen über die Zeit (vgl. S. 36; S. 43f.);

– Problemen der Erfassung von Entwicklungsdeterminanten und ihrer Auswirkung (vgl. Kap. 3).

Dabei wurde deutlich, wie eng Gegenstandsumschreibung, Theorien und Befunde der Entwicklungspsychologie mit methodischen Vorgehensweisen zusammenhängen.

In den Teilen III und IV dieses Lehrbuchs (Band 2) werden die wechselseitigen Zusammenhänge von Fragestellungen, Theorien, Methoden und Befunden der Entwicklungspsychologie für die verschiedenen Entwicklungstheorien (vgl. Kap. 6 bis 10) und für exemplarische Forschungsgegenstände (vgl. Kap. 11 bis 13) noch im einzelnen erläutert.

In diesem Kapitel sollen zunächst allgemeine methodische Probleme der entwicklungspsychologischen Forschung behandelt werden (1.). Anschließend werden verschiedene Pläne der Zusammenstellung von Stichproben zur Aufdeckung von Altersverläufen (2.) sowie Probleme der Veränderungsmessung, einschließlich multivariater Ansätze zur Untersuchung der Struktur von Entwicklungsveränderungen, (3.) dargestellt. In dem den Teil II abschließenden Kapitel 5 werden dann die verschiedenen in der Entwicklungspsychologie gebräuchlichen Verfahren der Datenerhebung erläutert.

1.1 Zur Beziehung zwischen dem Gegenstand und der Methodik entwicklungspsychologischer Forschung

Als Einstieg in die Erörterung methodischer Probleme der Entwicklungspsychologie erscheint mir eine Auseinandersetzung mit der Beziehung zwischen Gegenstandsumschreibung und Methodik besonders geeignet.

Die Beziehung zwischen Gegenstand und Methodik entwicklungspsychologischer Forschung ist zunächst dadurch bestimmt, daß Entwicklung *Veränderungen über die Zeit* beinhaltet. Darüber hinaus beeinflußt die Art der *Definition von Entwicklungsvariablen* die Wahl geeigneter Methoden zu ihrer Untersuchung.

Methodische Konsequenzen der Definition von Entwicklung als intraindividuelle Veränderung über die Zeit (das Alter)

Im ersten Kapitel wurde als wesentliches Unterscheidungsmerkmal der Entwicklungspsychologie gegenüber der Allgemeinen Psychologie, der Differentiellen Psychologie oder der Sozialpsychologie die ausdrückliche Thematisierung der *Zeit*variablen herausgestellt, d. h. die Betrachtung des Verhaltens und Erlebens unter dem Aspekt ihrer Veränderungen im Laufe der Ontogenese. Als zentrale Aufgabe der Entwicklungspsychologie wurde die Beschreibung und Erklärung der intraindividuellen Veränderungen des Verhaltens und Erlebens sowie der interindividuellen Unterschiede in diesen intraindividuellen Veränderungen definiert (vgl. Kap. 1.2.1). Unter methodischem Aspekt stellen sich damit eine Reihe von Problemen der Veränderungsmessung (s. dazu HARRIS, 1963; PETERMANN, 1983; WOHLWILL, 1973/1977). Wie gelange ich zu Veränderungswerten? Wie sind ontogenetische Veränderungen abzubilden? Auf welche Art lassen sich interindividuelle Differenzen von Veränderungswerten analysieren? Wie kann man aus Veränderungswerten Aufschluß über die Bedingungen gewinnen, die den beobachteten Veränderungen zugrunde liegen? Diese und ähnliche Fragen werden in den folgenden Abschnitten noch ausführlicher behandelt. An dieser Stelle beschränke ich mich auf die Klärung allgemeiner methodischer Anforderungen an die entwicklungspsychologische Veränderungsmessung.

Darüber, daß die Beschreibung und Erklärung ontogenetischer Veränderungen der Gegenstand der Entwicklungspsychologie ist, besteht unter Entwicklungspsychologen weitgehend Einigkeit. Um so überraschender ist es, wie selten entwicklungspsychologische Untersuchungen so angelegt sind, daß tatsächlich Veränderungen erfaßt und analysiert werden können (vgl. McCALL, 1977; WOHLWILL, 1973/1977). Sowohl die Erfassung intraindividueller Veränderungen als auch der interindividuellen Unterschiede in diesen Veränderungen erfordert nämlich die *wiederholte Untersuchung der gleichen Individuen* über den interessierenden Veränderungszeitraum, also *Längsschnittuntersuchungen*. Aus verschiedenen Gründen sind jedoch über 90 % der entwicklungspsychologischen Untersuchungen sogenannte *Querschnittuntersuchungen*, aus denen keine individuellen Veränderungswerte abgeleitet werden können. Querschnittuntersuchungen liefern ausschließlich Daten über *mittlere Unterschiede zwischen Altersgruppen*. Nur unter bestimmten Voraussetzungen lassen sich aus solchen Querschnittuntersuchungen Schätzungen über intraindividuelle Entwicklungsverläufe abgeben. (Zur Problematik der Anwendung der Querschnitt- oder der Längsschnittmethode und ihrer Bedeutung für die Analyse von Entwicklungsvorgängen s. Abschnitt 2.).

Die über die Zeit zu beobachtenden ontogenetischen Veränderungen werden häufig, wie in Kapitel 1.2 näher ausgeführt, in Form von *Veränderungen über das Lebensalter* dargestellt. Aufgrund der korrelativen Beziehung des Eintretens zahlreicher Veränderungen mit dem Lebensalter kann eine derartige Darstellungsweise unter bestimmten Bedingungen zur *Beschreibung* von Entwicklungsvorgängen durchaus sinnvoll sein. Dabei ist jedoch unter methodischem Aspekt zu beachten, daß die Variable *Alter* nicht den Status einer echten *unabhängigen Variablen* besitzt.

Gegen die Verwendung des Alters als unabhängige Variable spricht zunächst die fehlende experimentelle Manipulierbarkeit des Alters eines Individuums. Es ist nicht möglich, die Variable Alter unter Konstanthaltung aller übrigen möglichen Entwicklungsfaktoren zu kontrollieren und zu variieren. Alter als Einflußgröße ist ja gerade durch seine korrelative Beziehung zu den verschiedensten Entwicklungsfaktoren definiert (vgl. S. 33 f.), und dies jeweils individuell verschieden. Außerdem ist keine Replikation einer Untersuchung an der gleichen Stichprobe unter Konstanthaltung des Alters möglich (BALTES, 1967).

Abgesehen von der fehlenden experimentellen Manipulierbarkeit kann das Alter auch von seiner inhaltlichen Definition her strenggenommen nicht als unabhängige Variable angesehen werden. Die Variable Alter beinhaltet nur eine (jeweils individuell zu definierende) zeitliche Dimension, in der sich unter Gegebenheit bestimmter Bedingungen (unabhängige Variablen) bestimmte Veränderungen (in abhängigen Variablen) vollziehen. Wie im Kapitel 1.2.3 ausführlich erläutert, hat das Alter selbst keinen Erklärungswert, es ist nur Trägervariable für die verschiedenen Entwicklungsfaktoren. Vorgefundene Altersverläufe für eine Variable sind immer an die für die jeweils untersuchten Individuen gegebenen früheren und gegenwärtigen Entwicklungsbedingungen gebunden.

Vor allem von Vertretern einer Entwicklungspsychologie der Lebensspanne (BALTES, NESSELROADE, SCHAIE, u. a.) sind in den letzten beiden Jahrzehnten in diesem Zusammenhang insbesondere die Einflüsse von Unterschieden in den Entwicklungsbedingungen verschiedener Geburtsjahrgänge (*Generationen* oder *Kohorten*) und die Einflüsse von mit der historischen Zeit einhergehenden Veränderungen von Entwicklungsfaktoren genauer analysiert und diskutiert worden. Durch besondere Strategien bei der Zusammenstellung von Stichproben unterschiedlichen Alters wurde versucht, Kohorteneffekte und Effekte des historischen (zeitlichen) Wandels zu isolieren und so „reine" Alterseffekte aufzudecken (s. dazu Abschnitt 2.). Diese Alterseffekte sind jedoch wiederum erklärungsbedürftig, d. h. die dahinterliegenden, mit dem Alter variierenden Entwicklungsbedingungen sind erst festzustellen.

Verschiedene Arten von Entwicklungsvariablen und Veränderungen

Bisher ist nicht spezifiziert worden, welche Arten von Veränderungen untersucht werden sollen. Die Beschreibung und Erklärung von Veränderungen im Laufe der Entwicklung kann sich beziehen auf a) *quantitative Veränderungen* (z. B. die Zunahme des Wortschatzes, die Abnahme der Häufigkeit aggressiven Verhaltens) oder b) *qualitative Veränderungen* (z. B. den Wandel im Gebrauch von Satzstrukturen, die Ausbildung sekundärer Geschlechtsmerkmale in der Pubertät).

Es ist leicht einzusehen, daß nur quantitative Veränderungen in Form von Entwicklungskurven nach dem Muster $V = f(t)$ – Veränderung (Ordinate) als Funktion der Zeit (Abszisse) – abgebildet werden können (s. dazu weiter unten Abschnitt 1.2). Eine derartige eindimensionale Darstellung der beobachteten Veränderungen ist bei qualitativen Veränderungen prinzipiell nicht möglich, es sei denn auf dem Wege der Umwandlung der verschiedenen Qualitäten in quantifizierbare Indizes wie Zeit (Alter) des erstmaligen Auftretens der einzelnen Qualitäten oder Prozentsatz von Individuen auf den einzelnen Altersstufen, die an einem bestimmten Punkt der Entwicklungssequenz angelangt sind (s. dazu S. 241 bis 243).

Für die regelhafte Abfolge qualitativer Veränderungen in einer Variablen bzw. für die gesetzmäßige Abfolgen mehrerer aufeinander bezogener Variablen ist der Begriff *Entwicklungssequenz* geläufig (s. auch Kap. 1.2.4.4). (Zur Untersuchung von Entwicklungssequenzen siehe ausführlich HOPPE-GRAFF, 1983; HOPPE, SCHMID-SCHÖNBEIN & SEILER, 1977).

Abgesehen von der unterschiedlichen Darstellung und Analyse quantitativer und qualitativer Veränderungsreihen kann bei der Beschreibung und Erklärung ontogenetischer Veränderungen eine *univariate* oder eine *multivariate* Betrachtungsweise gewählt werden. Unsere bisherigen Beispiele bezogen sich auf den einfachen *univariaten* Fall der Verfolgung der Veränderungen in *einer* Variablen oder der Sequenz *einzelner* Variablen. Die komplexeren *multivariaten* Versuchspläne erfassen gleichzeitig die Veränderungen des *Zusammenhangsmusters mehrerer Variablen* (z. B. verschiedener Intelligenzfähigkeiten wie Wortflüssigkeit, räumliche Vorstellung, Rechenfertigkeit, schlußfolgerndes Denken etc.) oder des *Verhältnisses verschiedener Entwicklungssequenzen* (z. B. der Sequenzen kognitiver Fähigkeiten und moralischer Urteile).

Ebenso wie auf der Seite der abhängigen Variablen, den beobachteten Veränderungen, kann selbstverständlich auch bei der Erfassung der unabhängigen Variablen, d. h. der angenommenen Bedingungen (Entwicklungsfaktoren) der beobachteten Veränderungen, ein univariater oder ein multivariater Ansatz gewählt werden.

Multivariate Versuchspläne haben mit dem verstärkten Eindringen methodologischer Überlegungen in die Entwicklungspsychologie in den letzten Jahren zunehmend an Bedeutung gewonnen (vgl. APPELBAUM & MCCALL, 1983; BUSS, 1974b; MCCALL, 1970; NESSELROADE & REESE, 1973). Wegen der sehr speziellen statistischen Probleme multivariater Ansätze wird dieses Thema in einem gesonderten Abschnitt (3.2) abgehandelt.

Noch in anderer Hinsicht stehen Gegenstand und Methodik in Beziehung zueinander. Menschliches Verhalten und Erleben läßt sich wie gezeigt auf verschiedenen Ebenen und in verschiedenen Ausschnitten untersuchen (vgl. S. 21, S. 36–39). So können der Fremdbeobachtung zugängliche Verhaltens*inhalte* (z. B. die Zahl richtiger oder falscher Lösungen in einem Test), *funktionale* Merkmale eines Verhaltens (z. B. die Schnelligkeit oder Originalität bei der Lösung von Testaufgaben) oder aus dem Verhalten oder verbalen Antworten erschlossene *strukturelle* Merkmale (z. B. dem Verhalten oder den Antworten als zugrundeliegend angenommene Denkstrukturen) zu erfassen versucht werden. Je nachdem erweisen sich die verschiedenen zur Verfügung stehenden Untersuchungsmethoden für die Erfassung der betreffenden Variablen als mehr oder weniger gut geeignet. In jedem Fall sind inhaltliche und formale Entscheidungen bezüglich der zu messenden Variablen zu treffen: die Variablenklasse ist auszuwählen, die Variable ist zu definieren, die Beobachtungsebene ist festzulegen, und es ist ein geeignetes Messverfahren zur Erfassung der so definierten Variablen zu finden bzw. zu entwickeln. Methodische Probleme im Zusammenhang mit der Definition und der Messung von Entwicklungsvariablen werden weiter unten (Abschnitt 3.) behandelt.

1.2 Die Darstellung ontogenetischer Veränderungen in Form von Entwicklungsfunktionen

Der Begriff der Entwicklungsfunktion

Im Kapitel 2.1 haben wir die Begriffe *Wachstumskurve* und *Wachstumsfunktion* kennengelernt. Wachstumskurven geben den Verlauf der quantitativen Veränderungen einer Variablen über die Zeit wieder. Aus solchen Wachstumskurven können dann u. U. (mathematische) Wachstumsfunktionen berechnet werden. Etwas ähnliches ist mit dem Begriff der *Entwicklungsfunktion* gemeint: die Form oder Art der Beziehung zwischen dem chronologischen Alter eines Individuums und den im Laufe der Entwicklung auftretenden Veränderungen in einer bestimmten Variablen (WOHLWILL 1977, S. 50). Überall da, wo sich gesetzmäßige ontogenetische Veränderungen einer Variablen zeigen, besteht die Möglichkeit, diese Veränderungen in Form von Entwicklungsfunktionen auszudrücken. Generelle Voraussetzung dabei ist, daß in einer solchen Entwicklungsfunktion tatsächlich die intraindividuelle Variation gemessen wird, und nicht (zufällige oder systematische) Meßfehler.

Wird der Begriff der Entwicklungsfunktion weit gefaßt, so lassen sich auch qualitative Veränderungen auf diese Art darstellen, indem die Entwicklungsfunktion durch die regelhafte Abfolge einzelner Variablen auf dem Zeitkontinuum definiert wird (vgl. WOHLWILL 1973/1977).

Die Analyse von Entwicklungsfunktionen kann auf verschiedenen Niveaus geschehen: a) nach der allgemeinen *Richtung* der Veränderung (z. B. ansteigend oder abfallend); b) nach der allgemeinen *Form* des Kurvenverlaufs (z. B. linear ansteigend, nach anfänglich positiver Beschleunigung zunehmend negativ beschleunigt); c) unter Berechnung der speziellen *mathematischen Funktion*, die dem Kurvenverlauf am besten entspricht (z. B. Exponentialfunktion, logistische Kurve oder Gompertz-Kurve). Außerhalb der Analyse von Daten zur körperlichen Entwicklung ist die Berechnung mathematischer Funktionen für Entwicklungskurven bislang allerdings kaum angewendet worden. (Zur mathematischen Analyse von Entwicklungskurven s. GUIRE & KOWALSKI, 1979).

Von derartigen Gesamtcharakterisierungen von Entwicklungskurven abgesehen, lassen sich weitere Parameter für Teilmerkmale solcher Kurven berechnen (vgl. WOHLWILL, 1977, S. 217-220); etwa die Änderungsgeschwindigkeit innerhalb eines bestimmten Zeitraums oder die Zeitpunkte, zu denen bestimmte Charakteristika der Entwicklungsfunktion erreicht werden (z. B. Minimum, Maximum oder Asymptote).

Entwicklungsfunktionen für Individuen und für Gruppen

Nach der gerade gelieferten Beschreibung bezieht sich die Erstellung von Entwicklungskurven bzw. von Entwicklungsfunktionen auf das einzelne Individuum und kann entsprechend nur durch die wiederholte Messung des gleichen Individuums gewonnen werden. Erst unter der Voraussetzung weitgehender Ähnlichkeit der Kurvenverläufe verschiedener Individuen lassen sich *prototypische Funktionen* für *Gruppen* von Individuen erstellen. Dabei ist allerdings darauf zu achten, daß bei der Zusammenfassung (Mittelung) der individuellen Kurven zu einer Gruppenkurve ein Maßstab gewählt wird, der die gemeinsamen Verlaufsmerkmale der individuellen Kurven adäquat wiedergibt. Daß sich dies nicht automatisch ergibt, wurde am Beispiel der Abweichung der gemittelten Kurve des Größenwachstums von den individuellen Wachstumskurven aufgezeigt (vgl. oben Abbildung 1.1).

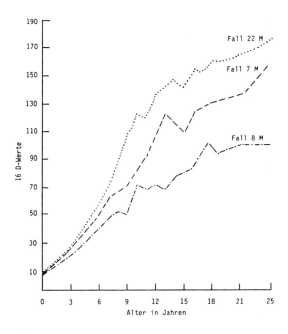

Abbildung 4.1: Individuelle Kurven der Intelligenzentwicklung vom 1. bis 25. Lebensjahr (aus BAYLEY, 1956, S. 67)

Da für die Entwicklungspsychologie, wie für andere Wissenschaften, die Generalisierbarkeit von Aussagen ein wesentliches Ziel ist, kommt der Erstellung überindividuell gültiger, d.h. zumindest für einzelne Gruppen von Individuen gültiger Entwicklungsfunktionen große Bedeutung zu. Nichts anderes wird im übrigen mit den traditionellen Methoden der Querschnitt- und der Längsschnittuntersuchung oder den differenzierteren sequentiellen Stichprobenplänen angestrebt. Um trotz des Vorhandenseins interindividueller Entwicklungsunterschiede zu einem möglichst hohen Grad von Generalisierbarkeit zu gelangen, empfiehlt es sich, Entwicklungsfunktionen für Gruppen von Individuen zu erstellen, die in einer Reihe von Merkmalen, die die betreffende Entwicklungsfunktion vermutlich beeinflussen, möglichst vergleichbar sind (z. B. hinsichtlich des sozioökonomischen Status, der Intelligenz, des Geschlechts etc.).

Prototypische Entwicklungsfunktionen, die aus den Daten verschiedener Individuen gewonnen wurden, abstrahieren notwendigerweise von den interindividuellen Unterschieden der Verlaufskurven. Da zur Aufgabe der Entwicklungspsychologie, wie mehrfach betont, nicht nur die Beschreibung und Erklärung der intraindividuellen Veränderungen – einzelner Individuen oder Gruppen von Individuen – gehört, sondern auch die Beschreibung und Erklärung der interindividuellen Unterschiede in diesen Veränderungen, ist das zuvor beschriebene Vorgehen zu ergänzen durch die Analyse der Unterschiede in den betreffenden individuellen Entwicklungsfunktionen. Wie die Auswertung der einzelnen individuellen Entwicklungsfunktion kann diese Analyse ausgehen von Unterschieden a) in der allgemeinen Richtung oder Form, b) der am besten passenden mathematischen Funktion sowie c) der weiteren genannten Parameter (relative Änderungsgeschwindigkeit über bestimmte Zeiträume, Zeitpunkt der Erreichung von Minimum, Maximum oder asymptotischem Niveau).

Intraindividuelle Analyse und interindividuelle Analyse von Entwicklungsfunktionen lassen sich am Beispiel der Intelligenzentwicklung (gemessen mit standardisierten Intelligenztests) veranschaulichen (s. Abbildung 4.1).

Der Verlauf der Intelligenzwerte über Alter pro Individuum liefert ein Bild der intraindividuellen Veränderungen (hinsichtlich der Form der Veränderungen, der Änderungsgeschwindigkeit in einzelnen Zeiträumen, dem Zeitpunkt und der Höhe des maximal erreichten Werts usw.). Individuelle Abweichungen der Verlaufsform sowie Unterschiede der relativen Änderungsgeschwindigkeit in einzelnen Zeitabschnitten, des Zeitpunkts und der Höhe des maximal erreichten Intelligenzwerts usw. geben ein Bild der interindividuellen Unterschiede des Entwicklungsverlaufs.

Die eben erläuterte Gegenüberstellung der Analyse intraindividueller Veränderungen und interindividueller Unterschiede in diesen Veränderungen braucht sich im übrigen nicht auf Einzelindividuen zu beschränken. Ebenso können prototypische Funktionen für verschiedene Gruppen von Individuen miteinander verglichen werden, z. B. Entwicklungskurven für Jungen und für Mädchen (s. Abbildung 4.2). Jede Gruppenkurve kann hinsichtlich der zeitlichen Veränderungen wie eine individuelle Entwicklungskurve analysiert werden. Die Unterschiede in den Verläufen der einzelnen Kurven können wie interindividuelle Unterschiede von Individualkurven behandelt werden.

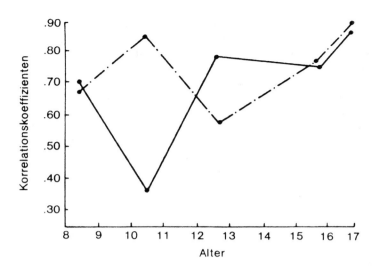

Abbildung 4.2: Altersunterschiede in der Genauigkeit der sozialen Wahrnehmung, erfaßt durch die Korrelation zwischen den gemittelten soziometrischen Ratings eines jeden Kindes in einer Klasse und den Ratings, die jedes Kind von seinen Klassenkameraden zu erhalten glaubt.
(———): Wahrnehmung der Mädchen bezüglich der Ratings, die sie von anderen Mädchen erhalten;
(— · — · ·-): Wahrnehmung der Jungen bezüglich der Ratings, die sie von anderen Jungen erhalten.
(aus WOHLWILL, 1977, S. 201)

1.3 Probleme der Definition und Messung der abhängigen Variablen in der Entwicklungspsychologie

Die Auswahl der abhängigen Variablen

Vor der empirischen Untersuchung von Entwicklungsprozessen, z. B. der Untersuchung der Intelligenzentwicklung oder des Erwerbs der Geschlechtsrolle, muß eine klare Vorstellung von dem vorhanden sein, was hinsichtlich seiner ontogenetischen Veränderung untersucht werden soll. D. h., die zu untersuchende Variable, z. B. Intelligenz oder Übernahme geschlechtstypischen Verhaltens, muß klar definiert sein, und es muß eine Methode zu ihrer Messung angegeben werden, die erlaubt, die Position verschiedener Individuen auf dieser Variablen – speziell: die Veränderungen der Position bei Individuen verschiedenen Alters – eindeutig festzustellen.

Prinzipiell können alle Aspekte eines Entwicklungsmerkmals zur abhängigen Variable werden (vgl. S. 21, S. 36–39): der Fremdbeobachtung zugängliche oder mit objektiven Tests meßbare Verhaltensmuster und Leistungen, auf mündliche oder schriftliche Befragung hin mitteilbare interne Vorgänge des Wahrnehmens, Denkens, Fühlens oder Vorstellens, aber auch weder der Fremd- noch der Selbstbeobachtung zugängliche, nur über Meßapparate registrierbare physiologische Abläufe (z. B. Hirnaktivität, Herzrate). Welche Verhaltensaspekte in welchen Ausschnitten zum Gegenstand von entwicklungspsychologischen Untersuchungen gemacht werden, ist zunächst grob danach zu entscheiden, ob in dem betreffenden Verhaltensmerkmal gesetzmäßige Veränderungen im Laufe der Ontogenese beobachtet – oder zumindest vermutet – werden können. Außerdem sollte die ausgewählte Variable möglichst theoretisch bedeutsam sein, d. h. in Beziehung zu als wichtig erachteten Entwicklungsvorgängen gebracht werden können (z. B. zu Prozessen des assoziativen Lernens, zur zeitlich begrenzten Wirksamkeit sensibler Perioden, zu Differenzierungsvorgängen etc.).

Probleme der Messung entwicklungspsychologischer Variablen

Ist die Auswahl und Definition der zu messenden Variablen bereits geleistet (z. B. Variable Intelligenz gemessen durch einen standardisierten Intelligenztest, der verschiedene intellektuelle Fähigkeiten erfaßt), so läßt sich das Problem der Messung dieser Variablen nach WOHLWILL (1973/1977) im wesentlichen als ein *Zuordnungsproblem* darstellen. Und zwar sind wechselseitig zuzuordnen:

a) die „wahre" Ausprägung der Variablen X bei einem Individuum i;

b) die Position eines Individuums i auf einer Skala Y, die zur Messung der Variablen X dient;

c) die Lokalisierung des durch die Skala Y gemessenen Variablenwerts X auf der Zeitachse T bzw. dem Lebensalter.

Drei verschiedene Möglichkeiten der Zuordnung von X, Y und T zeigt die Abbildung 4.3.

Während der Meßwert auf einer Skala Y (b) und das Alter T des untersuchten Individuums i (c) eindeutig gemessen und einander zugeordnet werden können, ist das Verhältnis von a) und b), dem „wahren" und dem gemessenen Ausprägungsgrad der Variablen X, nicht in dieser eindeutigen Weise zu bestimmen, da ja a) durch b) gemessen wird und somit für a) nur eine *Schätzung* aufgrund von b) vorliegt. Im Idealfall, wenn keine Meßfehler vorliegen, sind a) und b) *isomorph*. Tatsächlich weisen die in der Psychologie gebräuchlichen Meßinstrumente (Tests, Fragebogen, Beobachtungsverfahren) aber mehr oder weniger große Meßfehler auf. Neben störenden situativen Einflüssen während des Meßvorgangs (z. B. Ablenkung durch irrelevante Reize, Ermüdung, ängstliche Erregung) sind für das Auftreten von Meßfehlern vor allem mangelnde *Objektivität, Reliabilität* oder *Validität* eines Untersuchungsinstruments verantwortlich. Entsprechend ist die Genauigkeit der Messung einer Variablen X mit einem Meßinstrument Y – und damit die Isomorphie von „wahrem" und gemessenem Wert – durch Erhöhung der Objektivität, Reliabilität und Validität zu vergrößern. Man spricht deshalb auch von den *Gütekriterien* eines Meßinstruments (vgl. LIENERT, 1989).

Ein Meßinstrument ist *objektiv, wenn die erhaltenen Meßwerte von der Person*

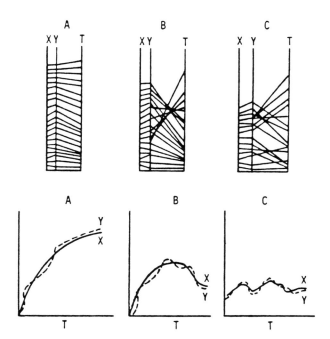

Abbildung 4.3: Drei Beispiele für das Verhältnis zwischen einer latenten Variablen X, einer Meßskala Y und dem Alter eines Individuums T, für Verhaltensweisen, die (A) monoton mit dem Alter zunehmen, (B) erst zunehmen und dann abnehmen und (C) unsystematisch mit dem Alter variieren (aus WOHLWILL, 1977, S. 71)

des Untersuchers/Auswerters unabhängig sind. Als Maß für die Objektivität eines Untersuchungsergebnisses wird meist der Grad der Übereinstimmung zwischen mehreren unabhängigen Untersuchern/Auswertern herangezogen. Die Objektivität ist gleichzeitig eine wichtige Voraussetzung für die Reliabilität des Meßinstruments.

Unter der *Reliabilität* oder *Zuverlässigkeit* eines Meßinstruments versteht man die *Genauigkeit, mit der es das mißt, was es mißt.* Man unterscheidet verschiedene Methoden der Bestimmung der Reliabilität. *Wiederholungsreliabilität* ist gegeben, wenn eine Wiederholung der Messung an den gleichen Individuen unter gleichen Bedingungen zu den gleichen Ergebnissen führt. Werden nacheinander zwei äquivalente Formen eines Verfahrens dargeboten, handelt es sich um die Bestimmung der *Paralleltestreliabilität.* In beiden Fällen wird der Grad der Reliabilität durch die Korrelation der zwei aufeinanderfolgenden Meßreihen definiert. Unabhängig von der Meßgenauigkeit des Untersuchungsinstruments Y selbst, also der eigentlichen Reliabilität, können Reliabilitätskoeffizienten durch die mangelnde Konstanz der erfaßten Variablen X absinken. Um die Meßgenauigkeit des Instruments festzustellen, ist also die Stabilität des Meßinstruments von der

Stabilität der Variablen X zu trennen. Mangelnde Stabilität der Variablen X ist jedoch nicht unbedingt mit ontogenetischer Veränderung gleichzusetzen, da ersteres Schwankungen einer Variablen innerhalb einer relativ kurzen Zeitspanne (Tage oder Wochen) beinhalten kann, letzteres eher langfristige systematische Veränderungen umfaßt.

Unter der *Validität* oder *Gültigkeit* eines Meßinstruments versteht man die *Genauigkeit, mit der es das mißt, was es messen soll.* Es sind verschiedene Arten der *inhaltlichen Validität* und der *empirischen Validität* voneinander zu unterscheiden. *Inhaltliche Validität* basiert auf der inhaltlichen Analyse eines Meßinstruments bezüglich seiner Übereinstimmung mit vorher festgelegten Merkmalen. Die einfachste Form davon ist die triviale oder *Augenscheinvalidität (facevalidity)*, bei der die Repräsentativität des Meßinstruments für die zu erfassende Variable unmittelbar einsichtig ist (z.B. mißt ein Rechtschreibtest unmittelbar einsichtig Rechtschreibfähigkeiten). Komplizierter ist die Bestimmung der *Konstruktvalidität*. Hier wird die Übereinstimmung zwischen dem inneren Aufbau eines Meßinstruments (z.B. den Korrelationen zwischen verschiedenen Intelligenzfähigkeiten) und dem aus einem theoretischen Bezugssystem abgeleiteten Konstrukt (z.B. der zugrundegelegten Intelligenztheorie) festgestellt. *Empirische Validität* basiert auf der Berechnung des Zusammenhangs zwischen dem erreichten Meßwert und einem unabhängig davon erhobenen sog. Außenkriterium, das selbst als hinreichend valide für die Erfassung der in Frage stehenden Variablen angenommen wird. Hier läßt sich noch zwischen *prognostischer Validität* (das Außenkriterium wird zu einem späteren Zeitpunkt als das zu validierende Maß erhoben) und *mitlaufender Validität* (bei wiederholter Messung der Variablen wird das Außenkriterium jeweils gleichzeitig mit dem Test erhoben) unterscheiden. Die Erhebung der mitlaufenden Validität erscheint zur Validitätsprüfung von Messungen sich zeitlich verändernder Variablen, wie es für Entwicklungsvariablen gilt, besonders geeignet. Speziell im Hinblick auf experimentelle Versuchspläne unterscheidet man nach CAMPBELL und STANLEY (1963) außerdem noch zwischen der *internen* und der *externen* Validität einer Untersuchung (s. hierzu Kap. 5.5).

Abgesehen von der Erfüllung bzw. der annähernden Verwirklichung der gerade erläuterten Gütekriterien sind Meßverfahren danach zu beurteilen, welches *Skalenniveau* sie aufweisen. Insgesamt vier Skalenniveaus sind zu unterscheiden: *Nominalskalen, Ordinalskalen, Intervallskalen* und *Verhältnisskalen.* Vom Skalenniveau eines Meßinstruments hängt es u.a. ab, welche Verfahren der statistischen Datenverarbeitung angewendet werden dürfen (vgl. BORTZ, 1985). Grundsätzlich gilt, daß zwar statistische Verfahren, die für ein niedrigeres als das vorliegende Skalenniveau zulässig sind, verwendet werden können, nicht jedoch Verfahren, die ein höheres als das vorliegende Skalenniveau voraussetzen.

Das niedrigste Meßniveau weisen *Nominalskalen* auf. Sie erlauben ausschließlich die Zuordnung von Personen in diskrete Klassen einer Variablen, die sich nicht in numerischen Werten einer kontinuierlichen Skala ausdrücken lassen. Die Klassifikation nach *männlich – weiblich* oder die Unterscheidung verschiedener Arten der Kausalattribuierung von Handlungsresultaten (z.B. Rückführung auf

Begabung, Anstrengung, Zufall, Aufgabenschwierigkeit) sind Beispiele für nominal skalierte Variablen.

Lassen sich verschiedene Ausprägungsgrade einer Variablen in eine feste Reihenfolge (Rangreihe) bringen, ohne daß jedoch die zahlenmäßigen Unterschiede der Variablenwerte zwischen den einzelnen Rängen bekannt sind, so sprechen wir von einer *Ordinalskala*. Beispiele sind: die Einschätzung von Personen nach dem Grad ihrer Aggressivität mit Hilfe einer mehrstufigen Rating-Skala oder die Feststellung des Entwicklungsstands des moralischen Urteils in Form der Zuordnung zu einer bestimmten Stufe des moralischen Urteils. Gleiche Rangabstände (z.B. zwischen den Stufen 1 und 3 und den Stufen 4 und 6) müssen hier nicht zahlenmäßig gleiche Unterschiede in der Variablenausprägung, z.B. hinsichtlich des Grades der „moralischen Reife", widerspiegeln.

Sind die zahlenmäßigen Abstände (Intervalle) der Variablenwerte zwischen den verschiedenen Punkten einer Skala bekannt und besteht zwischen zwei Punkten mit gleichem zahlenmäßigen Unterschied in allen Skalenbereichen der gleiche zahlenmäßige Abstand der Variablenwerte, so liegt eine *Intervallskala* vor. Beispiele für intervallskalierte Messungen sind: die Messung der Körpertemperatur mit einem Thermometer oder die Messung der Intelligenz mit einem standardisierten Intelligenztest, dessen Ergebnis in Standardwerten (z.B. IQ-Punkten) ausgedrückt wird. Mit intervallskalierten Werten können arithmetische Operationen (Addition, Multiplikation usw.) durchgeführt werden. Erst ab diesem Skalenniveau ist die Anwendung parametrischer statistischer Verfahren (z.B. t-Test, F-Test, Produkt-Moment-Korrelation) zulässig.

Besitzt eine Skala über alle Merkmale der Intervallskala hinaus einen absoluten Nullpunkt, so nennt man sie *Verhältnisskala*. Für sie gilt, daß das zahlenmäßige Verhältnis zweier Skalenpunkte unabhängig von der gewählten Maßeinheit ist. Ein Beispiel ist die Messung der Körperhöhe. Sie variiert von der Konzeption bis zum Erwachsenenalter zwischen 0 cm und durchschnittlich etwa 180 cm. Die Skalenintervalle, z.B. zwischen 50 cm und 100 cm bzw. zwischen 80 cm und 160 cm stehen in gleichem Verhältnis zueinander: der zweite Wert ist jeweils doppelt so groß wie der erste Wert.

Derartiges läßt sich z.B. für intervallskalierte IQ-Skalen nicht behaupten. Hier gibt es keinen absoluten Nullpunkt und insofern auch keine Möglichkeit, das Verhältnis des Grads verschiedener Intelligenzwerte zahlenmäßig auszudrücken. Z.B. ist die Aussage unsinnig, daß jemand mit einem IQ von 120 eineinhalbmal so intelligent ist wie jemand mit einem IQ von 80. Allerdings hat THURSTONE (1925, 1928) versucht, durch Berücksichtigung der Variation des Verhältnisses von Mittelwert und Streuung der Intelligenzleistung im Laufe der Ontogenese den absoluten Nullpunkt der Intelligenz rechnerisch zu bestimmen und damit eine Verhältnisskala der Intelligenz zu konstruieren. In neuerer Zeit wurde dieser Ansatz von BLOOM (1964/1971) wieder aufgegriffen. Das von THURSTONE angewendete Verfahren bzw. die von BLOOM daraus abgeleiteten Schlußfolgerungen sind aber methodisch umstritten (vgl. KRAPP & SCHIEFELE, 1976; MERZ & STELZL, 1973).

In der Psychologie d.h. bei der Messung von Verhaltensvariablen, erreicht man im Höchstfall ein Intervallskalenniveau. Meist besitzen psychologische Untersuchungsverfahren nicht mehr als Ordinalskalenniveau. Durch die – oft nicht überprüften – Annahmen a) einer Normalverteilung der Variablenwerte in einer Untersuchungsstichprobe und b) der Gleichgewichtigkeit der Einzelwerte, aus deren Summe sich der individuelle Skalenwert in der Regel errechnet (z. B. alle Ja-Antworten in einem Fragebogen oder alle richtigen Lösungen in einem Leistungstest) wird allerdings manchmal versucht, nur ordinalskalierte Werte statistisch wie intervallskalierte Werte weiter zu verarbeiten. Ein Beispiel hierfür ist die Faktoranalysierung von dichotomisierten (Ja - Nein) Fragebogen-Items.

Drei prototypische Fälle der Messung ontogenetischer Veränderungen

Gehen wir auf unseren Ausgangspunkt zurück, das Zuordnungsproblem eines „wahren" Variablenwerts X, eines gemessenen Skalenwerts Y und eines Zeitpunkts oder Alters T (vgl. oben S. 236f.) und berücksichtigen dabei außerdem das Skalenniveau der gemessenen Variablen, so können wir hinsichtlich der Messung ontogenetischer Veränderungen drei prototypische Fälle unterscheiden (vgl. hierzu WOHLWILL, 1973/1977). Dabei soll das Problem der Isomorphie von X und Y bzw. des Meßfehlers der Skala Y, zuvor unter dem Aspekt der Gütekriterien eines Meßverfahrens diskutiert, der Einfachheit halber außer acht gelassen werden.

1. Es ist eine *kontinuierliche*, d. h. eindimensional quantifizierbare *Variable X* gegeben. Deren Veränderungen über die Zeit T werden auf *Intervallskalenniveau* gemessen. Ein Beispiel ist die Untersuchung der zeitlichen Veränderungen der Variablen Intelligenz, so wie sie von BAYLEY (1955) durchgeführt wurde (vgl. das Untersuchungsbeispiel 2.1).

2. Es sind wie im Fall 1 *kontinuierliche* Veränderungen in einer Variablen X gegeben, diese werden aber nur in einer *beschränkten Anzahl von Abstufungen* angeordnet (z. B. nicht vorhanden, etwas ausgeprägt, stark ausgeprägt, sehr stark ausgeprägt). Die Veränderungen der Variablen werden damit nur auf *Ordinalskalenniveau* gemessen. Z. B. könnten die kontinuierlichen Verbesserungen der visuell-motorischen Koordination intervallskaliert durch die Angabe der Zeit, die zur Bewältigung von Aufgaben zur visuell-motorischen Koordination benötigt wird, gemessen werden. Auf Ordinalskalenniveau begnügt man sich hingegen mit der Angabe einer beschränkten Anzahl von Graden der Koordinationsfähigkeit: z. B. keine Koordination, Ansätze einer Koordination, gute Koordination, sehr gute Koordination.

WOHLWILL (1973/1977) macht auf zwei Probleme der ordinalskalierten Messung kontinuierlicher Veränderungen aufmerksam. Aufgrund einer geringen Zahl von möglichen Rängen resultiert leicht ein stufenförmiger Entwicklungsverlauf, denn eventuell auftretende Veränderungen innerhalb eines Ranges bleiben per definitionem außer acht. Speziell bei einer Skalierung über Schätzskalen (Rating-Skalen) tritt außerdem das Problem gleichbleibender Bezugspunkte der Rangeinstufung für alle Altersstufen auf: was heißt z. B. „sehr abhängig" oder „sehr aggressiv" bei einem Zweijährigen und bei einem Zwanzigjährigen, ganz abgesehen von möglichen qualitativen Veränderungen.

3. Es ist keine kontinuierlich sich verändernde Variable X gegeben, sondern eine *regelhafte Abfolge* von mehreren Variablen (Entwicklungssequenz), die sich – außer natürlich auf der Zeitdimension – nicht auf einer Dimension anordnen läßt. Messungen derartiger Veränderungsreihen weisen deshalb nur *Nominalska-*

lenniveau auf. Beispiele für nominalskalierte Veränderungsreihen sind etwa regelhafte motorische Sequenzen im Kleinkindalter (vgl. Abbildung 1.2).

Während die Beziehung zwischen den Veränderungen der Variablen X und dem Lebensalter (der Zeitdimension T) in den Fällen 1 und 2 verschiedener Art sein kann, d. h. nicht unbedingt eine monotone Beziehung zwischen den Veränderungen und dem Alter bestehen muß, kann die Beziehung zwischen der Variablenabfolge und dem Lebensalter im Fall 3 nur monoton sein. Der Grund hierfür ist, daß im Fall 3 die Skalierung auf der Altersvariation basiert, was zwangsläufig zu einer monotonen Beziehung führt, während in den Fällen 1 und 2 die Skalierung der Variablen X unabhängig von der Art der Beziehung zum Lebensalter vorgenommen wird.

Die Umwandlung qualitativer Veränderungen in quantitative Werte

An mehreren Stellen dieses einführenden Abschnitts wurde zwischen quantitativen und qualitativen Veränderungen unterschieden. Wir haben dabei festgestellt, daß die Messung quantitativer Veränderungen im Vergleich zur Messung qualitativer Veränderungen unter methodischem Aspekt eine Reihe von Vorteilen besitzt: z. B. die Möglichkeit der Erstellung von Entwicklungsfunktionen nach dem Muster $V = f_{(t)}$, Ordinal- oder sogar Intervallskalenniveau. Um die Vorteile der Quantifizierung auch für qualitative Veränderungen zu nutzen, gibt es verschiedene Möglichkeiten der *Umwandlung qualitativer Variablen in quantifizierbare Werte*. Die drei in der Entwicklungspsychologie am häufigsten beschriebenen Wege sollen kurz erläutert werden (s. hierzu auch WOHLWILL 1973/1977).

1. *Angabe der Anzahl von Versuchspersonen einer Stichprobe, die ein Kriterium erreichen.* Nehmen wir als Beispiel einer qualitativen Veränderungsreihe die motorische Entwicklung im frühen Kindesalter und hier speziell die Variable *alleine (ohne fremde Hilfe) laufen können*. Bei einer groben nominalen Klassifikation nach *läuft allein* versus *läuft nicht allein* – das mögliche Vorhandensein eines Übergangsstadiums einmal außer acht gelassen – läßt sich für jedes Kind feststellen, ob es alleine laufen kann oder nicht. Außerdem läßt sich für jedes Kind, das alleine laufen kann, erheben, seit welchem Alter es dies kann. Für jedes einzelne Kind bedeutet der Wechsel vom einem zum anderen Zustand eine diskontinuierliche (qualitative) Veränderung. Unter Beibehaltung des diskreten Charakters der Variablen läßt sich daraus ein quantifizierbares Maß ableiten, wenn man als Bezugspunkt anstelle des einzelnen Kindes die Gruppe wählt und für jeden Zeitpunkt des interessierenden Altersbereichs angibt, wieviele der Kinder der einzelnen Altersstufen alleine laufen können (s. Abbildung 4.4). Meist drückt man dies in Prozentwerten aus. Die Abbildung 4.4 zeigt auch, daß die aus diesem Vorgehen resultierende kontinuierliche Entwicklungskurve nicht als typisches Bild der Entwicklungsverläufe angesehen werden darf. Insbesondere läßt sie nicht erkennen, ob individuelle Unterschiede der Veränderungsgeschwindigkeit oder des Altersbereichs in dem die Änderung eintritt für den Kurvenverlauf verantwortlich sind.

2. *Bildung eines Gesamtwerts auf der Basis von Items heterogener Schwierigkeit.* Bleiben wir bei unserem Beispiel des *Alleine laufen Könnens* und stellen uns

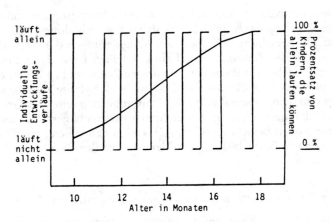

Abbildung 4.4: Umwandlung diskontinuierlicher individueller Entwicklungsverläufe in eine kontinuierliche Gruppen-Verlaufskurve

vor, daß es möglich ist, Kindern, die gerade laufen lernen bzw. laufen können, verschiedene motorische Aufgaben zu stellen, die unterschiedlich schwer zu bewältigen sind. Sie sollen etwa über Strecken laufen, die verschiedene Steigungsgrade aufweisen; sie müssen bei einzelnen Aufgaben Hindernisse umgehen, bei anderen nur ein kurzes freies Stück überqueren; die Helligkeit des Versuchsraums und damit die Orientierungsmöglichkeit wird variiert usw. Man kann nun für jedes Kind auszählen, bei wievielen Aufgaben das gesetzte Lösungskriterium erreicht worden ist. Die jeweilige Summe der gelösten Aufgaben dient als quantitativ abstufbares Maß der Fähigkeit eines Kindes alleine laufen zu können. Ähnlich könnte anstelle der Klassifikation von Kindern danach, ob sie das Additionsprinzip beherrschen oder nicht, durch Darbietung einer Vielzahl unterschiedlich schwieriger Additionsaufgaben und Summierung der jeweiligen Zahl gelöster Aufgaben die individuelle Additionsfähigkeit gemessen werden. In jedem Fall können die Veränderungen in der Zahl der gelösten Aufgaben im Laufe der individuellen Entwicklung als quantitative Veränderungen nach dem Muster $V = f_{(t)}$, d. h. als individuelle Entwicklungskurve, abgebildet werden. Dies ist im übrigen das typische Vorgehen bei der klassischen Intelligenzmessung mit Hilfe standardisierter Intelligenztests (vgl. BAYLEY, 1955, 1956, 1970).

In die gerade geschilderte Art der Umwandlung qualitativer Werte in quantitative Größen gehen allerdings eine Reihe von Voraussetzungen ein, die überprüft werden müssen. Die erste Voraussetzung ist selbstverständlich, daß die betreffende Variable eine quantitative Abstufung erlaubt (daß eine latente kontinuierliche Dimension gegeben ist) und daß zur Messung der betreffenden Variablen eine Reihe von Aufgaben gefunden werden kann, die in ihrer Schwierigkeit abgestuft sind. Weiter wird vorausgesetzt, daß alle Items zwar die gleiche Variable (Dimension) messen, gleichzeitg jedoch die Wahrscheinlichkeit der Lösung eines Items von der Lösung anderer Items möglichst unabhängig ist. Schließlich wird meist Äquivalenz aller Items angenommen, d. h. jedes Item geht mit dem gleichen Gewicht in den

Gesamtwert ein, und der gleiche Gesamtwert kann sich daher auch aus den verschiedensten Items zusammensetzen. Ist die Voraussetzung der relativen Itemunabhängigkeit nicht erfüllt, so resultiert eine bimodale Werteverteilung. Dies ist im übrigen ein Hinweis darauf, daß die Annahme einer latenten kontinuierlichen Dimension nicht aufrecht erhalten werden kann und stattdessen von einer Diskontinuität der Variablen auszugehen ist.

3. *Betrachtung qualitativer Variablen unter rein quantitativem Aspekt.* Noch einfacher als der unter 2. geschilderte Ansatz der Konstruktion einer Reihe unterschiedlich schwieriger Aufgaben zur Feststellung des Ausprägungsgrads einer Variablen ist die Beschränkung der Messung einer qualitativen Variablen auf deren leicht quantifizierbare (Neben-)Aspekte. So kann man z. B. die Dauer, die zur Lösung einer Aufgabe benötigt wird, oder die Effizienz eines Verhaltens messen. Für unser Beispiel der motorischen Fortbewegung hieße dies etwa, für jedes Kind festzustellen, wie lange es braucht, um von einem Punkt 1 zu einem Punkt 2 zu gelangen oder wie effektiv die eigene Fortbewegung zur Erreichung eines Zieles eingesetzt wird, und zwar unabhängig von der Art der Fortbewegung. Diese Art der Umwandlung qualitativer Variablen in quantitative Variablen läßt sich allerdings eher als zusätzliches Maß empfehlen und weniger als Ersatz für eine direkte Art der Messung.

Das Problem der Identität trotz Veränderung

Zum Schluß dieses einführenden Abschnitts soll noch auf ein prinzipielles Problem der entwicklungspsychologischen Veränderungsmessung hingewiesen werden. Es tritt immer dann auf, wenn quantitative Veränderungen in einer Variablen erfaßt werden sollen. Eine rein quantitative Betrachtungsweise von Veränderungen setzt das Gleichbleiben der inhaltlichen Struktur der gemessenen Variablen bei gleichzeitig gegebener quantitativer Veränderung zu den verschiedenen Zeitpunkten der Entwicklung (über Alter) voraus (vgl. auch Kap.2.1). Die Variable X bzw. das zu ihrer Erfassung konstruierte Meßinstrument Y sind so zu definieren, daß sie einerseits (inhaltlich) homogen genug sind, um über längere Zeiträume des Lebenslaufs verfolgt werden zu können, daß sie andererseits aber auffällige Veränderungen über die Zeit anzeigen. Bei Variablen wie Körperhöhe oder Wortschatz bedeutet dies kein wesentliches Problem. Hier kann davon ausgegangen werden, daß sowohl eine einheitliche Variable gegeben ist als auch ein für alle Altersstufen vergleichbares Meßverfahren. Anders sieht dies für Variablen wie Intelligenz oder Abhängigkeit aus. Zwar läßt sich auch hier über weite Altersbereiche das gleiche Testverfahren anwenden (z. B. ein standardisierter Intelligenztest oder ein standardisiertes Beobachtungsverfahren zur Feststellung abhängigen Verhaltens), damit ist jedoch nicht garantiert, daß das Testverfahren über alle Altersstufen die gleichen Leistungen oder Funktionen erfaßt. Es ist sogar eher wahrscheinlich, daß Intelligenzfähigkeiten oder Abhängigkeitsverhalten sich im Laufe der Entwicklung auch qualitativ verändern, z. B. verschiedene Intelligenzfunktionen zur Lösung der gleichen Aufgaben eingesetzt werden, sich neue Intelligenzfähigkeiten herausbilden oder – im Fall der Abhängigkeit – die Inhalte und Adressaten abhängigen Verhaltens sich verändern. Derartige qualitative Veränderungen werden aber von einer rein quantitativen Betrachtungsweise nicht erfaßt.

Wird ein Untersuchungsverfahren über einen weiten Altersbereich konstant gehalten, stellt sich das Problem der Vergleichbarkeit der Ergebnisse für verschiedene Altersstufen in mehrfacher Hinsicht: nämlich hinsichtlich (1) des Verständnisses der Untersuchungsinstruktion, (2) der Wahrnehmung oder Beachtung der aufgabenrelevanten Aspekte, (3) der motivationalen Grundlagen des Verhaltens in der Versuchssituation und (4) der Verfügbarkeit über die in der Untersuchung geforderten Verhaltensmuster. Häufig wird nur das letztere als variabel betrachtet, während Altersunterschiede in den übrigen Aspekten vernachlässigt werden.

Das eben dargestellte Problem läßt sich als ein *Validitäts*problem definieren, und zwar speziell als ein Problem der vergleichenden *Konstruktvalidierung* für verschiedene Altersstufen: wird tatsächlich jeweils das gleiche Konstrukt, z.B. von Intelligenz, gemessen? Man kann dies auch als Forderung formulieren, daß alle Faktoren, die den Variablenwert eines Individuums beeinflussen, aber nicht zur Definition des Konstrukts der zu messenden Variablen gehören, über den untersuchten Altersbereich konstant sein müssen.

Eine Möglichkeit zur Überprüfung der Vergleichbarkeit eines Untersuchungsinstruments für Stichproben von Individuen verschiedenen Alters ist die Feststellung der Ähnlichkeit (Identität) der einzelnen altersspezifischen Ladungsmatrizen mit Hilfe faktorenanalytischer Methoden. Während Identität hier durch das Gleichbleiben der Faktorladungen definiert ist, wird die quantitative Variabilität durch die Veränderung in den individuellen Faktorwerten gemessen. Zu fakotrenanalytischen Ansätzen in der entwicklungspsychologischen Veränderungsmessung s. Abschnitt 3.2.2.

2. Probleme der Stichprobenselektion zur Untersuchung von Entwicklungsvorgängen

Die im Laufe der Entwicklung zu beobachtenden Veränderungen des Verhaltens und Erlebens, seien es Veränderungen in einer Variablen, regelhafte Abfolgen von Variablen oder Veränderungen des Beziehungsmusters verschiedener Variablen, werden üblicherweise in ihrem zeitlichen Verlauf über das Lebensalter verfolgt (vgl. Kap. 1.2.3). Obwohl das Lebensalter keine echte unabhängige Variable ist, wird es beim Vergleich verschiedener Altersstichproben wie eine unabhängige Variable (eine Wirkgröße) verwendet, indem die zeitlichen Veränderungen in Abhängigkeit vom Lebensalter, d.h. als *Alterseffekte*, betrachtet werden. In diesem zweiten Abschnitt des Methodenkapitels werden die verschiedenen in der Entwicklungspsychologie gebräuchlichen Stichprobenpläne zur Untersuchung von Entwicklungsvorgängen und ihre jeweils spezifischen Möglichkeiten und Grenzen dargestellt. Insbesondere geht es dabei um Probleme der Stichprobenselektion im Zusammenhang mit der Verwendung des Lebensalters als unabhängige Variable.

Grundsätzlich erfüllt ein Untersuchungsplan zur Aufdeckung von Alterseffekten seine Aufgabe nur dann optimal, wenn es eindeutig möglich ist, die Unterschiede zwischen den verglichenen Altersgruppen lediglich auf die Variable Alter zurückzuführen. D. h., zwischen den verschiedenen Altersgruppen dürfen außer im Alter keine Unterschiede vorhanden sein. Alle übrigen Variablen, die mit den jeweils untersuchten abhängigen Variablen in Zusammenhang stehen könnten, (z. B. soziale Schichtzugehörigkeit, Geschlecht, Intelligenz, Erziehungshintergrund etc.) müssen über das Alter gleich verteilt sein bzw. konstant gehalten werden. Die Forderung, daß keine Unterschiede zwischen den Altersgruppen bestehen dürfen außer im Alter selbst, ist aber in sich widersprüchlich, da das Alter einerseits hinsichtlich seiner Wirkeigenschaften inhaltsleer ist, nämlich wenn es nicht mehr bedeutet als chronologische Zeit nach der Geburt, andererseits bei einer inhaltlichen Ausfüllung der Altersvariablen durch die über die Zeit wirksamen Entwicklungsfaktoren nicht das Alter, sondern diese Entwicklungsfaktoren auf die jeweiligen abhängigen Variablen einwirken (vgl. S. 28f.).

Das Vorhandensein systematischer Beziehungen zwischen dem Lebensalter und Veränderungen des Verhaltens und Erlebens gründet in der Korrelation zahlreicher Entwicklungseinflüsse bzw. ihrer Auswirkungen mit dem Alter. Das Auftreten individueller Unterschiede innerhalb der einzelnen Altersgruppen weist im übrigen darauf hin, daß die Alterskorrelation von Entwicklungseinflüssen bzw. ihren Auswirkungen nicht mit einer festen Bindung an ein bestimmtes Lebensalter gleichzusetzen ist (vgl. auch S. 28f.). Strenggenommen müßte der Begriff des Alters daher immer auf spezifische Individuen, d. h. die für sie geltenden Entwicklungsgegebenheiten bezogen werden, was nach BALTES (1967) präziser durch den Begriff des „Alterns" beschrieben würde.

Bei der Zusammenstellung von Altersstichproben steht man also vor dem Dilemma, einerseits keine Unterschiede zwischen den Altersgruppen außer im Alter selbst herzustellen, andererseits das Alter nur dann als inhaltlich definierte Variable verwenden zu können, wenn es auf – alterskorrelierte – Entwicklungsfaktoren bezogen wird. Dieser Sachverhalt darf nicht vergessen werden, wenn im folgenden verschiedene Pläne der Stichprobenselektion zur Aufdeckung von Alterseffekten beschrieben werden.

2.1 Traditionelle Methoden der Untersuchung von Altersunterschieden und Altersveränderungen: Querschnitt und Längsschnitt

2.1.1 Die konventionelle Querschnittmethode

Definition und Versuchsplan

In einer Querschnittuntersuchung werden Stichproben von Individuen (S_1 bis S_n) aus verschiedenen Altersgruppen (A_1 bis A_n) mit demselben oder einem vergleichbaren Meßinstrument Y an einem bestimmten Zeitpunkt (Z_1) jeweils einmal untersucht (BALTES, 1967, S. 11). Dabei werden das Lebensalter als unabhängige Variable, die mit dem Meßinstrument erfaßten Werte als abhängige Variablen betrachtet. Unterschiede zwischen den Meßwerten Y der Stichproben ($S_1 Z_1$ bis $S_n Z_1$) werden auf Unterschiede des Alters (A_1 bis A_n) zurückgeführt (s. Tabelle 4.1).

Tabelle 4.1: Der Grundplan einer Querschnittuntersuchung

Altersgruppe (A)	Stichprobe (S)	Meßzeitpunkt (Z)	Meßwert (Y)
A_1	S_1	Z_1	Y_{A1}
A_2	S_2	Z_1	Y_{A2}
A_3	S_3	Z_1	Y_{A3}
⋮	⋮	⋮	⋮
A_n	S_n	Z_1	Y_{An}

Vorteile der Querschnittmethode

Weit über 90 % der entwicklungspsychologischen Untersuchungen, die einen Vergleich verschiedener Altersgruppen anzielen, bedienen sich der konventionellen Querschnittmethode. Dies scheint auf den ersten Blick für die Brauchbarkeit dieses Vorgehens zu sprechen. Der entscheidende Grund für die Beliebtheit der Querschnittmethode ist jedoch weniger in einer methodischen Überlegenheit begründet, sondern ist rein praktischer Natur.

Aufgrund des einmaligen Erhebungszeitpunkts ist die Zeitspanne zwischen der Durchführung der Untersuchung und dem Vorliegen der Ergebnisse erheblich kürzer als in einer Längsschnittuntersuchung, die erst abwarten muß, bis die Versuchspersonen das letztemal, d. h. nach Erreichen des höchsten interessierenden Alters untersucht worden sind. Die Querschnittmethode ist wegen dieser zeitlich gedrängten Versuchsdurchführung auch vom Personalaufwand, d. h. unter finanziellen Gesichtspunkten, günstiger, obwohl selbstverständlich der rein zahlenmäßige Zeitaufwand für die Durchführung der Untersuchung bei beiden Methoden gleich groß ist: in beiden Fällen sind die Versuchspersonen in allen interessierenden Altersgruppen mit allen Untersuchungsverfahren zu untersuchen. Schließlich erweist es sich meist als einfacher, Versuchspersonen für eine einmalige Teilnahme an einer Untersuchung zu gewinnen, wie bei der Querschnittmethode, als für die mehrmalige Teilnahme an Untersuchungen, die sich u. U. über viele Jahre hinziehen.

Unter methodischen Gesichtspunkten spricht nur wenig für die Querschnittuntersuchung als Methode der Wahl zum Vergleich verschiedener Altersgruppen. Da lediglich *ein* Erhebungszeitpunkt gegeben ist und damit nicht zuletzt die Möglichkeit der Gewinnung größerer Stichproben, fällt es leichter, nach dem Zufallsprinzip eine repräsentative Stichprobe auszuwählen. Dies bedeutet allerdings nicht, daß die verschiedenen Altersgruppen in allen übrigen Variablen außer Alter homogen sind. Dem steht bereits die der Querschnittmethode inhärente Konfundierung von Alters- und Generationseffekten entgegen (s. dazu weiter unten).

Nachteile der Querschnittmethode

Die wesentlichen *Nachteile* der Querschnittmethode sind: (1) sie liefert keine direkte Information über intraindividuelle Veränderungen; (2) Alters- und Generationsunterschiede sind miteinander vermischt (konfundiert); (3) die Generalisierbarkeit auf andere Erhebungszeitpunkte ist fraglich; (4) sie unterliegt – wie die Längsschnittmethode – Fehlern durch selektive Populationsveränderungen; (5) sie ist statistisch weniger effizient als die Längsschnittmethode. Am gravierendsten sind die Punkte (1) und (2), die deshalb auch etwas ausführlicher erläutert werden sollen.

Ad (1): Da nicht das Individuum in seinen zeitlichen Veränderungen Bezugspunkt der Erhebung von Altersunterschieden ist, sondern verschiedene Gruppen von Individuen in den verschiedenen Altersstufen, erhält man aus einer Querschnittuntersuchung *keine direkte Information über intraindividuelle Veränderungen (Veränderungen über das Alter). Es liegen nur Angaben über Altersdifferenzen zwischen verschiedenen Stichproben* vor. Indem die altersspezifischen Mittelwerte miteinander verknüpft werden, gelangt man zu der „typischen" Entwicklungskurve. Inwieweit die Durchschnittskurve die individuellen Entwicklungsverläufe beschreibt, muß dabei zwangsläufig offenbleiben.

Damit ist weder die Erstellung von intraindividuellen Entwicklungsfunktionen noch die Analyse interindividueller Unterschiede in den intraindividuellen Veränderungen möglich. Insbesondere liefern Querschnittuntersuchungen keine Daten über die *Richtung* der in den einzelnen Altersgruppen erfolgenden individuellen Veränderungen, sondern nur über die interindividuelle *Streuung* einer Variablen in den einzelnen Altersgruppen. So können ganz unterschiedliche individuelle Veränderungsverläufe bei einer Querschnittanalyse zum gleichen Ergebnis führen (s. Abbildung 4.5).

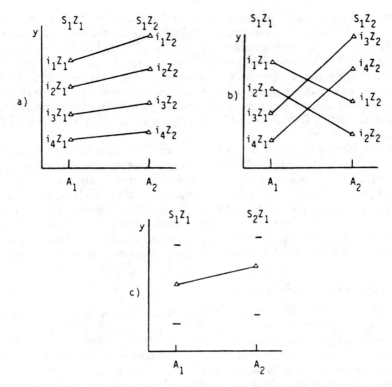

Abbildung 4.5: Zwei verschiedene Muster der Richtung von individuellen Entwicklungsverläufen: a) Bereits vorhandene individuelle Unterschiede prägen sich bei gleichzeitig generell ansteigenden Werten weiter aus; b) gegenläufige Entwicklungsrichtungen bei Individuen mit anfänglich hohen und niedrigen Werten. c) zeigt, daß die Information aus einer Querschnittuntersuchung sich in beiden Fällen ausschließlich auf die Angabe eines höheren Mittelwertes und einer größeren Streuung im späteren Alter (A2) beschränkt. y = Meßwerte, S = Stichproben, Z = Meßzeitpunkte, A = Altersgruppen, i = Versuchspersonen.

Unser fiktives Beispiel zeigt, daß Durchschnittswerte für verschiedene Altersgruppen aus Querschnittdaten keine Rückschlüsse auf individuelle Entwicklungsverläufe zulassen. Soweit bei verschiedenen Individuen unterschiedliche Veränderungsgeschwindigkeiten eines Merkmals gegeben sind, d. h. gleiche Entwicklungsniveaus zu verschiedenen Zeitpunkten erreicht werden, was häufig der Fall ist, kommt es außerdem bei der Verwendung von Altersmittelwerten zu einer Nivellierung eventuell auftretender Diskontinuitäten der individuellen Entwicklungsverläufe.

Die gerade beschriebenen Mittelungsfehler resultieren zwar auch bei Durchschnittskurven aus Längsschnittdaten, sie können dort jedoch sichtbar gemacht und durch die Wahl eines adäquaten Maßstabs korrigiert werden (vgl. die Abbildung 1.1 auf S. 18).

Ad (2): Der Vorteil, einen beliebigen Altersbereich zu nur *einem* Meßzeitpunkt untersuchen zu können, wirkt sich nur solange als Vorteil aus, als die Annahme gilt, daß die Stichproben verschiedenen Alters $S_1 A_1$ bis $S_n A_n$ aus derselben Grundgesamtheit (Population) stammen und sich lediglich im Alter unterscheiden. Dies trifft jedoch zumindest in einer Hinsicht grundsätzlich nicht zu, nämlich hinsichtlich des Geburtstags bzw. Geburtsjahrs (der *Generations-* oder *Kohortenzugehörigkeit*) der Angehörigen der verschiedenen Altersgruppen. Alters- und Kohortenzugehörigkeit sind in einer Querschnittuntersuchung zwangsläufig miteinander konfundiert. So unterscheiden sich z. B. Sechsjährige und Sechzehnjährige einer im Jahre 1976 durchgeführten Querschnittuntersuchung nicht nur im Alter um 10 Jahre, sondern auch im *Geburtsjahr* (1970 versus 1960).

Nur wenn davon ausgegangen werden kann, daß – in unserem Zahlenbeispiel – die im Jahre 1976 untersuchten Sechzehnjährigen im Jahre 1966 als Sechsjährige mit den im Jahre 1976 untersuchten Sechsjährigen hinsichtlich der Entwicklungsbedingungen und des Entwicklungsstatus vergleichbar sind, ist der Generationsunterschied der beiden Stichproben außer acht zu lassen. Genauso müßte gelten, daß die im Jahre 1976 untersuchten Sechsjährigen 10 Jahre später als Sechzehnjährige im Jahre 1986 sich hinsichtlich der dann gegebenen Entwicklungsbedingungen und des Entwicklungsstatus nicht von den im Jahre 1976 untersuchten Sechzehnjährigen unterscheiden. Soweit in den Entwicklungsbedingungen bzw. im Entwicklungsverlauf von Personen mit unterschiedlichem Geburtsjahr Unterschiede existieren, also Generationsunterschiede vorliegen, ist die wesentliche Voraussetzung der Querschnittmethode (keine Unterschiede zwischen den Altersgruppen außer dem Alter) nicht mehr gegeben und die Interpretation der aufgefundenen Altersunterschiede als repräsentatives Abbild des Altersverlaufs auch aus diesem Grunde nicht möglich. Ebenso ist eine Verallgemeinerung der erhaltenen Altersunterschiede über alle Generationen unzulässig.

Ob bzw. inwieweit die Konfundierung der Alters- und der Kohortenzugehörigkeit tatsächlich zu einer entsprechenden Konfundierung von Alters- und Kohorteneffekten führt, hängt von dem untersuchten Gegenstandsbereich, der Fragestellung einer Untersuchung und dem abgedeckten Altersbereich ab. Bei der Untersuchung von Freizeitinteressen und Wertvorstellungen 15- bis 25jähriger ist das Auftreten von Kohortendifferenzen sehr wahrscheinlich. Bei der Untersuchung des frühen Grammatikerwerbs im Kleinkindalter dürften Kohortendifferenzen hingegen vernachlässigt werden können.

Ad (3): Die Ergebnisse einer Querschnittuntersuchung können nicht auf Querschnittuntersuchungen zu anderen Meßzeitpunkten generalisiert werden. Das gleiche Problem läßt sich auch als mangelnde Generalisierbarkeit der in einer Querschnittuntersuchung aufgefundenen Altersunterschiede auf die jeweiligen Altersunterschiede bei anderen Kohorten ausdrücken.

Die mangelnde Generalisierbarkeit der Ergebnisse einer einzelnen Untersuchung ist ein allgemeines Problem empirischer Forschung. Durch Replikationsstudien läßt sich u. U. die Generalisierbarkeit überprüfen. Die weiter unten dargestellten sequentiellen Stichprobenpläne nach SCHAIE und BALTES können in diesem Sinn als spezielle Arten von Replikationsstudien angesehen werden.

Ad (4): Die Vergleichbarkeit der verschiedenen Altersstichproben einer Querschnittuntersuchung kann nicht nur durch das Vorliegen von Generationsunterschieden vermindert werden, sondern auch durch selektive Populationsveränderungen über das Alter. D.h., die Populationen, aus denen die verschiedenen Altersstichproben stammen, können durch mit dem Alter variierende Ereignisse (wie z. B. Krankheit oder Tod) verändert werden. Solche Populationsveränderungen wirken dann *selektiv*, wenn sie gleichzeitig in einer korrelativen Beziehung zur abhängigen Variablen (z. B. sexuellem Interesse, Intelligenz) stehen.

So ist die Population der Siebzigjährigen mit der Population der Dreißigjährigen u. U. deswegen nicht voll vergleichbar, weil bei den Siebzigjährigen eine Auswahl der besonders Lebensfähigen und Gesunden anzutreffen ist, während unter den Dreißigjährigen auch noch weniger lebensfähige oder gesunde Personen zu finden sind, von denen viele das siebzigste Lebensjahr nicht erreichen werden. Dies wirkt dann selektiv, wenn Lebensfähigkeit oder Gesundheit in Beziehung z. B. zur Intelligenzhöhe steht (vgl. RIEGEL & RIEGEL, 1972). Das bedeutet, daß die noch lebenden, gesunden Siebzigjährigen vermutlich auch mit dreißig Jahren in ihrer Alterspopulation eher zu den Intelligenteren gehört haben.

Ad (5): In die statistische Prüfung der Signifikanz von Altersunterschieden gehen bei der Verwendung von unabhängigen Stichproben aus den verschiedenen Altersgruppen, wie es bei der Querschnittmethode der Fall ist, die interindividuellen Differenzen als Fehlervarianz in die Berechnung ein. Gegenüber dem Fall abhängiger Stichproben in den verschiedenen Altersgruppen, also der wiederholten Messung derselben Individuen (Längsschnittmethode), verringert sich damit die Wahrscheinlichkeit des (statistischen) Nachweises von Altersdifferenzen bzw. Veränderungen. Dieser Mangel der Querschnittmethode fällt entsprechend um so stärker ins Gewicht, je geringer die Altersunterschiede sind.

Abschließende Beurteilung der Querschnittmethode

Bei der abschließenden Beurteilung der Brauchbarkeit der Querschnittmethode sollte man zwischen zwei möglichen Zielen des Vergleichs verschiedener Altersgruppen unterscheiden: 1. Schätzungen über den *Entwicklungsverlauf* von Individuen oder Gruppen von Individuen zu liefern und 2. zu einem bestimmten Zeitpunkt bestehende *Unterschiede* zwischen Individuen bzw. Gruppen von Individuen verschiedenen Alters festzustellen.

Für ersteres, die genuin entwicklungspsychologische Fragestellung der Aufdeckung und Analyse intraindividueller Veränderungen und interindividueller Unterschiede in intraindividuellen Veränderungen, erweist sich die Querschnittmethode als ungeeignet, vor allem wegen des Fehlens von Informationen über intraindividuelle Veränderungen und der Konfundierung von Alters- und Kohortendifferenzen. Für das zweite Problem, die Feststellung von Altersdifferenzen zu einem bestimmten historischen Zeitpunkt, ist sie hingegen die einzig anwendbare Methode. Man denke etwa an Erhebungen über die Wählermeinung in verschiedenen Altersgruppen vor einem Wahltermin, die Altersnormierung eines Schultests, der für einige Jahre zur Schülerauslese verwendet werden soll, oder die Untersuchung der Kaufgewohnheiten von Käufern im Jahre 1986. In all diesen

Fällen besteht das einzige Problem in der Selektion repräsentativer Altersstichproben und der Gewährleistung der Vergleichbarkeit der verwendeten Untersuchungsverfahren in den verschiedenen Altersstufen. Da Aussagen über *Altersveränderungen* dabei nicht angezielt sind, verlieren die vorhin erläuterten Nachteile der Querschnittmethode hier ihre Bedeutung.

2.1.2 Die konventionelle Längsschnittmethode

Definition und Versuchsplan

In einer Längsschnittuntersuchung wird eine Stichprobe von Individuen (S_1) zu verschiedenen Zeitpunkten (Z_1 bis Z_n) mit demselben oder einem vergleichbaren Meßinstrument Y mehrmals untersucht (BALTES, 1967, S. 11). Dabei werden wie bei der Querschnittuntersuchung das Lebensalter als unabhängige Variable, die mit dem Meßinstrument Y erfaßten Werte als abhängige Variablen betrachtet. Unterschiede zwischen den Meßwerten der Stichproben ($S_1 Z_1$ bis $S_1 Z_n$) werden auf Unterschiede des Alters (A_1 bis A_n) zurückgeführt (s. Tabelle 4.2).

Tabelle 4.2: Der Grundplan einer Längsschnittuntersuchung

Altersgruppe (A)	Stichprobe (S)	Meßzeitpunkt (Z)	Meßwert (Y)
A_1	S_1	Z_1	Y_{A1}
A_2	S_1	Z_2	Y_{A2}
A_3	S_1	Z_3	Y_{A3}
...	...	...	...
A_n	S_1	Z_n	Y_{An}

Vorteile der Längsschnittmethode

Aufgrund des Gegenstands der Entwicklungspsychologie, der Untersuchung von *intraindividuellen Veränderungen*, sowie der zuvor aufgezeigten Mängel der Querschnittmethode erscheint die Längsschnittmethode als der „natürliche" Weg zur Untersuchung von Entwicklungsvorgängen (vgl. auch McCALL, 1977). Trotzdem sind weniger als 10 % der entwicklungspsychologischen Untersuchungen, die sich mit Altersveränderungen beschäftigen, Längsschnittuntersuchungen. Neben den schon angedeuteten praktischen Problemen der zeitlichen Dauer und der Gewinnung von Versuchspersonen sind dafür auch eine Reihe von methodischen Problemen verantwortlich. Vor der Darstellung der Probleme und Nachteile der Längsschnittmethode sollen aber zunächst deren Vorteile aufgezeigt werden.

Die *Vorteile* der Längsschnittmethode sind: (1) sie liefert direkte Informationen über intraindividuelle Veränderungen; (2) sie ermöglicht die Feststellung der Stabilität oder Instabilität von Entwicklungsmerkmalen; (3) man kann mit ihr den Zuammenhang von Veränderungen in mehreren Variablen analysieren; (4) die Vergleichbarkeit der verschiedenen Altersgruppen ist leichter herzustellen; (5) sie ist statistisch effizienter.

Ad (1): Da in einer Längsschnittuntersuchung wiederholte Messungen derselben Individuen vorliegen, stehen alle erforderlichen Informationen über *individuelle Entwicklungsverläufe* zur Verfügung: Zuwachswerte zwischen zwei Meßzeitpunkten, Informationen über die Richtung, die Form oder die mathematische Funktion individueller Verlaufskurven und die Zeitpunkte des Erreichens von Minimum, Maximum oder asymptotischem Niveau der Entwicklung eines Merkmals. Die Entwicklungsverläufe verschiedener Individuen können hinsichtlich der Verlaufsform, der Entwicklungsgeschwindigkeit und des Niveaus verglichen werden.

Sobald diese individuellen Werte über das Alter gemittelt werden, treten im übrigen die gleichen Informationsverluste auf, wie sie bei der Querschnittmethode von vornherein gegeben sind. Es kommt zur Nivellierung von Diskontinuitäten der individuellen Verlaufskurven, es sind nur bedingte Rückschlüsse auf die Veränderungsgeschwindigkeit bzw. die Zeitpunkte maximaler Veränderungsraten möglich usw. Im Unterschied zur Querschnittmethode besteht jedoch jederzeit die Möglichkeit zu überprüfen, inwieweit die Individualkurven durch die Durchschnittskurve zutreffend wiedergegeben werden.

Ad (2): Beim Vorliegen von Längsschnittdaten ist es möglich, das Ausmaß der *intraindividuellen Stabilität* eines Merkmals und der *Stabilität der interindividuellen Merkmalsunterschiede* festzustellen. Im ersten Fall betrachtet man die ipsativen Schwankungen der Meßwerte über die Zeit bei den einzelnen Individuen. Im zweiten Fall interessiert, inwieweit die einzelnen Individuen ihre relative Position (ihren Rangplatz) in der Bezugsgruppe beibehalten (vgl. WOHLWILL, 1973/1977).

In der Entwicklungspsychologie ist es üblich, aus letzterem – im Fall einer relativ hohen Stabilität der interindividuellen Merkmalsunterschiede – *Vorhersagen* über die zukünftige Entwicklung von (nicht untersuchten) Individuen für die im Längsschnitt abgedeckte Altersspanne abzuleiten (vgl. BLOOM, 1964/1971; BRIM & KAGAN, 1980).

Außerdem kann man aus Längsschnittdaten mit Hilfe korrelationsstatistischer Methoden die Enge des Zusammenhangs zwischen früheren Ereignissen (z. B. bestimmten Sozialisationserfahrungen) und späteren Verhaltensunterschieden (z. B. bestimmten Persönlichkeitseigenschaften) festzustellen versuchen.

Ersatzweise lassen sich Daten zur Feststellung des Zusammenhangs zwischen früheren Ereignissen und späteren Merkmalsausprägungen durch die Methode der *retrospektiven Studie* gewinnen. Die Versuchspersonen – oder deren Bezugspersonen– werden über zeitlich zurückliegende Ereignisse oder Verhaltensweisen befragt.

Ad (3): Nur Längsschnittdaten erlauben es, die *Zusammenhänge der Veränderungen in verschiedenen Merkmalen* (sog. Zusammenhangs- oder Entwicklungsmuster nach RAUH, 1979) aufzudecken.

So konnten z. B. TRAUTNER, HELBING, SAHM, PENNIG & DEGENHART (1989) zeigen, daß die individuellen Entwicklungsverläufe des Erwerbs von Klassifikationsfähigkeiten und der zunehmenden Flexibilität von Geschlechtsrollenstereotypen eng miteinander zusammenhängen.

Ad (4): Im Idealfall sind bei einer Längsschnittuntersuchung die Altersgruppen untereinander – bis auf den Altersunterschied und damit korrelierte Faktoren – völlig vergleichbar, da ja auf den verschiedenen Altersstufen dieselben Versuchspersonen untersucht werden. Aufgrund selektiver Stichprobenveränderungen wird dies jedoch in der Realität nur annähernd erreicht. Die Vergleichbarkeit der Altersstichproben ist aber bei der Längsschnittmethode eher gegeben als bei der Querschnittmethode. Außerdem lassen sich die Faktoren, die die Vergleichbarkeit verringern, besser kontrollieren.

Ad (5): Wie bei der Erläuterung der Nachteile der Querschnittmethode bereits erwähnt, ist die Längsschnittmethode als ein Versuchsplan mit abhängigen Messungen der Querschnittmethode hinsichtlich des statistischen Nachweises signifikanter Altersunterschiede überlegen. Die Fehlervarianz, die bekanntlich das Signifikanzniveau eines vorgefundenen Unterschieds verringert, setzt sich hier nämlich nur aus der Wechselwirkung zwischen Alter mal Versuchspersonen zusammen und umfaßt nicht noch, wie bei der Querschnittmethode, die Varianz der individuellen Differenzen. Dieser Vorteil fällt besonders ins Gewicht, wenn die individuellen Meßwerte über das Alter korreliert sind, was bei Entwicklungsvariablen häufig der Fall ist.

Nachteile der Längsschnittmethode

Die wesentlichen *Nachteile* der Längsschnittmethode sind: (1) das Auftreten von Testungseffekten; (2) Alters- und Testzeitunterschiede sind miteinander konfundiert; (3) die Generalisierbarkeit auf andere Kohorten ist fraglich; (4) es treten selektive Stichprobenveränderungen auf; (5) bereits die Ausgangsstichprobe ist selektiert; (6) man ist an die einmal gewählten Untersuchungsverfahren gebunden; (7) Längsschnittuntersuchungen sind äußerst aufwendig.

Ad (1): Bei einem Versuchsplan mit abhängigen Messungen besteht die Gefahr, daß *Serialeffekte* auftreten, die den Effekt der experimentellen Variable (hier: Alter) u. U. verfälschen. Da die Altersvariable auf alle Versuchspersonen stets in derselben Reihenfolge einwirkt, d. h. eine Versuchsperson beispielsweise nicht zuerst im Alter von sechzehn Jahren und erst später im Alter von sechs Jahren untersucht werden kann, ist die im Experiment übliche Ausbalancierung von Serialeffekten durch Randomisierung der Reihenfolge über die Individuen nicht möglich.

Die für Längsschnittuntersuchungen bedeutsamsten Serialeffekte sind die sog. *Testungseffekte.* Von Testungseffekten spricht man, wenn die Resultate von Wiederholungsuntersuchungen durch die Teilnahme an vorhergehenden Untersuchungen beeinflußt werden. Mögliche Testungseffekte sind z. B. die wachsende Vertrautheit mit dem Untersuchungsverfahren (Übungseffekte), die allgemeine Testerfahrung (z. B. die Gewöhnung an die Untersuchungssituation), aber auch Sättigungseffekte, wie etwa eine Abnahme des Interesses an der Untersuchung. In ähnlicher Weise können sich für den Fall von Veränderungen im Untersuchungspersonal oder in der Gestaltung der Untersuchungssituation Versuchsleiter- oder Versuchssituationseffekte auswirken.

Derartige Testungseffekte lassen sich durch bestimmte Vorkehrungen bei der Versuchsplanung kontrollieren bzw. durch den Vergleich von wiederholt und einmal untersuchten Stichproben abschätzen (vgl. BALTES, 1967, S. 34ff.). Testungseffekte bei Längsschnittuntersuchungen treten um so eher auf, je mehr Wiederholungsuntersuchungen durchgeführt werden und je geringer die Abstände zwischen den Meßzeitpunkten sind.

Ad (2): Wie bei der Querschnittmethode die Alters- und Kohortenzugehörigkeit konfundiert sind, sind bei der Längsschnittmethode zwangsläufig das Alter und der Erhebungszeitpunkt konfundiert. Werden z. B. ab 1980 Zehnjährige wiederholt bis zum Erreichen des Alters von fünfzehn Jahren untersucht, so ist der Altersfortschritt über fünf Jahre gekoppelt an die historische Zeitspanne von 1980 bis 1985. Die Veränderungen der Individuen während der fünf Jahre können nicht eindeutig auf das Alter zurückgeführt werden.

Ob bzw. inwieweit die Konfundierung von Alter und Testzeit tatsächlich zu einer entsprechenden Konfundierung von Alters- und Testzeiteffekten führt, ist wieder – wie hinsichtlich der möglichen Konfundierung von Alter und Kohorte bei der Querschnittmethode erläutert – eine Frage der theoretischen und empirischen Bedeutung des konkreten historischen Zeitraums für die betreffenden Entwicklungsprozesse.

Eine ausführlichere Auseinandersetzung mit den Problemen der wechselseitigen Konfundierung von Alter, Kohorte und Testzeit erfolgt im Rahmen der Darstellung der sequentiellen Pläne nach SCHAIE und BALTES, die nicht zuletzt mit dem Ziel der Verringerung dieser Probleme entwickelt worden sind.

Ad (3): Zwar kann bei einer Längsschnittuntersuchung keine Konfundierung von Alters- und Kohortenunterschieden auftreten, da nur *eine* Kohorte untersucht worden ist. Mit der Beschränkung auf eine einzige Kohorte verbietet sich aber u. U. die Generalisierung der Ergebnisse einer Längsschnittuntersuchung auf andere Kohorten (d. h. auf Längsschnittuntersuchungen über den gleichen Altersbereich, aber zu anderen Meßzeitpunkten). Die Ergebnisse sind vielmehr zunächst nur gültig für die eine untersuchte Kohorte oder Generation. Insofern stellt sich auch für die Längsschnittmethode hinsichtlich der Generalisierbarkeit der Ergebnisse das Problem der Generationsunterschiede.

Ad (4): Wie bei einer Querschnittuntersuchung unterliegen die Altersstichproben einer Längsschnittuntersuchung der Wirkung *selektiver Populationsveränderungen*, d. h. sie können durch parallel zum Alter auftretende Prozesse (wie Krankheit oder Tod) selektiv verändert werden. Darüber hinaus treten in einer Längsschnittuntersuchung aber noch selektive Populationsveränderungen spezieller Art auf. Und zwar treten meist mit jedem neuen Meßzeitpunkt *Ausfälle von Versuchspersonen* auf, z. B. weil das Interesse an der Untersuchung verloren gegangen ist oder weil man woanders hingezogen ist. So haben nicht – wie im Idealfall – alle Versuchspersonen zu allen Meßzeitpunkten an der Untersuchung teilgenommen. Sind diese Ausfälle nicht zufällig, sondern beruhen auf *systematischen* Faktoren, die mit der abhängigen Variablen korreliert sind, (z. B. wenn Intelligentere eher den Wohnort wechseln), so gehen sie als Fehlerquelle in die Altersunterschiede ein. Allerdings ist eine Überprüfung der Auswirkungen von Versuchspersonenausfällen auf die Untersuchungsergebnisse bei der Längsschnittuntersuchung prinzipiell möglich, da Angaben über die Veränderung von Stichprobenmerkmalen erhoben werden und mit den Ausgangsdaten verglichen werden können. Außerdem ist es möglich, durch die ausschließliche Berücksichtigung der Versuchspersonen, die an allen Meßzeitpunkten untersucht worden sind, die Vergleichbarkeit der Altersstichproben wiederherzustellen. Mit letzterem Vorgehen nimmt man aber in Kauf, daß sich die Stichprobe im Vergleich zur Ausgangsstichprobe u. U. erheblich verkleinert, und man verringert gleichzeitig die Repräsentativität der Ausgangsstichprobe.

Ad (5): Die lange Dauer einer Längsschnittuntersuchung führt nicht nur zu einer ansteigenden Häufung von Ausfällen (Schwundquote), sondern bringt bereits bei der *Zusammenstellung der Ausgangsstichprobe* die Schwierigkeit mit sich, eine ausreichend große Zahl von Versuchspersonen zu gewinnen. Außerdem wirkt sich wegen der größeren zeitlichen Belastung die Freiwilligkeit der Teilnahme vermutlich noch stärker als bei der Querschnittuntersuchung in Richtung einer Überrepräsentierung von Versuchspersonen mit höherem soziokönomischem Status, höherer Intelligenz und größerem Berufserfolg aus (vgl. ROSE, 1965). Beides zusammen, die relativ geringe Stichprobengröße und die Selektivität der Stichprobenzusammensetzung aufgrund der Freiwilligkeit der Teilnahme, wirkt sich negativ auf die Repräsentativität der Ausgangsstichprobe aus.

Ad (6): Um die Vergleichbarkeit der Meßwerte für die verschiedenen Altersstichproben zu gewährleisten, ist jeweils dasselbe oder zumindest ein vergleichbares Meßinstrument über alle Altersstufen zu verwenden. Das gilt zwar nicht nur für die Längsschnittmethode. Bei ihr führt dies aber dazu, daß man auf Dauer an die einmal (vor dem ersten Meßzeitpunkt) ausgewählten Untersuchungsverfahren gebunden ist, auch wenn inzwischen weit leistungsfähigere Verfahren zur Verfügung stehen.

Ad (7): Vor allem was die Zeitdauer angeht, sind Längsschnittuntersuchungen ungleich aufwendiger als Querschnittuntersuchungen. Das hat häufig die Konsequenz einer geringen Stichprobengröße, was die statistische Absicherung der Aussagen erschwert. Auch von Seiten der Geldgeber (sie erwarten schnelle Ergebnisse) und bei den beteiligten Wissenschaftlern (sie müssen motiviert sein, sich über längere Zeiträume auf ein bestimmtes Untersuchungsproblem einzulassen und lange auf Ergebnisse zu warten) führt dies zu Problemen.

Abschließende Beurteilung der Längsschnittmethode

Mit der konventionellen Längsschnittmethode läßt sich der Entwicklungsverlauf von Individuen oder Gruppen von Individuen, die aus einer Kohorte stammen, genau beschreiben. Gegenüber der Querschnittmethode hat die Längsschnittmethode den Vorteil, daß sie direkte Informationen über intraindividuelle Veränderungen liefert, daß die Stabilität eines Entwicklungsmerkmals bzw. interindividueller Merkmalsunterschiede über die Ontogenese festgestellt werden können und daß erfaßt werden kann, wie Veränderungen in verschiedenen Verhaltensbereichen miteinander verknüpft sind.

Ihre Nachteile sind vor allem im Auftreten von Testungseffekten, der Konfundierung von Alters- und Testzeitunterschieden und selektiven Stichprobenveränderungen bzw. generell der Verkleinerung einer – oft bereits selektierten – Ausgangsstichprobe von geringer Größe zu sehen. Schließlich stellt der enorme Untersuchungsaufwand eine besondere Schwierigkeit der Durchführung von Längsschnittstudien dar. Insbesondere wenn ein weiter Altersbereich zur Untersuchung ausgewählt wird, fällt es schwer, eine genügend große Zahl von Versuchspersonen zu gewinnen, die möglichst eine repräsentative Stichprobe darstellen, die Versuchspersonen – und die Versuchsleiter! – bei der Stange zu halten und eine finanzielle Unterstützung über so lange Zeiträume zu erhalten.

Trotz der genannten Probleme der Längsschnittmethode bleibt dies der einzige Weg, den zentralen Gegenstand der Entwicklungspsychologie, die intraindividuellen Veränderungen über die Ontogenese und die interindividuellen Unterschiede in diesen Veränderungen, angemessen zu untersuchen (vgl. auch MCCALL, 1977; WOHLWILL, 1973/1977). Diese Erkenntnis setzt sich in der Entwicklungspsychologie allmählich (wieder) durch, was u. a. an den zahlreichen Büchern über die Längsschnittmethode und Längsschnittuntersuchungen (z. B. GOLDSTEIN, 1979; NESSELROADE & BALTES, 1979; SCHULSINGER, MEDNICK & KNOP, 1981) sowie die zunehmende Zahl von Längsschnittprojekten abgelesen werden kann. Allein für Europa haben SCHNEIDER & EDELSTEIN (1990) über 500 kürzlich abgeschlossene oder laufende Längsschnittstudien dokumentiert, von denen allerdings einige auch außerhalb der Entwicklungspsychologie (z. B. in der Medizin, Soziologie) entstanden sind.

2.1.3. Das Konvergenzmodell von BELL

Um den für Längsschnittuntersuchungen üblichen Zeitaufwand zu verringern, hat BELL (1953) eine bestimmte Art der Kombination von Querschnitt- und Längsschnittmethodik vorgeschlagen. Dabei werden mehrere kleine Untersuchungen so miteinander kombiniert, daß ein zusammengesetzter, sich teilweise überlappender Gesamtlängsschnitt entsteht. Gleichzeitig sind Querschnittvergleiche möglich (s. Tabelle 4.3). Auf diese Weise sollen auch die den beiden Methoden inhärenten Fehlerquellen, die Konfundierung von Alterseffekten mit Generations- bzw. Testzeit- oder Testungseffekten, kontrolliert werden können.

Den Grundplan des von BELL vorgeschlagenen Vorgehens veranschaulicht die Tabelle 4.3:

Tabelle 4.3: Der Grundplan des Konvergenzmodells von BELL

Altersgruppe (A)	Stichprobe (S) zum Meßzeitpunkt (Z)			Meßwert (Y)
A_1	$S_1 Z_1$			Y_{A1}
A_2		$S_1 Z_2$		Y_{A2}
A_3	$S_2 Z_1$		$S_1 Z_3$	Y_{A3}
A_4		$S_2 Z_2$		Y_{A4}
A_5	$S_3 Z_1$		$S_2 Z_3$	Y_{A5}
A_6		$S_3 Z_2$		Y_{A6}
A_n	$S_n Z_1$		$S_3 Z_3$	Y_{An}
A_{n+1}		$S_n Z_2$		Y_{An+1}
A_{n+2}	(S_{n+2})		$S_n Z_3$	Y_{An+2}

Nach dem in der Tabelle 4.3 gewählten Beispiel werden mindestens vier Stichproben (S_1 bis S_n) in jährlichem Abstand zu jeweils drei Zeitpunkten (Z_1 bis Z_3) untersucht. Innerhalb eines Untersuchungszeitraum von zwei Jahren werden damit mindestens neun Altersstufen (A_1 bis A_{n+2}) erfaßt. Wenn die Werte von den Altersstufen (z. B. Y_{A3}), für die Messungen an verschiedenen Stichproben vorliegen (hier: $S_2 Z_1$ und $S_1 Z_3$), nicht voneinander abweichen (*konvergieren*) ist es nach BELL berechtigt, die jeweils eine Zeitspanne von zwei Jahren umfassenden Kurzlängsschnitte der verschiedenen Stichproben (S_1 bis S_n) zu einer einzigen Alterskurve über den gesamten untersuchten Altersbereich zu verknüpfen. Nach unserem Beispiel in Tabelle 4.3 würde damit innerhalb eines Untersuchungszeitraums von nur zwei Jahren eine Alterskurve von mindestens acht Jahren vorliegen.

Außerdem erhebt BELL den Anspruch, mit seinem Stichprobenplan feststellen zu können, ob die verschiedenen Altersgruppen (A_1 bis A_n) homogen sind (Kontrolle von Generationsunterschieden) und ob Effekte der Untersuchungswiederholungen vorliegen (Kontrolle von Testungseffekten). Ersteres geschieht mit Hilfe eines Vergleichs der verschiedenen Stichproben innerhalb der einzelnen Altersgruppen zu verschiedenen Meßzeitpunkten (z. B. $S_2 Z_1$ versus $S_1 Z_3$), letzteres erfolgt durch einen Vergleich der Altersunterschiede über die Meßzeitpunkte (Längsschnittsequenzen) mit den betreffenden Altersunterschieden zu einem Meßzeitpunkt (z. B. Unterschied zwischen $S_1 Z_1$ und $S_1 Z_3$ versus Unterschied von $S_1 Z_1$ und $S_2 Z_1$). In dieser Hinsicht kann BELLS Konvergenzmodell als Vorläufer von SCHAIES Sequenzmodellen angesehen werden. Damit wurde erstmals der Versuch unternommen, das Problem der Konfundierung von Altersunterschieden mit Generations- und Testzeit- bzw. Testungseffekten systematisch durch eine Kombination von Querschnitt- und Längsschnittmethodik anzugehen.

Das Konvergenzmodell von BELL weist nach BALTES (1967, S. 50f.) drei grundlegende Mängel auf:

1. Inwieweit verschiedene Altersstichproben aus der gleichen Grundgesamtheit stammen, kann nur für die Stichproben festgestellt werden, für die mehrere Messungen vorliegen. In unserem Beispiel galt dies nur für drei der neun Altersstufen. Für die restlichen Altersstichproben ist die Konvergenz empirisch nicht überprüfbar. Dieser Mangel macht auch die Zulässigkeit der Erstellung einer Entwicklungskurve über alle Altersstufen zweifelhaft.

2. Testungseffekte sind insofern nicht eindeutig festzustellen, als sie mit Stichprobenunterschieden (Generationsunterschieden) konfundiert sein können. Zur genaueren Abklärung wären weitere Kontrollgruppen notwendig.

3. Die Überprüfung des Vorliegens von Konvergenz wird zusätzlich dadurch erschwert, daß sich die zu vergleichenden Altersgruppen auch hinsichtlich der Anzahl der Untersuchungswiederholungen unterscheiden.

Der große Vorteil des von BELL (1953) vorgeschlagenen Plans bleibt die erhebliche Verringerung des Zeitaufwands für eine Untersuchung. Wenn die Annahme begründet ist, daß Kohorteneffekte vernachlässigt werden können, stellt BELLS Konvergenzplan durchaus eine brauchbare Alternative zu einer – viel aufwendigeren – Längsschnittuntersuchung dar (vgl. auch HOPPE-GRAFF, 1984; TRAUTNER, HELBING & SAHM, 1985).

2.2 SCHAIES Allgemeines Entwicklungsmodell und daraus abgeleitete sequentielle Stichprobenpläne

2.2.1 Das allgemeine Entwicklungsmodell von SCHAIE

SCHAIES Erweiterung der funktionalen Beziehung von Alter und Entwicklung

Ausgehend von den Mängeln der konventionellen Stichprobenpläne, vor allem der Konfundierung von Altersunterschieden und Kohortenunterschieden bei der Querschnittmethode und von Altersunterschieden und Testzeitunterschieden bei der Längsschnittmethode, und den daraus resultierenden Widersprüchen zwischen Befunden aus Querschnitt- und aus Längsschnittuntersuchungen hat SCHAIE (1965) eine Erweiterung der einfachen Beziehung zwischen dem Lebensalter und den über das Alter beobachtbaren Veränderungen vorgenommen. Nach seinem Vorschlag sollten Entwicklungsvorgänge grundsätzlich in ihrer Abhängigkeit vom *Alter* der untersuchten Individuen, der *Kohorte*, der diese Individuen angehören, und dem *Zeitpunkt* der Untersuchung der Individuen betrachtet werden. Damit will er eine Präzisierung des Begriffs *Lebensalter* erreichen und eine genauere Analyse der manchmal widersprüchlichen Befunde aus Längsschnitt- und Querschnittuntersuchungen ermöglichen (insbesondere hinsichtlich der Intelligenzentwicklung im Erwachsenenalter; vgl. z. B. SCHAIE & STROTHER, 1968).

SCHAIE (1965) bezieht sich dabei auf KESSENS (1960) Erweiterung der Grundformel $V = f(A)$ – Veränderung als Funktion des Lebensalters – zu $V = f(A, P, U)$, wobei bei KESSEN P für Population bzw. Personenmerkmale und U für Umweltmerkmale stehen. SCHAIE (1965) grenzt nun P auf die Population ein, die zum selben Zeitpunkt bzw. in einem bestimmten Zeitraum geboren wurde, und er ersetzt den Begriff Umwelt durch den Begriff Meßzeit, den er als einen Index für die Umwelteinflüsse zu einem gegebenen Zeitpunkt ansieht.

Die drei Komponenten sind wie folgt definiert: *Alter (A)* ist gleich der Anzahl der Zeitintervalle (Jahre, Monate etc.) zwischen der Geburt eines Individuums und dem Zeitpunkt der Messung; der Begriff *Kohorte (K)* bezeichnet alle Individuen, die in einem bestimmten Zeitraum (z.B. im Jahre 1900) geboren sind; der Meßzeitpunkt oder die *Testzeit (T)* ist der Zeitpunkt, an dem die Individuen untersucht werden (z.B. Januar 1980). Danach gibt es z.B. nicht *die* Zehnjährigen schlechthin, sondern nur die Zehnjährigen der Kohorte K_X, die zu einer bestimmten Testzeit T_Y untersucht wurden. Für die Auswahl von Altersstichproben ist daraus abzuleiten, daß im Idealfall jede Altersstufe des interessierenden Altersbereichs für jede in Frage kommende Kohorte zu jedem Meßzeitpunkt untersucht werden muß. Was die Erfüllung dieser (utopischen) Forderung bei einer Ausdehnung auf die Lebensspanne von 0 bis 80 Jahren für die Versuchsplanung bedeutet, geht aus Tabelle 4.4 hervor.

Tabelle 4.4: Stichprobenplan der Untersuchung der Geburtsjahrgänge 1880 bis 1960 über die Altersspanne von 0 bis 80 Jahren in Abständen von 20 Jahren (nach SCHAIE, 1965, S. 93)

Geburtsjahr	Alter								
1880	0	20	40	60	80	–	–	–	–
1900	–	0	20	40	60	80	–	–	–
1920	–	–	0	20	40	60	80	–	–
1940	–	–	–	0	20	40	60	80	–
1960	–	–	–	–	0	20	40	60	80
Meßzeitpunkt	1880	1900	1920	1940	1960	1980	2000	2020	2040

Unter der Voraussetzung, daß jeweils eine vergleichbare Anzahl von Alters-, Kohorten- bzw. Testzeitstufen berücksichtigt wird, lassen sich die Effekte der drei Komponenten auf folgende Weise ablesen (vgl. Tabelle 4.4):
(1) *Alterseffekte* = Unterschiede zwischen den Mittelwerten der einzelnen Diagonalen;
(2) *Kohorteneffekte* = Unterschiede zwischen den Mittelwerten der einzelnen Zeilen;
(3) *Testzeiteffekte* = Unterschiede zwischen den Mittelwerten der einzelnen Spalten.

Die gerade vorgeschlagene Art der Bestimmung der Komponenteneffekte ist allerdings insofern problematisch, als die drei Komponenten nicht unabhängig voneinander erfaßt werden können, d.h., die einzelnen Komponenteneffekte können jeweils nur unabhängig von *einem* der beiden übrigen Komponenteneffekte bestimmt werden und sind mit dem jeweils anderen konfundiert (s. dazu weiter unten).

Da für SCHAIE die Beziehung zwischen Alters-, Kohohrten- und Testzeitunterschieden und den beobachteten Unterschieden bzw. Veränderungen in einem Entwicklungsmerkmal nicht rein deskriptiven Charakter haben, sondern in einem *erklärenden* Sinne als Komponenten*effekte* betrachten werden, versucht er die Bedeutung der drei Komponenten Alter, Kohorte und Testzeit im Sinne von *Entwicklungsbedingungen* oder *Entwicklungsfaktoren inhaltlich zu interpretieren* (vgl. SCHAIE, 1965, 1970). Danach soll gelten:

(1) Alterseffekte sind Ausdruck neurophysiologischer Reifungsprozesse der Organismen, die während des Untersuchungszeitraums, d. h. in der untersuchten Altersspanne, aufgetreten sind;

(2) Kohorteneffekte resultieren aus unterschiedlichen Umweltbedingungen vor dem ersten Testzeitpunkt und/oder aus genetischen Unterschieden zwischen den Kohorten;

(3) Testzeiteffekte gehen auf für alle Organismen gemeinsame Umweltbedingungen oder auf allgemeine Veränderungen der Umwelt der Organismen zurück.

HOPPE-GRAFF (1985, S. 23) weist darauf hin, daß SCHAIE dementsprechend die aus seinem allgemeinen Entwicklungsmodell abgeleiteten sequentiellen Pläne nicht als Versuchspläne für die Beschreibung von Entwicklungsverläufen konzipiert hatte, sondern in erster Linie als Pläne für die Prüfung seiner speziellen Erklärungsmodelle. Deutlicher wird dies in dem gemeinsamen Artikel von SCHAIE und BALTES (1975) und, noch stärker, in der von SCHAIE (1986) vorgenommenen Revision seines Allgemeinen Entwicklungsmodells (s. dazu die Abschnitte 2.3 und 2.4). Viele, die diese Pläne diskutiert oder verwendet haben – auch ich selbst – haben diese Verbindung von Versuchsplanung und Erklärungsmodell bisher zu wenig beachtet.

Die Einordnung der konventionellen Stichprobenpläne in SCHAIES dreifaktorielles Entwicklungsmodell

Ein Blick auf die Tabelle 4.4 zeigt, daß die konventionellen Methoden der Querschnitt- und der Längsschnittuntersuchung als Sonderfälle von SCHAIES Allgemeinem Entwicklungsmodell angesehen werden können. Jede Spalte entspricht einer einzelnen Querschnittuntersuchung, jede Zeile einer einzelnen Längsschnittuntersuchung.

Letzteres gilt allerdings nur unter der Voraussetzung der Verwendung *abhängiger* Stichproben. Nach dem Modell von SCHAIE ist prinzipiell auch eine Längsschnittuntersuchung mit unabhängigen Stichproben möglich, wenn aus einer bestimmten Kohorte zu jedem Testzeitpunkt eine neue Altersstichprobe gezogen wird.

Darüber hinaus beinhaltet das Modell noch einen dritten Plan, die sog. *Zeitwandelmethode (time-lag method)*. Hier stellt jede Diagonale des Plans eine eigene Zeitwandeluntersuchung dar. Die Zeitwandelmethode eignet sich zur Überprüfung des Einflusses sich über die historische Zeit wandelnder Entwicklungsbedingungen auf das Verhalten bestimmter Altersgruppen.

Aus der Tabelle 4.4 läßt sich weiter hinsichtlich der Information einer Querschnitt-, einer Längsschnitt- oder einer Zeitwandeluntersuchung ablesen:

(1) Unterschiede in den Altersmittelwerten einer Querschnittuntersuchung setzen sich zusammen aus Altersdifferenzen und Kohortendifferenzen;

(2) Unterschiede in den Altersmittelwerten einer Längsschnittuntersuchung setzen sich zusammen aus Altersdifferenzen und Testzeitdifferenzen;

(3) Unterschiede in den Mittelwerten einer Altersstufe zu verschiedenen Testzeiten aus einer Zeitwandeluntersuchung setzen sich zusammen aus Kohortendifferenzen und Testzeitdifferenzen.

Dies macht noch einmal deutlich, daß die Interpretation der Befunde aus konventionellen Querschnitt-, Längsschnitt- oder Zeitwandeluntersuchungen als *reine* Komponenteneffekte ungerechtfertigt ist. Speziell hinsichtlich der den Entwicklungspsychologen am meisten interessierenden Altersdifferenzen gilt, daß diese bei Querschnitt- und bei Längsschnittuntersuchungen durch unterschiedliche Faktoren überlagert werden können: durch Kohortendifferenzen bei Querschnittuntersuchungen und durch Testzeiteffekte bei Längsschnittuntersuchungen. Damit können die widersprüchlichen Befunde aus Querschnitt- und aus Längsschnittuntersuchungen erklärt werden.

Bekanntestes Beispiel für die Verringerung des Altersanstiegs – oder sogar einen Altersabfall – aufgrund gleichzeitig auftretender Kohortendifferenzen sind die aus Querschnittuntersuchungen stammenden Befunde zur Intelligenzentwicklung bzw. zum Intelligenzabbau im höheren Lebensalter (vgl. SCHAIE & STROTHER, 1968; SCHAIE, LABOUVIE & BUECH, 1973). Wie ein Vergleich mit Längsschnittdaten für verschiedene Kohorten zeigt, kommen diese Querschnittbefunde dadurch zustande, daß die jüngeren Versuchspersonen in einer Querschnittuntersuchung gleichzeitig aus später geborenen Kohorten stammen, die eine stärkere Intelligenzförderung erfahren haben als die älteren Versuchspersonen, die ja gleichzeitig auch früher geboren wurden und zur Schule gingen.

Um die in den konventionellen Methoden enthaltenen Konfundierungen der Komponenteneffekte zu beseitigen, hat SCHAIE die Berechnung „reiner" Effekte durch wechselseitige algebraische Substitution vorgeschlagen. Unter dem Eindruck der heftigen methodischen Kritik an seinen Entscheidungsregeln (z. B. ADAM, 1978) hat SCHAIE diese Empfehlungen später wieder aufgegeben (vgl. SCHAIE, 1986).

2.2.2 Die drei Sequenzmodelle von SCHAIE

Definition und Interpretation der Sequenzmodelle

Durch Erweiterung der drei aus dem Allgemeinen Entwicklungsmodell abgeleiteten konventionellen Stichprobenpläne (Querschnittuntersuchung, Längsschnittuntersuchung, Zeitwandeluntersuchung) gelangt SCHAIE (1965) zu drei sog. Sequenzmodellen oder sequentiellen Strategien der Stichprobenselektion. Der Begriff der Sequenz bezieht sich dabei darauf, daß die drei Komponenten des

Allgemeinen Entwicklungsmodells, Alter, Kohorte und Testzeit, jeweils in einer bestimmten Reihenfolge untersucht werden. Drei Methoden werden unterschieden: (1) die *Kohortensequenz (cohort-sequential method)*, (2) die *Testzeitsequenz (time-sequential method)* und (3) die *Quersequenz (cross-sequential method)*.

Ad (1): Nach der *Kohortensequenzmethode (cohort-sequential method)* werden mehrere Kohorten in mehreren aufeinanderfolgenden Altersstufen untersucht. Für den gleichen Altersbereich werden also für verschiedene Kohorten Daten im Längsschnitt erhoben, weshalb man auch von *Längsschnittsequenzen* sprechen kann. Dieses Vorgehen erlaubt Aussagen über a) die durchschnittlichen *Altersdifferenzen* für die untersuchten Kohorten und b) die durchschnittlichen *Kohortendifferenzen* für die untersuchten Altersstufen. Altersdifferenzen und Kohortendifferenzen sind hierbei also gegenseitig kontrolliert. Die Testzeitdifferenzen lassen sich bei dieser Methode nicht eindeutig feststellen, da hierzu verschiedene Kohorten gleichen Alters zu gleichen Testzeiten untersucht werden müßten. Voraussetzung für die eindeutige Interpretation der Ergebnisse einer Kohortensequenzanalyse ist deshalb das Fehlen von Testzeiteffekten, d. h. das Fehlen einer Wechselwirkung von Alter und Kohorte. SCHAIE (1965) empfiehlt einen Kohortensequenzplan, wenn es darum geht, die Generalisierbarkeit von Altersverläufen über verschiedene Kohorten festzustellen.

Ad (2): Nach der *Testzeitsequenzmethode (time-sequential method)* werden mehrere Altersstufen zu mehreren Meßzeitpunkten untersucht. Für den gleichen Altersbereich werden also für verschiedene Meßzeitpunkte Daten im Querschnitt erhoben, weshalb man auch von *Querschnittsequenzen* sprechen kann. (Sie dürfen nicht mit den unter (3) beschriebenen Quersequenzen verwechselt werden!) Dieses Vorgehen erlaubt Aussagen über a) die durchschnittlichen *Altersdifferenzen* über die untersuchten Testzeiten und b) die durchschnittlichen *Testzeitdifferenzen* für die untersuchten Altersstufen. Altersdifferenzen und Testzeitdifferenzen sind hierbei also gegenseitig kontrolliert. Die Kohortendifferenzen lassen sich bei dieser Methode nicht eindeutig feststellen. Voraussetzung für die eindeutige Interpretation der Ergebnisse einer Testzeitsequenzanalyse ist deshalb das Fehlen von Kohorteneffekten, d. h. das Fehlen einer Wechselwirkung von Alter und Testzeit. SCHAIE (1965) empfiehlt einen Testzeitsequenzplan, wenn die Generalisierbarkeit von Altersunterschieden über verschiedene Testzeiten festgestellt werden soll.

Ad (3) Nach der *Quersequenzmethode (cross-sequential method)* werden mehrere Kohorten zu mehreren Testzeiten untersucht. Dieses Vorgehen erlaubt Aussagen über a) die durchschnittlichen *Kohortendifferenzen* über die untersuchten Testzeiten und b) die durchschnittlichen *Testzeitdifferenzen* für die untersuchten Kohorten. Kohortendifferenzen und Testzeitdifferenzen sind hier also gegenseitig kontrolliert. Die Altersdifferenzen lassen sich bei dieser Methode nicht eindeutig feststellen. Voraussetzung für die eindeutige Interpretation der Ergebnisse einer Quersequenzanalyse ist deshalb das Fehlen von Alterseffekten, d. h. das Fehlen einer Wechselwirkung von Kohorte und Testzeit. Wegen dieser Voraussetzung fehlender Altersunterschiede ist dieser Plan nicht geeignet, alterskorrelierte Entwicklungsprozesse zu untersuchen. SCHAIE (1965) empfiehlt die Quersequenzmethode am ehesten für Untersuchungen im Erwachsenenalter, bei denen es um die Generalisierbarkeit von Kohortendifferenzen über verschiedene Testzeiten geht.

Die wesentlichen Unterschiede zwischen den drei verschiedenen Methoden und den von ihnen gelieferten Informationen faßt die Tabelle 4.5 noch einmal zusammen. Aus der Tabelle wird deutlich, daß jede Methode unabhängige Schätzungen nur für jeweils zwei der drei von SCHAIE unterschiedenen Komponenten liefert. Die dritte Komponente wird jeweils auf Null gesetzt. Ist die dritte Komponente tatsächlich größer Null, besteht eine Interaktion zwischen den ersten beiden Komponenten.

Tabelle 4.5: Minimalplan der drei Sequenzmodelle von SCHAIE (nach BALTES, 1967, S. 64)

			Alter					
	Kohortensequenz		Testzeitsequenz			Quersequenz		
K 1940	30		30			30		
o 1950	20	30	20	30		20	30	
h								
o 1960	10	20	30	10	20	30	10	20	30
	1970	1980	1990	1970	1980	1990	1970	1980	1990
			Testzeit					

Bei einer sinnvollen Anwendung der von SCHAIE vorgeschlagenen Sequenzpläne sollte allerdings mindestens eine der beiden ausgewählten Komponenten über eine größere Zahl von Stufen variieren. Z.B. sollten möglichst viele Altersgruppen aus zwei Kohorten (Kohortensequenz) oder zwei oder mehr Altersstufen zu möglichst vielen Testzeitpunkten (Testzeitsequenz) untersucht werden. Wegen der langen Dauer von Untersuchungen mit vielen Meßzeitpunkten empfiehlt SCHAIE solche Pläne, die bei einer beschränkten Anzahl von Meßzeitpunkten eine große Anzahl von Altersstufen (Testzeitsequenzmethode) oder eine große Anzahl von Kohorten (Quersequenzmethode) beinhalten. Unter dem Aspekt des Zeitaufwands am wenigsten zu empfehlen ist daher die Kohortensequenzmethode.

Probleme der Anwendung der SCHAIEschen Sequenzmodelle

Die wesentliche Einschränkung der Brauchbarkeit der SCHAIEschen Sequenzmodelle besteht darin, daß nur jeweils zwei der drei Komponenten unabhängig voneinander berechnet werden können, während die dritte Komponente nicht rein erfaßt werden kann, sondern nur als Wechselwirkung der beiden anderen Komponenten. Aber auch die eindeutige Interpretation der zwei „rein" erfaßten Komponenten ist nur möglich, wenn die untersuchte abhängige Variable von der dritten Komponente unabhängig ist. Ist dies nicht der Fall, können auch die beiden gegenseitig kontrollierten Komponenten mit der dritten Komponente konfundiert sein.

Als Lösungsmöglichkeit schlägt SCHAIE die kombinierte Anwendung von zwei Sequenzplänen vor, wobei der zweite Plan die dritte Komponente rein erfassen muß. Dies macht aber wiederum nur dann Sinn, wenn vorausgesetzt werden kann, daß die Grundannahme des von SCHAIE zur Überprüfung des ersten Sequenzmodells herangezogenen zweiten Sequenzmodells gültig ist, was u. U. wiederum durch das dritte Sequenzmodell zu überprüfen wäre. Damit bewegt man sich im Kreis.

Da die von SCHAIE (1965, 1970) vorgeschlagenen Entscheidugnsregeln zur wechselseitigen Überprüfung der Sequenzmodelle offensichtlich nicht haltbar sind (ADAM, 1978), erscheint allein eine theoretische Vorklärung und der Rekurs auf bisher vorliegende empirische Befunde als sinnvolle Basis für die Auswahl der zwei zu berücksichtigenden Komponenten (s. dazu Abschnitt 2.3).

Zur Veranschaulichung der Anwendung sequentieller Stichprobenpläne und ihrer Auswirkungen auf entwicklungspsychologische Befunde soll uns eine Untersuchung von SCHAIE (1972) zur Intelligenzentwicklung dienen (s. Untersuchung 4.1).

Untersuchung 4.1 *Einschränkungen der Generalisierbarkeit von Wachstumskurven der Intelligenz*

Ausgangspunkt der Untersuchung von SCHAIE ist das Postulat, daß die traditionellen Stichprobenpläne zur Untersuchung von Altersunterschieden, die Querschnitt- und die Längsschnittmethode, nicht in der Lage sind, „reine" Alterseffekte aufzudecken. Altersunterschiede aus Querschnittuntersuchungen sind mit Kohortendifferenzen, Altersunterschiede aus Längsschnittuntersuchungen sind mit Testzeitdifferenzen konfundiert (vgl. oben). Dies schränkt die Generalisierbarkeit von Altersverläufen, die aus einzelnen Querschnitt- oder Längsschnittstudien stammen, erheblich ein. Genauere Angaben über Altersveränderungen, unabhängig von Kohorten- und/oder Testzeiteffekten, sind erst aufgrund sequentieller Stichprobenpläne möglich.

Derartige Pläne sind nicht nur brauchbar für die Durchführung *neuer* Untersuchungen, sondern sie können auch – soweit die Art der Daten dies erlaubt – zur (erneuten) Auswertung der Daten vorhandener Untersuchungen herangezogen werden. Letzteres hat SCHAIE für einige Daten der *Harvard Growth Study* von SHUTTLEWORTH (1939) durchgeführt. Mit seiner Reanalyse wollte SCHAIE die Annahme prüfen, ob Wachstumskurven (Altersverläufe) der allgemeinen Intelligenz im Kindesalter generalisierbar sind oder durch Kohorten- und Testzeiteffekte überlagert werden.

Wie an anderer Stelle gezeigt (vgl. Tabelle 4.5) ist zur Anwendung der drei von SCHAIE vorgeschlagenen Sequenzmodelle ein Minimalplan von sechs Stichproben erforderlich.

Einen derartigen Minimalplan verwendet SCHAIE in seiner Reanalyse. Aus der von SHUTTLEWORTH untersuchten Stichprobe stellte er nach Zufall jeweils sechs unabhängige Stichproben von 10 Jungen bzw. von 10 Mädchen aus insgesamt drei aufeinanderfolgenden Kohorten mit einem „Generationsunterschied" von je vier Monaten zusammen. Die Vpn waren auch in Viermonatsabständen getestet worden. Das chronologische Alter der Kinder betrug 6;2 Jahre, 6;6 Jahre und 6;10 Jahre. Sie wurden untersucht im Herbst 1936, vier Monate später im Winter 1937 oder weitere vier Monate später im Frühjahr 1937. Der Stichprobenplan ist in Tabelle 4.6 wiedergegeben.

Zu beachten ist, daß abweichend von der traditionellen Längsschnittuntersuchung die zu verschiedenen Zeitpunkten untersuchten Versuchspersonen einer Kohorte nicht jeweils identisch sind (wiederholte Messung), sondern daß es sich um unabhängige Stichproben handelt.

Tabelle 4.6: Stichprobenplan der Reanalyse von Daten aus der *Harvard Growth Study* von SHUTTLEWORTH. (A = Alter zum Zeitpunkt der Untersuchung, K = Geburtszeitpunkt, T = Testzeitpunkt)

Kohorte	Testzeitpunkt		
	Herbst 1936	Winter 1937	Frühjahr 1937
Sommer 1930	Stichprobe 1 Alter: 6;2 Jahre $A_1K_3T_1$	Stichprobe 2 Alter: 6;6 Jahre $A_2K_3T_2$	Stichprobe 3 Alter: 6;10 Jahre $A_3K_3T_3$
Winter/Frühjahr 1930	Stichprobe 4 Alter: 6;6 Jahre $A_2K_2T_1$	Stichprobe 5 Alter: 6;10 Jahre $A_3K_2T_2$	
Herbst/Winter 1929	Stichprobe 6 Alter: 6;10 Jahre $A_3K_1T_1$		

Ergebnisse:
Die auf Stichprobenunterschiede analysierte abhängige Variable ist das Intelligenzalter in Monaten gemessen mit Hilfe des Stanford-Binet-Intelligenztests aus 1916. Die Werte für die einzelnen Stichproben zeigt die Tabelle 4.7.
Ordnet man die in Tabelle 4.7 aufgeführten Intelligenzwerte nach Altersunterschieden im Querschnitt (Stichproben 1, 4, 6) und im Längsschnitt (Stichproben 1, 2, 3), so resultieren die in Abbildung 4.6 wiedergegebenen „Alterskurven".
Aus Abbildung 4.6 lassen sich sowohl Differenzen zwischen den Querschnitt- und Längsschnittdaten als auch unterschiedliche Befunde für Jungen und für Mädchen ablesen.
Will man zur genaueren Analyse von Altersunterschieden die SCHAIEschen Sequenzmodelle anwenden, so ist vorweg zu entscheiden, welche der zwei übrigen Komponenten,

Tabelle 4.7: Mittlere Werte des Intelligenzalters im Stanford-Binet-Test für sechs Stichproben aus der *Harvard Growth Study*

	Stichprobe Nr. 1 $A_1K_3T_1$	Nr. 2 $A_2K_3T_2$	Nr. 3 $A_3K_3T_3$	Nr. 4 $A_2K_2T_1$	Nr. 5 $A_3K_2T_2$	Nr. 6 $A_3K_1T_1$
Jungen	73.0	84.2	83.7	72.8	91.5	82.0
Mädchen	74.9	81.3	90.0	78.9	92.7	77.8

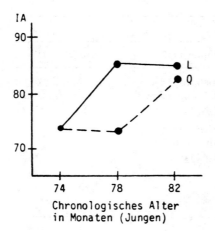 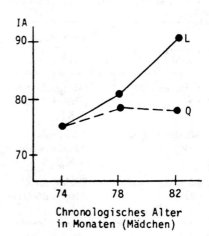

Abbildung 4.6: Veränderungen des Intelligenzalters (IA) im Querschnitt (Q) und im Längsschnitt (L), getrennt für Jungen und Mädchen

Kohorte oder Testzeit, am ehesten vernachlässigt werden können, d. h., welche zwei Komponenten in ihrer Bedeutung untersucht werden sollen. Für die Entscheidung im vorliegenden Fall der Intelligenzentwicklung im Kindesalter (6 bis 7 Jahre) geht SCHAIE zunächst davon aus, daß bei dem gegebenen kurzen zeitlichen Abstand von vier Monaten am ehesten Testzeiteffekte vernachlässigt werden können. Unter dieser Voraussetzung bietet sich die *Kohortensequenzmethode* an, die eine Schätzung von Alters- und Kohortenunterschieden erlaubt (vgl. S. 262). Sie erfordert mindestens zwei Kohorten, für die Werte für mindestens zwei aufeinanderfolgende Altersstufen vorliegen. Dies ist mit den Stichproben 2, 3, 4 und 5 gegeben.

Die für diese vier Stichproben von SCHAIE durchgeführte Varianzanalyse mit den Faktoren A = Alter und B = Kohorte ergab a) für Jungen wie für Mädchen signifikante Alterseffekte, b) für beide Geschlechter keine Kohorteneffekte und c) eine signifikante Wechselwirkung von Alter x Kohorte bei den Jungen.

Da keine Kohorteneffekte vorhanden sind, läßt sich die Wechselwirkung zwischen Alter und Kohorte bei den Jungen als Hinweis auf die Wirksamkeit von Testzeiteffekten interpretieren. Gleichzeitig können Kohorteneffekte als zu vernachlässigend angesehen werden. Unter diesen Voraussetzungen bietet sich eine *Testzeitsequenzanalyse* an, die nach SCHAIE eine unabhängige Schätzung von Alters- und Testzeitunterschieden erlaubt (vgl. S. 262). Sie erfordert mindestens zwei Altersstufen, die an mindestens zwei aufeinanderfolgenden Testzeitpunkten untersucht worden sind. Dies ist mit den Stichproben 2, 4, 5 und 6 gegeben.

Die für diese vier Stichproben von SCHAIE gerechnete Varianzanalyse mit den Faktoren A = Alter und B = Testzeit ergab a) einen signifikanten Alterseffekt für Jungen und b) signifikante Testzeiteffekte für Jungen und für Mädchen. Dieser letzte Befund eines signifikanten Testzeiteffekts hätte mit der traditionellen Längsschnittmethode (= eine Kohorte wird über mehrere Altersstufen bzw. Testzeiten untersucht) nicht festgestellt werden können, obwohl er den Alterseffekt noch übersteigt, da bei der Längsschnittmethode Testzeiteffekte automatisch den Altersunterschieden zugeschlagen werden.

Dieses Beispiel zeigt, daß eine angeblich beschleunigte Entwicklung in einem bestimmten Altersbereich sich bei näherer Analyse, so wie hier, als spezieller Effekt bestimmter zeitlicher oder situativer Bedingungen herausstellen kann.

In der Untersuchungsstichprobe von SHUTTLEWORTH könnten diese Bedingungen darin bestanden haben, daß alle Kinder, dadurch daß sie im 1. Schuljahr während des Untersuchungszeitraums bestimmten schulischen Einflüssen ausgesetzt waren, es dadurch leichter hatten als zuvor, eine Reihe von Aufgaben des Stanfard-Binet-Tests zu lösen.

Die Hauptergebnisse der von SCHAIE vorgenommenen Reanalyse der Daten aus der *Harvard Growth Study* bezogen auf die Berechnung von Altersunterschieden faßt noch einmal Tabelle 4.8 zusammen.

Aus der Untersuchung von SCHAIE lassen sich folgende Schlußfolgerungen ableiten:
1. Alterswerte und daraus berechnete Altersdifferenzen von Intelligenzwerten im Kindesalter können je nach verwendetem Stichprobenplan unterschiedlich aussehen. Dies gilt wahrscheinlich auch für andere Variablen als Intelligenz und/oder für andere Altersabschnitte.
2. Angaben über Altersveränderungen und -unterschiede sind jeweils auf bestimmte Untersuchungszeiträume und/oder Kohorten zu beziehen. Eine Generalisierbarkeit über andere Untersuchungsreiträume und/oder Kohorten ist im einzelnen Fall erst nachzuweisen. Wenn bereits bei so kurzen Zeiträumen wie vier Monaten Altersunterschiede durch signifikante Testzeit- und Kohortenunterschiede überlagert werden können, dürften die Einschränkungen der Generalisierbarkeit von Altersunterschieden über Kohorten oder Testzeitpunkte bei größeren Altersabständen, Kohortenunterschieden und Untersuchungszeiträumen eher noch stärker sein.
3. Weder einfache Querschnittuntersuchungen noch einfache Längsschnittuntersuchungen liefern verläßliche Schätzungen von Altersunterschieden unabhängig von etwaigen Generations- und/oder Testzeiteffekten.
4. Die Verwendung von sequentiellen Stichprobenplänen erlaubt genauere Schätzungen von Altersdifferenzen.
5. Die mit Hilfe sequentieller Pläne feststellbare Bedeutung von Kohorten- und Test-

Tabelle 4.8: Geschätzte Altersdifferenzen (Intelligenzalter in Monaten) zwischen 6;6 und 6;10 Jahren für verschiedene Kohorten und Testzeitpunkte, je nach Stichprobenplan und getrennt für Jungen und Mädchen

Stichprobenplan	Durchschnittlicher Wert für das Alter		Altersdifferenz
	6;6 Jahre	6;10 Jahre	
Jungen			
Querschnitt	72.8	82.0	+ 9.2
Längsschnitt*)	84.2	83.7	− 0.5
Kohortensequenz	78.5	87.6	+ 9.1
Testzeitsequenz	78.5	86.6	+ 8.1
Mädchen			
Querschnitt	78.8	77.8	− 1.0
Längsschnitt*)	81.3	90.0	+ 8.7
Kohortensequenz	80.1	91.3	+11.2
Testzeitsequenz	80.1	85.2	+ 5.1

*) Es handelt sich hier nicht wie üblicherweise in Längsschnittuntersuchungen um abhängige Stichproben (wiederholte Messungen), sondern um unabhängige Stichproben

zeiteffekten variiert nicht nur mit den untersuchten Variablen, sondern u. U. auch mit dem jeweils untersuchten Altersbereich.

SCHAIE, K. W. (1972). Limitations on the generalizability of growth curves of intelligence. A reanalysis of some data from the Harvard Growth Study. *Human Development, 15*, 141-152.

2.3 Das zweifaktorielle Modell von BALTES

BALTES Kritik an SCHAIE

Die im vorangegangenen Abschnitt aufgezeigten Schwierigkeiten bei der Anwendung der SCHAIEschen Sequenzmodelle bzw. der eindeutigen Interpretation ihrer Ergebnisse führt BALTES (1967) im wesentlichen auf die fehlende Unabhängigkeit der drei Komponenten Alter, Kohorte und Testzeit zurück. Dies veranlaßte ihn zur Aufstellung eines *zweifaktoriellen Entwicklungsmodells.*

Bei der vergleichenden Beurteilung der Modelle von SCHAIE und BALTES ist allerdings zu unterscheiden zwischen a) einer fehlenden *statistischen* Unabhängigkeit der drei Komponenten im Sinne voneinander unabhängiger Komponenteneffekte und b) einer fehlenden *inhaltlichen* Unabhängigkeit der drei Komponenten im Sinne der eindeutigen begrifflichen und interpretatorischen Abgrenzung.

Ad a): Die fehlende *statistische Unabhängigkeit* erhellt unmittelbar aus der zuvor beschriebenen wechselseitigen Konfundierung der drei Komponenten, d. h. der reinen Erfaßbarkeit von jeweils nur zwei Komponenten, während die dritte Komponente mit der Wechselwirkung der beiden anderen Komponenten konfundiert ist.

Bei Kenntnis von zwei Bestimmungsmerkmalen (z. B. Alter und Kohorte) ist das dritte Merkmal (hier: Testzeit) determiniert. Daraus zieht BALTES (1967) den Schluß, daß Entwicklungsprozesse mit Hilfe von nur zwei Komponenten beschreibbar sind.

Ad b): Schwerer zu entscheiden ist die Frage der *inhaltlichen Unabhängikeit*. SCHAIES Ansatz, die Bedeutung der drei Komponenten Alter, Kohorte und Testzeit inhaltlich im Sinne drei verschiedener Arten von Entwicklungsfaktoren zu interpretieren – nämlich: Alterseffekte als Ausdruck individueller neurophysiologischer Reifungsprozesse, Kohorteneffekte als Ausdruck genetischer und/oder allgemeiner Umweltunterschiede zwischen den Generationen und Testzeiteffekte als Ausdruck kultureller Wandlungsprozesse in dem betreffenden historischen Zeitabschnitt, von denen alle Individuen gleichermaßen betroffen werden – wird von BALTES mit Recht als unangemessen und spekulativ zurückgewiesen (vgl. BALTES, 1967, S. 85 ff.). Für ihn haben die Sequenzmodelle von SCHAIE nur deskriptiven Charakter. Alters-, Kohorten- und Testzeitdifferenzen können auf die verschiedensten endogenen und exogenen Bedingungen zurückgehen (vgl. auch BUSS, 1973). Eine genauere Bestimmung der zugrundeliegenden Faktoren ist bei den von SCHAIE vorgeschlagenen Stichprobenplänen nicht möglich, weil die reine Gruppierung von Individuen nach dem Alter, ihrer Kohortenzugehörigkeit und dem Zeitpunkt ihrer Untersuchung keine direkte Messung der jeweils wirksamen biologischen oder soziokulturellen Entwicklungsbedingungen beinhaltet. Aus diesen Gründen verzichtet BALTES auf eine bestimmte inhaltliche Interpretation der drei Komponenten Alter, Kohorte und Testzeit im Sinne von Erklärungskonstrukten.

> Allerdings können die Ergebnisse einer sequentiellen Untersuchung Hinweise auf die Art der wirksamen Entwicklungsfaktoren geben und zur Bildung gezielter Hypothesen führen. So ist es wahrscheinlich, daß beim Vorliegen gleicher Altersverläufe bei verschiedenen Kohorten den betreffenden ontogenetischen Veränderungen Reifungsprozesse zugrunde liegen und/oder die alterskorrelierten Umwelteinflüsse über die Kohorten homogen sind. Treten z. B. unabhängig vom Alter zu bestimmten Meßzeitpunkten charakteristische Veränderungen auf, so liegt es nahe, Auswirkungen zeitlich begrenzter sozialer oder kultureller Einflüsse anzunehmen usw.

Ist deshalb auch eine eindeutige definitorische Abgrenzung der drei Komponenten ausgeschlossen bzw. reichen zwei Faktoren zur Beschreibung aus? Ich komme auf diese Frage nach der Vorstellung von BALTES' Ansatz zurück.

Das allgemeine Entwicklungsmodell von BALTES

Nach BALTES (1967) beziehen sich Alter und Testzeit für jede einzelne Kohorte (z. B. für Individuen aus dem Geburtsjahrgang 1920) meßtechnisch auf den gleichen Abschnitt des Zeitkontinuums: z. B. sind Individuen des Geburtsjahrgangs 1920 im Jahre 1960 vierzig Jahre alt und müssen Vierzigjährige aus dem Geburtsjahrgang 1920 im Jahre 1960 untersucht werden. Der Begriff des Zeitkontinuums ist insofern den Begriffen Alter und Testzeit übergeordnet, Alter und Testzeit sind austauschbar. Da in der Entwicklungspsychologie dem Alter als Dimension der zeitlichen Einteilung ontogenetischer Veränderungen im Vergleich zur Testzeit die größere Bedeutung zukommt, entscheidet sich BALTES in seinem allgemeinen Entwicklungsmodell für die Beibehaltung der beiden Komponenten Kohorte und Alter und den Verzicht auf die Komponente Testzeit. Entsprechend schreibt er das Entwicklungsmodell von SCHAIE in folgender Weise um (s. Tabelle 4.9):

Tabelle 4.9: Das zweifaktorielle Entwicklungsmodell von BALTES für die Untersuchung der Geburtsjahrgänge 1880 bis 2000 über die Altersspanne von 0 bis 80 Jahren in Abständen von 20 Jahren (nach BALTES, REESE & NESSELROADE, 1977, S. 134)

		Testzeit						
K	1880	1880	1900	1920	1940	1960		
o	1900	1900	1920	1940	1960	1980		Querschnitt
h	1920	1920	1940	1960	1980	2000		
o	1940	1940	1960	1980	2000	2020		— Zeitwandel
r	1960	1960	1980	2000	2020	2040		
t	1980	1980	2000	2020	2040	2060		
e	2000	2000	2020	2040	2060	2080		— Längsschnitt
		0	20	40	60	80		
				Alter				

Die Einordnung der konventionellen und der sequentiellen Untersuchungspläne in das zweifaktorielle Entwicklungsmodell von BALTES

Längsschnittmethode und *Zeitwandelmethode* werden von BALTES als adäquate Einfaktorenpläne (Teilpläne) angesehen, bei denen der Effekt des einen (mehrstufigen) Faktors festgestellt werden soll, ohne über den zweiten (konstant gehaltenen) Faktor zu verallgemeinern. Bei der *Längsschnittmethode* wird das Alter variiert, unter Konstanthaltung des Faktors Kohorte. Stichprobenunterschiede werden dann als reine Alterseffekte interpretiert, soweit – bei abhängigen Stichproben – das Fehlen von Effekten der Testwiederholung vorausgesetzt werden kann. Bei der *Zeitwandelmethode* wird der Faktor Kohorte mehrstufig definiert und das Alter konstant gehalten. Stichprobenunterschiede werden dann als reine Kohorteneffekte interpretiert.

Die konventionelle *Querschnittmethode* stellt für BALTES demgegenüber einen inadäquaten Versuchsplan dar, weil hier unausweichlich die beiden Faktoren Alter und Kohorte miteinander konfundiert sind. Lediglich in ihrer sukzessiven Anwendung als Querschnittsequenz ist die Querschnittmethode für BALTES ein legitimer Untersuchungsplan (s. weiter unten).

Zu *sequentiellen Untersuchungsplänen* gelangt BALTES, ähnlich wie SCHAIE, durch die einfache Erweiterung der konventionellen Pläne. Entsprechend der Reduktion von drei auf zwei Faktoren unterscheidet BALTES nur zwei Sequenzmodelle: *Längsschnittsequenzen* und *Querschnittsequenzen* (vgl. Tabelle 4.10). Zur besseren Vergleichbarkeit mit den drei in Tabelle 4.5 dargestellten Sequenzmodellen von SCHAIE habe ich – abweichend von BALTES (1967) – die dortige Schreibweise gewählt.

Bei einer *Längsschnittsequenz* werden mehrere Kohorten über mehrere Altersstufen untersucht. Dieser Plan ist also mit SCHAIES Kohortensequenzmethode identisch. Bei einer *Querschnittsequenz* werden mehrere Altersstufen über mehrere Kohorten untersucht. Dieser Plan entspricht SCHAIES Testzeitsequenzmethode.

Wegen der Konfundierung von Alters- mit Testwiederholungseffekten bei Längsschnittsequenzen empfiehlt BALTES zur Schätzung von Testungseffekten die Kombination von Längsschnitt- und Querschnittsequenzen.

Das dritte Sequenzmodell von SCHAIE, die Quersequenzmethode, bei der mehrere Kohorten über mehrere aufeinanderfolgende Testzeiten untersucht werden, ist im Bezugsrahmen des zweifaktoriellen Modells von BALTES nicht unterzubringen, da hier die Testzeit als eigenständiger Faktor eliminiert ist. Stattdessen läßt sich in BALTES Modell ein *Zeitwandelsequenzplan* einordnen, bei dem ähnlich wie bei einer Querschnittsequenz mehrere Altersstufen über mehrere Kohorten zu untersuchen sind. Im Unterschied zur Querschnittsequenz interessiert man sich hier aber nicht für die durchschnittlichen Altersunterschiede bei verschiedenen Kohorten, sondern für den durchschnittlichen Zeitwandel über verschiedene Altersgruppen (die überdies aus verschiedenen Kohorten stammen). Die Zeitwandeleffekte interpretiert BALTES entsprechend seinem Alter mal Kohorte-Modell allerdings nicht als Testzeiteffekte, sondern als Kohorteneffekte.

Tabelle 4.10: Minimalplan der zwei Sequenzmodelle von BALTES, analog zu SCHAIES Minimalplan (vgl. Tabelle 4.5)

Kohorte	Testzeit						
	Längsschnittsequenz				Querschnittsequenz		
	1940	1950	1960	1970	1950	1960	1970
	1950	1960	1970	1980	1960	1970	1980
	1960	1970	1980	1990	1970	1980	1990
Alter	10	20	30		10	20	30

Zwei oder drei Faktoren?

Zu Beginn des Abschnitts 2.3 wurde bereits zwischen der *statistischen* Unabhängigkeit und der *inhaltlichen* Unabhängigkeit der drei Faktoren in SCHAIES Entwicklungsmodell unterschieden. Die fehlende statistische Unabhängigkeit wird von niemandem bestritten, auch nicht von SCHAIE selbst. Sie ist vielmehr der entscheidende Grund, daß SCHAIE die gegenseitige Überprüfung seiner Sequenzmodelle empfiehlt. Ist es aufgrund der fehlenden statistischen Unabhängigkeit aber berechtigt oder gar notwendig, auch inhaltlich (begrifflich) nur zwei anstelle von drei Faktoren zu unterscheiden, wie es BALTES tut? Dies ist, wie gleich gezeigt wird, nicht der Fall. Darüber hinaus stellt sich die Frage, ob BALTES tatsächlich mit zwei Faktoren auskommt und die an SCHAIES Entwicklungsmodell kritisierte wechselseitige Konfundierung der Faktoren damit vermeiden kann.

BALTES hat die drei Faktoren Alter, Testzeit und Kohorte durch Eliminierung der Testzeit als eigenständigem Faktor auf zwei Faktoren, Alter und Kohorte, reduziert (vgl. oben S. 270). Trotz der wechselseitigen Abhängigkeit von Alter und Testzeit für jede einzelne Kohorte (wie auch von Kohorte und Testzeit für jede einzelne Altersstufe) kann es aber durchaus sinnvoll sein, weiterhin zwischen Alter (als Zeitintervall zwischen Geburt und Meßzeitpunkt) und Testzeit (als historischem Zeitpunkt der Untersuchung) zu unterscheiden. Entsprechend macht es dann auch einen Unterschied, ob ein Stichprobenplan mit den Faktoren Alter und Kohorte oder mit den Faktoren Testzeit und Kohorte verwendet wird. Welcher dieser beiden Pläne angemessen ist, hängt von der jeweiligen Fragestellung und den vorhandenen Hypothesen ab. Je nach Wahl erhält man verschiedene Arten von Information, obwohl die Meßwerte bei identischen Altersgruppen und Kohorten vollkommen gleich sind (vgl. WOHLWILL, 1977, S. 161-165).

So liegt es näher, das seit Mitte des vergangenen Jahrhunderts beobachtete Phänomen der *säkularen Akzeleration*, also der über die Generationen zunehmenden Vorverlegung des puberalen Wachstumsschubs und des Anstiegs der endgültigen Körperhöhe, als Kohorteneffekt (= unterschiedliche Wachstumsgeschwindigkeit in verschiedenen Kohorten) zu interpretieren und nicht als (historisch abgrenzbaren) Testzeiteffekt. Als Stichprobenplan zur Untersuchung des Akzelerationsphänomens bietet sich daher am ehesten die Kohortensequenzmethode (eine Längsschnittsequenz) an. Demgegenüber lassen sich vorübergehende Verlangsamungen des Körperwachstums, wie sie im Zusammenhang mit extrem ungünstigen Ernährungsbedingungen während Kriegs- oder Nachkriegszeiten auftreten können, besser als Testzeiteffekte interpretieren denn als Kohorteneffekte, da der Einfluß auf die Wachstumskurven der verschiedenen Kohorten zeitlich auf die betreffenden Kriegs- oder Nachkriegsjahre begrenzt bleibt. Von Alterseffekten zu sprechen wäre unangemessen, da die aufgefundenen Altersdifferenzen an die Testzeiten gebunden sind. Als Stichprobenplan zur Untersuchung derartiger zeitgebundener Phänomene bietet sich die Testzeitsequenzmethode oder eine Kombination von Testzeit- und Quersequenz an.

Unsere Beispiele machen deutlich, daß es Problemstellungen gibt, die eine inhaltliche Unterscheidung von Alter und Testzeit bzw. Kohorte und Testzeit nahelegen und einen Stichprobenplan erforderlich machen, in den die Testzeit als eigenständiger Faktor eingeht. Das dreifaktorielle Modell von SCHAIE hat gegenüber dem Modell von BALTES den wesentlichen Vorteil, jeweils *die* zwei der drei Komponenten für einen Versuchsplan auswählen zu können, die für ein bestimmtes Problem am bedeutsamsten sind.

Betrachtet man außerdem das Modell von BALTES und die daraus abgeleiteten Stichprobenpläne etwas genauer, so stellt man fest, daß die Reduktion von drei auf zwei Komponenten nicht vollständig gelungen ist und daß auch bei den von BALTES vorgeschlagenen Sequenzmodellen die beiden Komponenten Alter und Kohorte nur unter bestimmten Voraussetzungen ohne Konfundierung mit der Testzeit erfaßt werden.

Wie aus der Tabelle 4.9 hervorgeht, sind auch in BALTES' Modell die drei Faktoren Alter, Kohorte und Testzeit enthalten, wobei der eine Faktor, die Testzeit, nur nicht als eigenständiger Faktor *verwendet* wird. Soweit für Stichproben *gleichen Alters* Testzeitdifferenzen vorliegen, interpretiert BALTES sie als *Kohorteneffekte* (vgl. die Zeilen in Tabelle 4.9). Liegen für Stichproben *verschiedenen Alters* Testzeitdifferenzen vor, interpretiert BALTES sie als *Alterseffekte* (vgl. die Spalten in Tabelle 4.9). Die Vermeidung einer Konfundierung von Alter und Testzeit im Rahmen von Längsschnittsequenzen und einer Konfundierung von Kohorte und Testzeit im Rahmen von Querschnittsequenzen ist nur möglich unter der Voraussetzung, daß der Begriff der Kohorte ausgedehnt wird über seine ursprüngliche Bedeutung – das Zeitintervall, in dem eine Population geboren wurde – hinaus.

Und zwar fallen unter diesen weiteren Kohortenbegriff dann alle für eine Kohorte K_X bis zum Meßzeitpunkt T_Z aufgetretenen gemeinsamen zeitlichen (lebensgeschichtlichen) Einflüsse. In den Begriff der Kohorte werden also die in der historischen Zeit lokalisierbaren Testzeiteffekte mit hereingenommen. So ließen sich z. B. die vorhin erwähnten Verlangsamungen des Körperwachstums bei Kohorten, die während Zeiten ungünstiger Ernährungsbedingungen aufgewachsen sind, als Kohorteneffekte – in diesem weiteren Sinne – auffassen. In ihrer letzten Konsequenz bedeutet die Hereinnahme der (Test-)Zeitdimension in den Kohortenbegriff, daß Angaben über Entwicklungsprozesse (Altersverläufe) immer nur bezogen auf eine bestimmte Kohorte Gültigkeit beanspruchen können (vgl. Buss, 1973).

Eine ausführlichere Auseinandersetzung mit dem Kohortenbegriff findet sich bei BALTES, CORNELIUS & NESSELROADE (1976) und ROSOW (1978).

Die Beilegung der SCHAIE–BALTES–Kontroverse

In einem gemeinsamen Aufsatz in der Zeitschrift *Human Development* haben SCHAIE und BALTES (1975) die Gemeinsamkeiten und die Unterschiede ihrer Positionen dargestellt und die sogenannte SCHAIE–BALTES-Kontroverse beigelegt.

SCHAIE und BALTES sind sich einig, daß nur zwei der drei Komponenten Alter, Kohorte und Testzeit jeweils unabhängig voneinander definiert werden können und daß entsprechend die zwei von BALTES vorgeschlagenen Stichprobenpläne (Längsschnitt- und Querschnittsequenzen) alle relevanten Informationen erbringen, wenn das Ziel die *Beschreibung* von Entwicklung ist. Einig sind sie sich auch darin, daß das primäre Ziel der Anwendung der drei Sequenzmodelle von SCHAIE die Überprüfung der spezifischen *Erklärungsmodelle* SCHAIES ist.

Unterschiedlicher Auffassung sind SCHAIE und BALTES hinsichtlich des Erklärungsgehalts der drei Komponenten Alter, Kohorte und Testzeit. SCHAIE verknüpft die drei Komponenteneffekte fest mit bestimmten Entwicklungsfaktoren (Alter mit neurophysiologischen Reifungsprozessen, Kohorte mit genetischen Determinanten und/oder Umgebungseinflüssen, Testzeit mit historisch bedingten kulturellen Einflüssen) und interpretiert sie – trotz des nicht-experimentellen Charakters der Sequenzpläne – kausal. BALTES hingegen meint, daß keine eindeutigen Beziehungen a priori zwischen den drei Komponenten und bestimmten endogenen und exogenen Faktoren existieren, sondern daß die zugrundeliegenden Entwicklungsdeterminanten jeweils erst direkt untersucht oder – noch besser – experimentell manipuliert werden müßten (z. B. in Interventions- oder Simulationsstudien), ehe Schlußfolgerungen hinsichtlich ihrer Bedeutung für Entwicklungsveränderungen möglich sind.

2.4 SCHAIES Revision seines Allgemeinen Entwicklungsmodells

In einem Aufsatz in der Zeitschrift *Developmental Review* hat SCHAIE (1986) sein Allgemeines Entwicklungsmodell aus 1965 und seine in SCHAIE und BALTES (1975) dargelegte Position grundlegend revidiert und weiter ausgearbeitet. Der zentrale Gedanke dabei ist, die bei der bisherigen Definition von Alter, Kohorte und Testzeit gegebene wechselseitige Abhängigkeit der drei Komponenten dadurch zu umgehen, daß die drei Komponenten von der Anbindung an die *kalendarische Zeit* losgelöst werden. Außerdem vertritt SCHAIE nun die These, daß die Kohorte und die Testzeit (er verwendet für letzteres nun den Begriff *Periode*) mehr Erklärungsgehalt besitzen als das Alter. Jedenfalls soll dies für Entwicklungsprozesse im Erwachsenenalter gelten, für die neurophysiologische Reifungsprozesse von ihm als weniger wichtig eingeschätzt werden als für die Entwicklung in Kindheit und Jugend. Sein Anspruch, das (reformulierte) allgemeine Entwicklungsmodell als ein Erklärungsmodell anzusehen, bleibt also unverändert bestehen, ja wird eher noch akzentuiert.

Ähnlich wie bereits WOHLWILL (1970) betrachtet SCHAIE (1986) das *chronologische Alter* nur noch als eine (zeitliche) Dimension, in der Veränderungen stattfinden, die aber als solche nichts erklärt („... age functions related to calendar time, rather than serving as explanatory concepts, emerge as useful scalars, that indicate to us the amount of time elapsed within the life of individuals over which developmental phenomena have occurred.", S. 254). Für die Erklärung von Entwicklung werden vorrangig Kohorten- und Testzeiteffekte herangezogen.

Die Variable Kohorte, ursprünglich als Zeitpunkt bzw. Zeitraum der Geburt definiert (vgl. oben), wird nun zu einer allgemeinen *Selektionsvariable*. Eine Kohorte umfaßt „the total population of individuals entering the specified environment at the same point in time" (a.a.O. , S. 255 f.). Der gemeinsame Geburtsjahrgang ist dabei nur *ein* mögliches Merkmal unter vielen anderen. Neben weiteren altersbezogenen (biologischen oder sozialen) „cohort definers" wie Menarchezeitpunkt, Schuleintritt, Ruhestand, unterscheidet SCHAIE (nach einem Vorschlag von BALTES, CORNELIUS & NESSELROADE, 1979) eine Vielzahl von historisch bedingten und nicht-normativen Kohortenmerkmalen wie Scheidung, Arbeitslosigkeit, Krankheit etc.

Ähnlich gibt SCHAIE seine ursprüngliche Definition der Testzeit als kalendarischer Zeitpunkt der Erhebung auf und erweitert die Bedeutung von Testzeit – nun Periode genannt – zu „the calender date at wich a particular historical event has had the opportunity to impact a specified proportion of the target population" (S. 258). Es sind also die historischen Ereignisse zu identifizieren, die sich auf die Entwicklung von Angehörigen einer Population ausgewirkt haben. Dabei hängt es ausdrücklich nicht vom Zeitpunkt, sondern von der *Art* des historischen Ereignisses ab, ob und bei wem es Effekte hat.

Den Begriff Periode anstelle von Meßzeitpunkt oder Testzeit führt SCHAIE deshalb ein, weil für ihn Beginn, Dauer und Ende von historischen Ereignissen bzw. die Zeiträume der Verbreitung von historischen Einflüssen – z.B. des Besitzes eines Automobils oder eines Fernsehers – bedeutsame Größen sind (vgl. a.a.O. , S. 259 - 262).

Mit der Reformulierung des Allgemeinen Entwicklungsmodells und der Neudefinition der drei Komponenten Alter, Kohorte und Periode im Sinne ihrer Loslösung von der kalendarischen Zeit, wird das ursprüngliche Entwicklungsmodell zu einem (nun aufgegebenen) Spezialfall, in dem alle drei Komponenten durch die kalendarische Zeit definiert sind. Den Rest seines Artikels widmet SCHAIE der Erläuterung der übrigen sieben Fälle, wo mindestens eine Komponente unabhängig von der kalendarischen Zeit definiert ist (vgl. a.a.O., S. 268-272).

Die Reformulierung des Allgemeinen Entwicklungsmodells soll abschließend an einem Beispiel veranschaulicht werden, bei dem Kohorte und Testzeit (Periode) losgelöst von der kalendarischen Zeit definiert sind und nur das Alter als chronologisches Alter gemessen wird (vgl. a.a.O., S. 270). Wenn z. B. das körperliche Wachstum während der Adoleszenz der Untersuchungsgegenstand ist, könnten Kohorten von Jugendlichen hinsichtlich von Wachstumsverläufen über das Lebensalter miteinander verglichen werden, die danach klassifiziert sind, wie alt sie waren, als ihre Mütter anfingen, an einem Erziehungsprogramm zur gesunden Ernährung von Kindern und Jugendlichen teilzunehmen. Als zu berücksichtigender historischer Einfluß könnten Zeiten mit größeren oder geringeren Umweltbelastungen gegenübergestellt werden.

2.5 Abschließende Beurteilung der Sequenzmodelle von SCHAIE und BALTES

Gegenüber den konventionellen Querschnitt- und Längsschnittmethoden stellen die sequentiellen Stichprobenpläne von SCHAIE und BALTES und die durch sie ermöglichten Auswertungen einen wesentlichen methodischen Fortschritt bei der Erforschung von Entwicklungsvorgängen dar. Mit ihrer Hilfe lassen sich unter definierten Voraussetzungen bis zu einem bestimmten Grad die sonst unausweichlich eintretenden Konfundierungen zwischen Alters-, Kohorten- und Testzeitdifferenzen vermeiden oder zumindest kontrollieren. Gleichzeitig erlauben sie eine gemeinsame Analyse von Alterseffekten und Kohorten- bzw. Testzeiteffekten und damit eine ansatzweise „reine" Erfassung (Deskription) von Altersdifferenzen. Dabei ist allerdings noch einmal auf den nicht-experimentellen Status und den fehlenden Erklärungswert der drei Komponenten Alter, Kohorte und Testzeit hinzuweisen.

In diesem Punkt ist BALTES zuzustimmen und die Position von SCHAIE zurückzuweisen (vgl. die Gegenüberstellung der beiden Positionen von SCHAIE und BALTES, 1975, auf S. 274). Die verschiedenen Sequenzpläne sind geeignet zur Beschreibung von Entwicklung und zur Generierung von Hypothesen über die Bedeutung möglicher Entwicklungsdeterminanten. Auch wenn es sinnvoll erscheint, die Auswahl des geeignetsten Plans auf Annahmen über die relevanten Entwicklungsbedingungen zu stützen, können die Ergebnisse einer Untersuchung nach dem betreffenden Plan nicht eindeutig erklärend interpretiert werden.

Die zunehmende Anwendung sequentieller Stichprobenpläne wird zwangsläufig zu einer Relativierung einer Vielzahl, wenn nicht des Großteils der bislang vorliegenden entwicklungspsychologischen Befunde führen, da diese zu über 90% aus konventionellen Querschnitt- oder Längsschnittuntersuchungen stammen. Sequentielle Stichprobenpläne müssen zwar nicht in jeder Untersuchung zur Aufdeckung von Altersdifferenzen angewendet werden. Sie sind aber immer dann notwendig, wenn begründete Annahmen bestehen, daß Kohorten- oder Testzeiteffekte auftreten werden. Welche der drei Komponenten relevant sind, ist zunächst eine Frage der Theorie und der vorliegenden empirischen Befunde in einem Forschungsgebiet.

Die sequentiellen Stichprobenpläne und die aus ihnen abgeleiteten Auswertungsmethoden weisen zumindest zwei Mängel auf, die ihre Brauchbarkeit zur Beschreibung und Erklärung ontogenetischer Veränderungen einschränken (vgl. auch WOHLWILL, 1973/1977; RUDINGER, 1975).

(1) Entsprechend dem üblichen varianzanalytischen Auswertungsansatz gehen sowohl SCHAIE als auch BALTES von der *Linearität* (linear ansteigende positive Richtung aller Komponenteneffekte) und der *Additivität* (Unabhängigkeit) der Komponenten der Sequenzmodelle aus. Eine Interaktion zwischen den jeweils berücksichtigten zwei Faktoren verletzt die Grundannahmen des Modells bzw. erfordert den Verzicht auf verallgemeinernde Aussagen bezüglich der einzelnen Faktoreneffekte. Insofern bezeichnet WOHLWILL (1973/1977) die Sequenzmodelle als statisch, im Unterschied zu einem Modell, das das Zusammenwirken der verschiedenen Faktoren in den Vordergrund stellt.

(2) Die Sequenzmodelle tragen nur bedingt etwas zur Analyse intraindividueller Veränderungen bei, da sie Aussagen über Gruppen und Unterschiede zwischen Gruppen (Altersgruppen und Kohorten) anzielen und insofern möglichen Mittelungsfehlern unterliegen.

Trotz der großen Aufmerksamkeit, die die Sequenzmodelle von SCHAIE und BALTES in der entwicklungspsychologischen Literatur erfahren haben, ist die tatsächliche Bedeutung der Sequenzpläne in der empirischen Forschung eher gering geblieben, abgesehen von den Arbeitskreisen um BALTES, SCHAIE und anderen Life-span-Psychologen. Der Grund hierfür dürfte vornehmlich darin liegen, daß die Diskussion der Sequenzmodelle überwiegend auf einer methodischen Ebene und weniger auf einer theoretisch-inhaltlichen Ebene geführt worden ist. Die Ausführungen von SCHAIE aus 1986, insbesondere die Reformulierungen und Differenzierungen der drei Komponenten unabhängig von der kalendarischen Zeit, zielen genau in diese Richtung einer konzeptuell-inhaltlichen Weiterführung der Diskussion.

Auch wenn man, wie ich, den Erklärungsanspruch des Allgemeinen Entwicklungsmodells nicht akzeptiert und skeptisch ist, inwieweit sich die vorgenommenen Erweiterungen der Begriffe Alter, Kohorte und Testzeit in empirische Untersuchungen umsetzen lassen, behalten doch die von SCHAIE und BALTES gegen die konventionellen Querschnitt- und Längsschnittmethoden vorgebrachten Einwände ihre Gültigkeit. Mit SCHAIE (1986) ist dabei davon auszugehen, daß die Notwendigkeit und die Überlegenheit sequentieller Pläne unter Einbeziehung der Variablen Kohorte und Testzeit eher bei der Untersuchung von Entwicklungsprozessen im Erwachsenenalter als in der Kindheit gegeben sein dürften. Dies erklärt teilweise auch, daß diese Pläne überwiegend von Vertretern mit einer Lebensspannen-Orientierung verwendet worden sind.

3. Probleme der Veränderungsmessung

Wenn der Gegenstand der Entwicklungspsychologie die Beschreibung und Erklärung intraindividueller Veränderungen des Verhaltens und Erlebens im Laufe der Entwicklung ist (vgl. Kap. 1), kommt der Auseinandersetzung mit Problemen der Veränderungsmessung eine besondere Bedeutung zu.

Einige dieser Probleme sind in früheren Abschnitten bereits ausführlich behandelt worden. Hinsichtlich der Unterteilung der zeitlichen Dimension, auf der sich ontogenetische Veränderungen abbilden lassen, wurde dargestellt, welchen Stellenwert hierbei das Lebensalter hat (vgl. Kap. 1.2.3) und was es bedeutet, das Alter als unabhängige Variable in Querschnitt- und Längsschnittuntersuchungen sowie in sequentiellen Stichprobenplänen zu verwenden (vgl. Abschnitt 1.2.). Als Möglichkeit der Beschreibung von Veränderungen über Alter wurde eine Darstellung in Form von Entwicklungsfunktionen vorgeschlagen (vgl. Abschnitt 1.2). Weiter wurden unter Berücksichtigung des Skalenniveaus einer Untersuchungsvariablen drei prototypische Fälle von Veränderungen unterschieden (vgl. Abschnitt 1.3).

Außer diesen bereits abgehandelten Problemen stellen sich aber nun eine Reihe weiterer, mehr *auswertungsmethodischer* Probleme der Veränderungsmessung. Mit ihnen wollen wir uns im folgenden beschäftigen. Sie betreffen vor allem die *Berechnung von individuellen Veränderungswerten* und die *Auswertung von Veränderungskurven*. Bei der Erörterung dieser Probleme wird weder Vollständigkeit bezüglich der Darstellung der einschlägigen statistischen Verfahren angestrebt, noch versucht, deren mathematische Grundlagen näher darzulegen (s. hierzu HARRIS, 1963; PETERMANN, 1978, 1983, 1986; RUDINGER & LANTERMANN, 1978). In erster Linie geht es darum, die inhaltliche Begründung und die Logik der Verfahren im Rahmen entwicklungspsychologischer Fragestellungen deutlich zu machen.

Fragen, die sich in diesem Zusammenhang stellen, sind: Wie gelangt man überhaupt zu Veränderungswerten? Kann man einfach von den Rohwertedifferenzen zwischen den Meßzeitpunkten ausgehen oder muß man andere Werte verwenden? Wie erfaßt man qualitative Veränderungen? Wie kann man aus Veränderungswerten Aufschluß über die Bedingungen gewinnen, die den beobachteten Veränderungen zugrunde liegen?

Bis jetzt wurde nicht zwischen *univariaten* und *multivariaten* Verfahren der Veränderungsmessung unterschieden. Für letztere gelten zwar im wesentlichen die gleichen Probleme wie für erstere, zusätzlich sind jedoch weitere Gesichtspunkte zu berücksichtigen. Aus diesem Grund ist der Abschnitt 3. in zwei Abschnitte untergliedert. Im Abschnitt 3.1 werden zunächst einige grundlegende statistische Probleme der univariaten Erfassung und Auswertung von Veränderungen dargestellt. Abschnitt 3.2. liefert dann einen kurzen Überblick über Möglichkeiten der Anwendung multivariater Verfahren in der Entwicklungspsychologie.

3.1 Probleme der univariaten Erfassung von Veränderungen

Veränderungen in einer Variablen, z.B. Aggressionsstärke, Intelligenzhöhe oder Aufmerksamkeitsspanne, lassen sich in Form einer Veränderungskurve aufzeichnen (vgl. Abschnitt 1.2). Dabei soll stillschweigend vorausgesetzt werden, daß es sich um eine eindimensionale, homogene Variable handelt, die einer rein quantitativen Analyse zugänglich ist. Der einfachste Fall ist gegeben bei der Veränderung einer Variablen X – bzw. ihrer Meßwerte Y – zwischen zwei Meßzeitpunkten T_1 und T_2. (Zum Verhältnis von X, Y und T s. S. 236f.). Man könnte meinen, daß das Ausmaß der Veränderung der Variablen zwischen T_1 und T_2 sich direkt in der Differenz der beiden Meßwerte ($Y_2 - Y_1$) eines Individuums ausdrückt. Aus mehreren Gründen trifft dies jedoch nicht zu. Vieles spricht im Gegenteil dafür, von der Verwendung solcher Differenzwerte abzusehen. Warum sich die Verwendung einfacher Differenzwerte verbietet und welche geeigneteren Maße zur Erfassung von Veränderungen an deren Stelle treten können, soll in diesem Abschnitt erläutert werden. Zunächst werden jedoch zwei allgemeine Probleme der Veränderungsmessung betrachtet: das Phänomen der *Regression zum Mittelwert* und das *Auftreten von Meßfehlern* bei wiederholten Messungen.

Das Phänomen der Regression zum Mittelwert

Als *Regression zum Mittelwert* oder *Regressionseffekt* bezeichnet man das folgende Phänomen: Wird bei einer Gruppe von Individuen die gleiche Variable zweimal hintereinander gemessen, ist die Abweichung der individuellen Meßwerte vom Gruppenmittel bei der Zweitmessung geringer als die Abweichung der Meßwerte der gleichen Individuen vom Gruppenmittel der Erstmessung. D.h., Individuen, die beim ersten Mal extrem hohe oder niedrige Werte erreichten, haben beim zweiten Mal weniger extreme Werte. Anders ausgedrückt: zwischen den individuellen Differenzwerten der Erst- und Zweitmessung ($Y_2 - Y_1$) und den individuellen Ausgangswerten (Y_1) besteht eine leicht negative Korrelation. Dieser Regressionseffekt ist um so größer, a) je weiter die individuellen Ausgangswerte vom Gruppenmittel der Erstmessung entfernt sind und b) je niedriger die Korrelation zwischen den beiden Meßreihen Y_1 und Y_2 ist.

Das Auftreten von Regressionseffekten ist im übrigen nicht beschränkt auf den Fall der wiederholten Messung der gleichen Variablen, sondern auch bei der Messung zweier verschiedener Variablen zu einem Meßzeitpunkt zu erwarten (vgl. FURBY, 1973). Unter dem Aspekt der univariaten Veränderungsmessung interessiert uns hier aber nur ersteres.

Zur Veranschaulichung des Regressionseffekts soll uns das folgende Beispiel dienen. Nehmen wir an, wir haben an einer Stichprobe von Individuen zur Feststellung der Veränderungen der Intelligenzhöhe (X) Daten über die Zahl gelöster Aufgaben in einem Intelligenztest (Y) zu zwei verschiedenen Meßzeitpunkten (T_1 und T_2) erhoben. $\bar{Y}_1$ sei das arithmetische Gruppenmittel der Zahl gelöster Aufgaben in der ersten Untersuchung, $\bar{Y}_2$ das arithmetische Gruppenmittel der Zahl gelöster Aufgaben in der zweiten Untersuchung. Außerdem soll gelten: a) die Korrelation der Meßwertereihen für Y_1 und für Y_2 ist < 1.0, b) in beiden Untersuchungen sind die Meßwerte normalverteilt, c) die Streuungsmaße der Meßwerte zu den beiden Meßzeitpunkten T_1 und T_2 sind gleich ($s_{Y1} = s_{Y2}$).

Annahme a) dürfte auf alle Meßwiederholungen psychologischer Variablen zutreffen; die Annahmen b) und c) müssen hingegen nicht in jedem Fall gelten. Sie werden nur zur Vereinfachung der Darstellung aufgestellt. Das Auftreten von Regressionseffekten ist aber nicht an das Zutreffen der Annahmen b) und c) gebunden.

Die individuellen Meßwerte zu den Untersuchungszeitpunkten T_1 und T_2 lassen sich nun in einem Punktediagramm zusammenfassen, wobei auf der Abszisse die Werte der Meßreihe Y_1 und auf der Ordinate die Werte der Meßreihe Y_2 abgetragen sind (s. Abbildung 4.7).

Jedes Individuum läßt sich dabei durch den Schnittpunkt der beiden Geraden, die im rechten Winkel von den jeweiligen Werten auf der Abszisse und auf der Ordinate gezogen werden, eindeutig lokalisieren. Der Übersichtlichkeit wegen wurde allerdings auf die Eintragung einzelner Punkte in der Abbildung verzichtet. Die in der Abbildung eingezeichnete Ellipse umfaßt alle Individuen unseres Untersuchungsbeispiels. Die durchgezogene Linie gibt die beste Schätzung der Regressionsgeraden von Y_2 auf Y_1 wieder. Die gestrichelte Linie stellt die Regressionsgerade für den Idealfall einer perfekten Korrelation von 1.0 zwischen Y_1 und Y_2 dar. Der Schwerpunkt der Ellipse wird durch den Schnittpunkt der beiden rechtwinklig von den arithmetischen Mitteln $\bar{Y}_1$ und $\bar{Y}_2$ gezogenen Geraden gebildet. (Zur Regressionsanalyse s. BORTZ, 1985).

Wählen wir nun irgendein Leistungsniveau Y_1' (z.B. 18 von 25 Aufgaben wurden gelöst), und suchen alle Individuen, die zum Zeitpunkt T_1 einen Wert von 18 (Y_1') besitzen, so stellen wir fest, daß die gleichen Individuen zum Meßzeitpunkt T_2 um einen Wert Y_2', sagen wir 16, streuen, der näher am allgemeinen Gruppenmittel $\bar{Y}_2$ (13) liegt als Y_1' (18) vom allgemeinen Gruppenmittel $\bar{Y}_1$ (12) entfernt ist (vgl. Abbildung 4.7). Es tritt also ein Regressionseffekt auf. Das Ausmaß des Regressionseffekts läßt sich an der Differenz der Längen der beiden eingezeichneten Doppelpfeile zwischen Y'_1, und $\bar{Y}_1$ (18-12 = 6) und zwischen Y'_2 und $\bar{Y}_2$ (16-13 = 3) ablesen. Ohne das Auftreten eines Regressionseffekts müßte der Mittelwert der Individuen, die bei der Erstmessung den Wert 18 (Y'_1) haben, bei der Zweitmessung 19 (Y_{2*}) betragen, also von $\bar{Y}_2$ (13) genauso weit entfernt sein wie Y_1' (18) von $\bar{Y}_1$ (12).

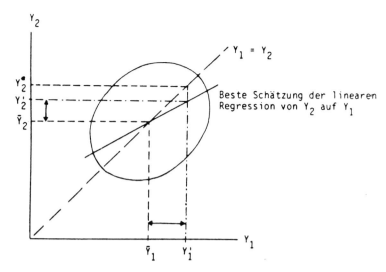

Abbildung 4.7: Graphische Veranschaulichung der Regression zum Mittelwert (nach FURBY, 1973, S. 173)

Wie kommen derartige Regressionseffekte zustande? Es ist üblich, das Auftreten von Regressionseffekten auf zufällige Meßfehler zurückzuführen (vgl. BEREITER, 1963; LORD, 1956, 1958). Inwiefern zufällige Meßfehler Veränderungswerte beeinflussen können, wird im nächsten Abschnitt erörtert.

BALTES und NESSELROADE (1976) zeigen auf, daß der statistische Regressionseffekt ein spezifisches Phänomen der *einmaligen Wiederholungsmessung* ist (Messung der gleichen Variablen zu zwei Meßzeitpunkten). Wenn es – wie bei entwicklungspsychologischen Fragestellungen häufig der Fall – um die Analyse von Veränderungen über eine größere Zahl von Meßzeitpunkten geht, verliert das Regressionsphänomen an Bedeutung. In diesem Fall läßt sich außerdem genauer zwischen „wahren" Veränderungen und auf zufälligen Meßfehlern beruhenden Veränderungen unterscheiden (zu dieser Unterscheidung s. weiter unten).

Zum Einfluß von Meßfehlern auf Veränderungswerte

Da psychologische Messungen in der Regel nicht meßfehlerfrei sind, ist bei psychologischen Variablen grundsätzlich zwischen dem beobachteten, d. h. dem gemessenen Wert Y (*observed score*) einer Variablen X und der „wahren" Ausprägung (*true score*) einer Variablen X zu unterscheiden (vgl. S. 236 f.). Die Abweichung des gemessenen Werts vom „wahren" Wert geht dabei nicht nur auf systematische Fehler (bias) der Untersuchungsmethoden zurück, sondern auch auf zufällige, d. h. unbekannte, nicht kontrollierbare Fehler. Nur letztere interessieren hier.

Der „wahre" Wert einer Variablen X zu einem Zeitpunkt T_x ist nach der Fehlertheorie der klassischen Testtheorie (LORD & NOVICK, 1968) definiert als der

Mittelwert aller (hypothetischen) Messungen dieser Variablen zum Zeitpunkt T_x. Der beobachtete (gemessene) Wert Y setzt sich dann zusammen aus dem „wahren" Variablenwert X und dem Meßfehler e_y (e für error): $Y = X + e_y$.

Wird eine Variable mehrmals hintereinander an der gleichen Stichprobe von Individuen gemessen, so treten jedesmal zufällige Meßfehler auf. Die Meßfehler zweier Meßzeitpunkte sind jedoch unkorreliert, d. h., die Kenntnis der Richtung des Meßfehlers der einen Messung erlaubt keine Vorhersage der Richtung des Meßfehlers der anderen Messung. Daraus läßt sich folgender, für das Regressionsphänomen bedeutsamer Sachverhalt ableiten: Weichen bei der Erstuntersuchung Meßwerte von Individuen aufgrund zufälliger Meßfehler stärker nach oben oder unten vom allgemeinen Gruppenmittel $\bar{Y}_1$ ab als es ihrem „wahren" Wert entspricht, ist es wenig wahrscheinlich, daß die gleichen Individuen auch bei der Zweitmessung alle in gleicher Weise vom Gruppenmittel $\bar{Y}_2$ abweichen. Die betreffenden Individuen müssen demnach bei der Zweitmessung näher beim Mittelwert liegen als bei der Erstuntersuchung, sie zeigen einen Regressionseffekt.

FURBY (1973) konnte allerdings nachweisen, daß ein Regressionseffekt aufgrund von zufälligen Meßfehlern nur ein Sonderfall eines allgemeineren Phänomens ist, das zwangsläufig eintritt, wenn zwei Meßreihen weniger als $r = 1.0$ korreliert sind; auch in dem hypothetischen Fall, daß Meßfehler auszuschließen sind.

FURBYS Interpretation geht von der Bedeutung eines Korrelationskoeffizienten aus. Daß zwei Meßreihen niedriger korrelieren als $r = 1.0$ – was in der Psychologie der Regelfall ist – heißt ja, daß die miteinander korrelierten Variablen bzw. eine Variable zu zwei Meßzeitpunkten außer gemeinsamen Varianzanteilen auch noch jeweils spezifische Varianzanteile aufweisen. (Die gemeinsame Varianz zweier Meßreihen ist gleich dem Quadrat des Korrelationskoeffizienten). Genau so wie keine überzufällige Wahrscheinlichkeit dafür gegeben ist, daß zufällige Meßfehler sich beim gleichen Individuum wiederholt in gleicher Richtung auswirken, ist es wenig wahrscheinlich, daß die jeweils spezifischen Varianzquellen (Faktoren) zweier Meßwerte diese jeweils in der gleichen Richtung beeinflussen. Daß der Regressionseffekt um so größer ist, je stärker die Abweichung der Ausgangswerte vom Gruppenmittel der Erstmessung war, wird so ebenfalls verständlich: extreme Abweichungen vom Gruppenmittel sind seltene Ereignisse, die ja gerade dadurch definiert sind, daß ihre Wiederholungswahrscheinlichkeit relativ gering ist.

Die Erklärung von Regressionseffekten ist laut FURBY also in den Bedingungen für die Erniedrigung einer Korrelation zwischen zwei Meßreihen zu suchen. Diese Bedingungen können Meßfehler sein (mangelnde Reliabilität) oder tatsächliche Veränderungen des Merkmals (mangelnde Stabilität) oder beides.

Nach der eben gegebenen Erklärung ist es nicht verwunderlich, daß auch bei einer nachträglichen Umkehrung der zeitlichen Reihenfolge zweier Meßreihen Regressionseffekte auftreten. D. h., wird der frühere Meßwert eines Individuums aufgrund dessen späteren Meßwerts „vorherzusagen" versucht (Regression von Y_1 auf Y_2), so ist ebenfalls eine geringere Abweichung des früheren Werts vom Gruppenmittel als des späteren Werts vom entsprechenden Gruppenmittel zu beobachten. Die Anwendung dieser Methode der sogenannten *time reversed analysis* schlagen CAMPBELL & STANLEY (1963) zur Trennung von längsschnittlichen Veränderungen und Regressionseffekten vor (s. auch BALTES, NESSELROADE, SCHAIE & LABOUVIE, 1972).

Die zuvor getroffene Unterscheidung von beobachteten und wahren Werten gilt selbstverständlich nicht nur für die individuellen Einzelwerte, sondern auch für die daraus berechneten Differenzwerte. Entsprechend ist zwischen der *beobachteten Veränderung* (dem numerischen Zuwachs oder der numerischen Abnahme eines Werts) und der *wahren Veränderung* zu unterscheiden, und es gibt einen Meßfehler von Differenzen. Dies ist insofern von Bedeutung, als der Meßfehler der Differenz zweier beobachteter Werte größer ist als der jeweilige Meßfehler der Einzelwerte (vgl. BEREITER, 1963; CRONBACH & FURBY, 1970; LORD, 1963).

An einem Zahlenbeispiel verdeutlicht: Beträgt die Meßgenauigkeit (Reliabilität) zweier Einzelwerte Y_1 und Y_2, $r_{Y_1Y_1}$ und $r_{Y_2Y_2}$, jeweils r = .80 und die Korrelation der beiden Meßreihen $r_{Y_1Y_2}$ = .70, so ergibt sich für die Differenzwerte $Y_2 - Y_1$ nur eine Meßgenauigkeit von r = .33 (zur mathematischen Ableitung s. BEREITER, 1963; LORD, 1963).

Es besteht nun eine enge Beziehung zwischen der Meßgenauigkeit der Differenzen und der Höhe der Korrelation zwischen den beiden Meßreihen (BEREITER, 1963). Und zwar nimmt die Meßgenauigkeit von Differenzwerten mit ansteigender Korrelation der beiden Meßreihen Y_1 und Y_2 stetig ab. Daraus geht hervor, daß sich die Meßgenauigkeit von Differenzwerten durch eine Senkung der Korrelation von Y_1 und Y_2 erhöhen müßte.

Verändern wir in unserem vorigen Zahlenbeispiel die Korrelation zwischen Y_1 und Y_2 von $r_{Y_1Y_2}$ = .70 in $r_{Y_1Y_2}$ = .00, nehmen wir also den extremen Fall einer Nullkorrelation zwischen den beiden Meßreihen an, so erhöht sich die geschätzte Meßgenauigkeit der Differenzen $Y_2 - Y_1$ von r = .33 auf r = .80. Dabei soll die Meßgenauigkeit der Einzelwerte gleichbleibend r_{YY} = .80 betragen.

Die so erreichte Erhöhung der Meßgenauigkeit von Differenzen wird allerdings mit einem Absinken der Validität erkauft, denn eine fehlende Korrelation zwischen der Messung einer Variablen zu zwei Meßzeitpunkten bedeutet, daß nicht jeweils das Gleiche gemessen worden ist bzw. daß verschiedene Faktoren für das Zustandekommen der Meßwerte von Y_1 und von Y_2 verantwortlich sind. Man steckt somit in dem folgenden Dilemma: Je höher die Korrelation zwischen Erst- und Zuweitmessung ist, desto niedriger ist die Meßgenauigkeit (Reliabilität) der Differenzwerte. Je niedriger die Korrelation zwischen Erst- und Zweitmessung ist, desto niedriger ist die Validität der Werte (BEREITER, 1963).

Für die entwicklungspsychologische Veränderungsmessung ergibt sich im übrigen noch ein weiteres Problem aus der Tatsache, daß die Reliabilität der Messung einer Variablen häufig mit dem Alter variiert (LOHAUS, 1989). Da sich dies auf die Höhe der Korrelationskoeffizienten zwischen zwei Meßzeitpunkten auswirkt, schlagen einige Autoren vor, bei der Berechnung von Altersdifferenzen eine entsprechende Korrektur des Korrelationskoeffizienten zwischen zwei Altersstufen vorzunehmen (s. dazu BEREITER, 1963; LORD, 1963).

Residualwerte und Schätzwerte „wahrer" Veränderung

Aufgrund der aufgezeigten Probleme von individuellen Veränderungswerten, vor allem ihrer Beeinflussung durch Regressionseffekte und ihrer mangelnden Reliabilität, empfiehlt es sich, von der Verwendung einfacher Differenz- oder Zuwachswerte abzusehen, vor allem im Falle von nur zwei Meßzeitpunkten. Ähnlich wie die Außerachtlassung von Kohorten- und Testzeiteffekten zu Fehlinterpretationen von Altersunterschieden aus Querschnitt- und Längsschnittdaten führen kann (vgl. Abschnitt 2.), können aus der Nichtberücksichtigung des Regressionseffekts und der spezifischen Auswirkung von Meßfehlern unzutreffende Aussagen über Altersunterschiede bzw. Altersveränderungen resultieren.

Will man trotzdem mit Veränderungswerten arbeiten, so läßt sich durch die Berechnung von Residualwerten oder von *Schätzwerten der „wahren" Veränderung* eine angemessene Berücksichtigung von Regressionseffekten und Meßfehlern erreichen. Hierzu sind verschiedene Formeln entwickelt worden (s. CRONBACH & FURBY, 1970; TUCKER, DAMARIN & MESSICK, 1966). Zum Verständnis dieser Formeln wäre auf eine Reihe statistischer Begriffe einzugehen, was den Rahmen dieses Kapitels überschreitet. Ich beschränke meine Darstellung deshalb auf einige wesentliche Gesichtspunkte, die bei der Berechnung und Anwendung derartiger Schätzwerte zu beachten sind. Im übrigen verweise ich auf die angegebene einschlägige Literatur.

Der einfachste und häufigste Weg zur Korrektur von Differenzwerten besteht in der Verwendung sogenannter *residualer Veränderungswerte* oder kurz Residualwerte. Sie schalten Regressionseffekte aus. Zu ihrer Berechnung geht man von den Werten aus, die entsprechend der Regressionsgeraden, d. h. der Regression von Y_2 auf Y_1, bei der Zweitmessung zu erwarten wären. Der Residualwert eines Individuums ist dann gleich der Abweichung des zweiten Meßwerts von dem Wert, der aufgrund der Regressionsanalyse nach Kenntnis des ersten Meßwerts vorhergesagt wird. Alle Individuen über der Regressionsgeraden weisen somit positive Residualwerte, alle Individuen unter der Regressionsgeraden negative Residualwerte auf.

Da die Berechnung von Residualwerten auf der Eliminierung des Einflusses des Ausgangswerts auf die Höhe des Zuwachswerts beruht, spricht man auch von ausgangswertfreien Maßen (engl.: *basefree measures*). Die Verwendung von Residualwerten ist immer dann angebracht, wenn die Korrelation zwischen den individuellen Veränderungswerten und einer anderen Variablen festgestellt werden soll. Geschieht dies nämlich nicht, besteht die Gefahr, daß die resultierende Korrelation zwischen den Veränderungswerten und einer anderen Variablen auf die Korrelation zwischen dem Ausgangswert und dieser Variablen zurückgeht, also eine Scheinkorrelation ist (LORD, 1963).

Residualwerte eliminieren zwar Regressionseffekte, vernachlässigen jedoch die Meßfehler der beiden Einzelmessungen. Zur Ausschaltung des Einflusses von Meßfehlern auf die Berechnung von Residualwerten haben CRONBACH & FURBY (1970) verschiedene Formeln entwickelt.

Außer der Berechnung von Residualwerten werden in der einschlägigen Literatur noch eine Reihe von anderen Verfahren zur Schätzung der „wahren" Veränderung vorgeschlagen. Sie versuchen über die Einbeziehung der Reliabilität der Einzelmessungen, der Korrelation zwischen Erst- und Zweitmessung sowie weiterer statistischer Parameter die Schätzung von Veränderungswerten zu verbessern (s. dazu CRONBACH & FURBY, 1970; LORD, 1963).

Sofern es darum geht, die Auswirkungen experimentell kontrollierter Bedingungsfaktoren festzustellen, läßt sich die „wahre" Veränderung zwischen zwei Meßzeitpunkten direkter als durch eine nachträgliche statistische Korrektur der beobachteten Differenzwerte mit Hilfe von Kontrollgruppenplänen untersuchen. Das Problem der Korrektur der beobachteten Differenzen bzw. der Schätzung „wahrer" Veränderungen stellt sich häufig ja gerade deswegen, weil keine Daten für Kontrollgruppen vorhanden sind, d.h. weil nur eine einzige Versuchsgruppe untersucht worden ist.

Der einfachste Plan umfaßt eine Experimentalgruppe (mit Bedingungsfaktor) und eine Kontrollgruppe (ohne Bedingungsfaktor), die jeweils zweimal untersucht werden. Die beiden Versuchsgruppen sollen sich lediglich darin unterscheiden, daß in der Experimentalgruppe zwischen Vortest und Nachtest ein experimenteller Bedingungsfaktor eingeführt wird, während die andere Gruppe ausschließlich einem Vortest und einem Nachtest unterzogen wird. Schematisch dargestellt:

Experimentalgruppe: Vortest – Experimenteller Bedingungsfaktor – Nachtest
Kontrollgruppen: Vortest –   – Nachtest

In einem entwicklungspsychologischen Kontext könnte es etwa darum gehen, zwei völlig vergleichbare Versuchspersonengruppen jeweils in einem bestimmten Altersabstand hinsichtlich ihrer Veränderungen in der Intelligenzhöhe oder im Ausmaß der Aggressivität zu untersuchen, wobei die Experimentalgruppe zwischen Erst- und Zweitmessung z.B. ein Trainingsprogramm zur Förderung intellektueller Fähigkeiten durchläuft bzw. Gelegenheit zur Beobachtung von aggressiven Verhaltensmodellen erhält, die Kontrollgruppe hingegen diesen Bedingungen nicht ausgesetzt wird. Sowohl die Vortestwerte der beiden Versuchspersonengruppen als auch alle denkbaren Einflüsse zwischen Erst- und Zweitmessung, abgesehen vom Intelligenz-Trainingsprogramm oder der Gelegenheit zur Beobachtung von aggressiven Verhaltensmodellen, müßten dabei gleich sein.

Der große Vorteil bei einem solchen Versuchsplan ist, daß man zur Abschätzung der „wahren" Veränderung aufgrund der experimentellen Variablen auf die Berechnung von Differenz- oder Veränderungswerten zwischen den beiden Meßzeitpunkten verzichten kann und statt dessen die Nachtestwerte der beiden Versuchsgruppen direkt miteinander vergleichen kann. Aus dem Unterschied der beiden Nachtestwerte läßt sich der Effekt des experimentellen Faktors unmittelbar ablesen.

Da Untersuchungen über langfristige Entwicklungsveränderungen meist keine experimentelle Kontrolle von Entwicklungsfaktoren beinhalten, sondern in der Regel Entwicklungsverläufe unter „natürlichen", d.h. post hoc vorgefundenen Bedingungen beschreiben, stammt die Mehrheit der entwicklungspsychologischen Daten so gesehen eher aus Kontrollgruppen als aus Experimentalgruppen.

Als eine weitere Möglichkeit zur Abschätzung von Interventionseffekten ist schließlich die Methode der *Zeitreihenanalyse (time-series analysis)* zu nennen (s. hierzu GLASS, WILLSON & GOTTMAN, 1973; PETERMANN, 1982). Dabei werden vor und nach der Einführung einer experimentellen Variablen jeweils mehrere

Messungen durchgeführt. Die Versuchspersonen dienen dabei als ihre eigene Kontrolle. Schematisch dargestellt:

$$T_1 \; T_2 \; T_3 \; T_4 \; E \; T_5 \; T_6 \; T_7 \; T_8$$

Aus den charakteristischen Veränderungen des Kurvenverlaufs unmittelbar nach der Einführung der experimentellen Bedingungsvariable (E) verglichen mit den Meßwerteveränderungen vor Einführung dieser Variablen ist auf Art und Ausmaß des Effekts der betreffenden Variablen zu schließen.

Auch ohne dazwischenliegende experimentell gesetzte Bedingungen, d.h. zur bloßen Beschreibung von zeitlichen Verläufen, können Zeitreihenanalysen verwendet werden. Insbesondere wenn man sich für zyklisch wiederkehrende Veränderungen interessiert bzw. solche Zyklen herausfinden will, lassen sich über die Interkorrelation der Meßwerte mit jeweils unterschiedlichen zeitlichen Abständen charakteristische Kurvenverläufe identifizieren.

3.2 Multivariate Verfahren in der Entwicklungspsychologie

3.2.1 Vorbemerkungen

Wie in der Psychologie generell sind auch in der Entwicklungspsychologie die meisten empirischen Untersuchungen univariat angelegt. Dies betrifft sowohl die *Beschreibung* von Entwicklungsvorgängen, also die Veränderungen in den *abhängigen Variablen*, als auch deren *Erklärung*, also die als *unabhängige Variablen* konzipierten Entwicklungsfaktoren. D.h., man untersucht in der Regel die im Laufe der Entwicklung in einer Variablen – z.B. Körperhöhe, Intelligenz, Aggressivität – eintretenden Veränderungen jeweils in Abhängigkeit von *einer* anderen Variablen – z.B. Schichtzugehörigkeit, Geschlecht oder elterliche Disziplinierungstechnik. Werden mehrere Variablen gleichzeitig erfaßt, ist es trotzdem üblich, für jede einzelne Variable getrennt univariate Auswertungsverfahren anzuwenden (z.B. Mittelwertsvergleiche, paarweise Interkorrelationen).

Für die in der Psychologie angetroffene Bevorzugung univariater Auswertungsverfahren gibt es mehrere Gründe. Die beiden wichtigsten dürften sein:

1. Die wissenschaftliche Psychologie hat sich mit dem am Ideal der naturwissenschaftlichen Methodik orientierten Experiment etabliert; zu den wesentlichen Anforderungen experimenteller Versuchspläne gehört aber, die Auswirkung einer Variablen (des experimentellen Bedingungsfaktors) auf eine andere, davon als abhängig gedachte Variable unter Ausschaltung bzw. Kontrolle aller übrigen möglichen Faktoren zu untersuchen (vgl. Kap. 5.4).

2. Lange Zeit fehlten die zur Analyse der wechselseitigen Beziehungen mehrerer Variablen geeigneten statistischen Auswertungsmethoden, oder es gab noch keine entsprechenden EDV-Programme bzw. die Computerkapazitäten reichten nicht aus. Soweit multivariate Auswertungsverfahren und die dazugehörigen Computerprogramme existierten, waren sie für Entwicklungspsychologen nicht zugänglich oder nicht bekannt.

Vielleicht spielt auch eine Rolle, daß Psychologen lange Zeit wenig Interesse zeigten, globale Konzepte wie Aggressivität, Neugier, Schichtzugehörigkeit u.ä. auf ihre Struktur zu untersuchen und evtl. weiter aufzuschlüsseln. Auch zu einer solchen Analyse der Dimensionalität „einzelner" Variablen können multivariate Verfahren herangezogen werden.

In den letzten Jahren haben multivariate Analyseverfahren verstärkt Eingang in die Entwicklungspsychologie gefunden (vgl. ACHENBACH, 1978; APFELBAUM & MCCALL, 1983; HOLLING, 1989; Sonderheft Februar 1987 der Zeitschrift *Child Development*). Die Dominanz univariater Ansätze ist trotzdem weiterhin gegeben.

Die Anwendung multivariater Verfahren erscheint für die Psychologie deshalb geboten, weil für ihre Untersuchungsgegenstände, die Beschreibung und Erklärung menschlichen Verhaltens und Erlebens, im allgemeinen mehrfache wechselseitige Zusammenhänge und Abhängigkeiten anzunehmen sind. Speziell für die Entwicklungspsychologie gilt, daß die Entwicklung einzelner Verhaltensmerkmale meist nicht unabhängig von der Entwicklung anderer Merkmale geschieht und daß ebenso auf der Seite der Entwicklungsfaktoren wechselseitige Abhängigkeiten bestehen (s. dazu Kap. 3.3).

Es ist sicher zulässig und u. U. auch sinnvoll, die unterschiedliche Ausprägung z. B. bestimmter aggressiver Verhaltensäußerungen in einer Versuchsgruppe ausschließlich in Abhängigkeit von Merkmalen beobachteter Verhaltensmodelle zu betrachten (vgl. unser Untersuchungsbeispiel 2.6). Es ist jedoch anzunehmen, daß durch die gleichzeitige Berücksichtigung weiterer Verhaltensmerkmale sowie weiterer möglicher Bedingungen für aggressive Verhaltensäußerungen eine genauere Beschreibung und Erklärung der intraindividuellen Veränderungen oder interindividuellen Unterschiede der betreffenden aggressiven Verhaltensäußerungen möglich ist. Erkenntnisse über die Beziehungsmuster mehrerer Variablen können nur mit Hilfe multivariater Verfahren gewonnen werden.

Für den Fall, daß tatsächlich mehrere Variablen gleichzeitig untersucht worden sind und diese Variablen wechselseitige Beziehungen zueinander aufweisen, ist es im übrigen allein aus methodischen Gründen unzulässig, für jede der untersuchten Variablen getrennt univariate Auswertungsverfahren heranzuziehen. Deren Anwendung setzt nämlich voraus, daß die untersuchten Variablen voneinander unabhängig sind.

Oft wird fälschlicherweise angenommen, daß multivariate Verfahren ausschließlich eine deskriptiv-korrelative Analyse der Beziehungen zwischen mehreren Variablen erlauben. Multivariate Verfahren, wie z.B. die *Multivariate Varianzanalyse*, lassen sich aber durchaus auch im Rahmen experimenteller Versuchspläne einsetzen (vgl. CATTELL, 1966a; MCCALL, 1970). Allerdings geschieht die Verwendung multivariater Verfahren in der Entwicklungspsychologie bislang überwiegend mit dem Ziel einer *Deskription* der *synchronen Zusammenhangsmuster zwischen mehreren Variablen* und der *Veränderungen dieser Zusammenhangsmuster* im Laufe der Entwicklung. Nur selten dienen derartige Verfahren der Aufdeckung der multiplen Beziehungen zwischen verschiedenen Entwicklungs*bedingungen*.

Die Deskription der Zusammenhangsmuster zwischen mehreren Variablen umfaßt im übrigen nicht nur die Beschreibung der Zusammenhänge zwischen *verschiedenen* Variablen (z.B. Intelligenz und Aggressivität) und deren Veränderungen, sondern kann auch die Beschreibung der Beziehungen der Dimensionen *innerhalb einer multidimensionalen Variablen* beinhalten. Die Analyse der Veränderungen der Struktur einer Variablen dient nicht zuletzt der Überprüfung der Identität eines Konstrukts über die Zeit und damit der Zulässigkeit einer rein quantitativen Analyse der Veränderungen einer Variablen (z. B. einer Betrachtung der Intelligenzentwicklung oder der Entwicklung der Geschlechtstypisierung unter dem Aspekt der bloßen Zunahme oder Abnahme der Intelligenzhöhe bzw. des Ausmaßes der Geschlechtstypisierung).

Zur Untersuchung der Zusammenhangsmuster von Variablen und ihrer Veränderungen werden in der Entwicklungspsychologie hauptsächlich *korrelationsstatistische Methoden* und daraus abgeleitete Verfahren (wie Faktorenanalyse, Pfadanalyse, Cross-Lagged-Panel-Analyse, Regressionsanalyse, Clusteranalyse) verwendet (vgl. ACHENBACH, 1978; APPELBAUM & MCCALL, 1983; BUSS, 1974a, b; WOHLWILL, 1973a/1977). Im Vordergrund standen dabei lange Zeit *faktorenanalytische Techniken* (vgl. BALTES & NESSELROADE, 1979; BUSS, 1974a, b; NESSELROADE, 1970; WOHLWILL, 1973/1977). Sie bilden auch den Schwerpunkt der folgenden Darstellung. Weitere Verfahren sind beschrieben in ACHENBACH (1978), CATTELL (1966a), MCCALL (1970).

3.2.2 Faktorenanalytische Techniken der Untersuchung von Entwicklungsveränderungen

Allgemeine Grundlagen der Faktorenanalyse

Der Terminus *Faktorenanalyse* bezeichnet kein einheitliches mathematisches Verfahren, sondern ist ein Sammelbegriff für eine Vielzahl statistischer Datenverarbeitungstechniken. Im Rahmen dieses Abschnitts ist es nicht möglich, auf die mathematischen Grundlagen der einzelnen faktorenanalytischen Techniken näher einzugehen. Hierzu sei auf die Standardwerke von ÜBERLA (1968) und HARMAN (1967) verwiesen. Verständliche Einführungen in die mathematischen Grundlagen der Faktorenanalyse finden sich außerdem in GAENSSLEN & SCHUBÖ (1973) und in HERRMANN (1984). Die folgende Darstellung beschränkt sich auf die für eine Anwendung der Faktorenanalyse in der Entwicklungspsychologie wichtigen Punkte.

Die Faktorenanalyse stellt eine äußerst brauchbare Methode zur Untersuchung der Zusammenhangsmuster mehrerer Variablen dar. In der Entwicklungspsychologie werden faktorenanalytische Techniken vor allem zur Erfassung struktureller Veränderungen innerhalb einer multidimensionalen Variablen oder zur Erfassung von Veränderungen in den Zusammenhangsmustern zwischen mehreren Variablen verwendet. Speziell interessieren die Veränderungen über das Lebensalter.

Allgemeines Ziel einer Faktorenanalyse ist es, die in einem Variablensatz enthaltene Information auf eine möglichst geringe Anzahl gemeinsamer Anteile (*Faktoren*) zu reduzieren. Dies geschieht durch die Klassifikation der betreffenden Variablen, d. h. ihre Zuordnung zu – meistens voneinander statistisch unabhängigen – *Faktoren*. Variablen haben demnach etwas Gemeinsames, wenn sie zu dem selben Faktor gehören. Sie gehören am ehesten dann zu demselben Faktor, wenn sie untereinander höher korrelieren als mit anderen Variablen.

Strenggenommen gehören die einzelnen Variablen – von Grenzfällen abgesehen – nicht nur zu einem einzigen Faktor. Vielmehr gehen alle Variablen in größerem oder geringerem Ausmaß in alle Faktoren ein, d,h. weisen auf allen Faktoren bestimmte „Ladungen" auf (HERRMANN, 1984, S. 112f.). Jede Variable läßt sich aber jeweils einem bestimmten Faktor zuordnen, nämlich dem, auf dem sie ihre höchste Ladung hat (zum Ladungsbegriff s. weiter unten).

Die Varianz der Datenmatrix X einer Faktorenanalyse läßt sich als Addition der gemeinsamen Varianz C (*common variance*) der Variablen und der variablenspezifischen Varianz U (*uniqueness*) darstellen: $X = C + U$. Während in C die gemeinsamen Anteile der untersuchten Variablen enthalten sind, umfaßt U den Varianzrest, den jede Variable für sich allein besitzt, also nicht mit den anderen Variablen teilt. Die Matrix der gemeinsamen Varianz C läßt sich nun weiter aufspalten in die *Werte der Personen auf den Faktoren* (W für Faktorwerte) und die *Ladungen der Variablen auf den Faktoren* (L für Faktorladungen). Demnach gilt: $X = WL + U$ (vgl. BENTLER, 1973). Die Unterscheidung von *Faktorwerten* und *Faktorladungen* erweist sich für entwicklungspsychologische Fragestellungen als besonders wichtig (s. weiter unten).

Faktoren sind *abgeleitete Variablen*. Spätere Untersuchungen können sich dann auf diese, aus Gemeinsamkeiten der gemessenen Variablen abgeleiteten Variablen beschränken. Im Idealfall erbringt eine Faktorenanalyse nur wenige Faktoren verglichen mit der Zahl der Variablen. Die Anwendung der Faktorenanalyse ist daher praktisch erst bei einer größeren Anzahl von (nicht weniger als zehn) Variablen sinnvoll.

Die Berechnung von Faktoren geschieht meist in zwei getrennten Schritten: 1. der *Faktorenextraktion* und 2. der *Faktorenrotation*. Ersteres dient der Feststellung, wieviele Faktoren benötigt werden, um die in den Variablen beobachteten Unterschiede der (Personen-) Werte adäquat darzustellen. Mit zweiterem wird der extrahierte Faktorensatz durch einen anderen ersetzt, der aus bestimmten Gründen dem ersten Satz vorzuziehen ist (GAENSSLEN & SCHUBÖ, 1973; s. hierzu auch ÜBERLA, 1968).

Bei dem faktorenanalytischen Verfahren, das in der Psychologie am häufigsten angewendet wird, der sogenannten *Hauptkomponentenanalyse*, bildet man Faktoren als Linearkombinationen der Variablen, die ihrerseits die Variablengruppe insgesamt gut erklären (GAENSSLEN & SCHUBÖ, 1973, S. 200).

Dabei gilt (vgl. GAENSSLEN & SCHUBÖ, 1973, S. 204 ff.):

Der *Faktor* F_J eines Variablensatzes ist gleich der Linearkombination

(1) $F_J = W_{1J}Z_1 + ... + W_{iJ}Z_i + ... + W_{nJ}Z_n$

wobei: W_{iJ} = Gewicht der Variablen Z_i im Faktor F_J

Z_j = Standardisierter Wert der Variablen j

Durch den Faktor F_J sind zugleich die sogenannten *Faktorwerte* F_{Ji} der untersuchten Personen i definiert. Der Faktorwert einer Person F_{Ji} gibt wieder, wie stark der Faktor J bei der Person i ausgeprägt ist. Der Faktorwert der Person i im Faktor F_J berechnet sich nach:

(2) $F_{Ji} = W_{1J}Z_{1i} + ... + W_{jJ}Z_{ji} + ... + W_{nJ}Z_{ni}$

wobei: W_{jJ} = Gewicht der Variablen z_j im Faktor F_J

Z_{ji} = Standardisierter Wert der Variablen j für die Person i

Wie bereits ausgeführt, stellen Faktoren abgeleitete Variablen dar. Für jede dieser neuen Variablen kann für jede Person ein charakteristischer Meßwert (Faktorwert) berechnet werden. Neben den neuen faktoriellen Variablen (Gleichung 1) und den Faktorwerten der Personen (Gleichung 2) ist zum Verständnis der Anwendung faktorenanalytischer Techniken in der Entwicklungspsychologie noch eine dritte Größe einzuführen: die *Faktorladungen*. Die Ladung der standardisierten Variablen z_j auf dem Faktor F_J berechnet sich am einfachsten wie folgt:

(3) $a_{jJ} = w_{1J}r_{1j} + ... + w_{jJ}r_{jj} + ... + w_{nJ}r_{jn}$

wobei: w_{jJ} = Gewicht der Variablen z_j im Faktor F_J

r_{jJ} = Korrelation der Variablen z_1 mit der Variablen z_j

r_{jj} = Korrelation der Variablen z_j mit sich selbst

Wegen $r_{jj} = 1.0$ schreibt man auch:

(4) $a_{jJ} = w_{1J}r_{1j} + ... + w_{jJ} + ... + w_{nJ}r_{jn}$

Die Unterscheidung von quantitativen und qualitativen Veränderungen mit Hilfe faktorenanalytischer Techniken

Die eben getroffene Unterscheidung von *Faktorwert* (Ausprägungsgrad eines Faktors F_J bei einer Person i) und *Faktorladung* (Gewicht, mit dem eine Variable zur Definition eines Faktors beiträgt) ist von entscheidender Bedeutung für die Verwendung faktorenanalytischer Techniken in der Entwicklungspsychologie. Sie bietet die Möglichkeit, quantitative und qualitative (strukturelle) Veränderungen getrennt zu analysieren bzw. ihr Vorliegen überhaupt festzustellen.

Im Querschnitt beobachtete (Alters-)Unterschiede oder im Längsschnitt eintretende (Alters-)Veränderungen von Variablen (Faktoren) können nämlich entweder auf Unterschiede in den Faktorwerten oder auf Unterschiede in den Faktorladungen zurückgehen oder auch auf beides. Es hat sich nun als brauchbar erwiesen, *quantitative* Veränderungen von Variablen (Faktoren) anhand der Veränderungen der Werte der untersuchten Individuen auf den Faktoren (*Faktorwerte*), *qualitative* Veränderungen der Beziehungen zwischen mehreren Variablen bzw. innerhalb einer multidimensionalen Variablen anhand der Veränderungen der Ladungen der einzelnen Variablen auf den Faktoren (*Faktorladungen*) festzustellen (vgl. BALTES & NESSELROADE, 1970, 1979; NESSELROADE, 1970).

Bei der Heranziehung von Faktorwerten zur Analyse quantitativer Veränderungen ist allerdings zu berücksichtigen, daß die aus einer Faktorenanalyse berechneten Faktorwerte gewöhnlich auf einen Mittelwert von X = 0 und eine Streuung von s = 1 standardisiert sind. Vergleicht man die mittleren Faktorwerte von Individuen verschiedener Altersgruppen, die aus getrennten Faktorenanalysen für jede Altersgruppe stammen, werden eventuell bestehende Altersunterschiede logischerweise eliminiert. Will man die Veränderungen der Faktorwerte über Alter quantitativ bestimmen, sind daher die Faktorwerte pro Alter auf einen gemeinsamen Bezugspunkt, z. B. auf eine gemeinsame Faktorenanalyse zu beziehen. In Frage kommt hier am ehesten eine Standardisierung der Faktorwerte über alle untersuchten Altersgruppen.

Von den zuvor erläuterten Unterscheidungen ausgehend, lassen sich verschiedene Arten qualitativer und quantitativer Veränderungen in termini der Faktorenanalyse formulieren (vgl. Buss, 1974b; Emmerich, 1968; Nesselroade, 1967, 1970). Entsprechend den gegebenen Kombinationsmöglichkeiten der Stabilität oder Veränderung von Faktorwerten und/oder in Faktorladungen schlägt Nesselroade (1967) eine Vierfachklassifikation von Veränderungen vor:
(1) Invariante Ladungsmuster und stabile Faktorwerte = sowohl die Variablen (Faktoren) selbst als auch die relative Position der Individuen auf den Faktoren bleiben relativ konstant;
(2) Invariante Ladungsmuster und veränderliche Faktorwerte = während die Variablen (Faktoren) selbst gleichbleiben, verändern die Individuen ihre relative Position auf den Faktoren;
(3) Variante Ladungsmuster und stabile Faktorwerte = die Struktur der Variablen (Faktoren) verändert sich, während die Individuen ihre relative Position beibehalten;
(4) Variante Ladungsmuster und veränderliche Faktorwerte = sowohl die Variablen (Faktoren) selbst als auch die relative Position der Individuen auf den Faktoren verändert sich.

Der Klassifikation von Nesselroade folgend unterscheidet Buss (1974b) je nach der Stabilität oder Variation von Faktorwerten und/oder Faktorladungen folgende vier Arten von Veränderungen: (1) Stabilität (keine Veränderung), (2) Quantitative Veränderungen, (3) Qualitative Veränderungen, (4) Strukturelle Veränderungen. Diese vier Arten von Veränderungen bezieht Buss im übrigen nicht nur auf Veränderungen in einem Faktor, sondern auch auf Veränderungen in multidimensionalen (mehrfaktoriellen) Variablen (s. dazu Buss, 1974b).

Die Definition quantitativer und qualitativer Veränderungen mit Hilfe der Trennung von Faktorwerten und Faktorladungen – bzw. ihrer Invarianz oder Veränderung – setzt die Möglichkeit zur Feststellung des Grads der Ähnlichkeit oder Verschiedenheit von Faktorwerten und Faktorladungen über verschiedene Meßzeitpunkte voraus. Speziell hinsichtlich der Postulierung rein quantitativer Veränderungen von Variablen (Faktoren) ist ein Gleichbleiben der Faktorstruktur, d.h. der Ladungsmatrizen der miteinander verglichenen Untersuchungsstichproben nachzuweisen. Dies erfordert statistische Methoden des Faktorstruktur-Vergleichs.

Zieht man zur Feststellung der Ähnlichkeit von Faktoren aus Untersuchungen der gleichen Variablen in verschiedenen Stichproben das Kriterium vergleichbarer Ladungen in den zu vergleichenden Faktoren heran, wird man zwei Faktoren dann für „gleich" erachten, wenn dieselben Variablen in beiden Faktoren hoch und andere Variablen in beiden Faktoren gleichermaßen niedrig laden (Gaensslen & Schubö, 1973). Eine elegante Methode zur Berechnung der Ähnlichkeit von Faktorstrukturen stammt von Pinneau und Newhouse (1964). Sie schlagen vor, für die Versuchspersonen der zu vergleichenden Untersuchungsstichproben sowohl Faktorwerte unter Zugrundelegung der Faktorladungen der eigenen Stichprobe als auch Faktorwerte aufgrund der Faktorladungen der Vergleichsstichprobe zu berechnen und die daraus resultierenden korrespondierenden Faktorwerte jeweils miteinander zu korrelieren. Die Höhe der Interkorrelationen der Faktorwerte gibt dann Aufschluß über den Grad der Ähnlichkeit der Faktorstrukturen.

Cattells Einteilung verschiedener faktorenanalytischer Techniken

Die bisherige Darstellung der Anwendung faktorenanalytischer Techniken in der Entwicklungspsychologie beschränkte sich auf den Fall der Strukturierung des Zusammenhangsmusters zwischen mehreren Variablen für eine Gruppe von Individuen, die zu einem bestimmten Meßzeitpunkt untersucht worden ist. Durch den Vergleich solcher Variablen x Personenmatrizen für mehrere Meßzeitpunkte läßt sich die Stabilität oder Veränderung der Zusammenhangsmuster zwischen den Variablen feststellen. Dieses am häufigsten angetroffene Vorgehen, die *Faktorisierung von mehreren Variablen über mehrere Personen zu einem Meßzeitpunkt*, ist jedoch nur *eine* Möglichkeit des Einsatzes der Faktorenanalyse. Auf welche Fragestellungen die Faktorenanalyse sonst noch ausgerichtet sein kann, hat Cattell (1952, 1966b) systematisch beschrieben.

Ausgangspunkt der Cattellschen Einteilung faktorenanalytischer Techniken ist die Unterscheidung von drei Dimensionen, nach denen eine Klassifikation (Faktorisierung) von Daten vorgenommen werden kann: *Variablen* (Tests), *Personen* (Individuen) und *Meßzeitpunkte* (Situationen). Im ursprünglichen Konzept Cattells sind jeweils zwei der drei Dimensionen multivariat angelegt, während die verbleibende dritte Dimension univariat definiert ist. Durch Berücksichtigung nicht nur der drei möglichen Paarkombinationen einer multivariaten Definition der drei Dimensionen Variablen, Personen, Meßzeitpunkte, sondern auch der Festlegung, welche Dimension innerhalb eines Paares jeweils faktorisiert werden soll, ergeben sich insgesamt *sechs faktorielle Techniken.* Bei der *Klassifikation nach Variablen* wird meist für *mehrere Individuen* die *Gruppierung von mehreren Variablen zu einem Meßzeitpunkt* festgestellt. Wir erhalten so faktorielle Beschreibungsdimensionen von Variablen auf der Basis von Personenunterschieden zu einem Meßzeitpunkt. Diesen häufigsten Fall der Anwendung der Faktorenanalyse nennt Cattell *R-Technik*.

Bei den gleichen Ausgangsdaten, also der Untersuchung mehrerer Personen in mehreren Variablen zu einem Meßzeitpunkt, kann aber auch umgekehrt für *mehrere Variablen* eine *Gruppierung der Personen* erfolgen. Man erhält so faktorielle Beschreibungsdimensionen von Personen auf der Basis von Variablenunterschieden zu einem Meßzeitpunkt. Diese Umkehrung der R-Technik bezeichnet Cattell als *Q-Technik* oder auch *Typenanalyse*.

Bei der *Klassifikation nach Meßzeitpunkten* für *mehrere Variablen* wird die *Gruppierung der Meßzeitpunkte bei einem Individuum* festgestellt. Man erhält so faktorielle Beschreibungsdimensionen von Meßzeitpunkten auf der Basis von Variablenunterschieden bei einer Person. Diese Technik nennt Cattell *O-Technik*.

Bei den gleichen Ausgangsdaten wie bei einer O-Analyse, also der Erhebung mehrerer Variablen zu mehreren Meßzeitpunkten bei einer Person, läßt sich aber auch anstelle der Gruppierung von Meßzeitpunkten für mehrere Variablen umgekehrt eine *Gruppierung der Variablen über die Meßzeitpunkte* vornehmen. Man erhält dann faktorielle Beschreibungsdimensionen von Variablen auf der Basis von Unterschieden zwischen Meßzeitpunkten. CATTELL spricht hier von der *P-Technik*.

Schließlich stehen noch zwei weitere Techniken für den Fall der Untersuchung *einer Variablen* bei *mehreren Personen* zu *mehreren Meßzeitpunkten* zur Verfügung. Bei der *T-Technik* findet bezüglich der betreffenden Variablen eine *Gruppierung von Meßzeitpunkten für mehrere Personen* statt. Wir erhalten so faktorielle Beschreibungsdimensionen von Meßzeitpunkten auf der Basis von Personenunterschieden in einer Variablen. Bei der komplementären *S-Technik* werden umgekehrt die *Personen über die Meßzeitpunkte* gruppiert. Man erhält so faktorielle Beschreibungsdimensionen von Personen auf der Basis von Unterschieden zwischen Meßzeitpunkten, und zwar wiederum bezogen auf eine Variable.

Die sechs beschriebenen faktorenanalytischen Techniken bzw. Untersuchungspläne hat CATTELL (1952) in seiner sogenannten *Covariation Chart* anschaulich zusammengefaßt. Sie ist leicht verändert in Abbildung 4.8 wiedergegeben.

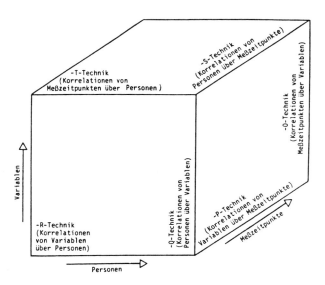

Abbildung 4.8: CATTELLs *Covariation Chart* als Ordnungssystem für sechs verschiedene faktorenanalytische Techniken (nach CATTELL, 1952, S. 494)

Aus der Beschreibung der von CATTELL vorgeschlagenen sechs faktorenanalytischen Techniken geht hervor, daß nur vier der sechs Techniken eine Variation auf der Zeitachse beinhalten, nämlich die P-, O-, T- und S-Technik. Die übrigen zwei Untersuchungspläne, die R- und die Q-Technik, beziehen sich auf den Fall eines einzigen Meßzeitpunkts. Sie sind daher am ehesten zur Auswertung von Querschnittdaten geeignet. D.h., sie lassen sich anwenden auf die gemeinsame Faktorisierung der Daten aller Altersgruppen (Meßzeitpunkte) oder auf die getrennte Faktorisierung der Daten pro Altersgruppe. Bei letzterem ist nachträglich ein Vergleich der altersspezifischen Faktorstrukturen möglich.

Hinsichtlich der vier Untersuchungspläne, die mehrere Meßzeitpunkte vorsehen, ist darauf hinzuweisen, daß für CATTELL die Dimension *Meßzeitpunkt* keine Richtung aufweist. Sie wird vielmehr gleichgesetzt mit *Beobachtungszeiten* oder *Situationen*, deren zeitliche Anordnung beliebig ist. Der CATTELLsche Gebrauch des Konzepts *Meßzeitpunt* weicht somit von der zur Beschreibung ontogenetischer Veränderungen verwendeten Definition der Zeitvariablen ab. Es ist zwar prinzipiell möglich, in den von CATTELL vorgeschlagenen faktorenanalytischen Untersuchungsplänen die Dimension *Meßzeitpunkt* als gerichtete Dimension aufzufassen. Es ergeben sich dabei aber einige Probleme (s. dazu weiter unten).

Inwieweit sind die von CATTELL vorgeschlagenen Datenpläne zur Untersuchung von Entwicklungsprozessen geeignet und was ist bei ihrer Anwendung zu beachten?

Die *P-Technik*, bei der für eine Person eine Gruppierung von mehreren Variablen über mehrere Meßzeitpunkte vorgenommen wird, kann im Rahmen der Entwicklungspsychologie zur Feststellung von Variablengruppen (Faktoren) mit einem ähnlichen zeitlichen Verlauf dienen. Sie gibt somit Aufschluß über die Ähnlichkeit oder Verschiedenheit des intraindividuellen Entwicklungsverlaufs verschiedener Variablen bei einzelnen Individuen. Der Vergleich der Ergebnisse für verschiedene Individuen erlaubt außerdem eine Abschätzung der überindividuellen Generalisierbarkeit der Befunde bzw. der Art und des Ausmaßes individueller Unterschiede.

> Sind Variablen miteinander unkorreliert, heißt das im übrigen nur, daß die betreffenden Variablen jeweils *zur gleichen Zeit* unabhängig voneinander sind. Damit ist jedoch nicht ausgeschlossen, daß zwischen den Variablen u. U. Zusammenhänge mit zeitlicher Verschiebung bestehen. Zur Aufdeckung solcher zeitlich verschobener Zusammenhänge sind aber andere Auswertungsverfahren erforderlich (s. hierzu WOHLWILL, 1973/1977).

Als besonders brauchbar erweist sich die P-Technik, wenn auf die Faktorwerte zurückgegriffen wird. Da die Faktorwerte aus P-Analysen ausdrücklich auf Meßzeitpunkte bezogen sind, lassen sich die individuellen Faktorwerte direkt auf dem Zeitkontinuum (Alter) anordnen. Für den Fall, daß an bestimmten Punkten des Zeitkontinuums kontrollierte Einflußgrößen wirksam gewesen sind, kann so außerdem die Beeinflussung der Faktorwerte durch die betreffenden Einflußgrößen geprüft werden. CATTELL spricht in diesem Fall von der sog. *Stimulus-kontrollierten-P-Technik*.

Bei der Anwendung der P-Technik in einem entwicklungspsychologischen Kontext sind allerdings eine Reihe von Einschränkungen zu beachten. Die Kovariation zweier Variablen über die Zeit kann durch dritte, mit dem Alter verbundene Variablen bedingt sein, so daß bei einer Auspartialisierung der Altersvariable

u. U. keine Beziehung mehr zwischen den Variablen besteht. Man muß sich auch darüber im klaren sein, daß die Wahl des zeitlichen Abstands zwischen den einzelnen Meßzeitpunkten die Ergebnisse erheblich beeinflussen kann. Strenggenommen müßten die Beobachtungen eine Zufallsstichprobe aus der Population der unendlich vielen verschiedenen Zeitpunkte sein. Bei langfristigen, zeitlich gerichteten Veränderungen (Entwicklungsprozessen) und der damit vorhandenen Kumulativität ist keine statistische Unabhängigkeit der Variablenwerte zwischen den verschiedenen Meßzeitpunkten gegeben, die vom Verfahren her aber gefordert ist.

Schließlich ist mit der Anwendung der P-Technik noch ein enormes praktisches Problem verbunden. CATTELL fordert mindestens 100 Meßzeitpunkte. Abgesehen von den zu erwartenden Testungseffekten erscheint eine derart große Zahl von individuellen Meßwiederholungen zur Untersuchung langfristiger Entwicklungsänderungen kaum realisierbar.

Mit der *T-Technik* ist es möglich, für einzelne Personengruppen charakteristische zyklische Veränderungen in einer Variablen (z. B. Aktivität, Müdigkeit) aufzudecken. Wie bei den anderen Techniken mit mehreren Meßzeitpunkten besteht aber auch hier das Problem der Wahl der zeitlichen Abstände zwischen den Messungen. Aufgrund der Gerichtetheit der Zeitdimension und der damit zusammenhängenden Kumulativität der Entwicklung ist außerdem bei der wiederholten Messung einer Variablen in Rechnung zu stellen, daß die zeitlich benachbarten Korrelationen prinzipiell höher ausfallen als die zeitlich entfernten Korrelationen (vgl. BLOOM, 1964/1971). Die T-Technik ist daher zur Untersuchung zeitlich gerichteter Prozesse (Entwicklung) wenig geeignet. Entsprechende Einwände gelten gegenüber der *O-Technik*, bei der ja ebenfalls Meßzeitpunkte – in diesem Fall: über Variablen – korreliert werden.

Außer der P-Technik kommt für die Untersuchung von Entwicklungsveränderungen am ehesten noch die *S-Technik* in Frage. Mit ihr lassen sich, ähnlich wie mit der Q-Technik, Personen gruppieren und so Dimensionen individueller Entwicklungsdifferenzen feststellen. Zur Gruppierung von Personen werden allerdings heute Methoden der *Clusteranalyse* den faktorenanalytischen Techniken vorgezogen. Clusteranalysen sind jedoch rechnerisch weit aufwendiger (vgl. ECKES & ROSSBACH. 1980).

Weitere, zum Teil sehr spezielle korrelationsstatistische und faktorenanalytische Techniken sind in NUNNALLY (1967, 1979), BENTLER (1973) und WOHLWILL (1973/1977) beschrieben.

Das Würfelmodell von BUSS

BUSS (1974a, 1979) verwendete CATTELLs Würfelmodell der sechs faktorenanalytischen Techniken, um zu veranschaulichen, wie die drei Untersuchungsgegenstände (1) intraindividuelle Veränderungen, (2) interindividuelle Differenzen und (3) intraindividuelle Differenzen systematisch miteinander verbunden werden können (s. dazu Abbildung 4.9).

Intraindividuelle Veränderungen (intra-IC) sind Veränderungen innerhalb einer Person in einer Variablen über die Zeit; *interindividuelle Differenzen (inter-*

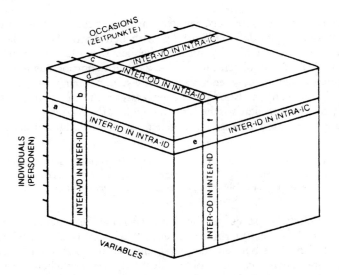

Abbildung 4.9: Würfelmodell nach Cattell in der Erweiterung durch Buss (aus Rudinger, 19 78, S. 180)

ID) sind Unterschiede zwischen Personen in einer Variablen zu einem Zeitpunkt; *intraindividuelle Differenzen (intra-ID)* sind Unterschiede innerhalb einer Person in mehreren Variablen zu einem Zeitpunkt.

Bei den drei Grunddefinitionen variiert jeweils nur eine der drei Dimensionen, während die beiden übrigen Dimensionen konstant sind. Wird nun jeweils eine zweite Dimension variiert und nur die dritte Dimension konstant gehalten, gelangen wir zu sechs Fällen, die den von Cattell unterschiedenen sechs Fällen entsprechen:

(1) Interindividuelle Differenzen (inter-ID) in intraindividuellen Differenzen (intra-ID). Mehrere Personen werden in verschiedenen Variablen zu einem Zeitpunkt verglichen.

(2) Intraindividuelle Differenzen (intra-ID) in interindividuellen Differenzen (inter-ID). Mehrere Variablen werden über verschiedene Personen zu einem Zeitpunkt verglichen.

(3) Differenzen (Veränderungen) zwischen Meßzeitpunkten (inter-ZD) in intraindividuellen Differenzen (intra-ID). Mehrere Zeitpunkte werden über verschiedene Variablen für eine Person verglichen.

(4) Intraindividuelle Differenzen (intra-ID) in intraindividuellen Veränderungen (inter-ZD). Mehrere Variablen werden über verschiedene Zeitpunkte für eine Person verglichen.

(5) Interindividuelle Differenzen (inter-ID) in intraindividuellen Veränderungen (intra-IC). Mehrere Individuen werden über verschiedene Meßzeitpunkte in einer Variablen verglichen.

(6) Differenzen (Veränderungen) zwischen Meßzeitpunkten (inter-ZD) in interindividuellen Differenzen (inter-ID). Mehrere Zeitpunkte werden über verschiedene Personen für eine Variable verglichen.

Diese sechs Prozeduren können nun nach dem Vorschlag von Buss (1974b) dahingehend erweitert werden, daß auch die jeweils dritte Dimension durch mehrere Werte vertreten ist. Auf diese Art ergeben sich insgesamt fünfzehn Möglichkeiten der Beschreibung und des Vergleichs intraindividueller Veränderungen, interindividueller Differenzen und intraindividueller Differenzen. Sie sind in der Tabelle 4.11 zusammengefaßt.

Tabelle 4.11: 15 Datensammlungsstrategien für interindividuelle Differenzen, intraindividuelle Differenzen und intraindividuelle Veränderungen nach Buss (aus RUDINGER, 1978, S. 182)

	Dimension 1	Dimension 2	Dimension 3	Typ der Datensammlungsstrategie
1	Personen			Inter-ID
2	Variablen			Intra-ID
3	Zeitpunkte			Intra-IC
4 (a)	Variablen	Personen		Inter-ID in intra-ID
5 (b)	Personen	Variablen		Inter-VD in inter-ID
6 (c)	Variablen	Zeitpunkte		Inter-OD in intra-ID
8 (d)	Zeitpunkte	Personen		Inter-VD in intra-IC
8 (e)	Zeitpunkte	Variablen		Inter-ID in intra-IC
9 (f)	Personen	Zeitpunkte		Inter-OD in intra-ID
10 (a')	Variablen	Personen	Zeitpunkte	Inter-OD in inter-ID in intra-ID
11 (b')	Personen	Variablen	Zeitpunkte	Inter-OD in inter-VD in inter-IG
12 (c')	Variablen	Zeitpunkte	Personen	Inter-ID in inter-OD in intra-ID
13 (d')	Zeitpunkte	Variablen	Personen	Inter-ID in inter-VD in intra-IC
14 (e')	Zeitpunkte	Personen	Variablen	Inter-VD in inter-ID in intra-IC
15 (f')	Personen	Zeitpunkte	Variablen	Inter-VD in inter-OD in inter-ID

Abkürzungen:
ID – Individuelle Differenzen
IC – Individuelle Veränderungen (changes)
VD – Variablen-Differenzen
OD – Differenzen zwischen Zeitpunkten (occasions)

3.2.3 Abschließende Beurteilung der Brauchbarkeit multivariater Verfahren für die Entwicklungspsychologie

Der wesentliche *Vorteil* multivariater Auswertungsverfahren ist, daß sie die in der Psychologie meist gegebenen *wechselseitigen Abhängigkeiten zwischen mehreren Variablen* berücksichtigen. Die Untersuchung der wechselseitigen Beziehungen zwischen einer Vielzahl von Variablen mit multivariaten Verfahren ist gleichzeitig besonders *ökonomisch*, da an Stelle einer Großzahl einzelner univariater Auswertungsschritte die Analyse der untersuchten Variablen in einem Schritt erfolgen kann. Dabei resultiert eine *Reduktion* der in einem Variablensatz enthaltenen *Information* auf die wesentlichen gemeinsamen oder differierenden Anteile. Speziell mit Hilfe von faktorenanalytischen Techniken ist es möglich, die für die Entwicklungspsychologie zentrale *Unterscheidung von quantitativen und qualitativen Veränderungen* zu operationalisieren und so einer empirischen Überprüfung zugänglich zu machen.

Bei der Anwendung multivariater Verfahren sind jedoch eine Reihe von *Einschränkungen* zu beachten. Einige dieser Einschränkungen beziehen sich speziell auf die Anwendung im Rahmen entwicklungspsychologischer Untersuchungen.

Wie die Mehrzahl der in der Psychologie gebräuchlichen statistischen Methoden setzen auch die meisten multivariaten Auswertungsmethoden die *Linearität* der Beziehungen zwischen den Variablen voraus. Weiter gilt, daß das Ergebnis einer multivariaten Analyse – auch bezogen auf die einzelnen Variablen – davon abhängt, *welche Variablen jeweils in die Analyse eingegangen sind*. Grundsätzlich empfiehlt es sich, die Ergebnisse einer multivariaten Analyse entweder durch eine *Replikationsstudie* an einer zweiten (vergleichbaren) Stichprobe oder durch eine sogenannte *Kreuzvalidierungsstudie* abzusichern.

<small>Die *Kreuzvalidierung* z. B. der Befunde einer Untersuchung zur Beziehung zwischen Umweltmerkmalen und der Intelligenz kann wie folgt geschehen. Ursprünglich wurden Gruppen mit hoher und niedriger Intelligenz hinsichtlich der Unterschiede in einzelnen Umweltmerkmalen analysiert. Sollen die in dieser Studie gefundenen Zusammenhänge zwischen Umweltmerkmalen und Intelligenzentwicklung valide sein, so müssen in einer neuen Stichprobe von Individuen mit unterschiedlichen Ausprägungen in den nach der Erstuntersuchung für die Intelligenzentwicklung bedeutsamen Umweltmerkmalen Unterschiede in der Intelligenz bestehen, die etwa den Unterschieden zwischen hoch und niedrig intelligenten Versuchspersonen in der ersten Untersuchung entsprechen. (vgl. K. D. Schuck, 1976).</small>

Wenn es darum geht, anhand des Vergleichs der Faktorstrukturen von Variablensätzen für verschiedene Altersgruppen Aussagen über qualitative Veränderungen zu machen, so ist u. a. der Einfluß *unterschiedlicher Streuungsmaße in den verschiedenen Altersgruppen* in Rechnung zu stellen. Bekanntlich variiert die Höhe von Korrelationskoeffizienten (positiv) mit dem Ausmaß der Streuung in den korrelierten Variablen. Da häufig gesetzmäßige Beziehungen zwischen dem Alter der untersuchten Versuchspersonen und dem Ausmaß der Streuung einer Variablen bestehen (z. B. nimmt die Streuung von Intelligenzwerten über Alter zu), lassen sich faktorielle Veränderungen in einem Variablensatz über Alter u. U.

mehr oder weniger stark auf derartige Veränderungen in den Streuungsmaßen zurückführen (vgl. etwa die Kritik von MERZ & KALVERAM, 1965, an der Differenzierungshypothese der Intelligenz).

Auswertungsmethoden, die beim Vergleich verschiedener Altersgruppen von den altersspezifischen individuellen Differenzen in Variablen ausgehen (z. B. CATTELLS R- oder T-Technik), *konfundieren* überdies *Altersunterschiede* und *individuelle Unterschiede der Entwicklungsgeschwindigkeit*. Eine derartige Konfundierung läßt sich nach WOHLWILL (1973/1977) dadurch umgehen, daß man an Stelle der Korrelation von Variablenwerten die jeweiligen Alterswerte beim Erreichen spezifischer Merkmale der Entwicklungsfunktionen der betreffenden Variablen miteinander korreliert.

Soweit multivariate Verfahren überhaupt im Rahmen entwicklungspsychologischer Untersuchungen Anwendung gefunden haben, geschah dies bislang überwiegend im Hinblick auf *Querschnittdaten*. D. h., meistens wurden die Zusammenhangsmuster von Variablen jeweils zu einem bestimmten Meßzeitpunkt (Alter) analysiert, u. U. noch mit den Zusammenhangsmustern der gleichen Variablen zu anderen Meßzeitpunkten (Altersstufen) verglichen. Ein derartiger statischer Ansatz ist für eine Analyse von intraindividuellen Veränderungen über die Zeit (Entwicklung) wenig geeignet. Mit den von CATTELL entwickelten faktorenanalytischen Techniken und ähnlichen Verfahren zur Auswertung wiederholter Messungen an den gleichen Individuen stehen dabei durchaus auch Verfahren zur Analyse von Längsschnittdaten zur Verfügung.

Als weiteres Defizit der bisherigen Anwendung multivariater Verfahren in der Entwicklungspsychologie ist schließlich die Beschränkung auf eine *deskriptive Analyse der abhängigen Variablen* (individuelle Verhaltensmerkmale) anzusehen. Eine vergleichbare Analyse der unabhängigen Variablen, speziell der einer empirischen Untersuchung am ehesten zugänglichen Umweltvariablen steht, von wenigen Ausnahmen abgesehen (MARJORIBANKS, 1972; SCHUCK, 1976; TRUDEWIND, 1975) noch aus. Unter dem Gesichtspunkt der engen Verzahnung intraindividueller Veränderungen mit Veränderungen in der Umwelt erscheint eine derartige Analyse aber unbedingt notwendig. Auch auf der Seite der Umweltvariablen kann im übrigen eine Trennung von quantitativen und qualitativen Aspekten zeitlicher Veränderungen vorgenommen werden. Den Entwicklungspsychologen interessieren hierbei insbesondere die mit dem Alter bzw. dem Durchlaufen von Entwicklungsstadien einhergehenden charakteristischen Veränderungen der Umweltvariablen sowie der Zusammenhang mit charakteristischen Verhaltensänderungen.

Abschließend ist festzustellen, daß eine breitere Anwendung multivariater Verfahren im Rahmen entwicklungspsychologischer Untersuchungen weiterhin dringend zu wünschen bleibt.

4. Probleme der Forschungspraxis

Außer den in den vorangegangenen Abschnitten ausführlich dargestellten Problemen der Definition und Messung von Variablen, der Zusammenstellung von Stichproben zur Aufdeckung von Altersunterschieden sowie der univariaten und multivariaten Erfassung von Entwicklungsprozessen stellen sich bei der Anlage und Durchführung von entwicklungspsychologischen Untersuchungen noch eine Reihe praktischer Probleme. Sie sollen abschließend kurz erörtert werden.

Drei Problemkreise erscheinen für die Forschungspraxis besonders wichtig: a) die Begründung der Auswahl von Forschungsgegenständen, b) das Auftreten von Schwierigkeiten bei der Durchführung empirischer Untersuchungen, c) ethische Probleme von Untersuchungen an Kindern.

Kriterien zur Auswahl von Gegenständen entwicklungspsychologischer Forschung

Betrachtet man die entwicklungspsychologische Forschungspraxis, so liegen der Auswahl von Untersuchungsgegenständen meist die folgenden Kriterien zugrunde:

(1) Man geht aus von praktischen Problemen und Beobachtungen in *Alltagssituationen*. Beispiele wären: die Frage, warum einige Kinder in der Schule nicht mitkommen; die Beobachtung, daß Kinder ohne spezielle Anleitung Verhaltensmerkmale anderer Personen übernehmen (imitieren); die Feststellung, daß Kinder einer bestimmten Altersstufe „unerklärliche Wutanfälle" bekommen; Beobachtungen auffälliger Veränderungen im Sozialverhalten während des Übergangs von der Kindheit zum Jugendalter etc.

(2) Man geht aus von bereits bekannten *gesetzmäßigen Beziehungen zum Lebensalter*. D. h., man wählt die Variablen zur Untersuchung aus, die sich bereits unter einem Veränderungs- oder Entwicklungsaspekt als bedeutsam erwiesen haben, und unterzieht die Beschreibung und Erklärung dieser Veränderungen einer näheren Analyse. Hierzu zählen etwa Untersuchungsgegenstände wie die Entwicklung der Intelligenzhöhe und Intelligenzstruktur, Veränderungen des moralischen Urteilens und Handelns oder die Ausbildung geschlechtstypischer Verhaltensmerkmale im Laufe der Entwicklung.

(3) Man geht aus von *Theorien und Modellen der Entwicklung* und leitet aus ihnen explizite Hypothesen hinsichtlich der Beziehungen zwischen bestimmten Variablen ab. Z. B. untersucht man die psychoanalytische Hypothese des Zusammenhangs frühkindlicher Erfahrungen während der Sauberkeitserziehung und der Entwicklung bestimmter Persönlichkeitsmerkmale im Erwachsenenalter (vgl. das Untersuchungsbeispiel 8.1 in Band 2) Oder man prüft die Hypothese der kognitiven Entwicklungstheorie, daß eine Identifikation mit dem gleichgeschlechtlichen Elternteil nicht der Übernahme geschlechtstypischer Verhaltensmerkmale zugrunde liegt, sondern umgekehrt eine Folge der erkannten Geschlechtsidentität ist (KOHLBERG, 1966; vgl. auch Kap. 12).

(4) Man geht aus von *vorhandenen Untersuchungsverfahren*, also gebräuchlichen Fragebogen, Tests, Beobachtungsverfahren etc. Oft ist es so, daß mit diesen Verfahren bisher nur bestimmte (Alters-) Populationen untersucht worden sind. Man adaptiert diese Verfahren nun für andere Populationen und wendet sie dort an. Dies gilt z. B. für Fragebogen zur Angstmessung, für projektive Verfahren wie Rorschach-Test und TAT oder auch für bestimmte experimentelle Versuchsanordnungen.

Alle genannten Kriterien stellen legitime Grundlagen der Definition von Gegenständen der entwicklungspsychologischen Forschung dar. Das hinter der Definition eines Untersuchungsgegenstands stehende *erkenntnisleitende Interesse* wird allerdings oft nicht explizit formuliert.

Praktische Schwierigkeiten bei der Durchführung von
empirischen Untersuchungen

Spezielle praktische Probleme, die die Durchführung geplanter entwicklungspsychologischer Untersuchungen behindern können, sind: (1) die Versuchspersonen zu finden und für eine Teilnahme an der Untersuchung zu gewinnen, die gemäß dem Untersuchungsplan gebraucht werden; (2) repräsentative Untersuchungsstichproben zusammenzustellen und – bei Längsschnittuntersuchungen – zusammenzuhalten; (3) Grenzen der Anwendbarkeit von Untersuchungsverfahren über verschiedene Altersgruppen. Diese Probleme sollen im folgenden kurz erläutert werden.

Ad 1): Die Teilnahme an einer entwicklungspsychologischen Untersuchung ist grundsätzlich freiwillig. Die Versuchspersonen, bei Untersuchungen an Kindern auch deren Eltern oder Lehrer, müssen für eine Teilnahme erst gewonnen werden. Deshalb kommt der Kontaktaufnahme mit den potentiellen Versuchspersonen bzw. den für sie verantwortlichen Erziehern eine besondere Bedeutung zu. Der Adressat der Kontaktaufnahme ist eingehend über den Gegenstand und den Zweck der Untersuchung zu informieren. Das kann allerdings nur so weit geschehen, als dadurch der Zweck der Untersuchung gewährleistet ist und die Untersuchungsergebnisse nicht verfälscht werden.

Geht es z. B. darum, Testverfahren für bestimmte Altersstufen zu eichen, dürfte die Information darüber sich kaum wesentlich auf die Untersuchungsergebnisse auswirken. Hat hingegen eine Untersuchung z. B. den Zweck, Zusammenhänge zwischen elterlichen Erziehungspraktiken und Verhaltensauffälligkeiten bei Schülern festzustellen, wird man eher eine Formulierung wählen, die den Zweck der Untersuchung nicht offenlegt.

Erfahrungsgemäß wirkt sich die Ankündigung, daß später die Untersuchungsergebnisse bekanntgegeben werden, und das Anbieten von praktischen Ratschlägen, etwa zu Erziehungsfragen, auf die Kooperationsbereitschaft der Adressaten meist positiv aus. Hierbei ist natürlich auf die Wahrung der Anonymität der Versuchspersonen zu achten. Auch sollten dadurch spätere Untersuchungen nicht beeinflußt werden. Zum Nachweis der Vertrauenswürdigkeit der Untersucher sollte im übrigen gesagt werden, welche Institution hinter der Durchführung eines Projekts steht. Als günstig hat es sich auch erwiesen, daß ein Ansprechpartner zur Beantwortung von Rückfragen zur Verfügung steht.

Da es sich bei den für entwicklungspsychologische Untersuchungen aufgeschlossenen Personen häufig um solche Personen handelt, die an Entwicklungs- und Erziehungsproblemen in besonderem Maße interessiert sind, stellt sich das Problem der selektiven Stichprobenzusammensetzung, und zwar in Richtung von Angehörigen der mittleren und oberen sozialen Schichten.

Für den speziellen Fall der Zusammenarbeit mit Institutionen, z. B. Kindergärten oder Schulen, gibt BALDWIN (1960) einige beherzigenswerte Ratschläge. Er rät, sich gleich mit der Leitung einer Institution bzw. den für sie Verantwortlichen auseinanderzusetzen. So ist man bei der Durchführung der Untersuchung gegenüber den Mitgliedern der Institution am ehesten legitimiert. Man sollte auch daran denken, daß Kindergärten, Schulen etc. primär andere Aufgaben haben, als Zeit und Räume für die Untersuchung von Kindern und Jugendlichen zur Verfügung zu stellen. Einen Schulleiter interessieren vor allem drei Dinge an einer Untersuchung: 1. Könnte sie die Kinder irgendwie irritieren oder verletzen? 2. Wird sie den Schulalltag zu stark stören? 3. Werden die Eltern Einwände gegen sie erheben? (BALDWIN, 1960, S. 32).

Richtschnur des Vorgehens sollte durchgehend sein, daß auch in Zukunft, d. h. nach Abschluß einer Untersuchung, eine Bereitschaft bei den Untersuchten besteht, wieder an ähnlichen Untersuchungen teilzunehmen bzw. Versuchspersonen dafür bereitzustellen.

Ad 2): Die Versuchspersonen, die an einer psychologischen Untersuchung teilnehmen, stellen prinzipiell eine zahlenmäßig kleine Stichprobe aus einer größeren Population dar. Sollen Untersuchungsergebnisse, die an einer Stichprobe gewonnen werden, auf die Population verallgemeinert werden, muß die Stichprobe repräsentativ für die betreffenden Population sein, d. h., jedes Mitglied der Population mußte theoretisch die gleiche Chance haben, in die Untersuchungsstichprobe aufgenommen zu werden. Repräsentativ heißt dabei im übrigen nicht unbedingt, repräsentativ für die Gesamtpopulation aller Kinder, Jugendlicher etc. oder aller Angehörigen einer Altersstufe. Mit Population können auch bestimmte Teilpopulationen gemeint sein, z. B. Kinder zwischen 6 und 10 Jahren aus der sozialen Mittelschicht oder Hochbegabte. Die Untersuchungsstichprobe muß hier dann repräsentativ für diese Teilpopulation sein. Der Gesichtspunkt der Stichprobenrepräsentativität ist besonders wichtig bei normativen Untersuchungen, z. B. Untersuchungen mit dem Ziel der Erstellung von Altersnormen.

Die Gewinnung von repräsentativen Stichproben scheint am ehesten durch eine Zufallsauswahl der Versuchspersonen realisierbar. Dies führt allerdings nur bei relativ großen Stichproben mit mindestens mehreren hundert Versuchspersonen zum gewünschten Ziel. Die Wirkung zahlreicher selektiver Faktoren in der Umwelt der Versuchspersonen macht es äußerst schwer, durch eine reine Zufallsauswahl eine repräsentative Stichprobe zu erhalten. Eine andere Möglichkeit als eine Zufallsauswahl wäre die Zusammenstellung einer sogenannten geschichteten Stichprobe. Hier wird versucht, die Verteilung einer Reihe von die Stichprobe kennzeichnenden Merkmalen, für die eine Beziehung zu den Untersuchungsvariablen zu vermuten ist, der Verteilung der betreffenden Merkmale in der Bezugspopulation möglichst weit anzunähern. Am häufigsten werden in der entwicklungspsychologischen Forschung die Merkmale Intelligenz, Geschlecht und soziale Schicht auf diese Art zu berücksichtigen versucht. Voraussetzung ist natürlich, daß die erforderlichen Daten bezüglich der als relevant erachteten Merkmale zur Verfügung stehen.

Aufgrund der Schwierigkeiten der Zusammenstellung repräsentativer Stichproben werden in vielen entwicklungspsychologischen Untersuchungen einfach die Versuchspersonen genommen, die am leichtesten zugänglich sind. Das sind Kinder in Kindergärten und Schulen, Jugendliche und junge Erwachsene in Schulen und Universitäten. Den Nachweis der Repräsentativität der ausgewählten Versuchspersonen bleiben die Untersucher meist schuldig. In Fällen, wo die Repräsentativität einer Stichprobe zweifelhaft ist, erscheinen Wiederholungsuntersuchungen erforderlich, um die Generalisierbarkeit der Befunde einer Untersuchung wenigstens annähernd abschätzen zu können. Zu fordern sind auf jeden Fall Angaben über den Grad der Stichprobenrepräsentativität und die Art der (Teil-)Population, für die die Ergebnisse einer Untersuchung Gültigkeit beanspruchen können.

Außer dem eben behandelten Problem der Zusammenstellung repräsentativer Stichproben stellt sich speziell in Längsschnittuntersuchungen noch das Problem des Stichprobenzusammenhalts bzw. des selektiven Stichprobenschwunds (vgl. S. 254f.). Mit jedem neuen Untersuchungszeitpunkt treten nämlich meist Ausfälle von Versuchspersonen auf. Sie sind z. B. in dem schwindenden Interesse an der Untersuchung oder im Wegzug in eine andere Stadt begründet. Diese Ausfälle sind wahrscheinlich nicht zufällig, d.h., Personen, die über mehrere Jahre an einer Längsschnittuntersuchung teilnehmen, unterscheiden sich vermutlich in bestimmten Merkmalen von Personen, die nach einiger Zeit ausscheiden. Dies dürfte vor allem dann gelten, wenn die Teilnahme an einer Untersuchung mit einigem Aufwand und mit Initiative verbunden ist. Werden von Anfang an eine Reihe von Stichprobenmerkmalen miterhoben, ist es möglich festzustellen, worin sich die regelmäßigen Teilnehmer an einer Untersuchung und die Ausfälle voneinander unterscheiden. Auf diese Art lassen sich u. U. auch Hypothesen darüber aufstellen, in welcher Richtung der Entwicklungsverlauf der Längsschnittstichprobe durch die Ausfälle beeinflußt wird.

Ad 3): Daß sich ein verzerrtes Bild der Veränderungen einer Variablen ergeben kann, wenn auf verschiedenen Altersstufen die gleichen Untersuchungsverfahren verwendet werden, die betreffenden Funktionen oder Verhaltensweisen, die bei der Beantwortung der Versuchssituation eine Rolle spielen, sich über das Alter aber qualitativ wandeln, leuchtet ein. Am Schluß des Abschnitts 1. wurde bereits auf Probleme der Anwendung des gleichen Untersuchungsverfahrens über weite Altersbereiche hingewiesen (vgl. S. 243f.). Die Grenzen eines derartigen Vorgehens sind in der mangelnden Vergleichbarkeit der Ergebnisse für die verschiedenen Altersstufen zu sehen. Einschränkungen der Vergleichbarkeit von Untersuchungsergebnissen über das Alter sind in vierfacher Hinsicht gegeben: hinsichtlich a) des Verständnisses der Untersuchungsinstruktion, b) der Wahrnehmung oder

Beachtung der aufgabenrelevanten Aspekte, c) der motivationalen Grundlagen des Verhaltens in der Untersuchungssituation und d) der Verfügbarkeit über die in der Untersuchung geforderten Verhaltensmuster (WOHLWILL, 1973/1977). Unterschiede in diesen vier Dimensionen sind selbst Gegenstand der Entwicklung.

Aus dem Gesagten ist abzuleiten, daß die Erhebungsmethoden je nach der untersuchten Alterspopulation mehr oder weniger stark abzuändern sind (vgl. hierzu etwa das Untersuchungsbeispiel 2.1 nach BAYLEY, 1955). Damit der Einfluß der veränderten Methodik auf den Entwicklungsverlauf vom Ausmaß der Veränderungen des untersuchten Verhaltensmerkmals selbst wenigstens annähernd getrennt werden kann, empfiehlt KESSEN (1960), auf den Altersstufen, auf denen sich ein Übergang von der Eignung einer Methode zur Eignung einer anderen Methode vollzieht, mehrere Untersuchungsmethoden nebeneinander zu verwenden.

Das geschilderte Problem des Vergleichs der Untersuchungsergebnisse verschiedener Altersstufen läuft letzlich auf die Frage hinaus, was „gleiches" Verhalten in verschiedenen Altersstufen ist. Mit der Anwendung faktorenanalytischer Techniken zur Trennung von quantitativen und qualitativen Veränderungen ist eine Möglichkeit gegeben, diese Frage zumindest teilweise empirisch anzugehen. Abgesehen von Meßfehlern und der tatsächlichen Instabilität eines Verhaltensmerkmals dürften nicht zuletzt die Veränderungen in den kognitiven, motivationalen und verhaltensmäßigen Grundlagen des Verhaltens verschieden alter Versuchspersonen in der gleichen Untersuchungssituation für die mäßigen Korrelationen zwischen zeitlich entfernten Messungen eines Verhaltensmerkmals verantwortlich sein.

Ethische Probleme von Untersuchungen an Kindern und Jugendlichen

Untersuchungen am Menschen haben grundsätzlich ethische Gesichtspunkte zu beachten. Kernpunkte der ethischen Grundsätze psychologischer Untersuchungen sind a) die *Vermeidung psychischer Belastungen, Irritierungen* oder gar *Schädigungen der Versuchspersonen* durch den Untersuchungsablauf oder durch die Bekanntgabe der Daten und b) die *Wahrung der Vertraulichkeit von Daten*.

Diese Grundsätze gelten in besonderem Maße für Untersuchungen an Kindern und Jugendlichen, die sich ja noch in Phasen einer relativ beschleunigten Entwicklung befinden und von daher am ehesten beeinträchtigt werden können. Dem Untersucher ist damit eine besondere Verantwortung auferlegt hinsichtlich dem, was er zum Gegenstand seiner Untersuchung macht, was er von den Versuchspersonen verlangt und in welcher Art er sie über die Ziele und den Ablauf der Untersuchung informiert.

Ist aus irgendwelchen Gründen, z. B. der Gefahr der Verfälschung von Untersuchungsergebnissen, keine vollständige oder wahrheitsgetreue Aufklärung über den Gegenstand und das Ziel einer Untersuchung möglich, so sollte wenigstens vor Beginn der Untersuchung darauf hingewiesen werden, daß im Moment darüber noch nichts gesagt werden kann, sondern erst nach Abschluß der Untersuchung.

Auf jeden Fall hat der Untersucher sich Gedanken darüber zu machen, wie die Untersuchung auf die Untersuchungsteilnehmer wirkt und was sie für sie bedeutet. Z. B. ist zu überlegen, was es für Kinder in bestimmten Altersstufen bedeutet, in Versuchungssituationen gebracht zu werden, in denen sie für Übertretungen belohnt werden; ob sie dadurch dauerhafte Schuldgefühle entwickeln, irritiert werden o.ä. Bestimmte Untersuchungsgegenstände verbieten sich von vornherein, wie etwa Aufforderungen zu Gewalttätigkeiten, um die Auswirkungen von Gewalt unter möglichst realistischen Bedingungen zu studieren. Auch Deprivationsexperimente, also die mehr oder weniger langfristige Einschränkung oder Vorenthaltung von Erfahrungsmöglichkeiten, sind im Humanbereich ausgeschlossen (vgl. hierzu S. 187f.).

In den ersten Lebensjahren, bis hinein ins Schulalter, sind außerdem noch keine genauen Vorstellungen darüber vorhanden, was eine wissenschaftliche Untersuchung oder was Forschung ist. RADKE-YARROW (1960) schlägt deshalb vor, psychologische Untersuchungen an jüngeren Kindern als *Spiel* zu deklarieren.

Mit den Rechten von Kindern als Versuchspersonen und den Pflichten entwicklungspsychologischer Forscher hat sich im Jahre 1968 in den USA ein von der Sektion Entwicklungspsychologie innerhalb der *American Psychological Association* (APA) gebildetes *Committee on Ethics* beschäftigt. Das Ergebnis der Beratungen wurde in einer Liste ethischer Standards für entwicklungspsychologische Untersuchungen zusammengefaßt. Einige Jahre später hat ein Sonderausschuß der *Society for Research in Child Development* (SRCD) ethische Richtlinien formuliert, die speziell bei Untersuchungen an Kindern berücksichtigt werden sollten.

Während der vergangenen zwei Jahrzehnte sind diese Richtlinien mehrfach zeitgemäß überarbeitet worden. Die aktuelle Fassung der vom *Committee for Ethical Conduct in Child Development Research* der SRCD aufgestellten ethischen Richtlinien (veröffentlicht im SRCD-Newsletter, Winter 1990, S. 5 f.) werden hier in deutscher Übersetzung vom Verfasser wiedergegeben:

Ethische Grundsätze

1. *Nicht-schädigende Prozeduren.* Der Forscher sollte keine Forschungsmethode verwenden, die dem Kind physischen oder psychischen Schaden zufügen könnte. Der Forscher ist ferner dazu verpflichtet, möglichst immer die am wenigsten belastende Forschungsmethode anzuwenden. In bestimmten Situationen ist psychischer Schaden schwer zu definieren: demnach bleiben seine Definition und die Mittel, um ihn zu reduzieren oder zu eliminieren, eine Verantwortung des Forschers. Falls der Forscher den möglichen psychischen Schaden der Forschungsmethode schlecht einschätzen kann, sollte er den Rat von anderen einholen. Falls ein Schaden unvermeidlich erscheint, ist der Forscher verpflichtet, nach anderen Methoden der Datengewinnung zu suchen oder die Forschung aufzugeben. Es mag jedoch Situationen geben, in denen es notwendig erscheint, das Kind belastenden Bedingungen auszusetzen, sofern ein diagnostischer oder therapeutischer Nutzen für das Kind mit der Untersuchung verbunden ist. In diesem Fall ist eine eingehende Beratung durch das zuständige Gremium der Institution einzuholen.

2. *Aufgeklärtes Einverständnis* (informed consent). Bevor das Einverständnis oder die Zustimmung von dem Kind eingeholt wird, sollte der Forscher das Kind über alle Einzelheiten der Untersuchung, die seine Bereitschaft zur Teilnahme beeinflussen könnten, informieren, und er sollte auf alle Fragen in

einer für das Kind verständlichen Weise antworten. Der Forscher sollte die Wahlfreiheit des Kindes, ob es an der Untersuchung teilnehmen möchte oder nicht, respektieren, indem das Kind die Möglichkeit zur Wahl erhält und ihm das Recht eingeräumt wird, die Untersuchung zu jedem beliebigen Zeitpunkt abzubrechen. Zustimmung heißt, daß das Kind irgendeine Form des Einverständnisses zur Teilnahme zeigt, ohne daß unbedingt die vollständige Bedeutung der Untersuchung verstanden worden sein muß. Forscher, die mit Säuglingen arbeiten, sollten sich besondere Mühe machen, den Eltern den Untersuchungsablauf zu erklären und besonders aufmerksam für jegliche Anzeichen von Unbehagen bei den Säuglingen sein.

Trotz der immensen Wichtigkeit, sich des Einverständnisses der Teilnehmer zu vergewissern, kann es Situationen geben, in denen die Einwilligung oder jeglicher Kontakt zu den Teilnehmern die Untersuchung gefährden könnte. Die nichtteilnehmende Felduntersuchung ist ein solches Beispiel. Es ist denkbar, daß eine solche Untersuchung ethisch vertretbar ist, wenn sie auf öffentlichen Plätzen durchgeführt wird, die Anonymität der Versuchsteilnehmer absolut gewahrt bleibt und keine absehbaren negativen Konsequenzen für die Versuchsteilnehmer zu vermuten sind. Entscheidungen, ob eine derartige Untersuchung unter bestimmten Bedingungen ethisch vertretbar ist, sollten jedoch in Absprache mit dem zuständigen Gremium der Institution getroffen werden.

3. *Einwilligung der Eltern.* Die Eltern, andere Erziehungsberechtigte oder anstelle der Eltern handelnde Personen (z. B. Lehrer, Schulleiter) sollten informiert und deren Einwilligung, am besten schriftlich, eingeholt werden. Die Einwilligung setzt voraus, daß die Eltern oder andere verantwortliche Erwachsene über alle Einzelheiten der Untersuchung, welche ihre Bereitschaft, das Kind an der Untersuchung teilnehmen zu lassen, beeinflussen könnten, informiert werden. Diese Informationen sollten den beruflichen Status des Forschers und die Institution, an der dieser tätig ist, einschließen. Es sollte nicht nur das Recht der verantwortlichen Erwachsenen, die Teilnahme zu verweigern, respektiert werden, sondern sie sollten darüber hinaus auch informiert werden, daß die Ablehnung einer Teilnahme mit keinerlei Strafe für sie oder das Kind verbunden ist.

4. *Zusätzliche Einwilligung.* Die Einverständniserklärung von Personen, deren Interaktion mit dem Kind Gegenstand der Untersuchung ist (z. B. Lehrer), sollte ebenfalls eingeholt werden. Wie bei dem Kind, den Eltern oder anderen Erziehungsberechtigten beinhaltet die Einverständniserklärung, daß die betreffenden Personen über alle Einzelheiten der Untersuchung, die ihre Teilnahmebereitschaft beeinflussen könnten, informiert worden sind. Alle Fragen, die von diesen Personen gestellt werden, sollten beantwortet werden, und die Personen sollten frei entscheiden können, ob sie teilnehmen möchten oder nicht bzw. ob sie die Teilnahme abbrechen.

5. *Anreize.* Anreize zur Teilnahme an einem Forschungsprojekt sollten redlich sein und die Bandbreite, die die Kinder normalerweise an Anreizen erfahren, nicht übermäßig überschreiten. Welche Anreize auch immer benutzt werden, der Forscher sollte sich immer vergegenwärtigen, daß mit wachsenden möglichen Effekten, die eine Untersuchung auf das Kind ausübt, auch die Verpflichtung zum Schutz des Wohlergehens und der Freiheit des Kindes größer wird.

6. *Täuschung.* Obwohl die vollständige Aufklärung als Basis der Einverständniserklärung das ethische Ideal darstellt, kann es bei bestimmten Studien notwendig sein, gewissen Informationen zurückzuhalten oder zu täuschen. Wann immer die Zurückhaltung einer Information oder eine Täuschung als unablässig für die Durchführung einer Untersuchung befunden wird, sollte der Forscher seinen Kollegen gegenüber die Korrektheit seiner Entscheidung rechtfertigen. Wenn Zurückhaltung von Informationen oder Täuschung praktiziert wird und der Grund zu der Annahme besteht, daß die Versuchsteilnehmer davon negativ beeinflußt werden könnten, sollten nach Beendigung der Untersuchung geeignete Schritte unternommen werden, den Versuchsteilnehmern die Gründe für die Täuschung verständlich zu machen. Forscher, für deren Untersuchung eine Täuschung unablässig ist, sollten sich bemühen, solche Täuschungsverfahren zu verwenden, bei denen keine negativen Effekte für das Kind oder dessen Familie bekannt sind.

7. Anonymität. Um Zugang zu gespeicherten Daten zu bekommen, sollte der Forscher die Genehmigung bei den dafür zuständigen Personen/Institutionen einholen. Die Anonymität der Informationen sollte gewährleistet sein, und es sollte keine andere Information benutzt werden, als die, für die die Erlaubnis zur Einsicht erteilt wurde. Es unterliegt der Verantwortung des Forschers sicherzustellen, daß die verantwortlichen Stellen das Vertrauen der Teilnehmer besitzen, und daß sie in einem gewissen Grad die Verantwortung für die Genehmigung zur Informationsweitergabe tragen.

8. Wechselseitige Verantwortung. Von Anbeginn einer Untersuchung an sollte ein klares Einvernehmen zwischen dem Forscher und den Eltern, Erziehungsberechtigten, anderen stellvertretenden Erziehungspersonen oder, falls es angemessen ist, dem Kind darüber bestehen, wie die Verantwortung eines jeden definiert ist. Der Forscher unterliegt der Verpflichtung, alle Versprechungen und Verpflichtungen der Vereinbarung zu beachten.

9. Gefährdung. Falls der Forscher im Laufe der Untersuchung bemerkt, daß das Wohlergehen des Kindes gefährdet sein kann, gehört es zu seiner Verantwortung, darüber mit den Eltern oder Betreuern und Experten zu sprechen, damit dem Kind die notwendige Unterstützung gegeben werden kann.

10. Unvorhergesehene Folgen. Falls der Untersuchungsablauf für die Versuchsteilnehmer unerwünschte Folgen hat, die vorher nicht abzusehen waren, sollte der Forscher sofort geeignete Schritte zur Behebung dieser Folgen unternehmen und den Untersuchungsablauf ändern, sofern weitere ähnliche Untersuchungen geplant sind.

11. Schweigepflicht. Der Forscher sollte alle Informationen, die er über die Versuchsteilnehmer gewonnen hat, für sich behalten. Die Identität der Teilnehmer sollte sowohl in geschriebenen und verbalen Ergebnisberichten als auch bei informellen Diskussionen mit Studenten und Kollegen geheimgehalten werden. Falls die Möglichkeit besteht, daß andere Personen Zugang zu persönlichen Daten der Teilnehmer bekommen könnten, sollten diese Möglichkeiten und die geplanten Maßnahmen zur Gewährleistung der Geheimhaltung den Versuchsteilnehmern im Zuge der Einverständniserklärung mitgeteilt werden.

12. Aufklärung der Teilnehmer. Sobald die Datenerhebung abgeschlossen ist, sollte der Forscher alle Mißverständnisse, die möglicherweise im Laufe der Untersuchung aufgetreten sein könnten, aufklären. Der Forscher sollte sich ebenfalls verpflichtet fühlen, die Hauptergebnisse der Untersuchung den Versuchsteilnehmern in verständlicher Weise mitzuteilen. Wenn wissenschaftliche oder humane Gründe es rechtfertigen, Informationen zurückzuhalten, sollte man sich darum bemühen, die schädlichen Folgen dieses Vorgehens für die Versuchsteilnehmer so gering wie möglich zu halten.

13. Mitteilung der Ergebnisse. Da die Aussagen des Forschers für die Eltern und Kinder eine unbeabsichtigt große Bedeutung erhalten können, sollte bei der Mitteilung von Ergebnissen, die bewertende Aussagen oder Ratschläge beinhalten, vorsichtig vorgegangen werden.

14. Implikationen von Ergebnissen. Forscher sollten den sozialen, politischen und humanen Bedeutungsgehalt ihrer Untersuchung berücksichtigten und besonders vorsichtig in der Präsentation ihrer Untersuchungsergebnisse sein. Dieser Grundsatz verwehrt dem Forscher jedoch nicht das Recht, jedes Forschungsgebiet zum Gegenstand einer Untersuchung zu machen, noch spricht es ihm das Recht ab, angemessene Standards wissenschaftlicher Veröffentlichungen zu befolgen.

5. Zusammenfassung

1. Unter *Methoden der Entwicklungspsychologie* sind nicht ausschließlich die in der empirischen Forschung zur Anwendung gelangenden Verfahren der Datenerhebung zu verstehen. Vielmehr fallen darunter alle für die Entwicklungspsychologie bedeutsamen Probleme und Verfahren der Definition und Messung von Variablen, der Zusammenstellung von Stichproben, der Veränderungsmessung und der Aufklärung von Entwicklungsbedingungen.

2. Es besteht eine *enge Beziehung zwischen dem Gegenstand und der Methodik entwicklungspsychologischer Forschung*. Vor allem die Bestimmung der Entwicklung als *Veränderung über die Zeit (Alter)* und die Definition der im Hinblick auf Veränderungen zu betrachtenden Variablen haben weitreichende Konsequenzen für die Wahl geeigneter Methoden. Die Untersuchung intraindividueller Veränderungen setzt wiederholte Erhebungen bei den gleichen Individuen (Längsschnitt) voraus.

3. Die Art der Beziehung zwischen dem chronologischen Alter von Individuen und den im Laufe der Entwicklung auftretenden Veränderungen in einer Variablen läßt sich in Form von *Entwicklungsfunktionen* ausdrücken. Solche Entwicklungsfunktionen lassen sich sowohl für das einzelne Individuum als auch für Gruppen von Individuen erstellen. Bei letzterem können charakteristische Merkmale der individuellen Kurvenverläufe u. U. verdeckt werden. Die Erstellung typischer Entwicklungsfunktionen ist deshalb zu ergänzen durch die Analyse der Unterschiede in individuellen Entwicklungsverläufen.

4. Bevor eine Variable untersucht werden kann, muß sie klar definiert sein, und es muß eine Methode zu ihrer Messung vorhanden sein, die erlaubt, die Position der zu untersuchenden Individuen auf dieser Variablen eindeutig festzustellen. Das Problem der *Messung einer psychologischen Variablen* läßt sich im wesentlichen als ein Problem der Zuordnung a) der „wahren" Ausprägung einer Variablen X bei einem Individuum i, b) der Position eines Individuums i auf einer Skala Y und c) der Lokalisierung des durch die Skala Y gemessenen Variablenwerts X auf der Zeitachse T darstellen. Die Übereinstimmung von „wahrem" und gemessenem Wert ist um so größer, je objektiver, zuverlässiger und gültiger das Meßinstrument ist. Abgesehen davon lassen sich Meßverfahren nach ihrem Skalenniveau klassifizieren.

5. Da die Messung quantitativer Veränderungen gegenüber der Messung qualitativer Veränderungen eine Reihe methodischer Vorteile aufweist, versucht man manchmal, *qualitative Werte in quantifizierbare Variablen umzuwandeln*. Die drei in der Entwicklungspsychologie am häufigsten beschrittenen Wege sind: a) die Angabe der Zahl von Versuchspersonen einer Stichprobe, die ein Kriterium erreicht; b) die Bildung eines Gesamtwerts auf der Basis von Items heterogener Schwierigkeit; c) die Betrachtung qualitativer Variablen unter rein quantitativem Aspekt. Eine rein quantitative Analyse setzt das (qualitative) Gleichbleiben einer Variablen voraus.

6. Ein Untersuchungsplan zur Aufdeckung von Altersunterschieden erfüllt seine Aufgabe nur dann, wenn es eindeutig möglich ist, die Unterschiede zwischen den verglichenen Altersgruppen lediglich auf die Altersvariable „zurückzuführen". Die traditionellen Methoden zur Untersuchung von Altersunterschieden sind die *Querschnitt-* und die *Längsschnittmethode*. In einer *Querschnittuntersuchung* werden Stichproben von Individuen aus verschiedenen Altersgruppen an einem bestimmten Zeitpunkt jeweils einmal untersucht. Zur Analyse intraindividueller Veränderungen erweist sich die Querschnittmethode wegen des Fehlens von Informationen über Veränderungen und wegen der Konfundierung von Alters- und Kohorteneffekten als ungeeignet. Für sie spricht allein ihre Ökonomie. In einer *Längsschnittuntersuchung* wird eine Stichprobe von Individuen zu verschiedenen Zeitpunkten mehrmals untersucht. Gegenüber der Querschnittmethode hat sie den Vorteil, daß sie direkte Informationen über Veränderungen liefert sowie die Feststellung der Stabilität von Entwicklungsmerkmalen und die Analyse des Zusammenhangs von Veränderungen in verschiedenen Variablen erlaubt. Ihre Nachteile sind, neben ihrer langen Dauer, vor allem in der Konfundierung von Alters- und Testzeiteffekten, im Auftreten von Testungseffekten und in einem möglichen selektiven Stichprobenschwund im Laufe der Untersuchung zu sehen.

7. Ein früher Ansatz zur Kombination von Querschnitt- und Längsschnittmethode ist das *Konvergenzmodell von* BELL.

8. Ausgehend von den Mängeln der traditionellen Stichprobenpläne hat SCHAIE ein *dreifaktorielles Entwicklungsmodell* vorgeschlagen, nach dem Entwicklungsvorgänge grundsätzlich in ihrer Abhängigkeit a) vom *Alter* der untersuchten Individuen, b) der *Kohorte* (Generation), der diese Individuen angehören, und c) dem *Zeitpunkt* der Untersuchung der Individuen zu betrachten sind. Indem die drei Komponenten des Allgemeinen Entwicklungsmodells jeweils in einer bestimmten Reihenfolge untersucht werden, gelangt SCHAIE zu *drei Sequenzmodellen* der Stichprobenselektion: a) der *Kohortensequenzmethode*, b) der *Testzeitsequenzmethode* und c) der *Quersequenzmethode*. Bei allen drei Methoden können jeweils nur zwei der drei Komponenten unabhängig voneinander berechnet werden, die dritte Komponente wird nur als Wechselwirkung der beiden anderen Faktoren sichtbar.

9. Aufgrund der fehlenden statistischen Unabhängigkeit der drei Komponenten Alter, Kohorte und Testzeit hat BALTES ein *zweifaktorielles Modell* mit den Komponenten Alter und Kohorte (Generation) aufgestellt. Entsprechend unterscheidet BALTES nur *zwei Sequenzmodelle*: a) *Längsschnittsequenzen* und b) *Querschnittsequenzen*. Obwohl BALTES' Kritik hinsichtlich der statistischen Unabhängigkeit der drei von SCHAIE verwendeten Komponenten berechtigt ist, scheint eine inhaltliche Trennung von Alter, Kohorte und Testzeit jedoch weiterhin nützlich.

10. Der wesentliche Gegensatz zwischen SCHAIE und BALTES besteht in ihren unterschiedlichen Auffassungen über den Erklärungsgehalt der drei Komponenten Alter, Testzeit und Kohorte. Trotz einiger Mängel stellen die sequentiellen Stichprobenpläne von SCHAIE und BALTES und die aus ihnen abgeleiteten Aus-

wertungsmethoden einen wesentlichen Fortschritt bei der Untersuchung von Entwicklungsverläufen dar.

11. In einer Revision seines Allgemeinen Entwicklungsmodells hat SCHAIE inzwischen die Bedeutungen der drei Komponenten Alter, Kohorte und Testzeit von ihrer ursprünglichen Anbindung an die *kalendarische Zeit* gelöst. Durch die vorgenommenen Begriffserweiterungen gelangt er nun zu acht Fällen des Verhältnisses der drei Komponenten.

12. Entsprechend dem Gegenstand der Entwicklungspsychologie (intraindividuelle Veränderungen) kommt der *Veränderungsmessung* eine besondere Bedeutung zu. Dabei treten eine Reihe *statistischer Probleme* auf. Vor allem gilt: a) Einfache Differenzwerte unterliegen der *statistischen Regression zur Mitte*; b) der *Meßfehler* der Differenz zweier beobachteter Werte ist größer als der jeweilige Meßfehler der Einzelwerte. Es empfiehlt sich daher, von der Verwendung einfacher Differenz- oder Zuwachswerte abzusehen und stattdessen Residualwerte oder Schätzwerte für die „wahre" Veränderung zu berechnen. Direkter als durch eine nachträgliche Korrektur der beobachteten Differenzwerte läßt sich die wahre Veränderung zwischen zwei Meßzeitpunkten mit Hilfe von *Kontrollgruppenplänen* untersuchen.

13. Da die Entwicklung einzelner Verhaltensmerkmale meist nicht unabhängig von der Entwicklung anderer Merkmale geschieht und auch auf der Seite der Entwicklungsfaktoren wechselseitige Abhängigkeiten bestehen, erscheint die Anwendung *multivariater Verfahren* in der Entwicklungspsychologie geboten. Die Verwendung derartiger Verfahren findet in der Entwicklungspsychologie bislang überwiegend mit dem Ziel einer Deskription der *Zusammenhangsmuster* zwischen mehreren Variablen und den Veränderungen dieser Beziehungsmuster im Laufe der Entwicklung statt. Dazu werden in erster Linie korrelationsstatistische Techniken und daraus abgeleitete Verfahren herangezogen.

14. Besondere Beachtung hat die Methode der *Faktorenanalyse* in der Entwicklungspsychologie gefunden. Mit Hilfe einer Faktorenanalyse läßt sich die in einem Variablensatz enthaltene Information auf eine geringe Zahl gemeinsamer Anteile (Faktoren) reduzieren. Durch die Unterscheidung von Faktorwerten und Faktorladungen bietet die Faktorenanalyse überdies die Möglichkeit, zwischen quantitativen und qualitativen Veränderungen zu unterscheiden bzw. verschiedene Arten von quantitativen und qualitativen Veränderungen zu operationalisieren. Je nachdem, ob eine Faktorisierung von Variablen, Personen oder Meßzeitpunkten vorgenommen wird und welche bzw. wieviele dieser drei Dimensionen multivariat angelegt sind, lassen sich verschiedene faktorenanalytische Techniken unterscheiden. Ein brauchbares Einteilungssystem der verschiedenen faktorenanalytischen Techniken stammt von CATTELL. Auf der Grundlage der Einteilung von CATTELL hat BUSS ein Würfelmodell vorgelegt, dessen Ziel es ist, die drei Untersuchungsgegenstände intraindividuelle Veränderungen, interindividuelle Unterschiede und intraindividuelle Unterschiede in Personen x Variablen x Zeitpunkte-Matrizen systematisch miteinander zu verbinden.

15. Bei der Planung und Durchführung von Untersuchungen wird der Entwicklungspsychologe mit einigen *Problemen der Forschungspraxis* konfrontiert.

Hierzu zählen a) die Begründung der Auswahl von Forschungsgegenständen, b) die Gewinnung repräsentativer Untersuchungsstichproben, c) das Finden von Untersuchungsinstrumenten, die für einen weiten Altersbereich geeignet sind, sowie d) ethische Probleme, speziell bei Untersuchungen an Kindern und Jugendlichen.

Zum Weiterstudium empfohlene Lektüre

Al ergänzende Lektüre zu sämtlichen in diesem Kapitel angesprochenen methodischen Problemen wird besonders empfohlen:

WOHLWILL, J. F. (1977). *Strategien entwicklungspsychologischer Forschung*. Stuttgart: Klett-Cotta.

Eine Einführung in die methodischen Grundlagen und in Versuchspläne mit dem Ziel der Beschreibung und Erklärung von Entwicklungsprozessen liefert:

BALTES, P. B., REESE, H. W. & NESSELROADE, J. R. (1977). *Life-span developmental psychology: Introduction to research methods*. Monterey: Brooks/Cole.

Für die entwicklungspsychologische Forschung relevante Versuchspläne und statistische Methoden, einschließlich theoretischer Ansätze und ethischer Fragen der Forschung, werden leicht verständlich behandelt in:

ACHENBACH, T. M. (1978). *Research in developmental psychology - Concepts, strategies, methods*. New York: Free Press.

In Form eines Handbuchartikels mit zahlreichen Literaturverweisen werden Probleme der Datenqualität und der Versuchspläne zur univariaten und multivariaten Erfassung von Entwicklungsfunktionen und individuellen Unterschieden behandelt in:

APPELBAUM, M. I. & MCCALL, R. B. (1983). Design and analysis in developmental psychology. In P. H. MUSSEN (Ed.), *Handbook of child psychology*. (Vol. 1, S. 415-476). New York: Wiley.

Kapitel 5:

Erhebungsmethoden in der Entwicklungspsychologie

Wie jede empirische Wissenschaft bedient sich auch die Entwicklungspsychologie eines Inventars von *Methoden der Datenerhebung*. Sie dienen der Sammlung von Daten über Verhaltensmerkmale und deren Veränderungen im Laufe der Entwicklung. Zum Teil erlauben sie auch Aussagen über Korrelate oder gar Bedingungen der beobachteten Veränderungen.

Die folgende Darstellung der in der Entwicklungspsychologie gebräuchlichen Erhebungsmethoden beschränkt sich auf ihre allgemeinen Grundlagen und ihren Anwendungsbereich. Die Vorstellung einzelner Verfahren wird in diesem Rahmen nicht angestrebt. Hierüber informieren ausführlich FILIPP & DOENGES (1983), JOHNSON (1971, 1976), RENNEN & RENNEN-ALLHOFF (1987) oder SCHMIDTCHEN (1975).

Entsprechend der in den letzten Jahren zu beobachtenden zunehmenden Annäherung der Entwicklungspsychologie und der übrigen psychologischen Disziplinen, insbesondere Allgemeine Psychologie und Differentielle Psychologie, läßt sich auch eine schwindende Trennung von spezifisch entwicklungspsychologischen Untersuchungsmethoden und psychologischen Untersuchungsmethoden generell feststellen. Grundsätzlich kommen alle in der Psychologie gebräuchlichen Untersuchungsverfahren für einen Einsatz in der entwicklungspsychologischen Forschung in Frage. Die Eignung eines Verfahrens richtet sich allein nach der jeweiligen Fragestellung und der jeweils untersuchten Alterspopulation.

Erinnern wir uns daran, daß die Messung psychologischer Variablen immer ein Zuordnungsproblem darstellt, nämlich der Zuordnung der „wahren" Ausprägung einer Variablen X bei einem Individuum i und der Position eines Individuums i auf einer Skala Y, die zur Messung der Variablen X verwendet wird (vgl. hierzu S. 236f.), so sind die einzelnen Erhebungsmethoden daraufhin zu betrachten, inwieweit sie in der Lage sind, die interessierende Variable X objektiv, reliabel und valide zu erfassen. Das Problem der Validität stellt sich dabei prinzipiell in der Art, daß die zu untersuchende Variable X (z. B. Aggressivität oder Intelligenz) meist nur indirekt durch die Auslösung von Reaktionen auf eine repräsentative Stichprobe von Reizen gemessen werden kann, von denen angenommen wird, daß sie das betreffende Verhaltensmerkmal erfassen. In diesem Zusammenhang macht STEVENSON (1972b) mit Recht darauf aufmerksam, daß der Aspekt der Repräsentativität der zur Erfassung einer Variablen ausgewählten Reiz- oder

Aufgabenstichproben häufig gegenüber der Repräsentativität der Versuchspersonenstichproben vernachlässigt wird.

Oft sind mehrere Möglichkeiten der Konstruktion eines Verfahrens zur Erfassung einer Variablen X denkbar. So läßt sich zum Beispiel der Grad der Aggressivität eines Individuums durch Selbsteinstufung auf einem Fragebogen, aufgrund der Einschätzung durch andere Personen, durch Beobachtung in standardisierten Situationen oder durch sogenannte projektive Verfahren feststellen. Die fehlende Vergleichbarkeit bzw. widersprüchliche Ergebnisse verschiedener Untersuchungen zum gleichen Problem dürften außer auf die nicht repräsentative oder vergleichbare Auswahl von Reizen und Aufgabensituationen zu einem wesentlichen Teil auf die Verschiedenheit des gewählten methodischen Ansatzes bei der Erfassung der betreffenden Variable zurückgehen.

Eine getrennte Abschätzung der Merkmalsvarianz und der Methodenvarianz beim Vorliegen unterschiedlicher Befunde in einer Variablen ermöglicht die von CAMPBELL und FISKE (1959) vorgeschlagene *multitrait-multimethod*-Strategie. Hierbei wird über eine Korrelationsmatrix die Variablenvarianz nach Merkmalsverschiedenheit und Methodenverschiedenheit aufgeteilt. (Zur Anwendung des *multitrait-multimethod*-Ansatzes in einem entwicklungspsychologischen Rahmen s. BURTON, 1970).

Welcher methodische Zugang gewählt wird, hängt neben der Definition der Problemstellung zum einen von der Art des verwendeten Konstrukts, zum anderen von der Anwendbarkeit bei der jeweils zu untersuchenden Population ab. Vor allem das Alter der Versuchspersonen bestimmt über die Anwendbarkeit eines Verfahrens. So sind mündliche Befragungen erst ab einem Alter möglich, in dem die sprachlichen und symbolischen Funktionen schon so weit entwickelt sind, daß ein Verständnis der Fragen und eine Mitteilungsfähigkeit hinsichtlich ihrer Beantwortung vorausgesetzt werden kann. Schriftliche Befragungen erfordern, daß die Versuchspersonen lesen und schreiben können. Aufgrund der beschränkten Sprachfähigkeit, aber auch wegen der schweren Lenkbarkeit, der beschränkten Aufmerksamkeitsspanne, der engen Beziehung zwischen kognitiven und emotionalen Prozessen und ähnlichen Einschränkungen greift man bei der Untersuchung von Säuglingen und Kleinkindern am ehesten auf Beobachtungsmethoden oder apparative Meßverfahren zurück. Während ältere Kinder oder Jugendliche zwar eher in der Lage sind, Fragen zu verstehen und Aussagen über interne Prozesse (Wahrnehmungen, Gedanken, Gefühle, Einstellungen, Interessen und Wünsche) zu machen, stellt sich hier aber dann das Problem der gezielten Verfälschung oder Unterdrückung von Reaktionen aufgrund bestimmter sozialer Einstellungen (z. B. sich in einem günstigen Licht darzustellen).

Die im folgenden gewählte Einteilung der verschiedenen Erhebungsmethoden geht primär von der Art des *technischen Zugangs* zu den Verhaltens- oder Erlebnisdaten aus. D. h., es wird danach unterschieden, auf welchem Weg die interessierenden Variablen erfaßt werden. Entsprechend wird unterteilt in *Beobachtungsmethoden* (1.), *Befragungsmethoden* (2.), *Testverfahren* (3.), *experimentelle Anordnungen* (4.) sowie *projektive Verfahren* und *Werkgestaltungen* (5.). Orthogonal zu dieser Einteilung nach der Art des Zugangs, wenn auch nicht unabhängig davon, ist beim Einsatz der verschiedenen Erhebungsmethoden weiter zu unterscheiden, ob die Daten in der „natürlichen" Lebenssituation (z. B. im Kontext der Familie, der Schule, auf dem Spielplatz etc.) oder unter weitgehender Kontrolle der Versuchsbedingungen – im Extremfall der gezielten Manipulation und Variation der Versuchsbedingungen im Laborexperiment – gewonnen werden. THOMAE stellte bereits 1959 in seinem Handbuchkapitel über *Forschungsmethoden der Entwicklungspsychologie* fest, daß beides keinen unvereinbaren Gegensatz mehr darstellt, sondern daß die entwicklungspsychologische Methodik heute dadurch gekennzeichnet ist, „daß sie die Beobachtung des Verhaltens in der natürlichen Lebensumgebung des Individuums und die Beobachtung durch Registrierung und Messung des Verhaltens unter kontrollierten Bedingungen, wie sie in ausgeprägter Form im Experiment versucht wird, miteinander zu kombinieren trachtet" (THOMAE, 1959c, S. 46).

Darüber hinaus lassen sich in der Entwicklungspsychologie, genauso wie in anderen psychologischen Disziplinen, stärker *nomothetisch* ausgerichtete Forschungsmethoden wie Fragebogen, Tests oder Laborexperimente von eher *einzelfallorientierten* Methoden unterscheiden. Hier wären beispielsweise die in den Anfängen der Entwicklungspsychologie beliebten Tagebuchaufzeichnungen zu nennen (vgl. Kap. 1.1). Aber auch PIAGETs Methode des *Klinischen Interviews* geht, trotz Festlegung seines formalen Ablaufs und des allgemeinen Vorgehens, auf das einzelne Kind und die von diesem jeweils gegebenen Antworten ein (vgl. Kap. 10.2.1). (Zu individuumzentrierten Methoden der Datenerhebung in der Psychologie generell siehe LOHAUS, 1983).

Wenn von der Kontrolle bzw. der Manipulation und Variation der Versuchsbedingungen die Rede ist, so muß zwischen der Kontrolle im Sinne des *Ablaufs einer Untersuchung unter standardisierten Bedingungen* (Festlegung der Versuchssituation, der Instruktion, des Untersuchungsinstruments etc.) und der Kontrolle der *Bedingungen, die einer (abhängigen) Variablen* vermutlich *zugrunde liegen*, unterschieden werden. Mindestens drei Stufen der Kontrolle von Versuchsbedingungen sind daher zu unterscheiden:

1) Untersuchung in der natürlichen Lebenssituation ohne systematische Eingriffe in das ablaufende Geschehen.

2) Untersuchung unter standardisierten Bedingungen hinsichtlich der Versuchssituation, Instruktion, Aufgaben, Reize etc., jedoch ohne systematische Variation einzelner, auf ihren Einfluß zu untersuchender Bedingungen.

3) Manipulation und Variation der Bedingungen, die der Variation eines Verhaltensmerkmals als zugrundeliegend angenommen werden, und Beobachtung der jeweiligen Auswirkungen auf die ausgewählte abhängige Variable.

1. Beobachtungsmethoden

1.1 Allgemeine Grundlagen

Die *Beobachtung* ist in den empirischen Wissenschaften eine grundlegende Methode der Datenerhebung. Für Wissenschaften wie Astronomie, Anthropologie, Biologie oder für die Geowissenschaften ist die Beobachtung teilweise die einzig mögliche Methode zur Sammlung von Daten. Man kann z. B. die Gestirne nicht hin- und herschieben, sondern die Gesetzmäßigkeiten ihrer Bewegung nur beobachten. Ebenso werden Erdbeben nicht erzeugt, sondern ihr Ablauf wird beobachtet. In der Psychologie bietet sich der Einsatz von Beobachtungsmethoden an, wenn man sich für *konkrete Verhaltensabläufe*, für das genaue *Aussehen* (die Topographie) eines Verhaltens, für die *Häufigkeit, Intensität, Dauer* oder *Latenz* von Verhaltensweisen interessiert. Auch zur Erfassung physiologischer Abläufe (z. B. Atmung, Pulsrate, Hirnströme) ist die Beobachtung, bzw. in diesem Fall die apparative Registrierung, die Methode der Wahl.

Die Einführung der Beobachtungsmethode in die Psychologie erfolgte mit der Wendung von der klassischen Bewußtseinspsychologie WUNDTs, die im wesentlichen mit Introspektion und Befragung arbeitete, zum Behaviorismus und dem damit aufkommenden Interesse für offenes, d. h. von außen beobachtbares Verhalten. Eine Anwendung der Beobachtung, wenn auch noch weitgehend unsystematisch, d. h. ohne methodische Einschränkungen, fand bereits vor der Zeit des Behaviorismus auf dem Gebiet der Kindespsychologie statt. Hiervon zeugen die anekdotischen oder biographischen Beschreibungen der frühkindlichen Entwicklung aus den Anfängen der Entwicklungspsychologie (z. B. DARWIN, 1877; PREYER, 1882; E. und G. SCUPIN, 1907/1910; C. und W. STERN, 1907/1914; vgl. dazu Kap. 1.1). Grundlage derartiger Beschreibungen waren allerdings mehr oder weniger zufällige Beobachtungen (*Gelegenheitsbeobachtungen*) besonders hervortretender und auffälliger Verhaltensweisen.

Üblicherweise unterscheidet man zwischen einer *freien, unsystematischen* Beobachtung und einer *kontrollierten, systematischen* Beobachtung (FASSNACHT, 1979; WEICK, 1968). Bei der vorwissenschaftlichen, freien Beobachtung sind dem Beobachter keine Einschränkungen auferlegt hinsichtlich dessen, was er beobachtet, es ist kein Beobachtungsplan vorgegeben, kein vorher festgelegtes System der Protokollierung vorhanden etc. (Zu Beobachtungsplänen und Systemen der Registrierung s. unter 1.2). Im Unterschied dazu wird bei der systematischen Beobachtung ein Satz von Regeln angegeben, die dem Beobachter genau vorschreiben, was er beobachten und festhalten soll und wie er dies tun soll. Die wesentliche Funktion eines solchen Systems ist es, die Arbeit des Beobachters so zu regeln, daß er die für die jeweilige Fragestellung wesentlichen Feststellungen mit ausreichender Meßgenauigkeit treffen kann (v. CRANACH & FRENZ, 1969). Zur Wahrnehmung kommt also stets die Aufzeichnung und Verschlüsselung des beobachteten Verhaltens hinzu. Außerdem ist die Situation einzuschließen, in der sich ein Verhalten abspielt. Insbesondere letzteres, die Einbeziehung des situativen Kontextes des Verhaltens, läßt die Beobachtungsmethode für eine S-R-Analyse des Verhaltens geeignet erscheinen.

Eine derartige systematische Beobachtung kann unter mehr oder weniger kontrollierten Bedingungen erfolgen. Unter einer kontrollierten Beobachtunssituation ist dabei, neben der Verwendung eines standardisierten Beobachtungsinstruments, die Standardisierung des äußeren Rahmens zu verstehen, in dem die Beobachtung durchgeführt wird. Wird darüber hinaus eine Manipulation und Variation der Bedingungen vorgenommen, geht die Beobachtung in ein Experiment über bzw. ist Bestandteil eines Experiments (s. dazu Abschnitt 4.). Eine genauere Abgrenzung von Beobachtung und Experiment ist in diesen Fällen nicht möglich. Bei den äußeren Bedingungen einer Beobachtung ist außerdem zwischen dem Geschehensort, an dem die Beobachtung stattfindet (*setting*), und den spezifischen situativen Bedingungen (*Situation*) zu unterscheiden (WRIGHT, 1960). Kindergarten, Schulklasse oder elterliche Wohnung wären in diesem Sinne Geschehensorte (settings), zur Situation gehörten u. a. vorhandenes Spielzeug, ein freundlicher Lehrer oder die gemeinsame Mahlzeit am Mittagstisch.

Jede Methode der Datenerhebung verwendet ein Meßinstrument, z. B. einen Fragebogen, einen Test, einen Meßapparat. Bei der Beobachtungsmethode ist dieses „Meßinstrument" der Beobachter selbst. Damit werden alle Probleme der Informationsverarbeitung, der Wahrnehmungs- und Beurteilungsfehler, der sozialen Wahrnehmung usw. für die Beurteilung von Beobachtungsmethoden relevant (s. weiter unten S. 323f.).

Mögliche *Ziele* einer Beobachtungsstudie können sein (vgl. WRIGHT, 1960):

a) etwas über die Lebenswelt von Organismen und die Gesetzmäßigkeiten dieser Lebenswelt zu erfahren (*ökologischer Aspekt*);

> Dieses Ziel kennzeichnet die Mehrheit der Untersuchungen in der Ethologie, etwa wenn es um die Beobachtung des Revierverhaltens, der Ausbildung von Hierarchien oder um Freßgewohnheiten bei Tieren geht. In den letzten Jahren wird eine ökologische Betrachtungsweise zunehmend auch in Humanuntersuchungen verfolgt (vgl. BARKER, 1968; BRONFENBRENNER, 1981; WALTER & OERTER, 1979).

b) etwas über Verhaltensnormen bestimmter Populationen, z. B. einzelner Altersgruppen, zu erfahren (*normativer Aspekt*);

> Ein normativer Aspekt der Datensammlung stand in den Anfängen der Entwicklungspsychologie im Vordergrund des Interesses. Man interessierte sich für das Alter, in dem einzelne motorische Fertigkeiten oder typische soziale Verhaltensmuster (z. B. Fremdeln, Trotz) normalerweise auftreten.

c) etwas über den Zusammenhang zwischen verschiedenen Variablen zu erfahren, z. B. zwischen der sozialen Stellung in der Gruppe und der Ausübung sozialen Einflusses, also psychologische Gesetzmäßigkeiten aufzufinden (*systematischer Aspekt*);

d) diagnostische Aussagen über Individuen machen zu können (*ideographischer Aspekt*).

Die Beobachtungsmethode wird dann zu einem wissenschaftlichen Verfahren:
– wenn sie einen bestimmten Forschungsgegenstand hat (z. B. die Untersuchung des Streitverhaltens bei Kindern im Vorschulalter), der entweder einem ökologischen, normativen, systematischen oder ideographischen Zweck dient;
– wenn die Durchführung der Beobachtung systematisch geplant und nicht dem Zufall überlassen wird;
– wenn das Beobachtete systematisch aufgezeichnet und auf theoretische Überlegungen bezogen wird;
– wenn die Beobachtungsdaten verschiedenen Prüfungen und Kontrollen hinsichtlich ihrer Objektivität, Zuverlässigkeit und Gültigkeit unterworfen werden.

1.2 Die Planung und Durchführung von Beobachtungsstudien

Als wesentliches Merkmal einer systematischen Beobachtung wurde zuvor das Vorhandensein von Regeln genannt, die dem Beobachter genau vorschreiben, was er beobachten und festhalten soll und wie er dies tun soll. Dazu gehören vor allem die Festlegung des Beobachtungsplans und die Bereitstellung eines Systems der Registrierung bzw. Protokollierung. U. U. zählt dazu noch die Verwendung bestimmter technischer Hilfsmittel. Grundlegendes Problem der Beobachtungsmethoden ist die Zuverlässigkeit und Gültigkeit, mit der Beobachter das zu beobachtende Geschehen wahrzunehmen und festzuhalten in der Lage sind.

Beobachtungspläne

Bei der Planung einer Beobachtung ist zunächst zu entscheiden, ob ein *offenes* oder ein *geschlossenes* Verfahren gewählt wird. Das Begriffspaar offen versus geschlossen bezieht sich dabei auf die *inhaltliche* Erstreckung der Beobachtung bzw. den Grad der Vollständigkeit der Protokollierung. Da von einem Beobachter unmöglich alles Verhalten in einer Beobachtungssituation wahrgenommen und aufgezeichnet werden kann, erweist es sich in der Regel als notwendig, Beobachtungs*stichproben* auszuwählen, d. h., das zu beobachtende Verhalten inhaltlich vorher festzulegen. Neben der Definition der *inhaltlichen Erstreckung* sind festzulegen: die *zeitliche Erstreckung* der Untersuchung sowie der einzelnen Untersuchungsintervalle, Zeitpunkt und Art der *Protokollierung* und die Art der *Auswertung*. Eine systematische Einteilung von Beobachtungsplänen liefert WRIGHT (1960). Danach lassen sich insgesamt fünf Pläne unterscheiden (s. Tabelle 5.1):
a) Tagebuch (*diary description*);
b) exemplarische Beschreibung (*specimen description*);
c) Zeitstichprobenplan (*time sampling*);
d) Ereignisstichprobenplan (*event sampling*);
e) Schätzung von Eigenschaften (*trait rating*).
Sie sollen im folgenden kurz erläutert werden.

Tabelle 5.1: Zusammenfassende Darstellung von Beobachtungsplänen (nach WRIGHT, 1960, S. 74)

	Methode	Zeitliche Erstreckung	Inhaltliche Erstreckung	Registriertechnik
OFFEN	Tagebuch	Tägliche Beobachtungen über Wochen, Monate oder Jahre	Ohne vorgegebene Leitlinie; alles, was beobachtet wird, vor allem neu auftretendes Verhalten	Nachträgliche zusammenfassende Berichte mit Illustrationsbeispielen; anekdotisch
	Exemplarische Beschreibung	Festgelegtes Beobachtungsintervall	Kontinuierliche Abfolge des gesamten Verhaltens und der Geschehensorte und Situationen	Alles Vorfallende und die Situation werden detailliert beschrieben
GESCHLOSSEN	Zeitstichprobe	Festgelegtes Zeitintervall in mehrmaliger Wiederholung	Bestimmte vorher festgelegte Ereignisse bzw. Verhaltensklassen	Protokoll über Verhalten und Situation nach einem zuvor festgelegten Kategorien- oder Zeichensystem
	Ereignisstichprobe	Wird von der Dauer eines Ereignisses bestimmt	Bestimmte vorher festgelegte Ereignisse bzw. Verhaltensklassen	Fortlaufender Bericht oder Protokoll mit Hilfe eines Kategorien- oder eines Zeichensystems
	Schätzung von Eigenschaften	Kontinuierliche Verhaltensabfolge	Ausgewählte Dimensionen des Verhaltens	Wiedergabe der Eindrücke (nicht des Verhaltens selbst) in Form von Schätz- oder Rating-Skalen

Ad a): Die Niederschrift unsystematischer Beobachtungen in *Tagebuch*form markiert, wie erwähnt, den Beginn einer wissenschaftlichen Auseinandersetzung mit der Kindesentwicklung. Das übliche Vorgehen ist, täglich oder in größeren Abständen all das aufzuschreiben, was auffällig oder neu erscheint. Die Art der Protokollierung ist erzählend. Illustrierende Beispiele ergänzen die Angaben. Eine etwaige Klassifikation oder Interpretation des Verhaltens geschieht erst nachträglich. Oft werden Beschreibung und Interpretation nicht eindeutig voneinander getrennt.

Die Tagebuchmethode, wenn sie wie üblich über längere Zeiträume verwendet wird, ist sehr aufwendig. Andererseits ist sie aufgrund der fehlenden Systematisierung der Beobachtung mit einer Reihe methodischer Mängel behaftet. Diese betreffen zum einen die Absicherung der Daten, d. h. deren Objektivität, Reliabilität und Validität, zum anderen die quantitative Auswertbarkeit. Das Tagebuchverfahren ist am ehesten geeignet für Einzelfallstudien im Längsschnitt, vor allem wenn man sich für typische Entwicklungssequenzen oder für Einschnitte in einem Lebenslauf interessiert (ideographischer Aspekt). Auch kann es in einem frühen Forschungsstadium dazu dienen, Sachverhalte zu entdecken und Hypothesen aufzustellen. Als Quelle von Entwicklungsnormen, wie ursprünglich vorgesehen, sind Tagebücher hingegen weniger geeignet. (Zu Einsatzmöglichkeiten der Tagebuchmethode in der Entwicklungspsychologie s. HOPPE-GRAFF, 1989).

Ad b): Stärker systematisiert als das Tagebuchverfahren, jedoch ähnlich wie dieses inhaltlich offen, ist die Methode der *exemplarischen Beschreibung* (WRIGHT, 1960, 1967). Sie ist definiert als die geplante, kontinuierliche und möglichst vollständige Beschreibung aller auftretenden Verhaltenssequenzen und deren situativen Kontextes unter bestimmten Bedingungen von Ort und Zeit. Grundsätzlich ist eine *nachträgliche* Verschlüsselung der Daten in Zahlenwerte und eine statistische Analyse der Daten nicht ausgeschlossen, wenn auch sehr aufwendig. Eingeführt wurde diese Methode durch DRESSLAR (1901). Weiter ausgearbeitet und verfeinert haben dieses Vorgehen vor allem Roger BARKER und WRIGHT. Bekanntestes Beispiel für die Anwendung der exemplarischen Beschreibung in der Entwicklungspsychologie ist BARKER und WRIGHTs Buch *One Boys Day*, das den Ablauf eines einzigen Tages eines Schuljungen detailliert schildert (BARKER & WRIGHT, 1951).

Der Vorteil der exemplarischen Beschreibung ist darin zu sehen, daß Verhaltensweisen in direktem Zusammenhang mit der Situation erfaßt werden, in der sie auftreten. Außerdem bleibt die Kontinuität von Verhaltenssequenzen erhalten. Der wesentliche Nachteil dieser Methode ist im enormen Zeitaufwand und den Schwierigkeiten einer quantitativen Auswertung zu sehen. Außerdem kann nicht vorhergesagt werden, ob sich gerade während des gewählten Beobachtungsintervalls Wesentliches ereignet.

Ad c): Bei einem *Zeitstichprobenplan* wird das in Frage stehende Verhalten während zuvor in ihrer zeitlichen Erstreckung festgelegter Zeitintervalle, jeweils unterbrochen von beobachtungsfreien Intervallen, beobachtet und registriert. Die Dauer der einzelnen Beobachtungsintervalle reicht gewöhnlich von 10 Sekunden bis zu 5 Minuten. Man setzt voraus, die Beobachtungsintervalle in ihrer zeitlichen Erstreckung und Aufeinanderfolge so definiert zu haben, daß man eine repräsentative Stichprobe des in Frage stehenden Verhaltens zu Gesicht bekommt. Die Beobachtungsdaten geben darüber Auskunft, in wievielen der Beobachtungsintervalle oder wie häufig in den einzelnen Intervallen die zur Beobachtung ausgewählten Verhaltensweisen aufgetreten sind. Eingeführt wurde das *time sampling* durch OLSON (1929).

So wurde z. B. in dem Längsschnittprojekt von TRAUTNER und Mitarbeitern zur Entwicklung der Geschlechtstypisierung im Kindesalter der Umgang der Kinder mit Playmobil-Material nach der Wahl maskuliner, femininer und geschlechtsneutraler Figuren und Objekte und nach der Geschlechtstypisierung der ausgeführten Spielhandlungen in aufeinander folgenden 20 Sekunden-Intervallen ausgewertet (TRAUTNER et al., 1989; vgl. Kap. 12.3.4).

Die wesentlichen Vorteile von Zeitstichprobenplänen sind das Erreichen einer hohen Übereinstimmung zwischen unabhängigen Beobachtern (Reliabilität) und der relativ geringe Zeitaufwand. Nachteilig wirkt sich aus, daß die festgelegten Zeiteinheiten unter Umständen natürlichen Verhaltenseinheiten widersprechen, und daher nur Verhaltensfragmente beobachtet werden. Zeitstichproben halten auch nur fest, *ob* ein Verhalten vorkommt, zusätzlich evtl. noch dessen Länge, nicht aber den Zusammenhang des einzelnen Verhaltens mit Situationsbedingungen oder mögliche Verhaltensänderungen. Außerdem kann passieren, daß in den beobachtungsfreien Intervallen interessante Phänomene auftreten, die aber per definitionem nicht festgehalten werden dürfen. Durch eine dem jeweiligen Problem angemessene Definition der Dauer und Zahl von Beobachtungsintervallen lassen sich die Nachteile von Zeitstichproben allerdings verringern.

Ad d): Der Gefahr der Zeitstichprobenpläne, durch die methodisch erzwungene Zerstückelung von Verhaltensabläufen oder die Nichtregistrierung in den beobachtungsfreien Intervallen wesentliche Dinge unter den Tisch fallen lassen zu müssen, versuchen *Ereignisstichprobenpläne* dadurch zu entgehen, daß sie kein festes Beobachtungsintervall angeben, sondern die Beobachtungsdauer durch die Dauer eines Ereignisses bestimmen (z. B. die Dauer eines Streits zwischen Spielkameraden). Wie bei jedem inhaltlich geschlossenen Verfahren werden nur bestimmte, vorher festgelegte Verhaltensaspekte registriert. Die Protokollierung beginnt mit dem Eintreten eines inhaltlich relevanten Ereignisses und endet mit dessen Abschluß. Die beobachteten Ereignisse werden entweder detailliert beschrieben, oder es werden in bereits verschlüsselter Form Eintragungen in ein vorgegebenes Kategorien- oder Zeichensystem gemacht. Die Auswertung ist in der Regel quantitativ. Ein Beispiel für das Verfahren der Ereignisstichprobe ist die Untersuchung von STRAYER & STRAYER (1976) über Dominanzverhältnisse und Konflikte bei Vorschulkindern (vgl. Untersuchung 7.2 in Kap. 7.3).

Als Vorzug der Ereignisstichprobenpläne ist anzusehen, daß die natürlichen Einheiten von Verhalten und Situation beibehalten werden und daß auf diese Art auch selten vorkommende Verhaltensweisen erfaßt werden können. Gerade bei seltenen Ereignissen ist aber ein wesentlicher Nachteil, daß man u. U. lange warten muß, bis die interessierenden Ereignisse eintreten.

Eine Verbindung von Zeit- und Ereignisstichproben verwendeten VON EYE & KREPPNER (1989) zur Erfassung familialer Interaktionen.

Ad e): Wesentliches Kennzeichen der Methode des *trait rating*, der Schätzung von Eigenschaften, gegenüber allen anderen bisher erwähnten Beobachtungsverfahren ist, daß nicht das beobachtete Verhalten selbst protokolliert wird, sondern der Beobachter – oft nachträglich – die *Eindrücke* wiedergibt, die er von einer Person aufgrund seiner Verhaltensbeobachtung gewinnt. Wie bei jedem inhaltlich geschlossenen Verfahren sind dabei nur die Eindrücke in bezug auf die ausgewählten Verhaltensdimensionen relevant. Ähnlich wie bei Ereignisstichproben werden meist kontinuierliche Verhaltensabfolgen beobachtet, d.h., es gibt keine vorgegebenen Zeitintervalle wie bei einem Zeitstichprobenplan. Die Auswertung ist quantitativ. Die Eindrücke über die individuelle Ausprägung der ausgewählten Verhaltensdimensionen werden in Punktwerten ausgedrückt, so daß die Daten einer statistischen Analyse zugänglich sind. Beispiele für das Vorgehen nach dieser Methode finden sich in der Fels-Studie von KAGAN & MOSS (1962) oder bei der Einschätzung von Müttern auf verschiedenen Skalen der Sensitivität gegenüber den Signalen ihres Babys nach AINSWORTH, BLEHAR, WATERS & WALL (1978).

Die Tatsache, daß der Beobachter beim trait rating zusätzlich zur Entdeckung und Klassifikation einzelner Verhaltensweisen diese auf zuvor festgelegten Verhaltensdimensionen nach ihrer Ausprägung gewichten muß, verringert u. U. die Übereinstimmung zwischen unabhängigen Beobachtern und damit die Zuverlässigkeit der Daten. Dies gilt insbesondere, wenn das Eindrucksurteil im nachhinein abzugeben ist.

Systeme der Protokollierung

Relativ unabhängig von der Entscheidung für einen der gerade beschriebenen Beobachtungspläne kann das beobachtete Verhalten auf verschiedene Arten in einem Protokoll festgehalten werden. Grundsätzlich lassen sich drei Systeme der Protokollierung unterscheiden (vgl. MEDLEY & MITZEL, 1963):
a) Kategoriensysteme, b) Zeichensysteme, c) Schätzskalen.

Ad a): Bei einem *Kategoriensystem* wird vor Beginn einer Untersuchung eine endliche Zahl von Kategorien konstruiert (z.B aggressives Verhalten, hilfesuchendes Verhalten usw.), unter die einzelne auftretende Verhaltensweisen (z. B. *nimmt einem anderen Kind das Spielzeug weg, ruft jemand herbei, beschäftigt sich allein* usw.) zu subsumieren sind. Dabei fallen mehrere Verhaltensweisen unter eine Kategorie. Z. B. zählen zur Kategorie *Aggressives Verhalten* u. U. die Verhaltensweisen *nimmt einem anderen Kind Spielzeug weg, schlägt andere, tritt auf Sachen herum* u.ä. Jedes auftretende Verhalten ist dann nach den zuvor festgelegten Kategorien zu klassifizieren. Kategoriensysteme sind insofern erschöpfend in bezug auf das zu beobachtende Verhalten, da alles Verhalten irgendeiner – und *nur einer* – Kategorie zugeordnet werden muß. Der Protokollbogen enthält für jedes Beobachtungsintervall die Anzahl der in jede Kategorie klassifizierten Verhaltenseinheiten, wobei nicht das einzelne Verhalten selbst (z.B. *schlägt andere*, oder *nimmt einem anderen Kind etwas weg*), sondern nur die jeweils übergeordnete Kategorie (z.B. *Aggressives Verhalten*) protokolliert wird. Für die unter den einzelnen Kategorien aufgeführten Verhaltenseinheiten gilt die Annahme der Gleichgewichtigkeit, d.h. Austauschbarkeit. Die Zahl der Kategorien eines Systems findet ihre natürliche Grenze in der Unterscheidungsfähigkeit des Beobachters. Erfahrungsgemäß ist diese Grenze bei acht bis zwölf verschiedenen Kategorien erreicht. Die Zugehörigkeit der einzelnen Verhaltensweisen zu einer bestimmten Kategorie ist jeweils empirisch zu prüfen (vgl. von CRANACH & FRENZ, 1969). Ein Beispiel für die Anwendung eines Kategoriensystems findet sich in KELLER & BOIGS (1989).

Ad b): Bei einem *Zeichensystem* wird eine Reihe von zuvor genau spezifizierten Ereignissen oder Handlungen (sog. Zeichen), die für eine bestimmte Problemstellung von Bedeutung erscheinen, auf einer Liste zusammengestellt. Eine Liste zur Untersuchung abhängigen Verhaltens bei Vorschulkindern könnte z. B. Items enthalten wie *bittet die Mutter um Hilfe, ergreift die Hand der Mutter, weint, wenn die Mutter den Raum verläßt* u.ä. Das Auftreten dieser Zeichen ist vom Beobachter zu registrieren. Die registrierten Zeichen werden nicht, wie bei einem Kategoriensystem, von vornherein unter bestimmte Kategorien subsumiert. Das Protokoll gibt dann darüber Auskunft, *welche* der aufgeführten Ereignisse oder Handlungen während des Beobachtungszeitraums aufgetreten sind, meist auch, wie häufig sie jeweils aufgetreten sind. Charakteristisch ist, daß – im Unterschied zu einem Kategoriensystem – ein großer Teil des ablaufenden Verhaltens irrelevant ist. Nur das Auftreten der zuvor spezifizierten Zeichen wird festgehalten. Auch wenn nichts zu registrieren ist (kein Zeichen auftritt), ist auf seiten des Beobachters ständige Aufmerksamkeit erforderlich, um ein auftretendes Zeichen sofort zu entdecken (v. CRANACH & FRENZ, 1969). Da über die Entdeckung eines Zeichens hinaus keine weitere Zuordnungsleistung gefordert wird, kann eine Liste von Zeichen umfangreicher sein als die Zahl der Kategorien eines Kategoriensystems. Ein Beispiel für ein sehr differenziertes und umfangreiches Zeichensystem ist das sogenannte OSCAR (*Observation Schedule And Record*) von MEDLEY & MITZEL (1963).

Ad c): Schätzskalen im Rahmen von Beobachtungsmethoden können im Grunde genommen als Erweiterungen von Kategoriensystemen angesehen werden, indem nämlich innerhalb jeder Kategorie Unterkategorien gebildet werden, die festen Punkten (Zahlenwerten) auf einer mehrstufigen Skala entsprechen. Der Beobachter hat das während des Beobachtungszeitraums auftretende Verhalten einer Kategorie zuzuordnen und innerhalb dieser Kategorie mit einer bestimmten Gewichtszahl zu versehen. Vorgegebene Verhaltensbeispiele, die die einzelnen Positionen auf der fraglichen Skala charakterisieren, sollen die Einstufungsleistung erleichtern. Bei der Verwendung einer Schätzskala wird also *nicht* die *beobachtete Häufigkeit* des Auftretens von Verhaltensweisen registriert, sondern – oft nachträglich – die *Ausprägung eines Verhaltensmerkmals* über ein bestimmtes Zeitintervall hinweg geschätzt. Der Beobachter hat hier also einmal das Auftreten eines für sein Beobachtungssystem relevanten Verhaltens festzustellen, zum anderen den Ausprägungsgrad des Verhaltens in Form eines Zahlenwertes oder einer verbalen Qualifikation (z. B. stark – mittel – schwach) zu beurteilen (v. CRANACH & FRENZ, 1969). Die Verwendung von Schätzskalen ist eng verknüpft mit der Methode des trait-rating (vgl. S. 320f.). Ein Beispiel für solche Schätzskalen aus dem Bereich der Entwicklungspsychologie sind die Child-Behavior-Rating-Scales aus dem Chicagoer Fels-Institut (KAGAN & MOSS, 1962).

Der Beobachter als Meßinstrument

Als Meßvorgang betrachtet beinhaltet die Beobachtung auf seiten des Beobachters Leistungen der Wahrnehmung, Beurteilung, Verschlüsselung und Aufzeichnung von Ereignissen. Diesen verschiedenen Leistungen kommt je nach dem gewählten Beobachtungsplan und dem verwendeten System der Protokollierung unterschiedliches Gewicht zu. Aufgrund dieser Anforderungen gewinnen Ergebnisse der Forschung über Informationsverarbeitung, Signalentdeckung, Vigilanz, Aufmerksamkeit, Sättigung, Aktivation und soziale Wahrnehmung für die Abschätzung der Leistungsfähigkeit von Beobachtungsverfahren besondere Bedeutung (s. dazu v. CRANACH & FRENZ, 1969; FASSNACHT, 1979; WEICK, 1968). Wegen der Unzulänglichkeit des „Meßinstruments Beobachter" kommt es zu einer Reihe systematischer Verzerrungstendenzen beim Beobachtungsvorgang bzw. der Protokollierung, d. h. zu Beobachtungs- und Beurteilungsfehlern.

Solche *Beobachtungs- und Beurteilungsfehler* sind etwa:

– *Halo-Effekte* (der Gesamteindruck oder eine hervorstechende Eigenschaft einer Person beeinflußt die Beobachtung und Beurteilung anderer Merkmale);

– die *Tendenz zur Mitte* (extreme Reizwerte wandern bei der Beurteilung in Richtung der Skalenmitte);

– *logische Fehler* (implizite Persönlichkeitstheorien, die Annahmen über Zusammenhänge von Merkmalen nach dem Muster *wer lügt, der stiehlt* enthalten, fließen in die Beobachtung mit ein);

– Effekte aufgrund der *zeitlichen Reihenfolge* von Ereignissen (z. B. der sog. *Primacy-Recency-Effekt*, d. h. spätere Beobachtungen werden beeinflußt durch frühere Beobachtungen interpretiert);

– der Einfluß von *Erwartungen* und *Einstellungen* des Beobachters.

Derartige Fehler treten desto eher auf, je mehr Beurteilungs- und Deutungsleistungen vom Beobachter verlangt werden, also eher bei Kategoriensystemen und Schätzskalen als bei Zeichensystemen, eher bei fortlaufender vollständiger Protokollierung als bei Zeitstichprobenplänen.

Noch in einem anderen Sinn kann der Beobachter als Fehlerquelle in Erscheinung treten, nämlich indem er durch die Tatsache seiner Anwesenheit bzw. Beobachtungstätigkeit das beobachtete Geschehen beeinflußt. Die beobachteten Personen verhalten sich aufgrund des Wissens beobachtet zu werden u. U. anders, als wenn sie sich unbeobachtet glauben. Zur Vermeidung solcher Beobachtereinflüsse kann man – im Falle von Laboruntersuchungen – Versuchsräume mit Einwegfenstern benutzen. Erfahrungsgemäß ist aber der Einfluß, den die Anwesenheit eines Beobachters auf das beobachtete Geschehen ausübt, als eher kurzzeitig und nur zu Beginn einer Beobachtungsperiode wirksam zu betrachten. Der Einfluß eines Beobachters auf das Beobachtungsgeschehen wird ausdrücklich thematisiert bei der Methode der *teilnehmenden Beobachtung* (s. dazu FASSNACHT, 1979; KÖNIG, 1967). Hier kommt noch hinzu, daß der Beobachter als Gruppenmitglied mit den Beobachteten in Interaktion tritt.

Technische Hilfsmittel

Im Prinzip erfordert die Durchführung einer Beobachtung an Arbeitsmaterial nicht mehr als Papier (d. h. Beobachtungsbogen), Bleistift und einen Zeitmesser. Durch den Einsatz von Apparaten (z. B. Tonband, Video-Recorder oder für spezielle Beobachtungszwecke konstruierte Apparaturen) ist es möglich, 1. die Effizienz der Erhebung zu erhöhen, d. h. mehr Daten mit größerer Genauigkeit zu registrieren, 2. die Datensammlung zu erleichtern, 3. durch Aufzeichnung ein bleibendes Dokument des beobachteten Geschehens bereitzustellen, das immer wieder für spätere Analysen herangezogen werden kann. Als wesentlichen Vorteil instrumenteller Protokollierungstechniken sehen v.CRANACH & FRENZ (1969) nicht zuletzt die Möglichkeit, auf diese Weise Beobachterdaten mit den auf apparative Weise erhobenen Daten zu vergleichen und somit ihre Zuverlässigkeit und Gültigkeit besser überprüfen zu können.

Die Beobachtungsmethode wird in der Psychologie heute kaum noch ohne Videounterstützung verwendet. Der Einsatz der Videotechnik ermöglicht – soweit vom Kameraobjektiv erfaßt – eine vollständige, nicht-selektive Aufzeichnung von Verhalten in seinem tatsächlichen zeitlichen Ablauf. Das aufgezeichnete Verhalten kann jederzeit wieder reproduziert werden, es kann nacheinander oder gleichzeitig von vielen Beobachtern betrachtet und analysiert werden, es läßt sich im verlangsamten Tempo oder im Zeitraffer nach theoretischen Überlegungen in bestimmten Ausschnitten oder Sequenzen montiert wiedergeben usw. Bereits in der Phase der Entwicklung des Beobachtungssystems und beim Beobachtertraining läßt sich die Videotechnik sinnvoll nutzen.

Der wesentliche Vorteil der Videoaufzeichnung von Verhalten ist, daß auf diese Art die *Fixierung* und die *Auswertung* des Verhalten voneinander getrennt sind (THIEL, 1989). Dies führt zu einer erheblichen Steigerung der Werte der Gütekriterien der Verhaltensanalyse. Die Wahrnehmung, Beurteilung und Verschlüsselung des aufgezeichneten Verhaltens bleibt aber weiterhin eine Aufgabe des Forschers. „Die Spezialisierung der Fragestellung, die Auswahl und Generierung des Verhaltens, die gewählte Methode der Auswertung und eventuelle Probleme damit gehen voll zu Lasten des Forschers, nicht der Videotechnik." (THIEL, 1989, S. 310).

1.3 Vorteile und Nachteile der Beobachtungsmethoden

Wie jede Untersuchungsmethode hat auch die Beobachtungsmethode ihre Vorteile und Nachteile.
Die *Vorteile* sind:
– Verhalten wird in seinem unmittelbaren Ablauf erfaßt und zu dem Zeitpunkt festgehalten, in dem es sich tatsächlich ereignet;
– Beobachtungsmethoden lassen sich in der natürlichen Umgebung einsetzen;
– Dinge, über die die Versuchsperson nicht in der Lage ist, objektiv zu berich-

ten (wie z. B. über komplexe soziale Interaktionen), lassen sich besser durch Beobachtung registrieren;
– der Anspruch auf aktive Mitarbeit seitens der Versuchsperson ist im Vergleich zu anderen Methoden relativ gering;
– nur die Beobachtung erlaubt über einen längeren Zeitraum die gleichzeitige Erhebung mehrerer, von verschiedenen Personen ausgehender komplexer Verhaltensweisen.

Die *Nachteile* sind:
– die bereits ewähnten Beobachtungs- und Beurteilungsfehler;
– es gibt Vorkommnisse, über die die Leute zwar zu berichten imstande und bereit sind, die jedoch selten der unmittelbaren Beobachtung zugänglich sind (z. B. familiäre Auseinandersetzungen);
– bei Beobachtungen in der natürlichen Umgebung können Störfaktoren eintreten (z. B. bricht während der Beobachtung eines Kinderspiels zwischen den Kindern ein Streit aus, was zum Abbruch des Spiels führt).

Die Bedeutung systematischer Beobachtungsmethoden für die Entwicklungspsychologie kann nicht hoch genug eingeschätzt werden. Wie sich Individuen im Laufe ihrer Entwicklung in den verschiedenen Alltagssituationen tatsächlich verhalten und welche Veränderungen in der Umwelt eintreten, hat eine Wissenschaft vom Menschen besonders zu interessieren. Speziell für S-R-Theorien der Entwicklung und für jede ökologisch ausgerichtete Entwicklungspsychologie ist die Beobachtung des Verhaltens in seiner Relation zur Umwelt unverzichtbar. Aufgrund des großen Aufwands bei der Konstruktion, Durchführung und Auswertung von Beobachtungsverfahren sowie praktischer Schwierigkeiten (z. B. der Privatheit zahlreicher Beobachtungsorte, der Beeinflussung des Geschehens durch einen Beobachter u.ä) gibt es aber nur wenige entwicklungspsychologische Untersuchungen, die Daten mit Hilfe systematischer Beobachtungsverfahren erhoben haben. WRIGHT (1960) ermittelte eine Rate unter 10 %. Daran dürfte sich bis heute wenig geändert haben. Dabei sind allerdings die im Rahmen experimenteller Untersuchungen anfallenden Beobachtungsdaten nicht berücksichtigt. Nimmt man diese Untersuchungen hinzu, erhöht sich der Anteil des Einsatzes von Beobachtungsmethoden in der Entwicklungspsychologie beträchtlich.

Einen Überblick über die Konstruktion, die Einsatzmöglichkeiten und die speziellen Probleme von Beobachtungsmethoden allgemein liefern v. CRANACH & FRENZ (1969), FASSNACHT (1979) und WEICK (1968). Zur Illustration des Einsatzes von Beobachtungsmethoden in der entwicklungspsychologischen Forschung können unsere Untersuchungsbeispiele 7.2 (STRAYER & STRAYER, 1976), 8.3 (MAHLER & LAPERRIERE, 1965), 9.2 (GOETZ & BAER, 1973), 11.1 (BROWN, 1973), 11.5 (BLOOM, HOOD & LIGHTBOWN, 1974) und 12.3 (KARPOE & OLNEY, 1983) herangezogen werden.

2. Befragungsmethoden

Die verschiedenen Verfahren der mündlichen oder schriftlichen Befragung liefern *subjektive Daten* über bestimmte Aspekte des gegenwärtigen oder des vergangenen Verhaltens und Erlebens der Versuchspersonen. Die von den Versuchspersonen gegebenen Antworten sind selbst als Ausdruck subjektiver Erfahrung (der Selbsterfahrung, der Erfahrung anderer Personen oder der materiellen und sozialen Umwelt) ein wichtiger Aspekt des Verhaltens. Sie repräsentieren die phänomenale Welt des Individuums. Wenn man etwas über die Selbsteinschätzung einer Person, deren Einstellungen, Werthaltungen und Interessen, die Wahrnehmung der Umwelt, die Einschätzung anderer Personen u.ä. wissen will, ist die Befragung der einzig direkte Zugang zu den interessierenden Daten.

Neben der grundlegenden Unterscheidung nach dem technischen Vorgehen in *mündliche* und *schriftliche* Befragungsmethoden lassen sich diese weiter nach dem Grad ihrer *Strukturiertheit* (Standardisiertheit) sowie der *Offenheit* oder *Geschlossenheit* der Antwortmöglichkeiten der Versuchspersonen voneinander abgrenzen. Außer der direkten Befragung der Versuchspersonen selbst besteht schließlich noch die Möglichkeit, durch Befragung von Dritten (Verwandten, Bekannten, Vorgesetzten etc.) Angaben über Aspekte des Verhaltens und Erlebens der Versuchspersonen zu erhalten. So kann man z.B. durch die Befragung der Eltern etwas über die Verhaltensentwicklung ihrer Kinder erfahren.

Unter Berücksichtigung der verschiedenen Einteilungsdimensionen – mündlich versus schriftlich, strukturiert versus unstrukturiert, offen versus geschlossen, direkt versus indirekt – lassen sich für die Zwecke der entwicklungspsychologischen Forschung die folgenden Befragungsmethoden voneinander unterscheiden:

1. *Exploration* und *Interview*, einschließlich *Puppenspielinterview* und *Bildwahlverfahren*;
2. *Fragebogenverfahren* und zwar *Persönlichkeitsfragebogen* und verwandte Verfahren der Selbsteinstufung, *Frageninventare* und *Skalen* zur Untersuchung von *Einstellungen* und *Interessen*, provozierte *Niederschriften* (z.B. *Aufsätze* und *Satzergänzungsmethoden*), sowie *soziometrische Verfahren*.

Wegen der verbalen Grundlage des Datenmaterials könnte man noch Berichte und Dokumente (z.B. Heimberichte, Akten, Tagebücher, Autobiographien u.ä.) zu den Befragungsmethoden zählen. Da hier in der Regel aber keine vorgegebenen Fragen verwendet werden und auch keine fragende Person zum Einsatz kommt, wird darauf nicht näher eingegangen. Derartige Daten werden außerdem wegen der fast unlösbaren Probleme einer ökonomischen und standardisierten Auswertung in der heutigen entwicklungspsychologischen Forschung kaum noch herangezogen.

2.1 Mündliche Befragungsmethoden

Exploration und Interview

Die Methoden der Exploration und des Interviews werden vor allem bei Meinungsumfragen und in der Psychodiagnostik, hier speziell im Zusammenhang mit klinischen Fragestellungen, verwendet. In der Entwicklungspsychologie gelangen Interviewmethoden verschiedenster Art insbesondere zur Untersuchung der Begriffs- und Urteilsbildung und zur Aufdeckung von Wahrnehmungs- und Denkvorgängen zum Einsatz (vgl. Kap. 10).

Wesentliches Unterscheidungsmerkmal der Interviewverfahren gegenüber den anderen Untersuchungsmethoden ist die durch die Gesprächssituation gegebene *interpersonelle Beziehung* zwischen Versuchsleiter (Interviewer) und Versuchsteilnehmer (Befragtem). Sie beeinflußt die Antworten der Versuchsperson und den Gesprächsverlauf. Dies gilt in besonderem Maße für das unstrukturierte Interview. Interviewmethoden können bei Kindern etwa ab vier Jahren eingesetzt werden. Soweit es nur auf ein Verständnis der Fragen ankommt und eine differenzierte sprachliche Beantwortung nicht gefordert ist, können die Kinder auch etwas jünger sein. Einen Überblick über gebräuchliche Interviewverfahren und die Probleme ihrer Anwendung in Untersuchungen an Kindern liefert YARROW (1960).

Beim *unstrukturierten* oder *freien Interview* liegt dem Gespräch auf seiten des Interviewers bloß ein allgemeiner Leitfaden hinsichtlich der anzusprechenden Themen zugrunde. Die Formulierung der einzelnen Fragen geschieht erst während des Gesprächs, und jede Frage wird erst dann gestellt, wenn sich dazu gerade ein günstiger Augenblick ergibt. Die einzelnen Fragen werden also jeder Versuchsperson in leicht verändertem Wortlaut, in verschiedener Sequenz und in einem unterschiedlichen situativen Zusammenhang gestellt. Zur Vermeidung von Hemmungen auf seiten der Versuchsperson wird meist auf eine sichtbare Registrierung (ein Mitschreiben der Antworten) verzichtet.

Bei einem *strukturierten Interview* sind der Wortlaut und die Reihenfolge der zu stellenden Fragen von vornherein festgelegt und somit bei jeder Versuchsperson gleich. Dieses Vorgehen kommt dem schriftlichen Fragebogen sehr nahe, allerdings mit dem Unterschied, daß es detailliertere Reaktionen der Versuchsperson ermöglicht, ein Nachfragen erlaubt und oberflächliche Antworten vermutlich eher ausschaltet. Die interpersonelle Beziehung zwischen Versuchsleiter und Versuchsperson wirkt sich hier auf den Gesprächsverlauf weniger stark aus als beim unstrukturierten Interview. Außerdem bringt das strukturierte Interview einheitlichere, vergleichbarere und eher quantifizierbare Daten. Zwischen den beiden geschilderten Extremen des freien und des völlig durchstrukturierten Interviews gibt es alle möglichen Abstufungen. Unabhängig vom Grad der Strukturiertheit können die einzelnen Fragen im übrigen so gefaßt sein, daß die Versuchsperson eine Antwort frei formulieren muß (offene Fragen), oder daß sie eine Frage bloß zustimmend oder ablehnend beantworten bzw. zwischen vorgegebenen Antwortalternativen auswählt (geschlossene Fragen). Die Art der Formulierung der Fragen muß auf jeden Fall gewährleisten, daß a) die Frage verstanden wird, b) daß das, was mit der Frage angesprochen wird, von allen Befragten gleich erfaßt wird, c) daß die Art der Formulierung nicht suggestiv ist, das heißt nicht von vornherein eine bestimmte Antwort nahelegt (vgl. Yarrow, 1960). Auf seiten der Versuchsperson besteht speziell die Gefahr, in einer Richtung zu antworten, die man für sozial erwünscht hält. Zur Ausbalancierung dieser Antworttendenz gibt Yarrow (1960, S.580) einige konkrete Hinweise:

> Die Fragen nach sozial unerwünschten Dingen sollten einen Hinweis enthalten, daß andere ähnlich denken oder handeln. Man kann zwei Alternativen zur Wahl stellen, die beide in Richtung soziale Unerwünschtheit gehen. Der Wortlaut sollte so gewählt sein, daß ein Verhalten weniger ungünstig erscheint. Das Zutreffen des sozial unerwünschten Verhaltens sollte durch die Formulierung nicht de facto unterstellt werden. Vor der Frage nach Unerwünschtem sollte eine Frage nach etwas Positivem plaziert werden.

Das Hauptproblem der Interviewverfahren, speziell der wenig strukturierten Interviews mit offenen Fragen, besteht in ihrer aufwendigen oder häufig nicht lösbaren Quantifizierung der Antworten. Damit fehlt es auch an einer Vergleichbarkeit der Daten über verschiedene Versuchspersonen. Noch stärker als bei den Beobachtungsverfahren ergeben sich massive Probleme der objektiven, reliablen und validen Kategorisierung und Kodierung der Antworten.

Trotz der genannten Probleme und Fehlerquellen sind bei sorgfältiger Planung, Durchführung und Auswertung von Interviews eine Reihe von Verwendungsmöglichkeiten in der entwicklungspsychologischen Forschung gegeben. Besonders in einem frühen Forschungsstadium bietet sich die Interviewmethode zur Hypothesenfindung an. Auch kann sie als Vortest bei der Standardisierung eines Fragebogens dienen, etwa zur Zusammenstellung eines Itempools auf der Grundlage der momentanen Äußerungen der Versuchspersonen in einem Interview. Geeignet oder sogar notwendig ist der Einsatz des Interviews, wenn man feststellen will, wie die Versuchsperson verschiedene Aspekte einer Beobachtungssituation oder eines Experiments wahrgenommen und erlebt hat, ob sie die Instruktion verstanden hat oder wie sie ihre Reaktionen begründet. Im Vergleich zu Beobachtungsverfahren hat das Interview den Vorteil, von außen nicht direkt beobachtbare Phänomene wie Ängste, Wünsche oder Träume erfassen zu können. Auch ist die Zeitspanne, auf die sich die Angaben zum Verhalten und Erleben beziehen – wie bei allen Befragungsmethoden – weiter. Im Vergleich zu schriftlichen Befragungen ist beim Interview ein mangelndes Verständnis der Fragen leichter zu erkennen und zu korrigieren. Das Interview ist speziell dann die Methode der Wahl, wenn zur Erhebung der Daten eine interpersonelle Beziehung Voraussetzung oder zumindest förderlich ist und dadurch gleichzeitig die Validität der Antworten erhöht wird. Außerdem sollte zur Beantwortung der Forschungsfrage eine Quantifizierung der Daten weniger wichtig sein.

Mit welchem Nutzen die Interviewmethode in der entwicklungspsychologischen Forschung eingesetzt werden kann, haben vor allem Piaget, Kohlberg und andere kognitive Entwicklungstheoretiker gezeigt (s. dazu Kap. 10).

Puppenspielinterview und Bildwahlverfahren

Hierbei handelt es sich um zwei Varianten oder auch Ergänzungen der gerade vorgestellten Interviewmethode, die sich besonders bei Kleinkindern anbieten, die sprachlich noch nicht so gewandt sind.

Beim *Puppenspielinterview* wird während des Gesprächs oder zwischendurch dem Kind Gelegenheit zum Spielen mit Puppen gegeben (vgl. P.S. SEARS, 1951; SEARS, WHITING, NOWLIS & SEARS, 1953). Das Kind wird dadurch veranlaßt, sich durch das Medium des Puppenspiels zu äußern, und zwar gezielt über bestimmte vorgegebene Situationen, z. B. eine Situation, in der Geschwisterrivalität ausgedrückt werden kann (LEVY, 1936). Ein derartiges Vorgehen wird insbesondere im Zusammenhang mit Klinischen Fragestellungen gewählt. Die Methode enthält einige Elemente von projektiven Verfahren (s. hierzu Abschnitt 5.).

Häufig wird vom Kind verlangt, daß es einen Dialog zwischen den Puppen führen soll, die verschiedene Personen darstellen, z. B. Eltern und Geschwister. Manchmal wird das Kind auch zu bestimmten Handlungen direkt aufgefordert oder ermuntert. Obwohl die Reizseite u. U. stark strukturiert sein kann, sind dem Kind in der Regel zahlreiche Reaktionsmöglichkeiten gegeben.

Vorteile des Puppenspielinterviews sind: Es erweckt wegen seines Spielcharakters besonders bei kleinen Kindern Interesse, es entspannt die Versuchssituation, es erlaubt dem Kind, auch komplexe Situationen auszudrücken, die für es nur schwer verbalisierbar wären, das Kind ist auch freier, sozial weniger akzeptierte Gefühle auszudrücken (YARROW, 1960). Die Gefahr dieser Methode ist, daß das Kind, verglichen mit seinem sonstigen Verhalten, zur Übertreibung von Gefühlen ermuntert wird, z. B. sich im Puppenspiel sehr viel aggressiver als im Alltag verhält. Solche Diskrepanzen können aber auch diagnostisch bedeutsam sein.

Soziale Situationen und Rollen werden von Kindern heutzutage zunehmend im Spiel mit Lego oder Playmobil-Figuren ausgedrückt. Insbesondere Jungen spielen kaum mit Puppen, hingegen genauso intensiv wie Mädchen mit Lego und Playmobil.

Im einfachsten Fall des *Bildwahlverfahrens* ist jeweils eines von zwei gezeigten Bildern nach irgendeinem Kriterium zu wählen, z. B. in welcher der abgebildeten Situationen man lieber sein möchte. Dabei können bestimmte Fragen zu den Bildern gestellt werden (z. B. ob das, was auf dem Bild zu sehen ist, eher für Jungen oder für Mädchen typisch ist), oder es ist eine vom Versuchsleiter angefangene Geschichte zum Bild weiterzuerzählen. Diese Methode ist z. B. verwendet worden zur Untersuchung der Beziehung zu Gleichaltrigen oder zu den Eltern (s. YARROW, 1960). In einer Variante dieser Technik haben die Kinder zu „erraten" auf welche Person, das was auf den Bildern zu sehen ist, zutreffen könnte (HARRIS, 1946).

SCHORSCH (1992) zeigte Kindern und Erwachsenen Fotos von Personen unterschiedlichen Alters. Die Versuchspersonen hatten im Paarvergleich jeweils anzugeben, welche der beiden Personen jünger bzw. älter ist.

Bildmaterial kann auch dazu dienen, dem Kind die Verbalisierung in einem Interview zu erleichtern. Wie das Puppenspielinterview sind auch die Bildwahlverfahren eng mit projektiven Verfahren verwandt. Hinsichtlich der methodischen Probleme, vor allem einer quantitativen Auswertung von Puppenspielinterviews und des Bildwahlverfahren, gelten die gegenüber dem Interview geäußerten Vorbehalte entsprechend (vgl. oben S. 328f.). Darüber hinaus kommen hier Probleme der Beurteilung und Interpretation kindlicher Reaktionen verstärkt ins Spiel.

2.2 Schriftliche Befragungsmethoden

Während unter 2.1 die verschiedenen Verfahren der *mündlichen* Befragung dargestellt worden sind, geht es in diesem Abschnitt um die *schriftlichen* Befragungsmethoden. Entsprechend der Aufzählung auf Seite 326 werden Persönlichkeitsfragebogen, Skalen zur Erfassung von Einstellungen und Interessen, Aufsatz und Satzergänzungsverfahren sowie soziometrische Verfahren unterschieden. Der große Vorteil schriftlicher Befragungsmethoden ist ihre Anwendbarkeit in Gruppenuntersuchungen.

Persönlichkeitsfragebogen

Persönlichkeitsfragebogen wurden erstmals von St. HALL (1891) in größerem Umfang zur Untersuchung von Kindern und Jugendlichen angewendet (vgl. Kap. 1.1). Vor allem wegen ihrer leichten Handhabbarkeit (z. B. der einfachen Auszählung der Antworten und der Anwendbarkeit in Gruppenuntersuchungen) sind sie ein beliebtes Forschungsinstrument. Trotz der scheinbaren Einfachheit dieses Instruments erfordert es einigen Aufwand, einen Fragebogen zu konstruieren, der den üblichen Gütekriterien der Objektivität, Reliabilität und Validität entspricht. Die größte Arbeit macht dabei die Formulierung und endgültige Auswahl der einzelnen Fragen sowie ihre Überprüfung hinsichtlich der genannten Gütekriterien.

Bei der Formulierung der Fragen ist darauf zu achten, daß sie a) für die Versuchsperson verständlich sind, b) eindeutig beantwortet werden können und c) daß die Beantwortung möglichst wenig von sog. Antworttendenzen (z. B. der Tendenz zu Ja-Antworten oder der Tendenz sozial erwünscht zu antworten) beeinflußt wird. Bei der Konstruktion eines standardisierten Fragebogens ist es üblich, die endgültige Aufnahme einzelner Fragen von einer sog. Aufgabenanalyse abhängig zu machen, bei der für jede Frage die *Schwierigkeit* (Antworthäufigkeit in einer Richtung) und die *Trennschärfe* (Korrelation der Beantwortung einer Frage mit dem Gesamtwert der Skala) Berücksichtigung finden. Der Terminus *Fragebogen* muß im übrigen nicht unbedingt bedeuten, daß Fragen im Wortsinne gestellt werden. Vielmehr hat es sich eingebürgert, sog. *Statements* (Behauptungen) zu formulieren (z. B. „ich bin mit mir selbst zufrieden" oder „manchmal fühle ich mich niedergeschlagen"). Diesen Statements ist dann entweder zuzustimmen oder sie sind abzulehnen. U. U. sind auch mehrere abgestufte Möglichkeiten der Zustimmung oder Ablehnung eines solchen Statements gegeben.

Wie bei der mündlichen Befragung ist es auch bei schriftlichen Fragebogen grundsätzlich möglich, offene oder geschlossene Fragen zu verwenden. Wegen der leichteren und vor allem auch eindeutigeren Auswertbarkeit wird heute die Formulierung geschlossener Fragen (Beantwortung mit Ja oder Nein oder feiner abgestuft) vorgezogen.

Beispiele für Fragebogen, die zur Untersuchung von Kindern und Jugendlichen bei uns Verwendung finden, sind der *Angstfragebogen für Schüler* (AFS) von WIECZERKOWSKI, NICKEL, JANOWSKI, FITTKAU & RAUER (1980), die *Hamburger Neurotizismus- und Extraversionsskala für Kinder und Jugendliche* (HANES-KJ) von BUGGLE & BAUMGÄRTEL (1972) oder der *Persönlichkeitsfragebogen für Kinder zwischen 9 und 14* (PFK 9-14) von SEITZ & RAUSCHE (1976/1991).

Skalen zur Erfassung von Einstellungen und Interessen

Derartige Skalen stammen aus der Sozialpsychologie, speziell der Attitüden- und Meinungsforschung (vgl. IRLE, 1975). In der Entwicklungspsychologie werden sie relativ selten angewendet. Was ihre Konstruktion und ihren Aufbau betrifft, gilt für sie mit Einschränkung das gleiche wie für das zuvor dargestellte Verfahren des Persönlichkeitsfragebogens. Der Unterschied liegt im interessierenden Gegenstand: nämlich der Messung von Einstellungen, Werthaltungen, Vorurteilen, Interessen u.ä , also *sozialen* Gegenständen, während die primäre Aufgabe der Persönlichkeitsfragebogen die Erfassung der Persönlichkeitsstruktur bzw. einzelner Persönlichkeitsdimensionen ist (wie Ängstlichkeit, Extraversion, Neurotizismus, Aggressivität usw.). Zur Konstruktion von Einstellungsskalen sind außerdem spezielle Skalierungsmethoden entwickelt worden (vgl. SECORD & BACKMAN, 1974/1976; IRLE, 1975).

Wenn derartige Skalen bei Kindern angewendet werden, sind nach RADKE-YARROW (1960) die folgenden Punkte zu beachten: (1) Man sollte auf solche Skalen nur dann zurückgreifen, wenn man annehmen kann, daß die untersuchten Kinder sich über den betreffenden Gegenstand bereits eine Einstellung gebildet haben; (2) Länge und Schwierigkeit solcher Skalen müssen dem entsprechen, was man je nach Alter der untersuchten Kinder verlangen kann; (3) die Skalierung, d. h. die Anordnung der einzelnen Items auf dem Einstellungskontinuum, ist jeweils in der untersuchten Population zu prüfen. Eine einfache Übertragung der an Erwachsenen skalierten Verfahren ist nicht möglich.

Beispiele standardisierter Einstellungsskalen und Interessentests speziell für Kinder lassen sich für den deutschen Sprachraum nur wenig finden (vgl. BRICKENKAMP, 1975). Zu nennen wären etwa folgende, im wesentlichen für Untersuchungen von Jugendlichen konstruierte Verfahren: der *Werteinstellungstest* von ROTH (1972), der *Gruppentest für die soziale Einstellung* (SET) von JOERGER (1973), der *Berufs-Interessen-Test* (BIT) von IRLE (1955) oder der *Differentielle Interessen-Test* (DIT) von TODT (1967).

Aufsatz- und Satzergänzungsverfahren

Die *Aufsatzmethode* gelangte vor allem in der deutschen Jugendpsychologie zur Anwendung, etwa bei KROH (*Ob ich mit mir zufrieden bin?*) oder SCHMEING (*Wem möchtest Du am meisten, wem am wenigsten ähnlich sein?*) (zitiert nach THOMAE, 1959c, S. 145). Weitere beliebte Aufsatzthemen waren: *Meine besten Freunde, Wie ich mir mein Leben im Jahre 2000 vorstelle, Wie ich gerne sein möchte, Was ich mir am meisten wünsche, Wovor ich Angst habe* (nach NICKEL, 1972). Die Aufsatzmethode wurde in jüngerer Zeit beispielsweise in Untersuchungen über Altersstereotype von Kindern angewendet (SCHORSCH, 1992). So wurden in einer Studie von THOMAS & YAMAMOTO (1975) Kinder aufgefordert, zu Fotografien zu verschieden alten Personen Geschichten zu schreiben. Sie sollten darin Fragen beantworten wie *Wer ist er?, Wie fühlt er sich?, Wie sieht seine Zukunft aus?*.

Solche provozierten Niederschriften geben oft besser als mündlich gestellte Fragen Gelegenheit zur wirklichen Äußerung der eigenen Meinung (THOMAE, 1959c), vorausgesetzt allerdings, daß die Ausrichtung an einen bestimmten Adressaten (z. B. den notengebenden Lehrer) nicht zu systematischen Verfälschungen führt. Aufsätze können mit Einschränkung wichtige Aufschlüsse über soziale Beziehungen und die Erlebnisweisen einzelner Altersstufen vermitteln. Sie geben ferner Hinweise auf das jeweilige Selbst- oder auch Idealkonzept sowie emotionale und motivationale Aspekte des Verhaltens.

Varianten der Aufsatzmethode sind die *Satzergänzungsverfahren* oder das Zuendeerzählen von Geschichten (z. B. der *Erzählungstest* von WARTEGG, 1955, der Düss-*Fabeltest*, 1964, oder der *Thematische-Apperzeptions-Test* von MURRAY, 1943). Diese Verfahren besitzen aber schon stark projektiven Charakter. Satzergänzung und Geschichtenerzählen sind für Kinder im Schulalter akzeptabler als Puppenspielinterviews oder Bildwahlverfahren.

Die Auswertungsprobleme sind bei diesen Methoden allerdings noch größer als bei den Interviewverfahren. „Auf diesem Wege gewonnene Befunde (können) in der Regel nur als Hinweise aufgefaßt werden, die einen ersten Einblick in bestimmte Entwicklungsvorgänge geben, die aber kaum geeignet sind, daraus allgemein gültige Beziehungen und Gesetzmäßigkeiten abzuleiten". (NICKEL, 1972, S. 85). Eine Lösungsmöglichkeit ist u. U. die Durchführung von Inhaltsanalysen durch mehrere unabhängige Beurteiler.

Soziometrische Verfahren

Sie gehen auf MORENO (1951) zurück und haben sich als eine gebräuchliche Methode zur Untersuchung der sozialen Beziehungen in Gruppen etabliert (vgl. THOMPSON, 1960; HÖHN & SEIDEL, 1976). Bei den soziometrischen Verfahren sind von den Mitgliedern einer Gruppe (z. B. einer Schulklasse, einer Spielgruppe o.ä.) unter bestimmten Fragestellungen, z. B. der Gestaltung der Sitzordnung, der Zusammenstellung von Spielgruppen oder Arbeitsteams, Wahlen zu treffen. Konkret sind auf einzelne Fragen, wie *Neben wem von Deinen Mitschülern möch-*

test Du am liebsten sitzen? oder *Mit wem möchtest Du zusammen spielen?* Namen von Gruppenmitgliedern aufzuschreiben, in der Regel nicht mehr als drei bis fünf. Entsprechend können auch negative Wahlen getroffen werden, nach dem Muster: *Neben wem möchtest Du auf keinen Fall sitzen?* Aus den Angaben der Gruppenmitglieder läßt sich ein *Soziogramm* erstellen, aus dem hervorgeht, wie häufig und von wem die einzelnen Gruppenmitglieder gewählt oder abgelehnt worden sind. Das Soziogramm gibt Aufschluß über die Stellung der einzelnen Mitglieder in der Gruppe, d. h. ihre Beliebtheit, eingeschätzte Tüchtigkeit usw., sowie über Merkmale der Gruppenstruktur, z. B. Zentrierung auf eine Führerperson, Cliquenbildungen, Gegenseitigkeit der Wahlen u. ä. Unter Entwicklungsaspekt interessieren speziell die zeitlichen Veränderungen in diesen Kategorien und ihre Bedingungen oder Korrelate. THOMAE (1959c) sieht die Möglichkeit, durch die nähere Analyse der bevorzugten, nicht beachteten oder abgelehnten Gruppenmitglieder „die Genese bestimmter Verhaltensstrukturen und ihre Auswirkungen auf das soziale Schicksal von Individuen" (S. 59) aufzuweisen.

Zu den soziometrischen Verfahren kann man auch die sog. *Guess-Who (Ratewer)*-Technik zählen. Hierbei wird ein bestimmter Personentyp beschrieben oder bestimmte Eigenschaften werden vorgegeben (z. B. begabt, tüchtig) und die Versuchsperson muß nun angeben, auf wen in der Gruppe diese Beschreibung am ehesten zutreffen könnte (vgl. HAVIGHURST & TABA, 1949).

Die Vorzüge dieser soziometrischen Techniken sind: (1) Sie machen Aspekte sozialer Beziehungen in Gruppen sichtbar, die kaum durch direkte Beobachtung sozialer Interaktionen erfaßt werden können; (2) die Daten sind quantitativ auswertbar (z. B. Feststellung des soziometrischer Ranges jeder Versuchsperson), was einen Vergleich verschiedener Personen erlaubt; (3) die Verfahren können über einen weiten Altersbereich angewendet werden, sie sind daher zur Untersuchung langfristiger Entwicklungsänderungen in sozialen Beziehungen besonders geeignet; (4) nicht zuletzt ist die wenig aufwendige Planung und Durchführung soziometrischer Untersuchungen als ein Vorteil anzusehen.

Die Verwendung der verschiedenen Verfahren der mündlichen und schriftlichen Befragung in der Entwicklungspsychologie wird durch eine große Zahl unserer Untersuchungsbeispiele illustriert: 6.1 (GOODNOW, CASHMORE, COTTON & KNIGHT, 1984), 8.1 (BELOFF, 1957), 8.2 (WATERMAN, GEARY & WATERMAN, 1974), 9.1 (SEARS, 1961), 9.3 (PERRY, PERRY & RASMUSSEN, 1986), 10.1 (LOVELL & OGILVIE, 1960), 11.2 (ANGLIN, 1978), 12.1 (TRAUTNER, HELBING, SAHM & LOHAUS, 1988), 12.4 (CROISSIER, 1979) und 13.1 (BERNDT & BERNDT, 1975).

3. Standardisierte Tests

Allgemeine Merkmale

Unter einem *Test* versteht man in der Psychologie ein *standardisiertes Prüfverfahren*, das eine möglichst objektive, reliable und valide Messung der individuellen Ausprägung eines Merkmals erlauben soll. Solche Merkmale könnten z. B. sein Intelligenz, Handgeschicklichkeit, Farbsehtüchtigkeit, Konzentrationsfähigkeit etc. Gegenstand eines Tests kann eine einzige Aufgabe sein oder auch viele verschiedene Aufgaben. Im letzteren Fall, der die Regel darstellt, können die Aufgaben annähernd gleich schwer oder von sehr unterschiedlicher Schwierigkeit sein (vgl. LIENERT, 1989). Tests werden meist mit dem Zweck konstruiert, verschiedene Personen hinsichtlich der Ausprägung des jeweils getesteten Merkmals miteinander zu vergleichen bzw. dem einzelnen Individuum seine relative Position verglichen mit einer Bezugsgruppe (der Eichpopulation oder -stichprobe) zuzuweisen. Bei Tests, die über einen weiten Altersbereich Anwendung finden und die Merkmale erfassen, die ontogenetischen Veränderungen unterliegen, wird häufig die jeweilige Alterspopulation als Bezugsgruppe für die individuellen Testwerte herangezogen. Unter diese Definition von Test fallen im weiteren Sinne alle annähernd standardisierten Prüfsituationen, in denen verschiedene, in der Regel quantifizierbare Leistungen zu vollbringen sind. Im engeren Sinne gehören dazu für bestimmte Altersstufen geeichte diagnostische Verfahren zur quantitativen Erfassung individueller Merkmalsausprägungen.

In der Testanweisung wird der Testleiter über die Bedingungen und die Art der Durchführung sowie das Vorgehen bei der Auswertung der Testdaten informiert. Sie enthält gleichzeitig die Instruktionen, die der Testleiter dem Probanden gibt, und die letzterem sagen, was von ihm als Testleistung verlangt wird (z. B. Zahlenreihen ergänzen, falsche Buchstaben durchstreichen, mit einem Stift den Weg eines Labyrinths nachfahren, Bilder unterscheiden u.ä.). Testdurchführung und -auswertung sind objektiv und standardisiert. Darüber hinaus findet jedoch keine Bedingungsvariation in dem Sinne statt, daß, wie beim Experiment, Bedingungen für unterschiedliche Ausprägungsgrade des betreffenden Merkmals systematisch manipuliert und variiert werden. Bei der Interpretation von Testdaten geht man davon aus, daß der Proband sein Bestes gegeben hat, d. h. daß er durch die Gestaltung der Versuchssituation und die Instruktion motiviert worden ist, möglichst gut abzuschneiden.

Außer den drei klassischen Gütekriterien psychologischer Meßverfahren, Objektivität, Reliabilität und Validität, kann man Tests noch nach ihrer Normiertheit, Vergleichbarkeit, Ökonomie und Nützlichkeit beurteilen (s. hierzu LIENERT, 1989; SCHMIDTCHEN, 1975).

Testverfahren in der Entwicklungspsychologie

Eine verbindliche Klassifikation psychologischer Testverfahren gibt es nicht (vgl. BRICKENKAMP, 1975; SCHMIDTCHEN, 1975). Speziell im Hinblick auf die Zwecke der Entwicklungspsychologie bietet sich die folgende Einteilung an: a) *Allgemeine Entwicklungstests*; b) *Intelligenztests* bzw. *Tests der kognitiven Entwicklung*; c) *Schultests*; d) *Tests zur Prüfung spezieller Funktionen, Fertigkeiten und Eignungen* (z. B. Wahrnehmung, Motorik, Sprache, Berufseignung). Abgesehen von dem, *was* getestet wird, sind Tests danach zu unterscheiden, ob sie im Einzelversuch (*Individualtest*) oder in Gruppenuntersuchungen (*Gruppentest*) zur Anwendung gelangen.

Manchmal werden noch *Persönlichkeitstests* aufgeführt (vgl. BRICKENKAMP, 1975; SCHMIDTCHEN, 1975). Hierbei handelt es sich aber durchweg um Persönlichkeits*fragebogen* oder *Inventare* zur Messung von Einstellungen und Interessen oder um *projektive Verfahren*, nach unserer Einteilung also im wesentlichen um Methoden der *Befragung*.

Im folgenden sollen die unter a) bis d) unterschiedenen Testverfahren allgemein charakterisiert werden und nur einige gebräuchliche Verfahren genannt werden. Eine ausführliche Beschreibung der einzelnen Tests findet sich in den Büchern von BRICKENKAMP (1975, 1983), JOHNSON (1976), RENNEN & RENNEN-ALLHOFF (1987) und SCHMIDTCHEN (1975), sowie in den Übersichtsartikeln von FILLIP & DÖNGES (1983) und MARGRAF-STIKSRUD (1989).

Ad a): *Allgemeine Entwicklungstests.*

Aufgabe eines Entwicklungstests ist die Feststellung des Entwicklungsstands eines Probanden bezogen auf eine Entwicklungsnorm, d. h., „ob, in welchen Bereichen und in welchem Ausmaß sich menschliche Entwicklung nach Art, Verlauf und Geschwindigkeit als normal, auffällig oder gar gestört erweist." (FILLIP & DÖNGES, 1983, S. 202). Entsprechend werden die individuellen Testrohwerte in standardisierte Werte umgewandelt, und zwar in der Regel ausgehend von altersspezifischen Werteverteilungen (vgl. REINERT, 1964). Damit individuelle Entwicklungsverläufe in den jeweils erfaßten Merkmalen mit einer Entwicklungsnorm verglichen werden können, müssen Tests vorhanden sein, die für mehrere Altersgruppen anwendbar sind und für die Altersnormen – möglichst auch Angaben über differentielle Entwicklungsverläufe – vorliegen.

Für FILLIP & DÖNGES (1983) müssen Entwicklungstests im engeren Sinne entwicklungstheoretisch begründet sein, d. h. „bei ihrer Konstruktion (bedarf es) einer präzisen Hypothese über die Schwierigkeitssequenz der Items nach entwicklungstheoretischen Gesichtspunkten und der anschließenden Prüfung dieser Hypothese." (FILLIP & DÖNGES, 1983, S. 233). Diesem Anspruch genügen nach FILLIP & DÖNGES (1983) nur sehr wenige Tests, z. B. die *Testbatterie zur Erfassung kognitiver Operationen* (TEKO) von WINKELMANN (1975) oder der *Heidelberger-Sprachentwicklungstest* (HSET) von GRIMM & SCHÖLER (1978/1991).

Für den Altersbereich von einem Monat bis sechs Jahren haben z. B. Charlotte BÜHLER und Hildegard HETZER (1932; Neuauflage 1972), einen Kleinkindertest zusammengestellt, der Entwicklungsretardierungen und -akzelerationen in den Bereichen *Sinnliche Rezeption, Körperbewegungen, Soziales Verhalten, Lernen, Materialbetätigung* und *Geistige Produktion* erkennen lassen soll. HETZER (1962) hat diesen Ansatz mit ihren Entwicklungsreihen für das Schulalter für den Altersbereich von sieben bis dreizehn Jahren fortgeführt. Später entwickelten HELLBRÜGGE und Mitarbeiter die *Münchener Funktionelle Entwicklungsdiagnostik* (HELLBRÜGGE, 1978).

Von ähnlichen theoretischen Voraussetzungen geht SCHENK-DANZINGER (1971) bei ihren Entwicklungstests für das Schulalter (fünf bis elf Jahre) aus.

In den USA sind für ähnliche Zwecke von BAYLEY die *Scales of Infant Development* (BAYLEY, 1969), die *Denver Developmentel Scales* von FRANKENBURG & DODDS (1968; deutsche Version von FLEHMIG, SCHLOON, UHDE & BERNUTH, 1973) oder die *Ordinalen Entwicklungsskalen* von UZGIRIS &HUNT (1975; deutsch von SARIMSKI, 1987) entwickelt worden.

Außerhalb klinischer Fragestellungen, d. h. für genuin entwicklungspsychologische Zwecke, gelangen Tests zur Feststellung eines *allgemeinen* Entwicklungsstands von Probanden selten zur Anwendung. Den Entwicklungspsychologen interessieren heute stärker Entwicklungsverläufe *speziellerer* Merkmale, z. B. einzelner Sprachfähigkeiten, Wahrnehmungsleistungen, kognitiver Stile, Gedächtnisleistungen, Lernfähigkeiten, des moralischen Urteilens oder von Merkmalen des Sozialverhaltens. Zur Untersuchung dieser Merkmale liegen allerdings nur zum Teil standardisierte Testverfahren vor. Der Verzicht auf eine Untersuchung des allgemeinen Entwicklungsstands hängt nicht zuletzt mit der im Kapitel 1. aufgezeigten Problematik der Altersvariable und mit der fehlenden intraindividuellen Synchronie verschiedener Entwicklungsbereiche zusammen.

Ad b): Intelligenztests.

In die Kategorie der Intelligenztests fallen alle standardisierten Verfahren, die die allgemeine Intelligenz oder geistige Begabung bzw. spezielle Intelligenzfähigkeiten, wie schlußfolgerndes Denken, rechnerisches Denken, räumliches Vorstellungsvermögen, Wortflüssigkeit und ähnliches, erfassen. Die Konstruktion solcher standardisierter Verfahren der Intelligenzmessung markiert – neben HALLS Fragebogenmethode – den Anfang methodischer Bemühungen der Entwicklungspsychologie (vgl. Kap. 1.1). Bis heute ist die Intelligenztestung der Prototyp psychometrischer Testmethoden. Dies kommt auch in der großen Zahl der vorhandenen Intelligenztests zum Audruck (vgl. BRICKENKAMP, 1975).

Vom Testkonzept und der Auswertung her beseht eine weitgehende Ähnlichkeit der Intelligenztests mit den zuvor beschriebenen Entwicklungstests. Auch bei den Intelligenztests werden in der Regel die individuellen Testrohwerte zu den jeweiligen Altersnormen in Beziehung gesetzt. Bei uns gebräuchliche Intelligenztests sind u. a.: der *Hamburg-Wechsler-Intelligenztest für Kinder* (HAWIK) bzw. *für Erwachsene* (HAWIE), in der deutschen Bearbeitung von BONDY u. a. (1956, 1966); sowie der für das Vorschulalter adaptierte HAWIVA (EGGERT, 1975); das *Leistungsprüfsystem* (LPS) von HORN (1962/1983); verschiedene Formen der *Progressiven Matritzen* von RAVEN (1973); der *Grundintelligenztest* (CFT) von CATTELL, in der deutschen Bearbeitung von WEISS (1971, 1972). Auch die bereits erwähnte *Testbatterie zur Erfassung Kognitiver Operationen* (TEKO) von WINKELMANN (1975) gehört im weiteren Sinne zu den Intelligenztests.

Ad c): Schultests.

Die Gruppe der Schultests umfaßt Verfahren, die entweder die Frage der Schulfähigkeit (Schulreife, Eignung für bestimmte Schultypen) betreffen oder den Leistungstand von Schülern in bestimmten Fächern erfassen sollen (BRICKEN-

KAMP, 1975). Im einzelnen sind Einschulungstests, spezielle Schuleignungstests, Mehrfächertests, Lesetests, Rechtschreibtests, Wortschatztests, Rechentests und Fremdsprachentests zu unterscheiden. Diese Tests gelangten im Regelfall unter pädagogischen Fragestellungen und weniger unter einem entwicklungspsychologischen Aspekt zum Einsatz. Sie weisen außerdem eine Reihe von Überschneidungen zu Intelligenztests sowie Tests zur Prüfung spezieller Fähigkeiten und Eignungen auf (s. dazu INGENKAMP, 1985; SÜLLWOLD, 1964, 1983).

Ad d): Tests zur Prüfung spezieller Funktionen oder Fähigkeiten und Eignungstests.

Die Untersuchung spezieller Funktionen und Fähigkeiten geschieht häufig bereits innerhalb von Testreihen zur Untersuchung des Entwicklungsstands und der Intelligenz oder im Rahmen von Schultests. Teilweise existieren aber auch gesonderte Tests zur Prüfung spezieller Merkmale, (s. dazu MERZ, 1964). Sie weisen oft einen engen Bezug zur Feststellung der beruflichen Eignung auf.

Als Tests zur Prüfung spezieller Fähigkeiten und Eignungen sind u. a. zu nennen: FROSTIGS *Entwicklungstest der visuellen Wahrnehmung* (FEW) in der deutschen Bearbeitung von LOCKOWANDT (1979); die LINCOLN-OSERETZKY-Skalen zur Motorikentwicklung in der deutschen Kurzform (LOS KF 18) von EGGERT (1971); der *Konzentrations-Leistungs-Test* (KLT) von LIENERT (1959) und der *Test d2* von BRICKENMKAMP (1981) zur Untersuchung der Konzentrationsfähigkeit; der *Heidelberger Sprachentwicklungstest* (HSET) von GRIMM & SCHÖLER (1978/1991); oder der *Matching Familiar Figures-Test* (MFF) von KAGAN (1965) zur Erfassung eines impulsiven oder eines reflexiven Lösungsstils.

Standardisierte Tests oder testartige Verfahren gelangten in folgenden unserer Untersuchungsbeispiele zum Einsatz: 2.1 (BAYLEY, 1955), 3.2 (SHIELDS, 1962), 3.3 (SCARR & WEINBERG, 1983), 4.1 (SCHAIE, 1972), 12.6 (MARCUS & OVERTON, 1978), 13.2 (KREBS & GILLMORE, 1982), 13.5 (HALISCH & HOFFMANN, 1980).

4. Experimentelle Versuchsanordnungen

4.1 Allgemeine Merkmale des psychologischen Experiments

Als Experiment bezeichnet man in der Psychologie die *planmäßige Manipulation von Variablen* zum Zwecke der Beobachtung daraufhin eintretender Effekte (BREDENKAMP, 1969; MERZ, 1971). Während eines Experiments wird mindestens eine Variable, die experimentelle oder *unabhängige* Variable, *hergestellt* und *variiert* und die *Auswirkung* dieser Manipulation auf eine andere Variable, die *abhängige* Variable, festgestellt. Es werden also zwei veränderliche Größen eingeführt:

die vom Versuchsleiter manipulierte unabhängige Variable (z. B. Belohnung versus Bestrafung aggressiven Verhaltens) und die sogenannte abhängige Variable (z. B. Veränderung der Häufigkeit oder Dauer aggressiven Verhaltens), deren Kovariation mit der unabhängigen Variablen als Folge der vom Versuchsleiter vorgenommenen Manipulation angesehen wird. Die vom Versuchsleiter manipulierte unabhängige Variable wird auch *Bedingungsfaktor* (engl.: *treatment factor*) genannt (vgl. BREDENKAMP, 1969).

Um die Variation der abhängigen Variable eindeutig als Folge der Manipulation der unabhängigen Variable interpretieren zu können, sind außerdem alle anderen auf die abhängige Variable möglicherweise einwirkenden Faktoren auszuschalten bzw. zu kontrollieren. In unserem Beispiel der Auswirkung von Belohnung und Bestrafung auf die Häufigkeit oder Dauer aggressiven Verhaltens wären etwa Einflüsse weiterer unterschiedlicher Charaktersitika von Belohnungs- und Bestrafungssituationen, das Geschlecht des belohnenden bzw. bestrafenden Versuchsleiters, die belohnungs- und bestrafungsunabhängigen Folgen aggressiven Verhaltens etc. als Quelle des aggressiven Verhalens auszuschalten. Dies geschieht auf dem Wege verschiedener Kontrolltechniken, der Konstanthaltung, Eliminierung, Randomisierung oder Parallelisierung der möglichen weiteren Einflußgrößen. (Zu den verschieden Kontrolltechniken innerhalb von Experimenten s. BREDENKAMP, 1969).

Neben diesem Hauptmerkmal des Experiments, der *isolierenden Variation* der unabhängigen Variable bei Kontrolle aller anderen, auf die abhängige Variable möglicherweise einwirkenden Faktoren (*Variierbarkeit*), zählen zum Experiment seit WUNDT die Merkmale der *Willkürlichkeit*, d. h. der willkürlichen Herstellung der Situation, in der der Einfluß der unabhängigen auf die abhängige Variable beobachtet wird, und der *Wiederholbarkeit*, die durch die Festlegung der Versuchsbedingungen, unter denen das Experiment stattfindet, gewährleistet ist. Dem Experimentieren liegt außerdem häufig die elementaristische Annahme zugrunde, daß die Komplexität des Verhaltens unter natürlichen Lebensbedingungen bloß eine Kombination einfacherer Prozesse darstellt bzw. die beobachtete Komplexität allein aus der normalerweise großen Zahl wirksamer Faktoren resultiert. Jeder einzelne dieser Faktoren für sich genommen soll auf die abhängige Variable jedoch in einfacher Weise einwirken und kann deshalb auch durch die isolierende Variation im Experiment in seiner Wirkweise untersucht werden (vgl. BIJOU & BAER, 1960). Überall da, wo Interaktionen zwischen mehreren unabhängigen Variablen auftreten (vgl. Kap. 3.3), ist ein derart einfaches Modell der Auswirkung von Faktoren allerdings nicht aufrechtzuerhalten.

Aus der bisherigen Darstellung wird deutlich, daß es sich beim Experiment, im Unterschied zu allen anderen in diesem Kapitel behandelten Untersuchungsmethoden, weniger um ein Verfahren der Datenerhebung im engeren Sinne handelt als um eine charakteristische Vorgehensweise bei der Gestaltung einer empirischen Untersuchung. Zweck des Vorgehens ist, die Bedingungen von Verhaltensmerkmalen, d. h. der Variation des Verhaltens, aufzudecken und damit Verhaltensunterschiede und Verhaltensänderungen zu *erklären*. Zur Erfassung der Verhaltensmerkmale (der abhängigen Variablen) können im Rahmen psychologischer

Experimente dann aber die verschiedensten Untersuchungsverfahren (Beobachtungsmethoden, Fragebogen, Tests, Meßgeräte etc.) zum Einsatz gelangen.

Psychologische Experimente dienen im allgemeinen dazu, eine Entscheidung für oder gegen eine explizit formulierte Hypothese über einen psychologischen Sachverhalt herbeizuführen; z. B. bezüglich der Hypothese, daß aggressives Verhalten aus vorangegangener Frustration resultiert. Derartige Hypothesen müssen selbst nicht aus Experimenten gewonnen sein, sondern sie gründen häufig auf empirischer Beobachtung oder werden aus Theorien abgeleitet. Mit Hilfe von Experimenten lassen sich außerdem beobachtete Phänomene in theoretische Zusammenhänge einordnen.

Die wesentlichen Merkmale der experimentellen Grundsituation faßt HOFER (1974, S. 713f.) in den folgenden sieben Punkten zusammen:

„1. Es besteht eine *allgemeine Hypothese* über den Einfluß einer Variablen auf eine andere.

2. Aufgrund besonderer Annahmen wird eine konkrete Situation geschaffen, in der Verhalten ausgelöst wird (Experimentalsituation).

3. Der Ausgang der experimentellen Situation ist ungewiß.

4. Es bestehen bestimmte – meistens zwei gegensätzliche – Erwartungen darüber, wie die Situation ausgehen kann.

5. Der Ausgang der Situation wird beobachtet und quantitativ festgehalten.

6. Eine Entscheidung für die eine Erwartung und gegen die andere wird nach festgelegten *statistischen Richtlinien* getroffen.

7. Die statistische Entscheidung erlaubt, aufgrund der Annahmen, die zu dem konkreten Experiment geführt haben, die allgemeine theoretische Hypothese über den psychologischen Sachverhalt zu bestätigen oder zu widerlegen."

Die Durchführung von Experimenten ist nicht auf künstliche Laborsituationen beschränkt, sondern prinzipiell auch in der natürlichen Lebensumgebung möglich, sofern dort die Voraussetzung der kontrollierten Bedingungsvariation der unabhängigen Variablen gegeben ist. Dies wird allerdings nur in seltenen Fällen praktisch realisierbar sein oder erweist sich aus ethischen Gründen als undurchführbar. Bei Experimenten im natürlichen Lebensumfeld spricht man von *Feldexperimenten*. Feldexperimente dürfen nicht mit Felduntersuchungen oder *Feldstudien* verwechselt werden. Während nämlich beim Feldexperiment – wie beim Laborexperiment – die Bedingungsvariation vom Versuchsleiter *hergestellt* wird, werden bei der Feldstudie schon bestehende Bedingungen *vorgefunden* und bloß *gemessen* (z. B. die Geschlechtszugehörigkeit, der Entwicklungsstand oder die Intelligenzhöhe der Versuchspersonen). Im letzteren Fall lassen sich ausschließlich Aussagen über die *Enge des Zusammenhangs* zwischen den angenommenen unabhängigen Variablen und den abhängigen Variablen treffen (rein *korrelative Beziehungen*), nicht jedoch über die *Richtung des Zusammenhangs (Kausalbeziehungen)*. Entsprechend ist es hier auch gleichgültig, in welcher Reihenfolge unabhängige und abhängige Variablen erfaßt werden. Auf diesem Unterschied zwischen Experiment und Feldstudie basiert die häufige Gegenüberstellung von experimentellen und korrelativen Methoden (vgl. BIJOU & BAER, 1960; REESE & LIPSITT, 1970).

Hinsichtlich der Validität von experimentellen Versuchsanordnungen unterscheidet man gewöhnlich zwischen der *internen* und der *externen* Validität (CAMPBELL & STANLEY, 1963). *Interne Validität* ist gegeben, wenn Einflüsse anderer Art als die des experimentell hergestellten oder kontrollierten Faktors (annähernd) ausgeschaltet sind. Das heißt, die Variation einer Variablen in einem Experiment läßt sich tatsächlich (signifikant) auf den experimentell kontrollierten Faktor zurückführen. *Externe Validität* ist gegeben, wenn die Bedingungen des Experiments mit den (außerexperimentellen) Bedingungen, für die eine Aussage gemacht werden soll, (annähernd) übereinstimmen. Das heißt, es ist eine Generalisierbarkeit der experimentellen Befunde über das einzelne Experiment hinaus möglich. Die Generalisierbarkeit der Ergebnisse bezieht sich nach CAMPBELL & STANLEY (1963/1970) auf drei Dinge: a) die experimentellen *Variablen* (über deren Definition und Messung im einzelnen Experiment hinaus), b) die *Population*, aus denen im einzelnen Experiment nur Stichproben untersucht worden sind und c) die *Situationen* bzw. Umgebungen, in denen die experimentellen Befunde erhoben worden sind (vgl. auch BREDENKAMP, 1969).

In einem allgemeineren Sinne meint man mit der externen Validität eines Experiments die Übertragbarkeit der experimentell aufgefundenen Gesetzmäßigkeiten auf die Verhältnisse in der natürlichen Lebensumgebung. Insofern besitzt das Laborexperiment zwar u. U. die größere Präzision, jedoch eine geringere externe Validität als das Feldexperiment.

Einflüsse, die die interne und externe Validität einer Untersuchung herabsetzen, sind ausführlich in CAMPBELL & STANLEY (1963/1970) beschrieben. Zur Bedeutung der internen und externen Validität für die Planung und Auswertung entwicklungspsychologischer Untersuchungen s. SCHAIE (1976) sowie BALTES, REESE & NESSELROADE (1977). Die Erhöhung der internen Validität eines Experiments geht meist mit einer Verringerung der externen Validität einher und umgekehrt.

4.2 Das Experiment in der Entwicklungpsychologie

Gegenstände des entwicklungspsychologischen Experiments

Als wesentliche Aufgabe des psychologischen Experiments wurde die Aufdeckkung von Bedingungen der Verhaltensvariation, also die *Erklärung von Verhalten*, bezeichnet (vgl. S. 338). Unserer Gegenstandsbeschreibung in Kap. 1. entsprechend heißt dies für das entwicklungspsychologische Experiment, speziell die Bedingungen intraindividueller Veränderungen und der interindividuellen Unterschiede in diesen Veränderungen aufzuzeigen. Eine derartige Bedingungsanalyse setzt die Definition und Meßbarkeit entwicklungsrelevanter Verhaltensmerkmale (der abhängigen Variablen) sowie die Kenntnis deren charakteristischer Veränderungen und interindividuellen Unterschiede im Laufe der Entwicklung bereits voraus. Außerdem müssen experimentell überprüfbare Hypothesen über die möglichen Bedingungen vorhanden sein.

Ich muß z. B. die Variable *Physische Aggression* eindeutig definieren können und ein Meßinstrument zu ihrer Erfassung besitzen. Weiter muß ich wissen, wie sich *Physische Aggression* hinsichtlich ihrer Intensität, Art, Anlässe o.ä. im Laufe der Entwicklung, d. h. in dem mich interessierenden Entwicklungszeitraum, typischerweise verändert und welche individuellen Unterschiede hierbei auftreten. Schließlich muß ich Annahmen haben, wodurch es zu den typischen Veränderungen und den interindividuellen Unterschieden kommt, und ich muß eine Versuchsanordnung entwickeln, die eine experimentelle Überprüfung dieser Annahmen erlaubt.

Derartig strenge Maßstäbe erfüllen aber nur wenige Experimente aus der Entwicklungspsychologie. Meist werden bloß *aktuelle Bedingungen interindividueller Unterschiede bei relativ altershomogenen Stichproben* festgestellt und nicht Bedingungen langfristiger Entwicklungsveränderungen (vgl. REESE & LIPSITT, 1970; WOHLWILL, 1973/1977). Der Unterschied zum allgemeinpsychologischen Experiment besteht dann im wesentlichen darin, anstelle von erwachsenen Versuchspersonen Kinder oder Jugendliche untersucht zu haben. Das Interesse ist hierbei oft allgemeinpsychologisch: es sollen allgemeingültige Gesetzmäßigkeiten des Wahrnehmens, Lernens oder der Motivation entdeckt werden. Trotzdem werden aus solchen Versuchen über kurzfristige Auswirkungen experimenteller Bedingungen bei altershomogenen Stichproben manchmal Schlußfolgerungen hinsichtlich der Bedingungen langfristiger Veränderungen in der natürlichen Lebensumgebung gezogen, z. B. wenn der Nachweis differentieller Verstärkungseffekte in einem Konditionierungsexperiment zur Grundlage von Aussagen über Bedingungen der Übernahme sozialer Verhaltensmuster gemacht wird (vgl. hierzu das Untersuchungsbeispiel 2.6). Dabei wird meist vergessen, daß das Experiment nicht die notwendigen und im Entwicklungsverlauf tatsächlich wirksamen Entwicklungsbedingungen aufdeckt, sondern vermutlich nur Bedingungen, die – neben anderen – zu den beobachteten Veränderungen führen *können* (vgl. Kap. 3.1).

Dieser Zustand des entwicklungspsychologischen Experiments hat verschiedene Gründe. Ein entscheidender Grund dürfte sein, daß sich von den verschiedenen Entwicklungsfaktoren, den biologischen Faktoren und ihren Auswirkungen, dem Niederschlag früherer materieller und soziokultureller Faktoren sowie den gegenwärtig wirksamen Faktoren (s. hierzu Kap. 3.2), prinzipiell nur jeweils *aktuell* wirksame Bedingungen experimentell kontrollieren und variieren lassen. Vergangene Faktoren und ihre Auswirkungen können nicht experimentell manipuliert, sondern bloß *nachträglich festgestellt* werden. Als Alternative schlagen BIJOU & BAER (1960) die zeitlich verzögerte Feststellung der Auswirkung experimenteller Bedingungen vor. Hierbei stellt sich allerdings das unlösbare Problem der Kontrolle der in der Zwischenzeit auftretenden Einflüsse auf das interessierende Verhalten. Ein zweiter wichtiger Grund für das Fehlen entwicklungspsychologischer Experimente im strengen Sinne ist darin zu sehen, daß sich die Entwicklungspsychologie oft eher als Kindes- und Jugendpsychologie mit der Aufgabe der *Beschreibung* von einzelnen Entwicklungsabschnitten (altersspezifischen Phänomenen) versteht denn als Entwicklungspsychologie im Sinne der *Erklärung* intraindividueller Veränderungen.

Die meisten Experimente an Kindern und Jugendlichen sind so angelegt, daß zwar eine streng kontrollierte Bedingungsvariation vorgenommen wird, es jedoch weniger um die Aufklärung von Bedingungen ontogenetischer Verhaltensänderungen geht, als um die reine Feststellung altersspezifischer, d. h. für ein bestimmtes Entwicklungsstadium charakteristischer Verhaltensweisen oder Fertigkeiten. Zu dieser Kategorie gehören etwa Versuche mit Kindern im Vorschulalter, bei denen in einer Wetteifersituation das Verhältnis von Gewinnen und Verlieren seitens des Versuchsleiters und des Kindes systematisch variiert wird und durch Ausdrucksbeobachtung dann festgestellt wird, inwieweit die Kinder unter der (objektiven) Erfolgs- bzw. Mißerfolgsbedingung (subjektiv) Anzeichen von Leistungsmotivation zeigen, etwa sich bei Erfolg freuen und sich bei Mißerfolg schämen (vgl. HECKHAUSEN & ROELOFSEN, 1962). Von ähnlicher Art sind Experimente an Säuglingen, in denen diese abwechselnd mit dem Gesicht und/oder der Stimme der vertrauten Mutter und einer fremden Frau konfrontiert werden, wobei jeweils festgehalten wird, wie lange der Säugling das betreffende Gesicht fixiert (LEWIS & BROOKS, 1974)). Den Experimentator interessiert dabei in erster Linie, ob die Säuglinge in der Lage sind, Gesicht und Stimme der Mutter und einer fremden Frau voneinander zu unterscheiden bzw. in welchem Alter unter welchen Bedingungen diese Unterscheidungsleistung (unterschiedliche Fixationsdauer) vorhanden ist. Daß ein Säugling ein vertrautes und ein fremdes Gesicht, mit einer vertrauten und einer fremden Stimme, ab einem bestimmten Alter unterschiedlich lange fixiert und die weiteren Veränderungen des Fixationsverhaltens sind aber durch die unabhängigen Variablen des Experiments (die Konfrontation mit der Mutter oder einer fremden Person) keinesfalls zu erklären. Genauso läßt sich das Auftreten von affektiven Reaktionen auf Erfolg und Mißerfolg nicht durch die systematische Variation des Verhältnisses von Gewinnen und Verlieren erklären. In all diesen Fällen geben die experimentellen Bedingungen bloß den spezifischen situativen Rahmen ab, in dem sich – durch das Experiment selbst nicht aufgeklärte – Verhaltensmerkmale und -unterschiede – zeigen (vgl. auch TRAUTNER, 1976, 1979).

Solche Experimente bei Kindern und Jugendlichen ohne unmittelbaren Bezug zur Analyse der Bedingungen langfristiger Veränderungen können allerdings ebenfalls entwicklungspsychologisch bedeutsam sein. Abgesehen von der Möglichkeit, auf diese Art charakteristische Verhaltensmuster wie Unterscheidungsleistungen oder Ausdrucksreaktionen unter kontrollierten Bedingungen beobachten zu können, gibt der Vergleich experimenteller Befunde für verschiedene Entwicklungs- oder Altersstufen bei gleicher experimenteller Anordnung Aufschluß über die Generalisierbarkeit psychologischer Gesetzmäßigkeiten bzw. über mögliche Wechselwirkungszusammenhänge (Interaktionen) zwischen dem Entwicklungsstand oder Alter des Individuums einerseits und der Auswirkung experimenteller Bedingungen andererseits. Im letzteren Fall, der Variation experimenteller Effekte in Abhängigkeit vom Entwicklungsstand, kann die Art der Variation Hinweise auf bedeutsame Entwicklungsveränderungen liefern. Ein gutes Beispiel hierfür sind die unterschiedlichen Ergebnisse von Umlernversuchen bei Kindern verschiedener Altersstufen und die daraus ableitbaren Hypothesen (vgl. hierzu Kap. 2.4.4).

Außer der eben aufgezeigten Fragestellung, der Untersuchung der Interaktion zwischen experimentellen Bedingungen (Entwicklungsfaktoren) und dem Entwicklungsstand (Alter), gibt es zwei weitere genuin entwicklungspsychologische Problemstellungen, die experimentell angegangen werden können: die *Manipulation von Erfahrungseinflüssen* und die *Simulation der normalen Entwicklung*. Diese beiden experimentellen Ansätze sollen im folgenden kurz erläutert werden.

Experimentelle Kontrolle der Erfahrung

Die experimentelle Kontrolle von Erfahrungseinflüssen (z. B. Verhaltensmodellen, direkter Unterweisung, der Schaffung von Reizkontiguitäten usw.) dient der Feststellung des Gewichts solcher Faktoren für das Auftreten von Verhaltensänderungen und Verhaltensunterschieden im Laufe der Entwicklung. Sie erlaubt die Abschätzung der Auswirkungen von Interventionsmaßnahmen auf die Entwicklung. Sie ist grundsätzlich auf zwei Arten möglich: Als *Deprivationsexperiment* und als *Trainingsexperiment*.

In einem *Deprivationsexperiment* werden die Erfahrungsmöglichkeiten der Versuchspersonen mehr oder weniger stark eingeschränkt. Übt diese Erfahrungsdeprivation einen entwicklungsverlangsamenden oder sogar entwicklungsunterdrückenden Effekt aus, so erweist sich damit die Umweltabhängigkeit des betreffenden Entwicklungsphänomens. Bleibt die Deprivation hingegen ohne schädliche Auswirkungen, liegt es nahe, eher eine Reifungsabhängigkeit des Entwicklungsschrittes anzunehmen. Meist sind die Verhältnisse allerdings komplizierter, da Reifungs- und Erfahrungseinflüsse nicht unabhängig voneinander wirken, sondern wechselseitig zusammenhängen (vgl. hierzu Kap. 3). Deprivationsstudien im Sinne der experimentellen Einschränkung oder Vorenthaltung entwicklungsrelevanter Umwelteinflüsse verbieten sich im Humanbereich aus ethischen Gründen. Allein im Tierversuch lassen sich entsprechende Fragestellungen experimentell untersuchen (vgl. S. 189ff.). Im Humanbereich ist zur Abschätzung der Auswirkungen des Fehlens von bestimmten Erfahrungsmöglichkeiten höchstens auf *vorgefundene* Deprivationen zurückzugreifen, wie sie z. B. bei blind- oder taubgeborenen Kindern angetroffen werden. Auch die Einschränkung der motorischen Bewegungsfreiheit im Säuglingsalter, wie sie etwa für die Hopi-Indianer gilt (vgl. unser Untersuchungsbeispiel 2.2), kann als Beispiel für eine vorgefundene Deprivation angesehen werden.

Typischer und angemessener für die experimentelle Kontrolle von Entwicklungsbedingungen beim Menschen ist das *Trainingsexperiment*. Hier wird versucht, durch die systematische Variation von Erfahrungseinflüssen und planmäßig gesteuerte Übungsprozesse, die als förderlich für das Eintreten von Entwicklungsfortschritten gelten, Entwicklungsprozesse zu *beschleunigen*, zu *optimieren* oder zumindest zu *modifizieren* (vgl. z. B. unser Untersuchungsbeispiel 9.2, GOETZ & BAER, 1973). Man nimmt beispielsweise an, daß die kontrollierte Erfahrung, die Kinder mit einem bestimmten Entwicklungsstand vermittelt erhalten (z. B. Erfahrungen der Veränderbarkeit von Spielregeln durch gegenseitige Absprache bei Kindern mit heteronomen Moralvorstellungen), ein Verhalten herbeiführen (z. B. autonome moralische Urteile), das gewöhnlich, d. h. ohne solche Erfahrungen, erst bei Kindern mit einem höheren Entwicklungsstand auftritt (vgl. BANDURA & MCDONALD, 1963). Zur Überprüfung einer derartigen Annahme ist die Untersuchung einer Kontrollgruppe erforderlich, die den betreffenden Erfahrungseinflüssen nicht ausgesetzt gewesen ist. Auf diese Weise wurden z. B. Effekte kognitiver Fähigkeiten, entweder im Sinne einer allgemeinen Intelligenzförderung (KLAUER, 1975b) oder des Trainings spezieller Fähigkeiten wie der Konservation (z. B. BEARISON, 1969; KINGSLEY & HALL, 1967; ROSENTHAL & ZIMMERMANN, 1978) untersucht.

Will man die Auswirkungen von Erfahrungseinflüssen auf die Entwicklung abschätzen, so sind im übrigen nach KING (1958) sieben Parameter in Betracht zu ziehen (zitiert nach WOHLWILL, 1977, S.360):

1. der Entwicklungsstand oder das Alter, in dem die Erfahrung gemacht wird bzw. einsetzt;

2. der Entwicklungsstand oder das Alter zum Zeitpunkt der Überprüfung der eingetretenen Effekte;

3. die Dauer oder Intensität der Erfahrung;

4. die Art oder Qualität der Erfahrung;

5. die Art des später untersuchten Verhaltens;

6. die Methode der Testung der Effekte;

7. die Beziehung der Erfahrung zur genetischen Ausstattung der Individuen.

Experimentelle Simulation der Entwicklung

Eine besondere Art der experimentellen Manipulation von Umweltvariablen (Erfahrungseinflüssen) stellt die *Simulation der Entwicklung im Experiment* dar. Hierbei werden langfristige Verhaltensänderungen oder auch interindividuelle Entwicklungsunterschiede durch eine systematische Variation der für sie als verantwortlich angenommenen Bedingungen experimentell „(re-)produziert" (vgl. BALTES & GOULET, 1971; TRAUTNER, 1976; WOHLWILL, 1973/1977). Unter der Annahme, daß weniger eine verminderte geistige Leistungsfähigkeit als eine erhöhte Ermüdbarkeit für das Phänomen des schlechteren Abschneidens älterer Menschen in Intelligenztests verantwortlich ist, könnte z. B. versucht werden, durch die kurzfristige Hervorrufung unterschiedlicher Ermüdungsgrade im Experiment Intelligenzunterschiede zu erzeugen, die denen zwischen jüngeren und älteren Erwachsenen entsprechen. FURRY & BALTES (1973) sind so vorgegangen. Die geistige Leistungsfähigkeit von drei verschiedenen Altersgruppen wurde von ihnen unter zwei Bedingungen gemessen, einmal mit und eimal ohne Ermüdung.

Die Ermüdung wurde durch eine Vorbehandlung erzeugt. Im Gegensatz zu den jüngeren Versuchspersonen zeigten die älteren Versuchspersonen unter der Ermüdungsbedingung einen signifikanten Leistungsrückgang.

Während die experimentelle Kontrolle der Erfahrung in Form des Deprivations- oder Trainingsexperiments speziell auf die Verlangsamung oder Beschleunigung der „natürlichen" Entwicklung (Intervention) ausgerichtet ist, besteht das Ziel eines Simulationsexperiments hier in der (Re)Produktion oder Konstruktion der *„natürlichen" Entwicklung*. Und zwar nicht unbedingt an der (Alters-)Population, in der das betreffende Entwicklungsphänomen normalerweise auftritt, sondern in irgendeiner Population, die die angenommene Entwicklungsgeschichte noch nicht durchlaufen hat.

Im einzelnen umfaßt eine Simulationsstrategie mindestens die folgenden vier Schritte (vgl. BALTES et al. 1977; TRAUTNER, 1976):

(1) Beschreibe den Altersverlauf oder den zu analysierenden Entwicklungsprozeß;

(2) Entwickle eine Hypothese über die Bedingungen, die dem beschriebenen Altersverlauf bzw. Entwicklungsprozeß zugrunde liegen;

(3) Plane eine Untersuchung, in der die der Entwicklungsfunktion als zugrundeliegend gedachten Bedingungen manipuliert bzw. kontrolliert werden, und teste so die Hypothese unter (2);

(4) Läßt sich die Hypothese statistisch bestätigen, so prüfe die Generalisierbarkeit (externe Validität) der aufgefundenen Beziehungen auf die Verhältnisse in der natürlichen Lebensumwelt.

Die Durchführung derartiger Simulationsversuche setzt die Kenntnis der normalerweise auftretenden Verhaltensänderungen (der charakteristischen Entwicklungsfunktion) oder der interindividuellen Unterschiede in diesen Veränderungen, die im Experiment hervorgerufen werden sollen, bereits voraus. Außerdem müssen experimentell überprüfbare Hypothesen über die Bedingungen des Zustandekommens dieser Veränderungen oder Unterschiede vorhanden sein. Erst dann ist durch Schaffung der zuvor formulierten Bedingungen und Beobachtung der eintretenden Effekte eine Hypothesenüberprüfung möglich. Zur externen Validierung der Befunde, d.h. zur Überprüfung der Generalisierbarkeit der experimentell gefundenen Gesetzmäßigkeiten auf die normale Entwicklung, ist schließlich eine Beobachtung der Entwicklungsbedingungen und ihrer Auswirkungen in der natürlichen Lebensumwelt erforderlich.

Als Beispiel für Simulationsstudien der geschilderten Art in einem entwicklungspsychologischen Kontext können Untersuchungen von PALERMO & HOWE (1970), PARRISH, LUNDY & LEIBOWITZ (1968) oder SJOSTROM & POLLACK (1971) gelten. Allerdings fehlt in diesen Untersuchungen die Überprüfung der externen Validität.

Ein Simulationsansatz muß sich im übrigen nicht auf die *Hervorrufung* von Verhaltensänderungen oder -unterschieden beschränken, sondern kann auch auf die Analyse der Bedingungen einer *Verringerung* oder gar *Aufhebung* solcher Veränderungen bzw. Unterschiede angewendet werden. In diesem Fall wären Hypothesen über die Verringerung von Entwicklungsunterschieden aufzustellen und im Simulationsexperiment abzutesten. In diese Richtung gehen z. B. Untersuchungen von BANDURA, die zu zeigen versuchen, daß sich Unterschiede zwischen Jungen und Mädchen hinsichtlich aggressiven Verhaltens unter positiven Anreizbedingungen verringern (vgl. unser Untersuchungsbeispiel 2.5). Eine ähnliche Untersuchungsstrategie wie der eben beschriebene Simulationsansatz wird von BAER (1970) zur Analyse der Verhaltensentwicklung gemäß den Prinzipien der Operanten Verhaltensmodifikation vorgeschlagen. Sie wird im Zusammenhang mit der Entwicklungskonzeption von BIJOU und BAER in Kap. 9.2.2 ausführlich dargestellt.

Zur Bedeutung des Experiments für die Entwicklungspsychologie

Die strengen Anforderungen des Experiments sind bei der Untersuchung entwicklungspsychologischer Fragestellungen häufig nicht zu verwirklichen. Davon abgesehen wohnen dem experimentellen Ansatz selbst eine Reihe von Mängeln inne, die seine Brauchbarkeit einschränken.

Zunächst ist die Anwendung eines experimentellen Ansatzes auf die Untersuchung solcher Bedingungszusammenhänge beschränkt, die sich experimentell herstellen und variieren lassen. Anlage- und Reifungsbedingungen sowie langfristig wirksame und komplexe Variablen der Lebensumwelt sind damit a priori von einer derartigen Analyse ausgeschlossen, ganz abgesehen von den ethischen Grenzen experimenteller Eingriffe in Entwicklungsbedingungen. Gerade diese Faktoren sind aber wesentlich für die intraindividuelle Verhaltensentwicklung und für interindividuelle Unterschiede der Entwicklung verantwortlich. Ebenfalls von einer experimentellen Manipulation ausgeschlossen sind alle von den Versuchspersonen eines Experiments „mitgebrachten" Merkmale, wie z. B. ihr Intelligenzgrad, ihre soziale Schichtzugehörigkeit, ihr Geschlecht oder Persönlichkeitsmerkmale. Solche *vorgefundenen* Merkmale können durch den experimentellen Plan in ihrer Auswirkung auf die abhängige Variable höchstens kontrolliert werden. Insbesondere das Alter, d. h. die mit dem Alter der Versuchspersonen charakteristischerweise gegebenen Verhaltensmerkmale sind als „mitgebrachte" Variablen zu berücksichtigen, die in die Auswirkung experimentell gesetzter Bedingungen eingehen. Dies führt zum Problem der Kumulativität der Entwicklung: Sobald ein bestimmter Entwicklungsstand erreicht ist, beeinflußt dieser unweigerlich die Auswirkungen weiterer Entwicklungseinflüsse (vgl. hierzu Kap. 3.1).

Ein entscheidendes Problem des entwicklungspsychologischen Experiments, das mit der gerade geschilderten Einschränkung der Variablen zusammenhängt, die einer experimentellen Analyse zugänglich sind, ist dessen geringe *externe Validität*. Für das entwicklungspsychologische Experiment ist in diesem Zusammenhang, neben der Übertragbarkeit von „künstlichen" Laborbefunden auf die Verhältnisse im „natürlichen" Lebensumfeld, speziell die Frage der *Isomorphie* der *kurzfristigen* Verhaltensänderungen, wie sie im allgemeinen im Experiment hervorgerufen werden, und der *langfristigen* Herausbildung von Verhaltensmerkmalen und Verhaltensunterschieden zu berücksichtigen.

Russell (1967) sieht in der zeitlichen Komprimierung experimenteller Wirkungszusammenhänge, d.h. der Beschränkung einer Ursachenanalyse auf die unmittelbar vorausgehenden Bedingungen, das entscheidende Hemmnis einer Generalisierbarkeit experimenteller Befunde im Hinblick auf Entwicklungsprozesse.

Wo sich Auswirkungen eines Faktors möglicherweise zeitverzögert zeigen, z.B. spätere Defizite im Pflegeverhalten bei mutterlos aufgewachsenen Rhesusaffen (Harlow, 1963), reicht eine experimentelle Analyse nicht aus.

Trotz dieser Einschränkungen erweist sich das Experiment auch zur Untersuchung einiger entwicklungspsychologischer Probleme als durchaus brauchbar. Der entscheidene Vorteil des Experiments gegenüber Versuchsplänen ohne kontrollierte Bedingungsvariation liegt darin, beobachtete Phänomene (abhängige Variablen) eindeutig auf die Wirkung genau definierter und bekannter Einflußgrößen (unabhängige Variablen) zurückführen zu können. Nur durch den Nachweis der Abhängigkeit beobachteter – oder auch durch Befragung, Tests oder Meßgeräte registrierter – Verhaltensmerkmale von den vom Versuchsleiter manipulierten Variablen ist eine *Erklärung*, und damit u.U. auch eine *Kontrolle*, der betreffenden Verhaltensmerkmale möglich. Experimente können deswegen auch zu theoretischen Erkenntnissen führen bzw. sind ein Weg, theoretische Annahmen stringent zu prüfen. Wenn man außerdem davon ausgeht, daß die Variation des Verhaltens sehr stark situationsabhängig ist (vgl. hierzu Kap. 9), gewinnt die experimentelle Analyse des Verhaltens insofern eine besondere Bedeutung, als eine isolierende Variation situativer Bedingungen am ehesten im Experiment gewährleistet scheint. Speziell wenn es darum geht, für ein Entwicklungsstadium charakteristische Verhaltensmerkmale und Fertigkeiten oder Wechselwirkungen zwischen aktuellen Reizbedingungen und dem Entwicklungsstand aufzuzeigen, erweist sich ein experimenteller Rahmen als brauchbar. Voraussetzung für die genannten Vorteile des Experiments ist allerdings, daß es tatsächlich gelingt, alle die abhängige Variable möglicherweise beeinflussenden Faktoren zu kontrollieren, was z.B. auch die freie Zuordnung der Versuchspersonen zu den verschiedenen Experimentalgruppen bzw. Kontrollgruppen erfordert.

Über ein Drittel der von uns ausgewählten exemplarischen Untersuchungen (17 von 46) sind Experimente. Zur Veranschaulichung der verschiedenen Einsatzweisen der experimentellen Methode in der Entwicklungspsychologie eignen sich u.a. die Untersuchungsbeispiele 1.1 (Levinson & Reese, 1967), 2.6 (Bandura, 1965), 7.1 (Werner & Wapner, 1956), 9.2 (Goetz & Baer, 1973), 10.2 (Waller & Preis, 1975), 12.5 (Perry & Perry, 1975) und 13.4 (Montada, Settertobulte, Sütter & Winter, 1974).

5. Projektive Verfahren und Werkgestaltungen

Außer den in den Abschnitten 1. bis 4. behandelten Untersuchungsmethoden stehen dem Entwicklunsspsychologen noch weitere Verfahren der Datenerhebung zur Verfügung, die sich nicht eindeutig einer der vier bisher dargestellten Untersuchungsmethoden (Beobachtung, Befragung, Test, Experiment) zuordnen lassen. Es handelt sich zum einen um *projektive Verfahren*, zum anderen um Verfahren der *Analyse von Werkgestaltungen*. Diese Verfahren werden in der heutigen entwicklungspsychologischen Forschung nur noch selten als Datenerhebungsmethode im eigentlichen Sinne angewendet. Sie haben aber weiterhin ihren Platz in der (klinischen) Diagnostik.

Bei den *projektiven Verfahren* ist durchweg eine Aufgabensituation bzw. ein Reizmaterial mit diffusem Aufforderungscharakter gegeben. Damit sollen bei der Versuchsperson Projektionen eigener Denkweisen, Gefühle, Motive oder Verhaltensweisen in das dargebotene Material angeregt werden (THOMAE, 1959c). Diese Projektionen werden entweder in Form verbaler Antworten (z. B. Geschichten zu Bildern) oder mehr praktischer Reaktionen (z. B. Erstellen einer Szene mit vorgegebenen Figuren) geliefert.

Am bekanntesten geworden sind der *Rorschach-Test* (RORSCHACH, 1921), der *Thematische-Apperzeptions-Test* (TAT) von MURRAY (1943) sowie dessen Adaptation für Kinder, der *Childrens-Appercention-Test* (CAT) von BELLAK (1954) und der *Picture-Frustration-Test* von ROSENZWEIG (1957). Auch der *Sceno-Test* nach STAABS (1964^3) und der *Welttest* von BÜHLER (1955) gehören zu den projektiven Verfahren. Die genannten Verfahren sind hauptsächlich für die klinische Diagnostik, etwa im Rahmen der Erziehungsberatung, konstruiert worden, weniger für die Erfassung der normalen Verhaltensentwicklung. Ausführliche Darstellungen projektiver Verfahren, die zur Untersuchung von Kindern und Jugendlichen geeignet sind, finden sich in HEISS (1964), JOHNSON (1971, 1976) und MUSSEN (1960).

Unter die Bezeichnung *Analyse von Werkgestaltungen* fallen vor allem Auswertungen *sprachlicher Ausdrucksformen* und *zeichnerischer Darstellungen* von Kindern und Jugendlichen (vgl. THOMAE, 1959 c). Auf der Analyse von Sprachstilen verschiedener Altersstufen baute BUSEMANN (1965) z. B. seine Entwicklungstheorie auf. Die Analyse von Kinderzeichnungen wurde in der Entwicklungspsychologie vielfach zur Diagnose des intellektuellen Entwicklungsstands herangezogen. Am bekanntesten geworden ist in dieser Hinsicht der *Mann-Zeichen-Test* (*Draw-A-Man-Test*) von GOODENOUGH (1926) bzw. von GOODENOUGH & HARRIS (1950).

Zeichnungen von Kindern und ihre Veränderungen über die Ontogenese sind – nach einer vorübergehenden Abnahme des Forschungsinteresses – inzwischen zu einem eigenständigen, intensiv untersuchten Forschungsgegenstand der Entwicklungspsychologie geworden (vgl. GOODNOW, 1977; KELLOGG, 1979; RICHTER, 1987; SCHUSTER, 1989). Die Mehrzahl der neueren Untersuchungen analysiert dabei den Zeichenprozeß und die Zeichenprodukte vornehmlich im Hinblick auf die darin zum Ausdruck kommenden kognitiven Repräsentationen des „Weltwissens" und die grafischen Kompetenzen der Zeichner (vgl. FREEMAN, 1980; KRAMPEN, 1991; VAN SOMMERS, 1984).

6. Zur unterschiedlichen Eignung verschiedener Datenerhebungsmethoden bei Kindern

Ein spezielles Problem der Datenerhebung in der Entwicklungspsychologie besteht darin, daß nicht nur in den untersuchten Verhaltensinhalten (z. B. Wahrnehmung, Denken, Sprache, moralisches Urteil), sondern auch im Umgang mit den Datenerhebungsmethoden Entwicklungsveränderungen stattfinden können. Diese Annahme läßt sich dadurch begründen, daß Datenerhebungsmethoden implizite kognitive (und teilweise auch motorische) Operationen erfordern, die von den Versuchsteilnehmern entwicklungsbedingt möglicherweise noch nicht bzw. nur unvollkommen beherrscht werden.

Obwohl die Konfundierung inhaltlicher und methodischer Aspekte besonders in der Entwicklungspsychologie von Bedeutung ist, hat es bisher kaum systematische Versuche gegeben, Datenerhebungsmethoden auf ihre entwicklungsspezifischen Anforderungen und Effekte hin zu analysieren. Zu diesem Problem hat Arnold LOHAUS (1989) eine Reihe von Studien durchgeführt.

Eine Studie bezog sich auf den Bereich der *Antwortskalen*, weil diese bei Befragungen mit geschlossenen Antwortvorgaben besondern häufig benutzt werden. Als Antwortskalen wurden *Paarvergleich, Rangreihenbildung* und *Rating* in den Vergleich einbezogen. Die mit diesen drei Antwortskalen erzielten Ergebnisse wurden im gleichen Inhaltsbereich und bei vollkommen identischem Material (Flächen- bzw. Volumenschätzung bei Rechtecken und Quadern) hinsichtlich ihrer Reliabilität und ihrer Validität miteinander verglichen. Versuchsteilnehmer waren Kinder im Alter von fünf bis zehn Jahren sowie Erwachsene. Es zeigte sich, daß die Reliabilitäten und Validitäten der Urteile der Versuchsteilnehmer am günstigsten beim Paarvergleich sind, gefolgt von Rangreihenbildung und (in deutlichem Abstand) vom Rating (LOHAUS, 1989; s. Abbildung 5.1). Die Diskrepanzen zwischen den Methoden sind bei den jüngsten Kindern am ausgeprägtesten. Die Methoden nähern sich über das Alter hinweg zwar einander an, es wird jedoch selbst im Erwachsenenalter keine Übereinstimmung erzielt. Die Relationen zwischen den Antwortskalen bleiben in allen Altersgruppen erhalten.

Entwicklungspsychologisch interessant ist hierbei insbesondere, daß sich beim Paarvergleich über das Alter hinweg (im Gegensatz zu den anderen Techniken) keine signifikanten Veränderungen ergeben. Dies weist darauf hin, daß diese

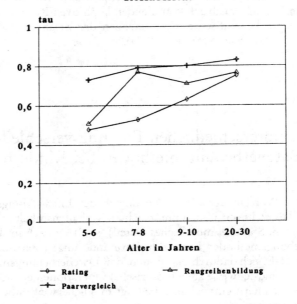

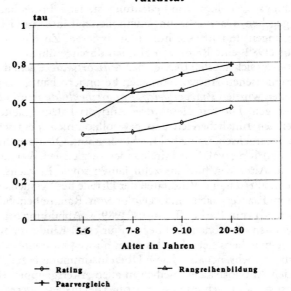

Abbildung 5.1: Reliabilität und Validität für die Antwortskalen Rating, Rangreihenbildung und Paarvergleich über das Alter hinweg

Technik in allen Altersgruppen mit vergleichbarem Erfolg einsetzbar ist, während bei den anderen Techniken in stärkerem Maße Entwicklungsveränderungen und damit verbundene Konfundierungen zwischen Inhalt und Methode auftreten.

Die Studie zu den Antwortskalen bezieht sich auf Befragungstechniken mit *geschlossenen* Antwortmöglichkeiten seitens der Kinder und belegt für diesen Bereich, daß auch im Umgang mit Datenerhebungsmethoden mit Entwicklungsveränderungen gerechnet werden muß. Zwei weitere Evaluationsstudien, die im folgenden kurz dargestellt werden, zielten darauf ab, vergleichende Ergebnisse zu Befragungstechniken mit *offenen* Antwortmöglichkeiten zu erhalten.

In der *ersten Studie* (LOHAUS, 1986) ging es um einen Vergleich der Einsatzmöglichkeiten von *Rollenspiel, Puppenspiel* und *Interview* als Datenerhebungsmethoden bei Vorschulkindern. Den Kindern wurde jeweils eine Spielsequenz mit Hilfe eines Videofilms vorgeführt, die sie entweder verbal oder mit Hilfe von Rollenspiel bzw. Puppenspiel fortsetzen sollten. Sowohl aus der Beurteilung der Methode durch die Kinder selbst als auch aus den Beurteilungen externer Rater ergibt sich eine besondere Eignung von Puppenspiel und (mit Einschränkungen) von Rollenspiel für diese Altersgruppe. Der hohe Anteil spielerischer Elemente kommt den Fähigkeiten der Kinder in diesem Altersbreich offenbar entgegen. Es zeigt sich jedoch gleichzeitig, daß in der Interviewbedingung realitätsnähere Handlungsausgänge gewählt werden, während bei Puppenspiel und Rollenspiel offenbar stärker die Phantasie der Kinder angesprochen wird, wodurch sich eine größere Realitätsferne der Handlungsausgänge ergibt. Dies weist darauf hin, daß mit den einzelnen Methoden unterschiedliche Kognitionsbereiche angesprochen werden, wodurch unterschiedliche inhaltliche Ergebnisse entstehen können.

Eine *zweite Studie*, die zu Techniken mit offenen Antwortmöglichkeiten durchgeführt wurde (LOHAUS & SCHORSCH, 1990), versuchte stärker als die erste Studie, zwischen verbalen und nonverbalen Kommunikationsanteilen zu trennen. Während bei Puppenspiel und Rollenspiel verbale und nonverbale Elemente vermischt sind, versucht diese Studie, die Basistechniken der Kommunikation so weit wie möglich getrennt zu analysieren. Als Kommunikationsformen einbezogen wurden (a) *Sprache*, (b) *zeichnerisch-bildliche Darstellung* und (c) *Mimik* und *Gestik*. Dabei wurde davon ausgegangen, daß diese Kommunikationsformen die grundlegenden menschlichen Kommunikationsmöglichkeiten umfassen. Die drei Kommunikationsformen wurden bei Kindern im Vorschul- und Grundschulalter unter vergleichbaren Bedingungen eingesetzt und anschließend anhand einheitlicher Kriterien verglichen. Dazu wurden den Kindern Begriffe genannt (z. B. Brille, Gespenst, Schlange, Telefon), die sie entweder verbal beschreiben oder nonverbal durch Pantomime oder zeichnerische Darstellung zum Ausdruck bringen sollten. Die Beschreibungen der Kinder wurden mit Video aufgezeichnet. Die dargestellten Begriffe sollten anschließend von Ratern, denen die Begriffe nicht bekannt waren, identifiziert werden. Die Trefferquote diente als Kriterium zur Evaluation der Einsatzmöglichkeiten der unterschiedlichen Techniken in den einzelnen Altersgruppen. Sowohl bei den sprachlichen als auch bei den zeichnerischen Ausdrucksfähigkeiten zeigten sich deutliche Anstiege der Identifizierungsleistungen mit dem Alter. Die geringsten Veränderungen über das Alter hinweg zeigten sich bei den mimisch-gestischen Darstellungen (s. Abbildung 5.2).

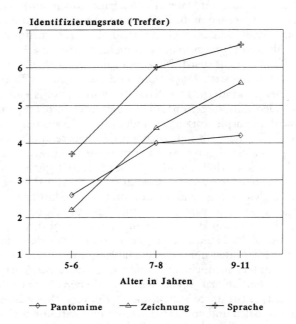

Abbildung 5.2: Identifizierungsleistungen bei den drei Kommunikationsformen in unterschiedlichen Altersgruppen

Wenn es darauf ankommt, mögliche Konfundierungen mit Entwicklungen zu vermeiden, die sich auf den Umgang mit der Datenerhebungsmethode beziehen, dann führen diese Ergebnisse zu dem Schluß, bei Kindern im Vorschul- und Grundschulalter Datenerhebungsmethoden mit hohen Handlungsanteilen zum Einsatz gelangen zu lassen, da im pantomimisch-handlungsorientierten Bereich Entwicklungsveränderungen in geringerem Maße auf eine Veränderung der Fähigkeit, sich pantomimisch auszudrücken, zurückgeführt werden können. Bei der sprachlichen und zeichnerischen-bildlichen Kommunikation lassen sich diese Schlußfolgerungen nicht unmittelbar ziehen, da hier auch im Umgang mit dem Kommunikationsmodus Entwicklungsveränderungen auftreten.

Das Problem der Auswahl altersangemessener Untersuchungstechniken stellt sich bei der Planung jeder empirischen Erhebung in der Entwicklungspsychologie. Wenn hierbei der Grundsatz beachtet würde, Methoden auszuwählen, die in allen Altersgruppen gleichermaßen bewältigt werden können (wozu Evaluationsstudien Hinweise geben können), dann würde dies zu einem deutlichen Anstieg der Eindeutigkeit beitragen, mit der aufgefundene Entwicklungsveränderungen im Sinne der angezielten inhaltlichen Variablen interpretierbar sind.

7. Zusammenfassung

1. Wie jede empirische Wissenschaft bedient sich auch die Entwicklungspsychologie eines Inventars von *Methoden der Datenerhebung*. Grundsätzlich kommen alle in der Psychologie gebräuchlichen Erhebungsmethoden für die entwicklungspsychologische Forschung in Frage, mit denen die interessierenden Variablen bei den zu untersuchenden Alterspopulationen möglichst objektiv, valide und reliabel erfaßt werden können.

2. Nach der Art des „technischen" Zugangs zu den Verhaltens- oder Erlebnisdaten lassen sich die in der Entwicklungspsychologie gebräuchlichen Untersuchungsverfahren einteilen in 1. *Beobachtungsmethoden*, 2. *Befragungsmethoden*, 3. *Testverfahren*, 4. *experimentelle Anordnungen* sowie 5. *projektive Verfahren* und *Werkgestaltungen*. Außerdem ist zu unterscheiden, ob die Daten in der „natürlichen" Lebenssituation oder unter weitgehender Kontrolle der Versuchsbedingungen gewonnen werden.

3. *Beobachtungsstudien* können Aufschluß darüber geben, wie sich Individuen in verschiedenen Situationen tatsächlich verhalten und welche Veränderungen im Verhalten und in der Umwelt im Laufe der Entwicklung eintreten. Wesentliches Merkmal einer systematischen Beobachtung ist das Vorhandensein von Regeln, die dem Beobachter genau vorschreiben, was er beobachten und festhalten soll und wie er dies tun soll. Dazu gehören vor allem die Festlegung des Beobachtungsplans und die Bereitstellung eines Systems zur Registrierung und Protokollierung. Grundlegendes Problem der Beobachtungsmethode ist die Zuverlässigkeit und Gültigkeit, mit der Beobachter in der Lage sind, das zu beobachtende Geschehen wahrzunehmen, festzuhalten und auszuwerten. Durch den Einsatz der Videotechnik werden die Fixierung und die Auswertung des Verhaltens voneinander getrennt.

4. *Befragungsmethoden* liefern subjektive Daten über bestimmte Aspekte des gegenwärtigen oder des vergangenen Verhaltens und Erlebens der Versuchspersonen. Sie lassen sich einteilen a) in mündliche und schriftliche Verfahren, b) nach dem Grad ihrer Strukturiertheit sowie c) nach der Offenheit oder Geschlossenheit der Antwortmöglichkeiten der Versuchspersonen. Wenn man etwas über die Selbsteinschätzung einer Person, deren Einstellungen, Werthaltungen und Interessen, die Wahrnehmung der Umwelt, die Einschätzung anderer Personen u.ä.

wissen will, ist die Befragung oft der einzig direkte Zugang zu den interessierenden Daten.

5. Standardisierte *Testverfahren* erlauben eine weitgehend objektive, zuverlässige und gültige Messung von Variablenausprägungen bei verschiedenen Individuen. Für die Zwecke der Entwicklungspsychologie stehen a) Allgemeine Entwicklungstests, b) Intelligenztests, c) Schultests sowie d) Tests zur Prüfung spezieller Funktionen, Fähigkeiten und Eignungen zur Verfügung. Aufgabe eines Entwicklungstests ist die Feststellung des Entwicklungsstands eines Probanden bezogen auf eine Entwicklungsnorm. Ein Entwicklungsstest sollte möglichst entwicklungstheoretisch begründet sein.

6. Psychologische *Experimente* dienen dazu, eine Entscheidung für oder gegen eine explizit formulierte Hypothese hinsichtlich einer psychologischen Gesetzmäßigkeit herbeizuführen. Auf diese Art sollen Bedingungen von Verhaltensunterschieden und Verhaltensänderungen aufgedeckt werden. Schlußfolgerungen hinsichtlich der Bedingungen langfristiger Veränderungen in der natürlichen Lebensumgebung gründen allerdings häufig auf Versuchen über kurzfristige Auswirkungen experimenteller Bedingungen bei altershomogenen Stichproben. Zwei genuin entwicklungspsychologische Fragestellungen, die experimentell angegangen werden können, sind a) die Manipulation von Erfahrungseinflüssen im Deprivations- oder im Trainingsexperiment und b) die Simulation der normalen Entwicklung. Die strengen Anforderungen des Experiments sind in entwicklungspsychologischen Untersuchungen oft nicht (voll) zu verwirklichen.

7. Als weitere Verfahren der Datenerhebung stehen dem Entwicklungspsychologen a) *projektive Verfahren* und b) die *Analyse von Werkgestaltungen* (vor allem sprachlicher Ausdrucksformen und zeichnerischer Darstellungen) zur Verfügung. Zeichnungen von Kindern und ihre ontogenetischen Veränderungen sind gegenwärtig ein intensiv untersuchter eigenständiger Forschungsgegenstand der Entwicklungspsychologie.

8. Ein spezielles Problem der Datenerhebung in der Entwicklungspsychologie besteht darin, daß nicht nur in den untersuchten Verhaltensinhalten, sondern auch im Umgang mit den Datenerhebungsmethoden Entwicklungsveränderungen stattfinden können. Verschiedene Erhebungsmethoden sind für verschiedene Altersgruppen unterschiedlich gut geeignet. Nur bei der Auswahl von Methoden, die in allen untersuchten Altersgruppen gleich gut anwendbar sind, lassen sich die in einer Variablen beobachteten Entwicklungsveränderungen eindeutig im Sinne von Veränderungen der angezielten inhaltlichen Variable interpretieren.

Zum Weiterstudium empfohlene Lektüre:

Die umfangreichste Darstellung der verschiedenen Erhebungsmethoden für Untersuchungen an Kindern, die trotz ihres „Alters" auch heute noch aktuelle Probleme der Datenerhebung bei Kindern anspricht, findet sich in:

MUSSEN, P.H. (Ed.). (1960). *Handbook of research methods in child development.* New York: Wiley. (2nd ed., 1967).

Die verschiedenen Gegenstände und methodischen Zugänge der Datenerhebung bei Kindern, einschließlich der allgemeinen meß- und testtheoretischen Grundlagen, werden überblicksartig dargestellt in:

MESSICK, S. (1983). Assessment of children. In P.H. MUSSEN (Ed.), *Handbook of child psychology.* (Vol. 1, S. 477-526). New York: Wiley.

Die Grundlagen der einzelnen Methoden der Datenerhebung (Beobachtung, Befragung, Experiment) und ihre Anwendung in der Forschung – vornehmlich bei Erwachsenen – werden behandelt in:

FASSNACHT, G. (1979). *Systematische Verhaltensbeobachtung.* München: Ernst Reinhardt.

GUTJAHR, G. (1985). *Psychologie des Interviews in Theorie und Praxis.*

MUMMENDEY, H.D. (1987). *Die Fragebogen-Methode.* Göttingen: Hogrefe.

HUBER, O. (1987). *Das psychologische Experiment.* Bern: Huber.

Über Allgemeine Entwicklungstests und spezielle Tests für Kinder und Jugendliche informieren ausführlich:

FILIPP, S.H. & DOENGES, D. (1983). Entwicklungstests. In K.-J. GROFFMANN & L. MICHEL (Hrsg.), *Intelligenz- und Leistungsdiagnostik* (Enzyklopädie der Psychologie, Serie *Psychologische Diagnostik*, Band 2, S. 202-306). Göttingen: Hogrefe.

RENNEN, R. & RENNEN-ALLHOFF, B. (1987). *Entwicklungstests für das Säuglings-, Kleinkind- und Grundschulalter.*

SCHMIDTCHEN, S. (1975). *Psychologische Tests für Kinder und Jugendliche.* Göttingen: Hogrefe.

Das Problem der entwicklungsabhängigen Eignung unterschiedlicher Datenerhebungsmethoden ist Gegenstand von:

LOHAUS, A. (1989). *Datenerhebung in der Entwicklungspsychologie.* Bern: Huber.

Literaturverzeichnis

ACHENBACH, T.M. (1978). *Research in developmental psychology. Concepts, strategies, methods*. New York: Free Press.

ADAM, J. (1978). Sequential strategies and the separation of age, cohort, and time-of-measurement contributions to developmental data. *Psychological Bulletin, 85*, 1309-1316.

AEBLI, H. (1970). Die geistige Entwicklung als Funktion von Anlage, Reifung, Umwelt- und Erziehungsbedingungen. In H. ROTH (Hrsg.), *Begabung und Lernen* (5. Aufl., S. 151-191). Stuttgart: Klett.

AINSWORTH, M.D.S. (1969). Object relations, dependency, and attachment: A theoretical review of the infant-mother relationship. *Child Development, 40*, 969-1025.

AINSWORTH, M.D.S., BLEHAR, M.C., WATERS, E. & WALL, S. (1978). *Patterns of attachment. A psychological study of the strange situation*. Hillsdale, NJ: Erlbaum.

ALLMER, H. (1983). *Entwicklungspsychologische Grundlagen des Sports*. Köln: bps Verlag.

ANASTASI, A. (1958). Heredity, environment and the question „How". *Psychological Review, 65*, 197-208. (Deutsch: Vererbung, Umwelt und die Frage nach dem „Wie". In O.M. EWERT (Hrsg.), *Entwicklungspsychologie* (Band 1, S. 19-30). Köln: Kiepenheuer & Witsch, 1972).

ANGLIN, J. (1978). From reference to meaning. *Child Development, 49*, 969–976.

APPELBAUM, M.I. & MCCALL, R.B. (1983). Design and analysis in developmental psychology. In P.H. MUSSEN (Ed.), *Handbook of child psychology* (Vol.1, pp. 415-476). New York: Wiley.

ARIÈS, P. (1975). *Geschichte der Kindheit*. München: Hanser. (Original erschienen1960: *L'enfant et la vie familiale sous l'ancien régime*).

AUSUBEL, D.P. & SULLIVAN, E.V. (1974). *Das Kindesalter. Fakten, Probleme, Theorie*. München: Juventa. (Original erschienen 1970: *Theory and problems of child development*).

AZRIN, N.H. & HOLZ, W.C. (1966). Punishment. In W.K. HONIG (Ed.), *Operant behavior: Areas of research and application* (pp. 380-448). New York: Appleton.

BAER, D.M. (1970). An age-irrelevant concept of development. *Merrill-Palmer-Quarterly, 16*, 238-245.

BAER, D.M. (1973). The control of developmental process: Why wait? In J.R. NESSELROADE & H.W. REESE (Eds.), *Life-span developmental psychology: Methodological issues* (pp. 185-193). New York: Academic Press.

BAER, D.M. & GOLDFARB, G.E. (1962). A developmental study of verbal conditioning in children. *Psychological Reports, 10*, 175-181.

BALDWIN, A.L. (1960). The study of child behavior and development. In P.H. MUSSEN (Ed.), *Handbook of research methods in child development* (pp. 3-35). New York: Wiley.

BALDWIN, A.L. (1974a,b). *Theorien primärer Sozialisationsprozesse (2 Bände)*. Weinheim: Beltz. (Original erschienen 1967: *Theories of child development*).

BALDWIN, A.L. (1980). *Theories of child development* (2nd ed.). New York: Wiley.

BALTES, P.B. (1967). *Längsschnitt- und Querschnittsequenzen zur Erfassung von Alters- und Generationseffekten*. Saarbrücken: Phil. Diss.

BALTES, P.B. (Hrsg.). (1979a). *Entwicklungspsychologie der Lebensspanne*. Stuttgart: Klett-Cotta.

BALTES, P.B. (1979b). Einleitung: Einige Beobachtungen und Überlegungen zur Verknüpfung von Geschichte und Theorie der Entwicklungspsychologie der Lebensspanne. In P.B. BALTES (Hrsg.), *Entwicklungspsychologie der Lebensspanne* (S. 13-33). Stuttgart: Klett-Cotta.

BALTES, P.B., CORNELIUS, S.W. & NESSELROADE, J.R. (1976). Cohort effects in behavioral development: Theoretical and methodological perspectives. In W.A. COLLINS (Ed.), *Minnesota Symposia on Child Psychology* (Vol. 11). Hillsdale, NJ: Erlbaum.

BALTES, P.B., CORNELIUS, S.W. & NESSELROADE, J.R. (1979). Cohort effects in developmental psychology. In J.R. NESSELROADE & P.B. BALTES (Eds.), *Longitudinal research in the study of behavior and development* (pp. 61-87). New York: Academic Press.

BALTES, P.B. & GOULET, L.R. (1971). Exploration of developmental variables by manipulation and stimulation of age-differences in behavior. *Human Development, 14*, 149-170.

BALTES, P.B. & GOULET, L.R. (1979). Ortsbestimmung und Systematisierung der Fragen einer Entwicklungspsychologie der Lebensspanne. In: P.B. BALTES (Hrsg.), *Entwicklungspsychologie der Lebensspanne* (S. 35-53). Stuttgart: Klett-Cotta.

BALTES, P.B. & NESSELROADE, J.R. (1970). Multivariate longitudinal and cross-sectional sequences for analyzing ontogenetic and generational change: A methodological note. *Developmental Psychology, 2*, 163-168.

BALTES, P.B. & NESSELROADE, J.R. (1976). *A developmentalist's view of regression toward the mean: A largely irrelevant issue in the study of developmental change?* Pennsylvania State University. (Unveröffentl. Manuskript).

BALTES, P. B. NESSELROADE, J. R. (1979). Die entwicklungspsychologische Analyse von individuellen Unterschieden in mehreren Meßgrößen. In P. B. BALTES (Hrsg.), *Entwicklungspsychologie der Lebensspanne* (S. 145–178). Stuttgart: Klett-Cotta.

BALTES, P.B., NESSELROADE, J.R., SCHAIE, K.W. & LABOUVIE, E.E. (1972). On the dilemma of regression effects in examining ability level related differentials in ontogenetic patterns of adult intelligence. *Developmental Psychology, 6*, 78-84.

BALTES, P.B., REESE, H.W. & NESSELROADE, J.R. (1977). *Life-span developmental psychology: Introduction to research methods*. Monterey, CA.: Brooks & Cole.

BALTES, P.B. & SCHAEIE, K.W. (Eds.). (1973). *Life-span developmental psychology: Personality and socialization*. New York: Academic Press.

BALTES, P.B. & SCHAEIE, K.W. (1974). Aging and IQ: The myth of twilight years. *Psychology Today, 7*, 35-40.

BALTES, P.B. & SCHAIE, K.W. (1979). Die Forschungsparadigmen einer Entwicklungspsychologie der Lebensspanne: Rückblick und Ausblick. In P.B. BALTES (Hrsg.), *Entwicklungspsychologie der Lebensspanne* (S. 87-109). Stuttgart: Klett-Cotta.

BALTES, P.B. & SOWARKA, D. (1983). Entwicklungspsychologie und Entwicklungsbegriff. In R.K. SILBEREISEN & L. MONTADA (Hrsg.), *Entwicklungspsychologie. Ein Handbuch in Schlüsselbegriffen* (S. 11-20). München: Urban & Schwarzenberg.

BANDURA, A. (1962). Social learning through imitation. In M.R. JONES (Ed.), *Nebraska symposium on motivation* (Vol. 10, pp. 211-269). Lincoln, Nebr.: University of Nebraska Press.

BANDURA, A. (1965). Influence of models' reinforcement contingencies on the acquisition of imitative responses. *Journal of Personality and Social Psychology, 1*, 589-595.

Bandura, A. (1969a). *Principles of behavior modification.* New York: Holt, Rinehart & Winston.

Bandura, A. (1969b). Social-learning theory of identificatory processes. In D.A. Goslin (Ed.), *Handbook of socialization theory and research* (pp. 211-262). Chicago: Rand McNally.

Bandura, A. (1971). *Psychological modeling - conflicting theories.* Chicago: Atherton/Aldine.

Bandura, A. (1977). *Social learning theory.* Englewood Cliffs, NJ: Prentice Hall. (Deutsche Ausgabe 1979: *Sozial-kognitive Lerntheorie.* Stuttgart: Klett-Cotta).

Bandura, A. (1986). *Social foundations of thought and action: A social cognitive theory.* Englewood Cliffs, NJ: Prentice-Hall.

Bandura, A., Grusec, J.E. & Menlove, F.L. (1966). Observational learning as a function of symbolization and incentive set. *Child Development, 37,* 499-506.

Bandura, A. & McDonald, F.J. (1963). The influence of social reinforcement and the behavior of models shaping children's moral judgments. *Journal of Abnormal and Social Psychology, 67,* 274-281.

Barker, R.G. (1968). *Ecological Psychology.* Stanford: Stanford University Press.

Barker, R.G., Dembo, T. & Lewin, K. (1941). *Frustration and regression: An experiment with young children.* University of Iowa Studies in Child Welfare, 18.

Barker, R.G. & Wright, H.F. (1951). *One boy's day.* New York: Harper.

Barker, R.G. & Wright, H.F. (1955). *Midwest and its children: The psychological ecology of an American town.* Evanston, Ill.: Row, Peterson.

Barker, R.G., Wright, B.A., Myerson, L. & Gonick, M.R. (1953). Adjustment to physical handicap and illness: A survey of the social psychology of physique and disability. *Social Science Research Council Bulletin, 55.*

Bateson, P.P.G. (1966). The characteristics and context of imprinting. *Biological Review, 41,* 177-220.

Bateson, P.P.G. (1978). Early experience and sexual preferences. In J.B. Hutchison (Ed.), *Biological determinants of sexual behavior.* London: Wiley.

Bateson, P.P.G. (1979). How do sensitive periods arise and what are they for? *Animal Behavior, 27,* 470-486.

Baumrind, D. (1966). Authoritarian vs. authoritative control of child behavior. *Child Development, 37,* 887-907.

Baumrind, D. (1971). Current patterns of parental authority. *Developmental Psychology Monographs, 1,* 1-103.

Bayley, N. (1955). On the growth of intelligence. *American Psychologist, 10,* 805-818.

Bayley, N. (1956). Individual patterns of development. *Child Development, 27,* 45-74.

Bayley, N. (1969). *Bayley scales of infant development: Birth to two years.* New York: Psychological Corporation.

Bayley, N. (1970). Development of mental abilities. In P.H. Mussen (Ed.), *Carmichael's Manual of Child Psychology* (Vol 1, pp. 1163-1209). New York: Wiley.

Bayley, N. & Schaeffer, E.S. (1960). Relationships between socioeconomic variables and the behavior of mothers toward young children. *Journal of Genetic Psychology, 96,* 61-77. (Deutsch: Beziehungen zwischen sozioökonomischen Variablen und dem Erziehungsverhalten von Müttern gegenüber Kleinkindern. In O.M. EWERT (Hrsg.), *Entwicklungspsychologie* (Band 1, S 77-85). Köln: Kiepenheuer & Witsch, 1972).

BEARISON, D.J. (1969). Role of measurement operations in the acquisition of conservation. *Developmental Psychology, 1,* 656-660.

BECKER, W.C. (1964). Consequences of different kinds of parental discipline. In M.L. HOFFMAN & L.W. HOFFMAN (Eds.), *Review of child development research* (Vol. 1, pp. 169-208). Chicago: University of Chicago Press.

BEERMAN, W. (1965). Cytological aspects of information transfer in cellular differentiation. In E. BELL (Ed.), *Molecular and cellular aspects of development* (pp. 204-212). New York.

BELL, R.Q. (1953). Convergence: An accelerated longitudinal approach. *Child Development, 24,* 145–152.

BELL, R.Q. (1968). A reinterpretation of effects in studies of socialization. *Psychological Review, 75,* 81-94.

BELL, R.Q. (1971). Stimulus control of parent or caretaker behavior by offspring. *Developmental Psychology, 4,* 63–72.

BELL, R.Q. (1979). Parent, child, and reciprocal influences. *American Psychologist, 34,* 821–826.

BELL, R.Q. & CHAPMAN, M. (1986). Child effects in studies using experimental or brief longitudinal approaches to socialization. *Developmental Psychology, 22,* 595–603.

BELL, R.Q. & HARPER, L.V. (1977). *Child effects on adults.* Hillsdale, NJ: Erlbaum.

BELLAK, L. (1954). *The Thematic Apperception Test and the Childrens Apperception Test in Clinical Use.* New York: Grune & Stratton.

BELOFF, H. (1957). The structure and origin of the anal character. *Genetic Psychology Monographs, 55,* 141–172.

BELSCHNER, W., HOFFMANN, M., SCHOTT, F. & SCHULZE, L. (1973). *Verhaltenstherapie in Erziehung und Unterricht.* Stuttgart: Kohlhammer.

BENEDICT, R. (1938). Continuities and discontinuities in cultural conditioning. *Psychiatry, 1,* 161-16 7.

BENTLER, P.M. (1973). Assessment of developmental factor change at the individual and group level. In J.R. NESSELROADE & H.W. REESE (Eds.), *Life-span developmental psychology: Methodological issues* (pp.145–174). New York: Academic Press.

BEREITER, C. (1963). Some persisting dilemmas in the measurement of change. In C.W. HARRIS (Ed.), *Problems in measuring change* (pp. 320). Madison, Wisc.: University of Wisconsin Press.

BERGIUS, R. (1959). Entwicklung als Stufenfolge. In H. THOMAE (Hrsg.), *Handbuch der Psychologie* (Bd. 3: *Entwicklungspsychologie,* S. 105-195). Göttingen: Hogrefe.

BERGIUS, R. (1971). *Psychologie des Lernens.* Stuttgart: Kohlhammer.

BERKOWITZ, L. (1971). The effects of observing violence. *In R.C.Atkinson (Ed.), Contemporary Psychology* (Readings from Scientific American, pp. 430–437).

BERLYNE, D.E. (1970). Children's reasoning and thinking. In P.H. MUSSEN (Ed.), *Carmichael's Manual of Child Psychology* (Vol. 1, pp. 939–975). New York: Wiley.

BERNDT, T.J. & BERNDT, E.G. (1975). Children's use of motives and intentionality in person perception and moral judgment. *Child Development, 46,* 904-912.

BIEHLER, R.F. (1976). *Child development: An introduction.* Boston: Houghton Mifflin Company.

BIJOU, S.W. & BAER, D.M. (1960). The laboratory-experimental study of child behavior. In P.H. MUSSEN (Ed.), *Handbook of research methods in child development* (pp. 140-197). New York: Wiley.

BINET, A. & SIMON, T. (1905). Méthodes nouvelles pour le diagnostic du niveau intellectuel des anormaux. *Année Psychologique, 11,* 191-244.

BIRREN, J. E. & SCHAIE, K.W. (Eds.). (1977). *Handbook of the psychology of aging.* New York: Van Nostrand Reinhold. (3rd edition 1990, San Diego: Academic Press).

BLOOM. B.S. (1971). *Stabilität und Veränderung menschlicher Merkmale.* Weinheim: Beltz. (Original erschienen 1964: *Stability and change in human characteristics*).

BLOOM, L., HOOD, L. & LIGHTBOWN, P. (1974). Imitation in language development: If, when, and why. *Cognitive Psychology, 6,* 380-420.

BORNSTEIN, M.H. (1989). Sensitive periods in development: Structural characteristics and causal interpretations. *Psychological Bulletin, 105,* 179-197.

BORNSTEIN, M.H. & LAMB, M.E. (Eds.). (1984). *Developmental psychology: An advanced textbook.* Hillsdale, NJ: Erlbaum.

BORSTELMANN, L.J. (1983). Children before psychology: Ideas about children from antiquity to the late 1800s. In P.H. MUSSEN (Ed.), *Handbook of child psychology* (Vol. 1, pp. 1-40). New York: Wiley.

BORTZ, J. (1985). *Lehrbuch der Statistik. Für Sozialwissenschaftler.* Berlin: Springer. (2. Aufl.).

BOUCHARD, T.J., Jr. (1983). Twins - Nature's twice-told tale. In *1983 Yearbook of Science and the Future. Encyclopedia Britanica* (pp. 68-81). Chicago, IL.: Encyclopedia Britanica.

BOUCHARD, T.J., Jr. (1984). Twins reared apart and together – What they tell us about human individuality. In S.W.F. Fox (Ed.), *Individuality and determinism* (pp. 147–184). New York: Plenum Press.

BOUCHARD, T.J., Jr. (1987). Diversity, development and determinism - A report on identical twins reared apart. In M. AMELANG (Hrsg.), *Bericht über den 35. Kongreß der Deutschen Gesellschaft für Psychologie in Heidelberg 1986* (Band 2, S. 417-432). Göttingen: Hogrefe.

BOUCHARD, T.J., Jr. & MCGUE, M. (1981). Familial studies of intelligence - A review. *Science, 212,* 1055-1059.

BOUSFIELD, W.A. (1961). The problem of meaning in verbal learning. In C.N. COFER (Ed.), *Verbal learning and verbal behavior* (pp. 81-91). New York: McGraw-Hill.

BOWER, G.H. & HILGARD, E.R. (1981). *Theories of learning* (Revised edition). New York: Prentice-Hall. (Deutsche Ausgabe 1983: *Theorien des Lernens.* Bände I und II. Stuttgart: Klett-Cotta.)

BOWER, T.G.R. (1977). *A primer of infant development.* San Francisco: Freeman.

BOWLBY, J. (1951). *Maternal care and mental health* (WHO Monographs No. 2). Genf.

BOWLBY, J. (1969). *Attachment and loss* (Vol. 1: Attachment). New York: Basic Books. (Deutsche Ausgabe 1975: *Bindung. Eine Analyse der Mutter-Kind-Beziehung.* München: Kindler).

BOWLBY, J. (1973). *Attachment and loss* (Vol. 2: Separation). New York: Basic Books. (Deutsche Ausgabe 1973: *Trennung.* München: Kindler).

BOWLBY, J. (1980). *Attachment and loss* (Vol. 3: Loss). New York: Basic Books. (Deutsche Ausgabe 1983: *Verlust.* Frankfurt: Fischer).

BRACKBILL, Y. (1958). Extinction of the smiling response as a function of reinforcement schedule. *Child Development, 29,* 115-124.

BRACKBILL, Y. & KOLTSOVA, M.M. (1967). Conditioning and learning. In Y. BRACKBILL (Ed.), *Infancy and early childhood* (pp. 207-288). New York: Collier-McMillan.

BRANDTSTÄDTER, J. (1984). Entwicklung in Handlungskontexten: Aussichten für die entwicklungspsychologische Theorienbildung und Anwendung. In H. LENK & M. FINK (Hrsg.), *Handlungstheorien interdisziplinär* (Band 3/2, S. 848-878). München: W. Fink Verlag.

BRANDTSTÄDTER. J. (1986). Normen und Ziele in der Entwicklungsintervention. In K.H. WIEDL (Hrsg.), *Rehabilitationspsychologie. Grundlagen, Aufgabenfelder, Entwicklungsperspektiven* (S. 194-206). Stuttgart: Kohlhammer.

BRANDTSTÄDTER, J. & GRÄSER, H. (Hrsg.). (1985). Entwicklungsberatung unter dem Aspekt der Lebensspanne. Göttingen: Hogrefe.

BRAUNMÜHL, E. v. (1980). *Antipädagogik.* Weinheim: Beltz.

BREDENKAMP, J. (1969). Experiment und Feldexperiment. In C.F. GRAUMANN (Hrsg.), *Handbuch der Psychologie* (Bd. 7: Sozialpsychologie, 1. Halbband, S. 332-374). Göttingen: Hogrefe.

BRETHERTON, I. & WATERS, E. (Eds.). (1985). Growing points of attachment theory and research. *Monographs of the Society for Research in Child Development, 50,* (1-2, Serial No. 209).

BRICKENKAMP, R. (Hrsg.). (1975). *Handbuch psychologischer und pädagogischer Tests.* Göttingen: Hogrefe.

BRICKENKAMP, R. (1981).*Test d2, Aufmerksamkeits-Belastungstest.* Göttingen: Hogrefe. (7. Aufl.).

BRICKENKAMP, R. (Hrsg.). (1983). *Erster Ergänzungsband zum Handbuch psychologischer und pädagogischer Tests.* Göttingen: Hogrefe.

BRIDGES, K.M.B. (1932). Emotional development in early infancy. *Child Development, 3,* 324-341. (Deutsch: Die Entwicklung der Gefühle in der frühen Kindheit. In O.M. EWERT (Hrsg.), *Entwicklungspsychologie* (Band 1, S. 171-173). Köln: Kiepenheuer & Witsch).

BRIM, O.G., Jr. (1960). Personality development as role learning. In I. ISCOE & H.W. STEVENSON (Eds.), *Personality development in children.* Austin, Texas: University of Texas Press.

BRIM, O.G., Jr. (1966). Socialization through the life-cycle. In O.G. Jr. BRIM & S. WHEELER (Eds.), *Socialization after childhood* (pp. 1-49). New York: Wiley.

BRIM, O.G., Jr. & KAGAN, J. (Eds.). (1980). *Constancy and change in human development.* Cambridge, Mass.: Harvard University Press.

BRODY, E.B. & BRODY, N. (1976). *Intelligence. Nature, determinants, and consequences.* New York Academic Press.

BROCKE. B. (1980). Wissenschaftstheoretische Grundlagenprobleme der Angewandten Psychologie. *Zeitschrift für Sozialpsychologie, 11,* 207-224.

BRONFENBRENNER, U. (1976). Ökologische Sozialisationsforschung. Stuttgart: Klett.

BRONFENBRENNER, U. (1979). *The ecology of human development.* Cambridge, Mass.: Harvard University Press. (Deutsche Ausgabe 1981: *Die Ökologie der menschlichen Entwicklung.* Stuttgart: Klett).

BRONFENBRNNER, U. & CROUTER, A.C. (1983). The evolution of environmental models in developmental research. In P.H. MUSSEN (Ed.), *Handbook of child psychology* (Vol. 1, pp. 357-414). New York: Wiley.

Brown, R. (1973). *A first language. The early stages.* Harmondsworth: Penguin.

Bruner, J.S., Olver, R.S. & Greenfield, P.M. (1971). *Studien zur kognitiven Entwicklung.* Stuttgart: Klett. (Original erschienen 1966: *Studies in cognitive growth*).

Bühler, Ch. (1955). *Der Welt-Test.* Göttingen: Hogrefe.

Bühler, Ch. & Hetzer, H. (1932). *Kleinkindertests.* Leipzig: Barth. (München: Barth, 1972).

Buggle, F. & Baumgärtel, F. (1972). *Hamburger Neurotizismus- und Extraversionsskala für Kinder und Jugendliche (HANES - KJ).* Göttingen: Hogrefe.

Bunge, M. (1967). *The search for truth.* Berlin: Springer.

Burton, R.V. (1970). Validity of retrospective reports assessed by the multitrait-multimethod analysis. *Developmental Psychology, 3,* 1-15.

Busemann, A. (1965). *Kindheit und Reifezeit. Die menschliche Jugend in Entwicklung und Aufbau.* Frankfurt/M.: Diesterweg.

Buss, A.R. (1973). An extension of developmental models that separate ontogenetic changes and cohort differences. *Psychological Bulletin, 80,* 466-479.

Buss, A.R. (1974a). A general developmental model for interindividual differences, intraindividual differences, and intraindividual changes. *Developmental Psychology, 10,* 70-78.

Buss, A.R. (1974b). Multivariate model of quantitative, structural, and quantistructural ontogenetic change. *Developmental Psychology, 10,* 190-203.

Buss, A.R. (1979). Toward a unified framework for psychometric concepts in the multivariate development situation: Intraindividual change and inter- and intraindividual differences. In J.R. Nesselroade & P.B. Baltes (Eds.), *Longitudinal research in the behavioral sciences: Design and analysis* (pp. 41-59). New York: Academic Press.

Cairns, R.B. (1966). Development, maintenance and extinction of social attachment behavior in sheep. *Journal of Comparative and Physiological Psychology, 62,* 298-306.

Cairns, R.B. (1983). The emergence of developmental psychology. In P.H. Mussen (Ed.), *Handbook of child psychology* (Vol. 1, pp. 41-102). New York: Wiley.

Caldwell, B.M. (1962). The usefulness of the critical period hypothesis in the study of filiative behavior. *Merrill-Palmer-Quarterly, 8,* 229-242.

Campbell, B.A. & Pickelman, J.R. (1961). The imprinting object as a reinforcing stimulus. *Journal of Comparative and Physiological Psychology, 54,* 592-596.

Campbell, D.T. & Fiske, D.W. (1959). Convergent and discriminant validation by the multitrait-multimethod matrix. *Psychological Bulletin, 56,* 81-105.

Campbell, D.T. & Stanley, J.G. (1963). Experimental and quasiexperimental designs for research on teaching. In N.L. Gage (Ed.), *Handbook of research on teaching* (pp. 171-246). Chicago: Rand McNally. (Deutsch: Experimentelle und quasiexperimentelle Anordnungen in der Unterrichtsforschung. In K. Ingenkamp (Hrsg.), *Handbuch der Unterrichtsforschung.* (Teil I, S. 445-632). Weinheim: Beltz, 1970).

Carmichael, L. (1925). Heredity and environment: Are they antithetical? *Journal of Abnormal and Social Psychology, 20,* 245–260.

Cattell, R.B. (1952). *Factor analysis: An introduction and manual for the psychologist and social scientist.* New York: Harper.

CATTELL, R.B. (1960). The multiple abstract variance analysis equations and solutions: For nature-nurture research on continous variables. *Psychological Review*, 67, 353-372.

CATTELL, R.B. (1965). Methodological and conceptual advances in evaluating hereditary and environmental influences and their interaction. In S.G. VANDERBERG (Ed.), *Methods and goals in human behavior genetics*. New York: Academic Press.

CATTELL, R.B. (Ed.) (1966a). *Handbook of multivariate experimental psychology*. Chicago, Ill.: Rand McNally.

CATTELL, R.B. (1966b). Patterns of change: Measurement in relation to state dimension, trait change, lability, and process concepts. In R.B. CATTELL (Ed.), *Handbook of multivariate experimental psychology* (pp. 355–402). Chicago, Ill.: Rand McNally.

CATTELL, R.B. (1973). Unraveling maturational and learning developments by the comparative MAVA and structural learning approaches. In J.R. NESSELROADE & H.W. REESE (Eds.), *Life-span developmental psychology: Methodological issues* (pp. 111-144). New York: Academic Press.

CHARLESWORTH, W.R. (1986). Darwin and developmental psychology: From the proximate to the ultimate. *Human Development*, 29, 22-34.

CHILD, I.L. (1941). *Patterns and problems of development*. Chicago.

CHILD, I.L. (1954). Socialization. In G. LINDZEY (Ed.), *Handbook of social psychology* (Vol. 2, pp. 655-692). Cambridge: Addison Wesley.

CLARDIDGE, G., CANTER, S. & HUME, W.I. (1973). *Personality differences and biological variations: A study of twins*. Oxford: Pergamon Press.

COGHILL, G.E. (1929). *Anatomy and the problem of behavior*. New York: Mac Millan.

COLLIAS, N.E. (1952). The development of social behavior in birds. *Ank.*, 69, 127-159.

COOLEY, C.H. (1902). *Human nature and the social order*. New York: Scribner.

COOPER, R.M. & ZUBEK, J.P. (1958). Effects of enriched and restricted early environments on the learning ability of bright and dull rats. *Canadian Journal of Psychology*, 12, 159-164.

CRANACH, M. v. (1979). Methoden der Schlußfolgerung vom tierischen auf menschliches Verhalten. In A. DEGENHARDT & H.M. TRAUTNER (Hrsg.), *Geschlechtstypisches Verhalten* (S.231-272). München: C.H. Beck.

CRANACH, M.v. & FRENZ, H.G. (1969). Systematische Beobachtung. In C.F. GRAUMANN (Hrsg.), *Handbuch der Psychologie* (Band 7: Sozialpsychologie, 1. Halbband, S. 269-331). Göttingen: Hogrefe.

CROISSIER, S. (1979). *Kognitive und soziale Faktoren in der Entwicklung kindlicher Geschlechtsrolleneinstellungen*. Weinheim: Beltz.

CRONBACH, L.J. & FURBY, L. (1970). How we should measure „change" - or should we? *Psychological Bulletin*, 74, 68-80.

CRONBACH, L.J. & MEEHL, P.E. (1955). Construct validity in psychological tests. *Psychological Bulletin*, 52, 281-302.

CRUZE, W.W. (1935). Maturation and learning in chicks. *Journal of Comparative Psychology*, 19, 371-409.

DARWIN, C. (1859). *The origin of species by means of natural selection*. London: Murray.

DARWIN, C. (1871). *The descent of man and selection in relation to sex.* London:Murray. (Deutsch: *Die Abstammung des Menschen und die geschlechtliche Zuchtwahl*, Stuttgart: Schweizerbart 1919).

DARWIN, C. (1877). A biographical sketch of an infant. *Mind, 2,* 286–294.

DEFRIES, J.C. (1967). Quantitative genetics and behavior: Overview and perspective. In J. HIRSCH (Ed.), *Behavior-genetic analysis* (pp. 322-339). New York: McGraw Hill.

DEGENHARDT, A. (1971). Zur Veränderung des Selbstbildes von jungen Mädchen beim Eintritt in die Reifezeit. *Zeitschrift für Entwicklungspsychologie und Pädagogische Psychologie, 3,* 1-13.

DENNIS, W. (1941). Infant development under conditions of restricted practice and of minimum social stimulation. *Genetic Psychology Monographs, 23,* 143–189.

DENNIS, W. & DENNIS, M.G. (1940). The effect of cradling practices upon the onset of walking in Hopi children. *Journal of Genetic Psychology, 56,* 77-86.

DEUTSCH, W. (Hrsg.). (1991). *Über die verborgene Aktualität von William Stern.* Frankfurt/M.: Peter Lang.

DEUTSCH, W., FRICKE, T. & WAGNER, A. (1991). *Zwillingsforschung: Woher und wohin?* Positionsreferat auf der 10. Tagung für Entwicklungspsychologie in Köln, September 1991.

DOLLASE, R. (1985). *Entwicklung und Erziehung. Angewandte Entwicklungspsychologie für Pädagogen.* Stuttgart: Klett.

DRESSLAR, F.B.A. (1901). A morning's observation of a baby. *Pedagogical Seminary, 8,* 469-481.

DÜSS, L. (1964). *Fabelmethode.* Biel: Institut für Psychohygiene.

DUHM, E. (1959). Entwicklung und Differenzierung. In H. THOMAE, H. (Hrsg.), *Handbuch der Psychologie* (Band 3: *Entwicklungspsychologie*, S. 220-239). Göttingen: Hogrefe.

DURKHEIM, E. (1925). *L'education morale.* Paris: Presse Universitaire de France, 1963.

DYK, R.B. & WITKIN, H.A. (1965). Family experiments related to development of differentiation in children. *Child Development, 30,* 21-55.

ECKENSBERGER, L.H. (1979). Vorwort. In P.B. BALTES (Hrsg.), *Entwicklungspsychologie der Lebensspanne* (S. 11-12). Stuttgart: Klett-Cotta.

ECKENSBERGER, L.H. (1983). Interkulturelle Vergleiche. In R.K. SILBEREISEN & L. MONTADA (Hrsg.), *Entwickungspsychologie. Ein Handbuch in Schlüsselbegriffen* (S. 155-163). München: Urban & Schwarzenberg.

ECKES, T. & ROSSBACH, H. (1980). *Clusteranalyse.* Stuttgart: Kohlhammer.

EGGERT, D. (1971).*Lincoln - Oseretzky - Skala. (LOS Kf 18).* Weinheim: Beltz.

EGGERT, D. (1975). *Hamburg-Wechsler Intelligenztest für das Vorschulalter (HAWIVA).* Bern: Huber.

EICHHORN, D.H. (1970). Physiological development. In P.H. MUSSEN (Ed.), *Carmichael's Manual of Child Psychology* (Vol. 1, pp 157-283). New York: Wiley.

EMMERICH, W. (1964). Continuity and stability in early social development. *Child Development, 36,* 311-332.

EMMERICH, W. (1968). Personality development and concepts of structure. *Child Development, 39,* 671-690.

EMMERICH, W. (1973). Socialization and sex-role development. In P.B. BALTES & K.W. SCHAIE (Eds.),

Life-span developmental psychology: Personality and socialization (pp. 123-144). New York: Academic Press.

ERLENMEYER-KIMLING, L. & JARVIK, L.F. (1963). Genetics and intelligence: A review. *Science, 142,* 1477-1478.

EWERT, O.M. (1978). Über die Bedeutsamkeit frühkindlicher Erfahrungen für die menschliche Entwicklung. In R. DOLLASE (Hrsg.), *Handbuch der Früh- und Vorschulpädagogik* (Band 2, S. 67-78). Düsseldorf: Schwann.

EWERT, O.M. (1983). *Entwicklungspsychologie des Jugendalters.* Stuttgart: Kohlhammer.

EYE, A. von & KREPPNER, K. (1989). Family systems and family development: The selection of analytical units. In K. KREPPNER & R.M. LERNER (Eds.), *Family systems and life-span development* (pp. 247-269). Hillsdale, NJ: Erlbaum.

EYSENCK H.J. & KAMIN, L. (1981). *Intelligence: The battle for the mind. H.J.Eysenck versus Leon Kamin.* London: Macmillan.

FABRICIUS, E. (1962). Some aspects of imprinting in birds. *Zoological Society London, 5,* 139-148.

FALCONER, D.S. (1960). *Introduction to quantitative genetics.* Edinburgh: Oliver & Boyd.

FALKNER, F. (1957). *The nature and transmission of the genetic and cultural characteristics of human populations.* New York: Milbank Memorial Fund.

FASSNACHT, G. (1979). *Systematische Verhaltensbeobachtung. Eine Einführung in die Methodologie und Praxis.* München: Ernst Reinhardt.

FERSTER, C.B. & SKINNER, B.F. (1957). *Schedules of reinforcement.* New York: Appleton-Century-Crofts.

FILIPP, S.H. (Hrsg.). (1981). *Kritische Lebensereignisse.* München: Urban & Schwarzenberg. (2.Aufl. 1990).

FILIPP, S.H. & DOENGES, D. (1983). Entwicklungstests. In K.-H. GROFFMANN & L. MICHEL (Hrsg.), *Intelligenz- und Leistungsdiagnostik.* (Enzyklopädie der Psychologie, Themenbereich B, Serie II: Psychologische Diagnostik, S. 202-306). Göttingen: Hogrefe.

FITZGERALD, H.E. & BRACKBILL, Y. (1976). Classical conditioning in infancy: Development and constraints. *Psychological Bulletin, 83,* 353-376.

FLAVELL, J.H. (1972). An analysis of cognitive-developmental sequences. *Genetic Psychology Monographs, 86,* 279-350.

FLAVELL, J.H., BEACH, D.H. & CHINSKY, J.M. (1966). Spontaneous verbal rehearsal in a memory task as a function of age. *Child Development, 37,* 283-299.

FRANKENBURG, W.K. & DODDS, J.B. (1968). *The Denver Developmental Screening Test. Manual.* Denver: University of Colorado Press. (Deutsch: FLEHMIG, I., SCHLOON, M., UHDE, J. & von BERNUTH, H. *Denver-Entwicklungsskalen.* Hamburg: Hamburger Spastikerverein, 1973).

FOPPA, K. (1965). *Lernen, Gedächtnis, Verhalten.* Köln: Kiepenheuer & Witsch.

FREEMAN, N. (1980). *Strategies of representation in young children.* New York: Academic Press.

FRÖHLICH, W.D. (1972). Sozialisation und kognitive Stile. In C.F. GRAUMANN (Hrsg.), *Handbuch der Psychologie* (Band 7: Sozialpsychologie, 2. Halbband, S. 1020-1039). Göttingen: Hogrefe.

FRÖHLICH, W.D. & WELLEK, S. (1972). Begriff und Theorie der Sozialisation. In C.F. GRAUMANN

(Hrsg.), *Handbuch der Psychologie* (Band 7: *Sozialpsychologie*, 2. Halbband, S. 661-714). Göttingen: Hogrefe.

FROMME, A. (1941). An experimental study of the factors of maturation and practice in the behavioral development of the embryo of the frog. Rana pipiens. *Genetic Psychology Monographs, 24,* 219-256.

FTHENAKIS, W.E. (1985). *Väter* (2 Bde.). München: Urban & Schwarzenberg.

FURBY, L. (1973). Interpreting regression toward the mean in developmental research. *Developmental Psychology, 8,* 172-179(a).

FURRY, C.A. & BALTES, P.B. (1973). The effect of ability-extraneous performance variables on the assessment of intelligence in children, adults, and the elderly. *Journal of Gerontology, 28,* 73-80.

GAENSSLEN, H. & SCHUBÖ, W. (1973). *Einfache und komplexe statistische Analyse.* München: Reinhardt.

GAGNÉ, R.M. (1969). *Bedingungen des menschlichen Lernens.* Hannover: Schroedel. (Original erschienen 1965: *The conditions of learning*).

GARCIA, J., McGOWAN, B.K. & GREEN, K.F. (1972). Biological constraints on conditioning. In A.H. BLACK & W.F. PROKASY (Eds.), *Classical conditioning II,* New York: Appleton-Century-Crofts.

GERST, M.S. (1968). *Symbolic coding operations in observational learning.* Stanford University: Unpublished doctoral dissertation.

GERST, M.S. (1971). Symbolic coding processes in observational learning. *Journal of Personality and Social Psychology, 19,* 7-17.

GESELL, A. (1952). *Säugling und Kleinkind in der Kultur der Gegenwart.* Bad Nauheim: Christian Verlag. (Original erschienen 1940: *The first five years of life*).

GESELL, A. (1954). The ontogenesis of infant behavior (2nd ed.). In CARMICHAEL, L. (Ed.), *Manual of Child Psychology* (2nd ed., pp. 355-373). New York: Wiley.

GESELL, A. & ILG, F.L. (1954). *Das Kind von fünf bis zehn.* Bad Nauheim: Christian Verlag. (Original erschienen 1946: *The child from five to ten*).

GESELL, A., ILG, F.L. & AMES, L.B. (1958). *Das Kind von zehn bis sechzehn.* Bad Nauheim: Christian Verlag. (Original erschienen 1956: *Youth. The years from ten to sixteen*).

GEULEN, D. (1980). Die historische Entwicklung sozialisationstheoretischer Paradigmen. In K. HURRELMANN & D. ULICH (Hrsg.), *Handbuch der Sozialsationsforschung* (S. 15–49). Weinheim: Beltz.

GEWIRTZ, J.L. (1969). Mechanisms of social learning: Some roles of stimulation and behavior in early human development. In D.A. GOSLIN (Ed.), *Handbook of socialization theory and research* (pp. 57-212). Chicago: Rand McNally.

GLASS, G.V., WILLSON, V.L. & GOTTMANN, J.M. (1973). *Design and analysis of time-series experiments.* Boulder, Colorado: Colorado Ass. University Press.

GOETZ, E. & BAER, D.M. (1973). Social control of form diversity and the emergence of new forms in children's blockbuilding. *Journal of Applied Behavior Analysis, 6,* 209-217.

GOLDSTEIN, H. (1979). *The design and analysis of longitudinal studies: Their role in the measurement of change.* New York: Academic Press.

GOODENOUGH, F.L. (1926). *Measurement of intelligence by drawings*. New York: World Book Company.

GODDENOUGH, F.L. & HARRIS, D.B. (1950). Studies in the psychology of children's drawings II. *Psychological Bulletin, 47*, 369-433.

GOODNOW, J. (1977). *Children drawing*. Cambridge, Mass.: Harvard University Press.

GOODNOW, J.J., CASHMORE, J., COTTON, S. & KNIGHT, R. (1984). Mothers' developmental time tables in two cultural groups. *International Journal of Psychology, 19*, 193-205.

GOSLIN, D.A. (Ed.). (1969). *Handbook of socialization theory and research*. Chicago: Rand Mc Nally.

GOTTLIEB, G. (1983). The psychobiological approach to developmental issues. In P.H. MUSSEN (Ed.), *Handbook of child psychology* (Vol.2, pp. 1-26). New York: Wiley.

GRAUMANN, C.F. (Hrsg.). (1972). *Handbuch der Psychologie* (Band 7: *Sozialpsychologie*, 2. Halbband). Göttingen: Hogrefe.

GRAUMANN, C.F. (Hrsg.). (1981). *Kurt-Lewin-Werkausgabe*. (Band 6: Psychologie der Entwicklung und Erziehung). Bern, Stuttgart: Huber/ Klett-Cotta

GRAY, P.H. (1958). Theory and evidence of imprinting in human infancy. *Journal of Psychology, 46*, 155-166.

GRIMM, H. & SCHÖLER, H. (1978). *Heidelberger Sprachentwicklungstest (H-S-E-T)*. Braunschweig: Westermann.

GROSSMANN, K.E. (Hrsg.). (1977). *Entwicklung der Lernfähigkeit in der sozialen Umwelt*. München: Kindler.

GROSSMANN, K.E. & GROSSMANN, K. (1986). Phylogenetische und ontogenetische Aspekte der Entwicklung der Eltern-Kind Bindung und der kindlichen Sachkompetenz. *Zeitschrift für Entwicklungspsychologie und Pädagogische Psychologie, 18*, 387-415.

GUIRE, K. E. & KOWALSKI. C.J. (1979). Mathematical description and representation of developmental change functions on the intra- and interindividual levels. In J.R. NESSELROADE & P.B. BALTES (Eds.), *Longitudinal research in the study of behavior and development* (pp. 89-110). New York: Academic Press.

GUITON, P. (1961). The influence of imprinting on the agonistic and courtship responses of the Brown Leghorn cock. *Animal Behavior, 9*, 167-177.

GUITON, P. (1962). The development of sexual responses in the domestic fowl in relation to the concept of imprinting. *Symposium of the Zoological Society of London, 8*, 237-243.

GUTHKE, J., BOETTCHER, H.R. & SPRUNG, L. (Hrsg.). (1990). *Psychodiagnostik*. Berlin: Deutscher Verlag der Wissenschaften.

GUTJAHR, G. (1985). *Psychologie des Interviews in Theorie und Praxis*. Heidelberg: Sauer.

HAECKEL, E. (1866). *Generelle Morphologie der Organismen*. Berlin: Reimer.

HALISCH, F. & HOFFMANN, E. (1980). Hilfehandeln bei Sieben- bis Zehnjährigen in Abhängigkeit vom sozial-kognitiven und vom motivationalen Entwicklungsstand. *Zeitschrift für Entwicklungspsychologie und Pädagogische Psychologie, 12*, 3–29

HALL, G.S. (1891). The contents of children's minds on entering school. *Pedagogical Seminary, 1*, 139-173.

HALL, G.S. (1904). *Adolescence*. New York: Appleton.

HALVERSON, C.F. & WALDROP, M.F. (1970). Maternal behavior toward own and other preschool children: The problem of „owness". *Child Development, 41*, 838-845.

HARDACH-PINKE, L. & HARDACH, G. (Hrsg.). (1978). *Deutsche Kindheiten*. Kronberg/Ts.: Athenäum.

HARLOW, H.F (1959). Love in infant monkeys. *Scientific American, 200*, 68-74.

HARLOW, H.F. (1961). The development of affectional patterns in infant monkeys. In B.M. Foss (Ed.), *Determinants of infant behavior* (Vol. 1, pp. 75-89). London: Wiley.

HARLOW, H.F. (1963). The maternal affectional system. In B.M. Foss (Ed.), *Determinants of infant behavior* (Vol. 2, pp. 3-33). London: Wiley.

HARLOW, H.F. & HARLOW, M.K. (1962). Social deprivation in monkeys. *Scientific American, 107*, 136-146.

HARLOW, H.F. & HARLOW, M.K. (1969). Effects of various mother-infant relationships on rhesus monkey behaviors. In B.M. Foss (Ed.), *Determinants of infant behavior* (Vol. 4, pp. 15-36). London: Methuen.

HARMAN, H.H. (1967). *Modern factor analysis*. (2nd ed.). Chicago, Ill.: University of Chicago Press.

HARRIS, C.W. (Ed.). (1963). *Problems in measuring change* (2nd ed. 1967). Madison: University of Wisconsin Press.

HARRIS, D.B. (Ed.). (1957). *The concept of development*. Minneapolis: Minnesota University Press.

HARRIS, E.K. (1946). The responsiveness of kindergarten children to the behavior of their fellows. *Monographs of the Society for Research in Child Development, 11*(No. 2).

HAVIGHURST, R.J. (1948). *Developmental tasks and education*. New York: McKay. (3rd ed., 1972).

HAVIGHURST, R.J. & TABA, H. (1949). *Adolescent character and personality*. New York: Wiley.

HECKHAUSEN, H. (1964). Entwurf einer Psychologie des Spiels. *Psychologische Forschung, 27*, 225-243.

HECKHAUSEN, H. (1965). Wachsen und Lernen in der Genese von Persönlichkeitseigenschaften. In H. HECKHAUSEN (Hrsg.), *Bericht über den 24. Kongreß der Deutschen Gesellschaft für Psychologie in Wien* (S. 125-132). Göttingen: Hogrefe.

HECKHAUSEN, H. (1974a). Entwicklung, psychologisch betrachtet. In F.E. WEINERT, C.F. GRAUMANN, H. HECKHAUSEN & M. HOFER (Hrsg.), *Pädagogische Psychologie* (S. 67–99). Frankfurt/M.: Fischer.

HECKHAUSEN, H. (1974b). Faktoren des Entwicklungsprozesses. In F.E. WEINERT, C.F. GRAUMANN, H. HECKHAUSEN & M. HOFER (Hrsg.), *Pädagogische Psychologie* (S. 101-132). Frankfurt/Main: Fischer.

HECKHAUSEN, H. (1980). *Motivation und Handeln*. Berlin: Springer. (2. Aufl. 1989).

HECKHAUSEN, H. & ROELOFSEN, I. (1962). Anfänge und Entwicklung der Leistungsmotivation: (I) im Wetteifer des Kleinkindes. *Psychologische Forschung, 26*, 313-397.

HEINROTH, O. (1910). *Beiträge zur Biologie, namentlich Ethologie und Psychologie der Anatiden*. Verhandlungen des 5. Internationalen Ornithologenkongresses, Berlin (S. 589–702).

HEISS, R. (Hrsg.). (1964). *Handbuch der Psychologie* (Band 6: *Psychologische Diagnostik*). Göttingen: Hogrefe.

HELLBRÜGGE, T. (Hrsg.). (1978). *Münchner Funktionelle Entwicklungsdiagnostik*: 1. Lebensjahr. München: Urban & Schwarzenberg.

HELLER, K.A. & NICKEL, H. (Hrsg.). (1982). *Modelle und Fallstudien zur Erziehungs- und Schulberatung.* Bern: Huber.

HERRMANN, T. (Hrsg.). (1966). *Psychologie der Erziehungsstile.* Göttingen: Hogrefe.

HERRMANN, T. (1969). *Lehrbuch der empirischen Persönlichkeitsforschung.* Göttingen: Hogrefe. (4. Aufl. 1984).

HERRNSTEIN, R. (1973). *IQ in the Meritocracy.* Boston: Lane.

HERSKOWITZ, M. (1948). *Man and his works: The science of cultural anthropology.* New York: Knopf.

HERTZOG, C. & LERNER, R.M. (1990). Developmental rate. In T.M. THOMAS (Ed.), *The encyclopedia of human development and education. Theory, research, and studies* (pp. 171-174). Oxford: Pergamon Press.

HESS, E.H. (1962). Imprinting and the „critical period" concept. In E.L. BLISS (Ed.), *Roots of behavior* (pp. 254–263). New York: Harper.

HESS,, E.H. (1964). Imprinting in birds. *Science, 146,* 1128–1139.

HESS, E.L. (1975). *Prägung.* München: Kindler.

HETHERINGTON, E.M. (1965). A developmental study of the effects of sex of the dominant parent on sex-role preference, identification and imitation in children. *Journal of Personality and Social Psychology, 2,* 188-194.

HETHERINGTON, E.M. (1967). The effects of familial variables on sex typing, on parent-child similarity, and on imitation in children. In J.P. HILL (Ed.), *Minnesota Symposia on Child Psychology* (Vol. 1, pp. 82-107). Minneapolis: University of Minnesota Press.

HETHERINGTON, E.M. & MCINTYRE, C.W. (1975). Developmental psychology. In M.R. ROSENZWEIG & L.W. PORTER (Eds.), *Annual Review of Psychology*(pp. 97-136). Palo Alto, Calif.: Annual Reviews.

HETHERINGTON, E.M. & PARKE, R. (Eds.). (1988). *Contemporary readings in child psychology.* New York: McGraw Hill.

HETZER, H. (1962). *Entwicklungstestreihen für das Schulalter (HETR).* Weilburg: Pädagogisches Institut.

HILGARD, E.R. & BOWER, G.H. (1970/71). *Theorien des Lernens* (2 Bde.). Stuttgart: Klett. (Original erschienen 1966: *Theories of learning,* 3rd ed.).

HINDE, R.A. (1961). The establishment of the parent-offspring relation in birds, with some mammalian analogies. In W.H. THORPE & O.L. ZANGWILL (Eds.), *Current problems in animal behaviour.* Cambridge: Cambridge University Press.

HINDE, R.A. (1962). Sensitive periods and the development of behavior. *Little Club Clinic in Developmental Medicine, 7,* 25-36.

HINDE, R.A. (1983). Ethology and child development. In P.H. MUSSEN (Ed.), *Handbook of child psychology. Infancy and developmental psychology* (Vol. 2, p. 27-93). New York: Wiley.

HINDE, R.A. THORPE, W.H. & VINCE, M.A. (1956). The following responses of young coots and moorhens, *Behaviour, 9,* 214–242.

HIRSCH, J. (1963). Behavior genetics and individuality understood. *Science, 142,* 1436–1442.

HIRSCH, J. (1967). *Behavior-genetic analysis.* New York: McGraw Hill.

HIRSCH, J. (1970). Heritability and racial intelligence, simplism and fallacy. *Special Bulletin. Cambridge Society for Social Responssibility in Science,* July 1970.

HÖHN, E. (1959). Geschichte der Entwicklungspsychologie und ihrer wesentlichen Ansätze. In H. THOMAE (Hrsg.), *Handbuch der Psychologie* (Bd. 3: *Entwicklungspsychologie,* S. 21-45). Göttingen: Hogrefe.

HÖHN, E & SEIDEL, G. (1976). *Das Soziogramm. Die Erfassung von Gruppenstrukturen.* Göttingen: Hogrefe.

HÖRMANN, H. (1964). Aussagemöglichkeiten psychologischer Diagnostik. *Zeitschrift für experimentelle und angewandte Psychologie, 11,* 353-390.

HÖRMANN, H. (1967). *Psychologie der Sprache.* Heidelberg: Springer. (2. Aufl. 1970).

HOFER, M. (1974). Das Experiment in der Pädagogischen Psychologie. In F.E. WEINERT, C.F. GRAUMANN, H. HECKHAUSEN & M. HOFER (Hrsg.), *Pädagogische Psychologie* (S. 711-735). Frankfurt/M: Fischer.

HOFSTÄTTER, P.R. (1938). Über Faktorenanalyse. *Archiv für die gesamte Psychologie, 100,* 223-280.

HOFSTÄTTER, P.R. (1971). *Differentielle Psychologie* (Kröners Taschenausgabe, Band 403). Stuttgart: Kröner.

HOLDEN, C. (1980). Twins reunited. *Science, 80*(November), 55-59.

HOLLING, H. (1989). Multivariate Analyseverfahren: Eine kritische Betrachtung der Anwenderpraxis. In H. KELLER (Hrsg.), *Handbuch der Kleinkindforschung* (S. 313-336). Berlin: Springer.

HOLZINGER, K.J. (1929). The relative effect of nature influences on twin differences. *Journal of Educational Psychology, 20,* 241-248.

HOLZKAMP, K. (1972). Soziale Kognition. In C.F. GRAUMANN (Hrsg.), *Handbuch der Psychologie* (Band 7: *Sozialpsychologie,* 2. Halbband, S. 1263-1341). Göttingen: Hogrefe.

HOPPE, S., SCHMID-SCHÖNBEIN, C. & SEILER, T.B. (1977). *Entwicklungssequenzen.* Bern: Huber.

HOPPE-GRAFF, S. (1983). „Stufe" und „Sequenz" als beschreibende und erklärende Konstrukte der Entwicklungspsychologie. In R.K. SILBEREISEN & L. MONTADA (Hrsg.), *Entwicklungspsychologie. Ein Handbuch in Schlüsselbegriffen* (S. 55-60). München: Urban & Schwarzenberg.

HOPPE-GRAFF, S. (1984). *Methoden der Entwicklungspsychologie* (Unveröffentl. Skript). Heidelberg: Psychologisches Institut

HOPPE-GRAFF, S. (1989). Die Tagebuchaufzeichnung: Plädoyer für eine vergessene Form der Längsschnittbeobachtung. In H. KELLER (Hrsg.), *Handbuch der Kleinkindforschung* (S. 233-251). Berlin: Springer.

HORN, W. (1962). *Leistungsprüfsystem (LPS).* Göttingen: Hogrefe. (2. Aufl. 1983).

HUBER, O. (1987). *Das psychologische Experiment.* Bern: Huber.

HULL, C.L. (1930). Knowledge and purpose as habit mechanisms. *Psychological Review, 37,* 511-525.

HURLOCK, E.H. (1970). *Die Entwicklung des Kindes.* Weinheim: Beltz. (Original erschienen 1964: *Child development).*

Hurrelmann, K. & Ulich, D. (Hrsg.). (1980). *Handbuch der Sozialisationsforschung*. Weinheim: Beltz. (4. Aufl. 1991)

Hydén, H. (1969). Biochemical aspects of learning and memory. In K.H. Pribram (Ed.), *On the biology of learning*. (pp. 95–125). New York: Harcourt, Brace & World.

Ingenkamp, K. (1985). *Lehrbuch der Pädagogischen Diagnostik*. Weinheim: Beltz.

Irle, M. (1955). *Berufs-Interessen-Test (BIT)*. Göttingen: Hogrefe.

Irle, M. (1975). *Lehrbuch der Sozialpsychologie* Göttingen: Hogrefe.

Jeffrey, W.E. (1965). Variables affecting reversal-shifts in young children. *American Journal of Psychology, 78*, 589-595.

Jensen, A.R. (1969). How much can we boost IQ and scholastic achievment? *Harvard Educational Review, 39*, 1-123. (Deutsch: Wie sehr können wir IQ und Schulleistungen steigern? In H. Skowronek (Hrsg.), *Umwelt und Begabung* (S. 63-155). Stuttgart: Klett).

Jensen, A.R. (1972). *Genetics and education*. London: Methuen.

Jensen, A.R. (1973a). *Educability and group differences*. New York: Methuen.

Jensen, A.R. (1973b). *Educational differences*. London: Methuen.

Jinks, J.L. & Fulker, D.W. (1970). Comparsion of the biometrical genetical, MAVA, and classical approaches to the analysis of human behavior. *Psychological Bulletin, 73*, 311–349.

Joerger, K. (1973). *Gruppentest für die soziale Einstellung* (3. Aufl.). Göttingen: Hogrefe.

Johnson, O.G. (1971). *Tests and measurements in child development: A handbook*. San Francisco: Jossey Bass.

Johnson, O.G. (1976). *Tests and measurements in child development: Handbook II*. San Francisco: Jossey Bass.

Johnston, J.M. (1972). Punishment of human behavior. *American Psychologist, 27*, 1033-1054.

Jones, H.E. (1955). Perceived differences among twins. *Eugenics Quarterly, 5*, 98-102.

Jones, M.C. (1924a). A laboratory study of fear: The case of Peter. *Pedagogical Seminary, 31*, 308-315.

Jones, M.C. (1924b). The elimination of children's fears. *Journal of Experimental Psychology, 7*, 382-390.

Kagan, J. (1965). Reflection-impulsivity and reading ability in primary grade children. *Child Development, 36*, 609-628.

Kagan, J. (1969). Inadequate evidence and illogical conclusions. *Harvard Educational Review, 39*, 274–277.

Kagan, J. (1987). *Die Natur des Kindes*. München: Piper. (Original erschienen 1984: *The nature of the child*.)

Kagan, J. & Moss, H.A. (1962). *Birth to maturity*. New York: Wiley.

Kamin, L.J. (1974). *The science and politics of IQ*. Potomac, Md.: Erlbaum.

Kanfer, F.H. & Phillips, J.S. (1975). *Lerntheoretische Grundlagen der Verhaltenstherapie*. München: Kindler (Original erschienen 1970: *Learning foundations of behavior therapy*).

Kaplan, A.R. (Ed.). (1974). *Human behavior genetics*. Springfield, Ill.: Thomas.

Kardiner, A. (1945). *The psychological frontiers of society*. New York: Columbia University Press.

Karpoe, K.P. & Olney, R.L. (1983). The effect of boys' or girls' toys on sex-typed play in preadolescents. *Sex Roles, 9*, 507-518.

Keller, H. (Hrsg.). (1989). *Handbuch der Kleinkindforschung*. Berlin: Springer.

Keller, H. & Boigs, R. (1989). Entwicklung des Explorationsverhaltens. In H. Keller (Hrsg.), *Handbuch der Kleinkindforschung* (S. 443-464). Berlin: Springer.

Kellogg, R. (1979). *Children's drawings. Children's minds*. New York: Avon.

Kendler, H.H. & Kendler, T.S. (1961). Effects of verbalization on discrimination reversal shifts in children. *Science, 134*, 1619-1620.

Kendler, H.H. & Kendler, T.S. (1975). From discrimination learning to cognitive development: A neobehavioristic odyssey. In W.K. Estes (Ed.), *Handbook of learning and cognitive processes* (Vol. 1, pp. 191-247). Hillsdale, NJ: Erlbaum.

Kendler, T.S. (1963). Development of mediating responses in children. *Monographs of the Society for Research in Child Development, 28*, 33-52.

Kendler, T. S., Kendler, H.H. & Learnard, S. (1962). Mediated responses to size and brightness as a function of age. *American Journal of Psychology, 75*, 571-586.

Kendler, T.S., Kendler, H.H. & Wells, D. (1960). Reversal and nonreversal shifts in nursery school children. *Journal of Comparative and Physiological Psychology, 53*, 83-88.

Kessen, W. (1960). Research design in the study of developmental problems. In P.H. Mussen (Ed.), *Handbook of research methods in child development* (pp. 36-70). New York: Wiley.

Kessen, W. (1965). *The child*. London: Wiley & Sons.

Kimble, G.A. (1961). *Hilgard and Marquis' Conditioning and Learning* (2. Aufl.). New York: Appleton-Century-Crofts.

King, J.A. (1958). Parameters relevant to determining the effect of early experience upon the adult behavior of animals. *Psychological Bulletin, 55*, 46-58.

Kingsley, R.C. & Hall, V.C. (1967). Training conservation through the use of learning sets. *Child Development, 38*, 1111-1126.

Klauer, K.J. (1975a). Auswege aus der Jensen-Debatte. *Psychologie heute, 2*(8), 27-34.

Klauer, K.J. (1975b). *Intelligenztraining im Kindesalter*. Weinheim: Beltz.

Kluckhohn, C. (1939). Theoretical bases for an empirical method of studying the acquisition of culture by individuals. *Man, 39*, 98-105.

König, R. (Hrsg.). (1956). *Beobachtung und Experiment in der Sozialforschung*. Köln: Kiepenheuer & Witsch. (5. Aufl. 1967).

Kohlberg, L. (1966). A cognitive-developmental analysis of children's sex-role concepts and attitudes. In E.E. Maccoby (Ed.), *The development of sex differences* (pp. 82-173). Stanford: Stanford University Press. (Deutsch: Analyse der Geschlechtsrollen-Konzepte und -Attitüden bei Kindern unter dem Aspekt der kognitiven Entwicklung. In L. Kohlberg, *Zur kognitiven Entwicklung des Kindes* (S. 334-471). Frankfurt/M.: Suhrkamp).

Kovach, J.K., Fabricius, E. & Falt, L. (1966). Relationship between imprinting and perceptual learning. *Journal of Comparative and Physiological Psychology, 56*, 461-464.

Kraiker, C. (Hrsg.). (1974). *Handbuch der Verhaltenstherapie*. München: Kindler.

Krampen, M. (1991). *Children's drawings. Iconic coding of the environment*. New York: Plenum Press.

KRAPP, A. & SCHIEFELE, H. (1976). *Lebensalter und Intelligenzentwicklung.* München: Oldenbourg.

KRASNOGORSKI, N. (1907). Über die Bildung der künstlichen bedingten Reflexe bei Säuglingen. *Ruski Wratsch, 36,* 1245.

KRASNOGORSKI, N. (1926). Die letzten Fortschritte in der Methodik der Erforschung der bedingten Reflexe an Kindern. *Jahrbuch für Kinderheilkunde, 114,* 255-267.

KREBS, D. & GILLMORE, J. (1982). The relationship among the first stages of cognitive development, role-taking abilities, and moral development. *Child Development, 53,* 877-886.

KUENNE, M.R. (1946). Experimental investigation of the relation of language to transposition behavior in young children. *Journal of Experimental Psychology, 36,* 471-490.

KUHLEN, V. (1972). *Verhaltenstherapie im Kindesalter.* München: Juventa.

LANGER, J. (1969). *Theories of development.* New York: Rinehart & Winston.

LEFRANCOIS, G.R. (1976). *Psychologie des Lernens.* Berlin: Springer.

LERNER, R.M (Ed.). (1983). *Developmental psychology: Historical and philosophical perspectives.* Hillsdale, NJ: Erlbaum.

LERNER, R.M. & BUSCH-ROSSNAGEL, N.A. (Eds.). (1981). *Individuals as producers of their development: A life-span perspective.* New York: Academic Press.

LERNER, R.M. & HULTSCH, D.F. (1983). *Human development. A life-span perspective.* New York: McGraw Hill.

LEVINSON, B. & REESE, H.W. (1967). Patterns of discrimination set in preschool, fifth graders, college freshmen, and the aged. *Monographs of the Society for Research in Child Development, 32* (No. 64).

LEVY, D.M. (1936). Hostility patterns in sibling rivalry experiments. *American Journal of Orthopsychiatry, 6,* 183-257.

LEWIN, K. (1935). *Dynamic theory of personality.* New York: McGraw Hill.

LEWIN, K. (1954). Behavior and development as a function of the total situation In L. CARMICHAEL (Ed.), *Manual of child psychology* (pp. 918-970). New York: Wiley.

LEWIS, M. (1972). Cross-cultural studies of mother-infant interaction: Description and consequence. *Human Development, 15,* 75-76.

LEWIS, M. & BROOKS, J. (1974). Self, other, and fear: Infant's reactions to people. In M. LEWIS & L.A. ROSENBLUM (Eds.), *The origins of fear* (pp. 195–227). New York: Wiley.

LEWIS, M., WALL, A.M. & ARONFREED, J. (1963). Developmental change in the relative values of social and nonsocial reinforcement. *Journal of Experimental Psychology, 66,* 133-137.

LEWONTIN, R. (1986). *Menschen. Genetische, kulturelle und soziale Gemeinsamkeiten.* Heidelberg: Spektrum der Wissenschaft.

LEWONTIN, R.C., ROSE, S. & KAMIN, L.J. (1984). *Not in our genes.* New York: Pantheon Books.

LIEGLE, L. (1971). *Familie und Kollektiv im Kibbuz.* Weinheim: Beltz.

LIEGLE, L. (1980). Kulturvergleichende Ansätze in der Sozialisationsforschung. In K. HURRELMANN & D. ULICH (Hrsg.), *Handbuch der Sozialisationsforschung* (S. 197–225). Weinheim: Beltz.

LIENERT, G.A. (1969). *Testaufbau und Testanalyse* (3. Aufl.). Weinheim: Beltz. (4. Aufl. 1989).

LINTON, R. (1936). *The study of man.* New York: Appleton-Century.

LOCKOWANDT, O. (1979). *Frostigs Entwicklungstest der visuellen Wahrnehmung (FEW)* (3. Aufl.). Weinheim: Beltz.

LOEHLIN, J.C. & NICHOLS, R. (1976). *Heredity, environment, and personality: A study of 850 sets of twins.* Austin: University of Texas Press.

LOEHLIN, J.C., WILLERMAN, L. & HORN, J.M. (1988). Human behavior genetics. *Annual Review of Psychology, 39,* 101-133.

LOHAUS, A. (1983). *Möglichkeiten individuumzentrierter Datenerhebung.* Münster: Aschendorff.

LOHAUS, A. (1986). Datenerhebung bei Vorschulkindern: Ein Vergleich von Rollenspiel, Puppenspiel und Interview. *Psychologie in Erziehung und Unterricht, 33,* 196-204.

LOHAUS, A. (1989). *Datenerhebung in der Entwicklungspsychologie: Problemstellungen und Forschungsperspektiven.* Bern: Huber.

LOHAUS, A. (1990). *Gesundheit und Krankheit aus der Sicht von Kindern.* Göttingen: Hogrefe.

LOHAUS, A. & SCHORSCH, S. (1990). Zur Entwicklung verbaler und nonverbaler Kommunikationsfertigkeiten im Kindesalter. *Zeitschrift für Pädagogische Psychologie, 4,* 137-145.

LOOFT, W.R. (1972). The evolution of developmental psychology. *Human Development, 15,* 187-201.

LORD, F.M. (1956). The measurement of growth. *Educational and Psychological Measurement, 16,* 421-437.

LORD, F.M. (1958). Further problems in the measurement of growth.*Educational and Psychological Measurement, 18,* 437-451.

LORD, F.M. (1963). Elementary models for measuring change. In C.W. HARRIS (Ed.), *Problems in measuring change* (pp. 21-38). Madison, Wisc.: University of Wisconsin Press.

LORD, F.M. & NOVICK, M.R. (1968). *Statistical theories of mental test scores.* Reading, Mass.: Addison-Wesley.

LORENZ, K. (1935). Der Kumpan in der Umwelt des Vogels. *Journal für Ornithologie, 83,* 137-213, 289-413.

LORENZ, K. (1955). Morphology and behavior patterns in closely allied species. In B. SCHAFFNER (Ed.), *Group processes* (pp. 168-218). New York: Macy.

LORF, M. (1966). Entwicklungsbedingungen der Differenzierungsfähigkeit im Kleinkind- und Vorschulalter. *Probleme und Ergebnisse der Psychologie, 17,* 7–33.

LOVASS, O.I. (1967). A behavior therapy approach to the treatment of childhood schizophrenia. In J.P. HILL (Ed.), *Minnesota symposia on child psychology,* Vol. 1 (pp. 108–159). Minneapolis: University of Minnesota Press.

LOVELL, K. & OGILVIE, E.A. (1960). A study of the conservation of substance in the junior school child. *British Journal of Educational Psychology, 30,* 109-118.

LURIA, A.R. (1961). *The role of speech in the regulation of normal and abnormal behaviors.* New York: Liveright.

LURIA, A.R. (1967). Die Entwicklung der Sprache und die Entstehung psychischer Prozesse. In H. HIEBSCH (Hrsg.), *Ergebnisse der sowjetischen Psychologie.* Berlin: Akademie-Verlag.

LURIA, A.R. (1969). Experimentelle Analyse der Entwicklung willensmäßiger Handlungen bei Kindern. In J.C. BRENGELMANN & H.P. DAVID (Hrsg.), *Perspektiven der Persönlichkeitsforschung* (S. 107-115). Bern: Huber.

LUSH, J.L. (1937). *Animal breeding plans.* Ames, Iowa: Collegiate Press.

LYTTON, H. (1977). Do parents create, or respond to, differences in twins? *Developmental Psychology, 13,* 456-459.

MACCOBY, E.E. (1980). *Social development.* New York: Harcourt Brace Jovanovich.

MACCOBY, E.E. & MARTIN, J.A. (1983). Socialization in the context of the family. In P.H. MUSSEN (Ed.), *Handbook of child psychology* (Vol.4, pp. 1-101). New York: Wiley.

MACCOBY, E.E. & MASTERS, J.C. (1970). Attachment and dependency. In P.H. MUSSEN (Ed.), *Carmichaels' Manual of Child Psychology* (Vol. 2, pp. 73-157). New York: Wiley.

MAHLER, M.S. & LAPERRIERE, K. (1965). Mother-child interaction during separation-individuation. *Psychoanalytic Quarterly, 34,* 483-498.

MARCUS, D.E. & OVERTON, W.F. (1978). The development of cognitive gender constancy and sex role preferences. *Child Development, 49,* 434-444.

MARGRAF-STIKSRUD, J. (1989). Entwicklungsdiagnostik. In H. KELLER (Hrsg.), *Handbuch der Kleinkindforschung* (S. 557-571). Berlin: Springer.

MARJORIBANKS, K. (1972). Environment, social class, and mental abilities. *Journal of Educational Psychology, 63,* 103-109. (Deutsch: Umwelt, soziale Schicht und Intelligenz. In C.F. GRAUMANN & H. HECKHAUSEN (Hrsg.), *Pädagogische Psychologie, 1. Entwicklung und Sozialisation* (S. 190-200). Frankfurt: Fischer Taschenbücher, 1973.)

MARKS, I.M. (1987). *Fears, phobias, and rituals.* New York: Oxford University Press.

MARQUIS, D.P. (1941). Learning in the neonate: The modification of behavior under three feeding conditions. *Journal of Experimental Psychology, 29,* 263-282.

MCCALL, R.B. (1970). Addendum. The use of multivariate procedures in developmental psychology. In P.H. MUSSEN (Ed.), *Carmichael's Manual of Child Psychology* (Vol. 1, pp. 1366-1377). New York: Wiley.

MCCALL, R.B. (1977). Challenges to a science of developmental psychology. *Child Development, 48,* 333-344.

MCCALL, R.B. (1981). Nature-nurture and the two values of development. A proposed integration with respect to mental development. *Child Development, 52,* 1–12.

MCCALL, R.B., APPELBAUM, M.I. & HOGARTY, P.S. (1973). Developmental changes in mental performance. *Monographs of the Society for Research in Child Development , 42* (Serial No. 171).

MCCLEARN, G.E. & RODGERS, D.A. (1959). Differences in alcohol preference among inbred strains of mice. *Clinical Studies of Alcoholic, 20,* 691-695.

MCDOUGALL, W. (1908). *An introduction to social psychology.* London: Methuen. (30th ed. 1950).

MEAD, G.H. (1934). *Mind, self, and society.* Chicago: University of Chicago Press.

MEAD, M. (1928). *Coming of age in Samoa.* New York: Morrow.

MEAD, M. (1930). *Growing up in New Guinea.* New York: Morrow.

MEDLEY, D.M. & MITZEL, H.E. (1963). Measuring classroom behavior by systematic observation. In

N. GAGE (Ed.), *Handbook of reserach on teaching* (pp. 247-328). Chicago: Rand McNally. (Deutsche Bearbeitung von SCHULTZ, W., TESCHNER, W.P. und VOGT, J.: Verhalten im Unterricht. Seine Erfassung durch Beobachtungsverfahren. In K. INGENKAMP (Hrsg.), *Handbuch der Unterrichtsforschung* (Teil I, S. 633-852). Weinheim: Beltz, 1970).

MEICHENBAUM, D. (1977). *Cognitive-behavior modification: An integrative approach*. New York: Plenum Press. (Deutsche Ausgabe 1979: *Kognitive Verhaltensmodifikation*. München: Urban & Schwarzenberg).

MERZ, F. (1964). Tests für Prüfung spezieller Fähigkeiten. In R. HEISS (Hrsg.), *Handbuch der Psychologie. Band 6: Psychologische Diagnostik* (S. 411–458). Göttingen: Hogrefe.

MERZ, F. (1971). Experiment. In W. ARNOLD, H.J. EYSENCK & R. MEILI (Hrsg.), *Lexikon der Psychologie* (Band 1, S. 556-563). Freiburg: Herder.

MERZ, F. & KALVERAM, K. (1965) Kritik der Differenzierungshypothese der Intelligenz. *Archiv für die gesamte Psychologie, 117*, 287-295.

MERZ, F. & STELZL, I. (1973). Modellvorstellungen über die Entwicklung der Intelligenz in Kindheit und Jugend. *Zeitschrift für Entwicklungspsychologie und Pädagogische Psychologie, 5*, 153-166.

MERZ, F. & STELZL, I. (1977). *Einführung in die Erbpsychologie*. Stuttgart: Kohlhammer.

MESSICK, S. (1983). Assessment of children. In P.H. MUSSEN (Ed.), *Handbook of child psychology* (Vol.1, pp. 477-526). New York: Wiley.

MEYER, W.-U. & WACKER, A. (1970). Die Entstehung der erlebten Selbstverantwortlichkeit: (1) in Abhängigkeit vom Zeitpunkt der Selbständigkeitserziehung. *Archiv für die gesamte Psychologie, 122*, 24-39.

MIETZEL, G. (1989). *Wege in die Entwicklungspsychologie. Kindheit und Jugend*. München: Psychologie Verlags Union.

MILLER, N.E. (1969). Learning of visceral and glandular responses. *Science, 163*, 434-445.

MILLER, N.E. & DOLLARD, J. (1941). *Social learning and imitation*. New Haven: Yale University Press.

MILLER, P.H. (1989). *Theories of developmental psychology* (2nd ed.). New York: Freeman.

MOLTZ, H. (1960). Imprinting: Empirical basis and theoretical significance. *Psychological Bulletin, 57*, 291-314.

MOLTZ, H. (1963). Imprinting: An epigenetic approach. *Psychological Review, 70*, 123-138.

MOLTZ, H. & ROSENBLUM, L.A. (1958a). Imprinting and associative learning: The stability of the following response in Peking ducks. *Journal of Comparative and Physiological Psychology, 51*, 580-583.

MOLTZ, H. & ROSENBLUM, L.A. (1958b). The relation between habituation and the stability of the following response. *Journal of Comparative and Physiological Psychology, 51*, 658-661.

MONTADA, L. (1980). Überlegungen zu einer Angewandten Entwicklungspsychologie. In *Bericht über die 4. Tagung Entwicklungspsychologie in Berlin 1979* (S. 9-29). Berlin: TUB-Dokumentation.

MONTADA, L. (1982). Entwicklung moralischer Urteilsstrukturen und Aufbau von Werthaltungen. In R. OERTER & L. MONTADA (Hrsg.), *Entwicklungspsychologie* (S. 633-673). München: Urban & Schwarzenberg.

MONTADA, L. (1983). Entwicklungspsychologie und praktisches Handeln. In R.K. SILBEREISEN & L. MONTADA (Hrsg.), *Entwicklungspsychologie. Ein Handbuch in Schlüsselbegriffen* (S. 21-31). München: Urban & Schwarzenberg.

MONTADA, L. (1984). Systematik entwicklungspsychologischer Forschung und ihre Anwendung. In

W.F. KUGEMANN & W. TOMAN (Hrsg.), *Studienmaterialien FIM–Psychologie. Studieneinheit Entwicklungspsychologie*. Erlangen/Tübingen: DIFF-Universität Erlangen-Nürnberg.

MONTADA, L. (1987a). Themen, Traditionen, Trends. In R. OERTER & L. MONTADA (Hrsg.), *Entwicklungspsychologie* (2. Aufl., S. 1-86).Weinheim: Psychologie Verlags Union.

MONTADA, L. (1987b). Systematik der Angewandten Entwicklungspsychologie: Probleme der Praxis, Beiträge der Forschung. In R. OERTER & L. MONTADA (Hrsg.), *Entwicklungspsychologie*. (2. Aufl., S. 769-788). München-Weinheim: PVU.

MONTADA, L. & FILIPP, S.H. (1979). Entwicklungspsychologische Grundlagen pädagogisch-psychologischer Entscheidungen. In J. BRANDTSTÄDTER, G. REINERT & K. SCHNEEWIND (Hrsg.), *Pädagogische Psychologie - Probleme und Perspektiven* (S. 525-545). Stuttgart: Klett-Cotta.

MONTADA, L., SETTER TO BULTE, U., SÜTTER, B. & WINTER, K. (1974). Strafwirkung als Funktion der Strafbewertung. *Zeitschrift für Entwicklungspsychologie und Pädagogische Psychologie*, 6, 75-89.

MORENO, J.L. (1951). *Sociometry, experimental method, and the science of society*. New York: Beacon House.

MOWRER, O.H. (1950). *Learning theory and personality dynamics*. New York: Ronald Press.

MOWRER, O.H. (1960). *Learning theory and the symbolic process*. New York: Wiley.

MÜHLE, G. (1970). Definitions- und Methodenprobleme der Begabungsforschung. In H. ROTH (Hrsg.), *Begabung und Lernen* (S. 69–97). Stuttgart: Klett (5. Aufl.).

MUMMENDEY, H.D. (1987). *Die Fragebogen-Methode*. Göttingen: Hogrefe.

MUNROE, R.H., MUNROE, R.L. & WHITING, B.B. (Eds.). (1981). *Handbook of cross-cultural human development*. New York: Garland.

MURRAY, H.A. (1943). *Thematic apperception test*. Cambridge, Mass.: Havard University Press.

MUNSINGER, H. (1975). The adopted child's IQ: A critical review. *Psychological Bulletin*, 82, 623-659.

MUSSEN, P.H. (Ed.). (1960). *Handbook of research methods in child development*. New York: Wiley. (2. Aufl. 1967).

MUSSEN, P.H. (Ed.). (1970). *Carmichael's Manual of Child Psychology* (2 Vols.). New York: Wiley.

MUSSEN, P.H. (Ed.). (1983). *Handbook of child psychology*. (4th. ed, Vol. I-IV). New York: Wiley.

MUSSEN, P.H., CONGER, J.J. & KAGAN, J. (1969). *Child development and personality*. New York: Harper & Row. (4th ed., 1974). (Deutsch: *Lehrbuch der Kinderpsychologie*. Stuttgart: Klett, 1976).

MUSSEN, P.H. & DISTLER, L. (1959). Masculinity, identification and father-son relationship. *Journal of Abnormal and Social Psychology*, 59, 350-356.

MUSSEN, P.H. & RUTHERFORD, E. (1963). Parent-child relations and parental personality in relation to young children's sex-role preferences. *Child Development*, 34, 589-607.

NAGEL, E. (1967). Determinism and development. In D.B. HARRIS (Ed.), *The concept of development* (2nd ed., pp. 15-24). Minneapolis, Minn.: University of Minnesota Press.

NASH, J.(1978). *Developmental psychology: A psychobiological approach*. (2nd ed.). Englewood Cliffs, NJ: Prentice-Hall.

NEILL, A.S. (1969). *Theorie und Praxis der antiautoritären Erziehung. Das Beispiel Summerhill*. Reinbek b. Hamburg: Rowohlt.

NESSELROADE, J.R. (1967). *A model for psychological states, moods, and role sets*. Paper presented at the conference of Modern Personality Theory. University of Illinois.

NESSELROADE, J.R. (1970). Application of multivariate strategies to problems of measuring and structuring long-term change. In L.R. GOULET & P.B. BALTES (Eds.), *Life-span developmental psychology: Theory and research* (pp. 193-207). New York: Academic Press.

NESSELROADE, J.R. & BALTES, P.B. (Eds.). (1979). *Longitudinal research in the study of behavior and development*. New York: Academic Press.

NESSELROADE, J.R. & REESE, H.W. (Eds.). (1973). *Life- span developmental psychology: Methodological issues*. New York: Academic Press.

NEUGARTEN, B.L. & DATAN, N. (1979). Soziologische Betrachtung des Lebenslaufs. In P.B. BALTES (Hrsg.), *Entwicklungspsychologie der Lebensspanne* (S. 361-378). Stuttgart: Klett-Cotta.

NEWMAN, B.M. & NEWMAN, P.R. (1975). *Development through life. A psychosocial approach*. Homewood, Ill.: Dorsey.

NEWMAN, H.H., FREEMANN, F.N. & HOLZINGER, K.J. (1937). *Twins - A study of heredity and environment*. Chicago: University of Chicago Press.

NEWTON, G. & LEVINE, S. (1968). *Early experience and behavior*. Urbana, Ill.: Thomas.

NICHOLS, R.C. (1978). Heredity and environment: Major findings from twin studies of ability, personality, and interests. *Homo, 29*, 158-173.

NICKEL, H. (1967). *Die visuelle Wahrnehmung im Kindergarten und Einschulungsalter*. Bern: Huber.

NICKEL, H. (1969a). Untersuchungen über den Einfluß eines besonderen Trainings auf die visuelle Differenzierungsfähigkeit 4- bis 5-jähriger Kinder. In M. IRLE (Hrsg.), *Bericht über den 26. Kongreß der Deutschen Gesellschaft für Psychologie* (S. 435–441). Göttingen: Hogrefe.

NICKEL, H. (1969b). Die Bedeutung planmäßiger Übung für die Entwicklung einer differenzierenden visuellen Auffassung im Vorschulalter. *Zeitschrift für Entwicklungspsychologie und Pädagogische Psychologie, 1*, 103–118.

NICKEL, H. (1972). *Entwicklungspsychologie des Kindes- und Jugendalters* (Bd. I). Bern: Huber.

NUNNALLY, J. (1967). *Psychometric theory*. New York: McGraw Hill.

NUNNALLY, J. (1973). Research strategies and measurement methods for investigating human development. In J.R. NESSELROADE & H.W. REESE (Eds.), *Life-span developmental psychology: Methodological issues* (pp. 87-109). New York: Academic Press.

NUNNALLY, J.C. (1979). Forschungsstrategien und Meßmethoden zur Untersuchung der menschlichen Entwicklung. In P.B. BALTES (Hrsg.), *Entwicklungspsychologie der Lebensspanne* (S. 111–134). Stuttgart: Klett-Cotta.

OERTER, R. (1970). *Moderne Entwicklungspsychologie* (8. Aufl.). Donauwörth: Auer. (20. Aufl. 1984).

OERTER, R. (1986). Developmental tasks through the life-span: A new approach to an old concept. In D.L. FEATHERMAN & R.M. LERNER (Eds.), *Life-span development and behavior* (Vol.7, pp. 233-271). New York: Academic Press.

OERTER, R. (1987). Der ökologische Ansatz. In R. OERTER & L. MONTADA (Hrsg.), *Entwicklungspsychologie* (2. Aufl., S. 87-128). Weinheim: Psychologie Verlags Union.

OERTER, R. & MONTADA, L. (Hrsg.). (1987). *Entwicklungspsychologie* (2. Aufl.). Weinheim: Psychologie Verlags Union.

OLBRICH, E. (1982). Die Entwicklung der Persönlichkeit im menschlichen Lebenslauf. In R. OERTER & L. MONTADA (Hrsg.), *Entwicklungspsychologie* (S. 91-123). München: Urban & Schwarzenberg.

OLBRICH, E. & TODT, E. (Hrsg.). (1984). *Probleme des Jugendalters*. Berlin: Springer.

OLSEN, W.C. (1929). *The measurement of nervous habits in normal children*. Minneapolis, Minn.: University of Minnesota Press.

OSGOOD, C.E. (1957). A behavioristic analysis of perception and language as cognitive phencmena. A Symposium held at the University of Colorado. *Contemporary approaches to cognition* (pp. 75-118). Cambridge, Mass.: Harvard University Press.

OSGOOD, C.E. (1961). Comment on Professor Bousfields paper. In C.N. COFER (Ed.), *Verbal learning and verbal behavior* (pp. 91-106). New York: McGraw Hill.

OSGOOD, C.E., SUCI, G.J. & TANNENBAUM, P.H. (1957). *The measurement of meaning*. Urbana, Ill.: The University of Illinois Press.

OVERTON, W.I. (1973). On the assumptive base of the nature-nurture controversy: Additive versus interactive conceptions. *Human Development*, 16, 74-89.

PALERMO, D.S. & HOWE, H.E. (1970). An experimental analogy to the learning of past tense inflection rules. *Journal of Verbal Learning and Verbal Behavior*, 9, 410-416.

PAPOUSEK, H. (1965). The development of higher nervous activity in children in the first half year of life. In P.H. MUSSEN (Ed.) *European research in cognitive development (Monographs of the Society for Research in Child Development, Vol. 30 , No. 2*, pp. 102-112).

PAPOUSEK, H. (1967a). Conditioning during early postnatal development. In Y. BRACKBILL & G.G. THOMPSON (Eds.), *Behavior in infancy and early childhood* (pp. 259-274). New York: Free Press.

PAPOUSEK, H. (1967b). Experimental studies of appetitional behavior in human newborns and infants. In H.W. STEVENSON, E.H. HESS & H.L. RHEINGOLD (Eds.), *Early behavior: Comparative and developmental approaches* (pp. 249–278). New York: Wiley.

PAPOUSEK, H. (1977). Entwicklung der Lernfähigkeit im Säuglingsalter. In G. NISSEN (Hrsg.), *Intelligenz, Lernen und Lernstörungen* (S. 75-93). Berlin: Springer.

PARKE, R.D. (1977). Some effects of punishment on children's behavior revisited. In E.M. HETHERINGTON & R.D. PARKE (Eds.), *Contemporary readings in child psychology* (pp. 208-220). New York: McGraw Hill.

PARRISH, M. LUNDY, R.M. & LEIBOWITZ, H.W. (1968). Hypnotic age-regression and magnitudes of the Ponzo and Poggendorf illusions. *Science*, 159, 1375-1376.

PARSONS, T. (1955). Family structure and the socialization of the child. In T. PARSONS & R.F. BALES (Eds.), *Family, socialization, and interaction process* (pp. 35-131). Glencoe, Ill.: Free Press.

PARSONS, T. (1964). *Social structure and personality*. London: Free Press of Glencoe.

PAULS, H. & JOHANN, A. (1984). Wie steuern Kinder ihre Eltern? *Psychologie in Erziehung und Unterricht*, 31, 22-32.

PAWLOW, I.P. (1953). *Sämtliche Werke* Band III und IV. Ost-Berlin: Akademie der Wissenschaften.

PAWLOW, I.P. (1972). *Die bedingten Reflexe. Eine Auswahl aus dem Gesamtwerk*. München: Kindler.

PERRY, D.G. & PERRY, L.C. (1975). Observational learning in children: Effects of sex of model and subject's sex role behavior. *Journal of Personality and Social Psychology*, 31, 1083-1088.

PERRY, D.G., PERRY, L.C. & RASMUSSEN, P. (1986). Cognitive social learning mediators of aggression. *Child Development, 57,* 700–711.

PETERMANN, F. (1978). *Veränderungsmessung.* Stuttgart: Kohlhammer.

PETERMANN, F. (1982). *Einzelfalldiagnose und klinische Praxis.* Stuttgart: Kohlhammer.

PETERMANN, F. (1983). Veränderungsmessung und Kausalmodelle. In R.K. SILBEREISEN & L. MONTADA (Hrsg.), *Entwicklungspsychologie. Ein Handbuch in Schlüsselbegriffen* (S.69-78). München: Urban & Schwarzenberg.

PETERMANN, F. (1986). Probleme und neuere Entwicklungen der Veränderungsmessung - ein Überblick. *Diagnostica, 32,* 4-16.

PIAGET, J. (1923). *Le langage et la pensée chez l'enfant.* Neuchâtel: Delacheaux et Niestlé. (Deutsche Ausgabe 1972: *Sprechen und Denken des Kindes.* Düssseldorf: Schwann).

PIAGET, J. (1936). *La naissance de l'intelligence chez l'enfant.* Neuchâtel: Delacheaux et Niestlé.(Deutsche Ausgabe 1969: *Das Erwachen der Intelligenz beim Kinde.* Stuttgart: Klett).

PIAGET, J. (1937). *La construction du réel chez l'enfant.* Neuchâtel: Delacheaux et Niestlé. (Deutsche Ausgabe 1975: *Der Aufbau der Wirklichkeit beim Kinde.* Stuttgart: Klett).

PIAGET, J. (1945). *La formation du symbole chez l'enfant.* Neuchâtel: Delacheaux et Niestlé (Deutsche Ausgabe 1969: *Nachahmung, Spiel und Traum.* Stuttgart: Klett).

PIAGET, J. (1969). *Nachahmung, Spiel und Traum.* Stuttgart: Klett. (Original erschienen 1945: *La formation du symbole chez l'enfant*)

PIAGET, J. (1970). Piagets theory. In P.H. MUSSEN (Ed.), *Carmichael's Manual of Child Psychology* (Vol. 1, pp. 703-732). New York: Wiley.

PIAGET, J. (1975). *Biologische Anpassung und Psychologie der Intelligenz.* Stuttgart: Klett-Cotta. (Original erschienen 1974: *Adaptation vitale et psychologique de l'intelligence: Sélection organique et phénocopie).*

PIAGET, J. (1976). *Die Äquilibration der kognitiven Strukturen.* Stuttgart: Klett, (Original erschienen 1975: *L'équilibration des structures).*

PINNEAU, S.R. & NEWHOUSE, A. (1964). Measures of invariance and comparability in factor analysis for fixed variables. *Psychometrika, 29,* 271-281.

PLOMIN, D.G. &DANIELS, D. (1987). Why are children in the same family so different from one another? *Behavioral and Brain Sciences, 10,* 1–59.

PLOMIN, R. & DEFRIES, J.C. (1980). Genetics and intelligence: Recent data. *Intelligence, 4,* 15-24.

PLOMIN, R. & DEFRIES, J.C. (1985). *Origins of individual differences in infancy: The Colorado Adoption Project.* New York: Academic Press.

PLOMIN, R. DEFRIES, J.C. &MCCLEARN, G.E. (1990). *Behavioral genetics: A primer.* (2nd ed.) New York: Freeman.

POLLOCK, L.A. (1983). *Forgotten children. Parent-child relations from 1500 to 1900.* Cambridge: Cambridge University Press.

PRESSEY, S.L., JANNEY, J.E. & KUHLEN, R.G. (1939). *Life: A psychological survey.* New York: Harper.

PREYER, W. (1982). *Die Seele des Kindes.* Leipzig: Grieben.

RACHMAN, S. (1970). *Verhaltenstherapie bei Phobien.* München: Urban & Schwarzenberg.

RADKE-YARROW, M.J. (1960). The measurement of children's attitudes and values. In P.H. MUSSEN (Ed.), *Handbook of research methods in child development* (pp. 645-687). New York: Wiley.

RAMSAY, O.A. & HESS, E.H. (1954). A laboratory approach to the study of imprinting. *Wilson Bulletin*, 66, 196-206.

RAUH, H. (1979). Zusammenhangsmuster in der frühkindlichen Entwicklung. In L. MONTADA (Hrsg.), *Brennpunkte der Entwicklungspsychologie* (S. 119-143). Stuttgart: Kohlhammer

RAVEN, J.C. (1973). *The Coloured Progressive Matrices (CPM)* (11. Aufl.). London: Lewis & Co. Ltd.

REESE, H.W. & LIPSITT, L.P. (1970). *Experimental child psychology*. New York: Academic Press.

REINERT, G. (1964). Entwicklungstests. In R. HEISS (Hrsg.), *Handbuch der Psychologie* (Band 6: *Psychologische Diagnostik*, S. 280-351). Göttingen: Hogrefe.

REINERT, G. (1970). Comparative factor analytic studies of intelligence throughout the human life span. In L.R. GOULET & P.B. BALTES (Eds.), *Life-span developmental psychology: Theory and research* (pp. 467-484). New York: Academic Press.

REINERT, G. (1976). Grundzüge einer Geschichte der Human-Entwicklungspsychologie. In H. BALLMER (Hrsg.), *Die Psychologie des 20. Jahrhunderts* (Band I, S. 826-896). Zürich: Kindler.

REMPLEIN, H. (1958). *Die seelische Entwicklung des Menschen im Kindes- und Jugendalter* (7. Aufl.). München: Reinhardt.

RENNEN, R. & RENNEN-ALLHOFF, B. (1987). *Entwicklungstests für das Säuglings-, Kleinkind- und Vorschulalter*. Berlin: Springer.

RESNICK, L.B. & WEAVER, P.B. (Eds.). (1979). *Theory and practice in early reading*. Hillsdale, N.J: Erlbaum.

RHEINGOLD, H.L. (1956). The modification of social responsiveness in institutional babies. *Monographs of the Society for Research in Child Development*, 21 (No. 63).

RHEINGOLD, H.L. (1969). The social and socializing infant. In D.A. GOSLIN (Ed.), *Handbook of socialization theory and research* (pp. 779-790). Chicago: Rand McNally.

RHEINGOLD, H.L., GEWIRTZ, J. & ROSS, H. (1959). Social conditioning of vocalizations in the infant. *Journal of Comparative and Physiological Psychology*, 52, 68-73.

RIBEAUPIERRE, A. DE (Ed.). (1989). *Transition mechanisms in child development: The longitudinal perspective*. Cambridge: Cambridge University Press.

RICHTER, H.-G. (1987). *Die Kinderzeichnung. Entwicklung - Interpretation - Ästhetik*. Düsseldorf: Schwann.

RIEGEL, K.F. & RIEGEL, R.M. (1972). Development, drop, and death. *Developmental Psychology*, 6, 306-319.

RIESEN, A.H. (1950). Arrested vision. *Scientific American*, 183, 16-19.

RISLEY, T.R. & BAER, D.M. (1973). Operant behavior modification: The deliberate development of behavior. In B.M. CALDWELL & H. RICIUTTI (Eds.), *Review of child development research* (Vol. 3, pp. 283-329). Chicago: University of Chicago Press.

RORSCHACH, H. (1921). *Psychodiagnostik*. Bern: Huber. (3. Aufl. 1937).

ROSE, C.L. (1965). Representativeness of volunteer subjects in a longitudinal aging study. *Human Development*, 8, 152-156.

Rosenthal, T.L. & Zimmerman, B.J. (1978). *Social learning and cognition*. New York: Academic Press.

Rosenzweig, S. (1957). *Rosenzweig Picture Frustration Test (PFT)*. Deutsche Bearbeitung: Duhm, E. & Hansen, J. (Form für Kinder), Hörmann, H. & Moog, W. (Form für Erwachsene). Göttingen: Hogrefe.

Rosow, I. (1978). What's a cohort and why. *Human Development*, 24, 1-12.

Roth, E. (1972). *Werteinstellungstest*. Bern: Huber.

Rousseau, J.J. (1762). *Émile ou de l'education*. Paris: Naulme.

Rudinger, G. (1975). Die Bedeutung von Längsschnitt- und Querschnittuntersuchungen für die Messung intra- und interindividueller Differenzen. *Berichte aus dem Psychologischen Institut der Universität Bonn*. Bonn: Psychologisches Institut.

Rudinger, G. (1978). Erfassung von Entwicklungsveränderungen im Lebenslauf. In H. Rauh (Hrsg.), *Jahrbuch für Entwicklungspsychologie, 1*, (S. 157–214). Stuttgart: Klett-Cotta.

Rudinger, G. (1983). Methodologie und Datengewinnung. In R.K. Silbereisen & L. Montada (Hrsg.), *Entwicklungspsychologie. Ein Handbuch in Schlüsselbegriffen* (S. 35–44). München: Urban & Schwarzenberg.

Rudinger, G. & Lautermann, E.-D. (1978). Probleme der Veränderungsmessung in individuellen und gruppentypischen Entwicklungsverläufen. In R. Oerter (Hrsg.), *Entwicklung als lebenslänglicher Prozeß - Aspekte und Perspektiven*. Hamburg: Hoffmann und Campe.

Russell, W.A. (1957). An experimental psychology of development: Pipe dream or possibility? In D.B. Harris (Ed.), *The concept of development* (pp. 162-174). Minneapolis, Minn.: University of Minnesota Press. (2. Aufl. 1967).

Rutter, M. (1978). *Bindung und Trennung in der frühen Kindheit*. München: Juventa. (Original erschienen 1972: *Maternal deprivation reassessed*).

Sackett, G.P. (1965). Effects of rearing conditions upon the behavior of rhesus monkeys. *Child Development*, 36, 855-868.

Sader, M. (1969). Rollentheorie. In C.F. Graumann (Hrsg.), *Handbuch der Psychologie, Band 7: Sozialpsychologie, 1. Halbband*, 204-231.

Sameroff, A.J. (1971). Can conditioned responses be established in the newborn infant? *Developmental Psychology*, 5, 1-12.

Sander, F. & Volkelt, H. (1962). *Ganzheitspsychologie*. München: Beck.

Sants, J. (Ed.). (1980). *Developmental psychology and society*. London: Macmillan.

Sarimski, K. (1986). *Orginalskalen zur sensomotorischen Entwicklung*. Weinheim: Beltz.

Scarr, S. (1968). Environment bias in twin studies. *Eugenics Quarterly*, 15, 34-40.

Scarr, S. & Kidd, K.K. (1983). Developmental behavior genetics. In P.H. Mussen (Ed.), *Handbook of child psychology* (Vol.2, pp. 345-433). New York: Wiley.

Scarr, S. & McCartney, K. (1983). How people make their own environments: A theory of genotype - environment effects. *Child Development*, 54, 424-435.

Scarr, S. & Weinberg, R.A. (1983). The Minnesota Adoption Studies: Genetic differences and malleability. *Child Development*, 54, 260-267.

Scarr-Salapatek, S. (1975). Determinants of development. In: *Developmental Psychology Today* (pp. 45-61). New York: Random House.

SCHAEFFER, E.S. (1959). A circumplex model for maternal behaviour. *Journal of Abnormal and Social Psychology, 59,* 226-235.

SCHAIE, K.W. (1965). A general developmental model for the study of developmental problems. *Psychological Bulletin, 64,* 92-107.

SCHAIE, K.W. (1970). A reinterpretation of age related changes in cognitive structure and functioning. In L.R. GOULET & P.B. BALTES (Eds.), *Life-span developmental psychology: Research and theory* (pp. 485-507). New York: Academic Press.

SCHAIE, K.W. (1972). Limitations on the generalizability of growth curves of intelligence. A reanalysis of some data from the Harvard Growth Study. *Human Development, 15,* 141–152.

SCHAIE, K.W. (1977). Quasi-experimental research designs. In J.E. BIRREN & K.W. SCHAIE (Eds.), *Handbook of the psychology of aging.* New York: Van Nostrand Reinhardt.

SCHAIE, K.W. (1986). Beyond calendar definitions of age, time, and cohort: The general developmental model revisited. *Developmental Review, 6,* 252-277.

SCHAIE, K.W. & BALTES, P.B. (1975). On sequential strategies in developmental reserach and the Schaie-Baltes controversy: Description or explanation? *Human Development, 18,* 384-390.

SCHAIE, K.W., LABOUVIE, G.V. & BUECH, B.U. (1973). Generational and cohort specific differences in adult cognitive functioning: A fourteen-year study of independent samples. *Developmental Psychology, 9,* 151-166.

SCHAIE, K.W. & STROTHER, C.R. (1968). The effect of time - and cohort differences on the interpretation of age changes in cognitive behavior. *Multivariate Behavioral Research, 3,* 259-294.

SCHENK-DANZINGER, L. (1971). *Entwicklungstests für das Schulalter (SDET).* Wien: Jugend und Volk.

SCHLOTTKE, P.F. & WETZEL, H. (Hrsg.). (1980). *Psychologische Behandlung von Kindern und Jugendlichen.* München: Urban & Schwarzenberg.

SCHMALROHR, E. (1971). *Psychologie des Erstlese- und Schreibunterrichts.* München: Reinhardt.

SCHMALOHR. E. (1980). *Frühe Mutterentbehrung bei Mensch und Tier.* München: Kindler.

SCHMIDT, H.D. (1970). *Allgemeine Entwicklungspsychologie.* Berlin: VEB Deutscher Verlag der Wissenschaften.

SCHMIDTCHEN, S. (1975). *Psychologische Tests für Kinder und Jugendliche.* Göttingen: Hogrefe.

SCHNEEWIND, K.A., BECKMANN, M. & ENGFER, A. (1983). *Eltern und Kinder.* Stuttgart: Kohlhammer.

SCHNEEWIND, K.A. & HERRMANN, T. (Hrsg.). (1980). *Erziehungsstilforschung.* Bern: Huber.

SCHNEIDER, W. & EDELSTEIN, W. (Eds.) (1990). *Inventory of European longitudinal studies in the behavioral and medical sciences.* Berlin: Max-Planck-Institut für Bildungsforschung.

SCHNEIRLA, T.C. (1956). Interrelationships of the innate and the acquired in instinctive behavior. In *L'instinct dans le comportement des animeaux et de l'homme.* Paris: Masson.

SCHORSCH, S. (1992). *Die Entwicklung von Konzepten zum Lebensalter.* Münster: Waxmann.

SCHUCK, E. (1976). *Untersuchungen zur Erfassung von Umweltkorrelaten des verbalen und nichtverbalen kognitiven Leistungsniveaus vier- bis sechsjähriger Kinder.* Unveröff. Dissertation. Universität Frankfurt.

SCHULSINGER, F., MEDNICK, S.A. & KNOP, W. (Eds.) (1981). *Longitudinal research. Methods and uses in behavioral science.* Boston: Martinus Nijhoff Publishers.

SCHUSTER, M. (1989). *Die Psychologie der Kinderzeichnung.* Berlin: Springer.

Schutz, F. (1965). Homosexualität und Prägung. *Psychologische Forschung, 28*, 439-463.

Schwidetzky, I. (1971). *Das Menschenbild der Biologie.* Stuttgart: Fischer.

Scott, J.P. (1945). Social behavior, organization, and leadership in a small flock of domestic sheep. *Comparative Psychology Monographs, 18*, 1-29.

Scott, J.P. (1958). Critical periods in the development of social behavior in puppies. *Psychosomatic Medicine, 20*, 42-54.

Scott, J.P. (1962). Critical periods in behavioral development. *Science, 138*, 949-958. (Deutsch: Kritische Phasen in der Verhaltensentwicklung. In O.M. Ewert (Hrsg.), *Entwicklungspsychologie* (Band I, S. 31-41). Köln: Kiepenheuer & Witsch, 1972).

Scott, J.P. & Fuller, J.L. (1965). *Genetics and the social behavior of the dog.* Chicago: University of Chicago Press.

Scupin, E. & Scupin, G. (1907). *Bubis erste Kindheit.* Leipzig: Grieben.

Scupin, E. & Scupin, G. (1910). *Bubi im 4. bis 6. Lebensjahr.* Leipzig: Grieben.

Searle, L.V. (1949). The organization of hereditary maze-brightness and maze-dullness. *Genetic Psychology Monographs, 39*, 279-325.

Sears, P.S. (1951). Doll play aggression in normal young children: Influence of sex, age, sibling status, and father's absence. *Psychological Monographs, 65*(No.6).

Sears, R.R. (1961). Relation of early socialization experiences to aggression in middle childhood. *Journal of Abnormal and Social Psychology, 63*, 466-492.

Sears, R.R., Whiting, J.W.M., Nowlis, V. & Sears, P.S. (1953). Some child rearing antecedents of aggression and dependency in young children. *Genetic Psychology Monographs, 47*, 135-234.

Secord, P. F. & Backman, C.W. (1976). *Sozialpsychologie.* Frankfurt/Main: Fachbuchhandlung für Psychologie. (Original erschienen 1974: *Social psychology.* 3rd ed.).

Seitz, W. & Rausche, A. (1976). *Persönlichkeitsfragebogen für Kinder zwischen 9 und 14 (PFK 9-14).* Göttingen: Hogrefe. (3.Aufl. 1991).

Shapiro, D. (1972) *Biofeedback and self-control.* Chicago: Aldine-Atherton.

Shields, J. (1962). *Monozygotic twins.* London: Oxford University Press.

Shinn, M.W. (1899). *Notes on the Development of a child.* University of California publications in education. (Deutsch: Körperliche und geistige Entwicklung eines Kindes in biographischer Darstellung. Langensalza: 1905.).

Shuttleworth, F.K. (1937). Sexual maturation and the physical growth of girls aged six to nineteen. *Monographs of the Society for Research in Child Development, 2* (No. 5).

Shuttleworth, F.K. (1939). The physical and mental growth of girls and boys age six to nineteen in relation to age at maximum growth. *Monographs of the Society for Research in Child Development, 4*, (No. 3).

Siegler, R.S. (1983). Information processing approaches to development. In P.H. Mussen (Ed.), *Handbook of child psychology* (4th ed., Vol. 1, pp. 129-212). New York: Wiley.

Silbereisen, R.K. & Schuhler, P. (1982). Current trends in research on behavioral development in the Federal Republic of Germany. *International Journal of Behavioral Development, 5*, 265-298.

Simon, W. & Gagnon, J.H. (1969). On psychosexual development. In D.A. Goslin (Ed.), *Handbook of socialization theory and research,*(pp. 733-752). Chicago: Rand McNally.

SIMONS, H. (1973). Intelligenz und Schulleistungen bei Arbeiter- und Akademikerkindern auf den Unterstufen des Gymnasiums. In H. NICKEL & E. LANGHORST (Hrsg.), *Brennpunkte der Pädagogischen Psychologie*. Stuttgart: Klett.

SJOSTROM, K.P. & POLLACK, R.H. (1971). The effect of simulated receptor aging on two types of visual illusions. *Psychonomic Science, 23,* 147-148.

SKINNER, B.F. (1938). *The behavior of organisms*. New York: Appleton-Century.

SKINNER, B.F. (1951). How to teach animals. *Scientific American, 185,* 26-29.

SKINNER, B.F. (1953). *Science and human behavior*. New York: MacMillan.

SKINNER, B.F. (1961). *Cumulative report*. New York: Appleton.

SKODAK, M. & SKEELS, H.M. (1949). A final follow-up of one hundred adopted children. *Journal of Genetic Psychology, 75,* 85–125.

SKOWRONEK, H. (Hrsg.). (1973). *Umwelt und Begabung*. Stuttgart: Klett. (3. Aufl. 1976).

SLUCKIN, W. (1972). *Imprinting and early learning* (2. Aufl.). London: Methuen.

SMITH, R.T. (1965). A comparison of socioenvironmental factors in monozygotic and dizygotic twins. In S.G. VANDENBERGJ (Ed.); *Methods and goals in human behavior genetics* (pp. 45-61). New York: Academic Press.

SOKOLOV, E.N. (1961). *Neurodynamisches Reizmodell und Orientierungsreflex*. Probleme und Ergebnisse der Psychologie II. Berlin.

SOMMERS, P. VAN (1984). *Drawing and cognition*. Cambridge: Cambridge University Press.

SPALDING, D.A. (1893). *Instinct: With original observations on young animals*. MacMillans Magazine, 27, 282–283. Nachdruck in *British Journal of Animal Behavior, 2,* (1954).

SPIKER, C.C. (1963). Verbal factors in the discrimination learning of children. In J.C. WRIGHT & J. KAGAN (Eds.), *Basic cognitive processes in children* (pp. 53-68). *Monographs of the Society for Research in Child Development, 21,* (No. 2).

SPIKER, C.C. (1966). The concept of development. Relevant and irrelevant issues. In H.W. STEVENSON (Ed.), Concept of development. *Monographs of the Society for Research in Child Development, 31,* 40–54.

SPITZ, R.A. (1945). Hospitalism. An inquiry into the genesis of psychiatric conditions in early childhood. *Psychoanalytical Study of the Child, 1,* 53-74.

SPITZ, R.A. & WOLF, K. (1946). Anaclitic depression: An inquiry into the genesis of psychiatric conditions in early childhood. *Psychoanalytical Study of the Child, 2,* 313-342.

STAABS, G.V. (1964). *Der Sceno-Test* (3.Aufl.). Bern: Huber.

STEINER, G. (1988). *Lernen. 20 Szenarien aus dem Alltag*. Bern: Huber.

STEPHAN, D., PETZOLD, M. & NICKEL, H. (1986). Entwicklungspsychologische Forschung im Spiegel empirischer Originalarbeiten. *Zeitschrift für Entwicklungspsychologie und Pädagogische Psychologie, 18,* 22-40.

STERN, C. & STERN, W. (1907). *Die Kindersprache. Eine psychologische und sprachtheoretische Untersuchung* (1. Aufl., Leipzig: Barth; 4. Aufl. 1928). (Nachdruck der 4. Aufl. , 1981, Wiss. Buchgesellschaft, Darmstadt, 1981.)

STERN, W. (1914). *Psychologie der frühen Kindeheit*. Leipzig: Quelle & Meyer.(Nachdruck der 7. Aufl., Wiss. Buchgesellschaft, Darmstadt 1987).

STERNBERG, R.J. (1984). *Mechanisms of cognitive development.* San Francisco: Freeman.

STEVENSON, H.W. (1970). Learning in children. In P.H. MUSSEN (Ed.), *Carmichael's Manual of Child Psychology* (Vol. 1, pp. 849-938). New York: Wiley.

STEVENSON, H.W. (1972a). *Children's learning.* New York: Appleton.

STEVENSON, H.W. (1972b). The taxonomy of tasks. In F.J. MÖNKS, W.W. HARTRUP, & J. DEWIT (Eds.), *Determinants of behavioral development* (pp. 75–88). New York: Academic Press.

STEVENSON, H.W. (1983). How children learn - The quest for a theory. In P.H. MUSSEN (Ed.), *Handbook of child psychology* (Vol. 1, pp. 213-236). New York: Wiley.

STEVENSON, H.W., HESS, E. & RHEINGOLD, H.L. (1967). *Early behavior: Comparative and developmental approaches.* New York: Wiley.

STOCKARD, C.R. (1921). Developmental rate and structural expression. *American Journal of Anatomy,* 28, 115-277.

STOTLAND, E. (1961). *Identification with persons and groups* (Final report on Grant M - 2423)

STRAYER, F.F. & STRAYER, J. (1976). An ethological analysis of social agonism and dominance relations among preschool children. *Child Development, 47,* 980-989.

SÜLLWOLD, F. (1964). Schultests. In R. HEISS (Hrsg.), *Handbuch der Psychologie* (Band 6: *Psychologische Diagnostik,* S. 352-375). Göttingen: Hogrefe.

SÜLLWOLD, F. (1983). Pädagogische Diagnostik. In K.-J. GROFFMANN, &L. MICHEL (Hrsg.) *Enzyklopädie der Psychologie. Intelligenz- und Leistungsdiagnostik,* (S. 307–386). Göttingen: Hogrefe.

SUOMI, S.J. & HARLOW, H.F. (1972). Social rehabilitation of isolate reared monkeys. *Developmental Psychology, 6,* 487–496.

SZAGUN, G. (1983). *Bedeutungsentwicklung beim Kind: Wie Kinder Wörter entdecken.* München: Urban & Schwarzenberg.

TANNER, J.M. (1962). *Growth at adolescence* (2nd. ed.). Philadephia, Pa.: C.C. Thomas.

TANNER, J.M. (1978). *Foetus into Man: Physical growth from conception to maturity.* Cambridge, Mass.: Harvard University Press.

TANNER, J.M. & TAYLOR, G.R. (1970). *Wachstum.* Reinbek b. Hamburg: Rohwolt.

TARDE, G. (1890). *Les lois de l'imitation.* Paris: F. Alcan.

TERMAN, L.M. & ODEN, H.M. (1959). *The gifted groups at mid-life: Thirty-five years follow up of the superior child.* Stanford, C.A.: Stanford University Press.

TEWES, U. (Hrsg.) (1983). *Hamburg-Wechsler Intelligenztest für Kinder, Revision 1983 (HAWIK-R).* Bern: Huber.

TEWES, U. (Hrsg.) (1991). *Hamburg-Wechsler Intelligenztest für Erwachsene, Revision, 1991 (HAWIE-E).* Berlin: Huber.

THARP, R.G. & WETZEL, R.J. (1976). *Verhaltensänderungen im gegebenen Sozialfeld.* München: Urban & Schwarzenberg.

THIEL, T. (1989). Vidoetechnik in der Psychologie - Eine erkenntnistheoretische Analyse. In H. KELLER (Hrsg.), *Handbuch der Kleinkindforschung* (S.295-311). Berlin: Springer.

THOMAE, H. (Hrsg.) (1959a). *Handbuch der Entwicklungspsychologie.* Göttingen: Hogrefe.

THOMAE, H. (1959b). Entwicklungsbegriff und Entwicklungstheorie. In H. THOMAE (Hrsg.), *Handbuch der Psychologie* (Band 3: *Entwicklungspsychologie*, S. 3-20). Göttingen: Hogrefe.

THOMAE, H. (1959c). Forschungsmethoden der Entwicklungspsychologie. In H. THOMAE (Hrsg.), *Handbuch der Psychologie* (Band 3: *Entwicklungspsychologie*, S. 46-78). Göttingen: Hogrefe.

THOMAE, H. (1959d). Entwicklung und Prägung. In H. THOMAE (Hrsg.), *Handbuch der Psychologie* (Band 3: *Entwicklungspsychologie*, S. 240-311). Göttingen: Hogrefe.

THOMAE, H. (1972a). Kulturelle Systeme als Sozialisationsvariablen. In C.F. GRAUMANN (Hrsg.), *Handbuch der Psychologie* (Band 7: *Sozialpsychologie*, 2. Halbband, S. 715-747). Göttingen: Hogrefe.

THOMAE, H. (1972b). Familie und Sozialisation. In C.F. GRAUMANN (Hrsg.), *Handbuch der Psychologie* (Band 7: *Sozialpsychologie*, 2. Halbband, S. 778-824). Göttingen: Hogrefe.

THOMAE, H. & LEHR, U. (Hrsg.). (1968). *Altern. Probleme und Tatsachen*. Frankfurt/M.: Akademische Verlagsgesellschaft.

THOMAS, E.C. & YAMAMOTO, D. (1975) Attitudes toward age: An exploration in schoolage children. *International Journal of Aging and Human Development, 6,* 117–129.

THOMAS, R.M. (1990). Learning processes. In R.M. THOMAS (Ed.), *The encyclopedia of human development and education. Theory, research, and studies* (pp. 235-237). Oxford: Pergamon Press.

THOMPSON, G.G. (1960). Children's groups. In P.H. MUSSEN (Ed.), *Handbook of research methods in child development* (pp. 821-853). New York: Wiley.

THOMPSON, W.R. & GRUSEC, J. (1970). Studies of early experience. In P.H. MUSSEN (Ed.), *Carmichael's Manual of Child Psychology* (Vol. 1, pp. 565-654). New York: Wiley.

THORNDIKE, E.L. (1898). Animal intelligence. *Psychological Monographs Review, 2* (No. 8).

THORNDIKE, E.L. (1932). *The fundamentals of learning*. New York: Teachers College.

THORPE, W.H. (1956). *Learning and instinct in animals*. London: Methuen. (2nd ed. 1963).

THURSTONE, L.L. (1925). A method of scaling psychological and educational tests. *Journal of Educational Psychology, 16,* 433-451.

THURSTONE, L.L. (1928). The absolute zero in intelligence measurement. *Psychological Review, 35,* 175-197.

TODT, E. (1967). *Differentieller Interessen-Test (DIT)*. Bern: Huber.

TRAUTNER, H.M. (1970). Nachahmung. In *Lexikon der Pädagogik*. (Band III, S. 190). Freiburg: Herder.

TRAUTNER, H.M. (1972a). Der Einfluß von Reifen und Lernen auf die Elternzentriertheit von Mädchen zwischen 10 und 14 Jahren. *Zeitschrift für Entwicklungspsychologie und Pädagogische Psychologie, 4,* 92-104.

TRAUTNER, H.M. (1972b). Zusammenhänge zwischen elterlichem Erziehungsstil und Elternzentriertheit bei 10-14jährigen Mädchen. *Zeitschrift für Entwicklungspsychologie und Pädagogische Psychologie, 4,* 165-183.

TRAUTNER, H.M. (1976). *Experimentelle Ansätze zur Untersuchung der Bedingungen geschlechtsspezifischer Verhaltensunterschiede*. (Vortrag auf der 18. Tagung der Experimentell Arbeitender Psychologen, Bochum).

TRAUTNER, H.M. (1979). Methodische Probleme der Beobachtung und experimentellen Untersuchung geschlechtstypischen Verhaltens. In A. DEGENHARDT & H.M. TRAUTNER (Hrsg.), *Geschlechtstypisches Verhalten* (S.182-202). München: C.H.Beck.

TRAUTNER, H.M. (1983). Modelle für die Erklärung von Entwicklungsprozessen. In R.K. SILBEREISEN & L. MONTADA (Hrsg.), *Entwicklungspsychologie. Ein Handbuch in Schlüsselbegriffen* (S. 44-54). München: Urban & Schwarzenberg.

TRAUTNER, H.M., HELBING, N. & SAHM, W.B. (1985). Schlußbericht zum VW-Projekt Geschlechtstypisierung. Universität Münster: Psychologisches Institut III.

TRAUTNER, H.M., HELBING, N., SAHM, W.B. & LOHAUS, A. (1988). Unkenntnis - Rigidität - Flexibilität: Ein Entwicklungsmodell der Geschlechtsrollen-Stereotypisierung. *Zeitschrift für Entwicklungspsychologie und Pädagogische Psychologie, 19*, 105-120.

TRAUTNER, H.M., HELBING, N., SAHM, W.B., PENNIG, S. & DEGENHARDT, A. (1989). *Schlußbericht zum DFG-Projekt Längsschnittliche Analyse von Entwicklungsmerkmalen der Geschlechtstypisierung im Kindesalter.* Universität Münster: Psychologisches Institut III.

TRAUTNER, H.M. & LOHAUS, A. (1985). Entwicklung der Persönlichkeit. In T. HERRMANN & E.D. LANTERMANN (Hrsg.), *Persönlichkeitspsychologie. Ein Handbuch in Schlüsselbegriffen* (S. 387-395). München: Urban & Schwarzenberg.

TRIANDIS, H.C. & HERON, A. (Eds.). (1981). *Handbook of cross-cultural psychology* (Vol. 4: Developmental psychology). Boston: Allyn & Bacon.

TRUDEWIND, C. (1975). *Häusliche Umwelt und Motiventwicklung.* Göttingen: Hogrefe.

TRUDEWIND, C. (1982). Der ökologische Ansatz in der Erforschung der Leistungsmotivgenese. In L. VASKOVICS (Hrsg.), *Umweltbedingungen familiärer Sozialisation* (S. 168-203). Stuttgart: Enke.

TRUDEWIND, C. & HUSAREK, B. (1979). Mutter-Kind-Interaktion bei der Hausaufgabenanfertigung und die Leistungsmotiventwicklung im Grundschulalter. In H. WALTER & R. OERTER (Hrsg.), *Ökologie und Entwicklung* (S. 229-246). Donauwörth: Auer.

TRUDEWIND, C., UNZNER, L. & SCHNEIDER, K. (1989). Die Entwicklung der Leistungsmotivation. In H. KELLER (Hrsg.), *Handbuch der Kleinkindforschung* (S. 491-524). Berlin: Springer.

TRYON, R.C. (1940). Genetic differences in maze learning ability in rats (I). *Yearbook of the National Society for the Study of Education, 39*(I), 111-119.

TUCKER, L.R., DAMARIN, F. & MESSICK, S. (1966). A base-free measure of change. *Psychometrika, 31*, 457-473.

TURKHEIMER, E. (1991). Individual and group differences in adoption studies of IQ. *Psychological Bulletin, 110*, 392-405.

ÜBERLA, K. (1968). *Faktorenanalyse.* Berlin: Springer.

UNDEUTSCH, U. (1959a). Entwicklung und Wachstum. In H. THOMAE (Hrsg.), *Handbuch der Psychologie* (Bd. 3: *Entwicklungspsychologie*, S. 79-103). Göttingen: Hogrefe.

UNDEUTSCH, U. (1959b). Das Verhältnis von körperlicher und seelischer Entwicklung. In H. THOMAE (Hrsg.), *Handbuch der Psychologie* (Bd. 3: *Entwicklungspsychologie*, S. 329-357). Göttingen: Hogrefe.

UZGIRIS, I.C. & HUNT, J. McV. (1975). *Assessment in infancy: Ordinal scales of psychological development.* Urbana: University of Illinois Press. (Deutsche Bearbeitung: K. SARMINSKI, *Ordinalskalen zur senso-motorischen Entwicklung.* Weinheim: Beltz, 1987).

VALSINER, J. (1987). *Culture and the development of children's action.* New York: Wiley.

VALSINER, J. (Ed.). (1989). *Child development in cultural context.* Toronto: Hogrefe & Huber.

VANDENBERG, S.G. (1962). The heredity abilities study: Hereditary components in a psychological test battery. *American Journal of Human Genetics, 14,* 220-237.

VANDENBERG, S.G. (1966). Contributions of twin research to psychology. *Psychological Bulletin, 66,* 327-352.

VASTA, R. (Ed.). (1982. *Strategies and techniques of child study.* New York: Academic Press.

VERNON, P.E. (1979). *Intelligence: Heredity and environment.* San Francisco: Freeman.

VERNON, P.E. (1990). Heredity - environment determinants of intelligence. In R.M. THOMAS (Ed.), *The encyclopedia of human development and education. Theory, research, and studies* (pp. 227-233). Oxford: Pergamon Press.

WADDINGTON, C.H. (1957). *The strategy of the genes.* London: Allen and Unwin.

WALLER, M. & PREIS, H. (1975). Entwicklungspsychologische Bedingungen im Motivationseinfluß auf das Imitationsverhalten. *Zeitschrift für Entwicklungspsychologie und Pädagogische Psychologie, 7,* 73-87.

WALTER, H. (1980). Ökologische Ansätze in der Sozialisationsforschung. In K. HURRELMANN, & D. ULICH (Hrsg.), *Handbuch der Sozialisationsforschung* (S. 285-298). Weinheim: Beltz.

WALTER, H. & OERTER, R. (Hrsg.). (1979). *Ökologie und Entwicklung. Mensch-Umwelt-Modelle.* Donauwörth: Auer.

WARTEGG, E. (1955). *Der Wartegg-Erzählungs-Test (WET).* Göttingen: Hogrefe.

WATERMAN, A.S., GEARY, P.S. & WATERMAN, C.K. (1974). Longitudinal study of changes in ego identity status from the freshman to the senior year at college. *Developmental Psychology, 10,* 387-392.

WATSON, J.B. (1913). Psychology as the behaviorist views it. *Psychological Review, 20,* 158-177.

WATSON, J.B. (1914). *An introduction to comparative psychology.* New York: Holt.

WATSON, J.B. (1924-1925). *Behaviorism.* New York: W.W. Norton. (Deutsch: *Behaviourismus.* Köln: Kiepenheuer & Witsch 1968).

WATSON, J.B. (1928). *Psychological care of infant and child.* New York: W.W. Norton.

WATSON, J.B. & RAYNOR, R. (1920). Conditioned emotional reactions. *Journal of Experimental Psychology, 3,* 1-14.

WATSON, J.D. & CRICK, F.H.C. (1953). The structure of DNA. *Cold Spring Harbor Symposium on Quantitative Biology, 17,* 123-131.

WATSON, P. (1981). *Twins - An investigation into strange coincidences in the lives of separated twins.* London: Hutchinson.

WATSON, R.I. (1959). *Psychology of the child.* New York: Wiley. (2nd. ed. 1965).

WEICK, K.E. (1968) Systematic observational methods. In G. LINDZEY & W. ARONSON (Eds.), *The handbook of social psychology* (Vol. II, pp. 357-451). Reading, Mass.: Addison Wesley.

WEINERT, F.E. (1972). Schule und Beruf als institutionelle Sozialisationsbedingungen. In C.F. GRAUMANN (Hrsg.), *Handbuch der Psychologie* (Band 7. *Sozialpsychologie,* 2. Halbband, S. 825-885). Göttingen: Hogrefe.

WEINERT, F.E. (1974). Die Familie als Sozialisationsbedingung. In F.E. WEINERT, C.F. GRAUMANN, H. HECKHAUSEN & M. HOFER (Hrsg.), Pädagogische Psychologie (S. 355–386). Frankfurt/M.: Fischer.

WEINERT, F.E. (1979). Über die mehrfache Bedeutung des Begriffes „entwicklungsangemessen" in der pädagogisch-psychologischen Theorienbildung. In J. BRANDTSTÄDTER, G. REINERT & K. SCHNEEWIND (Hrsg.), Pädagogische Psychologie: Probleme und Perspektiven (S. 181-207). Stuttgart: Klett-Cotta.

WEISS, R.H. (1971). Grundintelligenztest - Skala 3 (CFT 3). Braunschweig: Westermann.

WEISS, R.H. (1972). Grundintelligenztest - Skala 2 (CFT 2). Braunschweig: Westermann.

WERNER, H. (1959). Einführung in die Entwicklungspsychologie (4. Aufl.). München: Barth. (Erstauflage Leipzig: Barth 1926).

WERNER, H. & WAPNER, S. (1956). Sensoritonic field theory of perception: Basic concepts and experiments. Revista de Psicologia, 50, 315-337.

WHITE, S. (1965). Evidence for a hierarchical arrangement of learning processes. In L.P. LIPSITT & C.C. SPIKER (Eds.), Advances in child development and behavior (Vol. 2, pp. 187-220). New York: Academic Press.

WHITING, B.B. & WHITING, J.W.M. (1975). Children of six cultures. Cambridge: Harvard University Press.

WHITING, J.W.M. & CHILD, I.L. (1953). Child training and personality: A cross-cultural study. New Haven: Yale University Press.

WIECZERKOWSKI, W., NICKEL, H., JANOWSKI, A., FITTKAU, B. & RAUER, W. (1980). Angstfragebogen für Schüler (AFS). (6. Aufl. Göttingen: Hogrefe.)

WIEDEBUSCH, S. (1992). Krankheitskonzepte von Kindern und Jugendlichen mit juveniler chronischer Arthritis und ihre Bezüge zur Krankheitsbewältigung und Compliance. Göttingen: Hogrefe.

WILSON, R.S. (1983). The Louisville Twin Study: Developmental synchronies in behavior. Child Development, 54, 298-316.

WINKELMANN, W. (1975). Test zur Entwicklung kognitiver Operationen (TEKO). Braunschweig: Westermann.

WITKIN, H.A. (1969). Social influences in the development of cognitive style. In D.A. GOSLIN (Ed.), Handbook of socialization theory and research, pp. 687-706. New York: Wiley.

WOHLWILL, J.F. (1970). The age variable in psychological research. Psychological Review, 77, 49–64.

WOHLWILL, J.F. (1973). The study of behavioral development. New York: Academic Press. (Deutsche Ausgabe: 1977: Strategien entwicklungspsychologischer Forschung. Stuttgart: Klett-Cotta).

WOHLWILL, J.F. (1980). Cognitive development in childhood. In O.G. BRIM & J. KAGAN (Eds.), Constancy and change in human development (pp. 359-444). Cambridge, Mass.: Harvard University Press.

WOLTERECK, R. (1909). Weitere experimentelle Untersuchungen über Artveränderung, speziell über das Wesen quantitativer Artunterschiede bei Daphniden. Verhandlungen der Deutschen Zoologischen Gesellschaft, 19, 446-577.

WRIGHT, H.F. (1960). Oberservational child study. In P.H. MUSSEN (Ed.), Handbook of research methods in child development (pp. 71-139). New York: Wiley.

WRIGHT, H.F. (1967). *Recording and analyzing child behavior.* New York: Harper & Row.

WURZBACHER, G. (1968). *Der Mensch als soziales und personales Wesen: Beiträge zu Begriff und Theorie der Sozialisation* (2. Aufl.). Stuttgart: Enke.

WYGOTSKY, L. (1964). *Denken und Sprechen.* Berlin-Ost: Akademie-Verlag. (Russ. Original 1934: Mishlenie i rech.)

YARROW, L. (1960). Interviewing children. In P.H. MUSSEN (Ed.), *Handbook of research methods in child development,* pp. 561-602. New York: Wiley.

YARROW, M.R. & SCOTT, P.M. (1972). Imitation of nurturant and nonnurturant models. *Journal of Personality and Social Psychology, 23,* 259-270.

YARROW, M.R., SCOTT, P.M. & WAXLER, C.Z. (1973). Learning concern for others. *Developmental Psychology, 8,* 240-260.

ZEAMAN, D. & HOUSE, B.J. (1963). An attention theory of retardate discrimination learning. In N.R. ELLIS (Ed.), *Handbook of mental deficiency* (pp. 159-223). New York: McGraw.

ZIGLER, E. (1963). Metatheoretical issues in developmental psychology. In M.H. MARX (Ed.), *Theories in contemporary psychology* (pp. 341-369). New York: MacMillan.

ZIGLER, E. & CHILD, I.L. (1969). Socialization. In G. LINDZEY & E. ARONSON (Eds.), *The handbook of social psychology* (Vol. 3, pp. 450-589). Reading, Mass.: Addison-Wesley.

ZIGLER, E. & FINN, M. (1984). Applied developmental psychology. In M.H. BORNSTEIN & M.E. LAMB (Eds.), *Developmental psychology - An advanced textbook* (pp. 451-491). Hillsdale, NJ: Erlbaum.

ZIGLER, E., LAMB, M. & CHILD, I.L. (1982). *Socialization and personality development.* New York: Oxford University Press.

ZIMMER, D.E. (1989). Der Mensch und sein Double. Über Zwillinge und Zwillingsforschung. In D.E. ZIMMER, *Experimente des Lebens* (S. 49-107). Zürich: Haffmanns.

Autorenregister

Achenbach, T.M. 287f., 311
Adam, J. 261, 264
Aebli, H. 168
Ainsworth, M.D.S. 128, 132, 321
Allmer, H. 52
Ames, L.B. 10
Anastasi, A. 161, 175, 187
Anglin, J. 333
Appelbaum, M.I. 54, 231, 287f., 311
Ariès, P. 4
Aronfreed, J. 98
Ausubel, D.P. 41, 60, 77
Azrin, N.H. 103

Backman, C.W. 135, 139, 331
Baer, D.M. 28, 64, 98, 104f., 325, 338, 340f., 344, 346f.
Baldwin, A.L. 11, 50, 82, 120f., 302
Balmer, H. 64
Baltes, P.B. 14, 16, 23f., 28, 39, 137, 162f., 165, 226, 229f., 245f., 249, 251, 254, 256, 258, 260, 263, 268-277, 281f., 288, 290, 309, 311, 340, 344f.
Bandura, A. 20, 86, 98, 105-110, 113f., 116, 344, 346f.
Barker, R.G. 14, 82, 175, 316, 319
Bateson, P.P.G. 124f.
Baumgärtel, F. 331
Baumrind, D. 149
Bayley, N. 68f., 151, 233, 240, 242, 304, 336f.
Beach, D.H. 122
Bearison, D.J. 344
Becker, W.C. 149
Beckmann, M. 152
Beerman, W. 186
Bell, R.Q. 13, 137, 142f., 157, 256-258, 309
Bellak, L. 348
Beloff, H. 333
Belschner, W. 104
Benedict, R. 12
Bentler, P.M. 289, 295
Bereiter, C. 281, 283

Bergius, R. 25, 94
Berkowitz, L. 109
Berlyne, D.E. 86
Berndt, E.G. 333
Berndt, T.J. 333
Biehler, R.F. 4
Bijou, S.W. 104f., 338, 340f., 346
Binet, A. 10f.
Birren, J.E. 23, 49
Blehar, M.C. 321
Bliss, E.L. 127
Bloom, B.S. 20, 52, 54, 129, 205, 239, 252, 295
Bloom, L. 325
Böttcher, H.R. 38
Boigs, R. 322
Bornstein, M.H. 13, 125, 129
Borstelmann, L.J. 4
Bortz, J. 238, 280
Bouchard, T.J. 194-198, 206, 216
Bousfield, W.A. 118
Bower, G.H. 73f., 85f., 94, 99, 128, 130
Bowlby, J. 42, 128, 130, 132
Brackbill, Y. 90, 93, 99
Brandtstädter, J. 52, 55
Braunmühl, E. v. 5
Bredenkamp, J. 337f., 340
Bretherton, I. 132
Brickenkamp, R. 331, 335-337
Bridges, K.M.B. 80f.
Brim, O.G. 23, 137, 252
Brocke, B. 59
Brody, E.B. 187, 195
Brody, N. 187, 195
Bronfenbrenner, U. 14, 147f., 316
Brooks, J. 130, 342
Brown, R. 325
Bruner, J.S. 50
Buech, B.U. 261
Bühler, Ch. 10f., 335, 348
Buggle, F. 331
Bunge, M. 60
Burton, R.V. 313

Busch-Rossnagel, N.A. 13, 170
Busemann, A. 129, 348
Buss, A.R. 36, 83, 231, 269, 274, 288, 291, 295-297, 310

Cairns, R.B. 4, 64, 124
Caldwell, B.M. 128
Campbell, B.A. 131
Campbell, D.T. 282, 313, 340
Canter, S. 206
Carmichael, L. 67, 161
Cashmore, J. 333
Cattell, R.B. 194, 204, 287f., 292-296, 299, 310, 336
Chapman, M. 143, 157
Charlesworth, W.R. 8
Child, I.L. 12, 50, 129, 134-136, 142, 144, 148, 153
Chinsky, J.M. 122
Claridge, G. 206
Coghill, G.E. 79
Collias, N.E. 124
Conger, J.J. 9, 41
Cooley, C.H. 134
Cooper, R.M. 181f., 189
Cornelius, S.W. 274f.
Cotton, S. 333
Cranach, M.v. 50, 315, 322-325
Crick, F.H.C. 177f.
Croissier, S. 333
Cronbach, L.J. 38, 283f.
Crouter, A.C. 148
Cruze, W.W. 77

Damarin, F. 284
Darwin, Ch. 7f., 62, 315
Datan, N. 50
DeFries, J.C. 186, 198, 204, 210, 213, 224
Degenhardt, A. 78
Dembo, T. 82
Dennis, M.G. 73, 75
Dennis, W. 73, 75
Deutsch, W. 9, 205, 207
Distler, L. 110
Dodds, J.B. 336
Doenges, D. 312, 335, 355

Dollard, J.   105, 114
Dollase, R.   20, 54, 56
Dresslar, F.B.A.   319
Düss, L.   332
Duhm, E.   79, 156
Durkheim, E.   137
Dyk, R.B.   82

Eckensberger, L.H.   50
Eckes, T.   295
Edelstein, W.   12, 256
Eggert, D.   336f.
Eichhorn, D.H.   70, 190
Emmerich, W.   165, 291
Engfer, A.   152
Erlenmeyer-Kimling, L   196-198
Ewert, O.M.   77f., 132
Eye, A.v.   320
Eysenck, H.J.   187, 199, 224

Fabricius, E.   129, 131
Falconer, D.S.   193
Falkner, F.   201
Falt, L.   131
Fassnacht, G.   315, 323, 325, 355
Ferster, C.B.   99
Filipp, S.H.   24, 52, 137, 312, 335, 355
Finn, M.   61
Fiske, D.W.   313
Fittkau, B.   331
Fitzgerald, H.E.   90
Flavell, J.H.   43f., 122
Foppa, K.   86, 95f.
Frankenburg, W.K.   336
Freeman, F.N.   196
Freeman, N.   349
Frenz, H.G.   315, 322-325
Fricke, T.   205, 207
Fröhlich, W.D.   82, 106, 133, 135f.
Fromme, A.   77
Fthenakis, W.E.   52
Fulker, D.W.   193f.
Fuller, J.L.   124, 129
Furby, L.   280-284
Furry, C.A.   344

Gaensslen, H.   288f., 291
Gagné, R.M.   86

Gagnon, J.H.   172
Garcia, J.   93
Geary, P.S.   333
Geppert, U.   145
Gerst, M.S.   106
Gesell, A.   10f., 27, 30, 38, 67., 79
Geulen, D.   135
Gewirtz, J.L.   30, 94, 99, 101, 103f.
Gillmore, J.   337
Glass, G.V.   285
Goetz, E.   325, 344, 347
Goldfarb, G.E.   98
Goldstein, H.   256
Gonick, M.R.   175
Goodenough, F.L.   348
Goodnow, J.   333, 348
Goodnow, J.J.   333
Goslin, D.A.   134f., 137, 144, 152f.
Gottlieb, G.   186
Gottman, J.M.   285
Goulet, L.R.   23f., 28, 39, 344
Gräser, H.   52
Graumann, C.F.   82, 133, 144, 152
Gray, P.H.   124, 128, 130
Green, K.F.   93
Greenfield, P.M.   50
Grimm, H.   335, 337
Groffmann, K.J.   355
Grossmann, K.   132
Grossmann, K.E.   132
Grusec, J.E.   50, 106, 124, 175, 190
Guire, K.E.   232
Guiton, P.   124
Guthke, J.   38
Gutjahr, G.   355

Haeckel, E.   7
Halisch, F.   337
Hall, G.S.   8, 10f., 330, 336
Hall, V.C.   344
Halverson, C.F.   143
Hardach, G.   4
Hardach-Pinke, L.   4
Harlow, H.F.   124, 130, 132, 162, 189f., 347
Harlow, M.K.   124, 132, 162, 189
Harman, H.H.   288

Harper, L.v.   137, 142f
Harris, C.W.   229, 278
Harris, D.B.   39,46,64,348
Harris, E.K.   329
Havighurst, R.J.   140, 333
Heckhausen, H.   32, 42, 75, 77, 170, 342
Heinroth, O.   124
Heiss, R.   348
Helbing, N.   333
Hellbrügge, T.   336
Heller, K.A.   52
Heron, A.   50
Herrmann, T.   12, 33, 148, 151, 164f., 288f.
Herrnstein, R.   187
Herskovitz, M.   134
Hertzog, C.   29
Hess, E.   93
Hess, E.H.   124-127, 156
Hess, E.L.   124
Hetherington, E.M.   15, 110, 116, 151
Hetzer, H.   10f., 335
Hilgard, E.R.   85f., 94, 99
Hinde, R.A.   124, 128, 131
Hirsch, J.   180, 183, 217
Höhn, E.   4, 11, 332
Hörmann, H.   38, 118
Hofer, M.   339
Hoffmann, E.   337
Hoffmann, M.   104, 337
Hofstätter, P.R.   6, 203
Hogarty, P.S.   54
Holden, C.   195
Holling, H.   287
Holz, W.C.   103
Holzinger, K.J.   193, 196
Holzkamp, K.   106
Hood, L.   325
Hoppe, S.   230
Hoppe-Graff, S.   10, 258, 260, 319
Horn, J.M.   183, 210
Horn, W.   213f., 336
House, B.J.   122
Howe, H.E.   345
Huber, O.   355
Hull, C.L.   116f.
Hultsch, D.F.   23
Hume, W.I.   206
Hunt, J.McV.   336
Hurlock, E.H.   66

393

Hurrelmann, K. 133-135, 144, 153, 157
Husarek, B. 144-147
Hydén, H. 186

Ilg, F.L. 10
Ingenkamp, K. 337
Irle, M. 331

Janney, J.E. 14
Janowski, A. 331
Jarvik, L.F. 196-198
Jeffrey, W.E. 122
Jenessen, H. 145
Jensen, A.R. 187, 192-195, 217, 219
Jinks, J.L. 193f.
Joerger, K. 331
Johann, A. 142
Johnson, O.G. 103, 312, 335, 348
Jones, H.E. 11, 68, 206
Jones, M.C. 103

Kagan, J. 9, 20, 39, 41, 137, 217, 252, 321, 337
Kalveram, K. 83, 299
Kamin, L.J. 187, 200, 206, 209, 214, 224
Kanfer, F.H. 104
Kaplan, A.R. 183
Kardiner, A. 135
Karpoe, K.P. 325
Keller, H. 13, 49, 322
Kellogg, R. 348
Kendler, H.H. 120, 122
Kendler, T.S. 86, 120, 122
Kessen, W. 4, 26, 28, 46, 259, 304
Kidd, K.K. 177, 179, 183f., 195, 201, 224
Kimble, G.A. 85, 94
King, J.A. 344
Kingsley, R.C. 344
Klauer, K.J. 216, 344
Kluckhohn, C. 134
Knight, R. 333
Knop, J. 256
König, R. 323
Kohlberg, L. 300, 328
Koltsova, M.M. 93
Kovach, J.K. 131
Kowalski, C.J. 232

Kraiker, C. 98
Krampen, M. 349
Krapp, A. 129, 239
Krasnogorski, N. 10, 87
Krebs, D. 337
Kreppner, K. 320
Kuenne, M.R. 120
Kuhlen, R.G. 14
Kuhlen, V. 103

Labouvie, E.E. 282
Labouvie, G.V. 261
Lamb, M.E. 13, 144, 153
Langer, J. 118
Lantermann, E.D. 278
Laperriere, K. 325
Learnard, S. 120
Lefrancois, G.R. 156
Lehr, U. 23
Leibowitz, H.W. 345
Lerner, R.M. 4, 13, 23, 29, 170
Levine, S. 190
Levinson, B. 31, 33, 347
Levy, D.M. 329
Lewin, K. 11, 14, 82f.
Lewis, M. 29, 98, 130, 342
Lewontin, R. 162, 181-183, 187, 205, 214f., 224
Lewontin, R.C. 214
Liegle, L. 135
Lienert, G.A. 236, 334, 337
Lightbown, P. 325
Linton, R 137
Lipsitt, L.P. 340f.
Lockowandt, O. 337
Loehlin, J.C. 183, 195, 210
Lohaus, A. 36, 57, 283, 314, 333, 349, 351, 355
Looft, W.R. 3
Lord, F.M. 281, 283f.
Lorenz, K. 123-125, 131
Lorf, M. 84
Lovaas, O.I. 102
Lovell, K. 333
Lundy, R.M. 345
Luria, A.R. 119
Lush, J.L. 161
Lytton, H. 206

Maccoby, E.E. 128, 133, 135, 143f., 148, 150f., 156
Mahler, M.S. 325

Marcus, D.E. 337
Margraf-Stiksrud, J. 335
Marjoribanks, K. 299
Marks, I.M. 93
Marquis, D.P. 90
Martin, J.A. 133, 143f., 148, 150f., 156
Masters, J.C. 128
McCall, R.B. 13, 54, 163, 183, 229, 231, 251, 256, 287f., 311
McCartney, K. 13, 170
McClearn, G.E. 186, 189, 224
McDonald, F.J. 344
McDougall, W. 105
McGowan, B.K. 93
McGue, M. 195-198
McIntyre, C.W. 110, 116
Mead, G.H. 137, 140
Mead, M. 12
Medley, D.F. 321f.
Mednick, S.A. 256
Meehl, P.E. 38
Meichenbaum, D. 119
Mendack, S.A. 145
Menlove, F.L. 106
Merz, F. 83, 180-182, 193f., 239, 299, 337
Messick, S. 227, 284, 355
Meyer, W.U. 172f.
Michel, L. 355
Mietzel, G. 178
Miller, N.E. 93, 105, 114
Miller, P.H. 12
Mitzel, H.E. 321f.
Moltz, H. 123f., 129-131
Montada, L. 13f., 23, 41, 52-55, 59-62, 64, 81, 142, 160, 196, 224, 347
Moreno, J.L. 332
Moss, H.A. 20, 321
Mowrer, O.H. 105, 114
Mühle, G. 206
Mummendey, H.D. 355
Munroe, R.H. 50
Munroe, R.L. 50
Munsinger, H. 209
Murray, H.A. 332, 348
Mussen, P.H. 9, 13, 41, 49, 64, 110, 135, 151-153, 156, 175, 224, 227, 311, 348, 355
Myerson, L. 175

Nagel, E. 45
Nash, J. 49, 124f., 129, 156, 224
Neill, A.S. 5
Nesselroade, J.R. 23, 165, 230f., 256, 270, 274f., 281f., 288, 290f., 311, 340
Neugarten, B.L. 50
Newhouse, A. 291
Newman, B.M. 141, 196f., 205
Newman, H.H. 196f.
Newman, P.R. 141
Newton, G. 190
Nichols, R.C. 193, 195, 201
Nickel, H. 41, 52, 72, 84, 169, 227, 331f.
Novick, M.R. 281
Nowlis, V. 329
Nunnally, J. 295

Oden, H.M. 11
Oerter, R. 13f., 41, 64, 120f., 140, 147f., 196, 316
Ogilvie, E.A. 333
Olbrich, E. 16, 52, 140f.
Olney, R.L. 325
Olson, W.C. 67, 319
Olver, R.S. 50
Osgood, C.E. 86, 118f.
Overton, W.F. 337
Overton, W.I. 23,161

Palermo, D.S. 345
Papousek, H. 90f., 93, 114
Parke, R.D. 15, 103
Parrish, M. 345
Parsons, T. 137
Pauls, H. 142
Pawlow, I.P. 87, 94, 116
Pennig, S. 253
Perry, D.G. 333, 347
Perry, L.C. 333, 347
Petermann, F 229, 278, 285
Petzold, M. 52
Philipps, J.S. 104
Piaget, J. 8, 10-13, 37f., 40, 48, 57, 77, 114, 170, 216, 314, 328
Pickleman, J.R. 131
Pinneau, S.R. 291
Plomin, D.G. 186, 198, 210, 213, 224

Pollack, R.H. 345
Pollock, L.A. 4
Preis, H. 347
Pressey, S.L. 14
Preyer, W. 8, 315

Rachman, S. 93
Radke-Yarrow, M.J. 305, 331
Ramsay, O.A. 121
Rasmussen, P. 333
Rauer, W. 331
Rauh, H. 253
Rausche, A. 331
Raven, J.C. 336
Raynor, R. 10
Reese, H.W. 23, 31, 33, 231, 270, 311, 340f., 347
Reinert, G. 4-6, 8, 64, 83, 335
Remplein, H. 45, 79
Rennen, R. 312, 335, 355
Rennen-Allhoff, B. 312, 335, 355
Resnick, L.B. 30
Rheingold, H.L. 93, 99, 101, 137
Ribeaupierre, A.De. 12
Richter, H.G. 348
Riegel, K.F. 23, 250
Riegel, R.M. 23, 250
Riesen, A.H. 189
Risley, T.R. 104
Rodgers, D.A. 189
Roelofsen, I. 342
Rorschach, H. 348
Rose, C.L. 255
Rose, S. 187, 214
Rosenblum, L.A. 129, 131
Rosenthal, T.L. 344
Rosenzweig, S. 348
Rosow, I. 274
Ross, H. 99, 101
Roßbach, H. 295
Roth, E. 71, 331
Rousseau, J.J. 5, 11
Rudinger, G. 36, 277f., 295f.
Russell, W.A. 347
Rutherford, E. 151
Rutter, M. 132, 164

Sackett, G.P. 124
Sader, M. 137
Sahm, W.B. 333

Sameroff, A.J. 90
Sander, F. 11, 79
Sants, J. 50
Sarimski, K. 336
Scarr, S. 13, 170, 177, 179, 183f., 195, 201, 206, 210-213, 224, 337
Scarr-Salpatek, S. 180
Schaefer, E.S. 148f., 151
Schaie, K.W. 23f., 49, 137, 162f., 165, 226, 230, 249, 254, 267, 277, 283, 309f., 333, 340
Scheirla, T.C. 77
Schenk-Danzinger, L. 336
Schiefele, H. 129, 239
Schlottke, P.F. 20, 98
Schmalohr, E. 30, 132
Schmid-Schönbein, C. 230
Schmidt, H.D. 7, 16, 19, 22, 45, 67, 70, 129, 186
Schmidtchen, S. 312, 334f., 355
Schneewind, K.A. 12, 148, 151f.
Schneider, K. 147
Schneider, W. 12, 256
Schöler, H. 335, 337
Schorsch, S. 26, 329, 332, 351
Schott, F. 104
Schubö, W. 288f., 291
Schuck, E. 298f.
Schuhler, P. 23
Schulsinger, F. 256
Schulze, L. 104
Schuster, M. 348
Schutz, F. 124f.
Schwidetzky, I. 191
Scott, J.P. 124, 129f., 133
Scott, P.M. 110
Scupin, E. 8, 315
Scupin, G. 8, 315
Searle, L.V. 189
Sears, P.S. 329
Sears, R.R. 329, 333
Secord, P. 135, 139, 331
Seidel, G. 332
Seiler, T.B. 230
Seitz, W. 331
Setter To Bulte, U. 347
Shapiro, D. 93
Shields, J. 197-200, 205, 337
Shinn, M.W. 8

Shuttleworth, F.K.   17, 264f., 267
Siegler, R.S.   87
Silbereisen, R.K.   23, 224
Simon, T.   10
Simon, W.   172
Simons, H.   30
Sjostrom, K.P.   345
Skeels, H.M.   209
Skinner, B.F.   94-96, 99, 102
Skodak, M.   209
Skowronek, H.   215, 217
Sluckin, W.   124f., 128-132
Smith, R.T.   206
Sokolov, E.N.   37
Sommers, P.v.   349
Sowarka, D.   16
Spalding, D.A.   124
Spiker, C.C.   28
Spitz, R.A.   128
Sprung, L.   38
Staabs, G.V.   348
Stanley, J.G.   238, 282, 340
Steiner, G.   89, 94, 156
Stelzl, I.   180-182, 193f., 239
Stephan, D.   52
Stern, C.   315
Stern, W.   8f., 11, 45, 315
Sternberg, R.J.   12, 87
Stevenson, H.W.   38, 86f., 90, 93f., 103f., 120, 122, 312
Stockard, C.R.   129
Stotland, E.   110
Strayer, F.F.   320, 325
Strayer, J.   320, 325
Strother, C.R.   24, 258, 261
Suci, G.J.   119
Süllwold, F.   337
Sütter, B.   347
Sullivan, E.V.   41, 60, 77
Suomi, S.J.   132
Szagun, G.   119

Taba, H.   333
Tannenbaum, P.H.   119
Tanner, J.M.   66, 68, 70, 156
Tarde, G.   105
Taylor, G.R.   68
Terman, L.M.   11
Tharp, R.G.   104

Thiel, T.   324
Thomae, H.   5f., 23, 39, 41, 45, 123, 134f., 148, 156, 227, 314, 332f., 348
Thomas, E.C.   332
Thomas, R.M.   86
Thompson, G.G.   332
Thompson, W.R.   50, 124, 175, 190
Thorndike, E.L.   94
Thorpe, W.H.   124f.
Thurstone, L.L.   69, 239
Todt, E.   52, 331
Trautner, H.M.   12, 36, 54, 78, 105, 159f., 162-164, 221, 224, 320, 333, 342, 344f.
Triandis, H.C.   50
Trudewind, C.   144-148, 299
Tryon, R.C.   181, 189
Tucker, L.R.   284

Ulich, D.   133-135, 144, 153, 157
Undeutsch, U.   66, 70, 72, 156, 175
Unzner, L.   147
Uzgiris, I.C.   336

Valsiner, J.   50, 135
Vandenberg, S.G.   195f., 204
Vasta, R.   227
Vernon, P.E.   187, 195
Vince, M.A.   124
Volkelt, H.   11, 79

Wacker, A.   172f.
Waddington, C.H.   183
Wagner, A.   205, 207
Waldrop, M.F.   143
Wall, A.M.   98
Wall, S.   321
Waller, M.   347
Walter, H.   14, 147f., 316
Wapner, S.   347
Wartegg, E.   332
Waterman, A.S.   333
Waterman, C.K.   333
Waters, E.   132, 321
Watson, J.B.   10f., 89, 93, 116

Watson, J.D.   177f.
Watson, P.   194
Watson, R.I.   45, 72
Waxler, C.Z.   110
Weaver, P.B.   30
Weick, K.E.   315, 323, 325
Weinberg, R.A.   210-213, 337
Weiner, B.   145
Weinert, F.E.   30, 132, 148, 152
Weiss, R.H.   336
Wellek, S.   106, 133, 148, 152
Wells, D.   122
Werner, H.   11, 24, 38, 47, 79f., 84, 156, 347
Wetzel, H.   20, 98
Wetzel, R.J.   104
White, S.   94
Whiting, B.B.   12, 50
Whiting, J.W.M.   50, 329
Wieczerkowski, W.   331
Wiedebusch, S.   56f., 59
Willerman, L.   183, 210
Willson, V.L.   285
Wilson, R.S.   201f.
Winkelmann, W.   335f.
Winter, K.   347
Witkin, H.A.   82
Wohlwill, J.F.   13, 17f., 26, 28f., 34, 39, 43, 46, 64, 70f., 86, 129, 162, 229, 232, 235-237, 240f., 252, 256, 273, 275, 277, 288, 294f., 299, 304, 311, 341, 344
Wolf, K.   128
Woltereck, R.   181
Wright, H.F.   14, 175, 316-319, 325
Wurzbacher, G.   134
Wygotsky, L.   119

Yamamoto, D.   332
Yarrow, L.   110, 327-329,

Zeaman, D.   122
Zigler, E.   50, 61, 82, 134f., 144, 148, 153
Zimmer, D.E.   194
Zimmermann, B.J.   344
Zubek, J.P.   181f., 189

Sachregister

Adoptionsmethode 188
  Grenzen und Mängel der 213–215
Adoptionsstudien 191, 207–215, 223
  – Colorado Adoption Project 210, 213
  – Minnesota Adoption Studies 210–213
  – Texas Adoption Project 210, 213f.
Angewandte Entwicklungspsychologie 14, 51–64
Aggressivität, Aggression 341
Aktualgenese 22
Alter 3, 6, 10, 14, 18, 23, 26–34, 46, 53, 71, 228–230, 232, 237, 251, 258–261, 269f., 272–276, 309
  – und soziokulturelle Einflüsse 174
Alters
  – bereiche 76, 249, 262
  – effekte 230, 244, 247, 254, 256, 259f., 264, 267, 269, 271, 273, 309
  – gruppen 5f., 24, 29, 31–33, 35, 57, 246–251, 253, 257f., 271
  – normen 26f., 34f., 53
  – unterschiede 33f., 59, 62, 246–258, 261, 264, 309
  – variable 17, 25–35, 244, 253
Anlage(n) 5
Anlage-Umwelt-Problematik 49f., 72, 158–224
  Untersuchungsmethoden 187–221
Anthropogenese 22

Befragungsmethoden 313, 326–333, 353
  Mündliche 236, 313, 326–331, 333
  Schriftliche 236, 313, 326, 330–333, 353
Bekräftigung → Verstärkung
Beobachtung 5, 7–9, 49, 63, 231, 235f., 313
  – an Kleinkindern 313
  Freie (unsystematische) 315
  Kontrollierte (systematische) 315–317, 353
  Teilnehmende 323
  – von Modellen 109, 115
Beobachtungs
  – ebene 36
  – einheiten 36, 38
  – fehler 323, 325
  – methoden 5, 14, 37, 313, 315–325, 353
  – pläne 315, 317–321, 323
  – ziele 316
Beobachtungslernen 86f., 105–116, 154

Bedeutung für die Entwicklung 113
Experimenteller Nachweis 111
Grundprinzip 106–109
Moderatorvariablen 110f.
Teilprozesse 108
Bestrafung 102f., 109, 111
Bildwahlverfahren 326, 329f.
Biologie 8, 49, 72
Biologische Grundlagen der Entwicklung 176–187
Biologische Variablen 161

Cephalocaudales Gesetz 79
Chromosomen 167, 177–179, 222
Covariation Chart 293

Deprivation, Deprivationsexperiment 50, 163, 189, 223, 305, 343
Deszendenztheorie → Evolution
Determinanten der Entwicklung 28, 158–223, 274
Differenzierung 41, 44, 65, 79–84, 154
  Lewins Konzept der 82
  – und emotionale Entwicklung 80f.
  – und Zentralisation 82
  Witkins Konzept der 82
Differenzierungshypothese der Intelligenz 83
Diskriminationslernen 31–33, 126

Effektgesetz 94
Entwicklung 66, 93, 103
  – als Entfaltung 161
  – als Prozeß und Produkt 47
  – als Veränderung über die Zeit 228
  Beeinflussung von 16, 19f., 21
  Beschreibung von 3, 19, 41, 228f., 231, 274, 276, 286, 342
  Differentielle 62
  Erklärung von 12, 19, 41, 158–165, 222f., 228f., 231, 286
  Kumulativität der 43, 164, 176, 222, 295, 346
  – und Differenzierung → Differenzierung
  – und Lernen → Lernen
  – und Prägung → Prägung
  – und Reifung → Reifung
  – und Sozialisation → Sozialisation
  – und Wachstum → Wachstum

397

Vorhersage von 19, 252
Entwicklungabschnitte 24–26
Entwicklungsbegriff (-definition) 5f., 15f., 18, 35, 39, 45–47, 228
Entwicklungsbereiche 26, 83
Entwicklungsdeterminanten → Determinanten der Entwicklung
Entwicklungsfaktoren 29, 33f., 42, 54, 61, 161, 171, 172–176, 228–231, 260, 269, 274, 287
   Endogene 161f., 188, 217, 222
   Exogene 161f., 188, 217, 222
Entwicklungsfunktion (s. auch Wachstumsfunktion, Wachstumskurve) 34, 53, 232–235, 241, 304
Entwicklungsgesetze 5, 47f., 50, 60
Entwicklungsinterventionen 20
Entwicklungsnormen 10f., 53, 55, 72
Entwicklungspsychologie 7–10, 23, 48–51
   Gegenstand der 3–65, 229, 256, 278
   Geschichte der 3–14
   Methoden der 225–355
   Ökologische 14, 144, 147f.
   – und andere Forschungsgebiete 312
   – und Kinderpsychologie 23–25
   – und Praxis → Angewandte Entwicklungspsychologie
   – über die Lebensspanne 23, 230, 278
Entwicklungssequenzen 10, 40, 43, 46f., 77, 81, 230f., 240
   – Addition 43
   – Substitution 43
   – Modifikation 43
   – Inklusion 43f.
   – Mediation 43f.
Entwicklungsstand 30, 54, 221
Entwicklungsstufen 5, 53, 57
Entwicklungstests 335f.
Entwicklungstheorien 38, 57
Entwicklungsverlauf 12, 17, 33, 40, 42, 44, 53–55, 62, 68, 76, 201, 234, 240–242, 247f., 250, 252, 256, 260
Epigenese 6
Erblichkeit, Erblichkeitsschätzungen 167, 198, 201, 203, 205f., 216, 223
   Berechnung von 192
   Brauchbarkeit von 219f.
   Populationsabhängigkeit von 216f.
   – und deren Bedeutung für die Entwicklungspsychologie 215
Erleben 16, 19, 21, 23, 25f., 36, 50
Erwachsenenalter 23f.
Erziehungsstil(e) 12, 155, 169

Auswirkungen des 148–151
Dimensionen des 148–151
Erfassung des 151
– und Aggressivität 150
Ethische Grundsätze 304–307, 311
Ethologie 14f., 49f., 123, 316
Evolution 6f.
Experiment(s) 8, 49, 313, 316, 337–347, 353f.
   Allgemeine Merkmale des 337–340
   – in der Entwicklungspsychologie 13, 340–347
   – und Feldstudie 339f.
Experimentelle Kontrolle der Erfahrung 343f.
Experimentelle Simulation der Entwicklung 344–346
Exploration → Interviewverfahren
Extinktion(s) 89f., 102, 104
   – widerstand 102

Faktor(en) 289, 310
   – analyse, analytische Techniken 6, 288–298, 304, 310
   Cattells Einteilung (s. auch Covariation Chart) 292–295, 310
   – extraktion 289
   – ladung 289–291, 301
   – rotation 289
   – wert 289–291, 294, 310
Follow-up-Studie 162
Fragebogen (-verfahren) 10, 21, 236, 313, 326, 330
Gene 177–178, 222
   – und Verhalten 167, 183–187
Genetik → Humangenetik
Genetische
   – Determinanten 165–167, 171, 174f., 222
   – Unterschiede 166
Genotyp 167, 179–184, 204, 215, 220, 222
Geschlechtsrolle 235
Gewohnheitshierarchie (habit family hierarchy) 117f.
Größenwachstum 17f.

Homologe Verhaltensweisen 50
Humangenetik 49, 176–183

Imitation (s. auch Beobachtungslernen) 105, 110, 112, 114
Imitationstheorie Banduras 105
Inklusion 43f.
Instrumentelles Konditionieren → Operantes Konditionieren

Quellenhinweise

Folgende Tabellen und Abbildungen wurden vollständig oder in Ausschnitten anderen Quellen entnommen. Ihre Wiedergabe erfolgt mit freundlicher Genehmigung der aufgeführten Copyright-Inhaber.

S. 18   Abb. 1.1: Joachim F. Wohlwill, Strategien entwicklungspsychologischer Forschung, S. 177. (C) 1977 Klett-Cotta, Stuttgart.
S. 74   Abb. 2.3: T. G. R. Bower, A primer of infant development, S. 88. (C) 1977 Freeman, San Francisco.
S. 81   Abb. 2.4: Leo Montada, Systematik entwicklungspsychologischer Forschung und ihre Anwendung. In W. F. Kugemann & W. Toman (Hrsg.), Studienmaterialien FIM-Psychologie, Studieneinheit Entwicklungspsychologie, S. 7. (C) DIFF/Universität Erlangen, Erlangen.
S. 141 Tab. 2.6: Rolf Oerter & Leo Montada, Entwicklungspsychologie, S. 112. (C) 1982 Urban & Schwarzenberg, München.
S. 176 Abb. 3.2: Gerd Mietzel, Wege in die Entwicklungspsychologie, S. 47. (C) 1989 Psychologie Verlags Union, Weinheim.
S. 179 Abb. 3.3: Paul H. Mussen (Ed.), Handbook of child psychology, Vol. 2 (Chap. 6), S. 354. (C) John Wiley, New York.
S. 182 Abb. 3.4: Ferdinand Merz & Ingeborg Stelzl, Einführung in die Erbpsychologie, S. 21. (C) W. Kohlhammer-Verlag, Stuttgart.
S. 196 Abb. 3.6: Rolf Oerter & Leo Montada, Entwicklungspsychologie (2. Aufl.), S. 31. (C) Psychologie Verlags Union, Weinheim.
S. 235 Abb. 4.2: Joachim F. Wohlwill, Strategien entwicklungspsychologischer Forschung, S. 201. (C) 1977 Klett-Cotta, Stuttgart.
S. 237 Abb. 4.3: Joachim F. Wohlwill, Strategien entwicklungspsychologischer Forschung, S. 71. (C) Klett-Cotta, Stuttgart.
S. 296 Abb. 4.9: Heilgard Rauh (Hrsg.), Jahrbuch für Entwicklungspsychologie (1), S. 180. (C) Klett-Cotta, Stuttgart.
S. 297 Tab. 4.11: Heilgard Rauh (Hrsg.), Jahrbuch für Entwicklungspsychologie (1), S. 182. (C) Klett-Cotta, Stuttgart.

Aggressives 21, 98, 113
Verhalten 4, 13, 16, 19, 21f., 23, 25f., 28, 36, 50, 60, 84f., 94
– reihen 22, 28, 38, 40–42, 44, 65, 71
– messung 227, 229, 243, 278–299, 310
Veränderungs
– begriff 35
Wahre 283–286, 310
Univariate Erfassung von 231, 279–286
– und Identität 243f.
– über die Zeit 16f., 33, 228, 308
– über das Lebensalter 229
Qualitative 39f., 65f., 70, 79, 230–232, 241–244, 290–292, 298, 304, 308, 310
Quantitative 39f., 65–67, 70, 230–232, 241–244, 290–292, 298, 304, 308, 310
Ontogenetische 35, 43, 46, 65, 232–236, 240f.
Multivariate Erfassung von 231, 286–288, 298f., 310
Kontinuierliche 39, 67
295–297, 308, 310, 342
221f., 228f., 234, 247, 250–252, 256, 277f.,
Intraindividuelle 16f., 20f., 36, 60, 188, 215,
Beschreibung von 35, 39
Arten von 40, 230
Veränderung(en) 23, 33, 41, 49, 54, 62, 235
Validität 236, 238, 283, 312, 330, 340, 346, 350
Unterscheidungslernen ← Diskriminationslernen
Anlage und ← Anlage-Umwelt-Problematik
84, 171, 204–206, 222
Umwelt, Umwelteinflüsse 6f., 28, 34, 77, 82,
Umlernaufgaben 129f.
Transpositionsaufgaben 119, 121f.

Respondentes und Operantes 95
Verhaltensbeobachtung ← Beobachtung
Verstärkung 73, 95–97, 99–104, 106, 110f., 113f., 116f., 130
Arten von 98
Soziale 98
Stellvertretende 98f.
Verstärkungs
– begriff (s. auch Operantes Konditionieren) 97
– pläne 99, 101
Wachstum(s) 41, 44, 65f., 70f., 154, 161
– begriff 66f., 69, 71, 154
– funktion (s. auch Entwicklungsfunktion) 67, 71, 232
– kurven 67–69, 70f., 232f., 273
– kurven der Intelligenz → Intelligenzentwicklung
– modell 67
– verlauf 66, 276
Würfelmodell von Buss 295–297, 310
Zeichensystem 322
Zeit 14, 230
– abhängigkeit 3
– begriff 33
– strecke 25–35,
– reihenanalyse 285f.
– variable 16, 22, 33, 49, 228, 232
– wandelmethode 260f., 270f.
Zwillingsmethode 188, 190–194, 207, 223
Grenzen und Mängel der 203–207
Zwillingsuntersuchungen 167, 190–207
– Minnesota Twin Project 195, 206
– von Shields 198–200

401

400

- auf Nahrung 124-126, 130
- Bedeutung für die Humanentwicklung 128, 132f.
- begriff 123, 128, 132
- Merkmale der 125
- objekt 124, 131
- urd Lernen 125f., 130
- urd sensible Periode (Phase) 155, 174
Projektive Verfahren 313, 329, 348f., 353f.
Protokollierungssysteme 321-323, 353
Proximodistales Gesetz 79
Puppenspielinterview 326, 329f.

Querschnitt 6, 246-258
- methode, -untersuchung 6, 24, 71f., 80, 159, 229, 233, 246-251, 258, 260f., 267, 270f., 309
- sequenz 262-264, 271-273, 309
Quersequenz-, -methode 262

Reaktionsnorm 181-183, 222
Regression 279-281
Regressionseffekt 279-282, 284
Reife 76, 78
Reifung(s) 8, 26f., 41, 65, 67, 72-78, 84f., 154
- begriff 72, 78
- begriff im übertragenen Sinne 77
- hypothese 10, 26
- indices 75f.
- vorgänge 34, 167f., 171
Reiz 35, 87
- diskrimination, -diskriminierung 89, 102
- generalisierung 89, 102
- kontrolle 97
Reliabilität 236-238, 283f., 330, 350
Residualwerte 283-286
reversal shift (Umkehrungsverschiebung) 119-122
Rollentheorie → Sozialisation als Erwerb von Rollen

Säkulare Akzeleration 273
Schätzskalen 240, 322
Schaie-Baltes-Kontroverse 274
Selbständigkeitserziehung 145, 151, 177f.
Selbstregulation 170f.
Selektive Populationsveränderungen 247, 250, 253-256, 309
Selektive Zuchtforschung 189, 223
Sensible Periode (Phase) 76, 123-126, 129, 131f.,

Sequentielle Stichprobenpläne, Sequenzmodelle 233, 249, 267, 271
- von Baltes 268-274, 276-278, 309
- von Schaie 257-268, 275-278, 309f.
Serialeffekte 253
Shaping (Ausformen) 102, 104, 114
Simulation der Entwicklung → Experimentelle Simulation der Entwicklung
Skalenniveau 238-240, 308
- Intervallskalen 238-241
- Nominalskalen 238-241
- Ordinalskalen 238-241
- Verhältnisskalen 238f.
Skinner-Box 95f.
Soziale Bindung 124, 127f., 130, 132
Soziale Schicht → Sozialisation und Soziale Schicht
Sozialisation 41, 65, 133-155
- als Erwerb von Rollen 136-140, 155
- Bidirektionalität von 136, 142, 155
Childs Trichtermodell der 123, 136f.
Empirische Untersuchung von 137, 143
- und Entwicklung 152f.
- und Entwicklungsaufgaben 136, 140-142, 155
Sozialisations
- begriff 134-136
- einflüsse 82, 144
- studien (-untersuchungen) 12, 143f., 152f.
Sozialmachung 134, 155
Sozialwerdung 134, 155
Soziokulturelle Einflüsse (-Faktoren) 49, 133, 144, 161, 165, 169, 171, 174f., 222
Soziometrische Verfahren 332f.
Steuerung der Entwicklung → Determinanten der Entwicklung
Stichproben 11, 60, 83
- repräsentativität 247, 251, 255, 301-303, 311, 313
- selektion 38, 244f., 261, 302
Stimulus → Reiz
Testungseffekte 253f., 256-260, 309
Testverfahren 236, 243, 313, 334-337, 353f.
- in der Entwicklungspsychologie 335-337
Testzeit 259-261, 264, 266, 269, 272, 309
- effekte 253f., 256, 258-260, 262, 264, 266ff., 269-271, 273-276, 309
- sequenz, -sequenzmethode 262-264, 266ff., 271, 273, 309
Tieruntersuchungen 189, 223
Trainingsexperiment 163, 343

Intelligenz 54, 60, 67–69, 71
– entwicklung 19f., 40, 160, 185, 202, 233–235, 258, 261, 264, 266
– Erblichkeit der 195–202, 205, 215
– messung 10, 40, 242, 280
– tests 70, 195f., 242f., 336, 354
– und soziale Schicht 173f.
– unterschiede 195–202, 205
Interaktion 54, 77
– Wachstum der 264–268
Mutter-Kind 42, 144–147, 164
– von Entwicklungsfaktoren 172–174, 194, 204, 222
Interindividuelle Unterschiede 17, 21, 28f., 33, 215, 220, 222, 228, 234, 250, 256, 295, 297, 310
Interviewverfahren 326–328
Invarianz 291
Isolierung ← Deprivation

Kategoriensystem(e) 57, 321
Kinderpsychologie 7, 11, 13
Kindertagebuch 8, 314, 317–319
Frühe Kindheit 9
Klassisches Konditionieren 86–97, 102–106, 131, 154
– und Entwicklung 89–94
– Grundprinzip des 87
Kleinkindertests 10
Klinische Methode Piagets 314
Kognitivprozesse, Kognition 51
Kohorte(n) 14, 230, 249f., 253f., 258–261, 264–266, 269f., 274–276, 309
– effekte 230, 247, 256, 258–260, 262, 264, 267, 269, 271–274
– sequenz, sequenzmethode 262–264, 266, 268, 271, 273, 309
Kontrakonditionierung 102f.
Kontrollgruppenpläne 285, 310
Kontrollsystem-Modell von Bell 143
Konvergenzmodell von Bell 256–258, 309
Kovariation von Entwicklungsfaktoren 172–174, 194, 204, 222
Krankheitskonzepte 56–58
Kreuzvalidierung 298
Kritische Periode (Phase) → Sensible Periode
Kulturanthropologie 22, 49f.

Längsschnitt 246–258
– methode, -untersuchung 6, 11, 13f., 62, 67f., 71f., 80, 159, 201, 229, 233, 240, 251–256, 258, 260f., 267f., 309
– sequenz 262, 271–273, 309

Lebensalter ← Alter
Lebenslauf 4, 23
Leistungsmotiventwicklung 144–147, 143
Lernen 41, 51, 65, 67, 76, 84–86, 93, 99, 154
– am Modell, durch Beobachtung ← Beobachtungslernen
Assoziatives 130
– durch Versuch und Irrtum 94, 107
Kognitives 86f.
Latentes 85
Soziales 44, 135, 152, 163, 169
Lern
– arten 86, 154f.
– begriff 84
– theorien 12, 86
– umwelt 160, 169, 176, 222
Löschung ← Extinktion

MAVA-Methode von Cattell 194, 204
Mediation, Mediationslernen 43f., 86f., 116–122, 154
– Grundprinzip des 116f.
Verbale 118
Mediationstheorie 116
– von Osgood 118
Mediatoren 116f., 122
Merkmalsvarianz 160, 191–193
– Zerlegung der 223
Meßfehler 232, 236, 281–284, 310
Motorische Entwicklung 75, 79, 84, 241
Nachahmung (s. auch Beobachtungslernen) 105, 110, 113–115
Nachfolgereaktion 124, 128f.
nonreversal shift 119–122
Objektivität 236f., 330
Ontogenese 7f., 14, 22–25, 36, 39, 47, 49, 54, 228
Operantes Konditionieren 86f., 93–106, 133, 154
– Grundprinzip des 95f.
– und Entwicklung 103–105
Operationalisierung 37, 59
Phänotyp 179–184, 220, 222
Phenylketonurie (PKU) 183, 185
Phylogenese 7, 22
Präformation 6
Prägung 41, 49, 65, 123–133, 154f.